新疆文物保护研究丛书
（丁种本之一）

新疆文物保护研究论文集

（一）

新疆维吾尔自治区文物古迹保护中心　编

科学出版社
北京

内 容 简 介

本书是新疆维吾尔自治区文物古迹保护中心及从事文物保护事业的各类人员在所承担完成的文物古迹保护工程勘察、维修、设计、施工、修复等方面研究成果的汇集。既有对文物保护工程具体施工的论述，也有对文物修复的专题理论研究，包含不可移动文物保护、可移动文物保护、科学分析研究及其他四个方面。

本书适合文物保护与管理专业的工程技术人员以及高等院校相关专业的师生参考阅读。

图书在版编目(CIP)数据

新疆文物保护研究论文集. 1 / 新疆维吾尔自治区文物古迹保护中心编. —北京：科学出版社，2016.4

（新疆文物保护研究丛书. 丁种本；一）

ISBN 978-7-03-048054-5

Ⅰ.①新… Ⅱ.①新… Ⅲ.①文物保护-新疆-文集 Ⅳ.①K872.45-53

中国版本图书馆CIP数据核字（2016）第079570号

责任编辑：孙 莉 曹 伟 吴书雷 / 责任校对：钟 洋

责任印制：肖 兴 / 封面设计：张 放

科学出版社 出版

北京东黄城根北街16号

邮政编码：100717

http：//www.sciencep.com

中国科学院印刷厂 印刷

科学出版社发行 各地新华书店经销

*

2016年6月第 一 版 开本：889 × 1194 1/16

2016年6月第一次印刷 印张：29 1/2

字数：850 000

定价：220.00元

“新疆文物保护研究丛书”序

新疆维吾尔自治区，位于亚欧大陆中部，地处我国西北边陲，总面积166.49万平方公里，占全国陆地总面积的六分之一，周边与俄罗斯、哈萨克斯坦、吉尔吉斯斯坦、塔吉克斯坦、巴基斯坦、蒙古、印度、阿富汗8个国家接壤；陆地边境线长达5600多公里，占全国陆地边境线的四分之一，是我国面积最大、陆地边境线最长、毗邻国家最多的省区。

新疆历史悠久，古称西域，自古以来就是中国不可分割的重要组成部分。新疆位于古代丝绸之路的重要枢纽地段，是东西方古代文明的交融荟萃之地。由于特殊的地理区位优势，中原文化、印度文化、希腊文化、阿拉伯文化在这里交流、碰撞和融合，在漫长的历史长河中，各民族人民共同创造了辉煌璀璨的优秀文化，丰富了中华民族悠久灿烂的文化底蕴。在这片广袤的土地上，美丽的阿尔泰山、巍峨的昆仑山、雄伟的天山以及干燥的准噶尔盆地和塔里木盆地，形成了新疆“三山夹两盆”自然地貌和环境，雨量稀少、风沙诸多、气候干燥，这些特殊的气候特征，为文化遗产的长期保存创造了良好的自然条件，使新疆拥有大量弥足珍贵的文物古迹，无论是地上还是地下的文化遗存，都极为丰富，有“天然博物馆”之称。据统计，截至2012年，新疆已发现各类文物点4000余处。其中，全国重点文物保护单位116处（含第七批待批），自治区级文物保护单位675处（含第七批待批），县（市）级文物保护单位2000余处；各级文物收藏机构现有各类馆藏文物30余万件。其中国家一级文物707件，二级文物1339件，三级文物4038件。此外，还有大量的未定级文物点和一般文物。

新疆作为中国境内涉及世界文明史发展的重要的历史文化遗产地区，其文物资源真实地展现了各民族共同创造的灿烂文化，是中华民族文化宝库的重要组成部分，是各族人民共同缔造中华文明的真实历史见证，是维系中华民族大团结的精神纽带。它们对于保持人类文化的多样性，维持人类文明和社会的可持续发展，具有重要的意义，因此历来是历史学、地理学、生态学、人类学、民族学、宗教学、语言学等多学科广泛关注的研究领域。

更为重要的是，由于文物自身所具有的客观性和直观性，使其在反对民族分裂主义，维护新疆大局稳定的斗争中，发挥着无可替代的特殊功能和积极作用，尤其是对新疆广大各族群众开展爱国主义教育，阐明“新疆自古以来是祖国不可分割的一部分”这一历史事实，具有重要的现实政治意义。同时，作为我国西部地区重要的人文景观资源的重要组成部分，新疆的文物资源分布广、种类全、数量多、内涵丰富，极具展示和观赏价值，已成为拉动新疆的旅游业，促进地方经济发展的重要资源。所以，保护好这些弥足珍贵的历史文化遗产，对于发展中国特色社会主义先进文化，传承中华民族的优秀文化，维护祖国统一和领土完整，促进经济发展和社会全面进步，具有特殊的重要的现实意义。

自20世纪70年代以来，新疆文物保护工作者带着强烈的责任感，以科学、严谨的态度，克服种种实际困难，筚路蓝缕，长期奔波在条件极为恶劣的辽阔大地上，书写了新疆文物保护事业从起步、成长到逐渐壮大的历程。

1989年6月，新疆文化厅克孜尔千佛洞石窟维修办公室成立，隶属于自治区文化厅。1992年3月，更名为“新疆文化厅文物保护维修办公室”。2001年7月，更名为“新疆维吾尔自治区文物古迹保护中心”。在不断前进的历程中，新疆文物古迹保护中心立足新疆，放眼西北，励精图治，奋发有为，先后在区内外主持承担了一大批文物保护项目，在全国文物保护行业赢得了良好的口碑。尤其是在“十一五”和“十二五”期间，以中心主要业务人员组成的新疆重点文物保护项目领导小组执行办公室，组织实施了新中国成立以来我国文物保护行业的重大系统工程——丝绸之路新疆段重点文物保护项目（“十一五”期间总投资额达4.7亿元）。该项目的多个子项目被国家文物局评为样板工程。其中，交河故城二期抢险加固工程名列“2010年度全国文物保护十大工程”之首，柏孜克里克石窟抢险加固工程被评为“2011年度全国文物保护十大工程”，高昌故城三期抢险加固工程被评为“2012年度全国最佳文物工程”。2011年，中心被中国文物保护基金会评为“中国文化遗产保护与传承典范单位”。2012年，中心被人力资源和社会保障部、国家文物局授予“全国文物系统先进集体”荣誉称号。

经过二十多年的发展，新疆文物古迹保护中心已成为目前新疆唯一拥有国家文物保护勘察设计甲级资质和施工一级资质，集产学研为一体的科研单位，主要业务范围包括各级各类文物保护单位的保护规划编制和文物保护工程的勘察设计、施工，以及区域性文物保护规划编制、文物信息咨询、文物修复、文物保护科学研究、《新疆文物保护》学术期刊的编辑出版等。

文物保护是一项专业性很强的学科，涉及自然科学和社会科学的多个领域。在实际工作中，我们深切地感到，文物保护项目的实施过程同时也是开展科学研究的过程。工欲善其事，必先利其器。要想做好文物保护工作，在全面系统收集整理基础资料的基础上开展科学研究是不可或缺的重要步骤。为此，我们决定编辑出版新疆文物保护研究丛书，以期不仅为文物保护工作者提供宝贵的参考和借鉴，而且为关注新疆文物保护的社会各界人士提供一个从多层面了解新疆文物保护工作的窗口。根据工作实际，本丛书拟分为甲、乙、丙、丁四个系列。其中，甲种本是规划、勘察设计方案的汇集，乙种本是文物保护项目的工程报告及监理报告，丙种本是文物保护研究的中文著作及外文译著，丁种本是文物保护研究的中文、译文及外文论文的汇集。集腋成裘，堆沙为塔。我们衷心地希望，通过不断的努力，为新疆文物保护事业的可持续发展尽一份绵薄之力。

梁涛

2012年5月

目　　录

科学分析研究

其　他

不可移动文物保护

新疆坎儿井的概况及保护思路

梁 涛

内容提要：坎儿井是我国新疆各族人民根据本地自然条件、水文地质特点创造出来的特殊的地下水利工程设施，在新疆干旱地区的绿洲经济社会发展过程中产生过决定性作用，也是人类历史文化遗产的重要组成部分，但是坎儿井的保护维修管理缺乏统一的科学规划。从坎儿井的保护范围、保护期限和目标、保护项目实施内容、项目取得成功的必要性分析等四个方面进行分析表明，可以有效地管理保护坎儿井。

关键词：新疆　坎儿井　概况　保护思路

一、新疆坎儿井概况

坎儿井是我国新疆各族人民根据本地自然条件、水文地质特点创造出来的特殊的地下水利工程设施，由竖井、地下暗渠、地面明渠和蓄水池（涝坝）四个部分组成，分为山前潜流首部补给型、山溪河谷补给型、平原潜水补给型三类坎儿井（图1～图5）。

坎儿井主要分布在新疆东部博格达山脉南麓的吐鲁番和哈密两个地区，另外在乌鲁木齐县、奇台县、木垒县、库车县、阿图什市、皮山县也有少量存在。

图1　坎儿井鸟瞰图

图2　有水的坎儿井（1）

图3　有水的坎儿井（2）

图4　干涸的坎儿井（1）

图5　干涸的坎儿井（2）

1. 新疆坎儿井数量及其分布

现有坎儿井暗渠总长度3724.11km，竖井总数150 153眼。

有水坎儿井：404条，总流量7.35m^3/s，年出水量为2.31 × 10^8m^3，总控灌面积0.882万hm^2（13.23万亩）①。

干涸坎儿井：687条，其中通过维修保护可以恢复的185条，可恢复年出水量0.5 × 10^8m^3，灌溉面积0.19万hm^2（2.83万亩）；不可恢复的有502条（图6 ）。

时至今日，坎儿井依然是吐鲁番、哈密两地区生产生活的重要水源保证 。

随着社会生产力的快速发展，人口急剧增长，对水的需求日益增加，坎儿井灌区各种引水防渗工程和大量机电井建设，加之当时人们对水资源的合理配置和生态的认识不足，缺乏统一规划意识，造成坎儿井补给水源减少。

① 1hm^2=10000m^2；1亩≈666.67m^2。

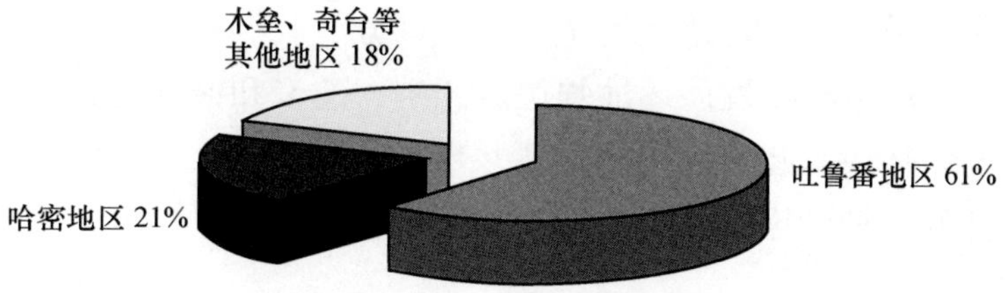

图6 坎儿井分布比例图

另外，对坎儿井的保护利用缺乏必要的规划和统一管理，大量坎儿井年久失修，干涸废弃，致使灌区生态环境恶化，同时建造坎儿井的传统工艺技术也在逐渐流失。历经千年沧桑的坎儿井文化已受到严重威胁，亟待抢救保护（图7）。

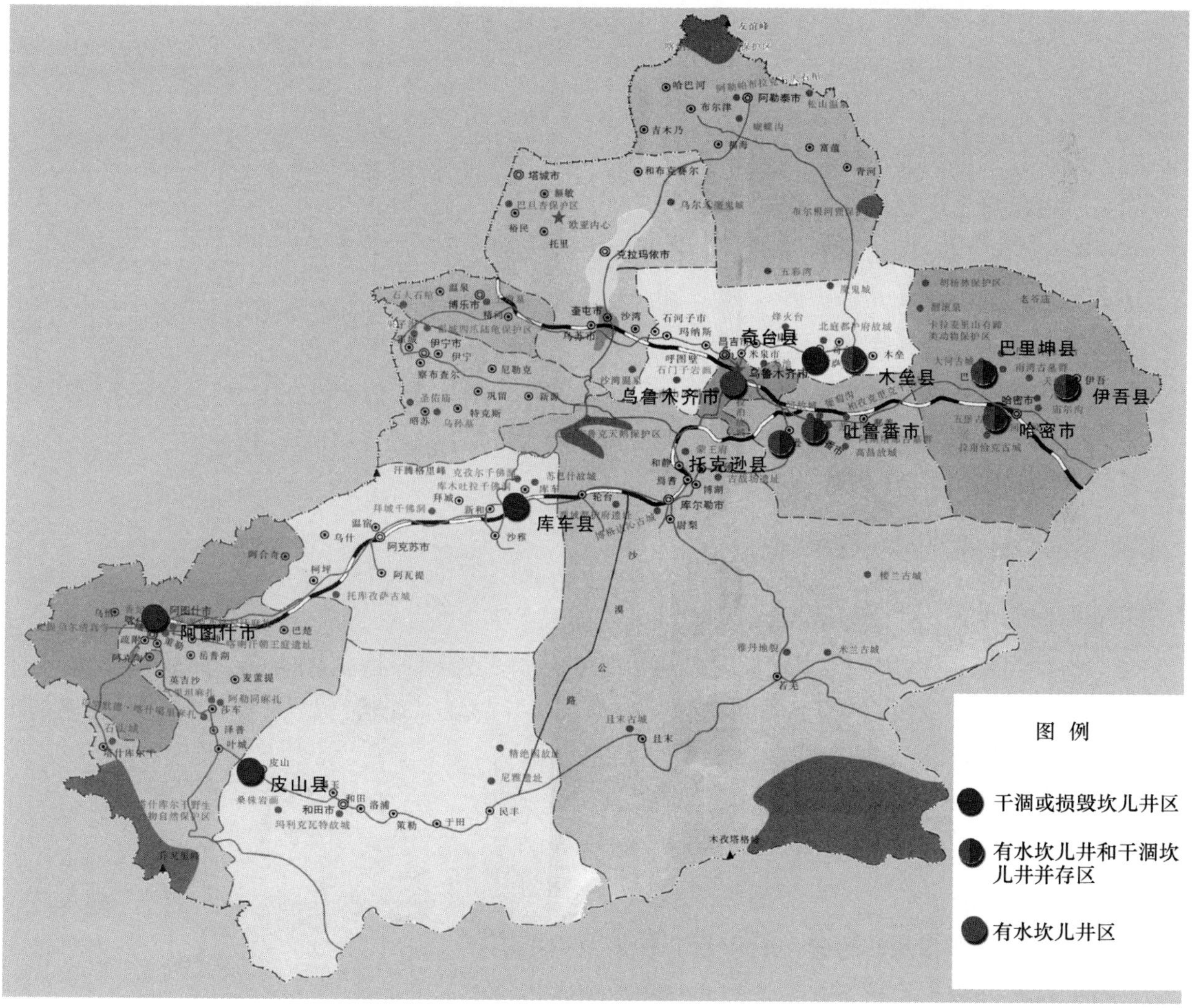

图7 坎儿井评估图

2. 保护坎儿井的必要性

1）坎儿井在新疆干旱地区的绿洲经济、社会发展过程中产生过决定性作用。

2）坎儿井文化是人类历史文化遗产的重要组成部分。

3）保护坎儿井对于促进经济发展、加强民族团结、建设和谐社会具有现实意义。

4）当前良好的国内环境和政策为保护坎儿井带来契机。

5）目前，坎儿井的保护、维修、管理缺乏统一的科学规划。

二、新疆坎儿井保护思路

1. 保护范围

以吐鲁番地区、哈密地区现存坎儿井及其生态环境和人文景观为主，兼顾其他地区坎儿井。根据坎儿井分布特点，划分为以下十个片区进行统一规划，分级保护。

1）吐鲁番市坎儿井保护区。

2）托克逊县坎儿井保护区。

3）鄯善县二塘沟河流域坎儿井保护区。

4）哈密沁城乡山区坎儿井保护区。

5）哈密二堡镇—柳树泉农场平原坎儿井保护区。

6）乌鲁木齐县坎儿井保护区。

7）木垒县坎儿井保护区。

8）奇台县的坎儿井保护区。

9）阿图什市坎儿井保护区。

10）皮山县坎儿井保护区。

2. 保护期限和目标

1）保护期限：10年，2009～2018年。

2）保护目标：运用现代科学管理方法，针对分解的保护项目实施内容，制定切实可行的措施对策，确保坎儿井保护项目顺利实施，改善坎儿井的保存现状，最终为申报世界文化遗产奠定了良好的基础。

3. 保护项目实施内容

（1）综合调查

·查明新疆境内坎儿井的分布、数量、种类及现状等。

·查明坎儿井的主要病害类型、分布规律及成因机理。

·查明坎儿井的赋存环境特征。

·查明坎儿井土质的工程特性。

·了解坎儿井的施工工艺。

·通过考古调查工作，推测坎儿井的历史演变过程。

·在综合调查的基础上提出保护利用坎儿井的建议。

综合调查的分期：

对坎儿井的综合调查采取分期展开，计划用两年时间对新疆境内的所有坎儿井进行综合调查。坎儿井综合调查工作分三个阶段进行：

·坎儿井综合调查准备阶段（2009年5月～2009年6月）。

·野外调查阶段（2009年7月～2010年9月）。

·资料整理阶段（2010年10月～2010年12月）。

（2）文献资料收集

1）收集。书店、图书馆、出版社——获得必要的资料；使用检索工具——二次文献、三次文献、工具书；网络——利用网络查找各种信息，充分利用新的信息资源；进行调查访问——采用全面调查、典型调查 、询问方式收集信息。

2）整理汇编。对收集的资料进行鉴别、摘录整理、分类、汇编、存档。

（3）划定保护范围

将文物保护单位保护区划分为地区性保护范围、保护范围、建设控制地带和环境控制区四个层次，其中保护范围划分为重点保护区和一般保护区二级，建设控制地带和环境控制区不分级。

（4）编制保护规划

1）勘测与分析文物及其环境现状。

2）调查坎儿井历史及坎儿井文化。

3）对文物价值、文物现存状况、文物管理现状及文物利用现状进行评估。

4）制定与评估结论相应的保护措施，包括有关的工程经济指标和分期规划。

5）根据规划指导思想，结合文物保护单位具体地形地貌划定保护范围、建设控制地带，并制定相应的控制管理要求。

6）规定开放要求，编制展陈方案。

7）提出完善管理机构的建议和工作目标。

（5）建立健全专项法规

1）进一步完善修订《新疆维吾尔自治区坎儿井保护条例》，尽快制定《新疆坎儿井保护规划》，报请自治区人民政府批准实施。

2）各坎儿井保护区可根据实情再制定地方性坎儿井保护实施条例，并把坎儿井保护纳入地方财政预算。

（6）人员培训

通过多方面的培训使保护坎儿井的施工、监理、设计、管理的各相关人员增强文物保护意识，掌握科学施工、管理的工作方法，提高坎儿井保护从业人员整体素质。努力使坎儿井保护由无序自发改变为有序的科学规划组织的状态中来，保证坎儿井的传统工艺技术得以保留传承。

（7）科学研究

1）研究内容：坎儿井的历史地理研究、坎儿井传统工艺的研究、坎儿井在经济文化发展中的作用研究、开展坎儿井与周边环境关系的研究、区域水文地质状况、区域地质状况、坎儿井水资源的保护利用研究、坎儿井水土保持的研究、监测方式、方法的深入研究、坎儿井在其他国家研究及保护的状况 、开展坎儿井病害分类及分布的调查研究、坎儿井构成材料分析研究、坎儿井病害成因机理研究、保护材料及工艺的筛选试验等。

2）搭建科研平台：建设单位组织与委派相关部门、研究单位开展坎儿井专题研究；综合各方面人才，成立全国性的坎儿井研究基地。

（8）前期保护项目实施

1）前期保护项目内容：尽快实施已批准的保护方案。

2）前期保护项目实施分期 ：根据实施项目内容，前期保护项目将在2009～2012年实施，具体实施过程拟分三期。

（9）保护方案的勘察设计

1）勘察设计的分类：在全面、准确摸清坎儿井病害现状的基础上，根据破坏机理，分清轻重缓急，制定相应的勘察设计方案。

2）勘察设计的步骤：勘察设计的最终成果分为勘察报告和设计方案（含投资预算）两部分。

3）勘察设计的分期：在综合调查的基础上，采取有步骤、有计划分期勘察设计工作；前期已批准方案先实施（共475条），实施时间为2009～2012年；中期以抢救性和有水坎儿井为主（共368条），实施时间为2013～2016年；后期以综合治理为主，实施时间为2017～2019年。

（10）劳动定额测定

1）劳动定额测定的内容：把制定定额的工序初步分解为若干组成部分；分析工序结构和操作方法的合理性及组成部分的时间消耗因素；计算并确定各组成部分和整个工序时间的定额。

2）劳动定额的表现形式：劳动定额根据表达方式分为时间定额和产量定额两种。

3）劳动定额制定的要求：确定一项工作或者一个产品的工作消耗，必须要有科学依据；要总结和推广节约劳动的先进经验，挖掘并提高劳动生产率的潜力，保证定额水平的先进性；要保证相同工作定额的统一和不同工作（包括不同生产单位、不同工种、不同产品）定额水平的平衡。

4）劳动定额测定的原则：典型性原则、合理性原则、规范性原则。

5）劳动定额的作用：劳动定额是计划管理的基础，是贯彻按劳分配和推行经济责任制的依据，是衡量劳动生产率的标准，是确定定员标准和合理组织生产的依据，是企业经济核算的依据。

6）定额中标准时间的构成与计算：标准时间的构成，标准时间的计算，标准时间使用系数。

7）劳动定额工作的科学研究：开展劳动定额工作科学研究，应着重研究生产力及其合理组织的问题，其中也涉及生产关系问题；注意研究运用现代化科学管理的最新成就，充实业务活动内容，适应生产发展的需要；逐步做到将现代化管理工具应用于劳动定额工作的日常业务活动中；加强劳动定额工作的信息交流活动。

8）劳动定额测定的分期计划：各个地区的人工工资、材料价格、场地条件和施工难度等都存在差别，实施方案批准后，计划两年内分地区、分类型、分步骤地完成定额测定数据的整理分析并形成讨论稿。

（11）全面实施保护工程

1）对危险区域进行的抢险加固工程。

2）按照规划及工程设计方案对坎儿井进行本体保护加固。

3）按照规划及工程设计方案恢复部分坎儿井的输水。

4）日常维护及疏浚工作。

（12）水土保持工程

预测项目建设可能产生的水土流失。

1）预测时段划分：基本建设期和自然恢复期。

2）工程建设引发水土流失的因素：暗渠和明渠防渗加固、掏捞清淤、竖井加固等工程措施。

3）水土流失预测内容：扰动地貌、损坏土地和植被面积的预测，弃渣量的预测，损坏水土保持设施的面积和数量的预测，可能造成水土流失的面积及流失总量的预测，可能造成的水土流失危害预测。

4）水土流失量的预测方法：对工程建设产生的水土流失量计算公式，弃渣流失量的计算公式。

5）可能造成的水土流失危害预测：根据分析，可知工程建设过程中人为活动造成的水土流失危害。

6）水土保持。防治目标：预防和治理因工程建设造成的新增水土流失，从而保护项目区生态环境；水土流失防治责任范围：项目建设区和直接影响区；主体工程中具有水土保持设施功能的分析与评价：为了保证主体工程的运行安全，工程设计中采取了一些必要的工程措施，这些工程客观上具有一定的水土保持功能。

7）水土保持措施：水源保护措施，水土保持工程措施，水土保持其他措施，水土保持措施实施进度合理安排，水土保持监测，坎儿井水土保持的日常管理。

（13）环境保护

1）环境保护的目的：通过对遗产赋存环境的保护，消除自然环境和人为因素对遗产的侵扰，直接或间接对遗产实施的一种保护行为。

2）环境保护的区域划分：将新疆现存坎儿井环境保护划分为六个区域，即吐鲁番区域、哈密区域、昌吉区域、克孜勒苏自治州区域、和田区域、乌鲁木齐区域。

3）环境保护内容：地形地貌保护、水环境保护、景观环境保护、生态环境保护、历史环境保护、人文环境保护。

4）环境保护方法：常规保护、保护项目实施过程中的环境保护。

5）环境质量保护：依据环境管理规定、环境质量标准、环境卫生规定。

（14）建立监测系统

1）监测区域的划分：将新疆现存坎儿井划分为13个区域，视保护工程进展状况实施相应监测内容。

2）实施监测项目的分期：依据前、中、后期保护项目实施分期，进行监测项目实施过程。

3）监测项目标段的划分：依据监测区域的划分，确定一个区域为一标段，依据监测项目实施分期表，按照保护工程实施先后，依次确定本标段招标时间。

4）监测内容：本体监测、环境监测、水土保持、自然灾害监测。

5）监测方法：本体监测——稳定性、变形、应力监测；环境监测——建立环境监测系统、气象环境监测；水土保持监测——设立地下水监测井和进行动态监测地貌、植被的扰动范围、施工弃渣量及堆放面积；自然灾害监测——定期、不定期巡查防洪工程设施，建立地震监测系统；监测时间、频次——重点监测时段为施工期，监测方法视不同地段、不同内容采用不同监测方法和频次。

6）应急预案：根据相关法律文件、条例等，制定安全防范管理措施，编制《新疆坎儿井突发事件应急工作管理办法》。

7）监测制度：制定各项监测工作制度，采取定期、不定期巡查制，定期提交各项检测报告及数据的相关规定。

（15）工程资料的建档及相关成果的出版

1）内容。健全坎儿井工程项目档案整理工作；收集整理在坎儿井保护实施过程中的与之有关的论文、著作、报刊、影像资料并分类建立档案，妥善保存；运用文字、录像、数字化多媒体等各种方式收集坎儿井挖掘、疏浚的传统工艺资料并分类建立档案，妥善保存；编辑出版《新疆坎儿井保护年鉴》，包括各类文献、大事记等；编制《新疆坎儿井综合调查报告》；按每项已实施工程编辑出版的《新疆坎儿井保护项目工程报告》、按每项已实施工程编辑出版的《新疆坎儿井抢险加固工程报告》《新疆坎儿井劳动定额》《新疆坎儿井保护人员培训教材》《新疆坎儿考古调查报告》《新疆坎儿井区域地质水文调查报告》《新疆坎儿井文献资料汇编》《新疆坎儿水资源调查报告》《新疆坎儿水保护与利用论文集》。

2）资料的管理。建设单位应确定一位领导主管工程档案工作，必须设置档案室或专职档案员，负责项目资料的收集、整理及项目建设中档案资料的保管和利用；建设单位应从工程立项开始就把档案资料管理工作纳入管理工作计划、纳入工作程序、纳入保护工程管理部门职责范围。使文件材料的形成、积累、更改、立卷、归档与工程建设同步；建设单位应确定由专人来负责坎儿井保护工程资料的整理与出版工作。

（16）申报世界文化遗产

坎儿井申报世界文化遗产所面临的主要困难：坎儿井的保护没有真正纳入当地经济和社会的发展规划，没有纳入当地的财政预算；坎儿井的环境景观需要整治，但尚未有合理整治的计划。

虽有《新疆维吾尔自治区坎儿井保护条例》针对性保护管理法令，但内容有待完善，缺乏有关坎儿井申报历史沿革和保存现状的公认、准确和详尽的结论性研究成果和记录，要确定吐鲁番、哈密盆地所有的坎儿井联合申报还是选择几处代表性遗址申报。

4. 项目取得成功的必要性分析

按照“统一管理，分级负责”的原则，成立相应的组织管理机构。成立新疆坎儿井保护项目执行办公室；制定合理的分期实施计划；加强培训，提高施工、监理、管理等相关人员的业务素质；双管齐下，工程实施与科学研究并行；实行工程招投标；加强法制宣传，认真贯彻执行《新疆维吾尔自治区坎儿井保护条例》。

作者单位：梁涛，新疆文物古迹保护中心

广西花山岩画第一期抢救性修复保护工程实录

刘　笛　何　林

内容提要：花山岩画位于广西左江为战国至汉代壮族先民骆越人涂绘，内涵丰富，价值较高，是我国南方岩画的典型代表。由于几千年来多种病害的发育，严重威胁着岩画的长期保存。2011年，国内多家文物保护机构合作，对花山岩画开展了抢救性修复保护工程，取得了较好的保护效果。
关键词：广西　花山岩画　修复保护

一、引　　言

2011年3月，由中国文化遗产研究院组织，来自新疆文物古迹保护中心、河北省文物保护中心、贵州省文物保护中心、陕西省文物考古研究所、内蒙古呼和浩特市博物馆、北京周口店遗址博物馆等六省市三十余名文物保护工作者，齐聚广西花山，开展此次花山岩画抢救性修复保护工程，这也是全国各省市多家文物保护单位第一次合作实施此种大型石质文物的修复保护。

二、文物点概况

花山位于广西壮族自治区左江流域的宁明县耀达乡，距宁明县城25km。花山是一座峰峦绵延的断崖山，位于左江支流的明江右岸，临江西壁断裂，整个壁面向江边倾斜，山高270m，南北长350m。在花山的峭壁上分布着约1900多个大小不等的赭红色人物、动物、道路，以及铜鼓、刀、剑、钟、船等器械图形，其中人像高度一般在0.6～1.5m，最大的高约3m。画面距江面最高处90m，最低处约30m，画面宽约172m，面积约8000m^2，这便是左江岩画及国内外岩画中，面积最大的岩画——花山岩画（图1、图2）。

图1　岩画局部（1）

图2　岩画局部（2）

图3　岩壁上的人物画像

图4　专家验收现场

据研究，花山岩画为战国至汉代期间壮族先民骆越人涂绘，距今2500～3000年。花山岩画以其规模宏大、保存良好、人物众多、分布密集、内容丰富，成为左江流域乃至我国南方岩画的典型代表，具有重要的史学、美学和鉴赏教育等独特的价值（图3）。

由于几千年自然和人为因素的影响，花山岩画岩体出现了崩落掉块、片状和鳞片状剥离脱落、岩画颜料褪色脱落、岩体开裂等问题，这些对花山岩画造成了严重的破坏，威胁着岩画的长期保存。

花山岩画保护引起了国家领导人及文物行政主管部门的高度重视。2004年4月，国务委员陈至立曾就花山岩画保护作了重要批示；同年5月，国家文物局局长单霁翔专程考察了花山岩画，并作出专门批示。2006年11月23日，国务委员陈至立专程赴广西宁明县考察了花山岩画的保护及利用情况，叮嘱当地领导对花山岩画“一定要很好的保护”（图4）。

三、花山岩画病害类型及机理分析

根据现场的调查分析，花山岩画现存由自然因素引起的病害有：岩画本体岩体开裂、脱空、剥落；渗水及由水诱发的溶蚀、钙质沉积覆盖；岩画颜料层的风化、剥落；微生物生长附着及侵蚀破坏等，其中岩画本体岩石开裂、剥落、崩塌等病害对岩画产生最直接的破坏作用，几乎是毁灭性的破坏，是危害花山岩画保存的最严重的病害。

花山岩画岩体开裂病害分为三类：①岩体构造裂隙为控制因素引起的构造开裂；②风化作用为控制因素引起的风化开裂；③部分开裂岩体病害的形成是上述两个成因的综合作用。根据第一期735m^{2}区域调查，共发现3025处开裂岩体病害，病害总面积90.22m^2，约占调查区域面积的12.28%。其特征主要是开裂岩体厚度集中在1～200mm，块体形式2178处呈片状开裂、847处为块状开裂，开裂面形式279块裂隙面呈平面、2746块裂隙面呈曲面，裂隙开口方位分为自上而下开裂、自下而上开裂和倾向与其他等类，比例相当，裂隙的张开宽度多在0.5～20mm，裂隙内多无填充物。开裂岩体病害类型以风化开裂为主，所调查的开裂岩体中有2178块风化开裂岩体，占开裂岩体总数的72%，构造开裂岩体为847块，占开裂岩体总数的28%。

花山岩画岩体开裂病害的形成机理非常复杂，包括以下两个方面：①花山断层相对错动，受压应力、剪应力等影响。断层表层岩体发育大量的剪张性、剪切性裂隙，这些裂隙或呈显性裂隙面，或呈隐性裂隙面，为崖壁岩体后期裂隙的扩展、发育提供条件。②岩体表层岩体温度梯度的剧烈波动，从而造成表层岩体温差应力巨幅变化，主要是张拉应力。平行崖壁的张拉应力对岩体的破坏严重，加速岩体表层的开裂，特别是当表面岩体力学强度在风化作用下降低，岩石白天接受阳光辐射使表面受热膨胀，热量由岩石表面向内部缓慢传递，由于岩石内部受外部热的影响很小，致使岩石内外在白天接受太阳辐射热膨胀的体积、速度不同，在岩石内部产生应力；到夜间，岩石表面开始散热，体积发生收缩，但内部因日间持续传来的热，这时体积发生膨胀。这样，岩石表面与内部的体积膨胀和收缩步调不一致，重复此过程，岩石的表层便在膨胀、收缩时产生的应力作用下发生裂隙。温差应力变化是导致花山岩画表面开裂的主要因素。

图5　岩画现状

另外，水的因素对花山岩画的危害也非常大。水害的类型按渗流方式分为两种，即裂隙渗水病害和沿崖壁分布的面流水水害。裂隙渗水包括层理裂隙水、节理裂隙水，其中以层理裂隙水为主。受降雨及崖壁地形、构造特征影响，花山岩画有三个区域存在面流的影响。裂隙渗水的危害主要是钟乳石沉积对岩画的覆盖、掩埋。面流直接的危害是在崖壁面上形成白色、灰色、黑色流水状水痕的膜状钙质沉积。如果钙质沉积发生在岩画区域，就形成钙质沉积对岩画造成覆盖破坏。

不仅岩体的病害威胁着花山岩画的长期保存，近些年来，在风化作用的影响下，岩画本身颜料也出现表层颜料剥落的情况，严重损害了岩画的价值（图5）。

四、花山岩画第一期抢救性保护修复工程概况

图6　一期工程施工脚手架

本次广西宁明花山岩画第一期整体抢救性修复保护工程的保护对象为2008年9月～2009年1月搭设脚手架的第一期保护工程区域（约735m²）的岩画，施工内容是对这一区域内发现的所有岩画开裂岩体，包括已做过应急性“点”黏结加固处理的岩画开裂岩体进行归位黏结加固、填充黏结加固和注浆黏结加固，维持岩画本体的现状，保证其稳定性与安全性。其中，重要开裂岩体部位约3025处，小型危岩体19处（图6）。

五、主要加固工艺及材料

主要的黏结加固方式包括归位黏结加固、填充黏结加固和注浆黏结加固。归位黏结是针对片状脱落的岩石对其进行归位黏结（图7），它的加固工艺及流程是：①留取资料；②揭取；③清洁黏结面；④调配黏结剂；⑤选择黏结部位；⑥润湿黏结面；⑦涂抹归位黏结剂；⑧核对编号及部位；⑨原位黏结；⑩压实黏结面；⑪表面清理；⑫剩余黏结剂留样；⑬质量检验，不合格者返工，重新黏结；⑭合格者照相，与初始状态对比，留取资料，准备下一步施工。填充黏结是针对岩画片状开裂岩石与原岩体之间存在裂隙（图8），但大部分仍然相连，此时最适合填充黏结，它的加固工艺及流程是：①留取资料；②清洁裂隙；③依据开裂缝隙的宽度选择黏结材料；④调配黏结剂；⑤选择黏结点；⑥润湿黏结面；⑦填充黏结材料；⑧挤压黏结剂与黏结面结合紧密；⑨清理多余黏结剂；⑩剩余黏结剂留样；⑪质量检验，不合格者返工，重新黏结；⑫合格者照相，与初始状态对比，留取资料，准备下一步施工。注浆黏结加固适用于体量较大的、大部分仍与原岩体连接的小

图7　归位黏结

图8　填充黏结

型危岩体（图9），在一般“点”黏结加固难以满足修复加固要求时，就需要采用注浆黏结加固工艺。注浆黏结包括两部分工作内容，即裂隙口封堵与注浆，具体加固工艺及流程是：①留取资料；②清理裂隙；③选择封口材料；④调配封口材料；⑤选择注浆管；⑥润湿封口部位；⑦预埋注浆管；⑧封堵裂隙；⑨表面清理；⑩黏结剂留样；⑪养护；⑫质量检验；⑬留取资料。

图9 注浆黏结

在以往的工程实践中，常用的加固材料主要有两种，即无机水泥材料和有机树脂高分子材料。水泥材料由于黏结强度高，在现代工程中得到了广泛应用。但是，大量的科学研究与工程实例证明，现代水泥材料与传统砖石等材料并不兼容，如水泥中的水溶盐会给文物建筑带来严重损坏，而水泥建筑一旦出现问题，要想再次修复是非常困难的，有些甚至是不能修复的。高分子材料（如环氧树脂）与砖石材料的物理化学性质差异更大，在实践中出现了更多、更严重的兼容性问题，主要表现为强度太高、发脆，老化产物与砖石材料完全不同，不吸水、不透气。这两种材料在前期试验中作为花山岩画的加固材料并不理想，因此花山岩画保护工作一直没有取得实质性的进展。

花山保护的关键技术问题是保护材料的研发。岩画岩体加固需要大量的黏结加固材料，材料要与岩画岩体性能相近、黏结强度适宜、耐老化、不能产生衍生性破坏作用，还要适应花山岩画高温的气候条件，不宜选用有机树脂材料，宜选择无机材料等等。这些技术要求是花山岩画作为重大文化遗产保护必需的。2007年，中国文化遗产研究院根据花山岩画岩石性能特征和独特的自然地理环境特征，进行了大量的室内实验和现场试验，对不同加固材料性能、配比及其性能参数进行比选，最终选定天然水硬性石灰作为花山岩画的加固修复材料技术。这是第一次系统地开展针对重大文化遗产保护工程的应用研究，即水硬性石灰在花山岩画修复保护中的应用研究（包括大量的性能实验、配比性能对比实验、现场效果及工艺试验、材料性能认证试验等）。实验结果证明水硬性石灰具有稳定、长久的黏结强度、与岩画岩体性能相近、结构相近、热膨胀系数相近，不存在盐类析出腐蚀等的后续衍生问题。天然水硬性石灰与建筑工程上习惯说的石灰有很大的区别，传统石灰是指气硬性石灰，它是由含碳酸钙较多，质地纯的石灰岩石经800～1000℃高温煅烧而成的气硬性胶凝材料。石灰分为生石灰和熟石灰，生石灰粉是由块状生石灰材料磨细得到的细粉，主要成分是CaO；熟石灰粉是块状生石灰用适量水熟化得到的粉末，又称消石灰，主要成分是$Ca(OH)_2$。采用不纯、黏土质含量大于8%的石灰石，经过烧制（温度900～1100℃）、粉碎、消解而成的石灰中除CaO以外，还含有较多的硅酸钙、铝酸钙和铁铝酸钙等化合物，是一类有别于传统石灰材料与水泥材料的一种天然无机材料。这类钙质凝结材料称为水硬性石灰，主要成分有二钙硅石（$2CaO \cdot SiO_2$，简写成C_2S）、熟石灰

Ca（OH）$_2$、部分生石灰CaO、部分没有烧透的生石灰$CaCO_3$及少量的黏土矿物、石英等。固化的机制可以分成三个部分：①水硬性石灰中的水硬性组分C_2S在遇到拌和水后，发生水花反应，形成钙硅酸盐，使其强度增加。该组分是传统白石灰中不具备的。②Ca（OH）$_2$也是水硬性石灰材料的主要组分之一，和空气中CO_2和H_2O反应后，形成碳酸钙固化，这也是普通消石灰的固化机理。③Ca（OH）$_2$与骨料（如黏土砖粉）中的活性SiO_2、AI_2O_3也可以发生胶凝反应，形成硅酸钙、铝酸钙。这是用石灰改性土的重要化学反应。它的主要特征包括以下四个方面。①其固化反应及凝结过程分为水和反应硬化（即水硬化）和碳化合反应（气硬化），具有通过水和反应固化满足早期强度要求，逐渐碳化合反应固化满足长期强度要求的特性。长期缓慢的气硬化过程使材料与加固对象的适应性能更加优越。②与水泥材料相比，不含有水溶盐等腐蚀性成分。③与传统熟石灰相比，抵御自然侵蚀破坏的能力更强。④对于微小的变形，可以通过缓慢、不断进行的气硬化过程进行必要的修正。理论与实践研究证明，水硬性石灰是建筑遗产保护修缮的理想材料之一。

天然水硬性石灰在欧洲有着悠久的应用历史，在中国也曾有过少量的应用，但使用工艺及应用技术比欧洲各家落后许多。20世纪80年代，李最雄先生首先对中国传统水硬性石灰进行了研究，通过对甘肃省秦安县大地湾出土的仰韶时期房址地面建筑材料的分析和室内模拟实验的证明，烧料礓石是在烧陶窑中约900℃的温度条件下烧制而成。这项研究成果已经发表。近年，李最雄先生不仅对西藏寺院传统房屋地面及屋（顶）面建筑材料——阿嘎土进行了烧制研究，也对料礓石烧制进行了系统地研究。2004年，马清林博士对料礓石的材质、胶凝机理和胶凝后的产物形貌进行了系统研究，为潮湿环境下的壁画地仗加固提供了材料和方法。总体而言，我国对水硬性石灰的系统研究还刚刚起步，尤其是结合重大文化遗产保护的针对性、系统性研究，花山岩画保护是第一次（图10）。

图10　填充黏结

此次花山岩画加固材料采用的天然水硬性石灰石由德国制造的，中国自主研制的水硬性石灰有望在第二、三期工程中取代德国材料。根据花山的具体情况，将黏结加固材料分了两类，一类为封口黏结材料，一类为注射黏结材料。前者主要是将已经开裂的岩片黏结住，防止脱落，同时防止注射材料流失。后者是注射到裂隙中，起黏结及填充作用。从材料技术要求角度，两者具有相似性，都具有很好的黏结性、耐久性及韧性，但在施工方面，要求前者具有很好的湿黏性和很好的可操作时间，后者具有很高的流动性，使材料可以流到裂缝的各个角落进行填充和黏结。根据裂缝的类型，需要采用不同黏度、不同粒径的注射黏结材料，以满足不同的要求（图11）。

经慎重细致的对比研究和现场试验后确认，两类黏结加固材料的主要技术参数要求如下。

（1）封口黏结材料的技术参数

1）抗压强度：1～5MPa（28d），最终强度为风化岩石的20%，≤10MPa。

2）抗压与抗折强度比：≤3。

3）收缩：实验室测得≤0.15%，现场施工面无裂纹。

4）热膨胀系数：≤10×10^{-6}，与石灰岩在同一数量级内。

5）附着力/拉拔强度：≥0.1MPa（7d）～0.5MPa（28d）。

6）抗剪强度：0.1～0.3MPa。

7）吸水性：吸水速度高于石灰岩，毛细吸水系数≥$2\text{kg/m}^2\sqrt{\text{h}}$。

8）透气性：≥石灰岩的透气性，越高越好。

图11 调制注浆材料

（2）注射黏结材料的技术参数

1）抗压强度：1～5MPa，最终强度≤5MPa。

2）抗压与抗折强度比：≤3。

3）收缩：实验室及现场试验均无裂纹。

4）注浆材料的流动性：很好，可灌。

5）热膨胀系数：≤10×10^{-6}，与石灰岩在同一数量级内。

6）附着力/拉拔强度：≥0.1MPa（7d）～0.3MPa（28d）。

7）抗剪强度：0.1～0.3MPa。

8）吸水性：吸水，毛细吸水系数≥$2\text{kg/m}^2\sqrt{\text{h}}$。

9）透气性：比石灰岩的透气性要好，越高越好。

依据上述要求及相关参数，中国文化遗产研究院、同济大学历史建筑保护技术实验室中试基地暨上海德赛堡建筑材料有限公司、中国地质大学（武汉）通过比较分析和试验研究，针对不同岩画开裂剥离类型提出要根据黏结加固材料的不同配比来应对不同宽度的裂缝（图12、图13）。

图12 脚手架局部

图13 脚手架全景

六、结　　语

花山岩画是一项综合性保护工作，国内外没有现成的技术经验可借鉴，通过参与本次工程的各省市文物保护单位同志的共同努力，自主研发出一整套适合花山岩画的修复加固方式，大量利用当地盛产的竹子自制各类加固用具，取得了很好的效果。

第一期花山岩画抢救性保护修复工程已经完成了一半，修复的过程中，是对处在危险边缘的花山岩画一次抢救性的保护，使它得到暂时脱离危急状态，也是对中国水硬性石灰研究的一次实践；但花山岩画存在的问题是非常复杂的，需要进行充分的勘察、分析、研究工作。这是一项长期的保护工作（图14、图15）。

图14　专家验收现场

图15　专家现场讨论

此外，水硬性石灰虽然在壁画修复加固、砖石文物修复保护、土遗址加固保护、砖石建筑砌筑灰浆性能改善、三合土性能改善、西藏阿嘎土性能改善等方面应用前景十分广阔，但我国还没有一个厂家能够生产高质量的天然水硬性石灰，如果大量使用仍需要进口，同时，在针对性、应用性研究方面也十分薄弱。加强国产水硬性石灰的研发与生产，系统开展水硬性石灰在文化遗产保护中的应用研究，将极大提高我国文化遗产保护的科技水平。

参考书目

[1]　王金华、周宵等：《花山岩画保护与水硬性石灰的应用研究》，《中国文物报》2010年11月26日。
[2]　中国文化遗产研究院：《花山岩画抢救性保护方案》（内部资料），2009年7月。
[3]　王克荣、邱钟仑、陈远璋：《广西左江岩画》，文物出版社，1988年。
[4]　上海德赛堡公司提供的水硬性石灰资料。

作者单位：刘笛、何林，新疆文物古迹保护中心

新疆都拉里古城保护利用浅论

何丽萍

内容提要：位于新疆尉犁县境内的都拉里古城始建于清朝光绪年间，是清代中央政府在新疆地区屯垦戍边的重要历史见证。本文在实地调查的基础上，对古城的主要病害做了认真分析，提出了初步保护的设想。同时，对于如何发挥县域内的文化资源优势，进一步整合各类旅游资源，笔者也提出了自己的见解。

关键词：都拉里古城　文物保护　旅游资源　开发利用

都拉里古城遗址（图1）又称蒲昌城，位于新疆巴州地区尉犁县境内，农二师三十四团五连东北700m处，距离库尔勒市229km、尉犁县城173km。地理坐标北纬40° 34′ 55.9″，东经87° 47′ 05.7″，海拔837m。

图1　都拉里古城东南最高处

一、古城现状

都拉里古城所处环境四周平坦开阔（图2），其西北约500m为纳肿河，河宽10～20m，城东不远处是库尔勒至且末、若羌的218国道。古城东西长297m，南北长328m，占地近万平方米，平面呈四方形，坐南朝北，现存的城墙最高处8.5m，墙的厚度为6.9m。城墙的轮廓基本保存完整（图3、图4）。墙体为夯土而筑，夯层8～10cm。城墙上为土块垒砌，墙上宽3m，下宽

5m，高约3.5m（图5、图6）。古城四边的城墙上原各开有一个城门，目前在东、西及南墙上残存有城门遗迹，城门宽约6m，门墙高约3.5m。每面墙有四个马面，平面基本呈方形，边长宽约3m，高约5m（图7）。马面的底部是用黄土夯筑，其余部分是用土坯垒筑。登上城墙，原有的哨位、射击孔等设施依然清晰可见。

图2　都拉里古城外景图

图3　都拉里古城正南面

图4　都拉里古城内景

图5　都拉里保存完整的城墙

图6　都拉里古城城墙局部

图7　都拉里古城马面

二、历史沿革

都拉里古城曾是清政府经营塔里木盆地东部地区尉犁、若羌、且末一带的政治军事中心。光绪初年，清政府收复新疆后，于光绪十六年（1890年）在英格可力设立抚辑招徕局，负责安顿流民（招徕居民1400户在此屯田），管理塔里木河下游区域的屯垦开发活动。

光绪十八年（1892年），天津商民开始出资修建蒲昌城，次年完工后，抚辑招徕局移至蒲昌城。当时易盛富、喻光达先后在蒲昌屯垦。光绪二十二年（1896年），新疆当局黄桂芳驻扎蒲昌，并招募吐鲁番、鲁克沁等地的农民来蒲昌定居种田，后又将甘肃、青海等地的8000多名农民安置在蒲昌附近。

光绪二十四年（1898年），清政府设立新平县（今尉犁县）和卡克里克县，抚辑招徕局撤销，蒲昌城逐渐成为该地区的一座军营，驻扎的部队被称为“蒲昌营”。光绪三十一年（1905年）蒲昌营被撤销。此后，由于当地土壤盐碱化严重，不适宜耕作，居民大多迁入铁干里克和焉耆一带，蒲昌城随之衰败并最终废弃。1917年，谢彬在塔里木河下游考察时，发现蒲昌城已是“今日所存败瓦颓垣，惟旧游击衙署三间尚完好”，并且没有军民居住的记录。可见，蒲昌城在1917年之前就已废弃了。1999年7月，都拉里古城被公布为第四批自治区级重点文物保护单位。

三、古城保护及开发的设想

都拉里古城遗址位于塔克拉玛干沙漠北缘，历经百年沧桑，由于自然和人为的破坏，目前墙体毁损严重（图8、图9）。近年来，为了对古城实施抢救性保护，同时积累在沙漠干旱地区维修土遗址的经验，我们对古城进行了多次现场勘查（图10）。在实际工作中，我们发现，古城的主要病害有风蚀、水蚀、裂隙发育、坍塌和倒塌缺口扩张等，其中尤以风蚀的危害最为致命。

图8 都拉里古城城墙病害之一

图9 都拉里古城病害之二

图10　笔者考察都拉里古城

（一）保护开发古城的意义及目标

都拉里古城作为罗布地区重要的古遗址，对其保护和利用迫在眉睫。保护古遗址就是保护民族的文化习性与民族精神的传承环境。通过古城的保护开发和利用，弘扬优秀的历史文化，这就要求我们必须通过强化现代保护意识与应用技术手段，保护古遗址，推进文化传承向健康方向发展，逐步改善古遗址保护的现实环境。

保护古遗址是发展旅游产业、开发人文景观的前提和基础。就尉犁县来讲，依托内容丰富、种类繁多的文物资源这一得天独厚的优势，发展旅游产业，打造新疆巴州第一景区。旅游产业发展与文物保护二者之间是相辅相成、相互促进、相互完善的统一体。由于探古求知是人们普遍的心理需求，而文物古迹的开发利用可满足人们的这一需求。文物古迹是不可再生的旅游资源，一旦受损，则无法恢复。只有保护利用好它，使其尽量完好无损地展现在游客面前，以获取最大限度的社会效益和经济效益。同样，发展旅游产业可以促进文物保护，在提高社会大众保护文物意识的同时，还可以在一定程度上为文物保护提供所需的保护经费。为了使文物古迹能够长久地保存下来，长期发挥效益，政府管理部门及文物景点周边群众必须重视辖区范围内的文物保护，从而使文物资源成为旅游产业发展的长久资源。

都拉里古城遗址是清代中央政府在新疆地区屯垦戍边的重要历史见证，其历史、文化、科学价值的特点，使都拉里遗址成为极具开发价值和市场竞争力的旅游资源。保护是利用的前提与基础，利用是保护的目的和结果。对都拉里古城的有效保护，包括保护遗址区格局完整，治理环境，突出重点，保证遗存不受破坏，积极利用，建成以展示都拉里古城历史文化风貌为特色的古文化遗址旅游区。

都拉里古城遗址文化旅游区的规划和建设，旨在充分发挥都拉里遗址的地域品牌优势，有效保护和合理利用文化遗产，全面整合都拉里遗址及周边区域内的罗布文化遗迹和其他旅游资源，加快建设旅游基础服务设施，促进区域旅游经济协调发展，打造以罗布文化为核心，以考古旅游探险为载体，以世界旅游目的地为目标的中国新疆历史文化旅游精品。

（二）尉犁县文物资源概况

尉犁县地处新疆维吾尔自治区东南部，塔里木盆地东北边沿，位于东经84° 02′ 50″，北纬40° 10′ 30″ ~ 41° 39′ 47″。县境西与莎车县、库车县交界，北与轮台县、博湖县、和硕县和吐鲁番地区的托克逊县、吐鲁番市、鄯善县相接壤，东邻若羌县，南依塔里木盆地与且末县毗邻。东西最长处502.8km，南北最宽处165km。目前，尉犁县境内已调查发现的文物点（古城堡、古墓、烽燧、岩画等）共计29处，其中国家级1处、自治区级3处、县级3处、未定级22处。遗址主要分布在孔雀河下游、314国道附近及阿尔干地区，如营盘遗址、墨山国石头城、孔雀河烽燧群、都拉里古城等文物古迹。境内虽然有着十分丰富的旅游资源，却都未形成一个完整有机的保护利用体系。

（三）尉犁县开发旅游资源的优势

1. 丰富的旅游资源

结合历史文献和考古资料对都拉里古城的初步研究，证明了100多年前清政府对该地区的有效统治管理和开发利用。此外，都拉里古城周边还有许多有特色吸引力的配套旅游资源，如国家级文物保护单位孔雀河烽燧群、营盘遗址（佛塔、墓葬、古城）等。都拉里古城的独特性及周边丰富的配套旅游资源，使都拉里古城文化旅游区具备了打造新疆文化旅游精品的基础和条件。

2. 优越的旅游区位条件

都拉里文化旅游区距库尔勒约229km，距尉犁县城区约173km。都拉里古城有着极佳的地理优势，该城址位于218国道旁，交通便利，便于开发和利用。通过整合现有的各类旅游资源，以文化观光旅游、科研求知等为主题，涵盖遗址保护，分观光游览区、集中展示区、接待服务区，打造一个集遗址保护、文化展示、旅游开发为一体的文化旅游区，使之成为地方经济新的增长点。

3. 日趋旺盛的旅游市场需求

旅游业是需求收入弹性很大的产业。近几年，我国旅游收入增长速度持续高于国内生产总值（GDP）的增长速度。同时，新一轮西部大开发将为新疆特色旅游提供巨大的发展空间。

4. 绝好的战略发展机遇

自中央对口支援会议召开后，国家加大了对新疆的支持开发力度，特别是文化文物事业迎来了新的春天。这为都拉里文化旅游区的发展提供了绝好的战略发展机遇，也为加快该区域的旅游基础服务设施建设、推动区域综合开发提供了有力的政策支持。

（四）存在主要问题和不足

1. 旅游发展要素整合不够

都拉里古城现状为一废弃的古城，周边被新疆生产建设兵团农二师三十四团五连的棉田包围，处于未开发和未保护状态，周边环境尚未完善，缺乏星级宾馆、餐饮娱乐、游乐中心、停车场、购物中心等配套服务设施。

2. 遗址区保护、发掘工作滞后

首先，考古发掘与研究工作滞后，虽然已划定了保护区范围，但该范围内还未进行过考古发掘，对很多文物古迹的埋藏情况尚不清楚；其次，保护力度不够，遗址区内棉田虽已退耕，但是长期的棉花种植对古城的破坏很大，盐水侵蚀非常严重，城墙基部破坏严重；再次，对古城的展示与开发利用程度不够。

3. 旅游品牌宣传促销力度小

都拉里遗址在业内的价值和知名度不高，与其自身历史文化价值很不相称，这与旅游品牌宣传促销力度不够有关。

（五）初步构想

按照政府主导、市场化运作、多元化投入的原则，以“罗布文化”为核心，以“罗布形象”为品牌，以都拉里古城为载体，正确处理好保护与利用的关系，合理配置旅游资源，坚持遗址保护和景区建设相结合，创建优秀旅游景区和打造旅游精品相结合，加快景区基础设施建设，加大宣传促销力度，将文化产业和旅游产业有机结合起来，实现单一型文物观光向复合型文化旅游的转变。同时，通过打造都拉里古遗址文化旅游区开发配套旅游资源，推动尉犁优秀旅游城市的建设。

（六）具体措施

1. 搞好规划统筹工作

按照旅游“吃、住、行、游、购、娱”一条龙服务、区域经济协调发展的要求，整合旅游综合要素，搞好景区规划的统筹与衔接，同时加快编制都拉里古遗址区和尉犁其他重点旅游景区（点）旅游产品策划及修建性详细规划。

2. 加强对罗布地区文化资源的研究

组织各相关领域专家对罗布文化资源进行全方位研究，抓准古遗址文化资源转化为文化旅游产业的契合点。以利用文化资源形成文化产业的理念，将文化资源蕴含的深厚文化底蕴融入产业，形成市场空间和品牌意识，带动当地饮食、工艺等产业的发展。

3. 加快都拉里古城遗址文化旅游区的建设

（1）加大遗址区保护力度

明确划定以都拉里古城为中心的重点保护区，重点保护区向外扩大400m为一般保护区，保护区外500m范围为建设控制地带，有步骤地搬迁遗址区部分居民，以减轻遗址区内人口承载压力。同时，增大投入，对遗址区内的公路进行改道，整治排碱渠及灌溉渠系，建立垃圾、污水收集处理系统，消除污染源；加快遗址周边地区生态建设步伐，改善遗址内生态环境。大力调整产业结构，变目前遗址区内的传统农业为自然生态观光农业，恢复遗址区的自然风貌。

（2）进一步加强考古发掘及研究工作

制订科学全面的考古发掘计划、整理研究和出版规划，制定文物保养、修复、文物遗迹的保护及文物景点的展示规划。加大考古调查、勘探、发掘等经费投入，抓紧对出土文物进行整理。打破部门、专业界限，集中考古、地质、建筑、文物保护、物理测试、化学分析乃至历史等多学科专门人才，利用目前国内最先进的DNA探试等技术进行科学规划与发掘，加快研究工作进度。

（3）搞好遗址保护区旅游设施建设

按照"保护为主，抢救第一，合理利用，加强管理"的文物工作方针，加快建设古城修复工程、遗址展示陈列展厅、景点配套设施、科考互动项目。加快古城游客接待中心建设和遗址区电力、通讯、天然气及垃圾处理等基础设施的规划，提高改造、建设和管理营运水平。

4. 创建优秀旅游城市

以经营城市的理念，把旅游开发建设融合到尉犁城市市政建设、经济建设、精神文明建设和城市管理等各个领域，全方位营造旅游的自然生态和社会人文环境，塑造巴州优秀旅游城市的总体形象。增加旅游公共服务设施，提高从业人员的文化修养和旅游服务意识，营造出方便有序、热情礼貌的旅游氛围，树立文明的旅游城市形象。加快旅游通道、景区（点）生态建设步伐，大力发展城市森林，提高城市绿化覆盖率。

5. 加大旅游宣传促销力度

制定都拉里古城遗址文化旅游区的市场营销战略，树立精品形象，发挥品牌效应。加强与国内外旅行商的联系，强力推出针对不同客源市场的旅游产品，拓展客源市场。有计划地开展主题旅游活动和各种招商引资活动；利用优惠、奖励政策吸引民间资本，加大旅游宣传投入。组织、办好大型宣传活动和民间节庆活动，包装、打造具有浓郁地域特色的优秀项目，成为宣传旅游的新亮点。设置旅游广告宣传区，在重要城市的公共场所发布古遗址文化旅游区的形象广告。

建设都拉里古城遗址文化旅游区是一项复杂的系统工程，要进一步理顺管理体制，明确规划、开发和建设主体，加快各相关专业规划的编制，深入做好开发项目的前期工作。在有效保护都拉里历史文化资源的基础上，将资源优势转化为产业优势，培育出以罗布品牌的文化、科技、旅游、商业等多元复合型的产业链，并由此产生出巨大的社会效益和经济效益，为实现我县旅游产业和文化产业的可持续发展奠定坚实基础。总之，有效保护和积极开发必须做到以下四个方面。

第一，规划设计。动态规划、过程模拟与控制等的规划思路创新，以及将都拉里遗址延伸开发成三个功能区（遗址区、文化演绎区、旅游服务区），并在空间上分离（遗址地区严格按照国家及地方有关文物保护规定进行保护。文化演绎区，离开遗址区，毗邻城区，旅游服务区依托城区）。

第二，规划管理。严格按照《中华人民共和国城市规划法》和国家《中华人民共和国文物保护法》进行管理，依照保护规划，分级分层次保护（遗址区应由政府有关部门管理）。

第三，资金保障。申请国家项目资金，如 “大楼兰保护专项基金” 等。

第四，移民安置。将遗址附近居民有计划、分阶段迁出遗址区，主要转移到旅游服务区。

四、结　语

古遗址的保护和利用是一个复杂的系统工程，它需要政府和有关职能部门给予足够的重视，正确处理好经济建设与文物保护利用的关系，统筹解决好文物保护和文物开发的问题，兼顾文物的社会效益和经济效益两方面。对于都拉里古城的保护和开发，我们相信，在科学发展观的指引下，只要树立文物旅游事业可持续发展的观念，积极解决“建新与保旧”之间的矛盾，努力在文物的“保护”与“开发”之间找到一个平衡点，实现文物旅游资源保护与利用的良性循环，最后一定可以达到双赢的结果，即不仅为文物保护工作搭建了一个新的平台，而且还能推动旅游业的发展迈上新的台阶。

作者单位：何丽萍，新疆尉犁县罗布淖尔博物馆

柏孜克里克石窟崖体病害及对策

陆继财

内容提要：柏孜克里克石窟崖体病害严重威胁到洞窟的安危，亟待加固。通过现场调查资料分析，查明了崖体病害特征，分析了病害成因，并提出防治对策。科研成果对于柏孜克里克石窟加固具有实际指导意义，对于丝绸之路新疆段类似洞窟遗址的加固也具有参考意义。

关键词：柏孜克里克石窟　崖体病害　成因机制　防治对策

柏孜克里克石窟是新疆吐鲁番地区最为重要的洞窟，先后历经麴氏高昌、唐西州、回鹘高昌等时代，具有极高的历史、艺术和科学价值。由于自然和人为因素的作用，柏孜克里克石窟崖体病害极为发育，严重威胁到洞窟的安全。科学认识遗址的病害特征及成因机制是采取加固措施的关键。本文基于现场调查资料，分析柏孜克里克石窟崖体的病害特征，找出病害成因，提出病害防治对策，以期对柏孜克里克石窟崖体的加固提供参考。

一、柏孜克里克千佛洞洞窟概况

1982年，柏孜克里克石窟（又名柏孜克里克千佛洞）被国务院公布为第二批全国重点文物保护单位，是中国西部著名的石窟寺遗址。它位于新疆维吾尔自治区吐鲁番市东北约40km的火焰山主峰山腰、木头沟沟谷西岸的陡崖上。东南距著名的高昌故城约10km，南距胜金口石窟寺4.8km，东距鄯善县城约60km。其地理坐标为东经89° 32′，北纬42° 57′，海拔100～160m。行政区划属吐鲁番市二堡乡。

柏孜克里克石窟是吐鲁番地区现存洞窟最多、壁画最丰富的一处石窟群。柏孜克里克石窟寺始凿于麴氏高昌国（499～640年）时期，在唐西州时期（640年～9世纪中叶），发展成为伊、西、庭地区著名的窟寺，时称“宁戎寺”；回鹘高昌国时期（9～12世纪），宁戎寺成为王家寺院，香火繁盛，历代高昌王大都在此修建洞窟，同时重绘了大量的原窟寺壁画；13世纪末，高昌王室东迁甘肃永昌后，柏孜克里克石窟寺衰落为民间寺院；14世纪晚期伊斯兰教开始传入吐鲁番盆地，15世纪中叶以后，吐鲁番地方王国的统治者改信了伊斯兰教，石窟寺逐渐被废弃、损毁，沦为无人管理的石窟。柏孜克里克石窟以回鹘高昌时期的遗存最丰富，出土有汉文、梵文、婆罗米文、栗特文、回鹘文、西夏文等书写的残经、世俗文书和佛像肢体残块、雕版印刷物及一些生活用品，还有中原木构件16攒木质斗拱，釉下彩莲花纹方砖，宋元时期的佛塔和金箔包装纸等。柏孜克里克石窟是古代丝绸之路遗留下来的珍贵文化遗产，是古代中西文化交流荟萃的中心，独特的地域性、民族性、多元性特征使得它在中国石窟艺术宝库中占有重要地位，特别是回鹘高昌时期创造的佛教文化，对研究回鹘佛教艺术的产生、形成、发展、深远影响及与现代新疆艺术的关系有着重要意义。

柏孜克里克石窟散布于火焰山木头沟沟谷西岸、南北方向1km范围内的断崖上。洞窟分三层修建，现存窟室83个，总面积约3000m^2，主要有礼拜窟（支提窟）、僧房窟和影窟三种形式，其中有壁画的洞窟40多个，保存壁画总面积约合1200m^2。洞窟主要是回鹘时期的遗存，其中11世纪的壁画是石窟艺术中的精华。

二、崖体病害

受到自然作用和人类活动的影响，柏孜克里克石窟崖体发生了不同程度的破坏，具体包括严重崩塌、裂隙切割、冲沟发育、局部掏空凹进、表面严重风化等方面，直接威胁到内部洞窟的安全。根据柏孜克里克石窟保护规划及抢险加固工程调查情况，将极为危险的崖体分为六个区，每个区的病害特征详述如下。

1. NO.1危险体

图1　NO.1危险崖体立面（箭头表示冲沟）

该处崖体历史上发生过大规模坍塌，现崖壁直立（图1），北端有一独立的块体，地层从上自下为第四系全新统风积沙、坡积物、残积物，第四系下—中更新统冲积+洪积层（上部砂质粉土，下部为卵砾石），第三系泥岩地层。第四系地层近于水平，与第三系地层不整合接触，第三系地层产状为23°∠58°。上部坡积、残积物厚度为20～80cm，质地松散，容易被大风卷起；砂质粉土层固结较好，具有平行的层理面，表面微弱风化；卵砾石层厚度不均，分选性好，胶结差，磨圆度中等，风化严重；泥岩整体性一般，层厚为33～55cm，表面风化严重为碎块状，层理面平直，中间偶有4～10cm夹层。第四系地层层面与崖体面垂直，第三系地层层面与崖体面斜交，角度大约为56°。

崖体发育的结构面主要为直立且垂直于崖面的裂隙，大部分裂隙自崖顶下至崖底，张开度1～20cm，多在5～10cm，裂隙大多无充填，无地下水出漏，力学性质上具有明显的各向异性，裂隙性质为崖体坍塌破坏所诱致，外加风化作用。崖体坍塌造成洞窟附近局部悬空。崖顶有一条平行于崖面的大裂隙，距崖边距离约1m，张开度15～20cm，造成外侧崖体内外临空，顶面发育6条大型冲沟，冲沟切割崖体最大深度达2m。1～8号洞窟开凿于本区崖体，因此，崖体的稳定决定了8个洞窟的生死存亡（图2）。

图2 NO.1危险崖体平面冲沟坍陷

2. NO.2危险体

该段崖体直立，顶面有60º的斜坡，下部为Z1、Z2、Z3洞窟，其前方为11、12、13号洞窟，以及游人参观的通道。该段崖体的安全不仅仅关系文物的安全，更危及游人的生命安全。目前下部的洞窟均发生坍塌，洞窟的坍塌导致洞窟上部崖体局部错落，附近崖体变形破坏，大量坍塌物堆积于崖体下部，如Z1洞窟窟门被堵。崖体所处的地层为第四系砂质粉土层，从洞窟顶部看，地层层理面平直发育，薄至中厚层状，近于水平；崖体表面小裂隙发育，造成表面遍布危险小块体。此外，有一条垂直于崖面的裂隙，贯穿崖体，张开度2～5cm，无填充，平直，起伏度不大，裂隙表面粗糙。由于洞窟顶部的坍塌造成上部崖体微弱悬空，导致上部崖体坍塌。崖顶有一条大型冲沟，切割崖体深度约50cm。地层层面与崖体面垂直（图3～图5）。

3. NO.3危险体

该段崖体处于现旅游栈道的最南端，由于前期修筑的土坯发生塌落，造成上部栈道发生外倾变形，严重威胁到游人和上部洞窟的安全（图6、图7）。同时，砌筑土坯的坍塌造成附近坡体的悬空，附近坡体也处于变形破坏阶段。该处地层为第四系与第三系地层，该接合处由于不整合面造成坡体整体性差，易于沿不整合面发生破坏。目前，坡体的上方一直承受游人行走的震动荷载作用。

4. NO.4危险体

该处崖体近于直立，地层为第四系砂质粉土层，顶部有约10cm厚的覆盖层。崖体内发育有5条平行于崖面的裂隙，其中一条切割内部的28号洞窟，裂隙张开度3～5cm，平直，无起伏，两壁粗糙，中间有后期浮土填充，为雨水入渗洞窟的通道（图8、图9）。从性质上看，属于卸荷裂隙。地层层面与崖体面垂直。经调查，可能的破坏模式为错落或滑动。

图3　NO.2危险崖体顶部冲沟

图4　NO.2崖体裂隙发育与局部悬空

图5 崖体下部塌落堆积及洞窟坍塌

图6 NO.3危险崖体顶面

图7 NO.3危险崖体立面

图8　NO.4危险体平面

图9　NO.4危险体立面

5. NO.5危险体

该处崖体上部直立，下部为73°的斜坡。上部为第四系地层，下部为第三系泥岩地层。第三系地层与第四系地层不整合接触，接触面上部为1.5～3m厚度的卵砾石层，在风化作用下，该层严重掏蚀。上部岩土体为土黄色的砂质粉土，近于水平；下部为褐红色的泥岩，产状为23°∠63°，层厚50～70cm。下部泥岩历史上曾发生过顺层滑坡，导致上部崖体坍塌逼近40～49号洞窟。目前有两层泥岩发生滑坡堆积于斜坡，如果下部斜坡继续发生顺层滑坡，将导致上部崖体坍塌和洞窟的消亡。40～49号窟前崖体平面上发育有一平行于崖体走向的裂隙，张开度10～20cm，后期浮土充填，有一定的起伏度，向下延伸至下部卵砾石层。此外，40～49号窟上部的崖体由于局部坍塌造成上部局部悬空。第四系地层层面与崖体面垂直，第三系地层层面与崖体面斜交，角度大约为56°（图10、图11）。经调查，该处崖体的破坏主要为下部的顺层滑坡及伴生的上部塌落。

6. NO.6危险体

该段崖体长度大，面积广，内部有52～58号洞窟，洞窟所处地层为第四系地层，整体稳定性较好，但是崖体顶面发育有两处大规模的冲沟，小型冲沟遍布。崖体局部地段悬空，洞窟处裂隙较为发育，立面上有少量垂直于崖面的裂隙发育。第四系地层层面与崖体面垂直，第三系地层层面与崖体面斜交。崖体整体上比较破碎，裂隙和冲沟切割崖面，造成崖面遍布危险小块体（图12、图13）。经调查，崖体的可能破坏模式为局部的崩落，为洞窟的安全应进行适当的加固处理。

图10 NO.5危险崖体立面

图11 NO.5危险崖体平面

图12 NO.6崖体立面（1）

图13 NO.6崖体立面（2）

三、病害成因分析

1. 洪水冲刷

由于柏孜克里克石窟位于火焰山木头沟的峡谷中，长年受到木头沟河流水的冲击，使崖体底部不断被侵蚀而发生倒塌，进而诱发上部崖体的变形破坏。长期木头沟河水对崖体坡脚的浸泡也是诱发崖体变形坍塌的主要因素。

2. 地质条件

吐鲁番盆地每年夏季气温可达47℃以上，冬季在零下15℃左右，夏季白天高温达50℃，夜间20℃左右，这样大的温差变化，使火焰山松散的砂质粉土、卵砾石、泥岩等岩土体风化，从崖体表面剥离，不断地蚕食崖体。岩土体抗风化能力较弱，造成洞窟窟体剥离。

3. 地震

火焰山木头沟处于地震带的大裂隙上，地壳活动非常频繁，在崖体内形成了很多条大裂缝。这些裂缝横穿石窟群，造成崖体每年自然塌落的破坏性极大。

4. 大风与降雨

火焰山阻隔了来自北部天山的风，历史上洪水冲击而形成的数条河谷，如木头沟、吐峪沟等都是这些风的必经之地，加之岩体破碎和落后的保护设施使崖体风蚀极为严重。此外，集中的降雨使崖体冲沟遍布，降雨入渗洞窟，损害壁画。

5. 人类活动

由于旅游服务设施均分布在崖体顶部，并且崖体顶部有一条公路穿过，所以各种震动、生活用水入渗等严重破坏崖体，影响崖体的稳定性。

四、病害防治对策

基于柏孜克里克石窟崖体的病害，参照国内外类似工程加固的经验，采取的防治措施主要包括两个方面：一是稳定性控制，采取锚固、砌补等措施控制濒危崖体的稳定性；二是增强耐久性，基于吐鲁番地区成熟的防风化措施，增强崖体表面的耐久性。

1. 锚杆锚固

（1）水泥砂浆锚杆

对第三系泥岩地层边坡采用水泥砂浆钢筋锚杆进行锚固，水泥砂浆钢筋锚杆的长度、间距根据不同破坏情况和稳定性系数计算获得。锚杆应在现场进行基本试验，以确定水泥砂浆钢筋锚杆在该地区地层中的极限锚固力和设计锚固力。

（2）南竹复合加筋锚杆

根据交河故城抢险加固工程的经验，对于第四系地层边坡加固宜采用南竹加筋复合锚杆，因该处地层工程性质与交河故城类似，采取3kN/m的锚固力。

（3）木（钢筋）锚杆

根据交河故城抢险加固工程的经验，对于崖体表面不稳定的小块体宜采用木锚杆或钢筋锚杆锚固，对于体量稍大的块体，采用钢筋锚杆锚固，对于体量较小的块体，用木锚杆锚固，成孔可以选用人工成孔或电钻成孔。钢筋锚杆需结合锚具，木锚杆按照全长黏结性锚杆安设。

2. 裂隙充填注浆

针对崖体的宽大裂隙，锚固后必须进行注浆填充，否则裂隙中入渗雨水会导致土体软化，使锚杆失去锚固作用；另外，裂隙中不断填充沙土，或裂隙两壁长期风化，也会影响锚固效果。因此，锚固后裂隙注浆填充的密实与否，是保证锚固作用的关键。借鉴交河故城裂隙注浆加固的经验，注浆浆液采用PS+（C+F），先行裂隙砌补，后逐步注浆，以确保注浆的饱满。

3. 土坯砌补

对必须加固的崖体悬空面和坍塌区，采用土坯砌筑加固，土坯砌筑技术应谨慎使用，切记不能砌补过量。砌筑时尽量采用传统工艺，砌筑中注意与崖体原貌的协调。对土坯砌补量比较大，且无合适持力层的地段，需要做圈梁加地锚的结构，以支撑上部大量的土坯。

4. 顶面冲沟整治

崖体顶面发育有不同规模的冲沟，对于规模大的冲沟且局部发生塌陷的地方，找到合适的持力层进行土坯砌补，砌补不宜过量，保持与崖体的原貌相协调，然后进行汇水区的表面平整，形成一定的坡度以利于排水。对于规模不大的冲沟，进行适当平整，汇水区表面整治，形成一定的排水坡度即可。

5. 槽钢支顶

崖体的局部坍塌造成坍塌处的上部悬空，如不进行及时的处理，将造成继续坍塌坠落。对于上述情况宜采取槽钢支顶予以加固，确保上部悬空块体稳定地坐落在下部的槽钢支顶面上。

6. 变形监测

崖体采用动态设计和信息化施工，崖体变形的监测是极为重要的一环。变形监测的要求：①对需要观测的裂缝统一进行编号；②裂缝观测标志，应具有可供量测的明晰端面或中心；③需连续监测裂缝变化时，应采用传感器自动测记方法观测；④裂缝观测的周期应视其裂缝变化速度而定，但每天应不少于两次；⑤裂缝观测中，裂缝宽度数据应精确至0.1mm；⑥除对主要裂隙监测外，尚应对可能破坏的危岩块体和小裂隙进行监测。

五、结　论

1）柏孜克里克石窟具有重要的历史、艺术和科学价值。

2）柏孜克里克石窟崖体病害发育，主要类型包括严重坍塌、裂隙切割、冲沟冲蚀切割、局部凹进、严重风化等。

3）病害的成因主要为洪水冲刷、不利地质构造、地震、人类活动、极端气候条件等。

4）基于病害的特征及成因，采取的对策主要为稳定性控制和增强耐久性，采取的主要工程措施以隐蔽工程为主。

参考书目

[1] 敦煌研究院、兰州大学文物保护研究中心：《新疆吐鲁番柏孜克里克石窟抢险加固工程勘察报告》，2007年。

[2] 李树辉：《柏孜克里克石窟寺始建年代及相关史事研究》，《新疆大学学报》（哲学社会科学版）2006年第1期。

作者单位：陆继财，新疆文物古迹保护中心

高昌故城大佛寺佛龛壁画的清洗、加固及临时性保护

白崇斌　陆继财

内容提要：大佛寺位于高昌故城的西南，是城内重要的佛教建筑遗存。佛塔中心塔柱南面尚存佛龛（下部一排三座大佛龛，上部三层，每层七座小龛），上部小龛中残存佛像背光的壁画遗迹。根据壁画的实际保存情况，我们主要采取了以下措施：壁画表面清理、表面清洗、颜料加固、地仗修补固定、裂缝灌浆加固、表面封护、整体支护和搭架等。本次佛龛内壁画的抢救性保护工程参与各方采取了科学谨慎的工作态度，制定了切实可行的保护方案，经过大家的通力合作，保护抢救工作取得了预期的效果。

关键词：高昌故城　大佛寺　佛龛壁画　清洗　加固

一、工程背景及概况

大佛寺位于高昌故城的西南，是城内重要的佛教建筑遗存。平面呈矩形，东西长130m，南北宽80m，占地面积10 400m^2。寺院门向朝东，门道长12m，两侧有高大的建筑遗址。入内为方形庭院，正对中心塔殿遗址。右侧为方形穹顶建筑残址，北、西、南三面为排房遗址。建筑遗址群周围环以高墙。建筑遗址大多为土坯垒砌，部分外墙残存夯筑遗迹。

佛塔殿墙残高约10m，下部有高大的基座轮廓，墙体外侧留有大型木构件的卯孔痕迹（图1）；中心塔柱南面尚存佛龛（下部一排三座大佛龛，上部三层，每层七座小龛），上部小龛中残存佛像背光的壁画遗迹。

2006年，作为丝绸之路新疆段重点文物保护项目，高昌故城抢险加固工程正式启动。在拆除大佛寺中心塔柱上层新砌部分的过程中，意外发现塔柱内部存在许多裂缝。新疆重点文物保护项目执行办公室遂于当年9月25日组织专家对大佛寺中心塔柱进行了现场考察论证。在随后召开的专家评审会议上，与会各方达成共识：①需将中心塔柱新砌部分全部拆除；②对佛龛和壁画进行抢救性临时加固；③重新设计新的中心塔柱保护维修方案。其中，对佛龛内壁画的抢救性保护尤为紧迫。

考虑到壁画表面残存的颜料层已经非常脆弱，极易脱落。壁画的地仗层起甲较为严重，导致整体稳定性较差，为了确保塔体在拆除和维修过程中不会因为震动、碰撞，以及大风等外部因素对壁画颜料、地仗造成不利影响，确保壁画的整体安全，按照壁画保护的规范及要求，我们根据工程的实际情况制定保护方案，对壁画进行了临时性抢险加固处理。

图1　卯孔痕迹

二、工程内容

根据壁画的实际保存情况，我们主要采取了以下措施：壁画表面清理—表面清洗—颜料加固—地仗修补固定—裂缝灌浆加固—表面封护—整体支护和搭架等。

1.壁画表面清理

考虑到高昌地区风大，壁画表面已附着了一层尘土，裂缝中还有长期积累的积尘等杂物，所以颜料加固前必须将壁画表面及裂缝中的灰尘和外来附着物进行初步的清理。表面清理主要采用机械性方法，使用吸耳球、软羊毛刷和手术刀进行。使用手术刀将雨水冲刷后挂留在表面的泥浆痕迹轻轻刮掉。用吸耳球和软羊毛刷将起甲及裂隙之间的尘土吹刷干净。进行这一工作必须仔细小心，不能在起甲部位遗留尘土。如有尘土，注射加固剂后颜料层不能与地仗紧密吻合，用棉球拍压时很容易将颜料层带下，而且加固若干年后壁画仍然容易起甲。由于古代壁画制作过程中多使用矿物颜料，作画时需要调入胶结材料以使颜料颗粒黏结在一起并黏附于地仗层，受环境因素影响颜料中的胶结材料老化，颜料层与地仗层极易分离起翘形成龟甲，甚至脱落。在清理过程中需要随时随地对颜料进行预加固处理。

2.表面清洗

经过表面清理后的壁画需要进一步清洗，以彻底清除表面附着污染物。清洗过程主要根据污染物的实际情况，采用有机化学试剂（丙酮和酒精按一定比例配制），配合使用棉签滚搽进行。清洗时，对颜料起翘部位和濒临脱落部位先进行加固处理，具体方法为：使用注射器小心针注加固剂在颜料脱落部位，然后使用油光纸垫护脱脂棉施压固定颜料后再行清洗，确保现存的壁画颜料得到完整的保存。清洗过程是十分细致的工作，需要耐心并细心地进行多次滚搽，才能清除壁画表面的附着物。

3.颜料加固

对清洗后的颜料层需要进行整体的保护加固，以保证颜料层与地仗层能够很好地黏结，从而确保工程过程中及工程结束后较长时间内壁画的颜料不会出现脱落起翘等现象。考虑到加固材料的实验室认同等问题，本次材料选用了具有可逆性的德国进口B72加固剂，同时使用3%的加固剂溶液进行喷雾渗透。加固后，要对颜料黏结状况进行检查。

4.地仗修补固定

由于吐鲁番地区温差较大，受热胀冷缩效应的影响，致使地仗层与土坯局部脱离鼓起，久之逐渐向四周蔓延，造成颜料层与地仗层分离。空鼓病害进一步发展，在重力等因素的作用下，极易造成边缘壁画地仗层附带颜料层大面积分离脱落。而且，由于年久失修、人为破坏等因素致使壁画表面出现大量洞孔、地仗脱落、缺失、起翘等病害，对壁画本身的稳定性构成威胁。抢救修复过程中对部分地仗、洞孔、边缘缺失等可能对壁画稳定性构成威胁的部分进行了修复补全。修补过程中，我们使用当地土粉碎过筛，添加棉花纤维，再使用3%PS溶液拌和成细泥，用于修复边缘地仗缺失和部分画面洞孔的修补，以增强地仗层的整体稳定性。

5.裂缝灌浆加固

由于佛龛外檐存在大量的裂缝，我们在修补前先对其进行了PS溶液灌浆处理，并使用细泥进行封堵加固，以确保裂缝被填实和封填材料与基体土坯材料的牢固结合。

6.表面封护

表面封护主要为了防止临时性的垫护和支护过程对壁画表面造成摩擦损伤。作为主要解决工程问题而采取的临时性防护措施，壁画表面首先使用牛皮熟宣纸进行垫护，然后用棉花将佛龛垫平。

7.整体支护和搭架

在佛龛竖立面使用木板进行支护，具体操作在现场根据佛龛的大小尺寸制作木板，木板的固定使单个佛龛单独进行工程支顶。

三、结　　语

本次对佛龛内壁画的抢救性保护工程自2006年9月28号开始制定保护方案，到10月17号顺利结束，历时22天，共保护壁画及佛龛周边面积约15m^2。由于参与各方采取了科学谨慎的工作态度，制定了切实可行的保护方案，经过大家的通力合作，保护抢救工作达到了预期的目标。

我们使用了部分照片，用对比方法展示工程效果和结果（图2～图16）。

图2　保护前1号佛龛

图3　保护后1号佛龛

图4　保护前2号佛龛

图5　保护后2号佛龛

图6 保护前3号佛龛

图7 保护后3号佛龛

图8 保护前4号佛龛

图9 保护后4号佛龛

图10　保护前5号佛龛

图11　保护后5号佛龛

图12　保护前6号佛龛

图13　保护后6号佛龛

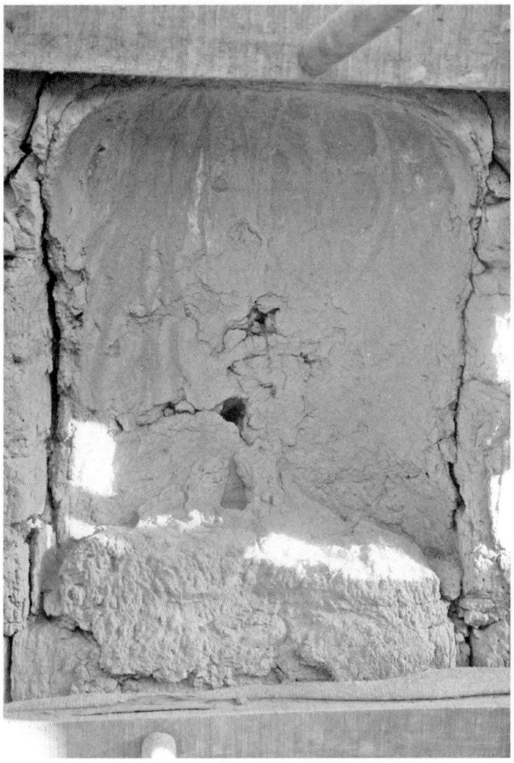

图14　保护前7号佛龛

图15　保护后7号佛龛

图16　保护后的最终效果

作者单位：白崇斌，陕西文物保护研究院
陆继财，新疆文物古迹保护中心

柏孜克里克千佛洞17号窟坍塌壁画回贴修复

韩　明

内容提要：柏孜克里克千佛洞17号窟北壁东侧底部有一块宽约125cm，高约90cm的坍塌壁画，其地仗、支撑体疏松，坍塌壁画的稳定性差，影响到壁画的内容的完整性、外观，不利于对外展示。此次柏孜克里克千佛洞壁画抢救性保护中，依据文物保护的基本原则，采取了科学、有效的保护修复措施，将坍塌壁画回贴、复位，既增强了壁画的稳定性又恢复了壁画原有的完整、美观，取得了很好的修复效果。

关键词：坍塌壁画　回贴复位

一、引　　言

1982年，柏孜克里克千佛洞被国务院公布为全国重点文物保护单位，整个洞窟开凿于火焰山腹地的木头沟河西侧土质岩体山上，始凿于魏晋南北朝时期，盛于高昌回鹘时期，大部分洞窟毁于约13世纪新疆吐鲁番地区伊斯兰化的宗教变革中。现存洞窟83个，有壁画的洞窟43个，壁画面积约1200m^2。

柏孜克里克千佛洞17号窟是石窟群中开凿较早的洞窟，位于石窟群第二层中部区域，开凿年代为麴氏高昌时期，整个洞窟壁画地仗破坏严重，支撑体为泥土质岩体，从地仗破坏的区域可以看到泥质支撑体中含有砾石和沙窝。

图1　坍塌壁画现状

17号窟北壁东侧底部有一块宽约125cm，高约90cm的壁画出现坍塌，面积约1.08m^2，壁画的表面颜料层和白粉层脱落严重，剩余零星白粉层和颜料层，只有西侧底部边缘有长约15cm的壁画相连接，东侧坍塌支撑在地面上，受重力作用壁画中部挤压变形。坍塌壁画上部区域壁画空鼓严重；坍塌壁画的面积较大，地仗层厚重，地仗厚度不一，厚度为2～4cm；坍塌壁画区域支撑体有沙窝，结构胶结疏松，淘蚀严重（图1）。

二、制定保护程序及前期准备

保护修复过程中严格遵循文物保护中“保护为主，抢救第一”“最小干预”“修旧如旧”等基本保护修复原则，将坍塌壁画回贴复位，增强壁画本体和支撑体间的胶结强度及稳定性。

1. 修复程序

在坍塌壁画修复前，对坍塌壁画现状及支撑体状况查看，制定科学的复位流程（图2）。

由于坍塌壁画上部区域壁画空鼓严重，故先对上部壁画进行灌浆加固；坍塌壁画地仗中麦草老化，强度降低；后部支撑体有沙窝，强度低且淘蚀严重，在不揭取壁画的情况下无法对壁画回贴修复，故将坍塌壁画从坍塌后连接的边缘切割揭取。

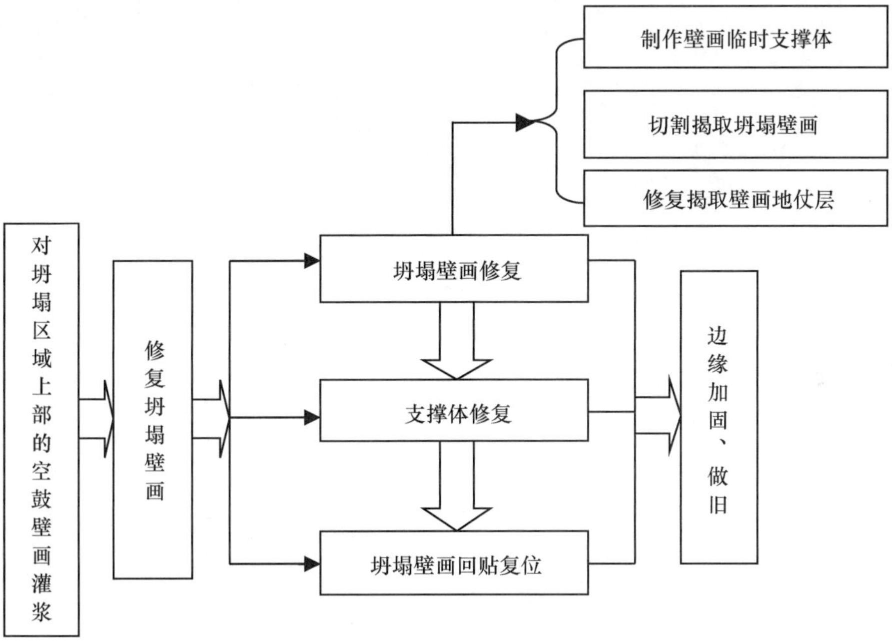

图2 坍塌壁画复位流程

2. 准备工作

壁画修复前将修复过程中所需要的工具及修复材料准备好。

修复工具：壁画修复刀、洗耳球、喷壶、电钻、1cm厚的胶合板、倒链、支顶架、支顶板、钢管架、相机等。

修复材料：丙烯酸乳液、麻刀、脱脂棉、泥（麦草占砂土的2%，砂子：当地土=3：7，水约30%，当地土脱盐）、土坯、锚杆等。

三、修复工艺流程

1. 揭取坍塌壁画、修复地仗

（1）揭取坍塌壁画

根据坍塌壁画形状制作临时支撑体，临时支撑体由1cm厚胶合板、棉毯、脱脂棉、X60纸、宣纸由里而外铺设、黏结成临时支撑体，临时支撑体兼具脱盐、缓冲保护壁画的作用。

从坍塌壁画连接处对壁画切割，将壁画正面贴着临时支撑体宣纸层光面，将揭取的壁画转到临时支撑体上，放在临时工作台上，对揭取壁画地仗层加固修复。

（2）坍塌壁画地仗修复

坍塌壁画地仗厚度均一，受到挤压存在一条纵向裂隙；地仗内部麦草糟朽，壁画的地仗疏松、强度低。

地仗存在的这些问题对于壁画回贴、回贴后保存的稳定性都不利，对壁画地仗修复，提高地仗强度，减轻地仗重量是回贴复位首先应解决的问题。

地仗修复步骤：先将壁画地仗削减至厚度1cm，再在表面用浓度为5%的丙烯酸乳液对原地仗渗透加固处理，待干燥后用和好的泥和麻刀对地仗填补（图3、图4）。

地仗填补加固分多次进行，先对有裂缝的区域加固。将裂缝周围表面喷湿，再用泥和麻刀加固，麻刀铺设方向为垂直裂隙走向，两边根据实际状况各延伸至少10cm左右。等裂隙处修复好以后，再对整个揭取壁画地仗进行加固，整体先用麻刀和泥进行加固至厚度约2.5cm，再用泥将麻刀固定栽在地仗上，做成高度为3～4cm，每隔6～10cm一个竖起的麻刀（增强回贴壁画胶结强度）。

图3　壁画地仗布设麻刀

图4　壁画地仗修复

2. 坍塌壁画支撑体修复

坍塌区域支撑体后有沙窝，淘蚀处洞最深达60cm，胶结强度低，采取土坯砌补，打锚杆对支撑体重新修复（整个过程中用到的修复材料都经过脱盐处理）。

淘蚀严重的区域用土坯砌补，砌补好后在表面敷泥填补。边缘区域有的深度为7～10cm，

图5 坍塌区域壁画支撑体破坏

图6 支撑体砌补填泥修复

土坯砌补后高度超出壁画回贴所需的高度，但支撑体胶结强度较低，泥填补后易脱落，需要打锚杆，在锚杆上缠绕麻刀、挂泥将支撑体填补到合适高度（图5、图6）。

四、壁画回贴复位

壁画地仗层经过加固处理干燥后，坍塌区域支撑体砌补、填泥干燥后，壁画可以进行回贴复位（图7～图12）。

1. 准备工作

回贴前在壁画地仗表面抹上厚度为0.5～1cm的泥，在修复好的支撑体表面填泥，测量填泥至剩余高度为壁画地仗高度，保证壁画回贴后的高度和周围壁画在同一平面。

根据壁画需要找到支顶区域位置，搭建好支顶架所需的脚手架，再在上面临时固定好支顶架。

2. 回贴复位

将做好的壁画放在临时支撑板上，用倒链调整壁画到回贴的位置，根据壁画周围茬口调整坍塌壁画位置和原始位置吻合后回压壁画，同时底部用土坯临时垫住，用支顶架、支顶板支顶住壁画，保证壁画稳定不再位移，同时支顶的高度和周围壁画在同一平面上。

回贴后壁画的边缘区域用泥和麻刀将边缘空鼓部位填补。

回贴后每隔2～3天查看壁画，对壁画的宣纸和X60进行更换，确保壁画交界处和表面不会出现盐析和霉菌生长，持续三个循环，支顶10天后壁画地仗干燥、回贴壁画整体稳定后，将支顶架拆去，对壁画边缘区域修复加固，无法对接上的区域用泥进行填补，周边无壁画的区域用泥修复地仗。地仗修复后，高度低于壁画颜料层高度1mm，底部的支撑体地仗高度同样低于壁画颜料层高度1mm。

修复后壁画外观上、整体稳定性上都得到很大程度的恢复，取得了良好的修复效果。

图7　修复好的壁画地仗

图8　用倒链移动壁画

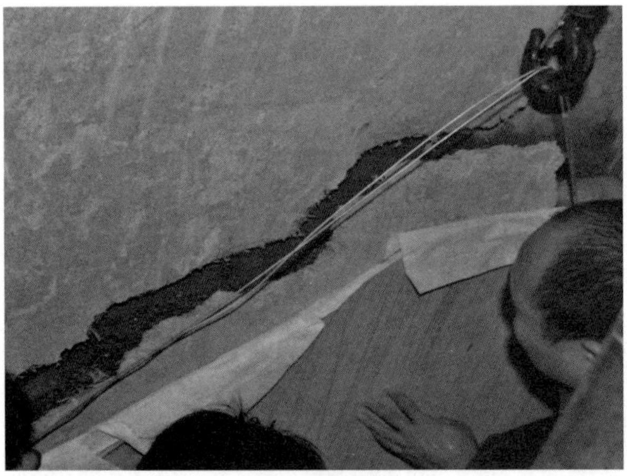

图9　回贴壁画

图10　支顶板支顶回贴壁画

图11　修复前

图12　修复后

五、结　　语

此次17号窟坍塌壁画回贴取得了很好的修复效果，总结坍塌壁画的回贴复位过程，得出以下四点注意事项：

1）壁画修复首先要遵循文物保护基本原则，在大原则的指引下根据实际情况制定切实可行的保护程序，在具体实施过程中要根据实际情况调整、变换保护修复方法，以达到保护文物的目的。

2）大块壁画回贴要保证回贴壁画地仗有很好的强度，同时壁画的重量不宜过大即壁画地仗不宜太厚；原有地仗老化、过于厚重，需要对原有地仗进行消减，重新加固提高强度，地仗修复好后地仗表面做粗糙，增强后期的回贴黏结效果。

3）回贴后要保证壁画断裂边缘茬口尽可能和原有边缘拼接吻合，回贴好后支顶架支顶稳定，使壁画不再产生位移，同时保证支顶的高度和周围壁画处于同一平面上。

4）每隔2～3天查看壁画表面，尤其是注意拼接交界处是否出现霉变，及时更换脱盐垫，保证壁画表面不会出现盐析和霉菌生长现象，直至回贴壁画地仗干燥，壁画稳定。

作者单位：韩明，新疆文物古迹保护中心

浅谈新疆柏孜克里克石窟16号窟壁画起甲修复

李　妍

内容提要：由于壁画颜料层本身属性以及外界环境的双重因素影响，起甲病害是目前新疆境内所有石窟壁画普遍存在的问题。起甲病害主要发生于壁画颜料层，且发展速度较快，如不实施合理的保护手段，将直接导致壁画信息的损失。本文通过对吐鲁番地区柏孜克里克千佛洞16号窟壁画起甲病害的分析，结合实践总结出针对壁画起甲的修复手段和保护方法。

关键词：柏孜克里克千佛洞　起甲病害　保护方法

一、引　　言

图1　柏孜克里克千佛洞全景

古代新疆是影响世界发展的四大文明交汇最为集中的地区，其痕迹可以在新疆发现的大量遗址和众多文物中觅见。柏孜克里克石窟开凿于5～6世纪吐鲁番地区的高昌王国时期，废弃于13世纪末（图1）。唐时称北石窟寺为宁戎寺或宁戎窟寺。9世纪高昌回鹘时期，为回鹘王的家族寺院，现保存此时建造的洞窟最多，窟形也较大。石窟所在的吐鲁番地区，为古代交通要道。石窟窟形较多样，属于这时期的洞窟有16、17、25、27、31、42、69号窟。以上洞窟中有相当一部分是11世纪以后重新修绘的。

柏孜克里克千佛洞16号窟位于新疆吐鲁番东北约50km处，凿建于火焰山木头沟西岸崖壁，现有编号共83窟，其中有壁画的40多个，保存壁画总面积1200km^2（图2）。1982年，被列为全国重点文物保护单位。

柏孜克里克千佛洞16号窟窟门向东，为中心佛台洞窟。洞窟为长方形纵券顶式，具体形制图3～图5所示。

此窟为长方形纵券顶，划成小方格，连续绘制小型说法图，各幅构图相似。佛结跏趺坐于莲台之上，手施说法印，上绘菩提树冠，左侧上方绘金刚，下绘比丘，右侧上方绘比丘，下方绘人物，各幅不同，分别绘菩萨、婆罗门、鹿等形象，形态各异，并有大量的婆罗谜文字。由于处在窟内深处，颜色保存较好，佛像身体以生动有力的土红线勾勒，画面清晰明快。

图2 16号窟位置示意图

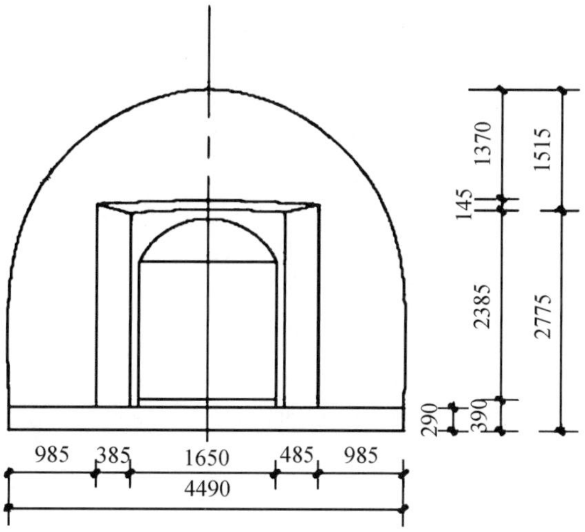

图3 16号窟立面图

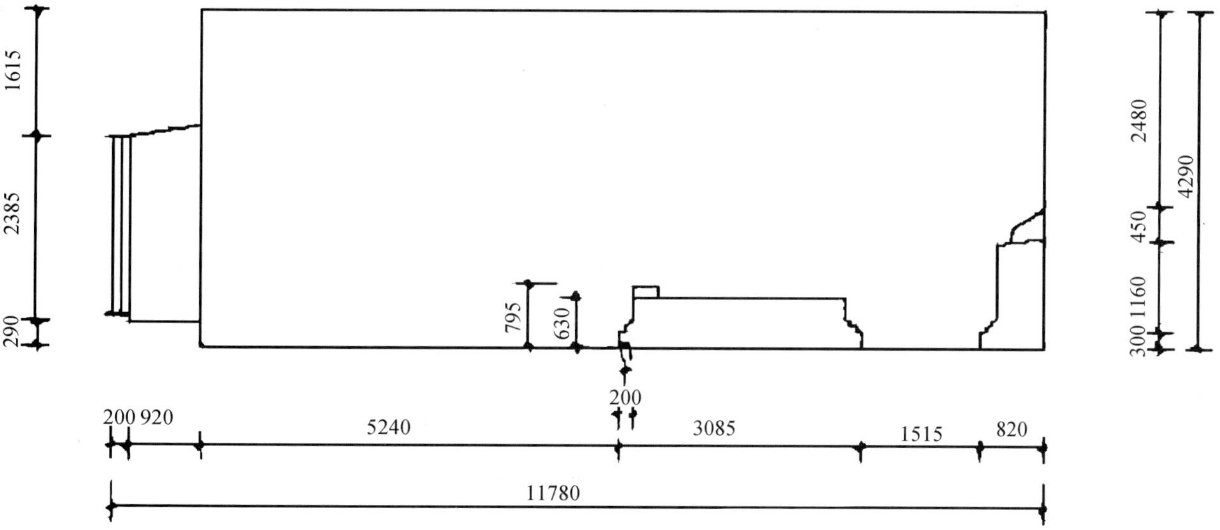

图4 16号窟剖面图

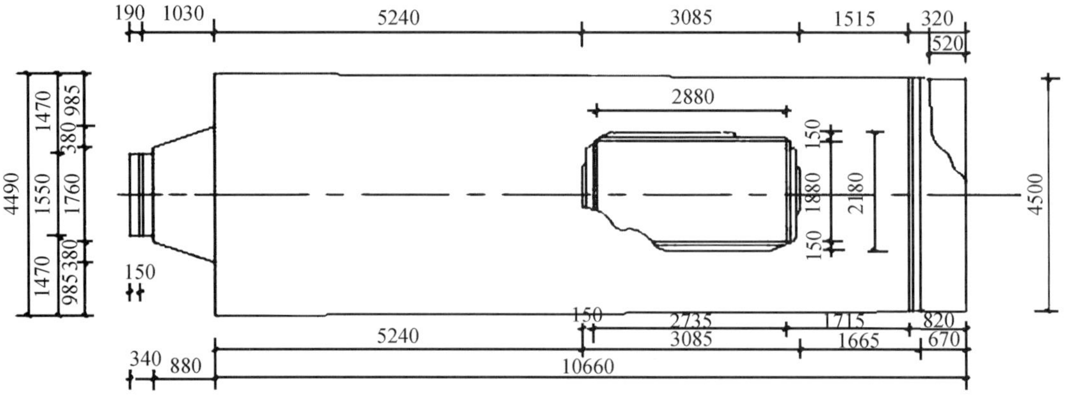

图5　16号窟平面图

此窟内后部是绘塑结合的《涅槃经变》，佛于中天竺拘尸那城跋提河边沙罗双树之间入灭后，婆罗门以奏乐的方式举哀。画面中的乐器有曲颈琵琶、大鼓、拍板、筚篥、横笛等。画工用准确有力的线条造型，格调高雅，盛唐著名画家吴道子所创的“落笔雄劲，敷彩简淡”的新画风，将用线造型的艺术技巧推向高峰，其流风所向，波及西域。

二、壁画保存现状

16号窟壁画整体保存状态较差，壁画脱落以及人为破坏严重。北壁东侧壁画脱落严重，仅残存小部分壁画，壁画内容基本无法辨识，中部及西侧壁画残存较多，颜料层起甲严重，西侧有大面积空鼓，并伴有壁画整体脱落；南券、北券壁画大面积脱落，且人为切割盗取较多，残存壁画起甲严重；南壁北侧上部有大面积空鼓，并伴随壁画整体脱落；西壁上部壁画颜料层整体脱落，仅有零星颜料层残存，下部壁画人为破坏较多，地仗层脱落严重。颜料层起甲广泛分布于现存的壁画之上，与颜料层粉化伴生，以白色颜料最为严重，整体起甲总面积为23.88m^2（图6～图11）。

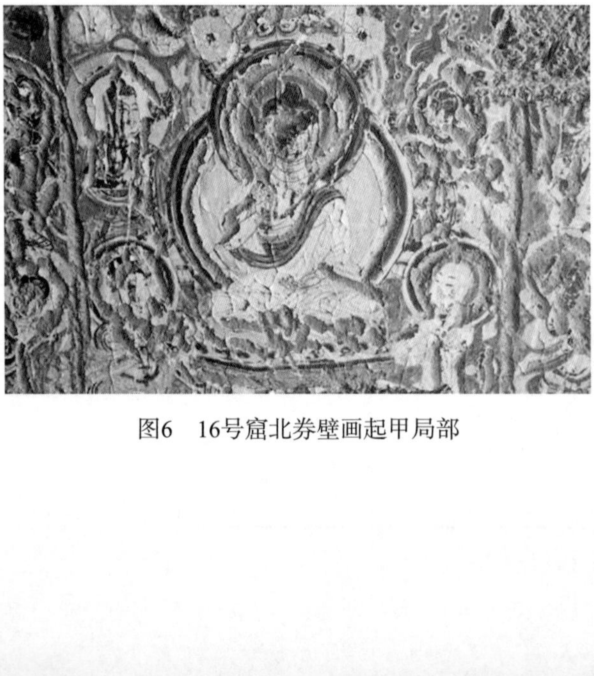

图6　16号窟北券壁画起甲局部

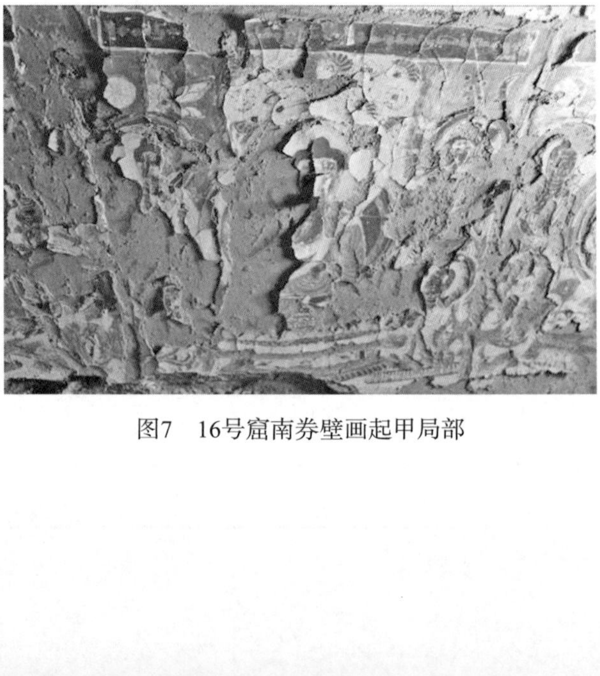

图7　16号窟南券壁画起甲局部

图8 16号窟南壁壁画地仗层脱落、起甲局部

图9 16号窟西壁壁画人为破坏、颜料层脱落局部

图10 16号窟北壁壁画起甲局部

图11 16号窟北壁壁画地仗层脱落局部

三、起甲壁画保护修复

（一）保护修复原则

文物保护的目的是真实、全面地保存并延续其历史信息及价值。保护的任务是通过技术和管理，修缮自然和人为造成的损伤，防止新的破坏产生。所有的保护措施都必须遵守不改变文物原状的原则。基于中华人民共和国文物古籍保护准则第三章第十九条尽可能少干预的规定，本次修复工作所选用的保护材料和保护技术都以最少干预、最大兼容为前提。

（二）保护材料及修复工艺

1. 保护材料选择

壁画修复材料对保护修复加固效果起决定性作用。随着现代科学技术的发展，用作壁画修复的高分子材料层出不穷，如聚醋酸乙烯乳液、聚乙烯醇、聚丙烯酸乳液、AC-33、Paraloid B-72等，这些材料都在壁画保护修复方面得到广泛的应用[1]。

本次材料的选择基于室内实验，结合柏孜克里克千佛洞石窟壁画起甲病害的特点及现场实验，选择丙烯酸乳液和有机硅改性丙烯酸乳液作为黏结剂（图12～图15）。

图12　现场实验（1）

图13　现场实验（2）

图14　保护材料

图15　配制好溶液

2. 修复工艺

（1）壁画表面清理

为了获得良好的修复效果，修复的第一步需将壁画的表面清理干净。柏孜克里克石窟经历千年，壁画表面上布满灰尘，尤其是常年经历的风吹使壁画上的起甲、龟裂、脱落的壁画细缝中遍布积沙，修复前将这些杂物整理干净，主要方法为吸耳球结合软毛刷进行清洁。对地仗酥碱较重部位，用不锈钢修复刀剔除，用吸耳球吹干净，保证地仗的坚固（图16、图17）。

（2）注射器注入黏合剂

将配制好的黏结剂吸入注射器中，针头选用医用针头。用注射器将配好的黏结剂注入起甲壁画的翘起裂缝中，使之完全渗透。为了增加黏结强度，一般要渗透三遍左右，直到地仗层不再渗入为止。合理控制注入量，是保证修复质量的关键（图18）。

（3）回贴加压

在壁画注入黏合剂后，要用外力加压使它更好地黏合上，主要工具为木质修复刀。待黏结剂水分被地仗吸收后，用手摸没有潮湿感时，壁画表面垫镜头纸，先用木质修复刀将翘起裂缝由完整部位向裂开部位处压平，由于起甲较厚，压平时用力要较大，压的时候要用力均匀，这样才能达到与地仗最大的黏结。颜料层回贴到原地仗位置后，用纺绸包裹药棉制成的棉球滚压，滚压的方向从颜料层未裂口处向开裂处，轻轻滚压，这样能将起甲内的空气排出，不会产生气泡，壁画也不会被压出皱褶（图19）[2]。

（4）壁画表面处理

最后用1%的丙烯酸，有机硅丙烯酸混合乳液对加固好的壁画表面喷涂一遍，由于喷涂是逐块进行的，所以每一块检查都要仔细。为增强壁画表面强度，再用棉球滚压一遍。

修复前后的效果对比如图20、图21所示。

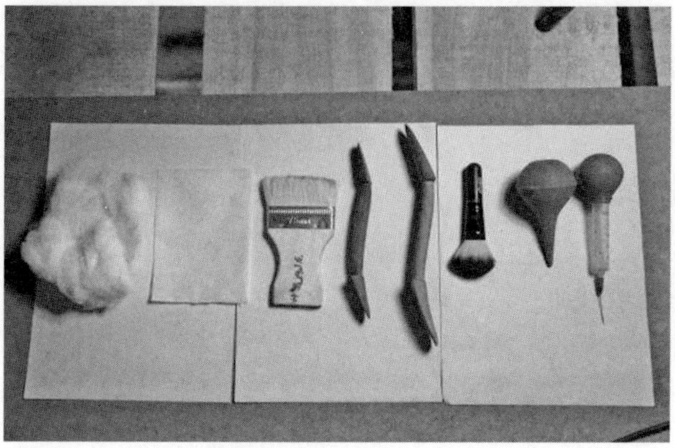

图16 修复工具

（修复工具从左至右依次为：脱脂棉、镜头纸、羊毛刷、中号木质修复刀、大号木质修复刀、软毛刷、洗耳球、注射器）

图17 清除积尘

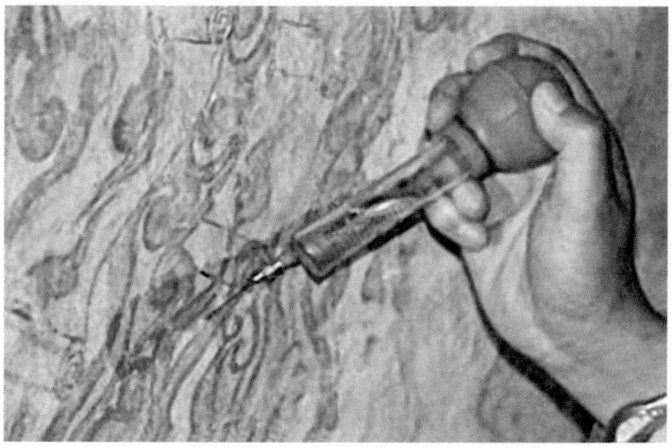

图18 渗透黏结剂

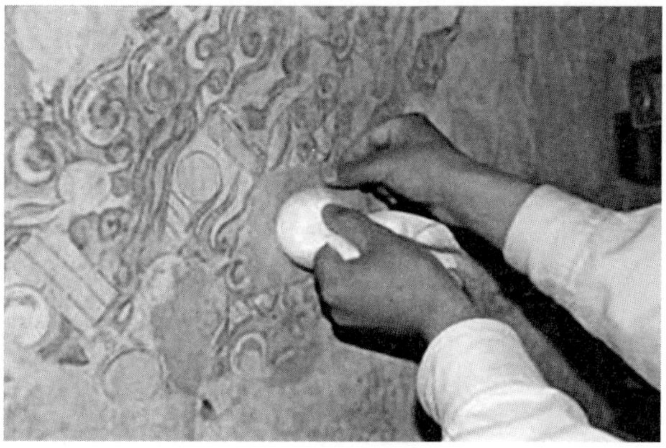

图19 按压回贴

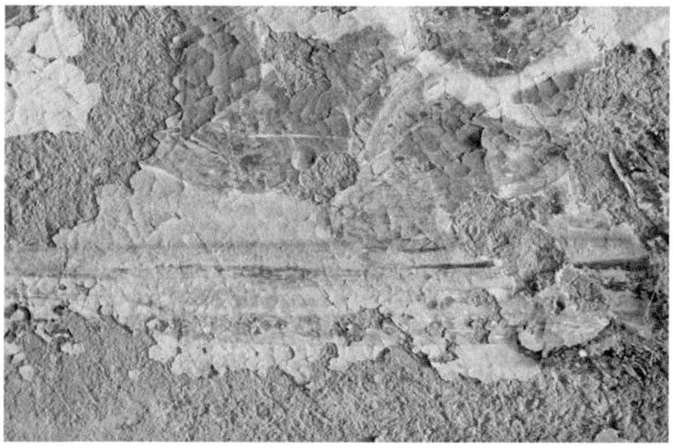

图20 起甲病害修复前

图21 起甲病害修复后

四、结　　语

本文基于柏孜克里克千佛洞壁画抢救性保护工程，总结出目前适合于新疆吐鲁番地区石窟壁画起甲病害的保护修复手段。目前国内针对起甲壁画的保护修复工作已趋于完善，但由于地域环境、壁画赋存环境的不同，在材料的甄选、工具的制备以及具体实施保护工作的过程中，需要具体问题具体对待。柏孜克里克千佛洞16号窟壁画起甲病害的保护修复工作目前已经告一段落，在保护修复的过程中还有许多小的细节和问题存在，这些是在以后的工作中需要特别注意的地方。

参考书目

［1］　汪万福等：《几种壁画修复材料物性指数的实验测试》，《敦煌研究》2000年第1期。
［2］　王进玉：《起甲壁画修复技术》，《四川文物》1990年第5期。

作者单位：李妍，新疆文物古迹保护中心

浅析柏孜克里克千佛洞壁画空鼓加固

王自旭

内容提要：空鼓是目前新疆境内石窟壁画分布十分广泛且破坏性较大的病害之一。空鼓的发展会直接导致壁画片状或整体脱落，造成文物所携带信息无法挽回的损失。本文通过对吐鲁番地区柏孜克里克千佛洞壁画空鼓的探究及保护，从实践中总结出适合该地区壁画空鼓的保护修复方法。

关键词：柏孜克里克千佛洞　壁画　空鼓灌浆　加固

一、引　言

壁画是文化遗产的重要组成部分。从广义上讲，绘制在建筑物的墙壁上或岩石上，以及其他如洞穴壁上，都可以称之为壁画。中国古代壁画一般以绘制不同场所而区分，可分为殿堂壁画、寺观壁画、石窟壁画、墓室壁画、名居住宅壁画等。不论是石窟壁画、殿堂壁画还是寺观壁画，大多都有几百年甚至上千年的历史。此间，由于环境（光、温度、湿度、风沙等）、生物、壁画附着墙体和制作材料、建筑布局及人为因素等的综合作用，病害类型多，且严重损害着壁画。最常见的壁画病害有空鼓、起甲、酥碱、烟熏、表面污染、地仗脱落、颜料层脱落、裂隙、划痕等。空鼓是分布十分广泛的壁画病害之一，严重者有随时脱落的危险。同时，在同一块壁画上，常常有几种病害并存的现象，加大了保护修复的难度。鉴此，开展空鼓病害壁画的研究和修复是摆在文物保护科技人员面前的重要课题。

柏孜克里克石窟是吐鲁番地区现有洞窟最多、壁画最丰富的一处石窟群。它位于新疆维吾尔自治区吐鲁番市东北约40km的火焰山主峰山腰、木头沟沟谷西岸的陡崖上。凿有洞窟83个，现存57个。其中现存有壁画的洞窟40多个，总面积1200m^2，是吐鲁番现存石窟中洞窟最多，壁画内容最丰富的石窟群。随着历史的更迭，石窟寺也经历了战乱，壁画破坏严重，新中国成立后，政府设立了保护机构，对石窟和壁画进行了一系列维护。

空鼓是指壁画地仗层与支撑体之间由于黏结性能丧失或减弱，导致地仗层和支撑体分离。空鼓可存于地仗层之间、地仗层和支撑体之间。一般有三种状况。

1）颜料层空鼓，即壁画颜料层以小疱状鼓起而脱离壁画地仗。此种状况在柏孜克里克千佛洞中存在较少。

2）重层壁画空鼓，是指在原有的壁画上抹一层细泥，制作新的壁画地仗，重新绘制。一般重层壁画为两层，也有三层、四层的。由于重层之间结合不牢，大范围的互相脱离而形成空鼓，如柏孜克里克22号窟，正壁和后壁都是重层壁画，空鼓病害面积高达50%。

3）壁画地仗空鼓，即壁画颜料层连同地仗层一起大范围的脱离岩面。此种空鼓病害存在柏孜克里克千佛洞中且较为普遍，如35号窟，空鼓面积达到了壁画面积的60%。

二、空鼓病害的原因

1. 溶盐破坏

支撑体和地仗中的可溶盐运移结晶在支撑体表面，使地仗层的黏结力丧失，形成空鼓。当壁画所处的环境湿度频繁变化，可溶盐溶解结晶，不仅可以使支撑体表面风化、酥松剥离，而且由于可溶盐的反复结晶导致壁画空鼓进一步发展，甚至脱落。

柏孜克里克所在地气候较复杂，吐鲁番夏季温度高，昼夜温差大，随着水分的蒸发，盐分在壁画表面堆积，造成了壁画（包括地仗层）的酥软、粉化，黏结力减小。

2. 沙土、碎石外压力

经常有岩面风化剥落的沙土、碎石落入岩面与地仗间的缝隙中，时间久了，加上风带入的，沙石尘土越来越多，对壁画地仗层产生向外的推压力，加速了空鼓面积的加大，导致脱落[1]。

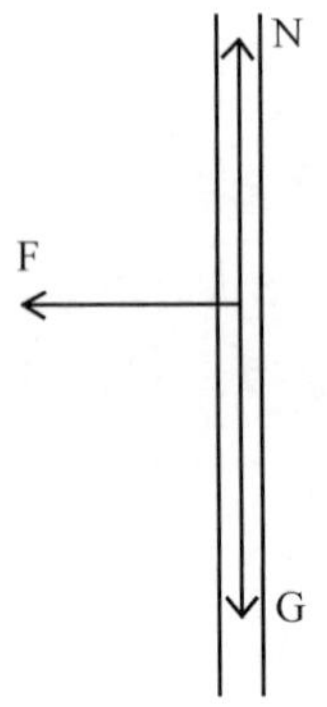

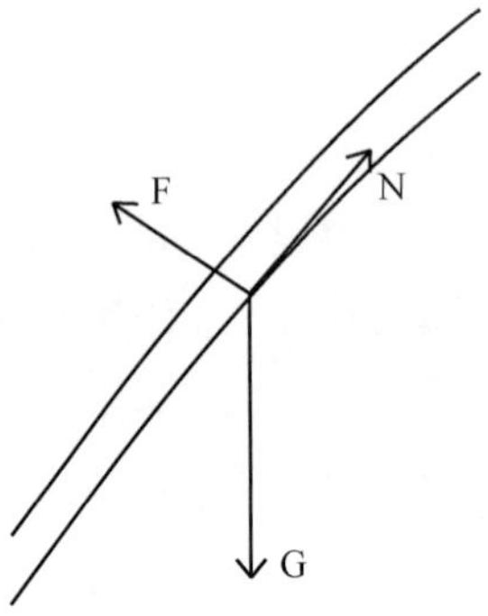

图1　立面壁画受力示意图　图2　券形顶壁画受力示意图

3. 窟形的影响

柏孜克里克千佛洞的大部分洞窟窟形都是纵券顶，受力情况如图1、图2所示，F为支撑体所提供的黏结力，当壁画为竖直向时，只要有黏结力F，就能稳定，而对于券形顶，黏结力F必须达到一定值才能稳定，所以在修复券形顶壁画时一定要保证黏结力满足稳定要求。大部分壁画支撑体直接黏结在岩体上，没有人为做土坯支撑体，这导致壁画与岩体直接接触，受岩体影响较大，岩面一旦风化、酥碱，黏结力会大大减弱，很容易造成空鼓。此外，一旦遇地震或其他外力的作用，很容易造成裂缝、空鼓病害，甚至脱落。另外，少部分窟的壁画地仗与岩面之间还有一层土坯，土坯相对岩面较抗风化，能减缓黏结力的减少，减少空鼓病害。

4. 自然灾害

地震等的震动会使壁画和支撑体产生间隙，甚至震裂。

三、空鼓病害的修复加固

千佛洞壁画空鼓病害修复加固工作基本采取了灌浆加固和锚杆补强加固方法。灌浆加固是通常采用的方法，但遇到特殊的空鼓情况，还需要锚杆锚固方式与之相结合，以达到加固的效果。灌浆加固具体工艺如下。

1）用羊毛刷和洗耳球清理干净画面灰尘，并对表面颜料进行加固（图3）。

图3　清理尘土

图4　埋设注浆管

2）在画面破损处或次要部位，用手术刀切开大小适度的方孔，用工具将空鼓处的沙土、地仗碎残块和碎石清理干净。

3）在裂缝和破损处用兽医专用注射器和专门研制的用于壁画修复的大号加长针头滴渗丙烯酸溶液，对支撑体进行加固（图4）。

4）用上述方法滴渗丙烯酸溶液，对地仗层进行软化和加固。埋设好注浆管，将空鼓壁画周围做边缘加固，并检测其密封性，看是否有渗漏。

5）待地仗干燥到一定程度，并具有塑性时，用固定在工作架上的支顶架，将包有棉毯的壁板（防止直接接触壁画损坏壁画），并包有X-60布（吸水性较强的布，具有脱盐作用）、生宣纸（吸水，脱盐作用），支顶空鼓壁画，并且逐渐推压整形，使边缘突出空鼓的壁画平整，还要记住壁板下面破损或开口处，以便灌浆不会渗漏（图5）。

图5　边缘加固

图6　灌浆

6）最后对其灌浆（图6）。灌浆材料选用丙烯酸溶液，与千佛洞岩体接近的青土（经过脱盐处理，以下简称当地青土）经过浸泡过滤的为加固材料。通过与当地红黏土的对比试验证明了

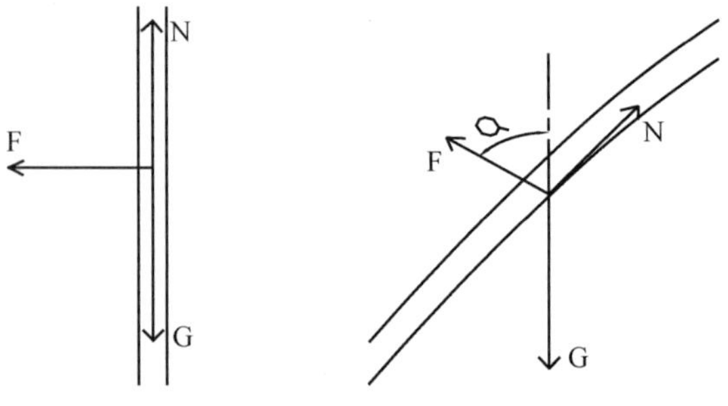

图7　壁画受力示意图

当地青土具有干燥固化后与岩体性质接近，强度较好，收缩率小，流动性和可灌性好。灌浆所用浆液配比如下。

丙烯酸溶液：蒸馏水：当地青土=1：15：34

为了灌浆的顺利，须控制灌浆材料的流动性，浆液须搅拌均匀，还要对其进行过滤 。

7）在灌浆过程中根据灌浆的难易程度，要防止浆液从开孔处渗漏或边缘渗漏，污染壁画，还要判断出浆液的流动情况，确保壁板支顶面积大于灌浆面积。

8）待浆液处于半干燥的状态时更换纸张，作为吸盐用。

当遇到特殊情况时，需要锚杆进行补强加固。锚固补强是指壁画空鼓裂隙>2mm时常压灌浆效果差或壁画地仗下层疏松，空隙大，用手在壁画表面敲击时同样发出砰砰的空鼓声音[2]，但在常压灌浆时浆液很难进入或灌入浆液量很少时所采取的补救措施，可保证壁画整体的稳定性。具体施工工艺如下。

a. 首先根据敲击壁画发出的声音判断空鼓面积，如图7根据受力情况以及计算确定所需锚杆的个数，还要根据壁画地仗厚度和支撑体强度确定锚杆的长度（图8）。

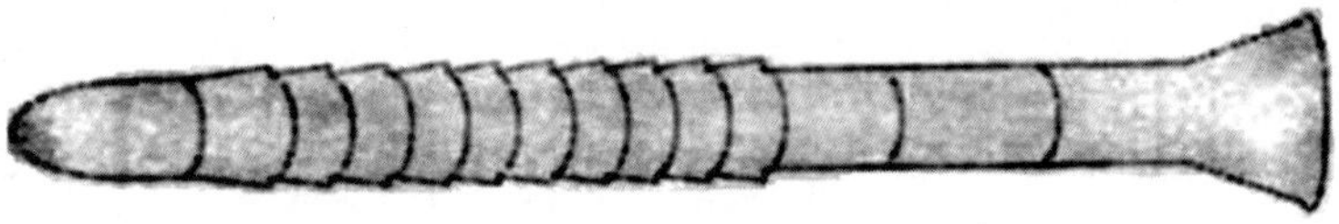

图8　木质锚杆

根据受力情况有以下分析：

壁画平衡则有：

$$F=n\times S$$

其中，F为锚杆的拉力n为锚杆数量，S为锚杆底部拉结壁画的接触面积。

由此可以得到锚杆的数量n。

b. 根据空鼓位置、壁画情况和锚杆数量，确定锚杆位置。一般选在灌浆孔，壁画损坏处或次要处。根据锚杆长度开孔，根据实际情况选用电钻或冲击钻。

c. 用洗耳球、修复刀等工具将锚固孔中的碎屑清理干净，插入注浆管，用脱脂棉将空口堵塞，防止浆液流出污染壁画。

d. 灌浆完毕后将锚杆钉入。锚杆尾部要低于壁画表面5～8mm。

e. 补孔。根据修旧如旧的修复理念，用接近地仗的材料将锚杆孔进行修补，与周围环境相互协调。

四、结　　语

在对千佛洞壁画修复过程中也遇到了一些特殊情况，大部分空鼓用普通灌浆方式进行修复，效果良好；但是35号窟，券形顶顶部空鼓严重，支撑体岩面坚硬光滑，草泥也不易黏贴，在初次修复过程中，由于黏结力不够，加上面积比较大，灌浆量较多，支顶效果不是很好，遂将此空鼓壁画分成小面积区域进行修复，待每修复的区域干燥到一定程度，黏结力足以拉结壁画时，再进行下一区域修复，最终修复效果良好。但此种方法，灌浆干燥程度难把握。在修复22号窟时，遇到了重层壁画，经过分析，对传统方法做了改进，使用锚杆锚固，效果显著，但是在锚杆加固过程中，有时候钻孔会对壁画产生破坏。

对千佛洞壁画空鼓的修复，常用的方法是灌浆，特殊情况下选择锚杆锚固。选择合适的保护方法是进行空鼓壁画保护的重要步骤。首先，要对空鼓壁画的部位进行判断，包括窟壁、顶部、地面，这是为了确定壁画的受力情况，当重力不在壁画面上时，就要考虑锚杆锚固的方式；其次，分析壁画是否是重层壁画，重层壁画也要考虑锚杆锚固方式；最后，分析支撑体情况，当支撑体坚硬光滑，也可以考虑用锚杆锚固方式。

参考书目

[1] 李最雄：《丝绸之路石窟壁画彩塑保护》，科学出版社，2005年。
[2] 汪万福、马赞峰、李最雄等：《空鼓壁画灌浆加固技术研究》，《文物保护与考古学》2006年第1期。

作者单位：王自旭，新疆文物古迹保护中心

库木吐喇石窟34号窟壁画抢救性保护修复

吾　机

内容提要：库木吐喇石窟34号窟为方形穹隆顶窟，由前室和主室两部分组成，前室已塌毁。本窟壁画主要病害包括点状脱落、边缘空鼓脱落、划痕、酥碱、颜料层龟裂起甲、地仗空鼓严重、大面积脱离岩体，时刻有掉落的危险。此外，壁画均被烟熏，以前清洗烟熏壁画时的流痕、三合土和水泥污垢等也对壁画造成了破坏。通过龟裂起甲壁画加固、空鼓地仗层灌浆加固、风化砂岩支撑体加固等方法对34号窟壁画进行了抢救性保护修复，恢复了壁画的安全性和稳定性，使之能够长期保存下去。

关键词：库木吐喇34号窟　石窟壁画　保护修复

一、34号窟壁画概况

库木吐喇34号窟位于33号窟北侧后方，窟口前后相距约10m，两窟方向一致。北侧与35号窟相近，外立面向北作约90°转折即为35号窟窟口。本窟南侧近邻无洞窟，均为崩塌的崖壁。主室地坪高于33号窟的地坪约2m，与35号窟处同一水平高度。本窟北面仍有洞窟，地坪高度大致相同，坐东面西，方向255°。

该窟为方形穹窿顶窟，由前室和主室两部分组成。前室仅存正壁与左侧壁上部转角部分，余残毁。门道残损，现为修复的门道，宽78cm，深84cm，高152cm。主室平面呈方形，宽275cm，深275cm，穹顶直径148cm，高90cm，窟室通高314cm（图1）。

前室大多坍毁，现仅在窟外立面保存着正壁上部转角的部分，且于两壁中部保存着清晰的始凿面，并于正壁门道左侧上角保存有安装门框的遗迹。主室门道为后人安装的木门，各壁均用草泥与三合土抹面。在门道地坪修复的草泥下仍有白色的石膏层。主室壁画保存状况较好，仅前壁有残损。各侧壁均绘分栏的因缘故事画，穹顶内绘立姿天人。正壁墙体保存较好，但绘画层所剩无几，仅在左侧上角保存少量壁画。上沿绘一列箭头纹，之下绘横列因缘，现存三列3幅。每列因缘的上沿均有一方4cm高的白色题榜，其内残存墨书龟兹文题记。前壁多已坍毁，现存上部少许壁画。绘横列因缘，现存一列6幅，题记模糊。画面之间以画中的建筑装饰为界隔（既有连续的装饰效果，兼作间隔画面之用）。

左侧壁题材布局与右侧壁相同，保存状况相对较好。现存四列25幅横列因缘故事画，上列题记栏内墨书龟兹文较为清晰可见，余漫漶、磨灭。

右侧壁绘横列的因缘故事画五列，每列8～12幅不等，现残存31幅。每列的上沿均有白色

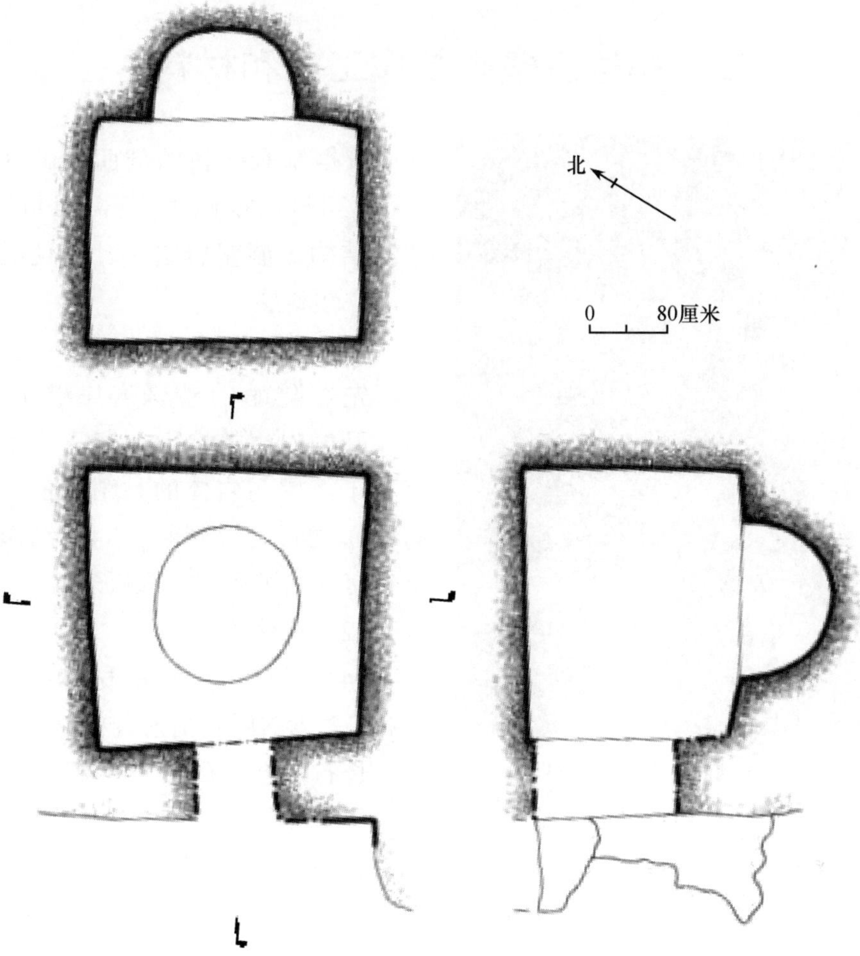

图1　库木吐喇石窟34号窟平（剖）面图

的题榜，其中仅上列题榜保存较为清晰的墨书龟兹文，表明每幅画的内容均有文字说明，而下三列的题榜内字迹模糊。画面上方榜题龟兹文中均有间隔字符“‖”符号。

顶部无任何装饰线脚且保存较完整，仅壁面有斑驳状的残损，用石膏修补。平顶边沿一周绘平行四边形纹样，穹顶外缘一周绘筒形鳞纹。在平顶四个角隅的中心均绘一朵直径约45cm的莲花，莲花中心是直径15cm的赭色莲心，莲心外周绘四圈卷叶的莲瓣。中心莲花的两侧各有一天王。在平顶处的天王之间绘水生动物，背景为绿色。所绘纹样有水涡纹、蛇、海螺、鸭、蟾蜍和人面鸟身的双鸟，且在空间饰以莲蕾。

穹窿顶中心绘一直径约50cm的莲花，莲花中心是一个直径约20cm的赭色莲心，莲心外周绘四重侧视的卷瓣莲叶，再向外绘12个梯形条幅画面，内各绘一身天人。各条幅间均有2cm宽的饰带，上绘联珠纹，下方绘三圈纹样，由上而下为一列5cm高的矩形纹，上绘联珠纹，其下是一列20cm高的三角形垂幛纹。再下的底沿是一列平行四边形鳞纹。各纹样间均有一条1cm的色带间隔，色带上用墨线绘小圈。

地坪残存草泥和白色的石膏坪，现地坪除前方中部和正壁下的右角残失外，余均保存完好。

二、34号窟壁画制作工艺和材料

依据壁画颜料的剖面显微分析结果（图2），34号窟壁画由三部分组成，即壁画支撑体结构（洞窟岩壁）、地仗层（又叫草泥层）、颜料层。

（1）支撑体

先在陡峭的砂砾岩崖壁上开凿成形洞窟，开凿时岩体壁面上留下了密集的凿迹，有利于泥层与岩体的黏结。依据壁画脱落处的裸露岩石可以判断，34号结窟开窟崖体为层状交互的沉积砂岩和砾岩。

（2）地仗层

34号窟壁画地仗层材料系当地河水沉积的黏土，经X射线衍射分析，其主要成分是石英、长石、方解石。

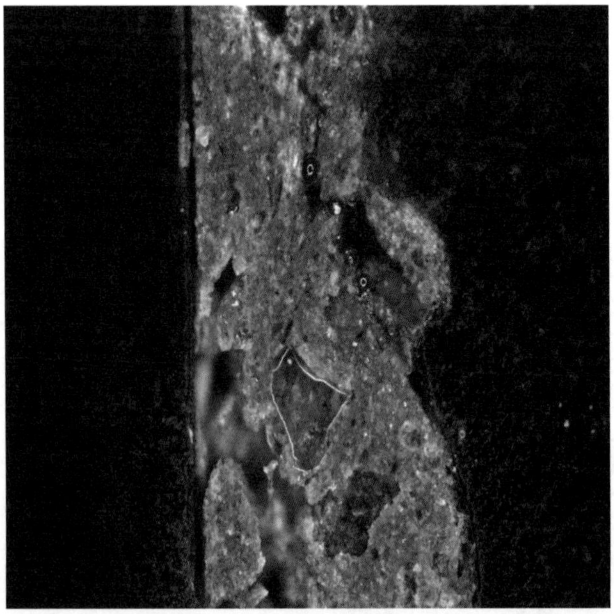

图2　34号窟黑色颜料样品剖面显微照片（50×）

（3）颜料层

颜料层是壁画的精华，是壁画保护修复的关键。库木吐喇石窟壁画绘画所用颜料的颜色，包括红、蓝、绿、黑、白等颜色。壁画所使用的颜料大部分为矿物颜料，其中使用的红色颜料的原料是朱砂和铅丹，且铅丹已变为黑色；蓝色颜料的原料是石青和青金石；绿色颜料的原料是石绿铜矿和绿铜矿；白色颜料的原料是白垩，均为常见壁画颜料。

三、库木吐喇石窟气候环境特征

库车县地处暖温带，属暖温带大陆性干旱气候，热量丰富，气候干燥，降雨稀少，夏季炎热，冬季干冷，日温差和年温差都较大。据克孜尔水库水文站气象园1985～1989年的资料统计，工作区多年平均气温9.56℃，月平均最高气温在7月份为25.4℃，极端最高气温39.8℃（库车站），月平均最低气温在1月份为-10.9℃，极端最低气温为-27.0℃。受塔克拉玛干大沙漠影响，区内空气湿度偏低，12月份为64%，3～10月均在40%以下（1951～1978年平均值）。

据克孜尔水库水文站气象园1964～1979年，口径20cm雨量器观测，多年平均降水量82.6mm，最大一日降水量为50.8mm（1970年7月23日），多年平均蒸发量1839.1mm。夏季山区多雨，常常形成洪水灾害。库木吐喇石窟面临的渭干河，年径流量22.1m^3。降雨形成的地表径流对洞窟的顶部具有极强的剥蚀破坏作用，特别是暴雨时更为强烈，是造成浅埋洞窟漏顶、渗水的主要因素，如53～58号窟等。

据库车气象站资料统计，多年平均风速1m/s。年平均有20天大风日，夏季最多，占全年的52%；春季次之，占37%；秋季较少，占10%；冬季偶有大风出现，占1%。4～8月大风集中出现，占全年大风日数的85%。风向以北和西北向为主，其次为偏东风。最大风22m/s（1979年4月10日），大风持续最长时间为12小时，大风出现时常伴有沙暴，风后浮尘有时持续数天。由于库木吐喇石窟岩体胶结性差，结构松散，强度低，伴有沙暴的大风对石窟岩体造成风蚀破坏，形成的风蚀凹槽，威胁石窟岩体的稳定。

四、34号窟壁画的主要病害及其修复

该窟壁画主要病害为颜料层龟裂起甲、脱落，划痕，地仗层空鼓脱落、酥碱，以前不当修复时遗留下的烟熏清洗流痕，三合土和水泥污垢等。龟裂起甲脱落主要分布在中部及上部；空鼓主要分布在顶部及平顶的四个角；酥碱脱落主要分布在左、右两侧壁下部；划痕主要分布在两侧中部；以前不当修复时遗留下的烟熏清洗流痕主要分布在左、右两侧壁下部；四壁下部地仗层壁画边缘部分采用三合土和水泥加固，基本上没有裸露岩体。

1.洞窟内部风化砂岩体的修复

库木吐喇石窟区域最显著的水文地质特征是渭干河的季节性洪水，其水位变化不仅直接影响石窟崖壁岩体的稳定性，受其控制的地下水位的变化也对石窟岩体、壁画的安全造成危害。渭干河对石窟岩体的侵蚀、掏空、溶蚀、软化，以及可溶盐的循环结晶、洪水冲蚀、加之岩体自身的结构强度较低和卸荷作用等众多因素的长期影响，库木吐喇许多洞窟的前室已经垮塌。

由于34号窟的崖体属砂岩和砂砾岩，近年，国内在加固西北干旱地区风化砂岩类文物时，经常使用PS（高模数硅酸钾）。该材料经在58号窟现场试验，证明其加固砂岩岩体时效果较好，为此使用质量分数7%的PS喷淋、梯度渗透的方法加固，以及砂岩支撑体（图3）。

图3 加固34号窟风化砂岩支撑体

2.空鼓壁画的修复

地仗层中因加入麦秆，较之洞窟岩体柔韧。由于该地区温差变化极大，受热胀冷缩效应的影响，致使地仗层与洞窟围岩局部脱离鼓起，逐渐向四周蔓延，造成壁画与地仗层分离，空鼓病害进一步发展，在重力等因素的作用下，将造成壁画地仗层并附带颜料层大面积分离脱落。空鼓壁画采用如下工艺修复。

1）清理干净画面灰尘，再用10%桃胶将白纱布贴到壁画表面，确保壁画的整体性，并对颜料层进行保护。

2）在画面次要部位或破损处，用手术刀切开大小适度的方孔，用特殊工具将空鼓处的沙土、地仗碎残块和碎石清理干净。

3）通过裂缝和破损处，用兽医专用注射器和专门研制的用于壁画修复的大号加长针头滴渗remens-300，对支撑体进行加固。

4）用上述方法滴渗固含量和质量分数5%的硅丙乳液，对地仗层进行软化和加固。待地仗干燥到一定程度并具有塑性时，用固定在工作架上的可调丝杆，将包有棉毯的壁板小心支顶空鼓壁画，并且逐渐推压整形，使边缘凸出空鼓的壁画平整。

5）待加固的部分完全干燥后，清除壁画表面的纱布和桃胶，对空鼓壁画进行灌浆加固。

3.酥碱壁画的修复

据地质调查，石窟区内主要为大气补给水，窟顶岩体风化松散、破碎、剥落堆积，在开凿洞窟的山体顶部存在构造裂隙及大量卸荷裂隙，这些裂隙是大气降水入渗洞窟围岩的良好通道。同时，库木吐喇石窟崖体各类岩性的岩层中均含有一定量的易溶盐成分，浸水蒸发后表面产生盐类结晶现象，并形成坚硬的盐壳。

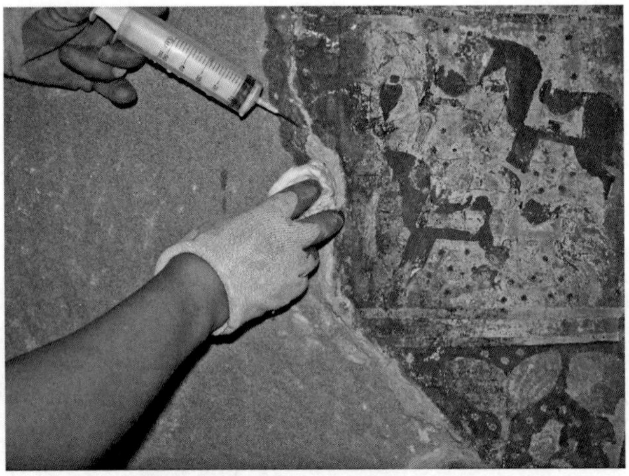

图4　修复酥碱壁画

1）用宣纸（脱脂棉或X-60纸）和蒸馏水进行酥碱壁画脱盐处理。

2）用注射器针头穿过颜料层，将5%的硅丙乳液向酥碱部位渗透（图4）。

3）待稍干燥后，用自制竹、木或不锈钢修复刀，将酥碱壁画轻轻压平。

4）用白色绸缎包脱脂棉绑扎的棉球，对酥碱壁画进行拍压。

5）待加固剂将要干燥时，将白色绸缎铺在酥碱壁画上，进行滚压。

4.龟裂起甲壁画病害

由壁画颜料的分析结果可知，壁画颜料绝大部分使用的是矿物颜料，作画时调入牛皮胶使颜料颗粒黏结在一起并黏附于地仗层上。受当地高温、温差变化大、太阳辐射强等环境因素影响，致使颜料中的牛皮胶发生老化，但若颜料中的牛皮胶含量较高，颜料层会发生龟裂，并与地仗层分离起翘，即壁画起甲病害。

采用不同浓度的聚醋酸乙烯酯乳液、AC-33乳液、白乳胶、明胶等材料对起甲壁画加固时，并对壁画颜料色彩的影响、加固强度、渗透性等指标做了一系列试验，结果表明质量分数5%AC-33乳液的综合指标最高。因此，使用5%的AC-33乳液作为库木吐喇石窟壁画起甲病害的修复材料（图5），修复工艺如下。

1）清除起甲壁画表面尘土用吸耳球将颜料层起甲翘起部位后面及裂隙之间的尘土吹洗干净。

2）注射黏合剂在壁画起甲裂口处注射黏合剂（注射黏合剂过程中，如果遇到壁画脱落，一定想办法将它贴回原处）。

3）回贴起甲壁画待黏合剂水分被地仗层吸收后，用专用的竹、木或不锈钢刀，将起甲壁画贴回地仗层。

4）如遇到酥碱壁画，修复时先用医用注射器（针管后面接装吸乳球）将4%的AC-33乳液注射渗入地仗层，加固地仗层。

5）用棉球拍压起甲壁画已注射过黏合剂的壁画，用纺绸包裹医用脱脂棉的塌包拍压壁画。脱脂棉塌包直径一般以5cm左右为宜。在拍压壁画时，要注意棉球的起落方向，从壁画未裂口处向裂口处轻轻滚动。

图5　修复34号窟龟裂起甲壁画

6）滚压壁画表面在壁画表面喷雾2%的AC-33乳液，达到70%的干燥程度后，将白色仿绸（与包棉球材料相同）铺在壁画上，用软胶滚滚压。

5.清除表面烟熏痕迹

烟熏病害是由人为因素所造成的，如在窟内做饭、燃灯、烧火取暖等，烟尘在壁画表面形成一层油渍污垢，严重破坏壁画艺术价值和观赏价值。

20世纪80年代，曾经对34号窟烟熏壁画进行了大面积清洗，由于操作不当，在壁画表面留下了许多黑色痕迹（图6）。由于这些痕迹大部分残留在裸露的砂岩体表面，需使用钢丝刷清除（图7）。

图6　34号窟清洗烟熏壁画后流下的黑色痕迹

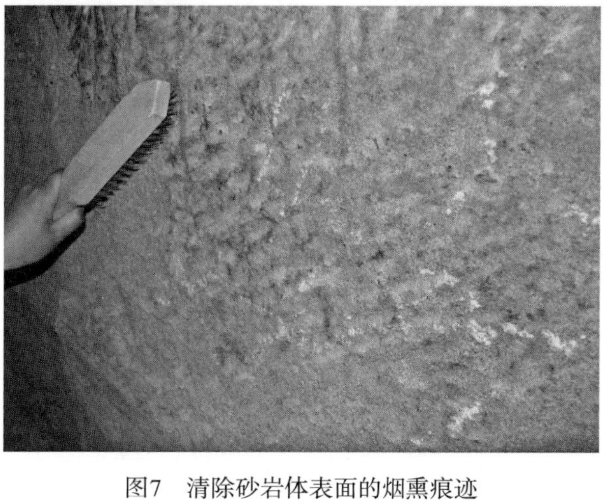

图7　清除砂岩体表面的烟熏痕迹

6.清除三合土层

20世纪80年代，保护工作人员曾使用三合土对壁画大面积脱落处进行了边缘加固。加固工序是在风化裸露岩体上刷一层2～3mm的水泥浆，待干燥后抹0.5～1cm厚的麦草泥层，最后在麦

图8　34号窟壁画三合土修复后的地仗层酥碱病害

草泥层上抹3～8mm后的三合土层。由于这层三合土层不透气，致使岩体内的水分无法蒸发，逐渐向四周蔓延，造成修复部位四周壁画与地仗层分离、地仗层酥松、局部脱落（图8）。

五、存在的问题与建议

库木吐喇石窟的壁画为空鼓、酥碱、起甲、岩体风化、裂隙等多种病害并存，且壁画修复工艺复杂、技术要求较高，故要求参加修复的人员要有一定经验的专业技术人员，在专家的带领与指导下进行施工，施工时间选择在相对干燥的季节，即每年6月中旬至10月中旬。通过跟踪调查修复后的壁画，所选的保护修复材料和工艺都具有较好的效果。为了长久保存34号窟壁画，结合34号窟在石窟群的位置，提出以下建议。

1）结合库木吐喇石窟崖体加固工程，对包括34号窟在内的洞窟顶部崖体进行防雨水入渗设计及施工。

2）结合库木吐喇石窟防洪工程，对包括34号窟在内的洞窟底部防水设计及施工。

感谢郭宏老师对本文的指导与修改。

参考书目

［1］　王卫东：《新疆龟兹石窟研究所》，《库木吐喇石窟内容总录》，文物出版社，2008年。
［2］　袁国映：《库车千佛洞的环境及其保护》，《新疆环境保护》2000年第1期。
［3］　赵林毅、李燕飞、于宗仁等：《丝绸之路石窟壁画地仗制作材料及工艺分析》，《敦煌研究》2005年第4期。

工作单位：吾机，新疆龟兹研究院

库木吐喇石窟45号窟壁画抢救性保护修复

刘　勇

内容提要：库木吐喇石窟45号窟为中心柱券顶窟，由前室、主室及甬道组成。本窟壁画保存状况较差。壁面泥层的结构是在凿平的壁面上涂一层厚1.5～3cm的草泥，压光后在其上作画。壁画地仗空鼓严重、大面积脱离岩体，时刻有掉落的危险。为此，通过起甲壁画加固、空鼓地仗层灌浆加固、风化砂岩支撑体加固等方法对56号窟壁画进行了抢救性保护修复，解决了目前威胁壁画保存的主要问题，保证其在目前条件下的安全性和稳定性，使之能够长期保存下去。

关键词：库木吐喇45号窟　石窟壁画　保护修复

一、库木吐喇45号窟概况

库木吐喇45号窟为中心柱纵券顶窟，由前室、主室和后室组成，前室前端已塌毁，现存前室里端、主室、左右甬道及后室。洞窟位于46号窟附1的南侧，相距约80m、高差3m，洞窟地坪高出沟底约1.5m，左右近邻无洞窟，坐南面北，窟口方向192°。

前室平面呈矩形，面宽6.9m，残存进深2.7m，高4.8m，门道，平顶，宽0.92m，深1.06m，高2.76m。主室平面呈矩形，面宽3.86m，进深4.36m，高4.56m。正壁中部开莲瓣形浅龛，宽1.4m，深0.3m，高2.6m，距下部低台高1m。地坪下存长方形的低台遗迹，宽2.34m，深2.84m，高0.09m。左右甬道结构相同，宽0.7m，深1.7m，高2.22m。后甬道横宽4.28m，纵深0.82m，高2.15m（图1）。

主室正壁中部开有莲瓣形浅龛，龛下两端残存少量绘画遗迹，模糊。上方半圆面正中绘一个大华盖，背景为菩提树冠。华盖两侧下方各绘有一身跪于云纹上的菩萨。前壁正中开门道，两端及上方半圆面草泥层脱落，现仅于左端残存极少的壁画，似为供养人像。左右侧壁题材内容、形式相同，布局对称。满壁绘坐佛像。壁面的中心绘一身形体较大的坐佛（右侧壁保存相对完好），具项背光，项背光的外圈绘茶花图案，内圈为放射状的波纹（火焰纹），项光之上为一汉式华盖，背景是菩提树冠。佛结跏趺坐于仰莲座上，左右两侧各绘5列坐佛，每列绘4身，现于左侧壁保存23身，右侧壁保存25身。下部绘边饰纹样，可惜被磨灭。主室顶部券腹下沿原应有一个木构的栏台承托泥塑的一佛二菩萨像，现存清晰的贴塑痕与浮塑的彩绘项背光遗迹，项背光内绘茶花和彩条纹样。塑像之上绘坐佛4列，每列6身，佛坐于覆莲座上，下有云纹承托，两侧券腹均有被切割的痕迹，左侧残存15身，右侧残存11身。中脊绘有茶花，茶花空间饰以花叶，两侧各有一条莲花边饰。正壁前存有一个长方形预留体的低台地坪，余处残存斑驳状的草泥坪。

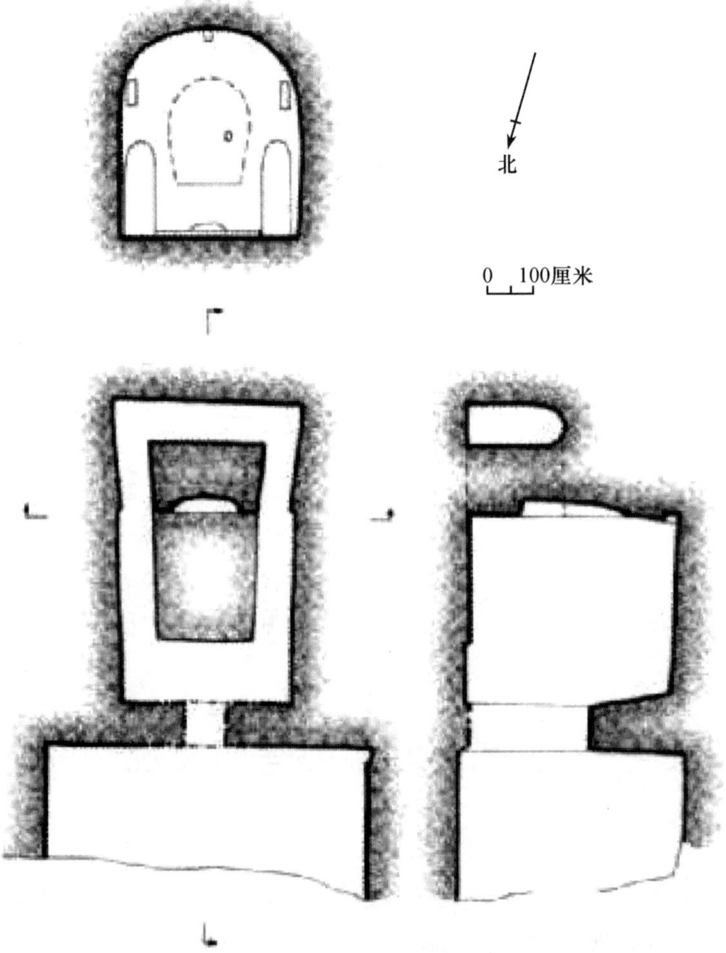

图1　库木吐喇45号窟平（剖）面图

右甬道内侧壁残存一身立佛的头部及右侧的榜题“南无释迦牟尼□”，余毁。外侧壁绘一佛二菩萨立像，立像有右侧上方均有一则榜题，墨书的汉字题记几尽磨灭，由外向内，第1身为菩萨，榜题“南无……”；第2身立佛，题记“南无阿弥陀……”；第3身菩萨，残损，题记“南无□□音菩萨”。上沿均有一列团花纹，下部0.3m的壁面为纹样，磨灭。顶部绘直径约0.3cm的团花，团花间饰经云纹。

左甬道内侧壁壁画多已损毁，仅保存2身立像的脚部与头光，可知由外向内第2身为立佛，余不明，题记磨灭。

后甬道正壁原应绘5身立像，一佛一菩萨交替排列，现保存4身。榜题栏内的字迹刮毁。仅于左起第2身立像的题记栏内存“南无……”。前壁左端上下保存少量绘画遗迹，上部绘有菩提树叶，下部有一个交脚坐姿的人物，上身残毁。

二、壁画保存现状

该窟前室前端塌毁，仅存里端，正壁及两侧壁和平行顶壁画无存，为裸露的岩体，保存前室里端、主室和后室。

主室正壁残存上部和下部少量壁画，上部左侧空鼓约0.18m^2，壁面利物划痕较多。边缘采用草泥和三合土加固，中部和下部地仗层脱落为岩体。前壁残存下部左侧少量壁画，上端采用三合土加固券顶壁画边缘，中上部为岩体，1976年对下部进行了水泥加固，并安装木门。右侧壁残存的壁画中有人为形成的利物划痕，壁画损伤严重，边缘用三合土和水泥浆涂面加固，右侧端裸露为岩体。左侧壁残存部分壁画利物划痕约1.74m^2，涂泥约0.12m^2，边缘用水泥浆涂面加固，右侧上部地仗层脱落为岩体。券顶残存壁画的边缘采用三合土和草泥加固，左券里端空鼓约0.12m^2，酥碱约0.08m^2，外端中部有霉变现象发生，约0.46m^2。右甬道左侧壁残存上部少量和下部部分壁画，中部地仗层脱落处采用三合土抹面加固，下部壁画中有颜料层脱落现象发生。右侧壁保存大部壁画，壁面有少量铅笔和利物划痕。上部及左侧端脱落处曾用草泥和三合土抹面加固。券顶残存部分壁画，壁面有少量利物划痕，外端及左侧和里端地仗层脱落处采用三合土抹面加固。左甬道右侧壁残存上部和下部部分壁画。下部壁画中有颜料层脱落现象，约0.23m^2，中部地仗层脱落处采用三合土抹面加固。左侧壁保存大部壁画。壁面有部分利物和铅笔划痕现象发生，右端中部及右下角脱落处为三合土抹面加固。券顶划痕主要发生在保存大部壁画的里端，外端地仗层脱落处曾采用三合土抹面加固。

后室前壁右侧上部和下端左右角少量壁画有少量利物划痕现象，边缘采用三合土抹面加固，中部空鼓约0.08m^2，其余大部脱落处为草泥抹面加固。正壁残存上部部分壁画，壁面有部分利物划痕，边缘采用三合土和草泥抹面加固，其余为岩体。券顶残存部分壁画，左端有利物划痕和空鼓现象，右侧脱落处采用三合土抹面加固。

三、壁画制作材料和工艺分析

（一）库木吐喇石窟区域地质构造

石窟开凿的岩体为新生界第三系上新统岩石，属河湖相沉积，主要岩性为砂岩、砾岩及泥岩。岩石呈互层状产出，层理清晰，主要以泥质胶结为主，钙质胶结次之，岩石强度较低，风化后易碎。砂岩、砾岩具遇水崩解性，泥岩遇水软化、具弱膨胀性。地层中富含盐及碱质成分，浸水干燥后析出表面呈白色结晶物。极软的砂岩具强遇水崩解性，4cm×5cm×6cm的岩块完全浸水后3～9分钟彻底崩解。中–强风化砂砾岩胶结强度极低，极疏松破碎，难以取到完整岩块。中–强风化粉砂质泥岩耐崩解性较差，4cm×5cm×6cm的岩块完全浸水后10分钟彻底粉化。

渭干河是天山南坡三条大河之一，上游干流称木扎提河（克孜尔河入口以上），先后接纳了流经拜城盆地的卡木斯浪河、特里维其克河、卡拉苏河、克孜尔河四条支流，穿越却勒塔格山脉流经库木吐喇千佛洞后，向南进入山前平原，最终汇入草湖或塔里木河，其源头为冰雪融水。

（二）壁画制作工艺

古代石窟壁画，其结构由基础支撑体、地仗层、颜料层三部分组成；但壁画类型不同，制作工艺就不同，所使用的材料和结构也不同。同时，结构体中任何一部分发生变化，最终都会影响到壁画整体的保存。

壁画地仗层为绘画做准备的结构层，其作用是找平、防止开裂和为绘画的吸水、着色提供良好的表面。地仗层是绘制壁画所使用颜料的载体，决定壁画是否长期保存的主要因素。库木吐喇石窟壁画的地仗层制作分为三层， 粗泥层、细泥层和一层很薄的白粉层。粗泥层一般厚2～4cm，以黏土、沙土掺加麦秆制成；细泥层厚0.2～0.5cm，以黏土掺加麻、毛等纤维制成，但45号窟壁画地仗层较厚，且只有一层，厚1.5～3cm，其主要成分为黏土矿物（图2）。

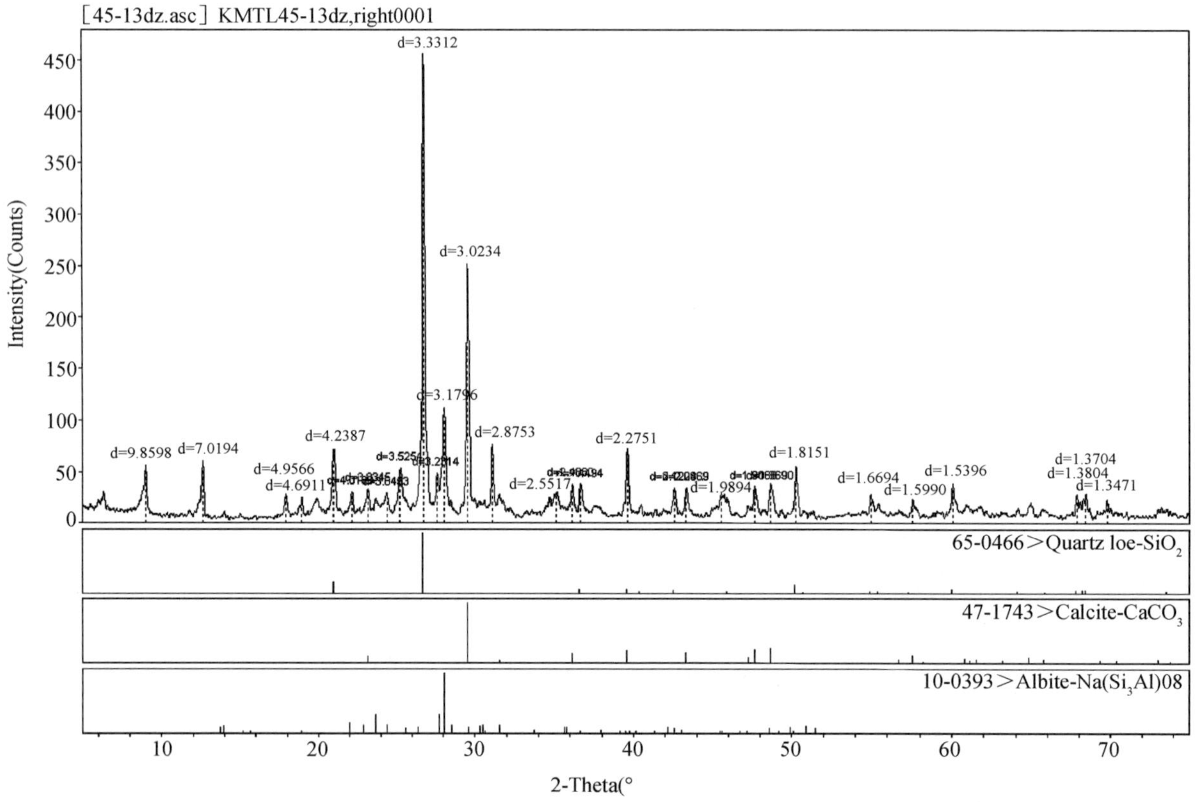

图2　45号窟地仗X射线衍射图谱

库木吐喇石窟壁画所使用的颜料大部分为矿物颜料，其中使用的红色颜料是朱砂和铅丹，且铅丹已变为黑色，但依据取样时的观察，颜料表下层的铅丹尚未完全变色（图3）；蓝色颜料使用的是石青和青金石；绿色颜料是石绿和绿铜矿；白色颜料是白垩，均为常见壁画颜料。

四、45号窟壁画主要病害的抢救性修复

（一）壁画空鼓病害的修复

壁画空鼓是45号窟的主要病害之一， 主要发生在壁画地仗层脱落处的边缘，多数出现在下部（图4）。随着环境的改变，壁画地仗层产生物理形变，造成壁画地仗层与支撑体分离，只有四周或某一点与崖壁还黏结在一起，由地仗层外部进入空鼓裂隙内部的尘土，不断在内部堆积，受自身重力作用，逐渐脱离岩体。

空鼓壁画采用灌浆的方法进行加固，将经过脱盐处理的澄板土和细沙以1∶3的比例混

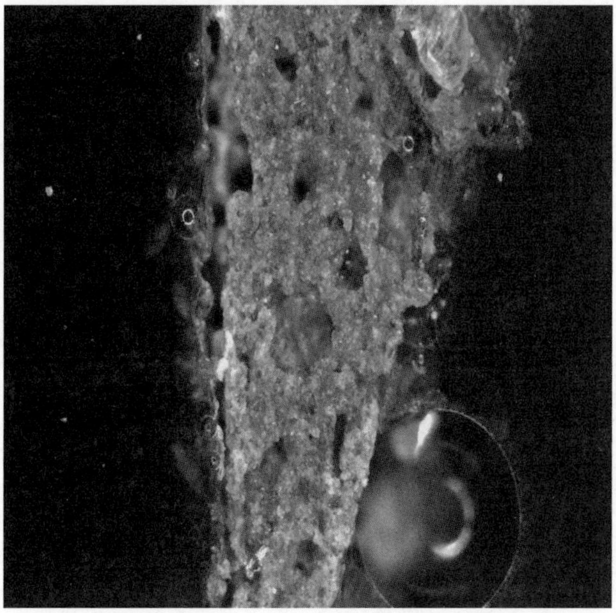

图3 45号窟红色颜料剖面显微照片（50×）

合，掺入泥浆的比例适中，过稀过稠都不利于空鼓灌浆。调制灌浆选择沙的颗粒度应控制在150～250um。这种材料具有透气性好、收缩率小、流动性好、黏结强度适中并且可调等优点。

轻敲壁画找到空鼓的部位，加固因壁画地仗层老化造成不同程度的空鼓，采用注射泥浆的方式将配比适当的浆液注入地仗层空鼓内部，起到加固空鼓壁画的作用。灌浆时，浆液注入空鼓部位，采用点状灌浆利于壁画承载的负重，在用支护板支顶空鼓浆液部位，有利于壁画黏合（图5）。

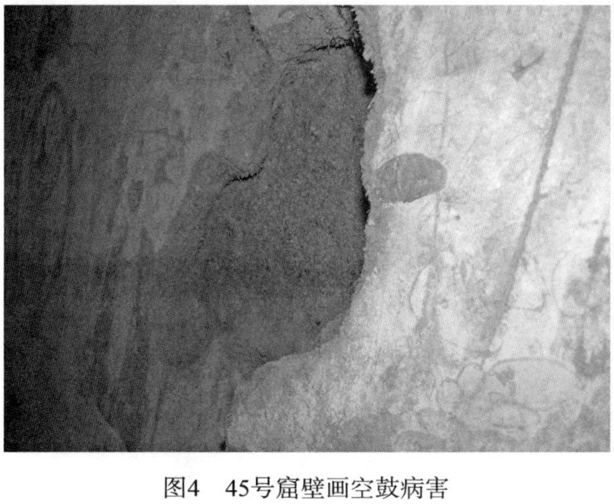

图4 45号窟壁画空鼓病害

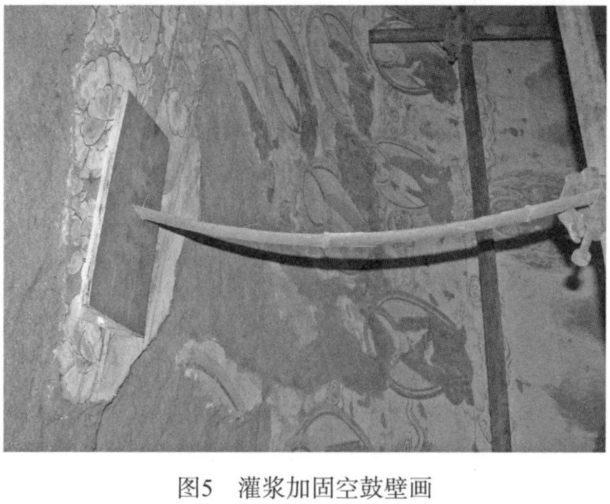

图5 灌浆加固空鼓壁画

修复工艺如下：

1）清理壁画表面的浮土，对壁画表面灌浆加固时出现的滴漏污染壁画表面，采用草泥做提前防漏加固处理。

2）选择壁画无颜料层或破损的地方，钻直径0.5cm的小孔，由下至上把注浆管插入壁画与崖体的空隙中，注浆管可根据空鼓的部位随时调整。

3）把配制好的灌浆材料用注射器将注浆管压入壁画空鼓部位。采用点状空鼓灌浆的方法，根据灌浆量控制在灌浆点的比重，可以减轻壁画地仗原本的负重，有利于壁画长期保存。

4）把吸水纸放置在支护顶板面部并支顶到壁画表面，对壁画进行吸水脱盐固定处理。

5）待干燥后，取下支护顶板，再用原地仗层相同的材料修复注浆孔。

（二）风化砂岩支撑体的加固

图6　水泥加固的壁画支撑体

支撑岩体的风化是库木吐喇石窟中最为常见的一种病害，也是导致壁画大面积脱落的重要原因。45号窟主室两侧壁、正壁、左右甬道和后甬道中下部受支撑体风化的影响，壁画地仗层大面积脱落，为了阻止岩体进一步风化，前人为了让松软风化的岩体表面更加坚固，在主室的两侧壁、正壁券顶和左右甬道及后室壁画大面积脱落为风化裸露的岩体部位涂抹了水泥浆（图6）。

当时，修复人员考虑在岩体缺失部位用水泥加固会改变洞窟整体色调协调，在此基础上改为三合土，随后几年，改为草泥修复。

45号窟崖体属砂岩和砂砾岩，风化岩体表面颗粒松散，强度低。近年来，国内在西北干旱地区加固风化砂岩类石窟时，普遍使用PS（高模数硅酸钾）加固剂用于风化疏松的岩体，其加固效果较好，适合用于空鼓壁画的岩体加固。选择PS加固剂作为岩体风化加固材料，是因为PS加固剂在西北地区广泛应用在石窟的岩体加固上，经多年使用证明，这种材料用于岩体加固上效果显著。

修复工艺如下：

1）清除大部裸露的岩体表面涂抹的水泥浆，在剔除时有一定困难，不同的岩体表面及其颗粒的大小软硬都不尽相同。在岩体壁面涂抹水泥浆的不同部位，水泥浆涂抹的厚度软硬也不同，根据岩质和水泥浆薄厚采取相应措施，用敲击或铲除方法从下至上慢慢清除。

2）配比PS加固剂，用蒸馏水+PS配比为10：1蒸馏水90% PS10%，根据实际增加配比量。

3）用喷壶装入配比浓度为10%PS在裸露岩体全面均匀的喷洒，让加固的液体完全渗透到岩体的内部，根据岩体的风化程度，在决定加固剂用量，一般喷洒3～5次为宜（图7）。

图7　加固风化支撑体

4）每次在岩体喷洒之后，待岩体干燥。然后触摸岩体的软硬程度，再决定是否喷洒，直到岩体硬化沙粒不脱落为止。

（三）壁画酥碱病害

雪和雨水通过周边岩体裂隙渗入洞窟内，多次由内向外移动并蒸发，在壁画地仗层内聚集大量可溶盐储存，遇环境变化反复，即潮湿膨胀—干燥结晶过程，导致壁画支撑体与地仗层的内部结构和密度处于长期变化的环境中，加快岩体风化和地仗层酥松、解体、脱落的进程。

与克孜尔石窟相比，库木吐喇石窟的环境湿度较大，出现壁画酥碱程度较为严重，范围也更大。同时，在库木吐喇石窟崖体各类岩层中均含有一定量的易溶盐成分，在环境因素综合的作用下，发生岩体表面盐类结晶的现象。这两种病害虽然在其他临河的下层洞窟比较严重，但在45号窟的壁画和岩体中不是十分突出。

库木吐喇石窟地仗层酥碱中的可溶盐主要是NaCl和Na_2SO_4，选择能够多次使用的X-60纸和蒸馏水脱去酥碱地仗层中的可溶盐。这种材料有利于酥碱壁画的加固和保存，为以后再次修复预留出可操作空间。

（四）壁画起甲病害

45号窟壁画所使用的颜料多数为天然矿物颜料，把熬制好的植物胶或动物胶掺入颜料中拌匀刷涂于地仗层上，受到日照、温度、湿度等环境因素影响，颜料中的胶质物会发生老化，颜料层附着力降低，从而导致龟裂、分离、起翘、脱落等病害的发生。45号窟后室壁画中有少量轻微起甲现象，所占病变比例不大。壁画起甲修复材料使用质量分数5%的AC-33乳液，修复工艺如下。

1）清除起甲壁画表面尘土。用吸耳球或软刷轻轻将壁画颜料层起甲翘起部位及裂隙之间的尘土吹除干净。

2）注射黏合剂。在壁画起甲裂口处注射黏合剂（注射黏合剂过程中，遇到壁画起翘，要想办法将它贴回原处）（图8）。

3）回贴起甲壁画。待黏合剂水分被地仗层吸收后，用专用的竹、木或不锈钢刀，将起甲壁画贴回地仗层。

4）用塌包拍压起甲壁画。将注射过黏合剂的壁画，用自制直径一般为5cm左右的丝绸，包裹医用脱脂棉的塌包拍压壁画表面。在拍压壁画时，要注意棉球的起落方向，从壁画未裂口处向裂口处依次轻轻滚压，这样能将起甲内部的空气排出，不会出现气泡和皱褶现象。

图8　加固壁画起甲颜料层

（五）清除水泥层

20世纪80年代初库木吐喇石窟大规模洞窟修缮时，45号窟亦在维修之列，考虑洞窟壁画岩体风化脱落比较严重，在风化松软的岩体表面采用大量水泥浆涂刷来加固壁面。

库木吐喇石窟受气候和季节性的洪水影响，使得洞窟岩体结构稳定性降低，对壁画的安全存在造成隐患。在洞窟内四壁岩体表面涂刷的水泥浆阻隔岩体内部水分的出入，造成局部岩体脱落。

在库木吐喇石窟保护的初期，水泥广泛的运用在洞窟的支撑体保护和壁画加固，但由于水泥的透气透水性差，给加固后的壁画带来了新的隐患。

五、结　　语

在壁画保存现状调查的基础上，依据壁画制作材料和工艺，以及壁画保存环境，针对不同壁画病害类型及其产生原因，选择壁画修复材料和方法，是壁画修复所必须遵循的原则。

壁画修复时，应综合考虑各种因素对壁画产生的不利影响，以免对壁画造成新的损伤。壁画修复应严格按照“修旧如旧，不改变文物原状”，最小干预、最大兼容的基本原则进行。

在45号窟的壁画修复中，壁画病害分别出现在支撑体、地仗层、颜料层中，范围和程度各有所不同。有些壁画多种病害，并存如甬道多处曾使用多种加固材料分次加固。20世纪80年代初在大规模洞窟修缮之前，主室和甬道的支撑体风化特别严重，曾使用过水泥，之后用过三合土，最后才用草泥。加固所使用的材料使用不当产生的后果也是非常严重的。此外，壁画表面还有人为切割壁画的痕迹和随意刻画的遗痕，这些人为因素给壁画造成的损害是无法弥补的。

通过此次的修复工作，认识到80年代库木吐喇石窟壁画修复保护工作之初仍处在摸索阶段，当时石窟修复大量使用水泥，暴露了壁画修复理论和技术的缺失，给以后的壁画保护产生不利影响。这就提醒我们，壁画的保护修复必须在建立科学的保护规划和完善的日常养护制度前提下，实施全过程、全方位的管理。

感谢郭宏老师对本文的指导与修改。

参考书目

［1］　新疆维吾尔自治区文物管理委员会等：《中国石窟·库木吐喇石窟》，文物出版社，1992年。
［2］　王卫东：《新疆龟兹石窟研究所》，《库木吐喇石窟内容总录》，文物出版社，2008年。
［3］　袁国映：《库车千佛洞的环境及其保护》，《新疆环境保护》2000年第1期。
［4］　赵林毅、李燕飞、于宗仁等：《丝绸之路石窟壁画地仗制作材料及工艺分析》，《敦煌研究》2005年第4期。
［5］　李最雄、杨涛、汪万福：《壁画空鼓病害的探地雷达正演模拟检测》，《工程地质学报》2009年第5期。

作者单位：刘勇，新疆龟兹研究院

库木吐喇石窟56号窟壁画抢救性保护修复

周智波　郭　宏

内容提要：库木吐喇石窟56号窟为中心柱券顶窟，由主室门道、主室及甬道组成。本窟壁画保存状况极差，所存壁画均被烟熏。壁面泥层的结构是在凿平的壁面上先涂一层厚约1cm的草泥，然后与其上涂一层厚约0.3cm的细泥，压光后于其上作画。壁画颜料层起甲后呈大片斑驳脱落，券顶两侧的壁画起甲尤甚，轮廓极其模糊。此外，地仗空鼓严重、大面积脱离岩体，时刻有掉落的危险。为此，通过起甲壁画加固、空鼓地仗层灌浆加固、风化砂岩支撑体加固等方法对56号窟壁画进行了抢救性保护修复，解决了目前威胁壁画保存的主要问题，保证其在目前条件下的安全性和稳定性，使之能够长期保存下去。

关键词：库木吐喇56号窟　石窟壁画　保护修复

一、56号窟壁画概况

库木吐喇石窟56号窟坐北向南，洞窟方向198°，中心柱券顶窟，由主室门道、主室及甬道组成。主室门道残损，宽1.74m，深1.62m，残高2m。主室平面呈长方形，宽3.78m，进深4.65m，高4.54m；正壁中部开拱形立像龛，宽1.27m，深0.67m，高2.1m，龛底距地坪0.8m。左右甬道结构相同，尺度大致相等，宽0.85m，深2.22m，高1.84m；后甬道横宽4.2m，纵深0.95m，高约1.8m（图1）。

正壁中部开拱形立像龛，龛内塑像已不存，上部半圆形壁面绘等身高三尊立佛，具头光、背光，仅能辨其大致轮廓；龛外右侧壁面保存的甬道顶左上方有一块壁画，仅大致可辨识残存7身立佛、1身坐佛、1个残缺的头光及1个方形物。前壁半圆形壁面中部绘1身倚坐佛，身着红色袈裟，坐一方形高座上，座基有三角形纹样，佛头光内绘有团花式纹样；左侧壁保存上沿和前端上部的草泥及绘画，残存壁画为1身佛的上部，现仅存头部、左肩及头光、背光的上半部分；右侧壁仅在中部的上沿残存少量壁画。券顶现存壁画仅能识其大致轮廓，两侧满绘小坐佛，每身坐佛高约15cm，宽约13cm，共绘约15列，每列约坐佛40身，均着双领下垂式袈裟，结跏趺坐。左、右、后甬道壁画磨灭无存。

二、壁画保存现状

数百年来，因岩体崩塌，56号窟前室已塌毁，水患也损害着壁画，风沙、干湿交替的环境无时无刻地对壁画产生不利影响。同时，现存的壁画由于受到洞窟岩体风化、地仗层空鼓、酥

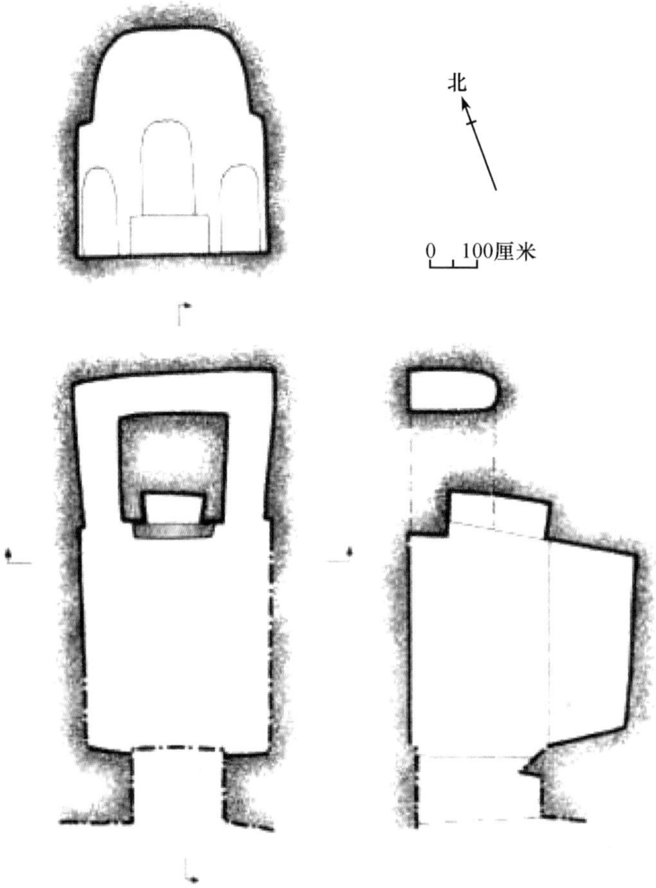

图1　库木吐喇石窟56号窟平（剖）面图

碱、颜料层起甲、烟熏等病害的危害，严重威胁着壁画的长期保存与科学研究。

主室正壁上部壁画的主要病害有起甲脱落、空鼓、烟熏、裂隙、岩体风化等。起甲分布在整个残留的壁画上；空鼓主要分布在残留壁画的下部及龛右侧，最严重的空鼓出现在左甬道的上部，有一块面积超过2m^{2}的壁画空鼓悬空，脱离支撑体最远处达17cm；整个残留的壁画都覆盖着一层厚约2mm的烟熏层；裂缝主要出现在左侧空鼓悬空壁画部分，共有3条纵向和1条横向裂隙，其中佛龛右侧壁画边缘部分采用三合土和水泥加固；下部为裸露风化岩体。主室前壁门道顶部及门道左侧壁上部残存少量壁画，壁画起甲极为严重，门道左侧地仗层空鼓，门道顶部壁画边缘用三合土加固，其附近的壁画发生酥碱病害，中部门道安装铁栅栏，墙体和水泥面为后期修复；左侧壁地仗层全部脱落，现为水泥抹面加固；右侧壁上部残存少量烟熏壁画，空鼓病害极为严重，壁画处于悬空状态；中部靠近门道位置的岩体纵向裂缝、局部坍塌，下部为裸露岩体。券顶保存较多壁画，壁画起甲脱落严重，左、右券靠近正壁部分壁画空鼓病害极为一致，左券中部下端壁画存在局部空鼓及酥碱病害，右券前端有一条较大裂隙贯通于左侧壁，裂隙中部靠右券处有泥浆析出，污染右券外端部分壁面，左券靠前下部有一处粉笔涂写的维吾尔文字。

左、右、后甬道地仗层已全部脱落，局部用水泥抹面加固，现水泥加固层也大部分脱落，残留的少量水泥浆涂抹的痕迹，其余部分为裸露岩体，在后甬道中部有少量的盐壳，下部岩体风化较为严重。

三、56号窟壁画的主要病害

本窟的主要病害为起甲脱落和空鼓，同时还存在酥碱、壁画大面积脱落、岩体坍塌与风化、人为涂写、裂缝、烟熏、不当修复等。其中，起甲脱落壁画占整个残留壁画面积的99%，仅主室右侧壁一处壁画无起甲脱落现象，空鼓面积达残存壁画面积的65%以上，特别是主室正壁尤为严重。其他病害在本窟相对较少，绝大多数与起甲脱落及空鼓壁画并存。

（一）壁画起甲脱落病害

经取样分析，56号窟壁画颜料使用的是矿物颜料（图2）。作画时调入牛皮胶以使颜料颗粒黏结在一起并黏附于地仗层上。受当地高温、温差变化大、太阳辐射强等环境因素影响，致使颜料中的牛皮胶发生老化。

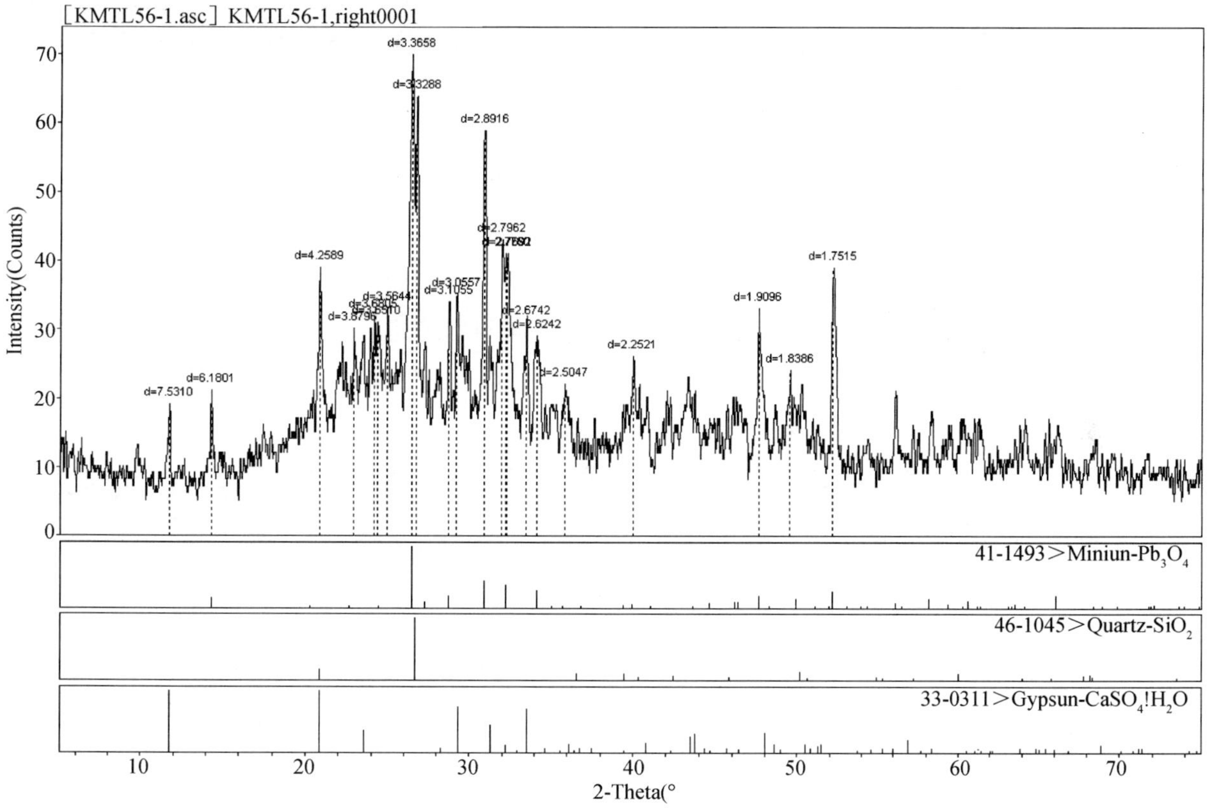

图2 库木吐喇石窟56号窟壁画红色颜料X射线衍射图谱

如果颜料中的牛皮胶含量较高，颜料层将发生龟裂，并与地仗层分离起翘，即壁画起甲病害。该窟为严重的烟熏洞窟，颜料层起甲的同时伴随着烟垢翘起，而且甲片都是附带细泥层一块翘起。该病害为56号窟壁画的最主要病害，占现存壁画面积的99%以上，表现为壁画表面呈卷曲翘起（图3、图4）。

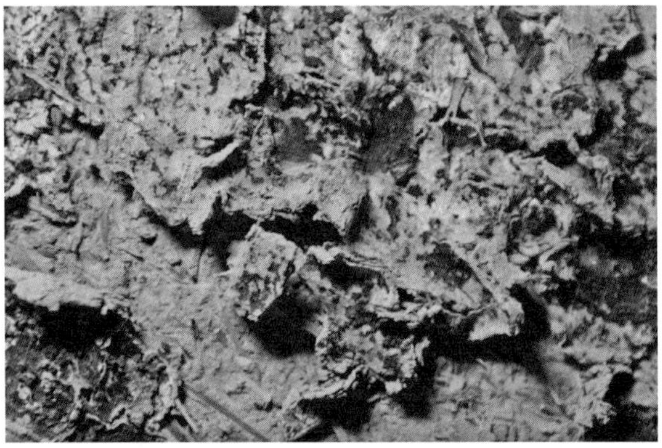
图3　壁画起甲脱落病害（1）

图4　壁画起甲脱落病害（2）

（二）烟熏病害

烟熏病害是由人为因素所造成的，如在窟内做饭、燃灯、烧火取暖等，烟尘在壁画表面形成一层污垢，严重破坏壁画艺术价值和观赏价值。现主室正壁保存的3身立佛因烟熏层覆盖，仅能观察到轮廓（图5）。

（三）壁画空鼓病害

由56号窟洞窟围岩及地仗层的X射线衍射分析结果可知，两者在组成上存在较大差异。同时，地仗层中因加入麦秆、麻刀，较之洞窟岩体柔韧。由于该地区温差变化极大，受热胀冷缩效应的影响，地仗层与洞窟围岩局部脱离鼓起，逐渐向四周蔓延，造成壁画与地仗层分离。因支撑体的裂隙导致壁画地仗层开裂而产生的空鼓病害进一步发展，在重力等因素的作用下，将造成壁画地仗层并附带颜料层大面积分离脱落（图6）。

图5　56号窟主室正壁壁画

图6　壁画空鼓悬空

（四）洞窟内部岩体坍塌与裂隙

受渭干河水对石窟岩体的侵蚀、水位升高诱发低层石窟的溶蚀、岩石软化、可溶盐循环结晶作用、洪水侵蚀、加之岩体自身的强度较低以及卸荷作用等众多因素的长期影响，库木吐喇许多洞窟的前室已经垮塌。

（五）壁画大面积脱落及洞窟内岩体风化

壁画大面积脱落是库木吐喇石窟壁画最为常见的病害，56号窟尤为严重。主室左、右侧壁壁画已全部脱落，左、右、后甬道壁画也已全部脱落，裸露的岩体风化严重，局部岩体有盐壳（图7），并在表面形成一层酥软的风化絮状物层（图8）。

图7　裸露岩体表面的结晶盐

图8　严重风化岩体

（六）不当修复

20世纪70年代，新疆维吾尔自治区水电部门在库木吐喇石窟保护区范围内修建东方红水电站时，大坝截流导致窟区水位上涨，造成下层洞窟不同程度的进水（56号窟也曾被水淹过），窟内湿度急剧增大，且多年来下层洞窟的湿度长期处于饱和状态，壁画受到严重损害。20世纪80年代曾经对56号窟进行了修复，主要对壁画大面积脱落处进行边缘加固，修复工序是在风化裸露岩体上刷一层2～3mm的素水泥浆，待干燥后抹0.5～1cm厚的麦草泥层，最后在麦草泥层上抹3～8mm后的三合土层。56号窟主室的整个左侧壁都覆盖着一层厚厚的水泥层，水泥层厚约10cm。窟门附近的水泥修补处因岩体裂隙已碎裂成数块。

四、56号窟病害的抢救性保护修复

56号窟壁画的主要病害为大面积空鼓、起甲、烟熏、裂隙和壁画表面泥污，且同一处壁画多种病害并存。总的保护修复原则是在实施过程中，严格按照“修旧如旧，不改变文物原状”及最小介入、最大兼容的基本原则。经过现场试验，对空鼓壁画采用灌浆回贴加固；对起甲壁画采用适宜浓度的AC-33加固剂渗透加固；对壁画表面污物采用适当清洗剂软化后，机械清除。

56号窟壁画烟熏层较为稳定，且正壁的3尊立佛像的大致轮廓在烟垢下也显现的较为清楚。对克孜尔161号窟烟熏壁画的清洗效果观察，清洗完成若干年后，壁画表面泛白，对画面损伤较大，此外对其烟熏层的清洗目前尚无更好的方法，因此本次修复未对烟熏进行处理。

（一）边缘严重起翘的空鼓壁画的修复

空鼓是威胁56号窟壁画保存的最为严重的病害，正壁佛龛右上方壁画空鼓部位脱离岩体最远处达17cm，空鼓面积超过2m^2，壁画随时有脱落的危险。加之壁画地仗层酥碱病害极为严重，导致空鼓壁画回贴的难度极大，对保护工作人员的专业技术有着极高要求。在修复前，保护工作人员进行了多次讨论和小范围实验，针对56号窟空鼓壁画的具体情况制定了相应的保护措施。

1）用木板、砖块、海绵及宣纸对悬空的壁画从下方进行支顶固定，以防止脱落。

2）对空鼓悬空的壁画背后的风化砂岩体用7%PS进行加固，恢复支撑体的强度。

3）由于在悬空的壁画中部有一条横贯的裂隙，而壁画地仗层厚度1cm左右，在回贴过程中为了防止发生脱落意外，先对地仗进行加固补强。待加固材料干透后，用长20cm的纱布浸透20%的聚醋酸乳液从背部对酥松地仗层进行补强加固（主要针对横向裂隙）（图9）。

4）由于壁画支撑体因风化已凹凸不平，用麦草泥填充在悬空壁画下的砂岩支撑体上，厚度从1～3.5cm（根据风化岩体凸凹的程度决定麦草泥厚度），以找平原支撑体，便于回贴空鼓壁画；另一方面麦草泥与原地仗层材料组成一致，物理力学性能接近，且可以起到回贴黏结的作用。

5）用质量分数2%的AC-33乳液（下同）渗透加固地仗层。

6）依据空鼓壁画面积，制作包有棉毯的壁板，上铺两层X-60纸，其上再铺一层宣纸。

7）待地仗层稍干（渗透后约30min），并具有一定塑性时，用可调丝杆，小心支顶壁板，回贴空鼓壁画，并逐渐加压整形，使边缘凸出空鼓的壁画平整。壁画原位回贴后可以撤掉下面支撑用的砖块、海绵等物品（棉毯起缓冲层的作用，X-60纸有较强的吸水性，可以吸出运移到壁画表面的水分及可溶盐，宣纸有一定的吸水性，也可以保护壁画的颜料层）（图10）。

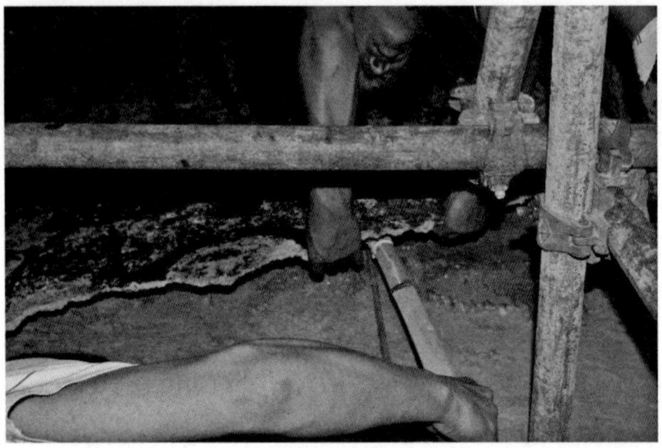

图9　加固酥松地仗层

图10　支顶回贴空鼓壁画

8）地仗干燥过程中，定时更换X-60纸及宣纸。起初24小时更换1次，3天后48小时更换1次，更换4、5次，直至地仗完全干燥。

9）待空鼓壁画完全回贴固定后，拆除支顶壁板，对画面进行检查修复。

（二）壁画中部空鼓病害的修复

56号窟壁画空鼓病害的修复采取灌浆回贴加固的方法，具体工艺如下。

1）钻注浆孔。用手敲击空鼓部位，检查空鼓程度及范围，依据画面内容，选择不重要部位开注浆孔（尽可能选在裂缝、地仗或颜料脱落处，以保证壁画画面的完整）。注浆孔径0.5～1cm。同一壁面上，注浆孔的分布应呈不规则三角形，一方面可实现顺利灌浆，另一方面保证壁画与墙体黏结牢固，提高壁画的整体稳定性。

2）对空鼓部位进行检查，设法取出空鼓处存有的较大碎石、地仗碎块或较多的砂土。这一过程比较危险，需要对壁画进行临时性支顶防护，或对破损严查分析重处选用纱布或宣纸粘贴进行保护。同时，对难度较大者还可采用开方孔的办法，孔径10cm×10cm为宜。

3）选用直径合适的透明塑管做注浆管。在每个注浆孔尽量多插入几根注浆管，使注浆管呈上下左右分布，以利于顺利灌浆和浆液分布均匀，封堵住注浆孔，防止灌浆过程中浆液漏出，污染画面（图11）。

4）灌浆。在灌浆前，先注入适量浓度为3%的AC-33乳液，对壁画地仗和支撑体进行加固。待AC-33完全凝固后，进行灌浆。灌浆时，用100ml注浆器吸取配制好的浆液，由下向上依次注浆（图12）。若在灌过程出现很难推动注射器的情况，可先用适量的蒸馏水冲开浆液通道，再行灌浆，通过手敲以及注射浆液时的手感压力可判断浆液是否填满。灌浆时，必须对壁画用铺有2到3层吸水纸的壁板进行支顶。灌浆2至3天后，每天更换2次吸水纸。

图11　埋设注浆管

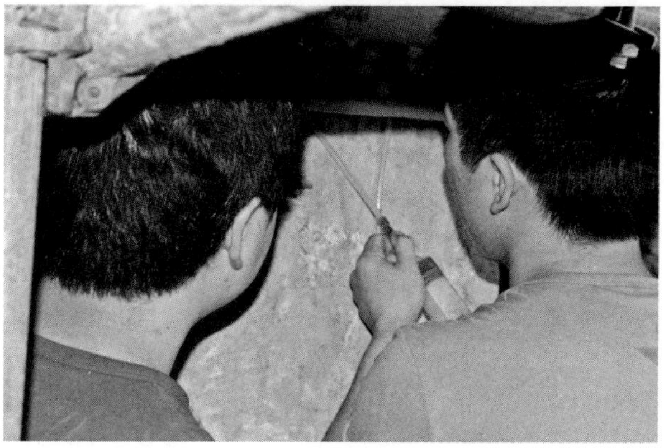

图12　灌浆

5）锚固补强。为了使空鼓壁画加固效果更好，结合灌浆，还需进行锚固补强。一般在空鼓裂隙≤2mm浆液无法灌入（因采用常压灌浆），且用手敲击发出“砰砰”声音时就需要借助锚杆加固。锚杆用硬竹条制作，直径约1.5cm，长15～20cm。在具体操作时，应视空鼓状况而定。一般通过灌浆能够解决的就尽量少用或不用锚杆，以免影响壁画的完整性。

6）浆液凝固后，先用3%丙烯酸乳液渗透加固注浆孔，然后用烯酸乳液配制的麦草泥泥浆进行封孔。待半干燥后，压平表面，使其和壁画地仗层处于同一平面。

7）补色一般限于所修补的注浆孔和裂缝。选用与壁画相同的矿物颜料调配进行补色，做到“修旧如旧”时亦应有所区别。

（三）壁画起甲病害的修复

56号窟壁画起甲病害极为严重，对其的修复也是整个保护修复工作中的难点与重点，具体修复工艺如下。

（1）清除起甲壁画表面的蜘蛛网及尘土

用细木棍小心将壁画表面蜘蛛网挑离。由于56号窟壁画起甲处轻吹一口气就能使起甲颜料层脱落，采用软毛笔的笔尖轻触壁画表面，使尘土粘在毛笔尖上带走，之后用吸耳球将颜料层起甲翘起部位后面及裂隙之间的尘土吹洗干净，如遇到特别脆弱的部位可用棉签或者小修复刀轻轻压住甲片，再将后面的灰尘除去。进行这一工作必须仔细小心，不能让甲片脱离壁画地仗，不能在起甲部位遗留尘土，若除尘不彻底会影响加固剂的加固效果；若在颜料层与地仗层之间有灰尘残留，多年以后壁画还会再次产生起甲病害。

（2）注射黏合剂

在前壁下部一处不太显眼的起甲部位进行局部实验，用注射器注射胶液，发现卷曲的起甲片随着液滴的滴入迅速发生了形变。但如果改用小喷壶将液化程度调到最大，将5%的AC-33乳液均匀地喷洒在壁画表面，效果要比注射器好（喷雾时注意喷壶的角度，喷嘴与画面形成一个向上的角度，使雾化程度较高的液滴轻落在壁画上）。

图13　起甲回贴

（3）回贴起甲壁画

待黏合剂水分被地仗层吸收后，用专用的木质修复刀，将起甲壁画贴回地仗层（图13）。

（4）用棉球拍压起甲壁画

为使起甲片与地仗充分接触，在用修复刀回贴壁画后，再用纺绸包裹医用脱脂棉的棉包拍压壁画，脱脂棉塌包直径一般以5cm左右为宜。在拍压壁画时，从壁画未裂口处向裂口处轻轻滚动，这样能将起甲内的空气排出，不会出现气泡，且壁画也不会被压出皱褶。

（5）二次加固回贴

等上述工作完成，在壁画表面喷雾2%的AC-33乳液，达到70%的干燥程度后，将白色仿绸（与包棉球材料相同）铺在壁画上，用棉包滚压。滚压时用力均匀，以防壁画上出现滚痕或将颜料粘在白绸上。二次回贴有三个方面的作用：其一，对壁画表面颜料层进行加固。其二，检查起甲壁画在注射黏合剂时有无遗漏处。其三，保证颜料层与地仗层的充分结合。

（四）水泥和三合土修补的清除

20世纪80年代用水泥和三合土对56号窟进行的修复部位，由于它们的透气性差，导致下面的水分无法蒸发，而从与其相接的壁画处蒸发，水的运移带动可溶盐，导致壁画发生酥碱病害。因此，有选择性的清除与壁画相接部分的水泥和三合土层，保留仍起着保护支撑作用而未对壁画造成损害的部分。

有的未与壁画相接的水泥加固虽然对风化的砂岩窟壁进行了有效的支撑作用，如该窟左侧壁，水泥修补就有效地防止了岩体进一步坍塌，对券顶的岩体还起到了一定支撑作用，但水泥修补的颜色与洞窟的整体格调不协调，若用当地黏土及细沙调成的颜色与56号窟砂岩颜色接近的泥浆涂刷在水泥墙体上，能使其与壁画及现有洞窟的整体格局相协调。

五、存在问题及思考

库木吐喇石窟56号窟壁画的修复属于抢救性文物保护修复工程，基本解决了56号窟壁画的壁画起甲脱落与大面积空鼓问题。造成56号窟壁画病害的原因是多方面的，其中尤以岩体坍塌、裂隙对壁画的影响最大。因渭干河水的入渗，洞窟岩体基础出现不均匀沉降，造成现在洞窟顶部出现裂隙，其前部已与基岩完全分离，成为危岩体，并有大块岩石脱落，加之风沙、日光直射、干湿交替的环境无时无刻地对壁画保存产生不利影响，因此，为长久保存56号窟壁画，提出以下建议。

1）56号窟的起甲、空鼓病害尤为严重，是本次工作的难点与重点。为了修复之后的壁画处于一个较好的保存状态，建议结合环境监测项目对包括56号窟在内的环境进行监测。

2）结合库木吐喇石窟崖体加固工程，对包括56号窟在内的洞窟顶部崖体进行防雨水入渗设计及洞窟前部岩体不均匀沉降产生的裂缝从根源上进行治理。

3）结合库木吐喇石窟防洪工程，对包括56号窟在内的洞窟底部进行防水设计。

4）结合库木吐喇石窟崖体加固工程，对56号窟洞窟顶部以分离部分进行锚杆加固，使之与基岩连接成为整体，防止此类病害及其他病害的继续发生。

参考书目

［1］ 王卫东：《新疆龟兹石窟研究所》，《库木吐喇石窟内容总录》，文物出版社，2008年。

［2］ 赵莉：《龟兹石窟百问》，新疆美术摄影出版社，2003年。

［3］ 郭宏：《古代干壁画与湿壁画的鉴定方法》，《中原文物》2004年第2期。

［4］ 孙洪才：《新疆库车库木吐拉石窟壁画揭取保护技术》，《敦煌研究》2000年第1期。

［5］ 汪万福、马赞峰、李最雄、杨涛、付有旭：《空鼓病害壁画灌浆加固技术研究》，《文物保护与考古科学》（第18卷）2006年第1期。

［6］ 樊再轩、李最雄、王旭东、汪万福、马赞峰、付有旭：《西藏布达拉宫空鼓壁画现场灌浆加固实验》，《敦煌研究》2005年第4期。

［7］ 江怀英、冯丽娟：《新疆石窟的主要病害及其治理方针》，《文物保护与考古科学》（第5卷）1993年第2期。

［8］ 夏寅、郭宏、王金华、巴图吉日嘎拉、王伟峰：《内蒙古阿尔寨石窟壁画制作工艺和颜料分析研究》，《文物保护与考古科学》（第19卷）2007年第2期。

作者单位：周智波，新疆龟兹研究院

郭宏，中国文化遗产研究院

可移动文物保护

新疆首座遗址博物馆建设施工中对文物本体的保护

冶　飞

内容提要：新疆和田地区策勒县达玛沟乡的小佛寺遗址博物馆是新疆第一个遗址博物馆，在遗址博物馆施工过程中，笔者作为甲方代表，见证了达玛沟佛寺遗址博物馆建成始末。通过此次施工，了解了在原址保护中应避免人为因素、机械设备振动、施工用水、施工过程对文物本体的影响，从而达到更好地保护文物的目的。
关键词：新疆　遗址博物馆　建设　保护

一、概　　况

2002年位于新疆和田地区策勒县达玛沟乡的小佛寺被发现，该佛寺坐北朝南，面积仅约4m^2，寺中有一座泥塑莲花座佛像，佛像头部和双手残缺。佛寺四壁绘有精美的佛教壁画，色彩鲜艳，系南北朝遗迹，距今约1500年，是目前世界上发现的最小古代佛寺，也是中国在塔克拉玛干沙漠地区迄今发现的佛寺中保存最为完整、佛寺壁画保存面积最大、壁画及佛像保存状况最好的古代佛寺（图1）。

图1　积沙清理后的小佛寺内景

二、遗址博物馆的落成

起初由于经费有限，对本体的保护方案只能是给小佛寺搭设一个大约50m^{2}的简易保护棚，派专人值班看守，后来由于知道此处发现小佛寺的人越来越多，随之慕名而来的参观人员也越来越多。为了更好地保护小佛寺不被人为地破坏，当地文物主管部门在保护棚内又做了一层玻璃隔离罩，使前去参观的人只能通过这层玻璃罩看到小佛寺。2005年，负责对新疆境内国家级重点文物保护和抢修的丝绸之路新疆段重点文物保护项目领导小组执行办公室成立，在制定和田地区重要文物保护计划时，将达玛沟佛寺列入保护名单，这对小佛寺来说是一个难得的好机会。通过专家多次论证，最后决定对小佛寺进行原址保护，在原址建一座遗址博物馆，作为新疆的第一个遗址博物馆（图2）。2007年8月，小佛寺遗址博物馆建成，建筑面积340m^2。

图2　达玛沟佛教遗址博物馆设计效果图

三、遗址博物馆在建设中如何避免各种不利因素对文物本体的影响

从最初开始拆除小佛寺的保护棚，到后来遗址博物馆的建成，凝聚了规划、设计和施工人员的诸多心血。幸运的是，作为甲方代表，笔者见证了达玛沟佛寺遗址博物馆建成始末。通过参与此次文物保护工程项目的具体实施，笔者认识到原址保护中应注意的一些问题，尤其是对文物原址实施保护工程时必须考虑到的一些因素。以下是以和田策勒县达玛沟佛寺遗址博物馆为例，简要介绍一下在工程施工中如何最大限度对文物本体进行有效的保护。

（一）在施工中如何避免人为因素对文物本体的影响

图3 最早搭建的简易保护棚

该佛寺的建造工艺主要是和田当地典型的“木骨泥墙”法，即在木质框架上敷泥做成墙体。另外，在狭小的4m^2的空间里，还保存有泥塑佛像及大块壁画，因此在本次遗址博物馆建设过程中，在做每一道工序前都要经过认真的考虑和分析，如果在本次工程中全部用现建的施工方法可能会影响到文物本体的安全，一旦文物本体遭受到破坏，那么本次遗址博物馆的建设也就变得毫无意义，所以本次工程采用了现建加传统的施工技法。该佛寺遗址博物馆正式开工的第一步工作就是先对文物本体做最基本的保护，为此我们在小佛寺四周和顶部用木板搭设了保护棚（图3），以防将来在施工过程中各种施工器具或建筑材料对文物本体造成的破坏。同时，在保护棚内部四周做一道50mm厚的苯板层。做此道防护层的目的有两个：一是保护该佛寺四壁上的壁画，让壁画免受光的照射，因为壁画上的颜料如长期被太阳光或施工用的照明灯等光线照射就会引发颜料脱色、起甲等一系列病害；二是防止施工中水、混凝土泥浆等较小建筑材料通过保护棚的缝隙而造成对文物本体的破坏。

（二）在施工中如何避免机械设备的振动对文物本体的影响

为避免文物本体在施工过程中因机械设备运转产生的震动对文物的影响，在施工前必须确定常用机械设备的安全使用距离。通过多次试验，在本次遗址博物馆工程中确定的安全距离为30m，在此范围内禁止使用大型的机械设备，如推土机、挖掘机、混凝土搅拌机等。尽管确定了机械设备的安全放置距离，但为了防止意外发生，还必须派专人定期查看文物本体，如发现有任何异常迹象，立即停工。因本次工程的土方量并不是很大，所以在本次工程中基本未用到推土机、挖掘机等设备，所有的土方工程基本全部靠人力完成。是否要用挖掘机、铲车等这些振动较大的设备主要取决于土方量的大小，视现场具体情况而定，也可以采用机械设备和人工相结合的方法。

（三）在施工中如何避免施工用水对文物本体的影响

1. 浇注混凝土时的保护措施

在浇注混凝土时，为防止混凝土和施工用水的掉落，还需在先前做的保护棚顶部覆盖一层塑料薄膜，为使保护棚内保持一个干燥通风的环境，塑料布仅是搭设在保护棚顶部，四周无需搭设。保护棚顶部的塑料薄膜在浇筑完混凝土后需马上拆除。

2. 养护混凝土时的保护措施

混凝土的养护方法一般有用水直接喷洒养护、养护液养护、覆盖材料养护等方式。常用的混凝土养护方法是直接用水喷洒，但本项目中考虑到文物本体是泥塑的，水对其破坏是致命的，所以不能采取用水喷洒的养护方案，而采用覆盖的养护方式。从经济适用方面考虑，选用的覆盖材料为草垫，将湿润的草垫覆盖在需要养护的混凝土表面即可。这样处理即可以减少水的用量，更重要的是对该佛寺进行了有效的保护。

3.如何处理潮湿对文物本体的影响

在博物馆建设的过程中，不论怎样注意防范，作为一个土建工程，用水的问题是无法避免的，尤其是在博物馆主体封顶后，室内的潮气更大，如果不及时采取一些措施，该佛寺内的壁画就会产生起甲、脱落、室内长草等病害。为此，在本次施工最初，我们就考虑到了类似问题，并做了一定的预防措施。在该佛寺四周放置块状干石灰若干袋（干石灰用麻袋盛放），目的是及时吸收小佛寺周围因施工造成的潮气、空气中的水蒸气；麻袋中的块状干石灰吸收一定的水分后就会变成粉状，因此要及时更换干石灰，以保证文物周围始终处于一种湿度平衡的状态。另外，因为博物馆主体封顶后，需要养护墙体，在此阶段博物馆室内相对会很潮湿，所以博物馆主体封顶后，利用建筑现有的条件，在建筑墙体的窗洞口上设置若干个大功率的换气扇，目的是让室内加快室内的空气流动，让室内始终保持一个通风、干燥的环境，以利于对该佛寺的保护（图4）。

图4　竣工后的达玛沟佛教遗址博物馆

作者单位：冶飞，新疆文物古迹保护中心

新疆和田托普鲁克墩1号佛寺壁画修复

殷弘承　何　林

内容提要：托普鲁克墩佛寺遗址位于和田地区策勒县东南约7km处沙丘之间的达玛沟。2005年，对其出土的壁画进行了修复。壁画厚度约10cm，总体上，由外向内可以分为三层，依次为颜料层、细泥层和粗泥层。主要病害包括酥松、分层、开裂、泥渍污染等。通过材料的选择和多种修复工艺的实施，最终壁画的强度得到了增强，而且修复部位与壁画整体较为和谐，有很好的艺术观赏效果，同时能非常安全、方便地进行搬迁、运输，已完全达到博物藏品展出的条件。

关键词：和田　托普鲁克墩1号佛寺　壁画　修复

托普鲁克墩佛寺遗址位于和田地区策勒县东南约7km处沙丘之间的达玛沟。2002年9～10月，中国社会科学院考古研究所新疆考古队对这处佛寺遗址进行了抢救性发掘。令人称奇的是，这座据称全国目前发现最小的微型殿堂式佛寺遗址出土了数量不菲的文物，其中尤以大量壁画残块最为引人瞩目。这些壁画色彩鲜艳、线条流畅、形象生动，充分表现出汉唐之际西域著名的“于阗画派”的艺术特点及高超的艺术水准[①]。达玛沟托普鲁克墩佛寺的发现对于研究新疆佛教艺术及古代东西方文化交流具有重要的参考价值。2005年，随着丝绸之路新疆段重点文物保护计划的实施，保护托普鲁克墩佛寺遗址被提上议事日程。经过近两年的讨论和规划，新疆重点文物保护项目领导小组执行办公室（以下简称执行办公室）决定对佛寺采取原址保护的措施，在原地修建博物馆，将出土文物收藏于其中。2007年7月，受执行办公室的委派，我中心工作人员赶赴策勒县对即将展陈的壁画进行了修复。

一、壁画的保存状况及病害情况

一个多世纪以来，策勒县达玛沟从南到北先后发现了哈德里克、克科吉格代、巴勒瓦斯提、老达玛沟、乌尊塔提、喀拉沁、丹丹乌里克等著名佛教遗址，而这次发掘的托普鲁克墩佛寺据说是目前最靠南的佛教遗址。据我们了解，托普鲁克墩佛寺壁画揭取于2002年9月20日～10月28日。在现场考古工作结束后，壁画残块被装箱运至策勒县文体局，随后负责考古发掘的新疆考古队对这些壁画作了抢救性的保护修复工作。现场保护加固材料据称为nx。其中，

---

① 中国社会科学院考古研究所新疆队：《新疆和田地区策勒县达玛沟佛寺遗址发掘报告》，《考古学报》2007年第4期。

对1号佛寺壁画仅做nx表面渗透加固以及地仗部分渗透加固，对2号、3号佛寺壁画用nx做表面渗透加固以及地仗部分渗透加固之后又做了石膏后背支撑。在壁画保存的现场评估中，2号、3号佛寺残块壁画已具备了基本的展出条件，而1号佛寺残块壁画还需要作进一步的修复加固才能用于展出，所以在当年7～8月，我们专门对1号佛寺脱落壁画进行了再次修复工作，共计修复壁画11块，约$9m^2$。

达玛沟托普鲁克墩遗址1号佛寺揭取壁画厚度约10cm，总体上，由外向内可以划分为三层，依次为颜料层、细泥层和粗泥层。其中细泥层厚度为6～7cm，粗泥层厚度为3～4cm。经仔细勘察，这些壁画的主要病害包括以下六个方面。

1）壁画长期掩埋在地下，大部分壁画的草泥层较为酥松，虽经过加固工作，但部分地仗强度依然较低，尤其是nx材料未渗透部位的壁画。

2）因为现场保护时加固材料的渗透深度不够，造成地仗强度不均一。地仗强度表现为由内及外呈梯度增强，使得部分壁画地仗层出现分层现象，尤其是部分地仗较厚的壁画，粗泥层及壁画颜料层强度过高，而介于其中的细泥层强度偏低，极易造成壁画颜料层脱离。

3）由于壁画长期受到挤压等原因，造成壁画表面的开裂较为普遍，部分裂隙贯穿整个地仗层壁画，但前期的加固保护措施已使得颜料层的强度得到加强，故部分壁画原有开裂以及变形处几乎无法进一步校正及修复。

4）部分壁画表面局部存在泥渍污染及颗粒状沉积物。

5）由于搬运或其他原因出现小块壁画的脱离。

6）壁画表面颜料层有脱落现象，主要脱落形式为点状脱落与片状脱落。

二、壁画的原则及保护措施的选择

保护措施的选用首先要严格按照最小介入、最大兼容的基本原则。考虑到现有壁画自身稳定性较差，因此首先要考虑的是加强其稳定性。其次，作为即将在博物馆内展出的文物，能安全、方便地搬运也是必须要考虑的。因此，根据上述原因以及达玛沟托普鲁克墩1号佛寺壁画的病害现状和特点，再参照曾经对喀拉墩、丹丹乌里克佛寺壁画修复的成功经验①，对达玛沟托普鲁克墩1号佛寺壁画采取的修复方法为壁画颜料层不再提高强度，只是尽可能将附着在表面的泥渍以及颗粒状沉积物清除，而对于可能造成壁画分层的地仗做减薄处理，将原有nx加固材料渗透部位的地仗全部清理掉，然后再对整个壁画地仗层做加固处理，提高强度，并在其上部增加干涉层以及支撑层。

三、贴面材料的选择

根据实际情况的需要，贴面材料采用了镜头专用纸。镜头专用纸是超细纤维无屑强力纸，其特点是不磨损物体的表面，且自身有较强的韧性和强度。贴面材料的强度直接关系到壁画在

---

① 中日共同丹丹乌里克遗迹学术考察队：《丹丹乌里克遗迹学术调查报告书》，2007年。

修复保护过程中的安全问题，因此，贴面材料在壁画表面黏结的强度至关重要。由于对前期壁画加固的nx系列材料的具体型号不清楚，无法用原有保护材料做贴面材料的黏结剂，同时考虑到壁画颜料层表面本身已有保护材料，且强度较高，为了防止壁画表面因强度加大导致新的病害产生，结合上述两方面的原因，经过多次实验后最终选用浓度较低的Paraloid B-72作为贴面材料的黏结剂。Paraloid B-72是一种丙烯酸树脂，呈白色玻璃状结构，能溶于多种有机溶剂。在对比实验中，我们发现水溶性的黏结剂强度极低，无法达到黏结的要求。

四、地仗层加固材料的选择

（1）地仗层渗透加固材料选择

地仗层渗透加固材料选择为3%、5%Paraloid B-72。选择Paraloid B-72，基于两个方面：首先，之前在对和田沙漠中的喀拉墩及丹丹乌里克佛寺壁画的地仗修复中已使用了Paraloid B-72，取得了非常好的效果；其次，由于以前现场保护材料nx的型号不明确，无法用原有材料继续进行加固工作。

（2）干涉层的选择

干涉层材料最终选择国产的软木材料（生产软木的主要树种有木栓栎、栓皮栎）。此种材料弹性非常好，比重小，有良好的伸缩性，与原壁画叠合后能保持二者的同步变化，加固后不会过多增加壁画的负担，而且切割容易，便于壁画和其加固后的支撑层分离。

（3）支撑层的选择

支撑层选择国产的蜂窝铝型材。它是自下而上依次热压黏合为一体的铝型材蜂窝夹芯板，由两块高强度轻质薄面板和密排热压胶接固化于两面板间的蜂窝铝芯材制成。利用该支撑体修复好的壁画画面平整、整体重量轻、厚度薄，便于安装、保存、搬运，为壁画的长期保存和展览提供了可靠的保证。

五、修复方法和工艺

下面以在《新疆和田地区策勒县达玛沟佛寺遗址发掘报告》中编号为02CDF1：004的壁画（所绘内容为一菩萨坐像，坐垫两侧蹲踞两头猛兽）为例，介绍此次壁画修复工作的全过程。

1）在壁画修复前对即将修复的壁画均进行编号，此块壁画编号为DMG-F1-10，并做摄影记录（图1）。

2）做病害图的绘制工作，标注清楚壁画的病害状况。在壁画保护修复过程中进行文字和图像记录，以建立壁画的保护修复档案（图2）。

3）壁画修复时首先用蒸馏水、丙酮等溶液对壁画颜料层表面的泥渍以及颗粒状沉积物进行软化，使用羊毛刷结合物理方法对壁画表面的污垢进行清理。对部分经前期现场加固材料渗透加固后与颜料层附着力极强的泥渍以及颗粒状沉积物，未作清理工作。

4）在表面的清理结束之后，将小块脱落的壁画在原壁画上拼对，找到准确位置用聚醋酸乙烯乳液将脱落区域回贴。

图1　修复前壁画原状

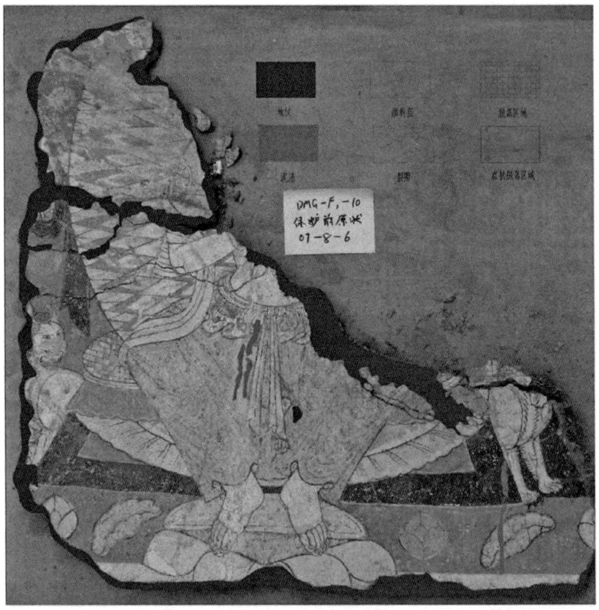

图2　病害图

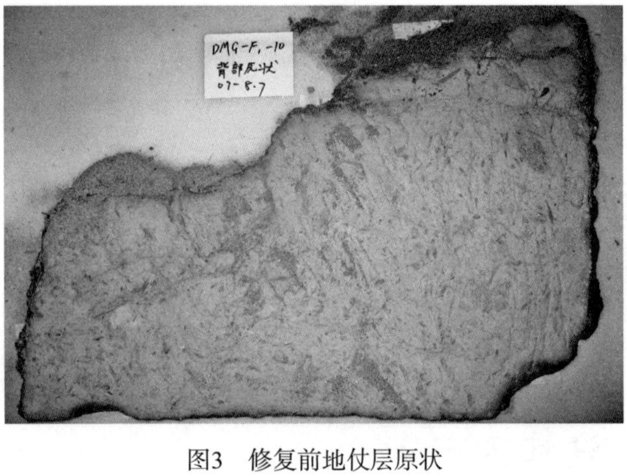

图3　修复前地仗层原状

5）用修复刀将因为裂隙造成的壁画错位处分解，以便于后期的拼对。

6）小块脱落壁画黏结稳定之后，将镜头纸用2%的Paraloid B-72黏贴在壁画颜料层之上。贴纸采用横竖相互叠压的方法。

7）待黏结材料的有机溶剂挥发，贴面材料强度达到要求后，用夹板将壁画翻转。

8）用修复刀对地仗进行减薄处理。将前期加固材料nx渗透部分去除，达到壁画地仗强度最低处。此次修复一般将壁画地仗减薄至3～4cm（图3）。

9）用混合有聚醋酸乙烯乳液的细沙对地仗的低凹处填平，找平整个地仗层。而后用3%、5%的Paraloid B-72依次按浓度梯度进行渗透加固（图4）。

10）按壁画大小，在地仗层上部用聚醋酸乙烯乳液黏结一层纱布，主要是加强可识别性，为了将来在壁画再次修复时便于找到地仗边缘（图5）。

11）在地仗层强度达到要求后用夹板将壁画再次翻转，揭取壁画表面的贴面材料，并用少量的有机溶剂清洗残留在壁画表面的Paraloid B-72。

12）干涉层（软木）以及支撑层（全铝蜂窝板）按照壁画比例的大小进行加工处理，二者之间用改性丙烯酸酯胶进行黏结。

13）将壁画与干涉层及支撑体黏结，所用材料为1：1比例的细沙及粉刷石膏制成的灰浆。在壁画与干涉层及支撑体黏结稳定后，对壁画表面的裂隙用砂浆填缝（图6）。

14）为了使灰浆与壁画相协调，在灰浆完全干燥之后，对其进行做旧处理（图7）。

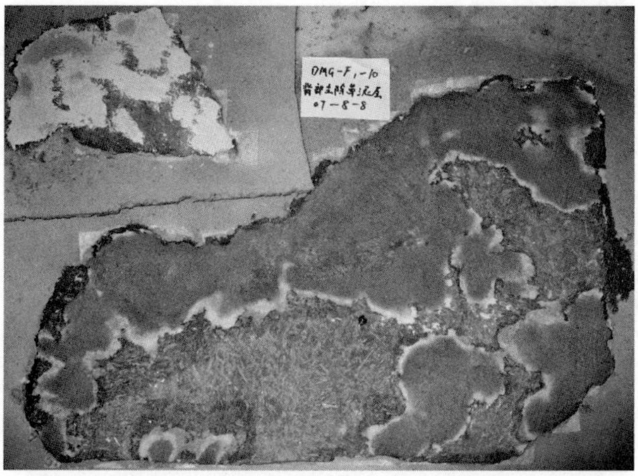

图4　找平修复过程中的地仗层

图5　修复后贴纱布的地仗层

图6　修复前的壁画

图7　修复的壁画

六、结　　语

作为达玛沟小佛寺博物馆建设的一部分，托普鲁克墩1号佛寺壁画的顺利修复，不仅使壁画的强度得到了增强，而且修复部位与壁画整体较为自然与和谐，有很好的艺术观赏效果，同时也能非常安全、方便地进行搬迁、运输，完全达到博物藏品展出的条件。自2007年8月博物馆开馆展出至今已有一年半了，壁画现状稳定，未出现任何病害，得到观众的一致好评。

附记：此次修复工作得到和田地区文物局张化杰局长、策勒县文体局师雪梅局长、博物馆史燕馆长以及穆塔力普·买买提的大力帮助，在此一并感谢。

作者单位：殷弘承、何林，新疆文物古迹保护中心

吉木萨尔县北庭西大寺壁画保护修复与分析

王　云　佟文康

内容提要：中国社会科学院考古研究所新疆队在北庭西大寺考古调查时，清理出土了大量的壁画残块。由吉木萨尔县文物局将其中的三块壁画委托新疆文物考古研究所对其进行抢救性的保护修复。通过对其保存现状、历史文化、制作技术、绘画特点、所用颜料等的观察分析，按照可逆性、兼容性和可辨识性的原则，对壁画进行了修复，运用科学手段，大胆尝试使用了一些新材料、新方法。这在以往的壁画修复中是未曾使用过的，在对历史文化遗存和有效保护修复理念上有了更深一步的认识。

关键词：吉木萨尔　北庭西大寺　壁画　修复

1979年，中国社会科学院考古研究所新疆队到北庭古城一带进行考古调查时，在古城西发现一座高昌回鹘时期的佛教寺庙遗址，即现在的北庭西大寺遗址。佛寺位于西坝河东岸台地上，遗址四面环水，周围地势开阔，较平坦。佛寺遗址总平面呈长方形，南北长约70.5m，东西宽约43.8m。佛寺遗址中保存着大量塑像、壁画、回鹘文题记等文化遗存，通过发掘、清理，清楚地表明北庭高昌回鹘佛寺遗址是一座巨大的文化艺术宝库①，尤其是出土的彩绘壁画具有很高的艺术价值，大大开阔了人们观察和认识高昌回鹘文化艺术的眼界。为使这些出土的壁画重新得到有效保护并向社会展示，也为使人们更多地了解新疆古代高昌回鹘时期的佛教文化及绘画艺术，2010年3月，受吉木萨尔县文物局委托，新疆文物考古研究所承担了吉木萨尔县北庭西大寺出土壁画残块的修复工作。

吉木萨尔县文物局将其中的三块壁画委托新疆文物考古研究所对其进行抢救性的保护修复。修复之前，鉴于这三块壁画体积小且残损严重，我们对其保存现状、历史文化、制作技术、绘画特点、所用颜料等都做了认真仔细的观察分析，获得了一些较有价值的信息。

一、壁画保存现状

三块壁画分别嵌装在三个简易的木盒子里，壁画底部用石膏简单加固过，与木盒子黏结在一起，木盒没有封盖，壁画表面暴露在自然环境下，布满灰尘。由于时间久远，保存环境不佳，受到多种病害侵蚀，壁画从表面颜料到地仗层都有严重的损毁（图1）。

---

① 中国社会科学院考古研究所：《北庭高昌回鹘佛寺遗址》，辽宁美术出版社，1991年。

图1　壁画残块修复前保存现状

二、壁画病害情况观察

1）壁画表面颜料层部分起甲、脱落。

2）壁画裂隙。

3）壁画表面污染。

4）壁画整体酥松。

三、对壁画制作技法、绘画工艺、绘画颜料的观察分析

壁画，顾名思义，是“壁”与“画”的结合。古代壁画，无论是画在地面建筑中，还是画在地下墓葬中，其构造和制作方法基本一致，都可以划分为三部分，即壁画表面的支撑体（墙壁或崖体）、地仗层（也叫灰泥层）、颜料层（或称画面层）。这三块壁画的支撑层厚4cm（图2），在制作中加入了草秸和大麦籽，草秸的纤维较短小，我们分析认为，短小的加筋纤维主要是为了改善土体性质、防止泥层风干失水裂开，而粗长加筋纤维主要是为了提高支撑层与墙体的拉力及泥层自身的强度。

壁画的地仗层分为泥土地仗和石灰（石膏）地仗两种类型。这三块壁画中的地仗层非常薄，应该只是在加筋草泥上薄涂了一层细泥浆。

这三块壁画所使用的颜料有七种颜色，即橘红色、赭色、蓝色、黑色、深红色、灰白色。

图2　壁画支撑体和地仗层

其中，着色面积最大、使用最多的是橘红色，其次为赭色；依次为灰白、蓝、黑、绿等。据资料记载：古代壁画中，青金石、氯铜绿、土红、白色等颜料经久不变，其中壁画中所用的青金石颜料最为珍贵，其色彩厚重、深邃又十分亮丽（图3），犹如纯净天空般的感觉①。这批壁画中的蓝色正是这种感觉，几乎没有褪色，白色主要成分是石灰，其中也有石英、方解石等。这三块壁画中的白色并非纯净的白，而是呈灰白色，多用在大圆团图案中或长宽条形图案中。经过仔细观察比较，发现壁画中的灰白颜料层要比其他色彩的颜料层厚，且不像其他色彩那样片状脱落与地仗层分离，只是褪色而已，而白色图案的特点基本是在白底上加绘黑色细线条。后经对壁画绘画艺术资料的查阅得知，古代壁画在绘制中，会有重复描画的现象，一个图案并非一笔而就，所呈现出的“灰白”色调应该是在白底上画一遍线条后又加涂一层白色，再一次画线所致。重复多次后，不仅会使颜料层加厚，也使得白色和黑色相互晕色，因此，白色变成了“灰白”色。这是古代的一种壁画绘制方法，在这批壁画中就有所体现。其他色彩的颜料层均有不同程度的片状脱落。另外，某一种颜料使用的面积越大，其脱落程度越小，如橘红色正是如此。

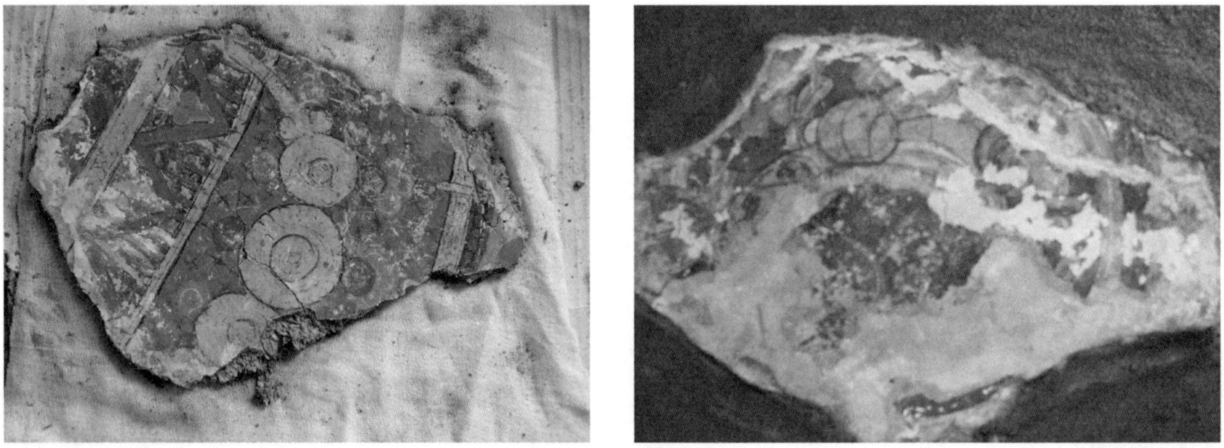

图3　壁画上不同颜料情况

颜料层起甲脱落的观察分析。绘画颜料绝大部分是矿物颜料，所以为使它具有黏合性和附着性，都要在调制颜料时加入适当的胶结材料，以增加其强度。用胶量的多少以画师的经验为准，当颜料中的胶量过多时，虽然增加了颜料的粒子之间的黏着力以及颜料对地仗的附着力，但它最终形成一层较硬的有一定厚度的壳，这层壳随温度变化（热胀冷缩）及湿度变化（湿胀干缩）发生的伸缩变形与地层变形不一致②，久而久之使颜料层开裂。这层硬壳在胶结材料黏着力作用及在开裂处产生的外力作用下（如空气等），致使颜色起翘，最终脱离画面。

---

① 王征：《龟兹佛教石窟美术风格与年代研究》，中国书店，2009年。

② 赵林娟等：《壁画的材料和工艺分析》，文物出版社，2009年。

四、对壁画的价值评估

840年，回鹘从漠北西迁北庭，后成为高昌回鹘王国的陪都，仍名北庭，亦称别失八里①。估计北庭西大寺的始建应早于漠北回鹘的迁徙。随着回鹘王室的东迁，这座佛教寺庙的地位也就远非昔比了，至于其最后的废弃年代，从遗址的破坏程度看，应该是伊斯兰教在此地占统治地位之时。大约在公元1346年，秃黑鲁贴木尔被立为察合台汗，他是新疆地区第一个信奉伊斯兰的蒙古汗；1383年，其子任别失八里的察合台汗时，对吐鲁番地区进行“圣战”，强迫其民信奉伊斯兰教，这表明在此之前别失八里已被伊斯兰教所统治，所以这座佛教寺庙的最后毁弃当不会晚于1383年。这座寺庙及壁画的发现，为我们研究高昌回鹘的佛教及与之相关诸问题提供了极其重要的实物资料②。

佛寺中壁画色彩艳丽，符合唐代壁画的风格特点，反映出当时绘画艺术的成熟与审美观的提高。壁画是佛教历史和艺术文化的实物见证，可以证明、补阙或改写历史；人类历史的一些重要篇章是由壁画补缀起来的，而佛寺壁画大大地丰富了各时期佛教文化的历史内容。壁画绘制技术同样巧夺天工、独具匠心，这些综合起来，就形成了中国风格和气派、珍贵的文化艺术遗产，是世界绘画艺术宝库中光彩照人的艺术价值。同时，壁画文化艺术也是一门科学，它集民族文化、宗教信仰、寺庙建筑、经济发展等多方面科学于一身，可谓是一部无字的史书，只有了解了壁画的历史价值、艺术价值、科学价值、保存现状和管理条件，才能对壁画进行科学有效的保护或修复。

五、壁画的保护修复

1）制定保护修复方案。

2）收集与所修复壁画相关的各种资料。

3）绘制壁画病害分布图（图4）。

4）拍摄壁画修复前照片，建立修复档案。

5）壁画表面清洗。

6）壁画加固。

7）壁画的补全。

8）拍摄记录各修复阶段影像资料（图5）。

---

① 中国社会科学院教研研究所：《北庭高昌回鹘佛寺遗址》，辽宁美术出版社，1991年。

② 〔意〕马里奥·米凯利、〔中〕詹长法：《文物保护与修复的问题》（第4卷），文物出版社，2009年。

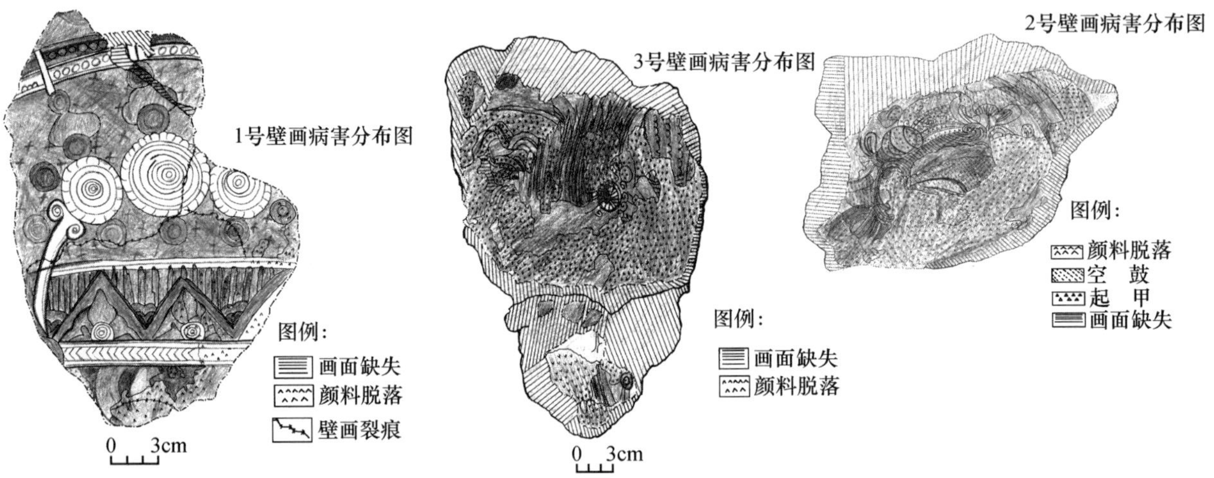

图4　壁画病害分布图

图5　不同的壁画修复阶段

六、修复技法及实施

1）清洗壁画表面污染。为保护颜料层不脱落不褪色，我们只选用了物理清洗法，即用软毛刷及吹吸球轻轻地将壁画表面的尘土清洗干净，对片状翘起的颜料层不宜用吹吸球清洗的部位，先用3%聚醋酸乙烯乳液注射回贴固定，并用木片轻轻压平，使起甲脱落的颜料层贴回地仗层，然后用脱脂棉制成棉签排压画面。在排压时，从壁画未开裂处向开裂处轻轻滚压，将壁画内的空气排出，这样不会出现气泡，并且壁画不会被压出皱褶。

2）壁画表面保护加固。选用透明薄软的白色软棉纤维纸，裁剪成4cm×3cm大小的长方形纸片，按照从左向右的顺序依次铺开，并在每一块纸片上涂刷一层植物海藻胶。这种纯植物的胶只用纯净水就可以将其稀释，很容易揭取下来，避开化学成分对壁画颜料的危害，并且不会与壁画颜料层相互黏连（图6）。

做完减薄处理后，壁画的厚度为1.5cm，用密度较高的棉纱布做底衬，铺在壁画的背面给脆弱的壁画增加牵拉强度，防止壁画本体与支撑板的硬性摩擦，并且有可识别性，如有再次修复便于找到地仗边缘（图7）。

我们使用浓度为10%Paraloid-B72丙酮溶液隔着棉纱布涂刷在壁画背面，使10%Paraloid-B72溶液充分渗透到地仗层中，起到紧实硬化土质的作用（图8）。

在将壁画固定在制作好的支撑板面上之前，支撑板面上涂抹一层铺垫材料Primal SF-016，

图6 揭取保护纸

图7 增加壁画背面牵拉强度

这种白色胶状体是一种可逆性强、对文物无毒无害的高分子材料。它的作用不仅可以作为黏结材料，还可作为渗透、加固、填平等的辅助材料，弥补壁画因减薄处理留下的薄厚不一的缺陷，待Primal SF-016胶体完全干透后，用软毛刷蘸取纯净的蒸馏水将贴在壁画表面的保护纸湿润，按相反的顺序——从右到左，一张一张揭取下来，最后将配制好的可逆性填嵌材料，堆嵌在壁画周围的支撑板上，厚度与壁画基本平齐，略低于壁画边缘，突出壁画的立体色彩感。将壁画牢固严密的包围在支撑板上（图9）。

壁画颜料缺失部分容易使人的视觉最先停留于此，影响对壁画的审美，现代修复理念已经从被动的修复发展到主动保护和最小干预。为了展览的需要，我们在修复时融入了美学欣赏性，借鉴了意大利修复理论，对壁画及颜料缺失部分进行适当的补色，运用的是意大利称之为“影线法”的手法（图10）。

“影线法”运用的材料是水彩，具有可再处理性。“影线法”只用来补全颜料缺失部分，由不同形状的线条，按照由淡到深的顺序，一条直线一条直线画出来，其效果远看是完整的画面，而近处看则与艺术家的原作有很大的区别，可以达到展览的最佳效果（图11）。

图8 作壁画背面渗透加固

图9 填嵌壁画

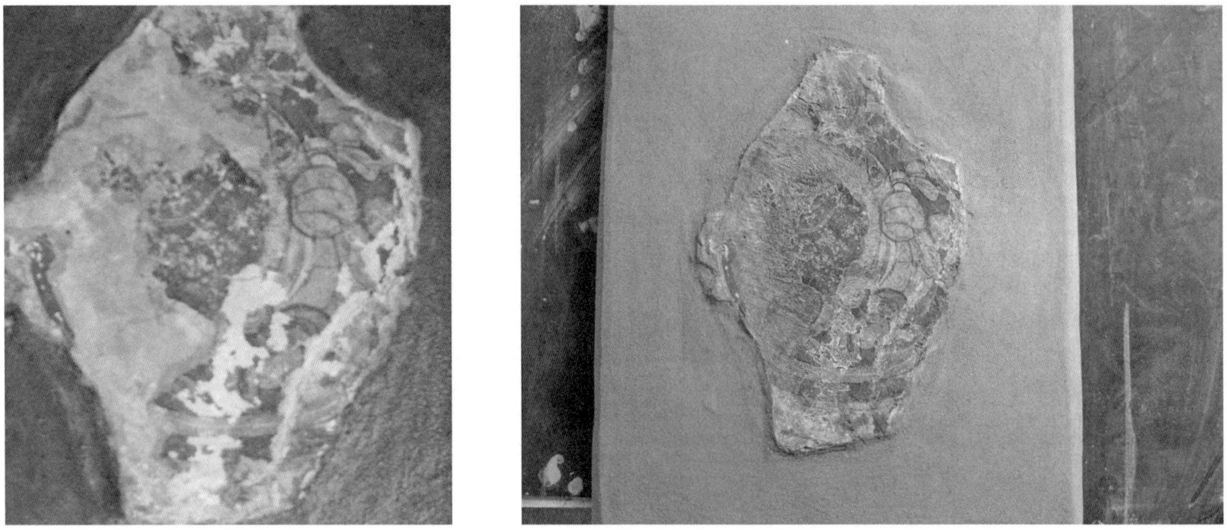

图10　影线法补色前后对比

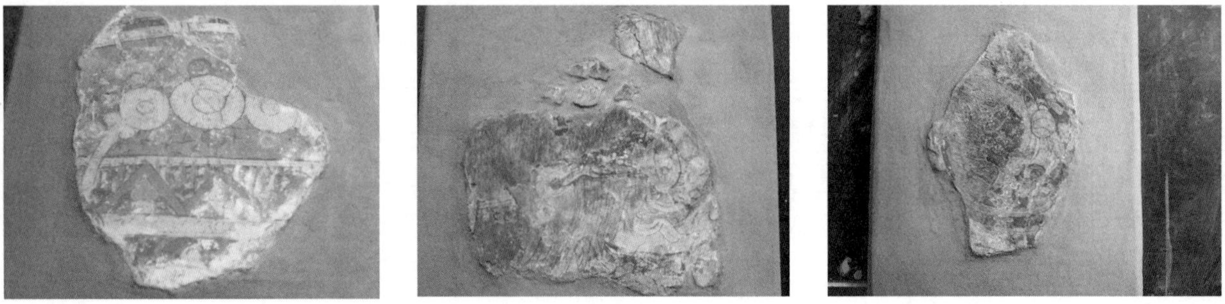

图11　壁画完成保护修复后

七、结　　语

这批壁画的保护修复都以现代文物保护与修复理论为准则，始终将可逆性、兼容性和可辨识性贯穿于整个修复过程中，将“最小干预性”和“美学欣赏性”二者和谐统一起来表现为以下两个方面：第一，注重运用各学科的知识，对壁画的制作技术、各层次制作材料、绘画技艺、使用颜料以及绘制特点等多方面进行研究，尽可能获得壁画中蕴含的历史信息，充分考虑壁画所要传达给观众的意义，做好壁画修复档案资料；第二，运用科学手段，大胆尝试使用了一些新材料、新方法，这在以往的壁画修复中是未曾使用过的，在对历史文化遗存和有效保护修复理念上有了更深一步的认识。

作者单位：王云、佟文康，新疆文物考古研究所

策勒县达玛沟3号佛寺遗址出土的CLDMG-0325壁画残块的保护修复

楚小婵　般　煊　国　江　叶　江

内容提要：2010年和田策勒县达玛沟托普鲁克敦3号佛寺出土的编号为CLDMG-0325壁画，经调查分析，主要存在底色层脱落、颜料层脱落、龟裂、起甲、粉化、泥污、裂缝等病害。笔者根据自己的亲身经历，详细叙述了对这块壁画开展保护修复的全过程。

关键词：达玛沟托普鲁克敦3号佛寺　壁画　保护修复

新疆和田地区策勒县达玛沟乡托普鲁克墩佛寺遗址位于达玛沟乡政府东南约7km的沙丘中间。2010年5～6月，中国社会科学院考古研究所新疆队对达玛沟托普鲁克敦3号佛寺建筑基址进行发掘，总发掘面积约800㎡。初步认定3号遗址是塔克拉玛干地区首次发现的一处集起居、学习、论经的综合性建筑，与1号、2号佛寺建筑遗址同属于一座大型寺院，包括广场式庭院、僧房、莲花形炊具等。广场式庭院与塔克拉玛干地区现代建筑中的“阿伊旺”庭院极为相似，是当地建筑与佛教建筑渊源的新发现，填补了塔克拉玛干佛教建筑方面的空白。这座佛寺遗址中出土了大小不一的60余块残损壁画，估算面积接近50㎡。这些壁画风格、技法均为典型的“于阗画派”，内容多为世俗题材，且弥漫着唐代文化气息，对研究与了解佛教壁画技法及河西走廊、中原、西藏等地的佛教传播和发展等具有重要意义。

2011年4月，国家文物局援疆项目——新疆壁画保护修复培训班开班，5月14日～6月22日，学员在和田策勒县实习，对达玛沟佛寺遗址出土佛教壁画遗址进行实地修复。我们这一组的保护修复对象为编号CLDMG-0325 壁画残块，出土于达玛沟3号佛寺。

一、CLDMG-0325 壁画残块的保存现状及病害情况

此块壁画的画面题材内容为一身着红色通肩长袍的男子，身材高大宽厚，配有白色花纹腰带，腰下部配有一把长剑（？）。此男子披肩长发，头向左微侧，面相圆长，面带微笑，眉眼保存较好，眼细如鱼，墨点睛瞳，眼亦左视，八字小髭，嘴部张开，露出五颗牙齿，大耳垂肩，带有耳铛；衣服领口有花纹，耳朵左侧和腰下有飘带；头光为石绿色，用黑色勾线；身后为蓝色身光，但大部分颜料脱落；背光用褐色勾线黑色填充。色彩晕染与铁线勾勒的方式相结合，画面立体感强。地仗的粗细泥层区分不明显，粗泥层是泥和麦草。此块壁画长40cm，宽

图1　壁画修复前的原貌

36.5cm，厚为15.5cm 。壁画画面面积为1460 cm^2。壁画表面颜色以黑色、蓝色、红色为主，少许绿色、褐色线条（图1）。

经过我们的观察，这块壁画的病害主要有两个方面。

第一，壁画残块处于石膏半包裹状态，残块上方因支撑体较厚，粗泥层脱落（厚度为1.7cm）；壁画残块右上方粗泥层脱落，细泥层悬空；壁画残块的右部和下部酥碱，植物纤维糟朽，粗泥层酥软；四周地仗层大面积缺失；壁画残块右侧中部边缘和下方中部边缘各有一块小面积的地仗层高于其他部位约1cm（图2、图3）。

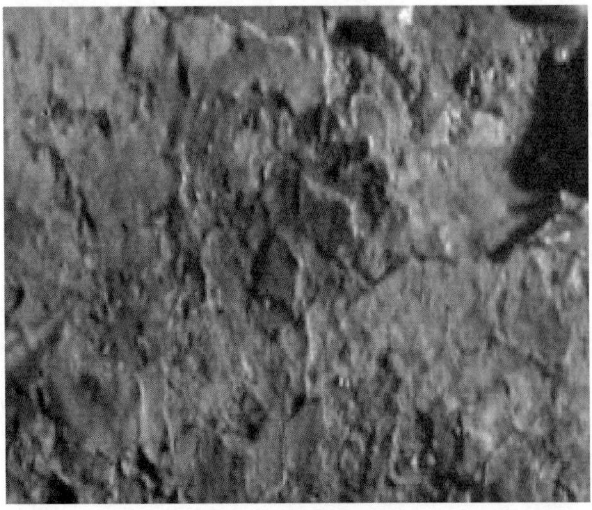

图2　高于地仗的边缘部位（1）

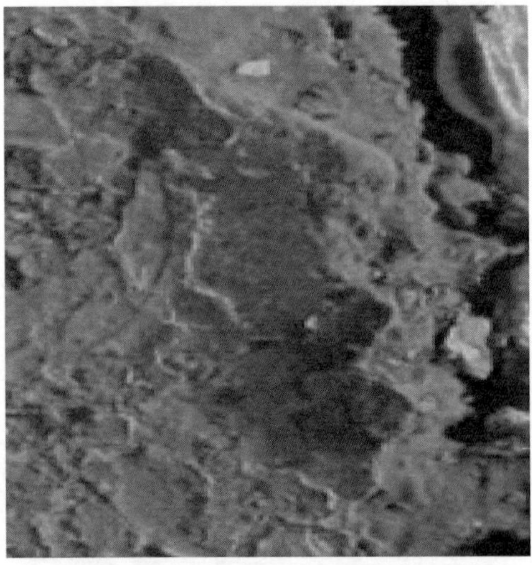

图3　高于地仗的边缘部位（2）

壁画残块右下侧的背光附近有两个小坑（一坑深约0.7cm，一坑深约1.5cm.）；壁画残块左上方人物袖子处有一深约0.6cm的小坑（图4、图5）。

第二，壁画表面病害有底色层脱落、颜料层脱落、龟裂、起甲、粉化、泥污、裂缝等。

图4　壁画表面的小坑（1）

图5　壁画表面的小坑（2）

二、修复壁画残块的工艺方法

以下是CLDMG-0325壁画残块修复工作的全过程。

（一）修复前的准备工作

①对壁画做摄影记录。②根据壁画现状，绘制壁画的病害图，在上面标注清楚壁画病害的状况（图6）。③运用X荧光金属便携仪、扫描电子显微镜、非侵入性原位拉曼光谱等仪器进行无损分析。

（二）主要修复工具

吸管、不锈钢修复刀、铁镊子、脱脂棉、棉签、刷子、木质修复刀、棉球、擦镜纸、吸耳球。

（三）起甲、龟裂和裂缝壁画的修复

1.修复材料

对起甲、龟裂加固剂的基本要求是不改变壁画颜料颜色、渗透性能优良。针对这块起甲、龟裂壁画的具体特征，选用明胶溶液进行修复。明胶溶液浓度分别为0.5%（W/W）和1%（W/W）。

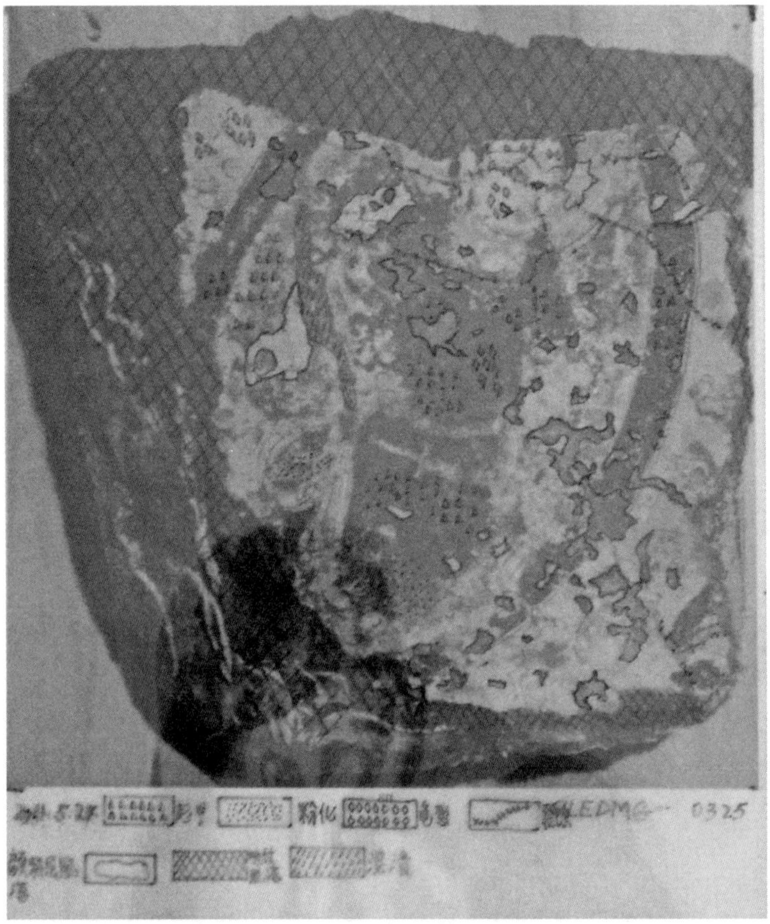

图6　病害分布图

2.工艺流程

（1）表面除尘

用吸耳球小心将颜料翘起处背后的尘土和细沙吹干净，然后用软毛笔将壁画表面的尘土清除干净（图7）。这是壁画修复的第一步，也是非常重要的步骤，不能在起甲、龟裂部位遗留尘土，否则会影响颜料层与地仗层的黏结效果，同时也会污染壁画表面。

图7　表面除尘

进行清理泥污时，先用竹片刀轻轻刮去表面较厚、较硬的泥污，再用硬毛刷把剩下的贴近颜料层泥污小心刷去；遇到难以去除的泥污，可用棉签蘸取少量酒精轻轻擦拭泥污处，注意不要伤及到表面颜料。

（2）注射黏结剂

用注射器将配制好的0.5%的明胶溶液从裂缝处

开始注射滴渗，再沿起甲裂口处注射到起甲壁画背部使之与地仗黏合。整体渗透一遍后，再用1%明胶溶液按刚才的顺序重复注射滴渗多遍（注射滴渗次数根据起甲的严重程度决定渗透遍数，一般为三至四遍；明胶液体过多时可用棉球轻轻吸去多余的液体）（图8）。

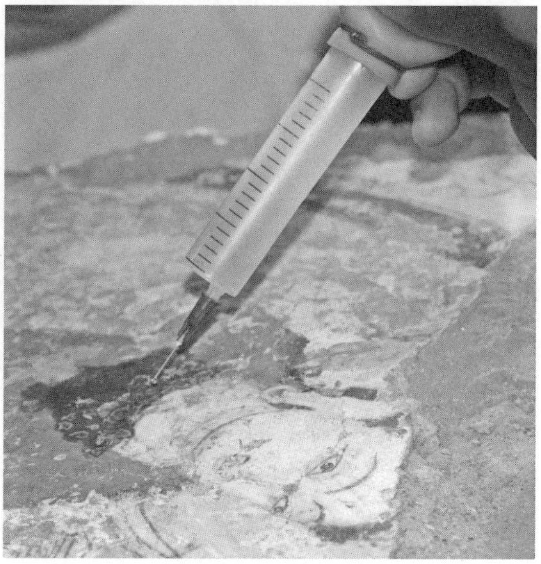

图8　注射黏结剂

（3）回贴颜料层

注射加固后，待黏结材料的水分被地仗吸收到看不到表面有水分时，在表面垫上棉纸，用木质修复刀轻轻压平裂口处，使裂缝闭合。再用木质修复刀压在棉纸上均匀地按压其他部位（壁画表面有裂缝时，先压有裂缝处，将裂缝处压平使之闭合后，再压底色层和颜料层），使起甲翘起的部分复平直至壁画表面平整（第一遍按压时的力度要轻，后面可加重力度），边缘按压时，可用大号的木质修复刀，稍微用点力（图9）。

（4）滚压

颜料层回贴到原地仗位置后，用纺绸包裹药棉制成的棉球滚压，滚压的方向应从颜料层未裂口处向开裂处轻轻滚压，这样能将起甲内的空气排出，不会产生气泡，壁画也不会被压出皱褶（图10）。

图9　回贴颜料层

图10　滚压

（四）粉化壁画的修复

1.修复材料

0.5%（W/W）和1%（W/W）的明胶溶液、1%（W/W）有机硅改性丙烯酸乳液。

2.修复工艺

人物袍子下部严重粉化，粉化面积为6cm × 5cm（图11）。颜料层由于胶结材料严重老化成细小颗粒状并脱落，同时底色层的白色颜料和颜料层的红色颜料呈粉状颗粒错位叠压，混淆在一起，很难辨认，复位困难，且稍微一呼吸，就会把粉状颜料吹跑，给修复工作带来了很大的不便。人物腰部右侧和人物左臂旁各有一块小面积粉化，呈片状和细小颗粒，白色颜料和蓝色颜料混淆在一起，给表面除尘工作造成了很大的困难。人物腰部左侧有一块小面积粉化，呈片状和细小颗粒，白色颜料和黑色颜料混淆在一起，加大了修复的难度。

图11　粉化部位

（1）除尘

因粉化部位的颜料粉化十分严重且呈细小颗粒状叠压状，所以不能用吸耳球、软毛刷等工具进行除尘，应先用竹片刀、针头等工具将错位叠压的颜料颗粒小心的移至原位，用0.5%（W/W）的明胶溶液在粉化部位轻轻的注射滴渗一遍后，再拿蘸着酒精的棉棒在粉化严重处把细泥沙粘出来（图12）。

（2）注射黏结剂

用1%（W/W）的明胶溶液小心地把粉化部位进行滴渗三至四遍，从碎片四周很远的地方进行滴渗，这样就不会使颜料层翻起；粉化严重部位的碎片用有机硅改性丙烯酸乳液进行渗透加固。

（3）回贴颜料层

用竹签把碎颜料移动至原位，注射黏结剂，待胶液被地仗层吸收后，在上面垫上棉纸，用木质修复刀轻轻按压粉化处，使粉化部位细小的颜料颗粒紧密的回贴到原处（图13）。

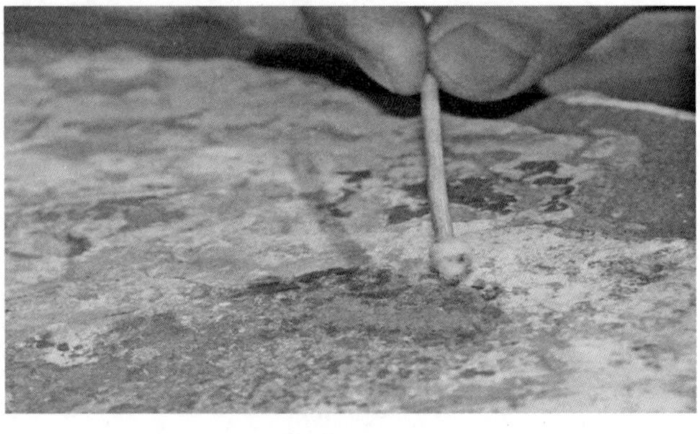

图12　用棉签蘸酒精清除表面的泥沙

图13　回贴颜料层

（4）滚压

用白纺绸包裹的脱脂棉球垫棉纸滚压粉化处（图14）。

图14　粉化修复后

（五）地仗修补

1.修复材料

脱盐后的泥沙混合物、明胶0.5%（W/W）。

2.修复工艺

（1）表面除尘

用吸耳球轻轻吹去坑里及周围的尘土。

（2）地仗修补

先用酒精打湿坑里及周围处（目的是提高地仗的渗透性，增加表面张力），然后用铁质修复刀把事先和好的泥一小块一小块地填补到坑中，少量多次，直到壁画地仗的粗泥层不再悬空（图15）。补完后，表面进行打毛作旧处理，使其呈粗糙面，补好的坑的高度要低于旁边的颜料层（图16）。

图15　少量多次填泥

图16　地仗填补后

（六）地仗处理

1.修复材料

①1%（W/W）和0.5%（W/W）的羟基甲基纤维素溶液。

②1.5%（W/W）的有机硅改性丙烯酸乳液。

③1.5%（W/W）的有机硅改性丙烯酸溶液和1.5%（W/W）的改性丙烯酸乳液按1∶1的比例混合。

④30%（W / W）的改性丙烯酸乳液。

图17 表面封护完成后

2.修复工艺

（1）表面封护

裁两张大小合适的棉纸。将第一张棉纸铺在壁画表面，然后用软刷子沾适量1%（W/W）的羟基甲基纤维素溶液在棉纸上刷。第一张棉纸干了后再铺上第二层棉纸开始刷。进行表面封护是为了在壁画表面形成一个保护层，防止壁画在翻转时表面颜料的擦伤、剥离（图17）。

（2）切除石膏包

用条状锯条将壁画四周包裹的石膏包锯掉，处理完壁画四周石膏包之后，在壁画表面盖一层棉纸，放薄棉垫，上下面放一个支撑木板，将其翻转到背面，用锯条将壁画支撑体中间拦腰截断从而去除壁画底部的石膏包，因地仗体较大，石膏厚度不明，所以用一一点切的方式切除（图18）。

（3）减薄地仗

用锯条在壁画表面地仗上划田字格，然后用锯条将田字格上的土一点点刮去，将此方法反复操作直至壁画地仗厚度为0.8～1cm（图19）。刮地仗时，根据地仗的酥松程度用1.5%（W/W）的有机硅改性丙烯酸溶液进行适当的加固，等地仗刮至所需要的厚度时，用有机硅改性丙烯酸溶液和改性丙烯酸的混合溶液，滴4遍或5遍直至不再渗透为止。

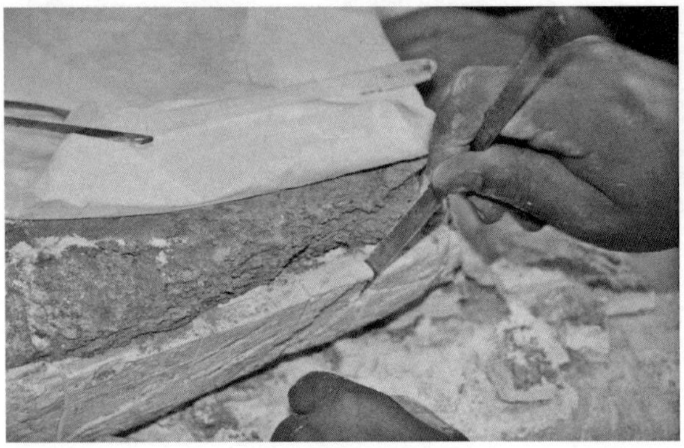

图18 切割石膏包

图19 划田字格进行地仗减薄

（4）地仗补强

用锯子把地仗背面刮成很浅的菱形格子，用较硬的中号毛刷在地仗上刷上一层30%（W／W）的改性丙烯酸乳液，再把无纺布接缝带剪成和地仗宽度相应的条状，粘到地仗上，待地仗背面全部贴满带子后，再用刷子在无纺布表面刷一层30%（W／W）的改性丙烯酸乳液，后把多出地仗背面的无纺布剪掉（图20、图21）。

图20　刷胶黏结缝带

图21　补强完成后

（七）支撑体的制作

1.制作材料

1）将环氧树脂1kg，邻苯二甲酸二丁酯40mL，丙酮10mL，乙二胺60mL混合，配置成所需的胶结材料。

2）B72溶液。

2.修复工艺

将支撑层（蜂窝铝板）和干涉层（软木）按照壁画比例的大小进行加工处理，二者之间用事先配置好的胶结材料进行黏结，等干透后，在软木上用胶结材料粘一层和其面积一样大小的碳素纤维，粘好后，在碳素纤维表面刷一层胶结材料，后再刷两层B72溶液（图22、图23）[①]。

图22　将碳素纤维粘在软木上

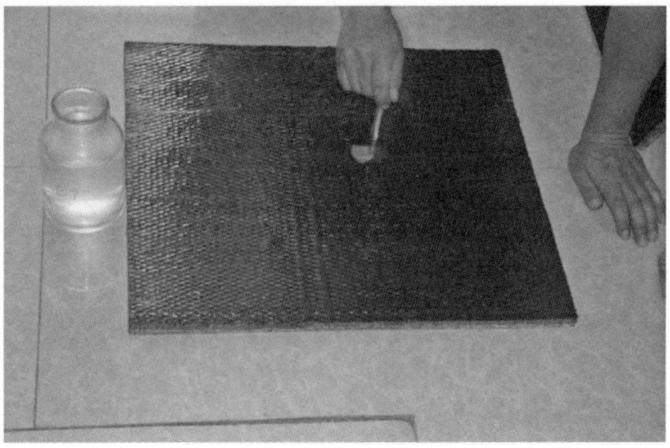

图23　刷B72溶液

① 刷B72目的是作为隔离层。因为B72 可溶于丙酮，所以在壁画和支撑体之间有所变化，并出现问题时，用丙酮溶解B72，可使壁画和支撑体分开，处理问题后再进行加固。

（八）壁画和支撑体拼接修复工艺

1.修复材料

1）15%（W／W）的B72溶液（B72溶于丙酮）。

2）聚醋酸乙烯乳液。

3）适量的脱盐土、沙和麻按一定比例混合搅拌而成的泥，即泥用1%（W／W）的硅丙和1%（W／W）的丙烯酸的混合液（按1∶1的比例混合）进行搅拌。

2.修复工艺

（1）拼接支撑体

用记号笔在支撑板上勾画出壁画地仗的轮廓，轮廓里用直线画（3cm×3cm）的方格。然后用粗针管吸取聚醋酸乙烯乳液，在轮廓的每个小方格处滴入适量的乳液（图24）。然后把壁画放在支撑体表面的轮廓内使之与支撑板黏结在一起，用湿棉花把地仗边缘多余的胶吸走（图25）。

图24　滴入适量乳液

图25　支撑体拼接好后

（2）填补地仗

先在地仗边缘处沁润1%（W／W）的硅丙溶液（这样可以使泥和地仗更好的粘合在一起），然后按照少量多次的原则用事先准备好的泥填贴于壁画背部和边沿，对壁画进行依托加固，填补草泥的高度到壁画细泥层，用1%（W／W）的丙烯酸溶液和沙泥搅拌混合后均匀对支撑板四周进行填充，自然作旧，使表面及四周地仗呈斑驳的粗糙面（图26～图28）。

（九）揭除壁画表面的棉纸及补色做旧

1.修复材料

1%（W／W）的明胶溶液，用3%和5%（W／W）的明胶溶液搅拌相应的颜料得到所需的各色颜料。

图26 少量多次的填补地仗

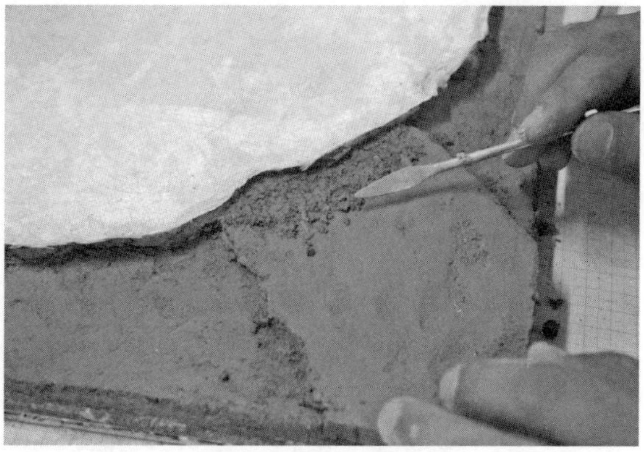

图27 自然做旧

2.修复工艺

壁画表面的棉纸截取时，要十分小心。先揭取第一层棉纸，用软毛刷蘸取适量的温水，刷在棉纸上，等棉纸浸透后，再沿着壁画边缘的一角开始一点点地揭开棉纸；揭去第二层时更要小心，因为颜料很容易随着棉纸地揭开而脱离底色层，揭取时也是先用温水蘸湿棉纸（图29）。用毛笔蘸取配置好的颜料对壁画表面颜料需要填补的部位进行补色处理（因为此次修复为馆藏壁画，需要用于展览参观，所以要进行相应的补色处理）。

全部完工后，再仔细地检查一遍壁画，如果有遗留的问题再进行修补（图30）。

图28 填补地仗完成后

图29 揭取棉纸

图30 壁画修补完成后

三、结　　语

此次CLDMG-0325壁画残块的修复严格遵循了壁画保护的原则，调查分析了壁画的病害，采用了较为成熟的修复工艺。过程中，对壁画粉化部位的颜料回贴是本次壁画保护修复的难点。CLDMG-0325壁画残块的顺利修复，不但消除了壁画的主要病害威胁，保证了壁画的安全性，而且修复后的壁画，其艺术观赏价值得以凸现，达到了馆藏壁画展览的条件。

作者单位：楚小婵、殷煊、国江、叶江，新疆文物古迹保护中心

新疆策勒县达玛沟乡托普鲁克墩2号佛寺CLDMG-0269壁画残块修复报告

薛止昆

内容提要：和田地区策勒县达玛沟托普鲁克墩2号佛寺出土的壁画，经修复小组调查分析，主要存在起甲、龟裂、颜料层脱落、细泥层脱落、划痕、裂隙、错位、微生物损害、褪色等病害。笔者根据自己的亲身经历，详细记述了对壁画残块开展保护修复的全过程。

关键词：达玛沟托普鲁克墩2号佛寺　壁画　保护修复

2010年4～6月，笔者有幸参加了由国家文物局主办、新疆维吾尔自治区文物局和新疆维吾尔自治区博物馆承办，由国家古代壁画保护工程技术中心（敦煌研究院）协办的为期80天的馆藏壁画保护修复业务培训班。培训班进行了20多天的理论知识学习，之后在敦煌莫高窟进行了参观考察学习实践，最后在和田策勒县进行了为期42天的馆藏壁画现状调查及壁画的现场修复实践工作。我组所修复的壁画，为中国社会科学院考古研究所新疆队发掘的和田地区策勒县达玛沟托普鲁克墩2号佛寺出土的壁画，发掘编号为06CDF2：006，现状调查底图编号CLDMG-0269。

一、概　况

（一）遗址概述

2006年5～6月，中国社会科学院考古研究所新疆队发掘了托普鲁克墩2号佛寺。该遗址布局严谨清楚，是迄今和田地区发现的结构最复杂的回廊像殿佛寺，是塔里木盆地南缘地区“回”字形佛寺发展到一个高峰的表现，填补了于阗佛寺晚期形制的空白。

托普鲁克墩2号佛寺始建时代约为8世纪，毁于10～11世纪。遗址出土的木板画、回廊千佛壁画残块等说明密教在于阗的流行以及和西藏佛教的密切关系。该佛寺中的其他壁画也反映了于阗佛教艺术和中亚、中原相互交流的密切关系。

（二）壁画赋存环境

1.地理位置

策勒县，位于新疆维吾尔自治区西南部，昆仑山北麓，塔克拉玛干沙漠南缘（图1～图3）。

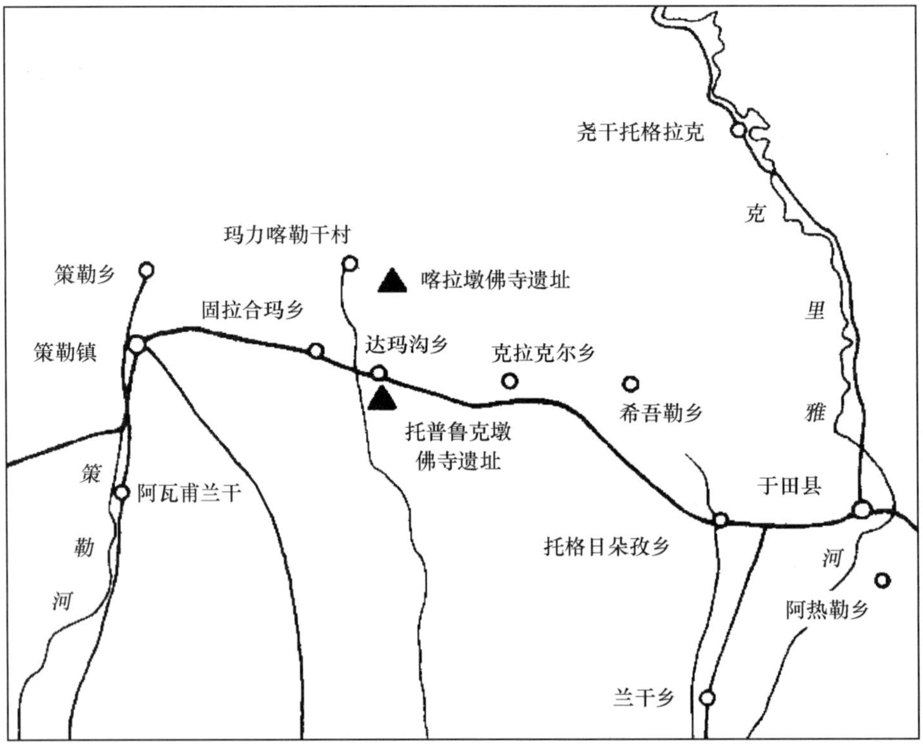

图1　达玛沟佛寺遗址位置示意图

图2　达玛沟托普鲁克墩1号、2号佛寺位置图

地形呈南宽北窄的狭长状，有策勒河、奴尔河、恰哈河、乌鲁克萨依河等九条河流流径。全县总面积31 688.01km²，绿洲面积35万亩，现有耕地28万亩。全县辖7乡1镇，共125个行政村，总人口14.76万人，有维吾尔、汉、回、哈萨克、乌孜别克等民族。

2.气候气象

策勒县属于极端干旱型大陆荒漠气候，气候干燥，光照充足，热量丰富；昼夜温差大，无

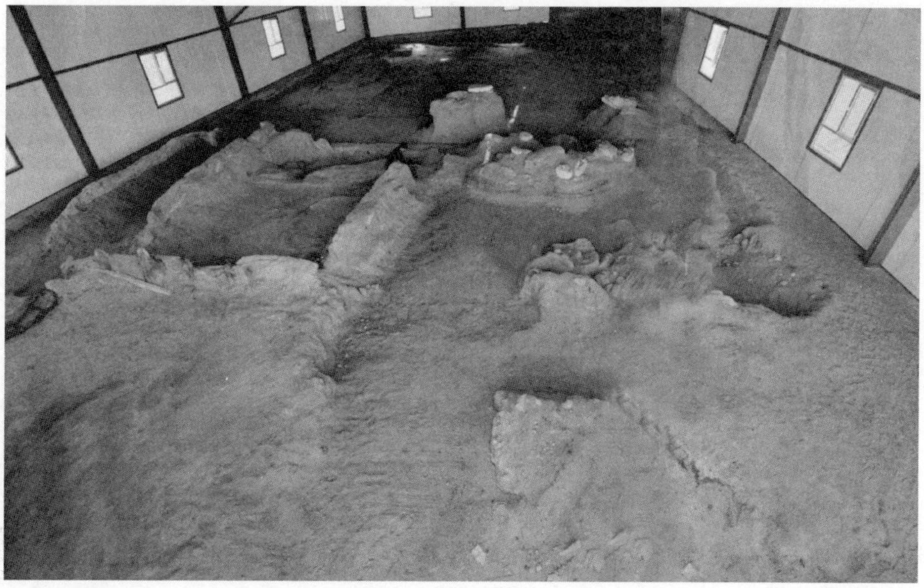

图3　达玛沟托普鲁克墩2号佛寺遗址

霜期长；干旱少雨，大风、沙暴和浮尘天气多；大风、沙暴、干热风等自然灾害发生频繁。太阳年总辐射能量144.4kcal/cm^{2}①；年均风速1.9m/s；春季平原区各月气温在9～21℃，冷空气活动频繁，极端最低气温-23.9℃，昼夜温差大，无霜期209天。

（三）壁画概况

壁画宽30.6cm，高45.7cm，厚6cm。地仗层有粗泥层和细泥层，区分不太明显，细泥层厚约0.4cm；背面有石膏包，地仗粗泥层可见糟朽的麦草纤维，壁画地仗层局部酥碱、脱落；底部铺有横向的竹片或木片。整个画面被横、纵向的三条裂隙分为五部分。

据发掘报告介绍，此块壁画属于佛寺顶部千佛壁画的局部。画面为一佛像，佛面相长圆，红色线勾画，黑发，高圆肉髻，目光慈祥，微有眼袋，鼻直口小，大耳长垂至肩，着白色通肩袈裟。土红色背光，白色头光。双手抱于腹前，大拇指微翘，交叉相搭，表情细致传神（图4）。壁画出土于托普鲁克墩2号佛寺北侧堂西侧的像座地面，颜色种类有红色、土红色、白色和黑色，现存于策勒县文体局库房。

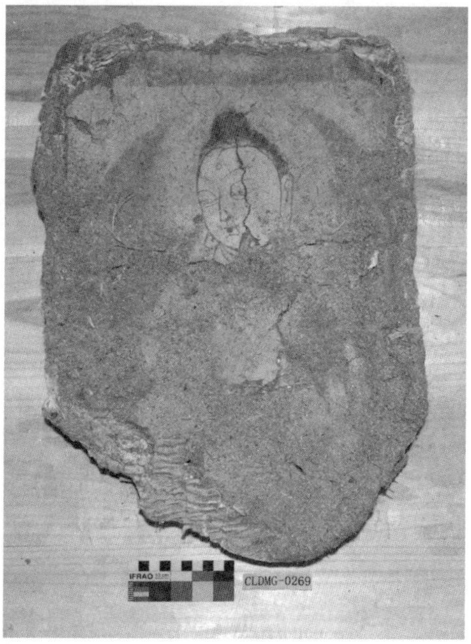

图4　修复前的原貌

① 1kcal = 4185.85182085J。

（四）壁画制作工艺及材料

壁画由支撑体、地仗层、白粉层和颜料层构成。地仗层有粗泥层和细泥层，区分不太明显，主要材质为黏土、麦草、细沙等。地仗粗泥层可见麦草纤维糟朽，地仗底部铺有横向的竹片或木片。

二、价值评估

托普鲁克敦2号佛寺出土的这批壁画是于阗佛教流传发展的历史见证，是研究当地佛教及其艺术发展演变的珍贵资料。

对于托普鲁克敦2号佛寺壁画的主题和题材、创作手法、风格演变、色彩语言、材料技法等方面的研究，有利于揭示古代壁画的艺术价值，为进一步研究于阗的佛教艺术流派的特点及比较与新疆其他地区佛教壁画的异同提供了更翔实的资料和依据。

三、现状调查

壁画修复前，要做好现状调查。首先，对壁画进行了图像记录，包括对壁画进行正光、侧光整体的拍摄（图5）；其次，采用手工及计算机绘制壁画病害现状调查图（图6、图7）；最后，相关的仪器检测分析前期现状调查工作（图9～图11）。

图5　对壁画进行正光、侧光整体的拍摄

图6　手工绘制壁画病害现状调查图

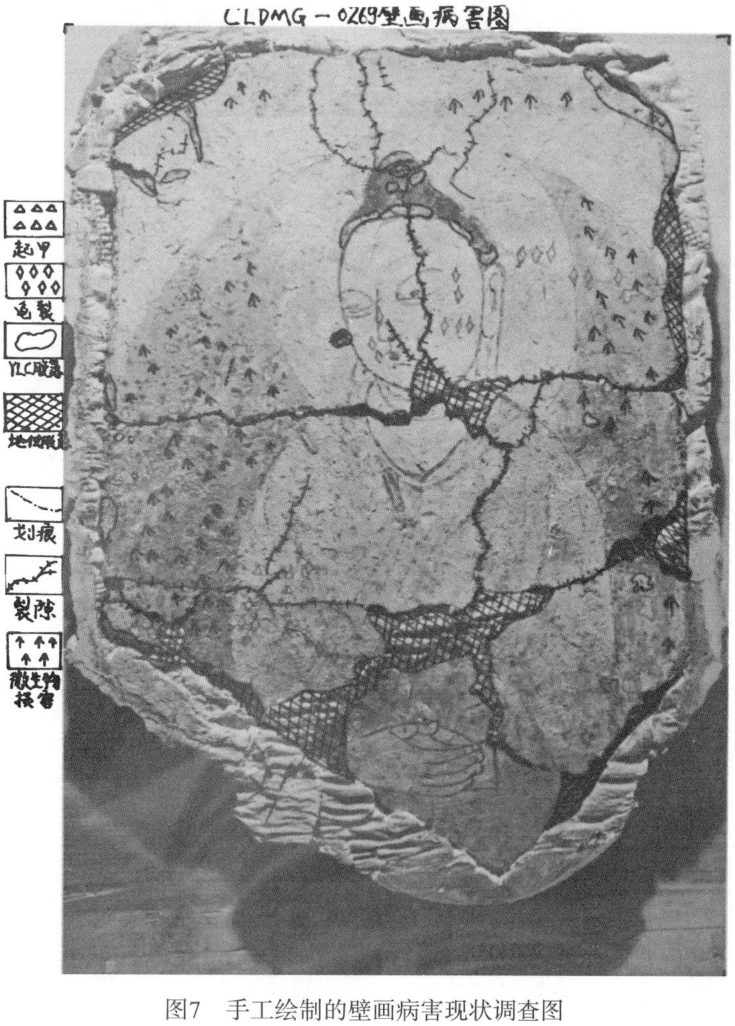

图7　手工绘制的壁画病害现状调查图

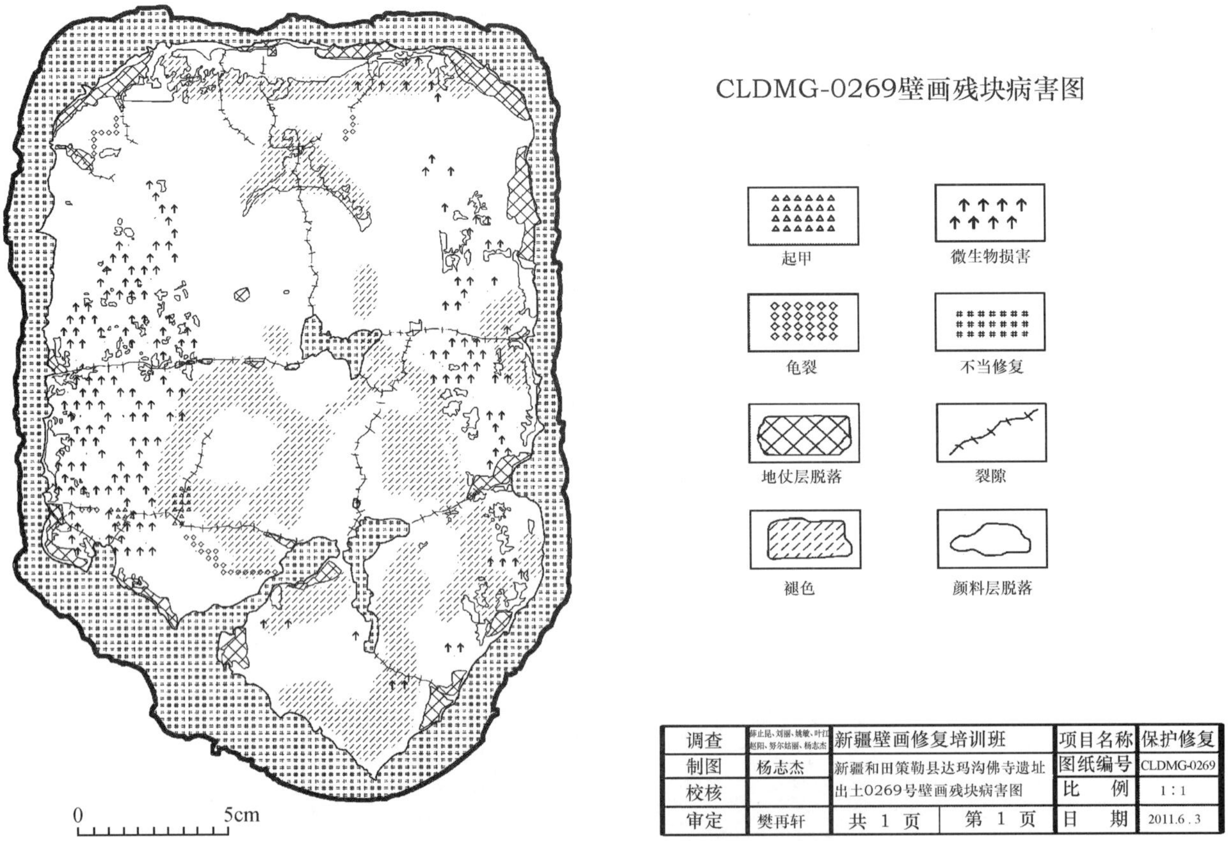

调查	薛止昆、刘丽、姚敏、叶江 赵阳、努尔姑丽、杨志杰	新疆壁画修复培训班		项目名称	保护修复
制图	杨志杰	新疆和田策勒县达玛沟佛寺遗址出土0269号壁画残块病害图		图纸编号	CLDMG-0269
校核				比　例	1：1
审定	樊再轩	共 1 页	第 1 页	日　期	2011.6.3

图8　电脑绘制的壁画病害现状调查图

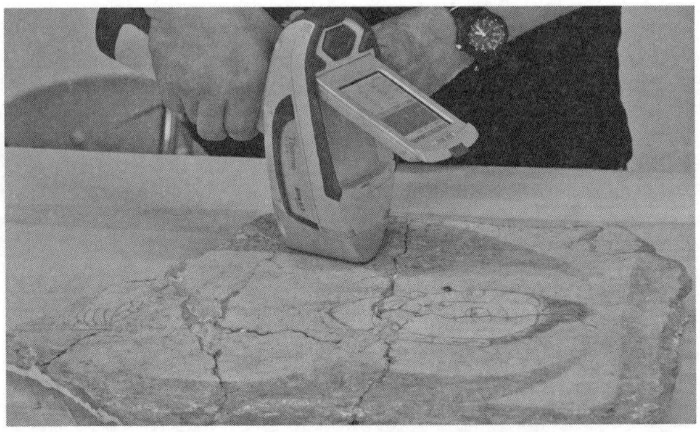

图9　便携式X射线荧光检测仪

图10　便携式数码显微镜

图11　便携式拉曼光谱仪

四、病害种类及分布

（一）病害种类

病害主要有起甲、龟裂、颜料层脱落、细泥层脱落、划痕、裂隙、错位、微生物损害、褪色等。

此块壁画在考古发掘后进行了拼接，但拼接错位严重，边缘及地仗层被石膏包裹加固，壁画表面凹凸不平。

（二）病害分布

1. 起甲

分布较少、较轻微，主要位于画面左下角（图12、图13）。

图12　起甲（局部1）

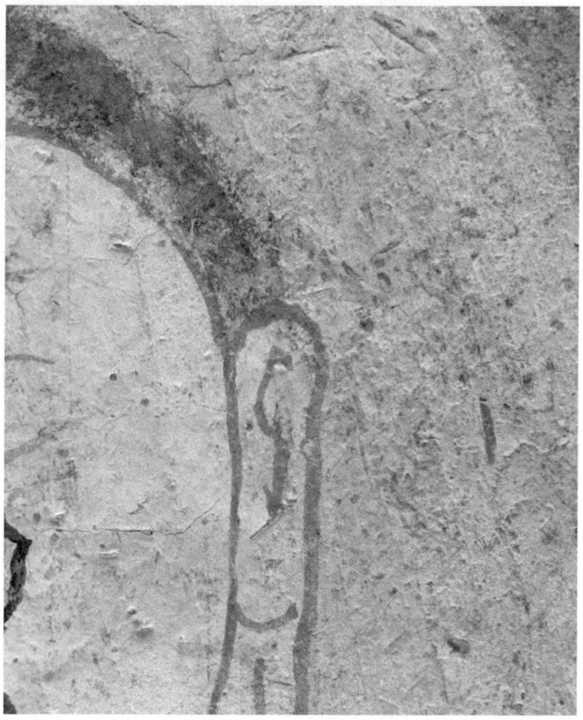

图13　起甲（局部2）

2. 龟裂

主要分布在画面右上角、左上角、画面中间部位（图14、图15）。

图14　龟裂（局部1）

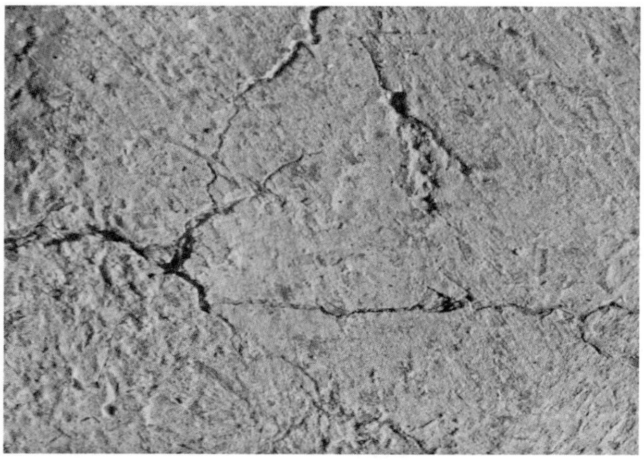

图15　龟裂（局部2）

3. 细泥层、颜料层脱落

主要分布在横向断裂的断裂面两侧及画面底部及边缘（图16～图18）。

4.划痕

画面中间部位有轻微划痕，左侧下方有轻微的划痕（图19）。

图16　细泥层、颜料层脱落（1）

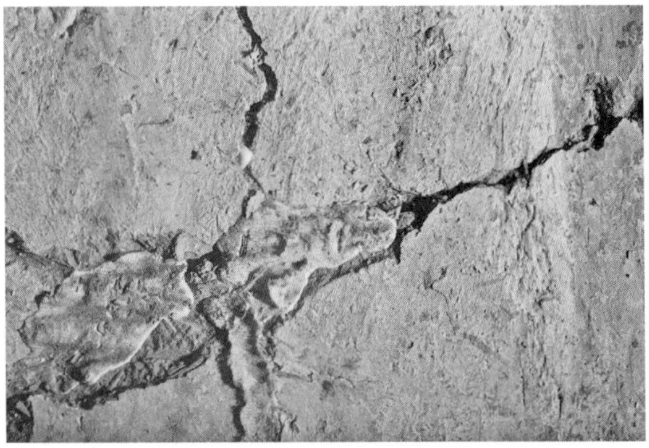

图17　细泥层、颜料层脱落（2）

图18　细泥层、颜料层脱落（3）

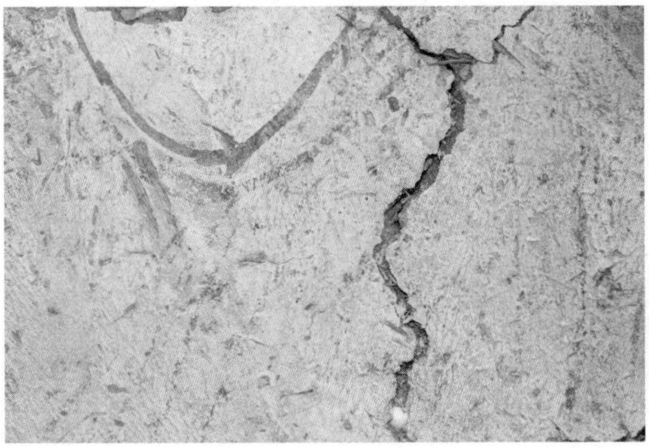

图19　划痕（局部）

5. 微生物损害

较严重，主要分布在画面的左右两侧及顶部，主要集中在橙色颜料上（图20、图21）。

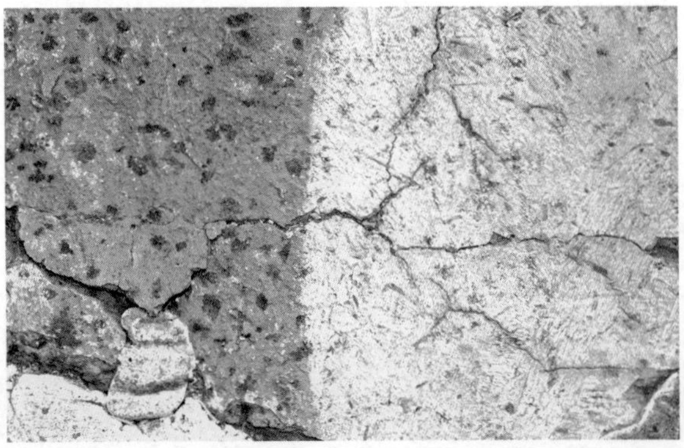

图20　微生物损害（局部1）

图21　微生物损害（局部2）

6.裂隙

裂隙是此块壁画残片最严重的病害。画面人物颈部下有一条横向裂隙、画面左侧下部有一条大的斜向裂隙、自画面人物左颊处贯穿至画面底部有一条纵向的裂隙。三条横纵交织的裂隙将整个画面分为五部分（图22～图25）。

7.褪色

壁画褪色严重。主要分布于佛像的黑色肉髻、白色头光处及黑色衣褶处，以黑色衣褶纹饰褪色较严重，漫漶不清（图26）。

图22　裂隙

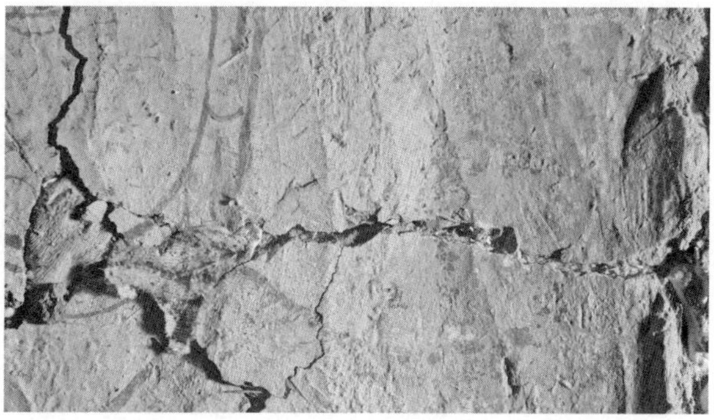

图23　裂隙（局部1）

图24　裂隙（局部2）

图25　裂隙（局部3）

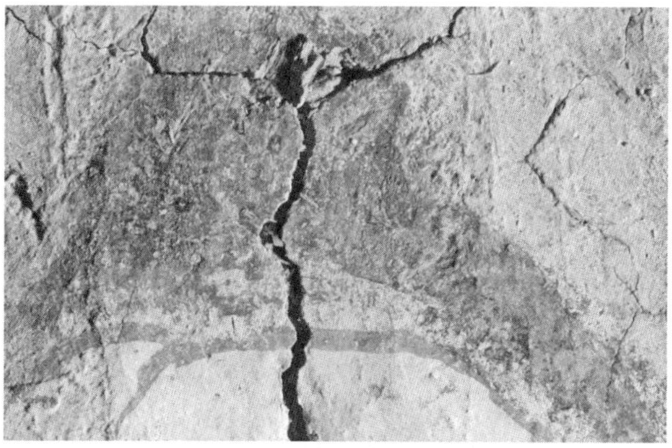

图26　褪色（局部）

五、修复材料及工艺

（一）起甲、龟裂的修复材料及工艺

1.修复材料

0.5%（W/W）明胶、1.5%（W/W）明胶。

2.修复工艺

（1）除尘

首先用洗耳球将壁画表面灰尘除去，之后用软羊毛刷，沿壁画表面，顺同一方向轻刷清理壁画表面的尘土和沙砾（图27、图28）。

图27　除尘

图28　除尘后

（2）注射黏结剂

用0.5%明胶在壁画起甲、龟裂位置的裂缝处滴注，对壁画起甲、龟裂位置滴渗加固三四遍，观察加固材料的渗透性，至明胶不再渗透为止（图29、图30）。

（3）回贴颜料层

待胶液被地仗层吸收后，用修复刀将起甲画面轻轻回贴原处（图31、图32）。

图29　注射黏结剂（1）

图30　注射黏结剂（2）

图31 回贴颜料层（1）

图32 回贴颜料层（2）

（4）滚压

颜料层回贴到原地仗位置后，用木质修复刀加垫棉纸对已滴注渗透加固后的位置轻压一遍，再在起甲、龟裂位置裂缝的两边向内按压几遍，最后用棉球滚压，滚压的方向应从颜料层未裂口处向裂口处轻轻滚压，这样能将起甲内的空气排出，不会产生气泡，壁画也不会被压出皱褶（图33、图34）。

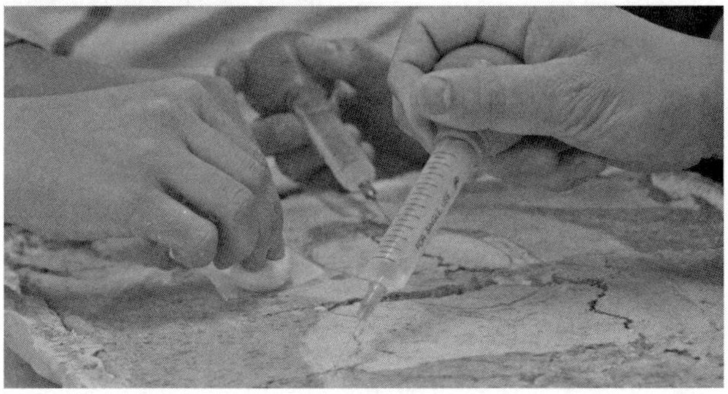

图33 滚压（1）

图34 滚压（2）

（二）断裂、错位的修复材料及工艺

1.修复材料

有机硅改性丙烯酸乳液、黏土（脱盐处理）、细沙、麻纤维、1.5%W/W的丙烯酸和1.5%的硅丙1∶1的混合乳液调制的麻泥。

2.断裂、错位修复的前期准备工作

（1）表面封护

在壁画颜料层的保护修复加固完成后，接着需要对壁画的地仗进行处理。为了确保在壁画保护修复过程中壁画表面的安全，必须对壁画正面进行保护，方法是裁取与壁画断裂残块等大的棉纸铺于壁画表面，用浓度为1%的羟甲纤维素进行涂刷，让棉纸充分与残块黏结；待棉纸干燥后，再用同样的方法再涂刷一层棉纸（图35、图36）。

图35　表面封护

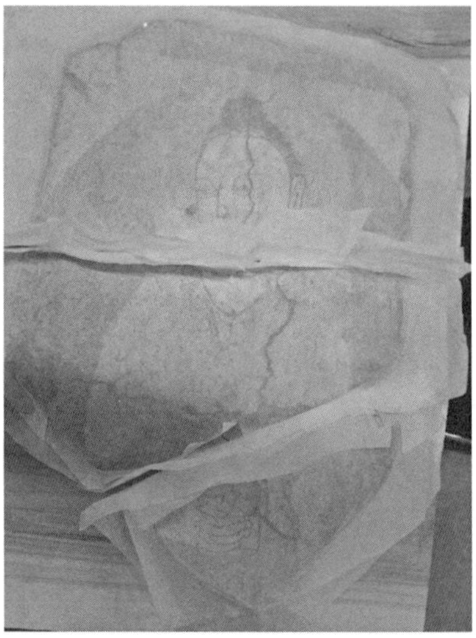

图36　封护后

（2）去除石膏包

石膏包位于壁画的背部，因此要将壁画翻转。在翻转过程中为使壁画免受损伤，在壁画残块表面用棉纸覆盖，垫衬海绵（图37～图39）。将壁画翻至正面朝下，露出壁画背面的石膏包，采用钢锯条和手锯对石膏包进行剔除（图40～图42）。

图37　去除壁画后面的石膏包准备工作

图38　反转壁画

图39　反转后

图40　去除石膏包

图41 去除石膏包

图42 去除石膏包后

3.断裂、错位的修复工艺

减薄地仗，翻转画面至正面（图43、图44）。

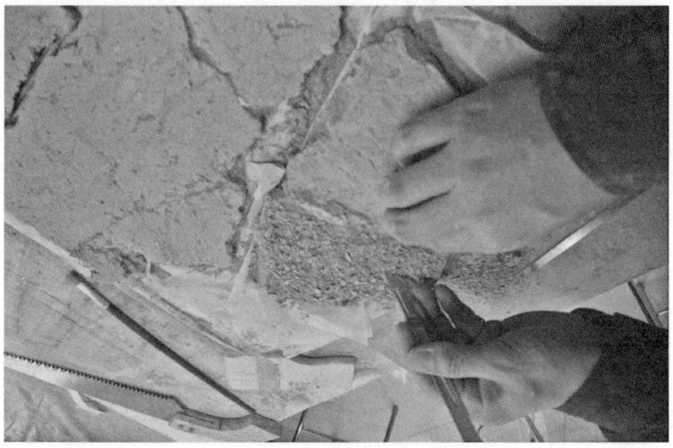

图43 减薄地仗

图44 测量减薄后地仗的厚度

（1）绘制壁画断裂、错位图

在透明胶片纸上绘制与壁画等大的图，在图上画上线描、标注需要拼接的位置并编号（图45、图46）。

（2）对断裂面进行处理

把需要拼接的断面用手术刀小心剔成“Λ”型，注意不可伤及颜料层（图47）。

（3）拼接

拼接的顺序是先小残块拼接，后整体拼接。用30%的丙烯酸对断面加固，用1.5%的丙烯酸和1.5%的硅丙1∶1混合乳液调制成较稀的泥小心填入裂缝，对各残块进行拼接，拼接时应注意断面形状和线条完全吻合（图48～图51）。

图45　绘制壁画断裂、错位图

图47　对断裂面进行处理

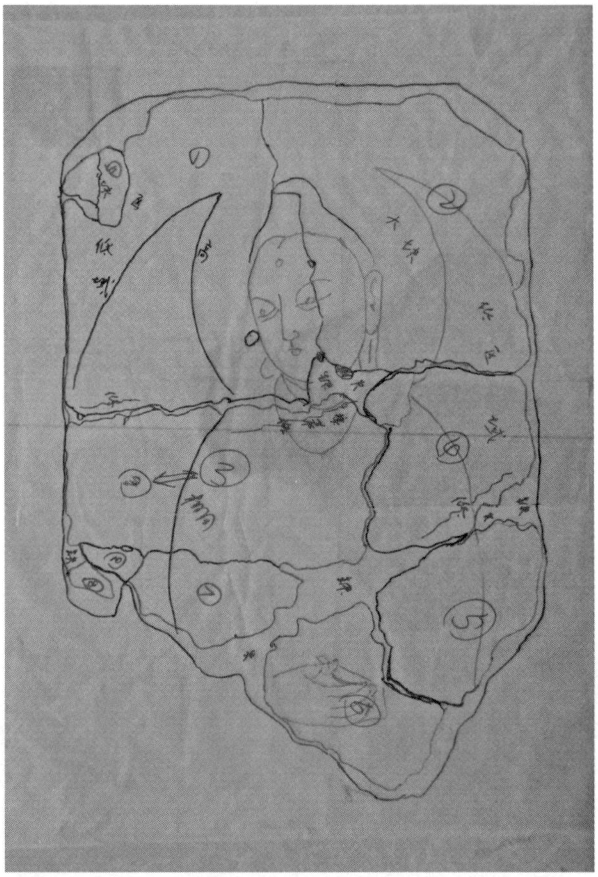

图46　绘制好的壁画断裂、错位图

图48　确定拼接位置

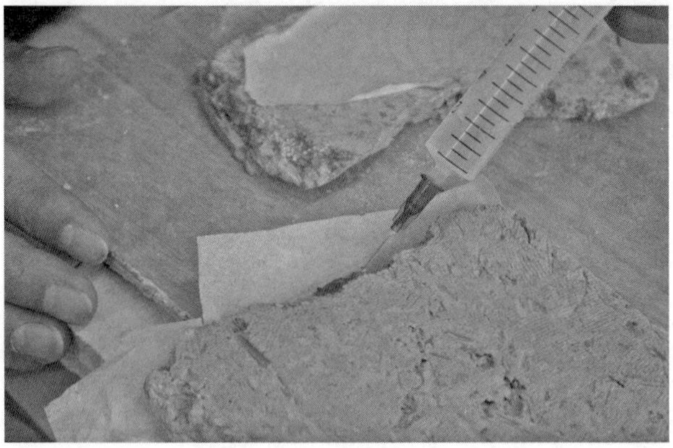

图49　拼接（1）

图50　拼接（2）

图51　拼接（3）

（4）拼接缝处理

待整块壁画拼接后，在裂缝处按照少量多次的原则填入用1.5%的丙烯酸和1.5%的硅丙1∶1的混合乳液调制泥，使壁画表面平整（图52、图53）。

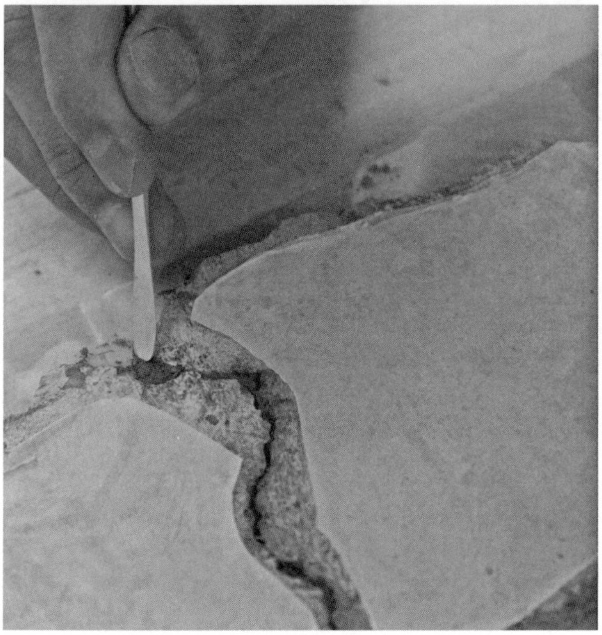

图52　拼接缝处理（1）

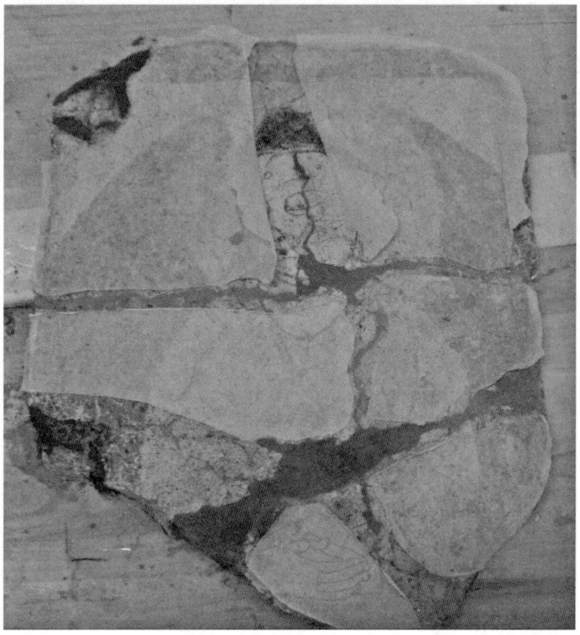

图53　拼接缝处理（2）

（5）地仗后背整体加固

拼接好的壁画后背地仗层厚薄不均匀，应首先平整后背，用钢锯条将壁画背面的地仗层一点一点地减薄至理想厚度，然后用酒精滴注浸润，疏通地仗的毛细管，接着用硅丙滴注二三遍加固地仗，之后用30%的丙烯酸乳液涂抹加固的地仗层，背面粘上无纺布。贴无纺布的目的是为了保护地仗，从壁画背面保护地仗，与地仗连一体（图54、图55）。

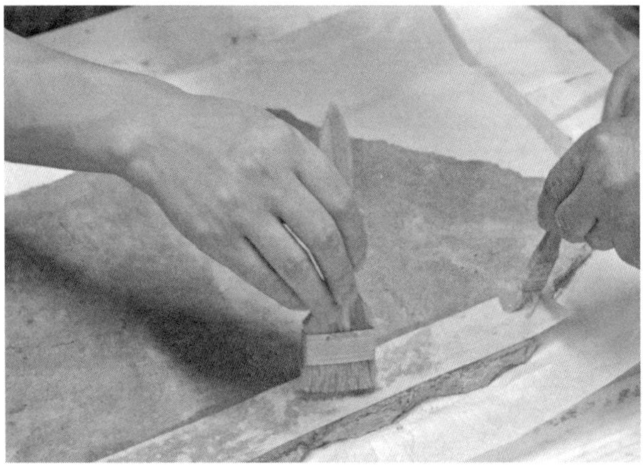

图54　背面整体加固——贴无纺布

图55　贴好无纺布的壁画背面

六、支撑体的制作

依据国内外壁画过渡层选材的先进技术，采用了蜂窝铝板作为支撑体。这是一种新型的壁画支撑材料，具有优良的力学性能。

为避免黏结应力可能对壁画造成的损坏，壁画与支撑体之间黏结时，采用环氧树脂（500g环氧树脂与丙酮5mL、二丁酯20mL、乙二胺30mL）实现壁画与支撑体的黏结。软木也用此黏结剂来实现与蜂窝铝板的粘贴（图56～图59）。

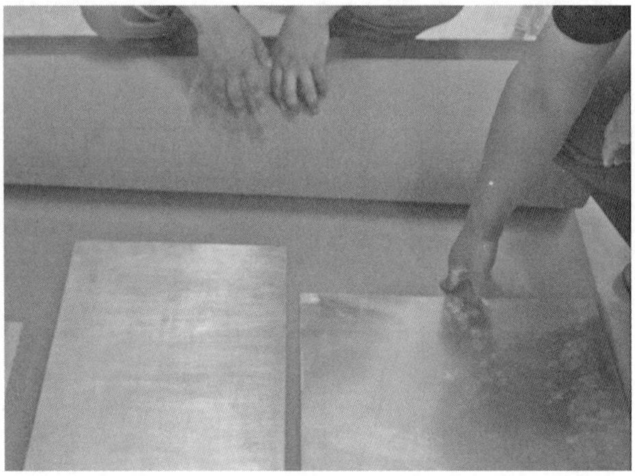

图56　裁剪软木

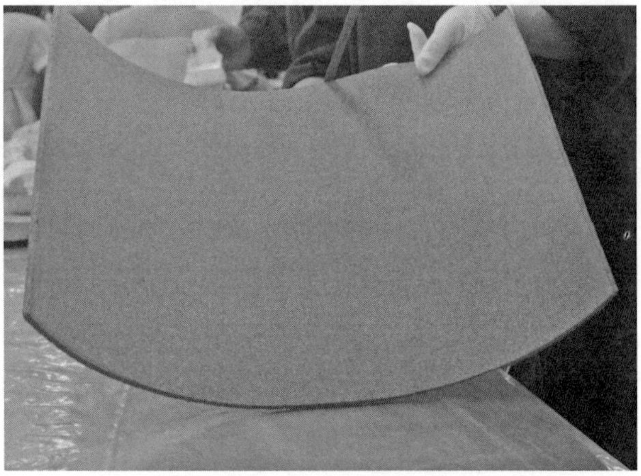

图57　打磨软木边缘

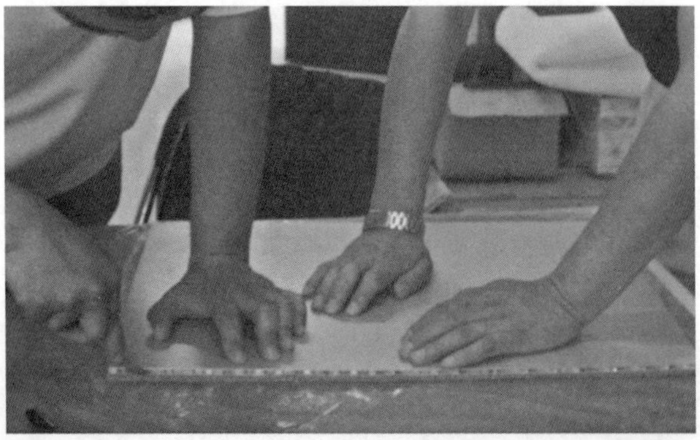

图58　剪修软木

图59　配制黏结剂

（一）过渡层与隔离层

1.过渡层

采用国产软木作为过渡层。在壁画基体和支撑体之间插入过渡层是为了减小蜂窝铝板的应力。碳素纤维用环氧树脂（500g环氧树脂、丙酮5mL、二丁酯20mL、乙二胺30mL）黏结（图60～图62）。

2.隔离层

为避免黏结应力可能对壁画造成的损坏，壁画与支撑体之间黏结时，采用在碳素纤维上刷两层15%的B72丙酮溶液，涂刷2遍，间隔时间1小时。涂刷主要是为了将来需要对壁画进行再一次保护时，可通过对易于分离的过渡的破坏来实现壁画与支撑体的分离（图63）。

图60　蜂窝铝板上涂刷混合胶

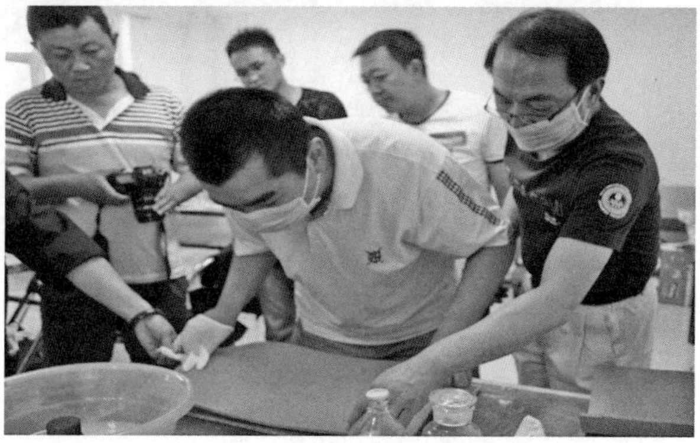

图61　软木与蜂窝铝板的黏结

图62　裁剪碳素纤维

图63　用15%的B72丙酮溶液涂刷再造地仗层表面

（二）支撑体及与壁画的黏结

支撑体制作好之后，用聚醋酸乙烯原液黏结壁画，实现支撑体和整个壁画体系的稳定，最终实现了壁画与支撑体的黏结（图64～图71）。

图64　确定壁画在新的支撑体的位置

图65　确定新支撑体与壁画黏结的准确位置

图66　点涂黏结剂（1）

图67　点涂黏结剂（2）

图68　支撑体与壁画的黏结（1）

图69　支撑体与壁画的黏结（2）

（三）制作壁画周围的地仗

支撑体与壁画的黏结好之后，用黏土（脱盐处理）、细沙、麻、混合乳液调制的泥，按照少量多次的原则填贴壁画周围的地仗，干燥时用修复刀制作出斑驳的痕迹，以表现自然脱落的质感（图72、图73）。

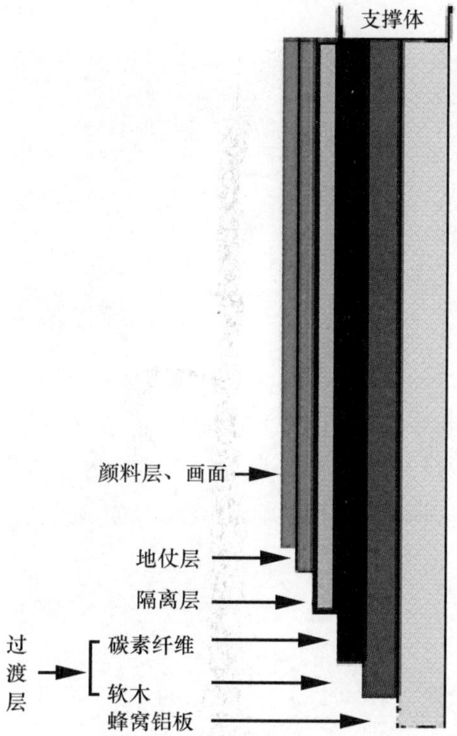

图70 修复后的断面结构图

图71 支撑体与壁画的黏结完成

图72 制作壁画周围的地仗（1）

图73 制作壁画周围的地仗（2）

（四）表面的修复

当壁画与过渡层和可移动支撑体黏结之后，将壁画翻动至正面朝上。采用纯净水喷雾至壁画表面的贴纸保护层，待贴纸层完全润湿后，轻轻将贴纸从壁画表面分离，取下封护的贴面材料后，对壁画表面进行必要的修复（图74）。

图74 表面修复

修复前后对比（图25、26）：

图75　修复前照片

图76　修复后照片

七、结　　语

经过两个多月的理论学习及修复实践，我们在馆藏壁画保护修复培训班收获颇丰，由于现场实践学习的时间短暂，对壁画修复工艺技术的熟练掌握程度及修复材料的深入认识和合理运用还有待提高。

此次壁画保护修复工作得到了敦煌研究院副研究员樊再轩老师的悉心指导，在此谨致谢意。

作者单位：薛止昆，里吉木萨尔县文物局

记新疆博物馆三件馆藏彩绘泥塑文物的修复

姚　敏

内容提要：为保证三件馆藏彩绘泥塑文物达到陈列展览的要求，笔者认真分析了文物的残损状况，在事先进行了加固和黏结实验的基础上，制定了修复方案，并谨慎实施，收到了较好的修复效果。

关键词：新疆博物馆　彩绘泥塑文物　修复

2011年9月，为配合新疆博物馆的文物外展，笔者承担了修复吐鲁番阿斯塔那出土的风帽露股俑、举手文官俑和侍女俑三件馆藏彩绘泥塑文物的工作任务。此前，这三件泥塑文物均出现了肢体及颈部断裂现象，已经严重影响了文物本身的保存和今后的展陈。为此，接受任务后，立即对这三件彩绘泥塑文物进行了保护修复工作。

一、彩绘泥塑文物的原状

这三件彩塑文物均为出土于吐鲁番阿斯塔那古墓群的泥塑冥器。工艺是以手工捏制，外敷粗泥，表面施以彩绘，未经烧制。某基本状况如下。

1）风帽露股俑，出土于阿斯塔那336号墓地，通高13.3cm。头戴黑色尖顶风帽，只露出脸部，用黑色勾画出眉毛及双眼，身穿绿色长裙；左手后侧摆，右手弯曲向上，左脚在前，右脚在后，露左臀，做舞蹈状。该俑表面有尘土，左胳膊从本体上断开，从断面上观察有石膏修补痕迹，故判断该文物有过历史修复，后经查询记录后确有历史修复。

2）举手文官俑，出土于阿斯塔那336号墓地，通高15.5cm。头戴幞头，顶前倾，不分脊，双巾垂于脑后，仰面，双手上举，左手稍弯曲，身穿圆领红色长袍，腰系黑带，脚穿黑鞋。右胳膊从文物本体断开。

3）侍女俑，出土于阿斯塔那229号墓地，通高30cm，宽9.5cm。头挽黑色乌髻（尖髻），面部丰满，并用黑彩勾画出了眉毛、双眼，口部涂朱红色、上穿绿色“V”形领长袖上衣，下穿褐色条纹裙，双手一上一下，置于腹部作持物状，但是所持物已失。该俑的颈部出现断裂。

二、彩绘泥塑文物修复方案的制定

通过对这三件彩绘泥塑文物的病害现状进行仔细的观察和分析，最终制定了修复方案。

1）修复前文物现状的详细文字记录（包括文物名称、质地、出土地点和时间、时代、文物级别、是否进行过修复等）。

2）形象记录。用照相机对修复前文物残损的整体和局部状况进行拍照记录，存入电脑加以保存。

3）文物修复前表面尘土的清理。

4）对彩绘泥塑文物的残断面进行渗透加固。

5）对断裂处的黏结（选用合适的黏合剂）。

6）用填充物对文物的黏结缝隙及缺损处进行补缺。

7）将填充物进行修整打磨。

8）将修补处上色做旧。

9）拍照、验收，并做好修复后的文字档案记录，建立修复档案。

三、具体的修复过程

1.病害记录

用照相机对文物整体和局部进行拍照，并进行详细的文字记录，然后存入电脑作为第一手原始资料加以保存。

2.表面除尘

新疆是一个干燥而且浮尘较多的地区，所以灰尘的清除在修复过程中是一个重要的环节。为了在除尘中不伤害到文物上的颜料层，我们采用洗耳吹气球对文物本体上的浮尘进行了轻微多次的清理，最终达到了清除灰尘的效果。

3.渗透加固

由于泥塑文物的断裂造成断裂面较酥软，不便涂胶，为了修复黏结，必须对断裂面进行渗透加固，增强断面的硬度。这里我们选用有机硅丙烯酸+助渗剂0.75mg+100mg的蒸馏水，配比成为1.5%的渗透加固液，借助注射器对彩绘泥塑的断面进行少量多次的加固，一般在3～5次即可。在修复举手文官俑的时候出现初次渗透不顺畅，经分析原因，为加固渗透液浓度太高的缘故。通过降低渗透加固液的配比，就很顺利地对举手文官俑胳膊的断面进行有效的渗透加固。

4.断裂处黏结

用修复工具调制黏结剂纯丙烯酸乳液，将其一点一点涂抹在文物断面处，断裂分开的两块都要分别涂抹到位。这里要注意的是，该黏结剂流动性相对较强，为了不使黏结过程中黏结剂从断隙处渗出，在涂抹黏结剂时应保持在离文物表面颜料层1～2mm的距离进行涂抹。接下来的对接更要仔细认真观察，需根据断裂纹路准确对接，如果对接不到位，就会出现黏结缝隙过大，造成修复后的文物错位变形。因此，必须要根据文物断裂的特点、纹饰走向的特点来黏结文物，才不会出现黏结错位的现象。

5.填补、做旧

待黏结剂彻底干透后，开始对黏结缝隙和缺损部位进行填补。用与彩绘泥塑文物同色同质的黄土加稀释的纯丙烯酸乳液，调制成软硬适中的膏状，对这些缝隙和缺损处进行仔细填补。填补的部分要略高于文物本体表面，待填充物完全干透后，用细砂纸将其轻轻打磨平整，为下一步的上色做旧打好基础。

做旧是保护修复的最后一个步骤，要根据文物本体的颜色选择相近、相仿的矿物颜料，经过调色再加上适量的黏结剂，以确保矿物颜料在文物本体上的附着力。然后将调配好的颜料用软毛笔涂在打磨平整的填充物上，再适当进行做旧处理，使新上的色彩与原文物的色彩尽量保持一致。

6. 建立修复档案

所有文物修复工作完成后，将修复前、修复中、修复后的文字和图片等相关信息汇总建立完整的文物修复档案。修复档案的建立为今后查阅文物的历史修复信息提供了翔实的依据（图1～图6）。

图1　风帽露股俑修复前

图2　风帽露股俑修复后

图3　举手文官俑修复前

图4　举手文官俑修复后

图5　侍女俑修复前

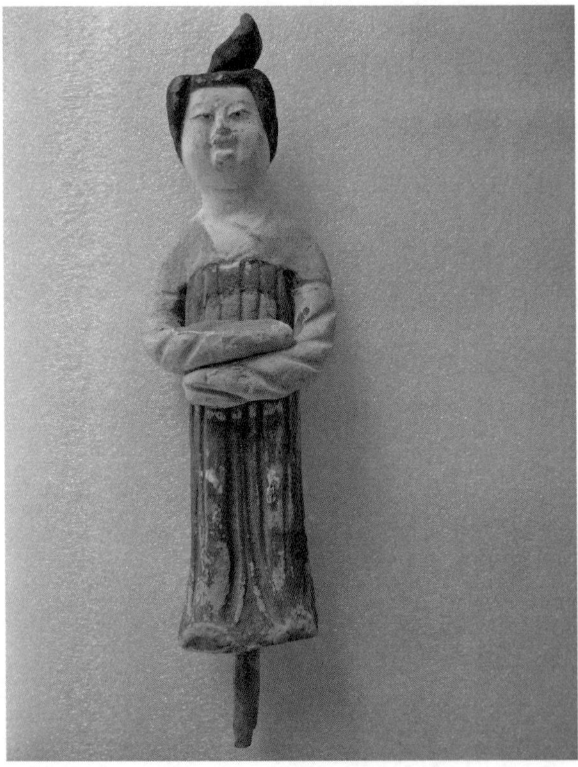

图6　侍女俑修复后

四、结　　语

风帽露股俑、举手文官俑和侍女俑，这三件彩绘泥塑文物病害虽然不是很严重，修复过程不属于“大工程”，但是通过对这三件文物的修复，提高了笔者对彩绘泥塑文物修复工作重要性的认识。通过修复这三件彩绘泥塑，帮助笔者学习了修复方法，也积累了宝贵的修复经验。

此次修复彩绘泥塑文物中使用的新黏结材料，是借鉴敦煌研究院修复壁画过程中使用的材料。为了使新黏结材料能够更好地运用在彩绘泥塑修复文物中，我们在修复第一件文物前进行了有针对性地渗透加固实验和黏结实验，结果表明该材料比较适合彩绘泥塑文物的渗透加固和黏结。

作者单位：姚敏，新疆博物馆

吐鲁番阿斯塔那古墓出土的彩绘泥塑文物的修复与保护

孙广明

内容提要：阿斯塔那古墓群由于自然塌陷和人为盗扰的影响，出土的彩绘泥塑受到不同程度的损坏，出土后又由于经费不足及其他原因，未能及时修复和保护。对不同时期文物采用不同修复方法，要从不同环节入手，如修复、展陈、库房环境、外展运输等。把文物安全放在第一位，开展文物保护和修复工作，实现延长文物寿命的目的。

关键词：吐鲁番　阿斯塔那古墓　彩绘泥塑文物　修复

一、引　　言

阿斯塔那古墓群位于吐鲁番东南30km的三堡乡戈壁荒漠中，东西长约5km，南北宽约2km，面积10k㎡，是西晋至唐代高昌居民的公共墓地。吐鲁番地区气候异常干燥，每年日最高气温高于35℃的热天达100多天，夏季地表温度高达70℃以上；年平均降水量只有7mm，但蒸发量却达2844mm。这样异常干燥的气候，为古墓埋的各类文物提供了天然的保护，素有“地下博物馆”的美称。20世纪60年代以来，新疆考古工作者先后对吐鲁番阿斯塔那墓葬进行了十几次的清理，发掘清理墓葬400余座，出土了一大批晋至唐代时期的陶器、木器、金属器、文书、织物、纸画、绢画、俑类等各类文物和干尸。这批晋至唐代文物的出土，是研究新疆历史乃至全国政治、经济、文化的重要史料，也是研究中国民族史、中外关系史的珍贵史料。

阿斯塔那出土的俑类文物，占出土文物的比例很大，虽说大部分墓葬曾被盗扰，但出土的彩绘泥塑文物其数量之大、内容之丰富无论在新疆地区还是在国内的其他地区都是少见的，一定程度上弥补了这个时期中国泥塑史的缺环，为中国的雕塑史及葬俗史、社会史的研究提供了非常宝贵的资料。

阿斯塔那古墓葬区有相当数量的古墓因自然因素塌陷和人为的盗扰，使出土的彩绘泥塑受到不同程度地损坏，出土后又由于经费及其他原因，未能及时修复和保护，加之当时存放出土文物的库房条件差，又多次搬迁，使得部分断损的彩绘泥塑泥层中胶凝物及织物纤维组织加速老化，搭扎内骨架的木棍和苇秆也因多次搬迁的振动和环境湿度的不稳定，出现变形和脱落现象，个别的已严重到坍塌散落，很难修复、恢复原貌。近十几年来，随着存放文物环境的改善，修复经费的增加，笔者和同仁陆续修复了一大批彩绘泥塑文物，并在修复手段和保护方法上不断改进，从中取得了一些针对彩绘泥塑文物的保护修复经验。

吐鲁番阿斯塔那古墓出土的彩绘泥塑，就材料的构成和制作程序的繁简程度而言，大致可分为两类：一是体量较大的、有内骨架的、塑泥中添加不同材料并逐层塑型的大型彩绘泥塑，包括镇墓兽、驼俑、马俑、胡人俑等；二是体量相对小的、无骨架的、塑泥中不添加其他材料的小型彩绘泥俑，如仕女俑、劳动俑、生肖俑、武士俑、文吏俑、牛俑等。大型俑不仅体量大，制作工艺也很复杂，下面以修复过的大型彩绘泥塑为例做一个简要介绍。首先，内骨架的躯干搭扎，如站立的马俑、驼俑的内骨架搭扎，方法基本一致，具体方法：①把一捆芦苇秆做“U”形对折，再用一捆当地生长的蒲草做紧密的环状缠绕，将缠绕好的蒲草放进“U”形苇秆内，并塞至底部，把“U”形苇秆横放压实，并用麻缠绕捆扎结实，“U”形苇秆的底部即为所塑马或驼的后端臀部，而填充的蒲草隆起的苇秆部分则是躯干的骨架。②收紧长出躯干两侧的苇秆，并沿躯干前端根部开始用麻捆扎出颈至头部的弧线，这就是颈至头部的骨架。③把用作腿部骨架的木棍，做适度修正，并将插入腹腔连接的一头削尖，选择好准确位置后逐个插入腹腔，并用麻捆扎连接。这样一副内骨架就算搭扎完毕了。其次，准备补缺的草泥和畜绒泥。将铡短的麦秸和土一起浸泡，泡透后用铲反复翻压，使麦秸软化后和泥充分黏合成为草泥，草泥因为草的牵拉作用，塑型后不会开裂，泥层保持了整体的完整。泥层的堆塑，不是一次完成的，每塑一层都是待其将干时再进行下一次堆塑，直到合适。用畜绒和泥，将畜绒加入省好的泥中，边反复锤砸边省，使之成为熟泥，用砸好的絮绒泥在塑好基本轮廓的草泥上，作密实的按压、揉光，使其细腻滑润，完善细部变化，刻画表情神态，成为一个完整的作品。

小型俑的制作，就材料使用上来说，就要简单得多，一般立俑只需要一根木棍做塑型支撑，底部长出的部分再随葬时插入地下，起到平衡稳定的作用，如直立的武士俑、文吏俑、仕女俑等都采用此方法塑型。值得强调的是，塑这些俑所用的泥应该都是经过反复省砸的“熟”泥，泥胎都非常致密，即使经历了墓葬的坍塌盗扰出现断损，但绝大部分胎体依然保存很好，说明泥的省砸处理起到了很重要的作用。彩绘对于这批出土泥塑的个性特征，是进一步的渲染和完善，起到了画龙点睛的作用。其所用的颜料，经取样分析，大多为矿物颜料，如黑、红、绿、黄、赭石、铅丹、白垩粉等。基于墓葬所处的特殊自然环境，和矿物颜料本身的稳定性，出土泥塑的彩绘大多颜色鲜艳。泥塑施彩时一般都要打底，底色大多用白色，即白垩粉，在打好的底色上针对不同的表现对象和内容，选择色彩，有些进行大块面的施彩，有些则要在局部进行细部的勾画和装饰，从而进一步突出表现对象的形象和个性特征，并赋予其生命力，使之成为神态逼真，色泽鲜明的雕塑艺术品。

这批彩绘泥塑之所以保存的相对完好，很重要的原因应该是远离了能给泥塑文物带来致命伤害的物质——水。吐鲁番阿斯塔那的墓葬一般处在离地面3～6m的位置，距地下水位20m左右，加上地上气候的异常干旱，才有幸让我们目睹接触这些珍贵文物。

了解这批彩绘泥塑出土的墓葬环境，搞清彩绘泥塑的材料构成和制作工艺，对于制定修复计划尤为重要，下面对两件不同时期修复的彩绘泥塑文物所使用的材料、修复步骤、修复效果、做简要的叙述。

二、彩绘泥塑马俑的修复

（一）修复前的马俑状况

这件马俑1960年出土于吐鲁番阿斯塔那，墓号1960TAM336。马俑高68cm，形体高大，体质雄壮，面目清秀，四肢修长。马俑曾修复过，马颈部断裂垂下，腿部泥层局部脱落，彩绘除局部仍可以看见底色外，其他色彩基本脱落。观察断损的颈部，用于起支撑作用的内骨架苇秆已基本折断，暴露的泥胎断面非常酥松；取下已脱落的用于补缺的石膏块仔细观察，补缺用的石膏虽说补全了残缺的部分，但由于石膏渗水影响，使得与其紧密接触的泥胎变得十分酥松，失去了彼此紧密黏结，加上外展途中的振动，使曾修复过的马俑颈部开裂，用于支撑头至颈部的苇秆大部分断损，仅有三根还处在连接状态，根本无法支撑头至颈部的重量。

（二）加固封护与黏结材料的选择

综上所述，修复此件马俑主要解决好以下两个环节：一是酥松断面的加固；二是胸到头部的内骨架材料的选择和固定。对渗透加固胶液的选择，是从当时常用的修复加固黏结材料聚醋酸乙烯乳液和酒精泡漆片的虫胶液中通过对比实验选出，哪一种胶液对泥塑文物的加固、封护效果更好，且副作用相对又小。从一堆已于泥塑文物上脱落并无法拼对的带有麦秸的泥块中选两块作为实验样品，分别用聚醋酸乙烯乳液和虫胶液做渗透加固实验。先是用15%的聚醋酸乙烯乳液对其中一块做渗透加固实验，采用滴管滴渗的方法，将吸满聚醋酸乙烯乳液的滴管紧贴泥块缓慢进行滴渗，渗透的深度控制在1.5cm左右，乳液的渗透速度较慢，待其完全干透后可以看到泥块颜色无明显变化。将未作渗透的另一块泥块和此块进行强度比较，经乳液渗透的泥块其强度略高于未渗透的泥块；另外，可以看到未作乳液渗透加固的麦秸泥块，麦秸和泥是紧密结合一起的，很难剥开，而做过渗透乳液的麦秸泥块，麦秸和泥之间却是分离的，轻轻一剥，麦秸便从泥块上脱落。从上述实验明显可以看出，经乳液渗透的泥块不仅没有提高强度，由于乳液的水溶性，使得麦秸膨胀和泥胎脱离，从而失去了麦秸在泥块中的牵拉作用。同样的方法使用虫胶液对另一块麦秸泥块做渗透加固实验，为了控制好滴渗的深度，即1.5cm左右，每次滴管不易吸的太满。虫胶液渗透和干燥的速度都很快，所渗透到的部分泥层中泥和麦秸黏结很好，加固后强度也有极大的提高，泥层表面的封护效果也很好。断面封护的好坏对于断面间的黏结效果起着关键作用。通常为了要让断面间黏结牢固，采用的黏结剂是环氧树脂，环氧树脂的黏结强度、流动性、渗透性都很强，用在泥塑文物上是不可逆的，故只有在断面封护很好的基础上，表面少许的试用进行黏结才是相对安全的。通过上述两种材料渗透加固实验结果得出，虫胶液滴渗的方法是可行的。

对马的头、颈至胸腔，起支撑作用的内骨架材料选择。首先想到的是采用和原件文物相同材料的苇秆做支撑骨架，但仔细观察马俑后发现，马俑头颈相连的上部分和颈与胸腔相连的下部分，腔体内部有捆扎密实的苇秆，如果采用苇秆做支撑，那上下腔体内的苇秆均需去除，这样一些重要的信息就会丢失，加上苇秆承受力的局限，所以选择放弃。之后选择和马俑头至颈部曲线相近的木棍替代苇秆起到内骨架支撑的作用。木棍经修正并削尖两端后，试着从胸腔一端的苇捆插入，但即使木棍已削的很尖，也很难插入密实的苇秆中；同时，由于木棍太长的原因，另一端无法插入而短了又起不到支撑作用，如果将木棍截断，分别插入后捆扎连接，捆扎不牢，受力能力大打折扣，导致马的头部在重力的作用下，使颈部的曲线变形走样，达不到恢复原状的目的。经过前两次的经验教训及受建筑材料支撑的启发，选择钢筋作为支撑骨架的材料。钢筋不仅硬度大，且韧性好，捶打和弯曲都不存在副作用问题，考虑到木棍支撑时因长度问题无法使木棍在不裁断的情况下分别插入马的颈部和胸腔，因此决定将一根直径为1.2cm，长度为55cm的钢筋截为两段，长度分别是20cm和35cm，将两段钢筋分别整形后插入马的颈腔和胸腔并进行捆扎连接，起到对马的胸至头部的支撑作用。具体操作方法：先将用于插入马的头部、长度为20cm的钢筋的两端捶打成扁平状，厚度约0.5cm，捶打长度均为5cm，将要插入颈至头部一端用砂轮打磨成剑头状，便于插入苇捆，由于苇捆密实，打扁后的钢筋纵向插入后不会因其太厚的原因挤入时外力过大导致泥层开裂，同样将35cm长的钢筋一端打扁，另一端无需打扁，只需将其磨尖即可，这是因胸腔苇捆粗，将1.2cm粗的钢筋挤入时不会有负面问题，接下来分别插入两节钢筋，依照马的颈部曲线，再将钢筋取下后捶打整形，并在打扁后重叠的两钢筋末端做上打孔记号，再次取下后分别在记号上打上两孔，做连接时固定之用。至此，完成了钢筋骨架的制备。为了避免钢筋骨架因石膏补配而过早的出现锈蚀，调配环氧树脂在钢筋表面刷涂封护。在置入钢筋骨架前，先对马的颈、胸所有的断面进行渗透封护，采用虫胶液进行滴渗，滴渗的深度控制在0.5cm以内。绒泥层的滴渗要格外注意，避免滴渗液渗出污染表皮。然后对骨架进行固定，将两段钢筋分别插入并挤至末端，上下两孔对准为止，用铜丝穿入两孔内缠绕，边穿边绕，至孔洞缠满时再向两侧缠绕，缠满后固定，并用环氧树脂胶刷涂封护。用麻浸入剩余胶中，蘸满后用镊子在外露的钢筋上自上而下进行缠绕，由于麻有一定的弹性，缠好的麻高低起伏，这对于后补的石膏有抓牢的作用。待胶完全固化后，调制石膏。调石膏时在水里加入胶液、水泥一同调制，调好的石膏里放入麻拌匀后从骨架背面缺损处填起，填至略高于骨架，无需抹平，观察马头到胸的颈部曲线是否跑位，位置正确便可以再调石膏，将缺损的部分补齐，发热后进行修整打磨，接着将马腿的裂痕处做滴渗加固、黏结并补缺，最后在补缺处上色做旧，即完成了修复。此马修复后虽多次外展，但颈部未出现裂痕，应该说骨架支撑起到了关键作用。

三、彩绘泥塑镇墓兽的修复

（一）镇墓兽的现状

此件镇墓兽1972年出土于吐鲁番阿斯塔那古墓群，墓号为TAM230。镇墓兽高70cm，作蹲兽状，除胸到底部有一宽约20cm，施有粉红色底白点豹斑纹外，其他均施黄底绘虎纹。镇墓兽从颈部断开，兽头和身成为两部分，左前爪残，剩二趾，其一有趾尖；右前爪有一趾，爪掌缺三分之一；左后掌全，缺一趾，其他三趾带爪尖；右后掌前部残，有两趾，带爪尖。木质上翘的兽尾已与兽身脱离，但还完整。两只兽耳一只残至根部，另一只耳尖部缺。插在兽身上象征飞腾的木质羽只有一只（此兽应有六只羽）。兽上颚有三颗牙，下颚有五颗牙，其中一颗为獠牙，其他已缺失牙的嵌痕清晰。综上所述，镇墓兽虽说各部位都有或多或少的缺损，但具备了修复的基本条件，可以复原恢复其本来面目。

（二）修复前期的加固和固定

修复此件镇墓兽首先要解决前肢对肩部上挤力的问题。镇墓兽的前肢是塑在作为骨架的木棍上，而木棍又长出所塑前肢的爪底，这样做是因为长出的部分便于在墓中插入泥土固定位置，而出土后此批文物因多次搬迁，使得木棍所受的力上挤到镇墓兽的肩胛，致使镇墓兽的肩胛开裂。因此处理好长出的木棍，对于镇墓兽整体的稳定是至关重要的。长出的木棍作为此件文物的一部分，含有重要信息，不能简单去除，既要保留它，又要消除因上挤力而出现的负面效果，需要采用了托板固定的方法。

先选一块厚度为2cm的七合压缩板作底托板，它的长宽均大于镇墓兽长宽各7cm。将镇墓兽轻放在木板上，定位后先画出前肢需打孔的记号，用来穿出前肢长出的木棍，再画上后肢即后座中部需打孔的记号。取下镇墓兽后先在前肢记号上打孔，选用略粗于前肢木棍的钻头进行斜向打孔，孔的前后端要略打磨的长些，这是因为镇墓兽的前肢不是垂直的。用手摇木钻在后座记号上打孔。然后选两根与木板长度一致，宽度为5cm，厚度为4cm的木方条，把木方条固定在底托板的左右两边，这时便可以对托板进行上腻子、打磨和上漆。托板制成后不能马上将镇墓兽固定到位，应先对镇墓兽的底部进行渗透加固和补齐工作。选用浓度为8%B72丙酮溶液对镇墓兽的底部进行渗透加固，作法是先用聚苯乙烯泡沫板也就是苯板作垫衬，根据倒置的镇墓兽斜面的不同高度，填塞苯板，使镇墓兽前肢和后座处在一个平面上，再将镇墓兽左右塞实固定牢，这时便可以实施渗透和加固的步骤。用8%的B72丙酮溶液对镇墓兽两前爪底和后座进行渗透加固，接着调腻子将凹凸不平处填平，待其干透后调环氧树脂将所有底面上涂一遍，并贴上一层玻璃纤维布，待胶固化后，按上述重复一遍，最后将多余的玻璃纤维布剪去，再调环氧树脂在前肢和后座底部涂刷用于黏结固定，这时便可将镇墓兽固定在托板上。将镇墓兽底部托起，将长出的前肢木棍对准打好的两孔，缓缓放入，将托板和镇墓兽一同搬起放在事先准备好的金属方架上，托板下方插入木棍后在长出的木棍根部横向各打一0.3cm的孔并放入销钉固定，调环氧树脂胶用长麻蘸后分别围绕销钉进行交叉缠绕，最后再对销钉上方木棍根部用蘸胶的麻作环形缠绕，使缠绕后的麻圈直径大于所打的孔眼，这样可起双重固定作用。最后在打好孔的兽后座托板下方孔眼处用钻打透玻璃纤维布，找一和孔洞大小相宜的木棍沾胶后从底部塞入，至此镇墓兽被牢牢固定在木托板上。

（三）泥补泥的方法复原修复

泥补泥就是根据镇墓兽塑形时所使用的草泥、畜绒泥和未添加其他材料的原泥，制备出和其基本一致的泥料。根据原件不同的部位使用的泥料不同，补缺时对应的使用泥料。制泥方法前面已提及，这里不作赘述。

在做补泥之前，要对镇墓兽所有断面、缺损面进行渗透加固。采用8%的B72丙酮溶液做渗透加固和封护。在做过封护的兽头和与之相对应的颈部断面对上茬部分表面分别涂上黏合剂，将兽头落位黏结，由于黏结面有近1/2缺失，故需用木块作垫衬，待胶固化后取下垫衬即可。之后，将提前省好的草泥填入颈部的缺损处，填泥一次不易太多。在泥干的过程中用工具不断的向内挤压，等泥干至七成时用工具刀在补泥上划出几道深痕，便可进行下次补泥。待草泥补至与原胎不足1cm时便可用畜绒泥做表面的填补。畜绒泥的填补要在边找形边干的情形下进行，直至按压光、干透，如暂时需停补可用湿毛巾覆在补配的泥上，并用塑料膜封盖即可，但时间不宜过长。然后，做镇墓兽耳的补配。先是把缺少耳尖的一耳补全，按耳的两边弧线延长线塑出缺少的耳尖部分，并做适当的放大，这是因为失水后泥会收缩，此时就需要不时的反复修整，待其形准并干透后将耳尖的断面封护，调环氧树脂胶进行黏结，并把接缝抹平，另一耳则完全参照此耳做放大塑形，待其形准干透后做封护黏结。兽牙的补配需根据现有的兽牙，用省砸好的原泥按适当的收缩比例塑出兽牙，考虑到收缩比例不易掌握，可多塑几组不同比例的兽牙，干透后看哪组比例更合适，便可黏结固定；对镇墓兽的前爪及爪趾、爪尖缺损处进行补配，爪掌及爪趾缺损部分用畜绒泥补配，而爪尖则用省好的原泥捏塑，黏结方法与上所述一致。

最后是对插在兽头和兽身上缺失的羽进行仿制，兽羽一共六只现仅存一只。选无节子的木料作为备料，长、宽、厚均大于羽，在其上画好羽的实际尺寸，按弧度做切削、打磨，使其与原尺寸一致。另外，削一根和兽尾部孔洞大小适宜的木棍，将木棍穿入孔洞固定尾部。至此，补缺加固工作完成可以进行上色作旧。上色选用的是矿物颜料，彩绘泥塑的补缺上色须快、准，有时要一笔完成不留补痕，如镇墓兽的虎纹均是一笔画成，这样既和原件色调、画法一致，也使得补色后原件呈现出整体统一、干净，达到了恢复原貌的目的。

四、结　　语

这两件彩绘泥塑文物修复于不同的时期，修复时采用的方法，使用的材料也各有不同。目前看这两件文物，整体的状态不错，当然这也与新疆特有的自然环境及库房展厅环境的改善密不可分。即使这样，泥塑文物与其他质地的文物作比较仍属于脆弱的一类，这就需要我们不断的加深对泥塑文物的认识，从不同环节如修复、展陈、库房环境、外展运输等入手，把文物安全放在第一位，在此理念下开展文物保护和修复工作，延长文物寿命的目标是可以兑现的。以上是我这些年对泥塑文物修复的一点体会，也是对泥塑文物不断了解、认识后的一些感受，偏颇之处，恳请不吝指教。

作者单位：孙广明，新疆博物馆

新疆博物馆彩塑主要病害及其预防性保护研究

高愚民

内容提要：新疆博物馆现藏彩塑400多件，这些彩塑造型生动，色彩艳丽，具有极高的历史、艺术和科学价值。通过查阅相关文献，并仔细观察分析文物茬口断面，总结出其主要制作工序为制作骨架、上泥塑形、绘彩装饰。调查其主要病害原因，分析环境因素对文物破坏的机理，提出预防性保护措施。

关键词：彩塑　工艺　病害　预防性保护

一、引　　言

彩塑是一种运用塑造的手法来完成，并施以彩绘的雕塑艺术。1983年，辽西牛河梁北山发现的一尊红山文化的彩塑女神头像是我国发现最早的彩塑。秦汉时期厚葬之风盛行，彩绘陶器作为随葬品十分流行，如举世闻名的陕西临潼兵马俑，出土陶俑及陶马7400余件，规模宏大、气势磅礴、生动逼真。隋唐时期是彩塑发展的全盛时代，其塑像圆润丰满、比例均匀、色彩鲜艳，如最著名的“唐三彩”，将施釉技巧和装饰手法结合起来，营造富有流动感且色泽富丽典雅的艺术效果。宋辽金时期的彩塑艺术向世俗化发展，其写实程度的提高以及工艺技术的进步，使得彩塑在这一时期得到了更大的发展，与其他雕塑艺术在这一时期走向衰落正好形成对比。元明清三代的彩塑艺术逐步偏向民间工艺，彩塑像进一步向世俗化发展，如天津“泥人张”等具有鲜明地方特色的民间彩塑艺术①。

新疆博物馆现藏彩塑300多件，其中珍贵文物200多件，如著名的彩绘打马球泥俑（图1）、鸡头人身俑、猪头人身俑（图2）、劳动妇女俑等均为国家一级文物，享誉海内外。

新疆博物馆藏彩塑依据其历史用途及来源，大致可以分为墓葬彩塑及宗教彩塑两大类。

1. 墓葬彩塑

我国自古就有“事死如生”的观念，古人去世之后，用泥、陶、木、石、金属等材料制作出死者生前常见的形象，作为随葬品放在墓葬中②。新疆博物馆馆藏的彩塑半数是随葬品，大部分都出土于吐鲁番阿斯塔那古墓。这些彩塑造型生动形象，色彩缤纷绚丽，既有模仿墓主人生前现实中常见的人物，也有守卫灵魂世界的镇墓兽等（图3、图4）。

---

① 汤兆基：《中国传统工艺全集·雕塑》，大象出版社，2005年。

② 王蕙贞：《文物保护学》，文物出版社，2009年。

图1　彩绘打马球泥俑

图2　猪头人身俑

图3　狮首镇墓兽

图4　人首镇墓兽

2. 宗教彩塑

在宗教造像中，彩塑占着很大的比重，内容极为丰富，一般都置于石窟、寺庙、道观的宗教建筑内，以供信徒观瞻和参拜。新疆博物馆馆藏的宗教彩塑都发掘或收集于古寺庙遗址，如焉耆七个星佛寺遗址，这类塑像多以素面为主，造型生动形象。宗教造像又可以分为三类：第一类为宗教中神灵的形象，如菩萨、天王（图5）等；第二类为供养人形象，这些形象都是历史上虔诚的佛教徒（图6）；第三类为宗教装饰品，如莲花等佛教八宝的形象较为常见①。

图5　天王头像

图6　供养人头像

我国对彩塑的日常维护历史悠久。自20世纪80年代起，国内文物保护单位开始对石窟寺藏大型彩塑进行修复保护研究，如敦煌研究院主要对大型彩塑的结构、材料、主要病害及修复材料和工艺等因素进行了系统的研究，云冈石窟文物研究所就环境因素对彩塑文物的破坏进行监测研究；但是目前新疆地区中小型泥塑的保护，主要还是以传统修复为主。本文旨在研究新疆中小型彩塑的制造工艺，探明环境因素对文物的破坏，进而对彩塑提出预防性保护措施。彩塑制作工艺研究对于探索我国古代科技具有重要的参考价值，对文物的病害分析也有很大帮助。环境因素是文物病变的外因，清楚环境因素对文物的损害后，有针对性的控制环境因素，对于文物的保存及保护具有重要意义。

① 贾那布尔：《新疆百科全书》，中国大百科全书出版社，2002年。

二、新疆彩塑制作工艺

新疆彩塑是以泥和颜料为主要材料，其工艺主要是对泥和颜料的选择、加工和运用。

彩塑用泥，要选择黏性强、质地细而纯的泥土，如黄泥、红泥、陶土等，然后对泥进行加工[①]。一般把棉花或麻撕开后在泥中捶打，以加强泥料之间的黏合力，使泥料干后不易开裂。棉花或麻要撕得很细，与泥的比例也要适当。另外，还要在泥中加入经过筛选的细沙子，使泥料更加坚固且不易变形。由于塑泥的特性，彩塑适宜于塑造动态和飞舞的飘带等，也适宜于表现局部的细节。

彩塑用颜料，多为色泽鲜艳、不易褪色的矿物质颜料，如朱砂、石绿等，有时也会采用贴金箔等工艺来增加彩塑的辉煌感[②]。

新疆彩塑形象逼真，生动传神。通过查阅相关文献[③④]，总结出其主要制作工序为制作骨架、上泥塑形、绘彩装饰等，但并不是每一件塑像都要使用这些工艺，如小件泥塑不必扎塑骨架，宗教造像以素面为主则不必上彩。

1.扎骨架

泥胎彩塑一般用骨架作为承重结构。骨架一般选取坚硬而有韧性的木材，这种木材既能承受重量又不易折断。通过观察分析残损文物了解到传统泥塑的骨架制作方法，即小型彩塑通常将木头直接削成塑像的大致造型，大型彩塑则多以原木为材料，采用榫卯架构连接，有时根据塑像的姿态选用与之相适应的弯曲木材作为胎骨。木质骨架完成后，一般用芦苇、麻等较轻的纤维材料来捆扎骨架，形成塑像的内胎架子，这样既增加骨架的体积，又提高骨架与泥料的黏合力（图7）。

图7　彩绘女俑

2. 上粗泥

把碎草陆续地搅入泥浆中，拌匀后即制成粗泥。粗泥中泥浆与碎草的比例要合理协调，如果泥浆多，泥塑不易干，容易收缩变形，而且较重，会影响骨架的稳定性；如果泥浆太少，又

① 姚书文：《吐鲁番出土雕塑的修复与保护》，《中国文物保护技术协会第三次学术年会论文集》，2004年。

② 田琳：《新疆古代土建筑遗址概况及保护初探》，《中国文物保护技术协会第二届学术年会论文集》，2002年。

③ 王蕙贞等：《西汉初期粉彩陶俑的保护研究》，《文物保护与考古科学》2005年第11期。

④ 姚书文：《阿斯塔纳出土小型泥俑的制作方法》，《新疆文物》2009年第2期。

会影响黏合力。上粗泥时，先按骨架的形体有序地将粗泥贴上去并用力压紧，然后用麻缠住。粗泥只需要塑造出泥塑体积的八九分即可。

3. 上细泥

等上好的粗泥干燥至七八成时，再用泥、棉花、细沙混合好的细泥进行塑像，塑造时可采用顶、压、堆、捏及局部贴片等技巧。一般根据形体需要边塑边改，把动态、比例、形体逐一调整准确，然后再进行平面塑形，如印花、挑、刮、画线等。

4. 打磨和上底粉

塑像完成的泥塑表面先要打磨光洁，使表面细致坚固，有时还要用白粉和胶水再涂刷一层，干燥后用细砂纸轻轻打磨光滑，这样就形成了素白的泥塑形态。

5. 上彩

彩塑颜料多以矿物质颜料为主，以朱砂、石青、石绿为常用色。上彩有两种方式，一种是在彩塑的平面上画出眉眼、胡须，分出衣服、铠甲，并画出细部（图8）；另外一种是在已经塑出的各部位上敷彩，具有填彩的性质。有时为增强线条的立体感，用立粉法做出线条后再上色。

图8　大面舞俑

三、馆藏彩塑的主要病害

1. 木骨架病害及其原因

（1）四肢断裂

由于泥塑制作材料的强度较低，特别是整个泥塑的重量都集中在细弱的四肢，这样很容易造成四肢断裂，使塑像变得破烂不堪，甚至不能站立（图9、图10）。

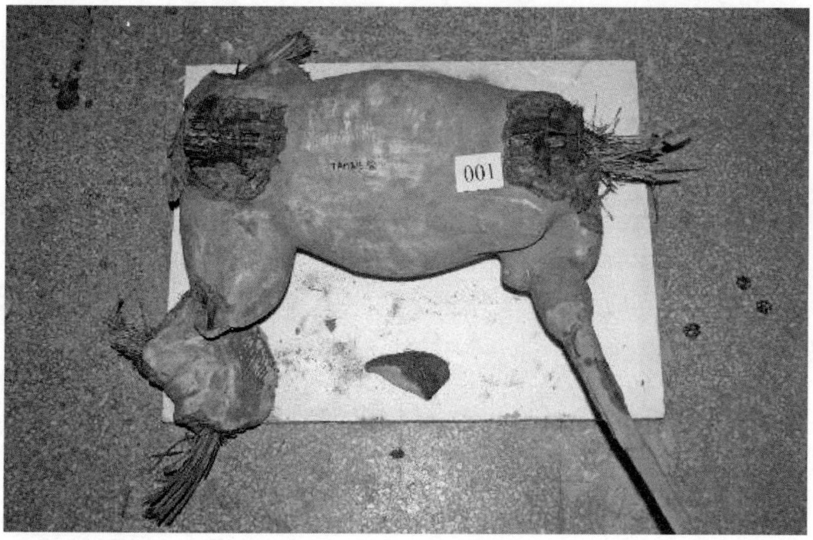

图9　泥塑四肢残断

图10　舞蹈俑

（2）糟朽

彩塑文物历尽千百年岁月，木骨架中的木质素水解，再加上芦苇、麦草等材料发生变化，骨架强度大大降低，使泥塑原有的内部结构、稳定性等被破坏（图11）。

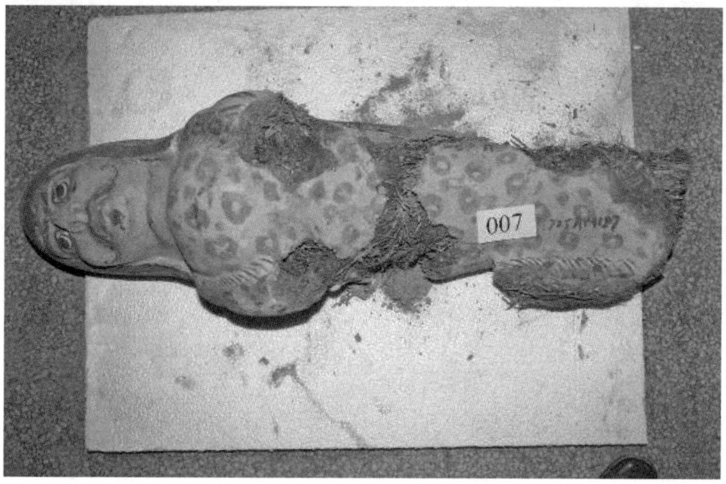

图11　泥塑骨架糟朽

现存彩绘泥塑的保存状况按照其完、残程度基本分为三类：第一类彩塑保存基本完好，只是局部松动，破损程度较轻，整体保存效果较好，塑像能够展览陈列；第二类彩塑部分残缺或脱落，如部分脱离身体，但骨架尚好，不需更换主木骨架，或只需填加部分木质部分；第三类是木骨架完全糟朽，塑像裂为很多块，这类泥塑修复难度非常大。

彩塑木骨架的化学成分为纤维素、半纤维素和木质素。彩塑制作时，木材是在气干状态下使用的，当在木骨架外敷泥层时，木材便从泥层中吸收水分，致使其含水率升高，而产生膨胀。然而在塑像干燥过程中，泥土的收缩率大于木材，从而使木骨架与泥土存在结合不牢或分离的现象。

2. 泥塑层病害及其原因

（1）泥塑层脱落

彩塑由于受到某些因素影响，致使泥塑层与木骨架分离脱落，其中以木骨架的糟朽对泥层的影响较大，轻微糟朽可使泥层与木骨架分离，而木骨架糟朽严重时，则可使彩塑完全失去支撑结构。

（2）泥塑层酥碱

泥料中的可溶盐，随环境湿度变化而反复溶解、结晶，产生的膨胀收缩作用破坏泥塑层，使泥料结构产生疏松酥朽，而在高温、高湿条件下，彩塑泥层中添加的植物纤维类物质在微生物的作用下发生分解作用，造成泥塑层疏松、多孔，强度降低。

（3）泥塑层开裂

受木骨架变形等因素的影响，泥塑层发生开裂或错位，甚至相互叠压。此外，外界的机械振动也会导致其产生裂缝、断裂等。

图12　胡人俑

3. 颜料层病害及其原因

（1）颜料层龟裂起甲

彩塑的底色层或颜料层发生龟裂，进而呈鳞片状卷翘，这是由于敷彩时颜料中调入的胶料过多，形成了一层较硬的胶料壳。这层胶料壳随温度变化（热胀冷缩）及湿度变化（湿胀干缩）而发生的伸缩形变与泥塑层形变不一致，久而久之使颜料层发生开裂，同时这层胶料壳在胶料黏着力作用下，在开裂处产生向回的拉力，致使颜料层起翘，最终脱离画面。

（2）彩绘颜料层粉化

在敷彩时由于颜料中调入的胶料过少，不足以使颜料微粒互相黏结并附着于泥塑表面，随着时间的推移，颜料中的胶结材料在外界环境的作用下（如光照、高温、高湿等），发生老化，失去黏着力和附着力，导致彩绘颜料颗粒渐渐脱落，使彩绘色彩淡化褪色（图12）[①]。

（3）土垢

彩绘泥塑出土前由于长期埋藏于地下，在地下水的作用下，泥土与彩绘颜料层表面长期

① 李最雄：《敦煌莫高窟唐代绘画颜料分析研究》，《敦煌研究》2002年第4期。

作用形成土垢，覆盖颜料层局部。彩塑出土后如果没有及时清除表面泥土，待水分散失后就在彩塑表面形成坚硬的钙质土垢。

四、馆藏彩塑的预防性保护

1. 防潮

彩塑主要以泥土为制作材料，干燥的环境可以使其保持稳定的形状，而空气中含水率较高时，彩塑会产生多种病害。第一，水分溶解并改变颜料原来的分布情况，对彩绘色彩及外观造成很大损害；第二，吸入泥塑的水分在散失过程中携带其中的可溶盐定向移动，从而使彩塑产生酥碱及颜料层脱落等病害；第三，水的吸附作用存在的膨胀效应，使孔隙张开，水能进一步渗入孔隙和裂隙，加速它的风化作用；第四，高湿度为霉菌等微生物的生存繁殖提供了良好的环境，使彩塑文物产生更多病害。

在博物馆日常工作中，应及时检测温湿度的变化，多通风换气，条件允许时，可以配备中央空调及湿度调节设备，这样就基本保证恒温恒湿的环境条件。

2. 防霉

霉菌是一种微生物，随着空气中的粉尘到处漂游，可以附着于物体表面；在温湿度达到适宜时便会大量繁殖，这些霉菌利用有机质作为养料，同时其代谢产物也会对文物造成很大破坏。在彩塑表面有褶皱或开裂处，极易聚积微生物和凝结潮气，也是最容易发生霉变的位置。一般来说随着霉变的扩大，彩塑表层的色彩和涂层会被逐步破坏；而在裂缝中的霉菌则会继续深入，使其内部的结构被破坏。长期霉变使彩塑遍体鳞伤，大大降低其历史及艺术价值。

对于霉变的预防，控制环境温湿度非常重要，同时还应经常检查，一旦发现霉变，及时隔离处理。此外，新入库房的文物应对其进行全面的消毒杀菌处理。

3. 防尘

空气中的浮游粉尘，随气流漂浮，当气流速度减缓时，会沉落附着在物体表面，而彩塑表面大多都很粗糙并有褶皱，极易积累粉尘。空气中的浮游粉尘种类很多，有地面扬尘、工业粉尘、矿山粉尘等。这些粉尘的粒径较小，带有静电，附着在物体表面，很难去除；部分粉尘，本身含有各种化学物质，积沉多时会形成化学污染和侵蚀，对彩塑造成严重的危害。

为了使文物的保存安全，应减少污染源，在博物馆周围多栽植树木，同时经常使用吸尘器吸除灰尘。此外，还应该在窗户上加装吸尘设备。

4. 防有害气体

彩塑保护工作和环境污染有密切的关系，由于气体中存在着多种有害气体，当这些气体达到一定的浓度时，对彩塑的表层和色彩会造成侵蚀和降解。由于气体种类不同，其侵蚀作用和极限浓度也不相同，对彩塑的危害程度也不一样。空气中工业废气的种类达20余种，都会对文物造成损害，特别是在冬季，空气污染特别严重①。

对于有害气体，应积极检测防控，同时配备空气净化设备吸收有害气体，从而保持空气清洁。

5. 防光辐射

彩塑所用颜料均为无机质颜料，对光照较为敏感，如红色的铅丹在光照下会变成黑色。光对颜料的影响是多方面的，光辐射使颜料成分发生化学反应，特别是紫外光的降解和氧化作用，同时光照的热效应也会使文物产生变色及颜料层脱落等病害。

在日常照明中，降低光照强度以保护彩塑文物，同时对照明灯应采用防紫外处理，减少紫外光对颜料的破坏。

6. 防振动等机械破坏

彩塑文物是以泥土为主要材料，且附有一层彩绘，较易受到机械作用的破坏，如振动、摩擦等。

在日常文物管理工作中，应轻拿轻放，保证文物的安全②。

五、结　　语

新疆博物馆所藏造型生动，色彩绚丽的泥塑是古代先民留给我们丰富而珍贵的文化财富，它们具有很高的历史价值、艺术价值和科学价值，是古代先民智慧的结晶；它们记录并传承了先民精湛的工艺水平，是中华民族的骄傲。本着“保护为主、抢救第一、合理利用、加强管理”的原则，在日常工作中我们应积极关注文物的健康状况，以防为主，防治结合，更好地保护和利用好这批珍贵的文化遗产。

作者单位：高愚民，新疆博物馆

① 陈庚龄：《一尊天梯山石窟彩塑的修复保护》，《文物保护与考古科学》2005年第2期。

② 孙广明：《阿斯塔纳古墓出土的两件彩绘泥塑的保护修复》，《新疆文物》2008年第1期。

新疆吐鲁番阿斯塔那古墓出土唐代彩色编织鞋的保护修复

王 云

内容提要：文物修复是一门严谨的学科，随着科学保护修复技术的快速发展，社会审美观念的变化，选择更好地修复材料和方法，并领会现代修复理念，是文物修复的重要一环。通过这次的保护修复学习和实践，掌握了古代纺织品在不同情况下的修复保护方法，并将科学检测广泛应用于古代纺织品修复，如经过除尘、清洗、平整、染色、针线法等一系列步骤，复原了彩色编织鞋的历史面貌。

关键词：唐代彩色编织鞋　清洗　染色　检测　针线法

20世纪70年代，新疆吐鲁番阿斯塔那唐代古墓中出土一些编织鞋。文物出土后就一直保存在新疆博物馆，但由于年代久远，又受当时各方面因素的影响，编织鞋的保存条件及方法并不理想。为了抢救这一珍贵的历史文物，2010年新疆博物馆委托中国文化遗产研究院保护开展修复活动，目的是为今后的长久保存及博物馆展览。作为中日韩纺织品保护修复培训班的学员，我们将所学习的纺织品保护修复理论及纺织品的保护修复技术结合起来，并有幸参与对此件织物进行了保护和修复工作。

一、文物信息资料收集

本次修复的文物为两只唐代彩色编织鞋，材质为丝织品，无墓号。据有关专家介绍，此件文物于20世纪70年代吐鲁番阿斯塔那古墓群出土，现收藏在新疆博物馆。同时期同类墓葬出土的与此类编织鞋相似的彩色织锦鞋还有许多，又称为“织成履”。

（一）织物形制

因此件文物无墓号，故未曾发表文字报告。经与同时期同类墓葬出土的相似织成履进行对比分析，具有相同特征。鞋长22.5cm，鞋面宽6cm，鞋帮宽4.5cm，鞋底厚0.4cm（图1）。

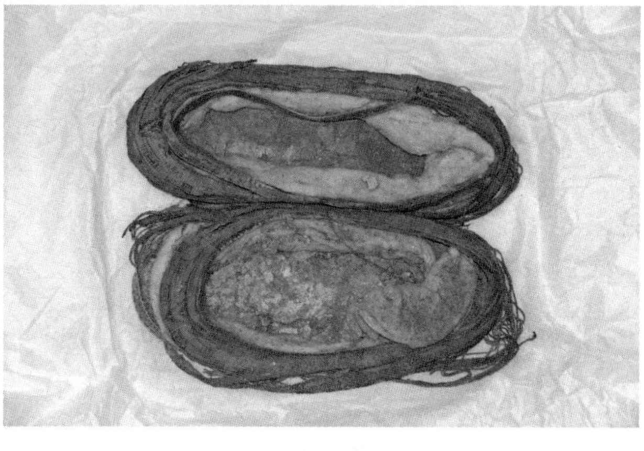

图1　彩色编织鞋

（二）彩色编织鞋制作工艺技术观察分析

彩色编织鞋的底为蒲草编结（图2），编制精密。鞋帮用红、蓝、浅黄三种颜色的丝线，用单根经线作支撑，用纬线绕编，红色和蓝色丝线较粗，浅黄色丝线较细，用来显花。编织出散点几何小花纹，配色和谐，色彩艳丽，形体优美，制作精致，反映出当时丰富多彩的制鞋工艺技术（图3、图4）。

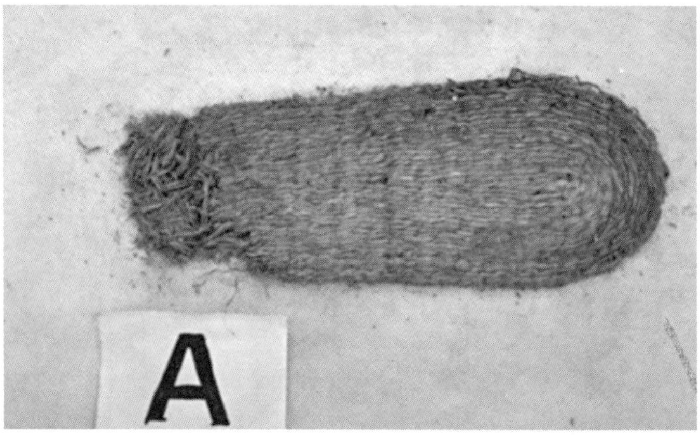

图2　清理后的彩色编织鞋草编底

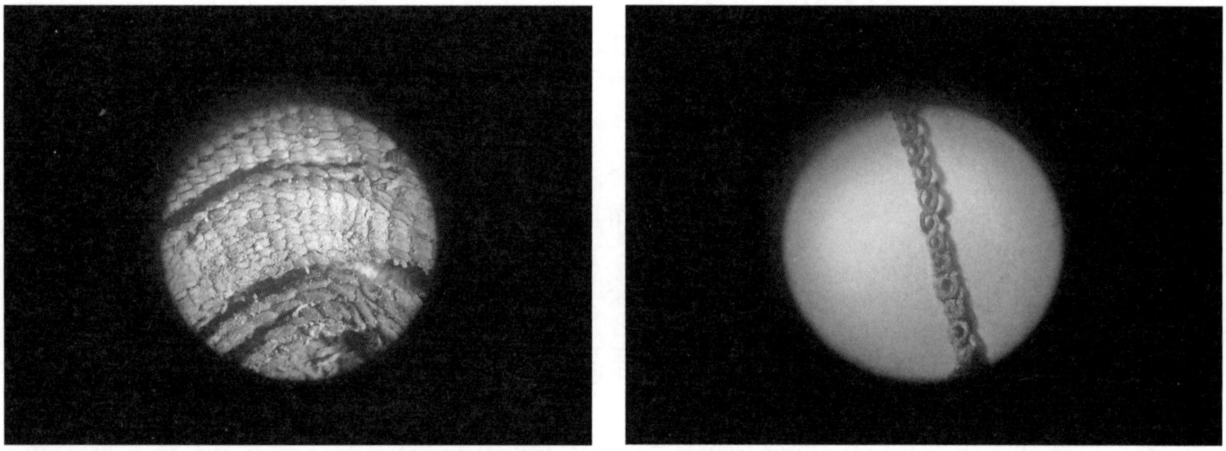

图3　彩编鞋编织工艺显微镜图示

图4　彩编鞋编织纹样图

彩色编鞋的编织工艺流露出中原鞋履的风范，鞋底、鞋里、帮面编织得非常精致。从这双鞋的形状及编织方法来看，与阿斯塔那唐墓中出土的其他同类型的蒲草鞋一样，也是由中原传入的，多为百姓暑天所穿。蒲鞋与皮鞋、麻鞋相比颇不耐穿，从这双鞋所残破的位置和破损形状来看，应为墓主人生前穿用过的，因鞋底的前掌处与后跟处磨损残破，鞋面口沿周边有穿用时留下的黑色污渍（图5）。

（三）彩色编织鞋保存现状

为了便于区分和修复有序进行，给两只彩编鞋编号为A、B。因为丝线及蒲草为有机材料，本身质地脆弱，在地下长期经受有害腐蚀因素的影响，出土时已是千疮百孔，如果在出土后不采取有效的抢救性保护措施，如避光、保湿、防霉、控制温湿度突变、创造惰性小环境等，极易使彩编鞋破损加快。两只鞋鞋底破损、断裂，鞋面的编织线条开裂、脱落，并与鞋底完全分离，被出土时的泥垢及保存时的灰尘所污染（图6）。

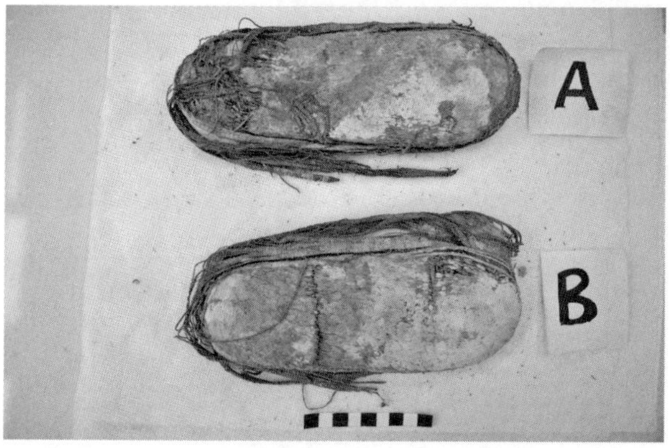

图5　彩色编织鞋底磨损情况

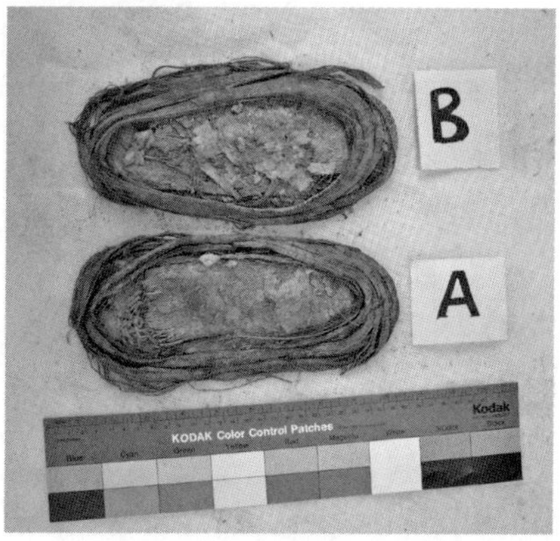

图6　彩色编织鞋污染状况

鞋里面的底部垫衬是一层麻布，已糟朽成碎片。鞋帮里衬与鞋底垫衬同样是一层麻布，其中A鞋的底部在前掌处草秸残破严重，将鞋移位后，留下了脱落的碎草屑（图7），而B鞋后跟处断开（图8）。A和B两只鞋的帮与底已完全分离开，老化破损程度已严重到不可挽回的地步。

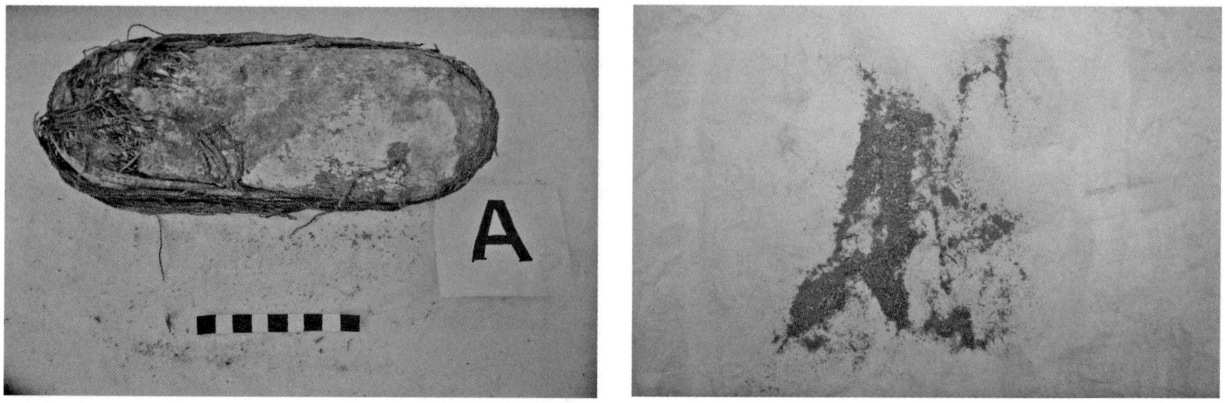

图7　A鞋底部糟朽残破及碎草屑状况

（四）彩色编织鞋编织线成分检测分析

为了解彩色编织鞋编织线成分，采集了自然脱落下来的红色线及浅黄色线作横截面和纵截面的切片作扫描电镜检测分析，从所得到的显微图谱确定为丝线（图9、图10）。

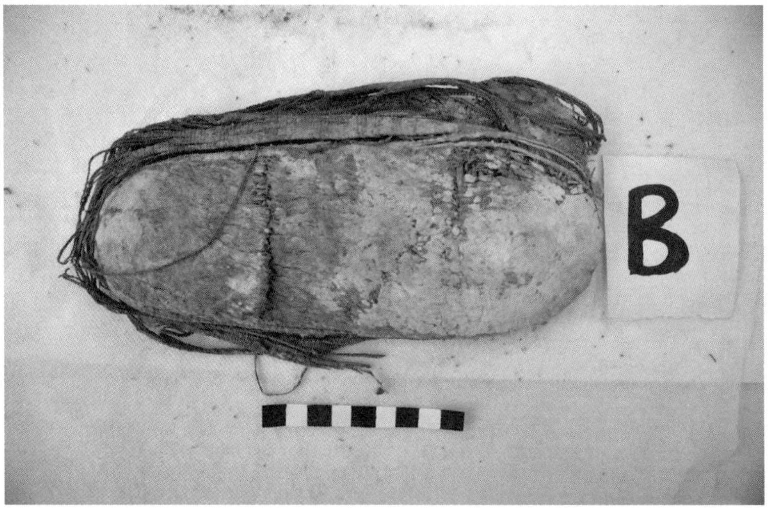

图8　B鞋后跟处断裂状况

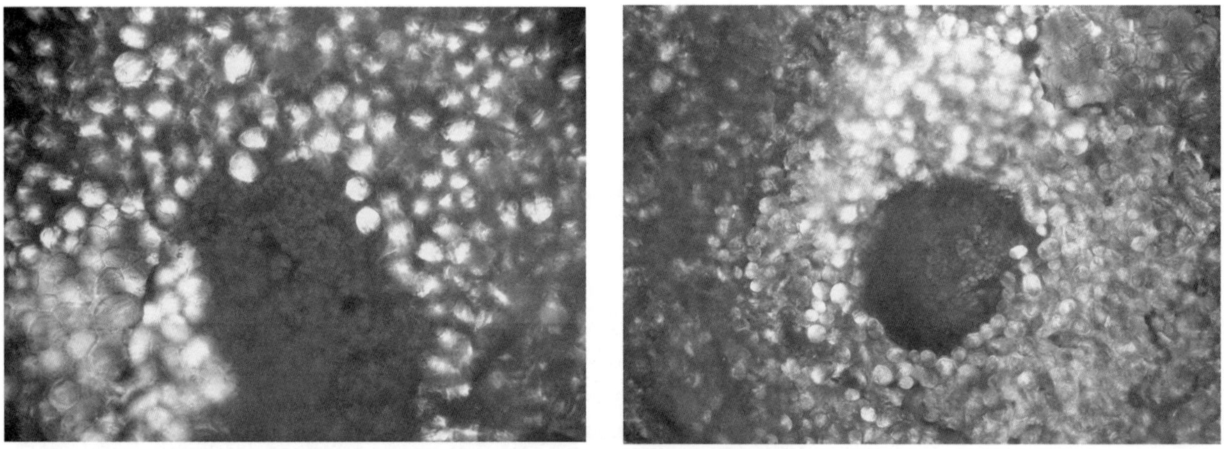

图9　编织线横截面扫描电镜检测图

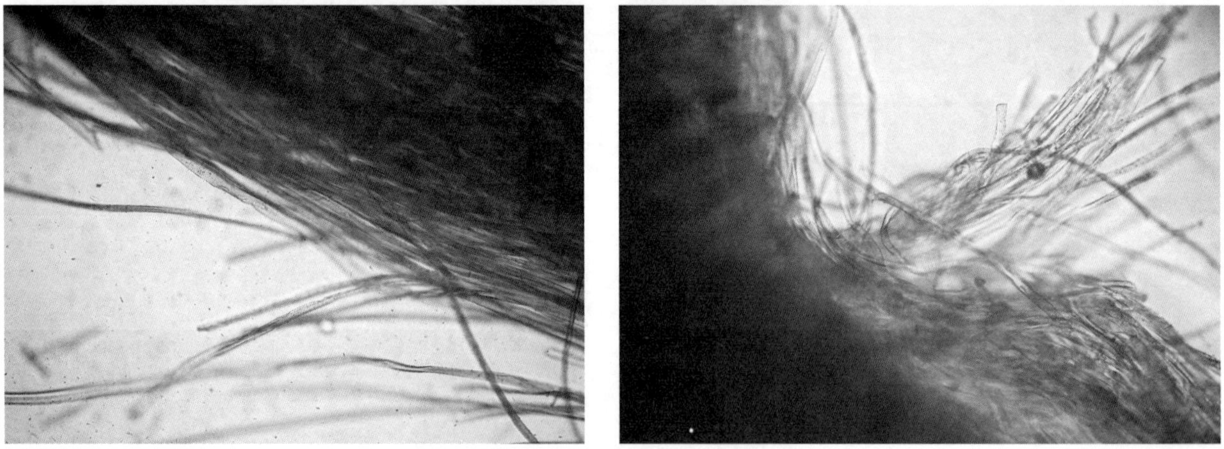

图10　编织线纵截面扫描电镜检测图

做染料或颜料以及污染物的检测分析。除对编织鞋的编织线做扫描电镜切片分析外，还对编织鞋的三种颜色的丝线的染色成分及织物中的污染物成分，做了红外傅里叶光谱检测（图11～图15）。

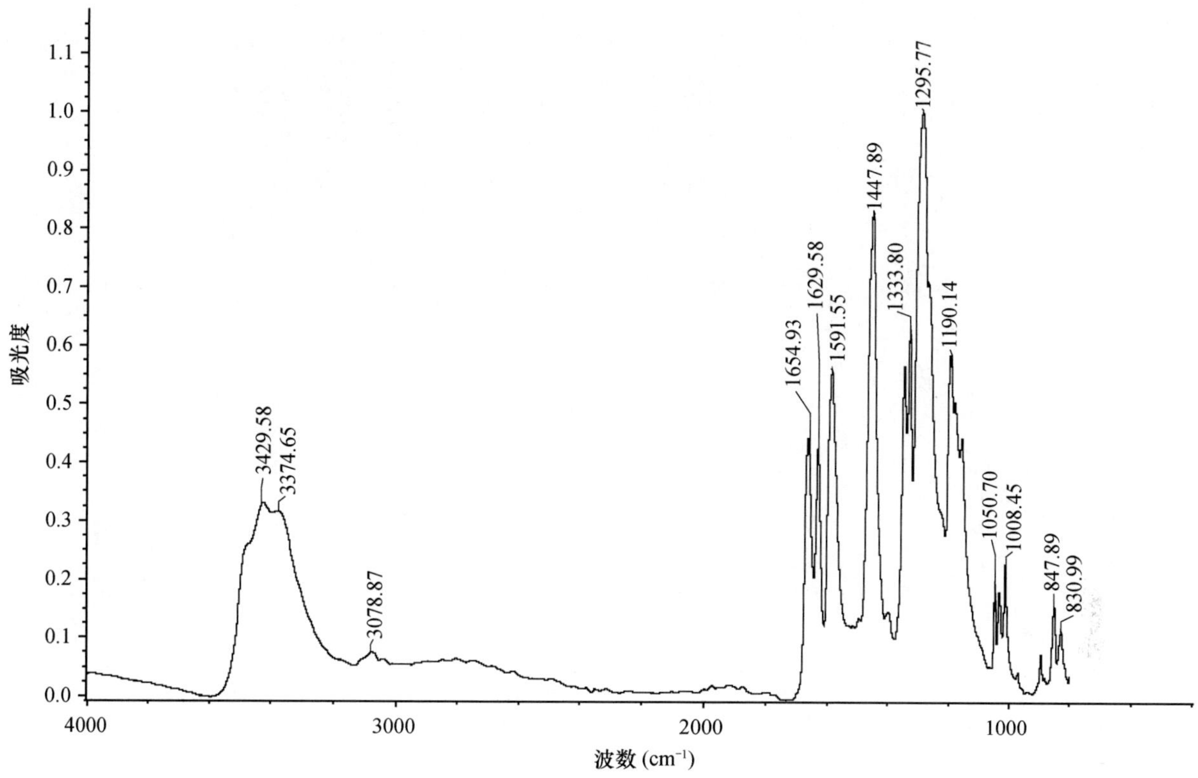

图11 红丝线染色成分红外傅里叶光谱检测

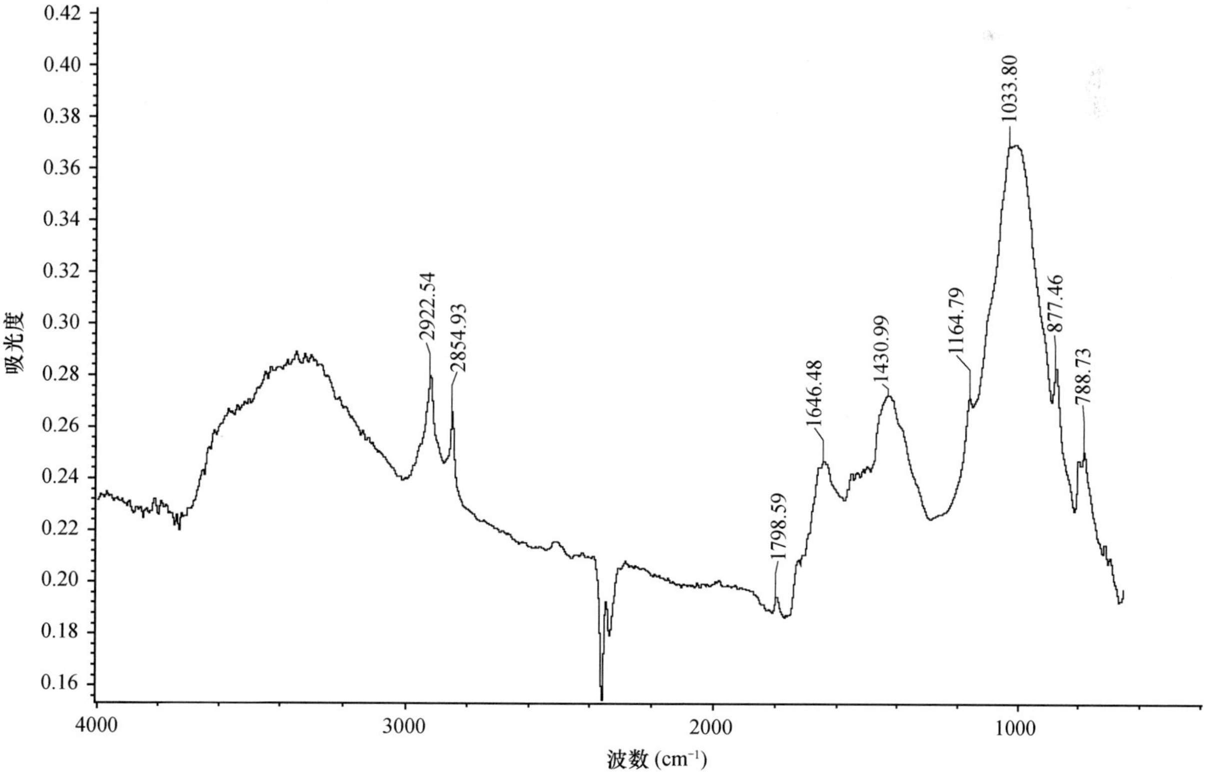

图12 蓝丝线染色成分红外傅里叶光谱检测

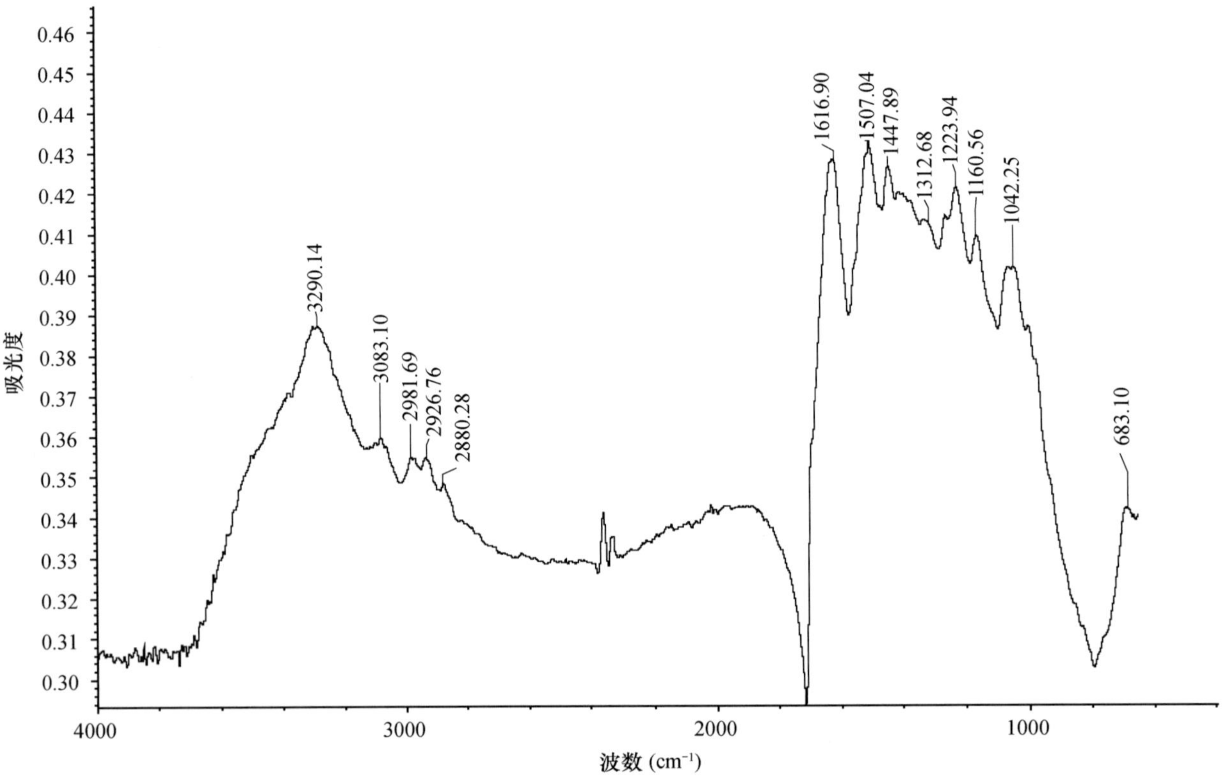

图13　浅黄丝线染色成分红外傅里叶光谱检测

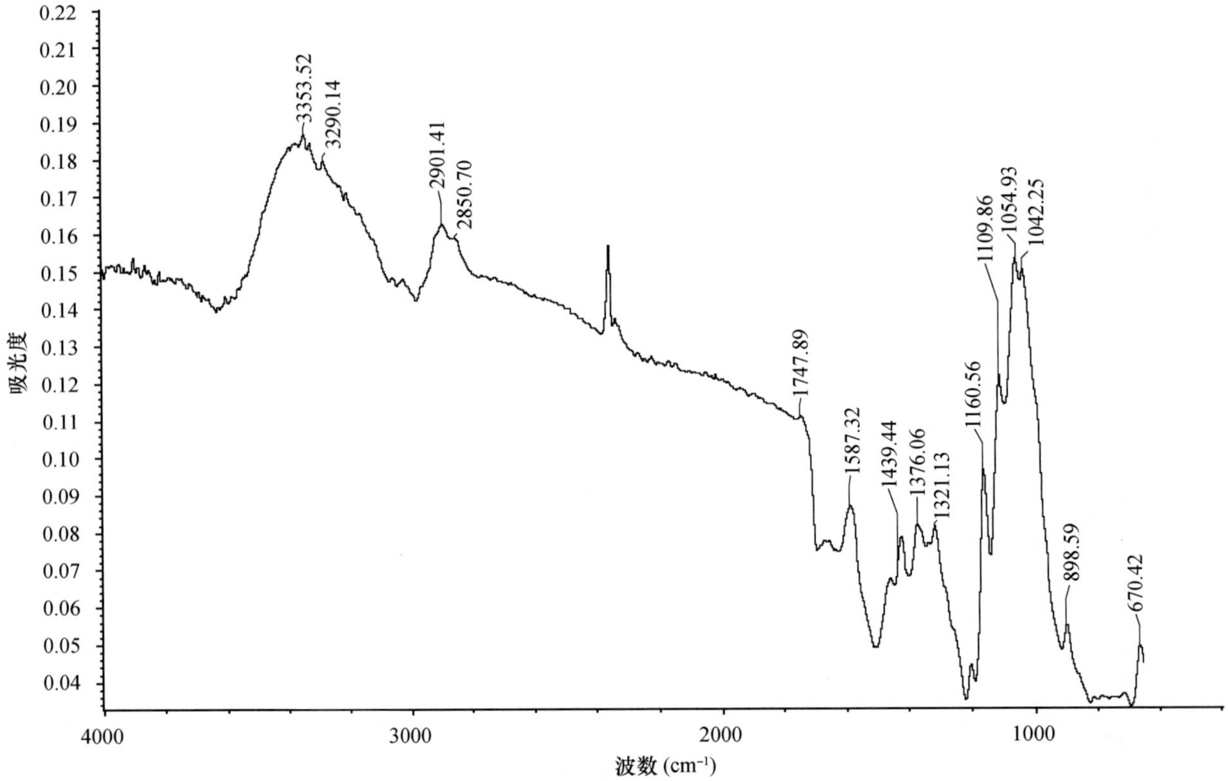

图14　垫衬、里衬质地成分红外傅里叶光谱检测

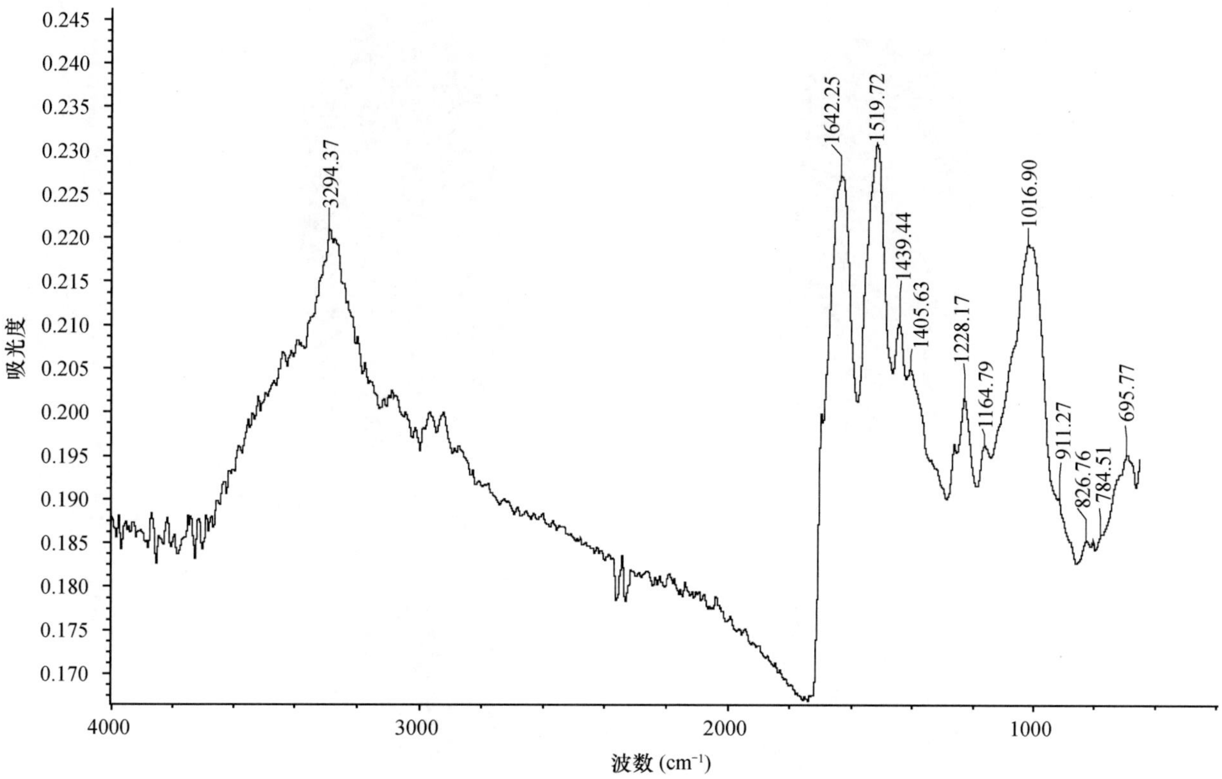

图15 污染物成分红外傅里叶光谱检测

根据以上能谱中的峰值情况分析得出，用来编织鞋面的红、蓝色丝线的染料为茜素、靛蓝；鞋底垫衬及鞋帮里衬的质地为纤维素纤维，应为麻质材料；织物中的污染物为有机物质及含有碳酸盐类物质。

二、彩色编织鞋的病害状况

通过对该件文物的仔细观察研究，所观察到的病害有以下五种：

1）通体泥垢及灰尘污染。

2）编织线开裂脱落。

3）内底垫衬糟朽。

4）鞋底破损断裂。

5）底部多处缺失。

以上五种病害对于文物来说已是致命的破坏，这两只鞋在地下经过了一千多年的埋压，又在完全不同的环境中经历了较长时间的病害腐蚀，使文物遭受了严重的损坏。该文物未经过任何修复（图16）。

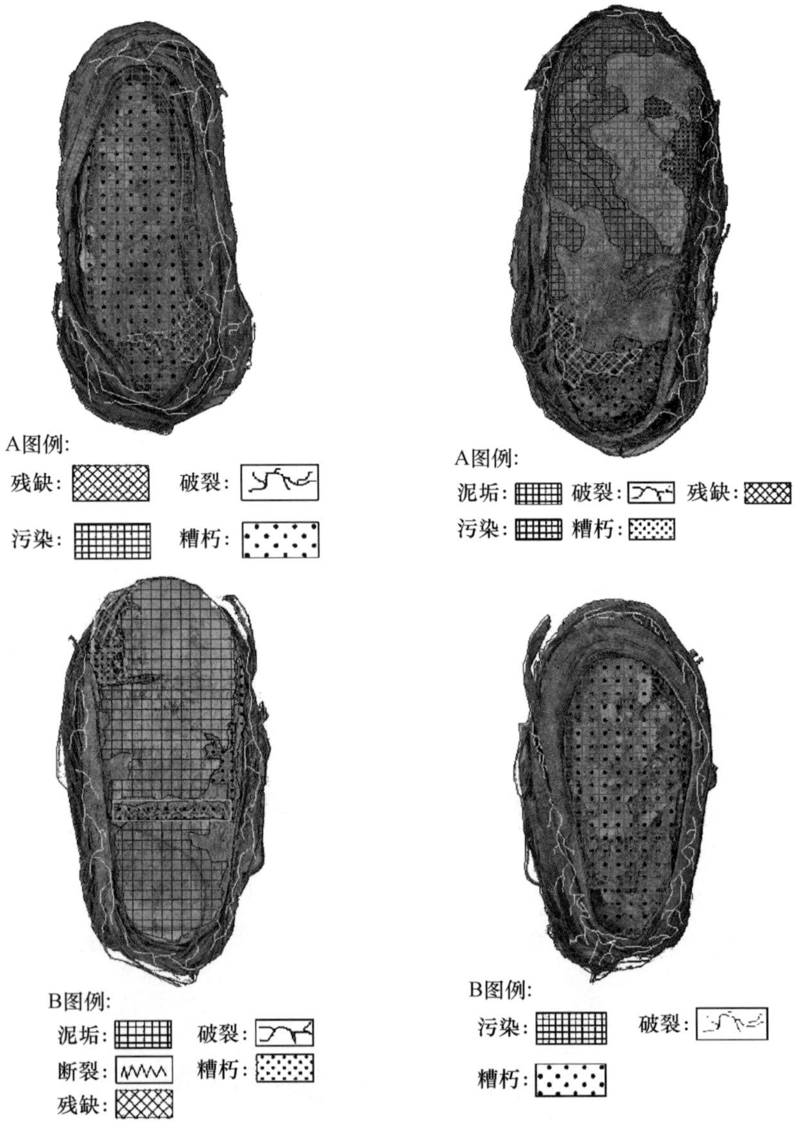

图16　彩色编织鞋A、B病害图

三、制定修复方案

通过以上地认真分析研究，充分认识到这件文物的重要历史价值和研究价值，在此基础上制定科学严谨的保护修复方案。

1）了解织物的原始情况、制作年代、质地、保存状态、破损程度等。

2）收集信息资料，整个保护修复的全过程均拍摄照片，留取影像资料，制作档案。

3）留取标本进行科学检测，有针对性的和目的性选择检测项目。

4）绘制文物全方位的病害图。

5）选择干洗和局部湿洗的方法，科学地进行整体清污处理。

6）选择实验块作脱色实验和斑点实验，以确定最佳清洗方法和试剂。

7）对残缺和破裂脱落部位选用针线法进行修复、加固。

8）选取与原织物质地相同的修复材料。

9）为使修复材料与文物色彩相同，对所选材料进行染色。

10）为更好地保护草编鞋底不再脱落碎草屑，同时增强鞋底的坚牢度，采用超薄纱网整体包覆。

11）为织物的长久保存，将已分离的鞋底和鞋帮依原位置用针线法缝合在一起。

12）为修复复原的编织鞋作支撑内芯，使复原鞋保持有利状态。

13）用中性纸制作包装盒，陈装修复完毕的文物，以利长久保存。

四、清洗与修复

（一）选择清洗方法

清洗编织鞋方法的选择原则是，具体问题具体分析，尽量考虑物理方法，在物理方法无法解决时，再考虑洗涤法。

除去纺织品文物表面的尘垢是一项看起来简单其实很复杂的工作。以往的纺织品文物保护，对出土纺织品的清洗、除垢做过大量的研究，并有了一定的成熟经验。古代纺织品的色牢度很差，尤其是出土纺织品，质地脆弱，纤维机械强度极低，虽然处理时要考虑它的颜色、纹饰、质地牢固程度等各种因素，但大多根据文物不同质地的表面特性及污染情况而定。本着不损害织物纤维和最大限度地恢复其“原状”的原则，根据织物的自身糟朽程度，须选择合适的修复材料和使用的工具及操作时掌握正确的技巧方法。

为了保存彩编鞋原真性，阻止腐蚀的进程，去除和控制引发彩编鞋老化脆硬的各种因素，再现彩编鞋的遗存痕迹和有价值的历史信息。先将彩编鞋内的尘土及杂物移除，所使用的工具是自制的竹片、竹签、洗耳球等，并将清理出的污物收集在标本袋中留作检测标本；然后，按照先清理鞋的内部再清理底部的顺序进行；用竹片将污物及尘土移除，再用竹签将硬化的泥垢轻轻疏松，用洗耳球顺着草编缝隙的方向将残留污物吹出鞋底，直到清晰的露出草编纹样及蒲草的颜色（图17 ~ 图20）。

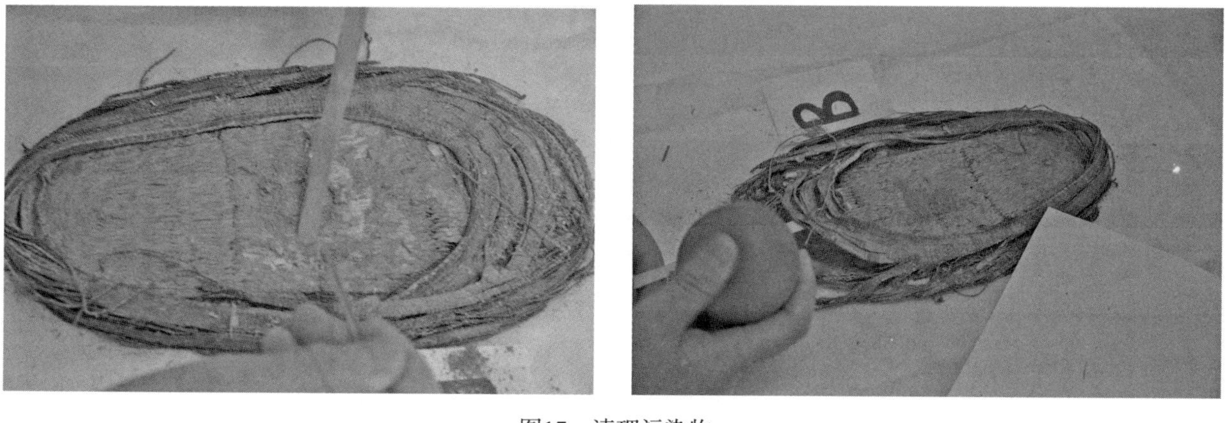

图17　清理污染物

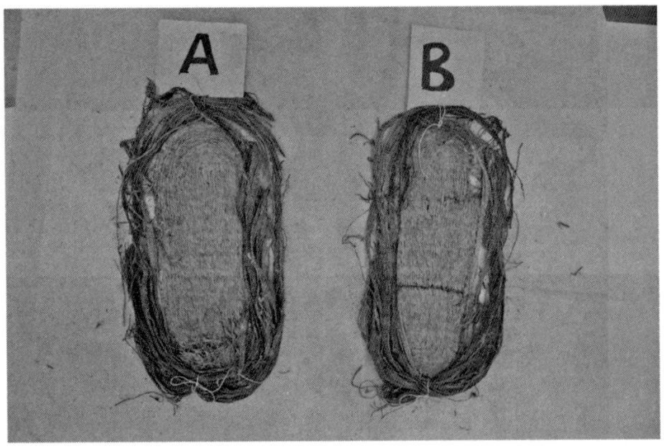

图18　彩编鞋底部清理后状况图

图19　编织鞋内外清理出的污物

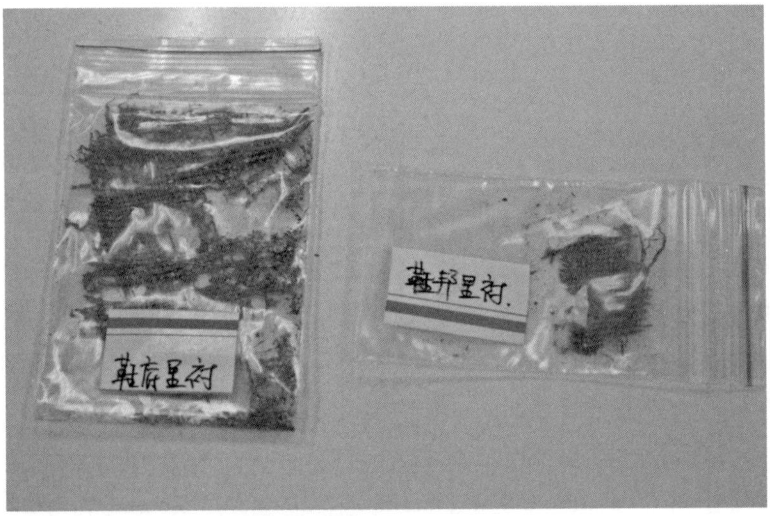

图20　残存鞋底和鞋帮里衬

（二）清洗鞋帮面

选取鞋面一处作一个1.5cm的正方形实验块，作斑点脱色实验，以便更准确地选择清理方法和清洗材料。实验方法：用棉签蘸去离子水在选好的实验块中反复滚动，观察到棉签上有颜色析出（图21），因此，对鞋面的清洗初步定为干洗方法进行。

（三）清洗

除去尘土后，能够看到鞋面上和鞋口周边有油污状黑色污物，因为无法确定是何种腐蚀产物，所以对彩编鞋面选择了局部实验性干洗和湿洗的方法，但由于丝线老化脆硬，不能用力，只能用镊子夹住棉球沾去离子水在油污处浸润，待湿润软化后，轻轻擦拭，观察油污没有被去除（图22）。

图21 斑点脱色实验图

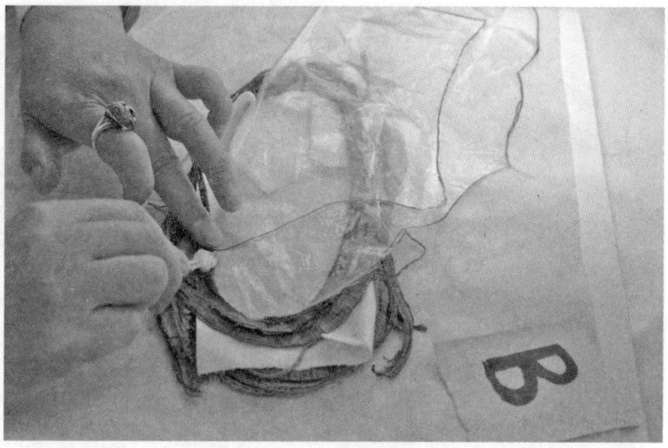

图22 实验清洗图

选用无水乙醇+去离子水，配制成50%清洗溶液，用与以上同样的方法在同一部位进行清洗，虽然观察到油污被去除，但所到之处纤维硬化。为了消除硬化现象，在无水乙醇清洗过的地方，再用棉签蘸去离子水反复滚沾，不断更换棉球，将乙醇溶液吸出，硬化情况有所改善。因此，出现硬化状况后，应立即停止此方法清洗。

图23 视频显微镜图

在视频显微透视镜下观察到有白色粉状物附着在编织鞋表面及编织纹路中，观其形状应为盐碱性砂土及灰尘等污染物（图23）。

由于污染物与织物粘连并不牢固，在高倍放大镜下用洗耳球吹气，可以清除附着在编织鞋表面的污染物。

五、彩编鞋的修复和复原

清洗工作结束后，将对彩编鞋进行加固修复和复原工作。两只鞋底由于残缺和断裂，几乎无法移位，加之糟朽严重，草屑稍动即落。修复选用与彩编鞋内底垫衬相同的麻布作底衬修复材料；选用两块与鞋底颜色相同的丝作补配材料铺在鞋底外，底中间位置留出一块宽约3cm的原草编底，具有象征性的说明意义；用一块与草编底相同颜色的透通的纱包覆在底上，与鞋底内的麻布垫衬缝合在一起（图24），即加固修复残缺断裂的鞋底，又可观察到织物的原始状态。

鞋面由于是用丝线绕编而成，支撑线完全脆化断裂，所以绕编的纬线在没有支撑的状态下一根根脱落下来。为了加固复原鞋面，选择相同材质的丝绸作为底衬，将一根根丝线按原形理顺，用针线法固定在丝绸上（图25），最终做成鞋帮，然后用麻布加衬在帮里，与原鞋帮一致（图26、图27），与加固修复好的鞋底缝合在一起（图28），成为一件完好的彩色编织鞋（图29）。

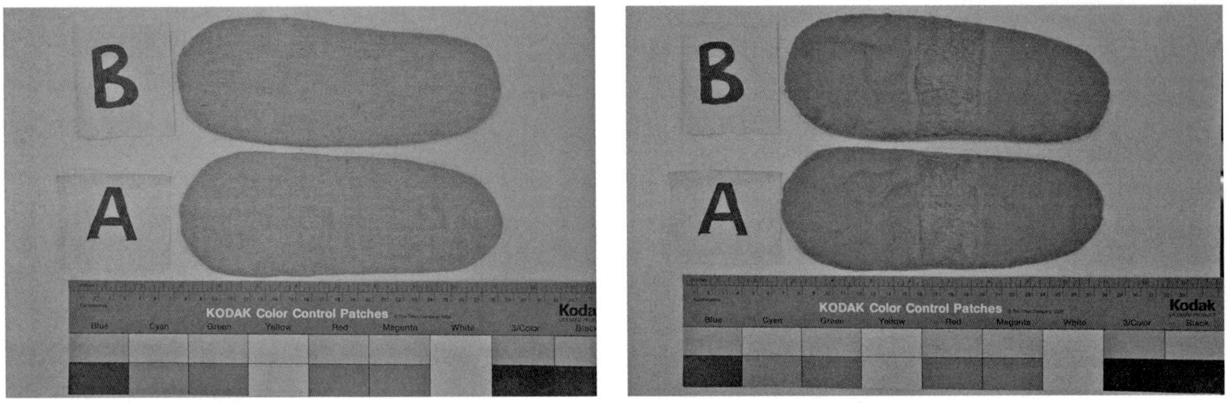

图24　彩编鞋底内外加固修复

图25　加固复原鞋面编织线

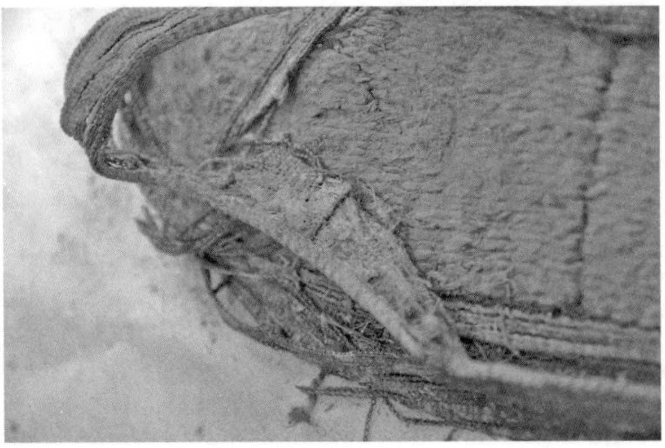

图26　编织鞋残留鞋帮里衬

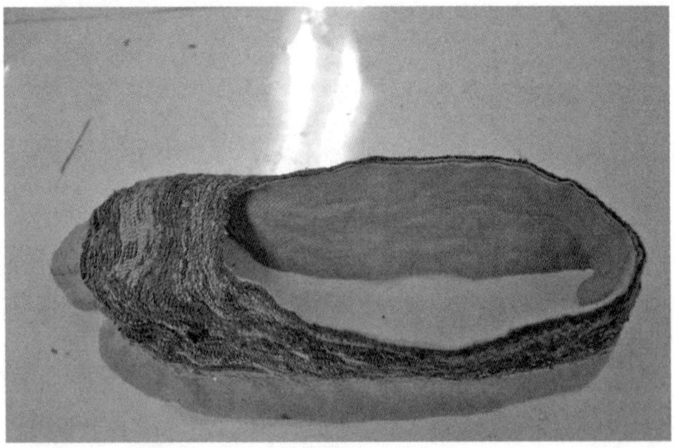

图27　编织鞋帮加麻布里衬复原

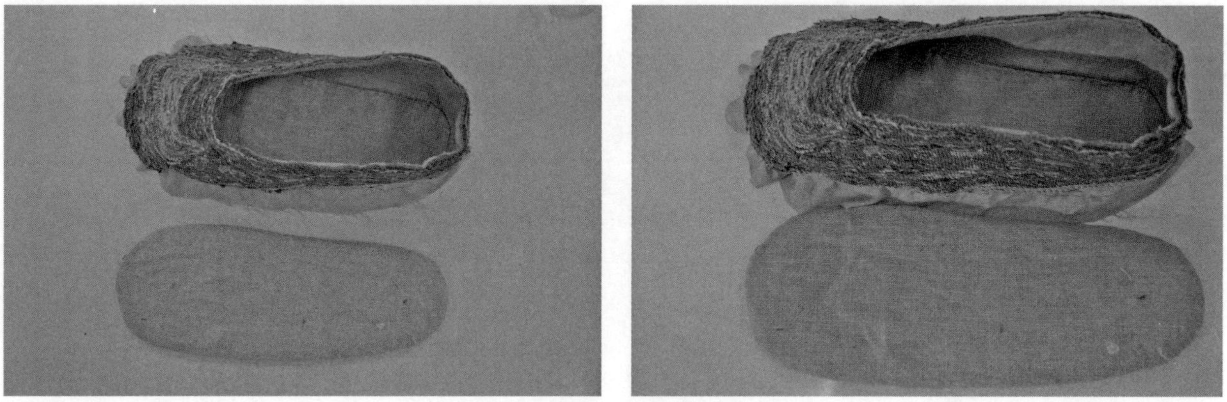

图28 修复复原后的编织鞋帮鞋底

文物修复既有国际标准也有国家标准，已形成一定的操作理念，如最少干预的理念，要求我们尽量不改变文物本身的结构、组成以及外观。在修复A、B两织彩色编织鞋时，选用的补衬材料与原织物相同，底衬及帮衬均为麻，颜色为浅褐色。为使颜色尽量接近原织物，使用了纯天然的伏茶水浸泡、煮沸进行染色，最终染出的补衬材料颜色与原织物颜色相似。在修复保护这件织物时严格遵循了修复原则，并将审美心理学应用于对彩色编织鞋的修复中。

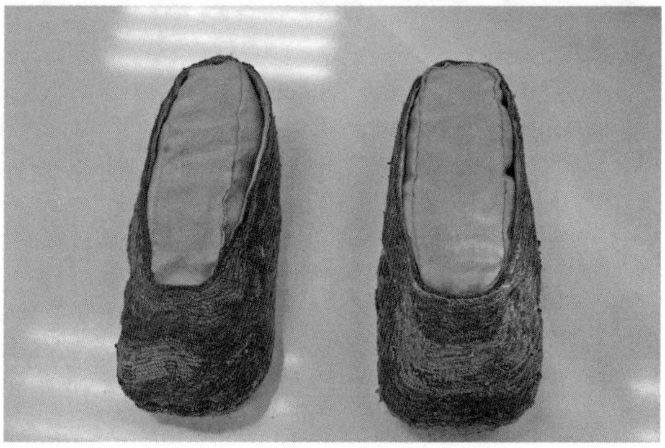

图29 修复复原后的彩色编织鞋

六、设计制作保存容器

修复后的彩色编织鞋的保存，不仅仅是地点和环境，还需要一个安全性能好、能体现文物自身价值的保存容器。为这件彩色编织鞋专门量身定做的陈放盒（图30），选用的材料为日本XXX公司生产的中性硬纸，加内撑设计，具有文物放置稳定、保护性好、提取方便、取出和放入均可，避免用手直接接触到文物，具有一定的科学性和美观实用性（图31）。

七、彩色编织鞋在修复中的技术难题及应对措施

文物保护修复技术有其时代局限性，因此，本次选用的修复技术不能保证永远具有先进性，但具合理性，也能充分体现修复理念及修复原则。该文物破损情况复杂且严重，所以在修复过程中慎之又慎。为提高修复人员的技术水平和风险防范意识，特聘请专家进行培训和现场全程指导，尽管在具体修复过程中出现了一些修复方案中无法预见的状况，但由于专家发现及时，并制定出应对措施解决了问题，确保了文物的安全，使修复保护工作安全有序进行。

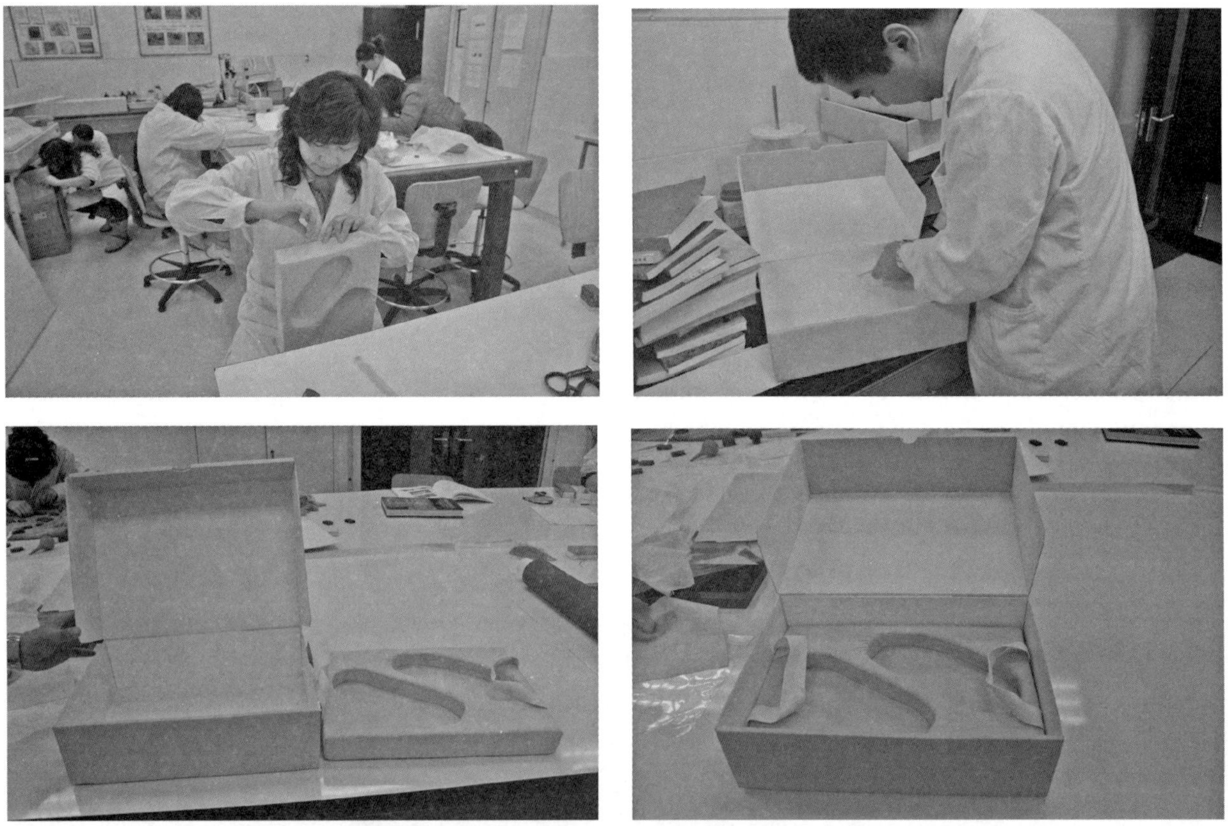

图30　保存容器的设计制作

图31　编织鞋安全保存

八、修复后的保存条件建议

文物修复后，无论是存放在文物库房还是在博物馆陈展，都要实时监测室内的温湿度变化，控制光照、灰尘、有害气体等，调节参观的客流量，使文物保存环境处于良好状态。

九、结　语

本次保护修复工作本着细致、严谨的科学态度反复进行分析、研究，制定出科学规范的修复方案，使整个修复工作始终围绕着方案进行。就这件20世纪70年代出土的织物而言，若仍未进行保护修复，就可能使其灰飞烟灭，造成无法弥补的损失。此次的保护修复工作将传统的修复技术和现代科学保护方法相结合，尽最大可能地恢复丝质鞋面、丝线的颜色、丝质的柔软度及织物的应有形状。经过修复加固后的彩色编织鞋具备了长久保存的条件，达到了博物馆展览的标准。所以，这次文物修复活动对于新疆地区出土的靴鞋类文物保护和研究具有普遍的指导意义和珍贵的参考价值。

附记：能够参与本次编织鞋的修复工作，感谢中国文化遗产研究院提供的学习和实践机会，感谢黄俐君老师的全程指导及技术传授，感谢培训中心的各位领导及各位授课老师的辛勤劳作。

作者单位：王云，新疆文物考古研究所

吐鲁番巴达木墓地出土蓝地贴锦联珠菩提纹绢方枕的保护修复

马治花

内容提要：吐鲁番市二堡乡巴达木墓地出土的蓝地贴锦联珠菩提纹绢方枕，经分析，存在的主要病害有破裂、残缺、皱褶、污染等。笔者根据自己的亲身经历，详细记述了对方枕开展保护修复的全过程。

关键词：吐鲁番巴达木墓地　方枕　保护修复

一、引　　言

蓝地贴锦联珠菩提纹绢方枕出土于吐鲁番市二堡乡巴达木村东巴达木墓地M209墓葬①。该墓地北距哈拉和卓墓地1km，西距阿斯塔纳墓地3.5km，南距高昌故城4km，东距吐峪沟乡11km（图1）。

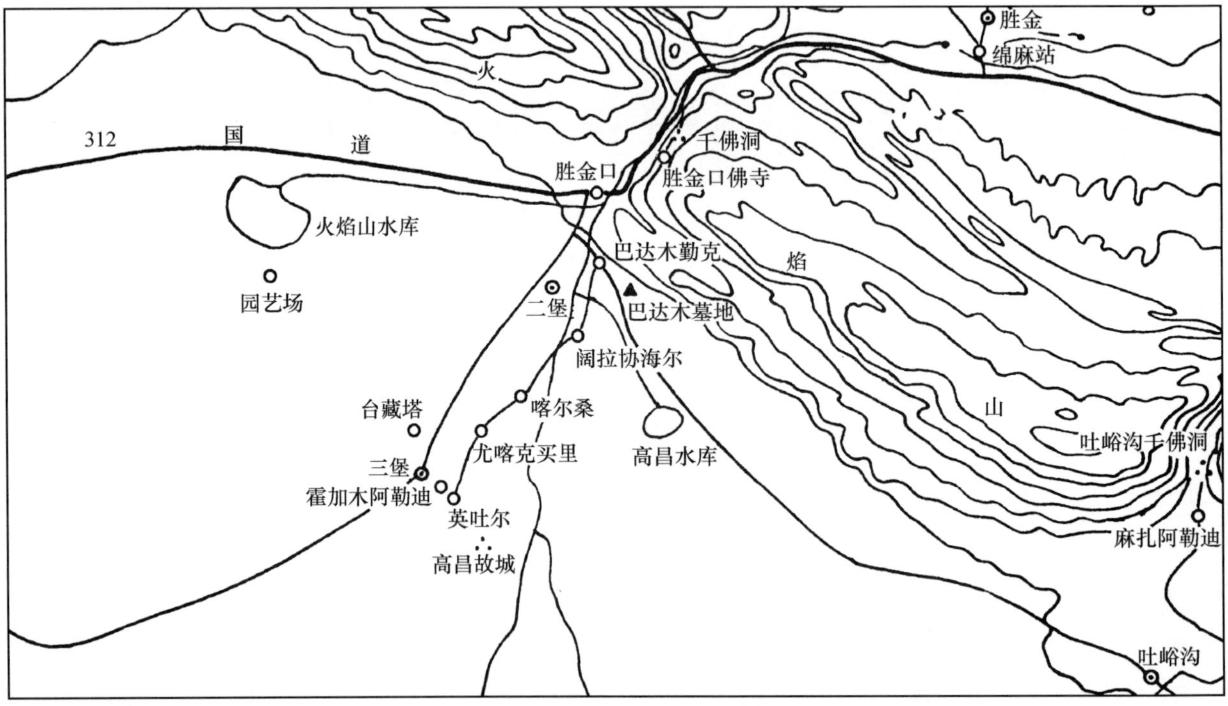

图1　巴达木墓地地理位置平面示意图

① 吐鲁番地区文物局：《吐鲁番巴达木墓地清理简报》，《吐鲁番学研究》2006年第1期。

M209墓葬位于2号台地北边中部（图2），坐北向南。该墓是这次发掘墓葬中小型墓的典型代表，墓葬形制较小，距地表较浅，随葬品较小或者无随葬品。与同一墓地的大墓比较，显示了一个家族由兴盛到衰败的演变过程。该墓室平面呈梯形，墓室后部有一高0.24m的生土尸台，尸台上和墓室口各陈一具干尸，均脚东头西。尸台上为男性，身上覆盖一幅完整的伏羲女娲绢画，两足之间置一布枕（图3）；女性干尸身裹麻布，足穿压花系带皮鞋，头残断，被置放尸台上男性干尸旁。随葬品简单，数量较少，除该件蓝地贴锦联珠菩提纹绢方枕外，还出土有陶碗、纺轮、铜箸、文书等少量其他文物。

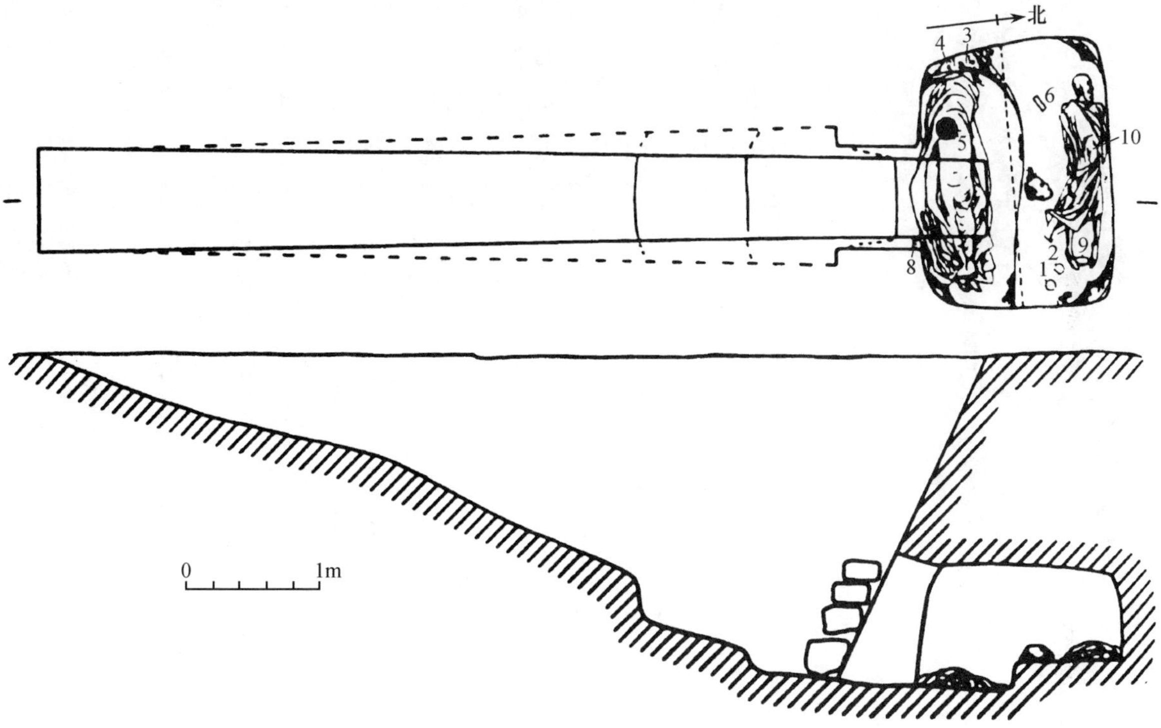

图2 04TBM209墓葬平、剖面图

1、2. 小陶碗 3. 纺轮 4. 铜箸 5. 草帽 6. 握木 7. 纸 8. 文书残片 9. 布枕 10. 伏羲女娲绢画

该枕为麴氏高昌至唐西州时期的陪葬冥器①，其两侧锦面的联珠菩提纹为典型的佛教装饰图案，这类纹饰在唐代佛教鼎盛时期曾被大量应用于各类生活器物、建筑的装饰或佛教艺术中。麴氏高昌国至唐西州时期，佛教兴盛，吐鲁番现存的柏孜克里克石窟、吐峪沟石窟、交河故城佛教建筑都是佐证。居住在这一区域的居民也深受佛教文化的影响，将此类纹饰广泛装饰于他的生活器皿上，甚至是冥器上。该类文物为研究麴氏高昌国、唐西州时期的佛教文化、冥世观念及丧葬习俗提供了重要的线索。

为了使这件蓝地贴锦联珠菩提纹绢方枕不再进一步受损，2010年10月10日，由国家文物局主办，新疆维吾尔自治区文物局、杭州中国丝绸博物馆承办、吐鲁番文物局协办的新疆纺织品文物保护修复培训班在吐鲁番开班。在指导老师楼淑琦的指导下，笔者于11月22日开始参加此文物的修复工作，最终完成任务。

① 吐鲁番地区文物局：《吐鲁番巴达木墓地清理简报》，《吐鲁番学研究》2006年第1期。

图3　绢方枕位于墓主人两足之间（9号文物）

二、文物基本信息

蓝地贴锦联珠菩提纹绢方枕出土时颜色较为鲜艳，呈长方形，尺寸为13.5cm×6cm×5.5cm，修复前重量为31.5g（其中包括文物和后期加做的枕芯填充物）。文物绢面为深蓝色，无其他纹饰，两侧面为不对称联珠菩提纹的黄地蓝花锦。织物组织结构纹理清楚，两侧锦面的外观保存较好。枕面整体上看破损严重，两侧贴锦有少量破裂，其余四面均有大面积残缺和破裂。绢的质地相当脆弱，若处理不当即会造成新的断裂。需要指出的是，这件蓝地贴锦联珠菩提纹绢方枕出土后，在后期的保存保护过程中，由于采用了不当的保护手段（主要是后期制作的枕芯尺寸过大，造成了文物多处新的断裂），使织物受到了进一步的损坏。

三、文物保存状况

蓝地贴锦联珠菩提纹绢方枕由绢和两侧贴锦组成。出土后残缺破损较为严重，绢的质地已相当脆弱，因此并未做任何的初步清洗工作。织物两侧贴锦局部因经线断裂造成锦面有少量破裂纹，锦面边角针线缝合处由于针线脱落出现轻微褶皱，从整体看锦面的色泽较为鲜艳。织物的绢面受损严重，有两面均出现大面积残缺，另两面有严重的破裂。通过对破裂纹现状的观察，发现有两处严重的破裂属于后期保护处理不当而造成新的断痕。文物在墓葬中由于放置于墓主人两足之间，直接与墓室泥土接触，通体受到不同程度的泥土附着污染，但较轻微，泥土附着物并未改变织物的原有色泽。从发掘简报中墓葬器物位置分布图看，该件织物并未与墓主尸体直接接触，又经过仔细对织物表面进行观察和辨识，可以确认织物并未受尸体有机腐液等污染物的污染。

接受工作任务后，首先对方枕进行图像记录，对文物的六面进行现状拍照，并绘制了文物病害图。统计该枕的主要病害有破裂、残缺、皱褶、污染等（图4～图15）。

图4　绢方枕正面

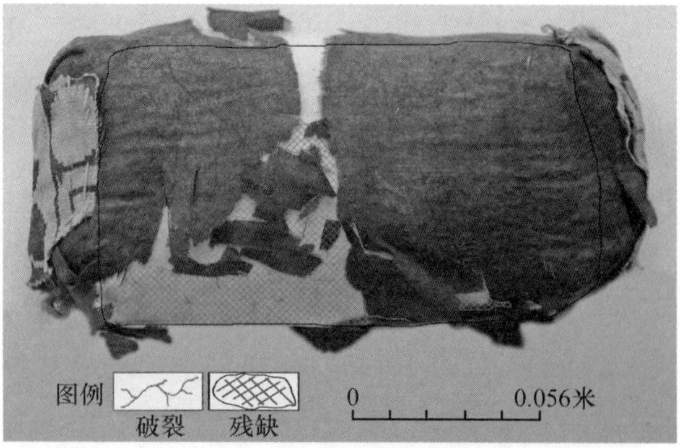

图5　绢方枕正面现状及病害图

图6　绢方枕背面

图7　绢方枕背面现状及病害图

图8　绢方枕底部

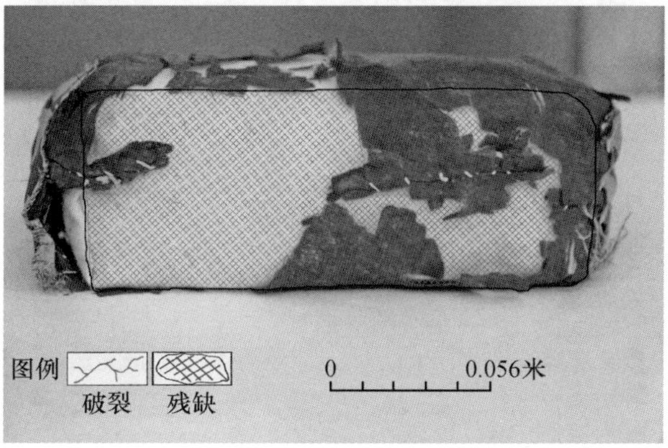

图9　绢方枕底部现状及病害图

图10　绢方枕顶部

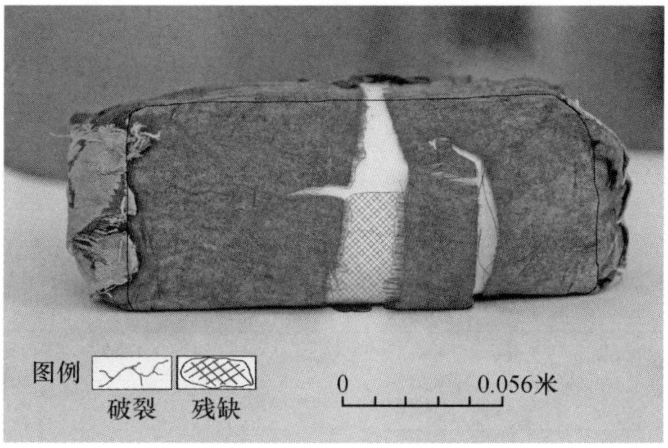

图11　绢方枕顶部现状及病害图

图12　绢方枕侧面（1）

图13　绢方枕侧面（1）现状及病害图

图14　绢方枕侧面（2）

图15　绢方枕侧面（2）现状及病害图

四、方枕工艺特点

蓝地贴锦联珠菩提纹绢方枕为长方形。绢面残损严重，质地糟朽脆弱；锦面虽整体外观保存较好，但质地保存状况较差。通过观察和辨识，织物的主体材质为绢、两侧为锦，都为桑蚕丝编织而成。

（一）绢面工艺特点

1）从面料的结构可以断定此织物组织是1∶1的不加捻的丝线平纹绢（图16；表1）。

表1　绢面结构

名称	组织结构	经组合			纬组合		
		密度（根/cm）	颜色	捻向	密度（根/cm）	颜色	捻向
绢	1/1平纹	78	蓝	无	93	蓝	无

2）织物的经纬线均由手工纺成的丝线承担，从表观来看，丝线的加工较为精细，丝线颜色为蓝色。

3）用带刻度的照布镜对织物密度进行观察，经线每厘米78根、纬线每厘米93根。经线粗

图16　绢面组织结构

细均匀，粗细平均值为0.016mm；纬线粗细不匀，丝线最粗的达0.01mm，最细达0.006mm。经线间间隔为0.08mm，纬线间间隔为0.008mm。

4）用160倍放大镜对绢面组织进行观察，经线致密均匀，纬线松散单薄、粗细不匀。

5）绢面无任何图案。

（二）锦面工艺特点

1）使用同样的方法对锦面织物结构进行辨识和分析，发现其结构为平纹经锦。织物的经纬线均由手工纺成的丝线承担，从表观来看，丝线的加工较为精细，粗细较均匀，无捻；经线为蓝色和淡黄色，纬线为淡黄色（图17；表2）。

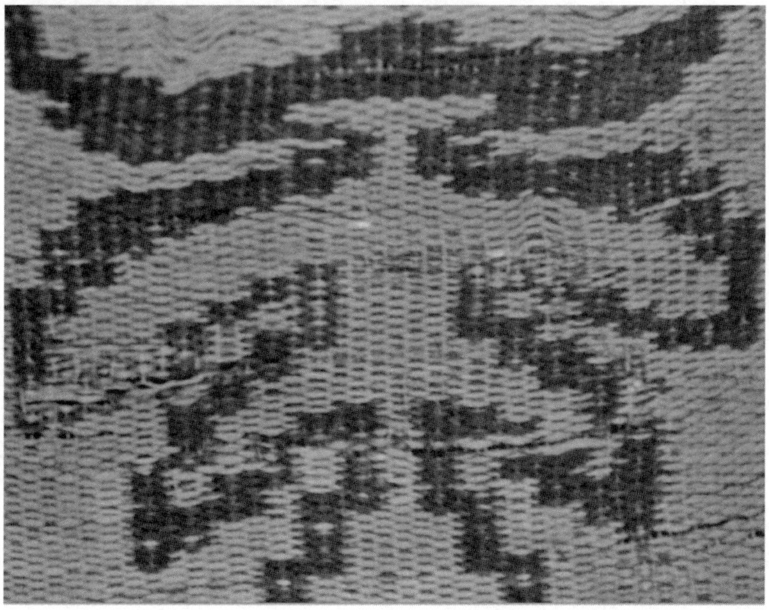

图17　锦面组织结构

表2　锦面结构

名称	组织结构	经组合			纬组合		
		密度（根/cm）	颜色	捻向	密度（根/cm）	颜色	捻向
锦	1/1平纹经重组织	60	蓝、黄	无	105	黄	无

2）用带刻度的照布镜对锦面织物密度进行观察，锦面纬线每厘米有60根，与经线相比较细；经线每厘米有105根，粗细均匀，但较松散。纬线宽度为0.004～0.006mm；经线宽度为0.011～0.0125mm。纬线间间隔较大，约在0.0125mm，经线间间隔较小，平均间隔在0.006mm左右。

3）两侧锦面图案为不对称联珠菩提纹的黄地蓝花锦。

五、方枕修复前状况

织物的绢面受损严重，有两面均出现大面积残缺（图18），另两面有严重的破裂（图19、图20）。通过对破裂纹现状的观察，发现有两处严重的破裂属于后期保护处理不当造成的新损

图18　残缺

图19　破裂（1）

图20　破裂（2）

伤。织物两侧贴锦局部因经线断裂造成锦面有少量破裂纹，锦面边角针线缝合处由于针线脱落出现轻微褶皱（图21）。织物在墓葬中由于放置于墓主人两足之间，直接与墓室泥土接触，通体受到不同程度的泥土附着污染，但较轻微，泥土附着物并未改变织物的原有色泽（图22）。统计该枕的主要病害有残缺、破裂、皱褶、污染等。

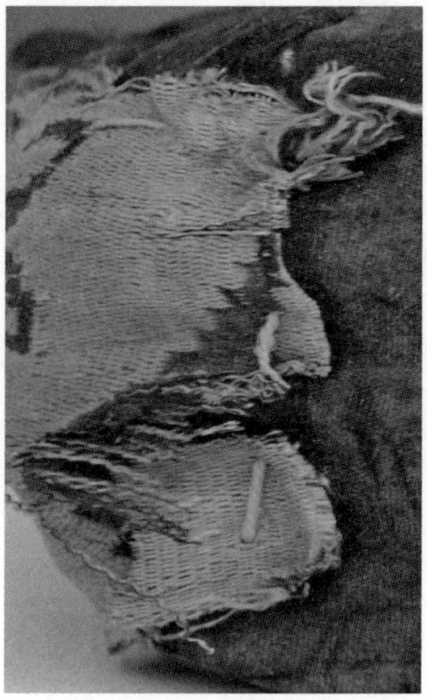

图21 褶皱

图22 泥土污染

六、修复方案

为了体现文物的特性及价值，在文物修复过程中应遵循相应的原则，即保持文物的原真性、可识别性原则、可再处理原则、最小干预原则等。该方枕的历史价值、科学价值及艺术价值均较高，在修复过程中应严格遵守文物修复的原则，最大程度地保持原貌、尽量减少对文物的干预，使其在最小外界干预的情况下得到最大程度的保护。

根据文物的破损情况及相关资料，确定了修复方案：拍摄文物六个侧面→简单平整→分离原枕芯→染色（背衬）→测量织物尺寸→缝制与文物尺寸大小同等的枕芯→用脱脂棉填充枕芯→将文物套回新枕芯外侧→清洗→针线法修复→缝制与文物尺寸大小同等的绉纱套→绉纱加固→制作囊匣（图23）。由于原文物枕芯尺寸偏大且背衬面料粗糙造成文物新的破裂，决定用与文物颜色和质地接近的面料作为背衬，并重新改造枕芯；文物出土后由于没有及时地进行修复和保护导致文物出现新的破裂，加上文物质地脆弱、糟朽严重，权衡利弊，决定在加固之后进行清洗；为了文物长期保存，在文物外围进行绉纱加固。

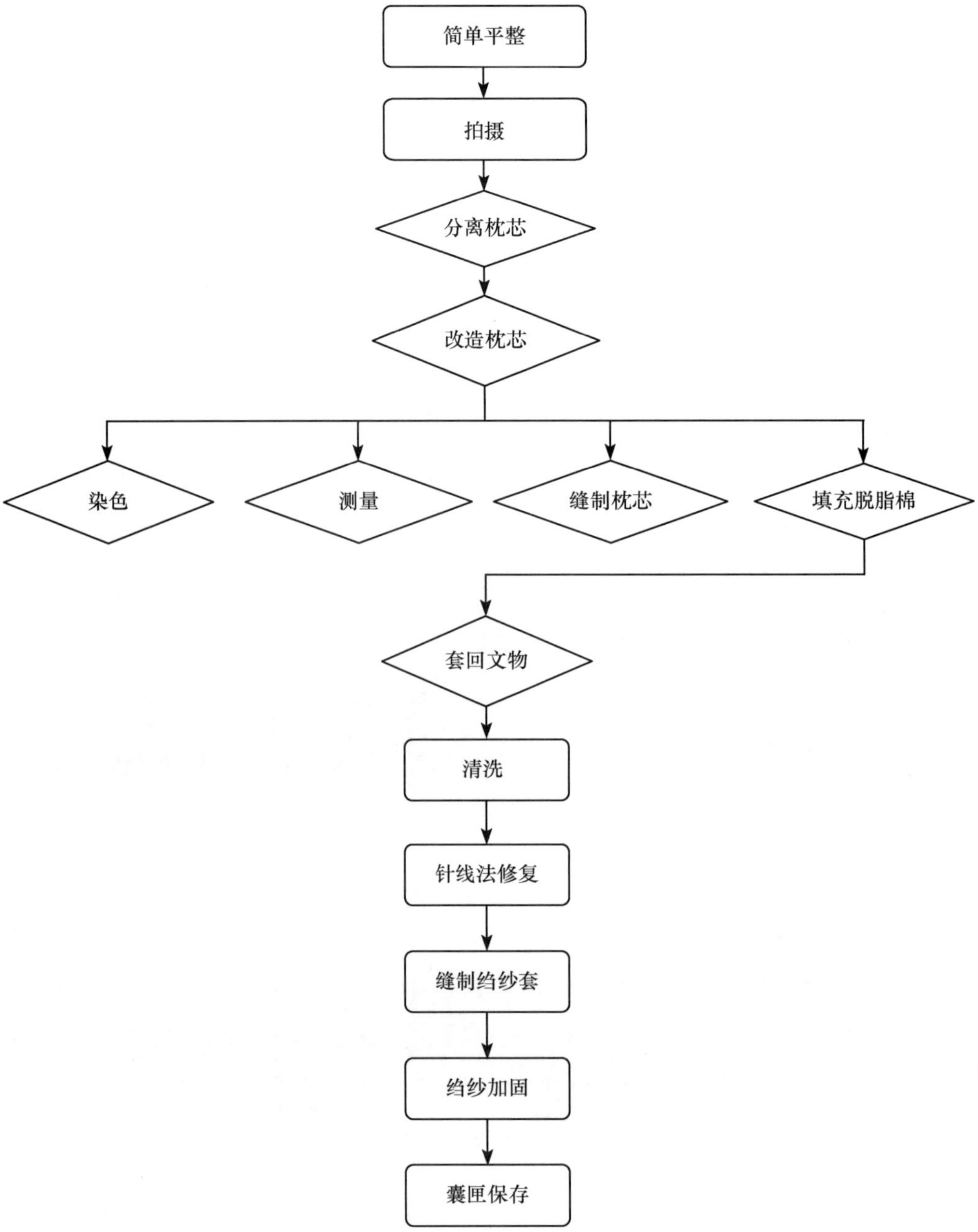

图23　修复流程示意图

七、修复材料

（一）背衬材料

本次修复所用背衬材料有两种，即使平纹绢（图24）和绉纱（图25），均为中国丝绸博物馆提供。根据文物的色调，将染料调合成与文物色调相近的深蓝色，对绢进行染色，因绉纱为成品，故不需再染色。绢是平纹组织丝织物；光滑柔软且韧性好，深蓝色绢与文物蓝地的总体色调相协调，因此决定作为背衬织物，绉纱轻盈透明适合覆盖在文物表面，保护文物。

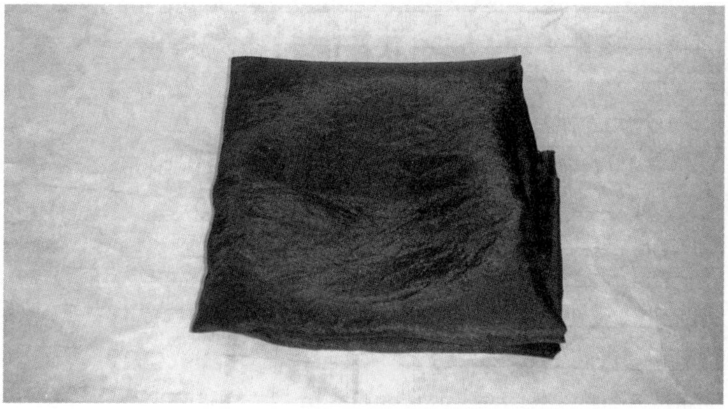

图24 绢

图25 绉纱

（二）缝线

本次修复所用缝线为中国丝绸博物馆提供的白色真丝丝线。根据文物的颜色，将白色丝线染成深蓝色和深黄色，用于绢面的丝线为深蓝色，用于两侧锦片修复的丝线为深黄色。调好染料后，将染液加热至80℃时加入少许明矾，浸泡10min以固色。染好后的丝线与文物十分协调（图26）。

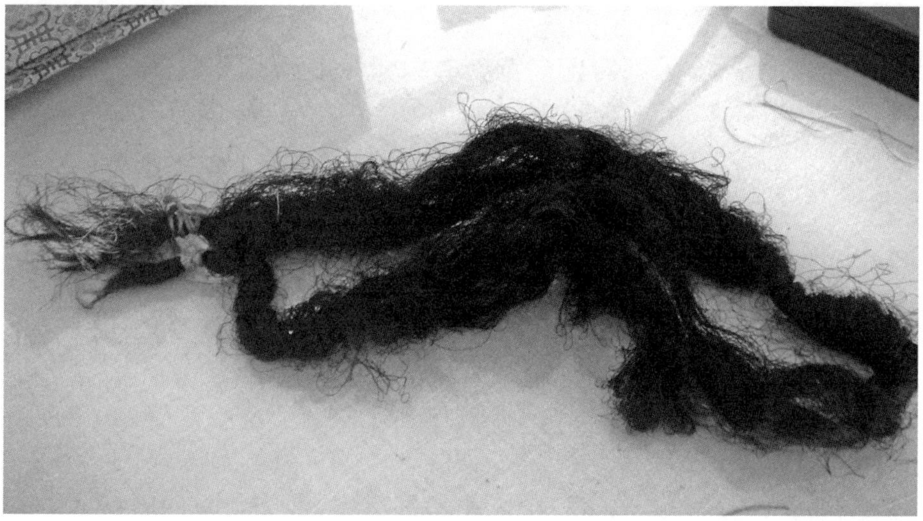

图26 丝线

（三）针法

文物与枕芯背衬进行缝合加固时，整件文物采用铺针和平针进行固定，以最少限度的缝针穿透纺织品来提供最大程度的支撑，将脆弱的织物与背衬材料缝合（图27）。

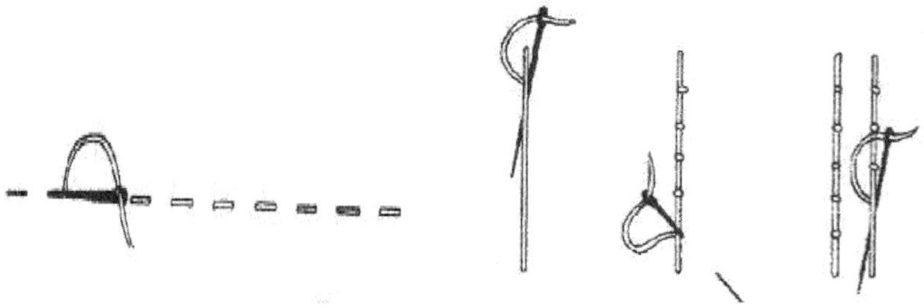

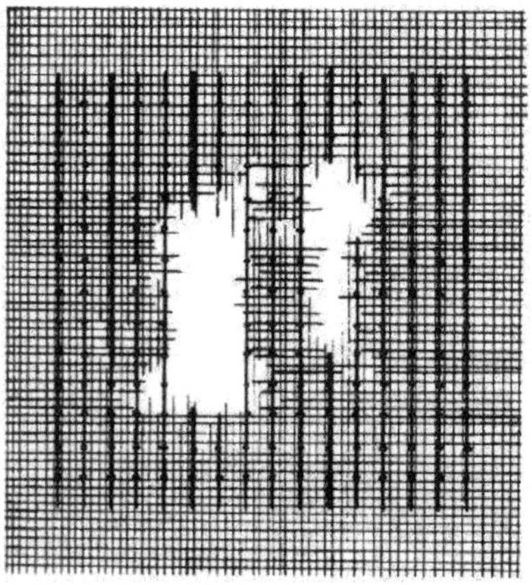

图27　针法

八、修复过程

图28　分离文物与枕芯

根据修复方案，主要按以下步骤修复文物：分离、染色、改造枕芯、平整、清洗、绘制文物病害图、修复、制作囊匣。

（一）分离文物与枕芯

文物出土后，修复人员为了对其进行保护，制作了一个枕芯填充物，由于尺寸偏大，将文物从中间部位撑裂，还有部分文物残片从中间部位脱离，痕迹较为明显。将织物与原枕芯分离的目的，就是为其制作一个完全符合织物尺寸的枕芯填充物，使文物得到更好的保护（图28）。

（二）背衬染色

文物背衬使用的绢和丝线都是由杭州丝绸博物馆提供，均为白色。为了使背衬得到与文物相近的颜色，我们先后进行了11次染色对比实验。染色过程为：先将绢和丝线放入开水中煮半个小时，使其柔软易于着色，之后重新注入清水加热至80°，往水中加入少许白矾，另加入背衬染色所需的黑色和蓝色染料，然后将绢和丝线放入调制好的染料中，使温度达到80°，煮15min。最后经过11次染色调和实验，最终将背衬染出了与文物最为接近的颜色。染色调制实验过程中，每一次得到的背衬颜色，都及时剪取一块尺寸约为5cm×3cm的背衬色块作为与文物色调对比的样品，并用数字标记样品顺序，按照色块样品颜色的循序变化，作为染料添加的可控参照（图29～图32）。

图29 染色（1）

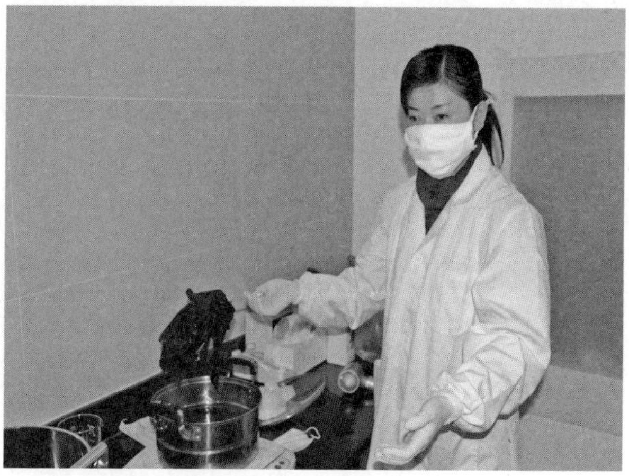

图30 染色（2）

图31 背衬材料

第1次 第2次 第3次 第4次 第5次 第6次 第7次 第8次 第9次 第10次 第11次

图32 文物背衬材料试染色对比

（背衬材料试染色顺序依次为从左至右）

（三）改造枕芯

原有的枕芯由于过大，将文物从中间撑裂，所以在改造枕芯前，先将文物做了认真仔细的测量工作，测得尺寸为长13.5cm，宽6cm，高5.5cm。根据实际测得尺寸将染好色的绢进行裁剪。由于绢的质地柔软，在缝合过程中为了防止走形，先将裁好的13.5cm绢折叠成筒状，用针将两头固定好，然后用平针针法进行简单缝合（因为后面要拆除填充脱脂棉后再进行缝合）；为了使侧面的四个角平滑圆润，看起来美观对称，先将侧面的一个边用平针针法缝合，缝合在转角处时，用小剪刀在这块绢的转角处剪一个小口，使其在缝合下一个边的时候好转角。用同样的方法将其余两个侧面的八个边全部进行缝合。然而将这块绢的缝合部位拆除，将背衬翻过来，这样针角就不会外露在外面。在填充脱脂棉过程中，由于绢质地柔软，如果填充物过多或过少都容易使枕芯变形，所以我们按照文物的尺寸将脱脂棉裁剪好，一层一层进行填充，填充好后，再将整个枕芯稍做整形，最后将这块绢填充口处用平针针法进行缝合（图33、图34）。

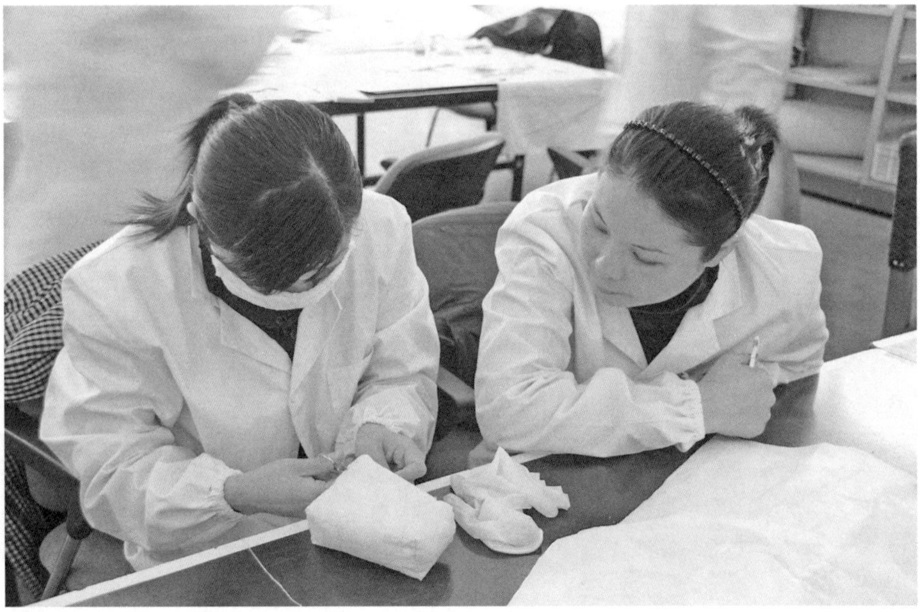

图33　拆除旧的枕芯

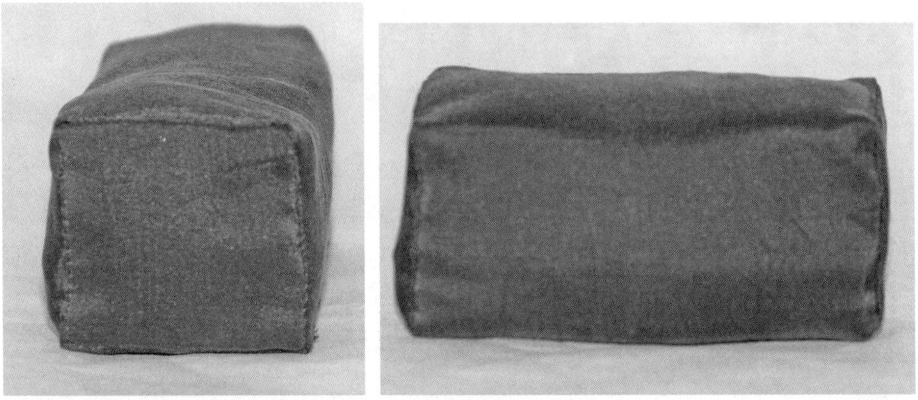

图34　改造后新枕芯

（四）平整

将文物小心翼翼地套在缝制好的枕芯上（图35）。先将枕芯用手托起离开桌面，然后将文物的一半用手轻轻托住底部，用镊子将文物一头提起慢慢套在枕芯上，同样的方法将文物的另一半套好。这时将散落脱离的文物进行拼合和平整，因文物是立体的，拼合时如果不固定残片就会掉下来，所以要边拼合边用针将其固定好并进行平整，这样在清洗环节就不会造成文物破损丢失现象。

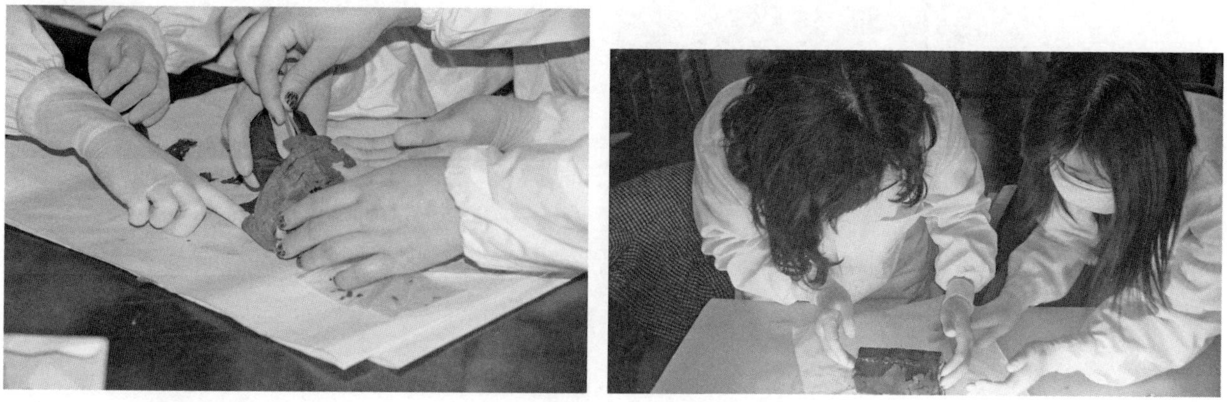

图35　文物织物套合在缝制好的背衬上

（五）清洗

因文物糟朽、残缺严重，只能进行局部湿洗。将蒸馏水和酒精配比成7∶3的清洗溶液，用棉签蘸取少许溶液对局部进行清洗（图36）。

图36　清洗文物

（六）绘制病害图

绘制病害图主要为了详细记录文物病害情况和现状。病害图主要包括文物的整体轮廓、文物六个面、破损面积及位置等，为下一步修复工作提供依据。

九、修　　复

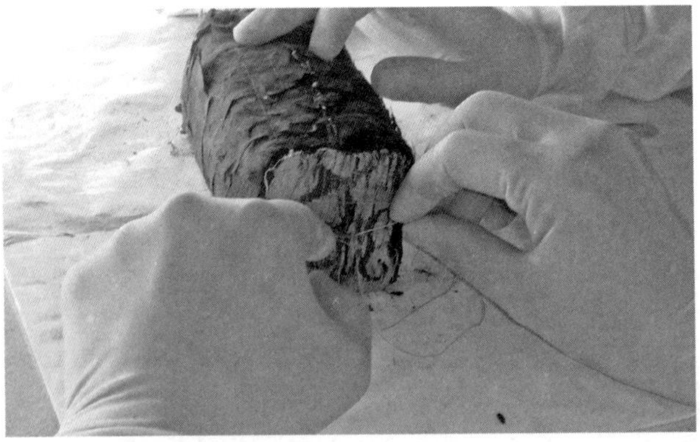

图37　针线法修复

（一）文物针线法修复

将破损的文物拼合平整好后，先用针将其固定好，防止脱落、移位，然后用9号针以铺针针法缝合在文物背衬上（图37）。因文物糟朽较为严重，对破损较小的部位缝合时残片容易断裂，所以在缝合时使用稍大针角进行固定，避免再次断裂。在固定两侧锦面时，用针角较小的平针针法对其固定。

（二）回潮平整

将修复好的文物用白布包出方枕的形状，用磁块对其固定，然后用喷壶进行回潮，主要目的是为了使文物更平整，方便下一步保护操作（图38）。

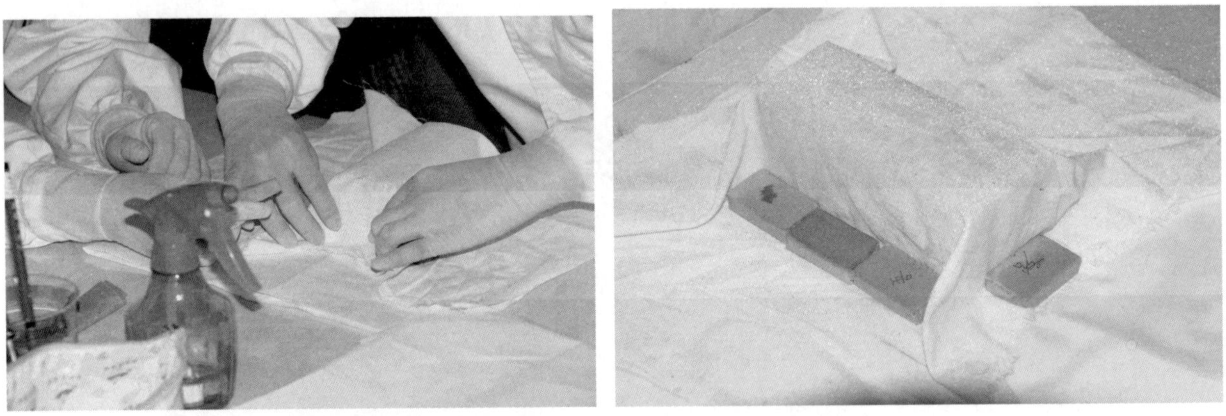

图38　回潮平整

（三）缝制绉纱套

为了更好地保好文物、便于保存，在文物外侧，缝制与文物尺寸大小同等的绉纱套对其进行保护。

1.测量尺寸

因绉纱缝制方法比较复杂，需要里外缝合两遍，因此在测量尺寸时，比原来文物的尺寸稍大一些。尺寸为长15cm，宽6.5cm，高7cm，截面周长为26cm。

2.裁剪绉纱

绉纱质地虽然光滑柔软，但韧性较强，在裁剪过程中，既使用磁块固定绉纱经纬线也容易错位造成裁剪不齐。在老师的指导下，我们尝试先将绉纱一边剪一个小口，然后用镊子抽出一根丝线作为测量另一边尺寸的基准线，再将测得的另一边尺寸处剪一个小口，再抽出一根丝线，这样就可以确定第一个边的尺寸，照此办法分别裁剪出三块绉纱（图39）。

3.缝制绉纱

1）将15cm的绉纱回潮平铺于桌面，用黄色缝线标记出绉纱侧面四个角的位置（图40、图41）。

2）将绉纱15cm的边各留出0.75cm，然后对折，多留出的部分方便装入文物，最后用平针针法进行固定。

3）将绉纱侧面的一个贴片对准15cm的缝合中线，然后用平针针法进行缝合。两侧四个边缝法相同（图42、图43）。

4）将缝合好的绉纱套中线拆除，再翻面进行缝合两侧四个边，缝合好后再将绉纱套翻过

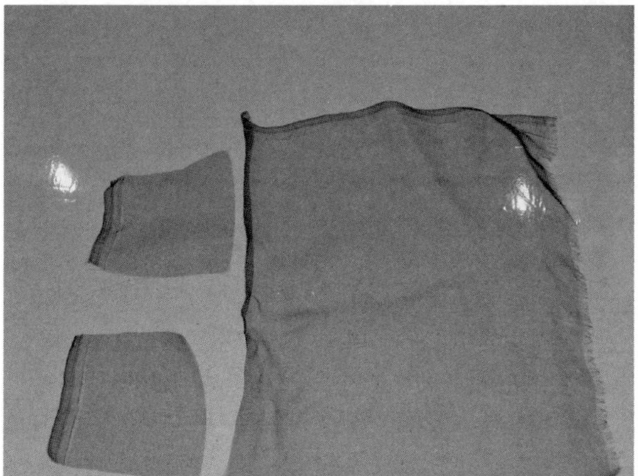

图39　裁剪皱纱

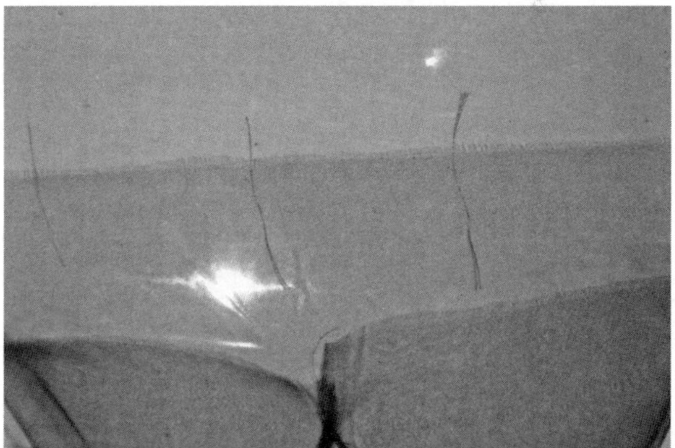

图40　缝线定位

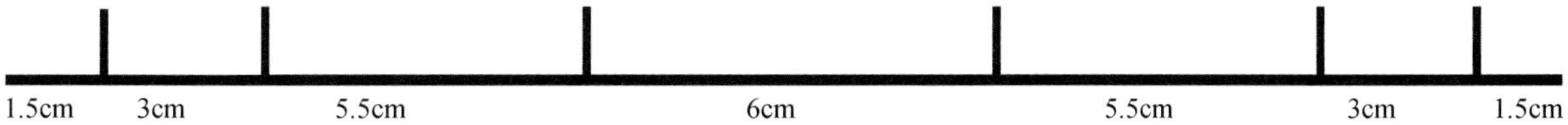

图41　绉纱套侧面四个边尺寸示意图

（皱纱长26cm，现在所标注出的数据为侧面四个边的尺寸，其中两边1.5cm为余留部分，方便装入文物）

图42　缝制绉纱

图43　经绉纱包裹后的方枕

来，此时绉纱两侧的四个边各缝合了两遍。缝合两遍的目的是防止绉纱边缘跑纱，同时还具有隐藏针角达到美观效果。

十、制作囊匣

文物修复完成后，首先要考虑的是采用什么方式对其进行保存，科学合理的保存方式是延长文物寿命的重要因素。考虑到本次修复的文物质地脆弱、破损严重、怕挤压、不易直接拿取，因此制作外部有坚硬保护层、内部有海绵支撑物并带有展示底座的囊匣是最为恰当的保护方式。

制作囊匣的外部支撑材料选用厚度为0.5cm的五合板，五合板外包裹上材质为锦的面料，囊匣内部在文物周围填充以包裹了绢的海绵。为了便于文物的移动和展示，专门将放置文物的囊匣底部制作成一个带有展示功能的文物底座，这样既便于文物的搬运、拿取，防止被挤压，同时又利于进行公共展示，避免了直接碰触，使文物得到了较好的保护（图44、图45）。

图44　囊匣外观

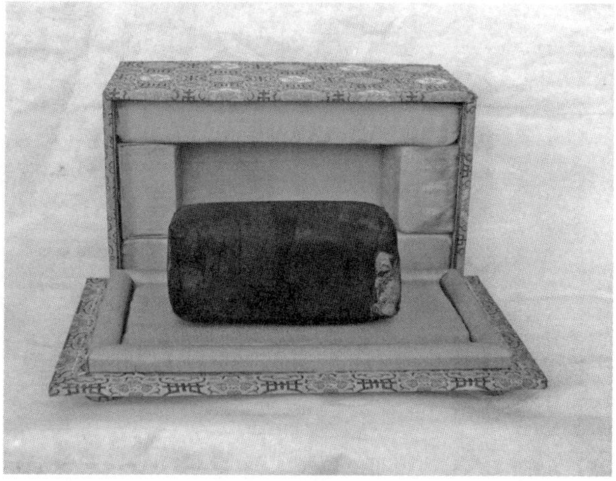

图45　文物展示

十一、结　　语

该枕在修复过程中尽量以最少的缝针给予文物最大的保护，操作原则是只对织物较易脱落的部位进行缝合固定，残缺处不用针线；虽破裂，但固定性较好的织物部位也尽量不用针线。

采用将织物套合在背衬枕芯上进行缝合固定，外加轻薄透明的绉纱外套进行包裹，这样即增强了对文物糟朽易脱落部位的支撑，同时也避免了对文物的直接接触，是技术修复路线中最为成功的一个环节。

本次修复过程中遇到的技术难题是绉纱外套的缝制，在老师的指导下，不仅成功地完成了绉纱外套的缝制，也获得了一些经验：

1）绉纱尺寸的测量较为困难。绉纱尺寸的测量应比实际尺寸稍大一点，但不能超出0.5cm，为了得到较为精确的测量尺寸，平整好的绉纱应从经线或纬线的抽丝处取边，然后进行裁剪。

2）绉纱的裁剪也较为困难，裁剪时一定要经过严格的平整，仔细画线，保证裁剪出的绉纱尺寸准确。

3）绉纱虽柔软，但有韧性，缝制难度较大。缝制时应提前将边叠出，用线定位，有些部位将形状叠出后可以用针固定，然后进行仔细缝制，同时边缝制边测量每边的尺寸。

在修复工作过程中，得到了中国丝绸博物馆楼淑琦老师的亲自指导，哈密地区博物馆严枫、伊犁哈萨克自治州文物局艾里玛以及吐鲁番地区文物局徐栋良等各位老师的大力帮助，在此致以感谢。

作者单位：马治花，石河子军垦博物馆

吐鲁番博物馆馆藏阿斯塔那古墓出土纺织品文物保存现状及保护建议

路　莹

内容提要：阿斯塔那古墓是晋唐之间高昌城官民的公共墓地，出土文物数量多、种类全、价值高、历史文化内涵丰富。本文主要介绍了吐鲁番博物馆馆藏的20世纪60～70年代阿斯塔那古墓考古发掘出土的纺织品的保存现状，分析了主要病害，并就下一步的保护提出了初步的建议。

关键词：纺织品　馆藏　保存现状

一、概　　况

吐鲁番博物馆馆藏文物万余件，藏品主要来源于阿斯塔那古墓群、洋海古墓群、木纳尔古墓群、巴达木古墓群以及柏孜克里克石窟等。馆藏品类别主要包括陶器、木器、皮制品、丝毛织物和纸制品。另有少量青铜器、金银器等。本文阐述的是阿斯塔那早期考古发掘出土纺织品的保存现状情况。

阿斯塔那古墓群被誉为“地下博物馆”，位于吐鲁番市东约45km的火焰山腹地中，高昌故城北2km。墓群长5km，宽2km，为3～8世纪，即晋唐之间高昌城官民的公共墓地。墓主以汉人为主，也有车师、突厥、匈奴、高车等民族，说明当时的高昌城是多民族聚居的地方。阿斯塔那古墓群从20世纪50年代至今，先后进行过14次考古发掘，共清理墓葬456座，出土各种珍贵文物达万余件。出土的文物大部分藏于新疆博物馆，只有一小部分的文物藏于吐鲁番馆。其中，吐鲁番博物馆馆藏的阿斯塔那纺织品令人瞩目，数量近百件，包括绢、锦、纱、绮、丝、绸等种类。

二、纺织品文物保存现状

这些纺织品文物在进入库房后，至今已保管近40余年，没有采取任何保护措施，只放置在含有樟木柜中保存。这些出土的纺织品属于干燥入土、干燥埋藏、又干燥出土的纺织品，由于保存条件发生变化以及库房的条件不能够满足这些纺织品保存要求，加之纺织品技术保护力量的不足等原因，使其长时间在库房的自然环境下存放，特别是吐鲁番地区夏季长，气候炎热，干燥，致使这些纺织品已出现硬化和纤维断裂的现象。

（一）自然环境存放纺织品情况

这些有机质的文物目前处于自然环境状态存放。自然环境存放即考古发掘后，未处理，且未采取任何保护措施。自然状态下存放的纺织品数量居多，绝大部分为残片，以锦、绢质地的纺织品为主。例如，唐代的联珠鸟纹锦覆面，长30cm，宽19cm，丝绢质地，在淡黄色底上，显大联珠纹，内以蓝、白色织出戴胜立鸟纹（图1），周围以淡黄色绢缝缀荷叶边饰；唐西州时期的豆色蜡缬绢，长27cm，宽8.5cm，在棕色绢上，印出白色圆点和四瓣花组成的菱格，内填六瓣花纹（图2）。这类纺织品的保护更显迫切，由于处于自然环境中，库房中温、湿度变化无法控制，使纺织品处于纤维断裂、硬化等危害中，对今后研究纺织品纹样、图案等都会产生不利影响。

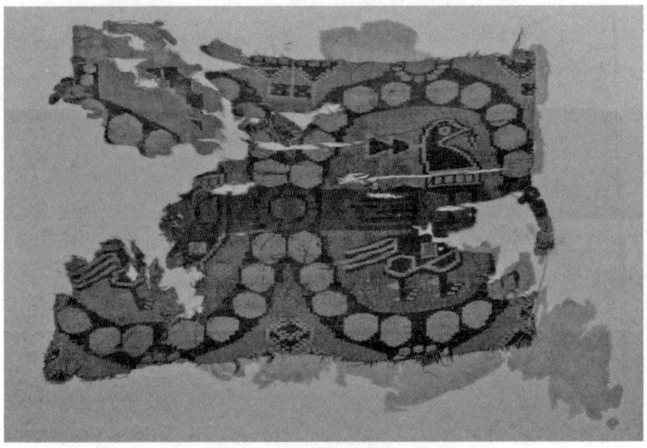
图1 联珠鸟纹锦覆面

图2 豆色蜡缬绢

（二）初步整理后陈列展示保存

纺织品作为博物馆陈列的一部分，为满足陈列需要，对部分纺织品进行了初步清理、平整后展示其纹样、图案等。为使游客更加直观地观看，采用了塑料夹板固定的保存方式。这类纺织品数量较少，如高昌郡时期的两件纺织品。变体宝相花纹锦，长22cm，宽6.3cm，平纹经锦，黄色地，以褐、宝蓝、土黄等颜色的丝线显出变体宝相花纹图案（图3）；红地绞缬绢，长41.5cm，宽17.4 cm，平纹丝织物，红底显白色方块纹（图4）。

图3 变体宝相花纹锦

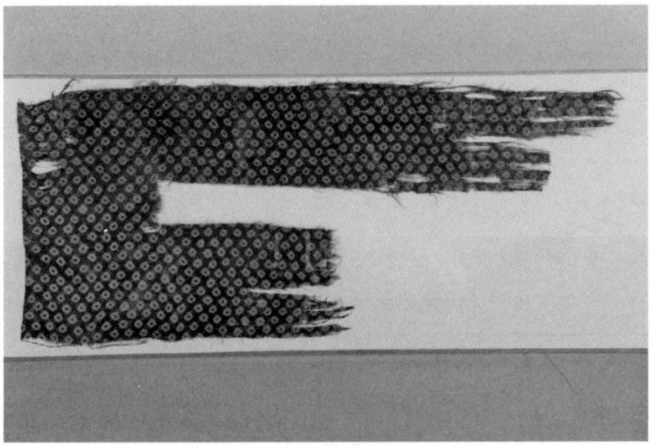
图4 红地绞缬绢

（三）薄膜密封保存

20世纪初，为避免造成纺织品再次出现破坏，对吐鲁番馆藏的部分纺织品进行薄膜密封保存，即采用密封隔绝法，这种作法主要用于小环境中，采用塑料薄膜对纺织品进行密封后真空保存，充氮的保护手段（图5、图6），这样对纺织品起到一定的保护作用。例如，兽纹锦，高昌郡时期，长68cm，宽18cm（原物为锦袍，这是其中的残片），平纹精锦，在藏青地上以缥青、大红、白等颜色显出城垛状图案，内填祥禽瑞兽（图7）；“吉”字锦，晋至唐时期，长19.3cm，宽12 cm，黄地浅紫降显花，间隔成组的“吉”字（图8）。

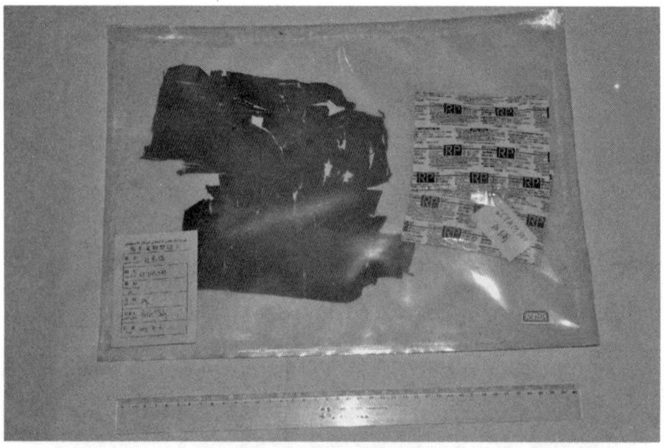

图5　密封隔绝法（1）

图6　密封隔绝法（2）

图7　兽纹锦

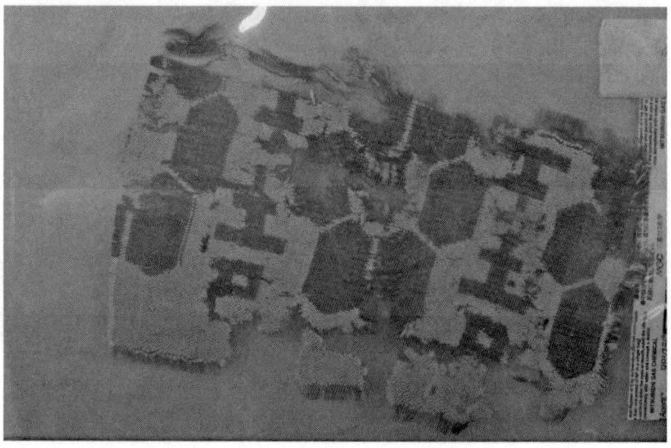

图8　“吉”字锦

三、纺织品文物病害情况

吐鲁番馆藏阿斯塔那早期出土的纺织品由于各种原因未采取保护措施。20世纪初期，随着保护研究及展示的需要，对部分纺织品进行了保护措施，但无论是薄膜密封保存、塑料夹板固定还是库房自然环境存放的纺织品，都未消毒清洗。因此，纺织品上都存在这样或那样的病害，而造成这些病害的原因主要有两方面原因，一方面是这些纺织品都是考古发掘出土的，入葬后尸体腐烂大量的分解物渗透到纺织品上，出土后也未进行任何处理和技术保护措施；另一方面，由于出土时自身就存在病害，出土后又未及时清理和保护以及设置存放环境等原因，造

图9　联珠兽纹锦覆面病害（1）

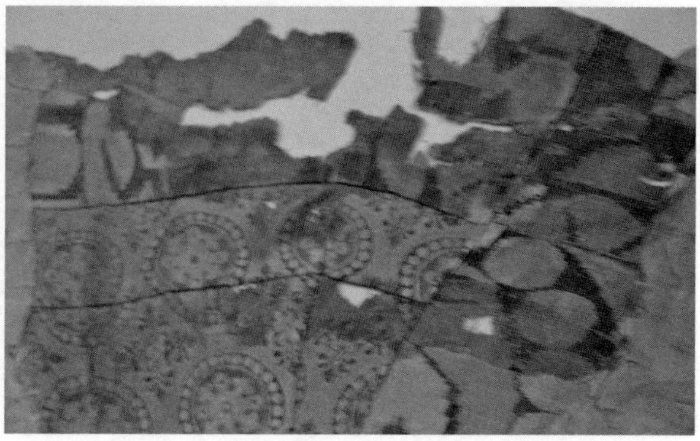

图10　联珠兽纹锦覆面病害（2）

成了对纺织品的二次破坏。例如，一件联珠兽纹锦覆面的纺织品，主要就存在以下病害（图9、图10）。

1）残缺，即丝织品出现缺失，无法保持其完整。

2）破裂，即丝织品的经线或纬线断裂形成的破口和裂纹。

3）糟朽，即丝织品在长期保存过程中，发生严重降解，导致藏品结构疏松，力学强度大幅降低的现象。

4）污染，即丝织品的表面存在污渍。

四、保护建议

1）必须控制好纺织品库房的温、湿度。

2）急需组织技术人员对馆藏纺织品进行初步的清洗、平整、修复。

3）对已经进行初步整理的纺织品，如已用薄膜密封保存及陈列展示等进一步开展纹样、图案等研究工作。

4）将已进行加固修复的纺织品放入保存柜或独立柜子中存放，避免再次损坏。

参考书目

［1］　新疆文物编辑部：《新疆文物》第3、4合刊，新疆文物局，2000年。
［2］　赵丰：《博物馆纺织品文物保护技术手册》，文物出版社，2009年。
［3］　《走进吐鲁番博物馆》（内部宣传资料）

作者单位：路莹，吐鲁番学研究院

吐鲁番博物馆藏麻鞋的保护修复

路　莹

内容提要：在文物保护修复理论和修复原则指导下，针对麻鞋的特点，在完成了除尘、清洗、整形、制作模具等工序后，研究人员再对麻鞋进行针线法对其进行了有效的保护修复。从实际情况看，保护效果良好。

关键词：麻鞋　针线法　保护修复

一、引　　言

2010年10月11日，由国家文物局主办，新疆文物局、中国丝绸博物馆承办，吐鲁番地区文物局协办的全疆纺织品修复培训班在吐鲁番开班。该班的学员来自全疆各地，共有28名学员。通过一个月的理论培训，11月中旬进入到实践操作。

进入到实践操作后，在吐鲁番地区文物局的大力支持下，从文物库房领出9件文物作为这次培训班的实践对象。文物都是由实践老师亲自挑选，且每件都具有一定的代表性，能够充分反映这次培训班实践效果。

11月22日，由实践操作教师将28名学员分成9组，每组负责一件文物的修复工作。路莹、阿克力白克、热米娜·克衣木、赵宏民四人组成一组，负责一双麻鞋的修复工作。前期工作对麻鞋进行了拍照、画病害图、撰写修复方案等工作，后期对麻鞋实施行之有效的保护。通过修复，这双麻鞋不仅在库房中能够长久妥善的保存，还可用于向公众展示，体现出文物的历史价值、艺术价值及科学价值等。

二、文物保存状况

这双麻鞋，保存较完整，鞋面呈“8”字形，用细麻绳纺织鞋面，粗麻绳织鞋底，其再缝缀编织鞋带，为麻绳加捻编制。长24.5cm，底宽7.5cm，鞋高9cm，鞋带长17cm。为方便方案的编写，将麻鞋分为A、B号（图1）。

这双麻鞋为征集品，因在库房搬迁过程中，将文物登记卡遗失，具体征集时间无法确定。这双麻鞋长期在库房中保存，之前未做过任何处理，表面有大量的灰尘，且已经遮盖麻绳原来的本色，表面呈暗色，又因长期的挤压而变形。编号为A的保存相对完整，未发现病害，只是在鞋面有一处细麻绳断裂；编号为B的鞋内、鞋面以及鞋底有大量霉斑，且在鞋后右侧有9.5cm的深色污染，并在鞋后边缘有一处断裂，鞋子内底的霉斑处发现有糟朽，鞋面有三处的细麻绳不同程度断裂（图2、图3）。

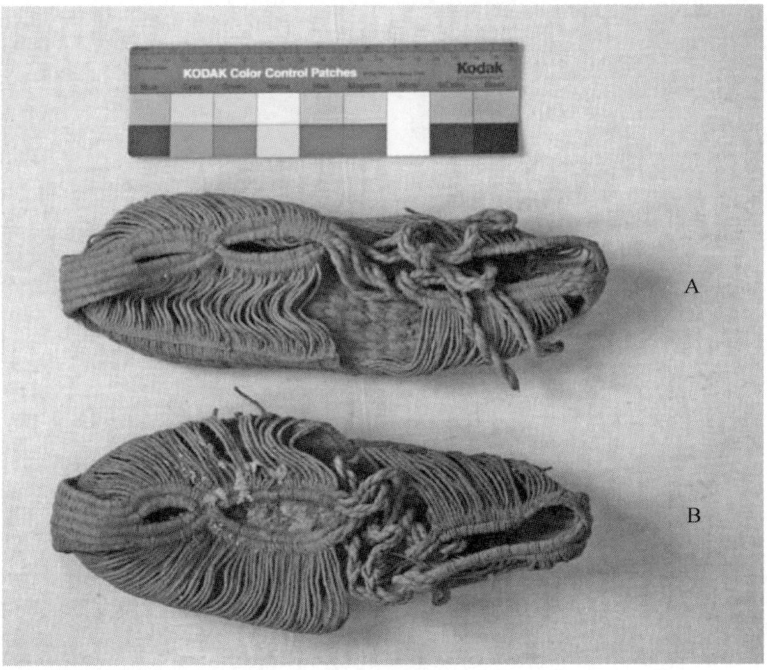

图1　麻鞋原状

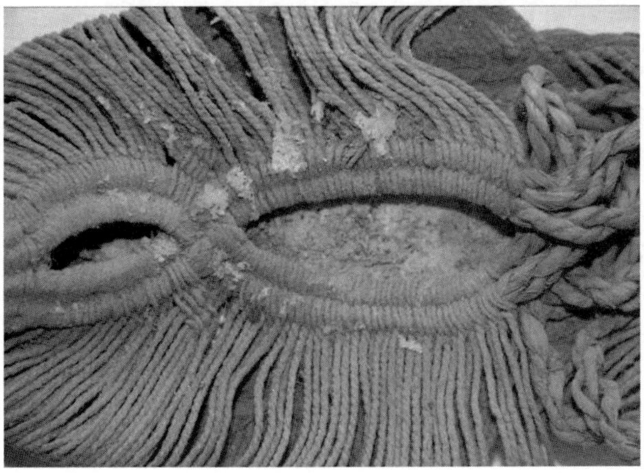

图2　B号麻鞋病害

图3　B号麻鞋污染及断裂处

三、文物工艺特征

这双麻鞋质地为麻，制造工艺为编织。麻是一种草本植物，用麻的径皮纤维制成绳索、布，再编成鞋子——麻鞋。麻鞋是一种制作精巧、美观、经济、实惠、流传于民间的日常生活用品，其生产历史可以追溯到东汉以前。历代劳动人民在长期的制作实践中对加工工艺不断完善，麻鞋的制作在唐代已趋成熟，并在民间广为流传。

这双麻鞋鞋面呈“8”字形，鞋面两侧为三股麻加“S”捻成细麻绳编织而成，且细麻绳粗细相对均匀（图4）。鞋底为三股0.5～0.9cm麻编织成辫状以立辫状盘绕九圈后成底，盘成麻丝如紧密的“千层底”，再用麻绳穿紧左右，固定鞋底。鞋底高度为1cm（图5、图6）。麻鞋的

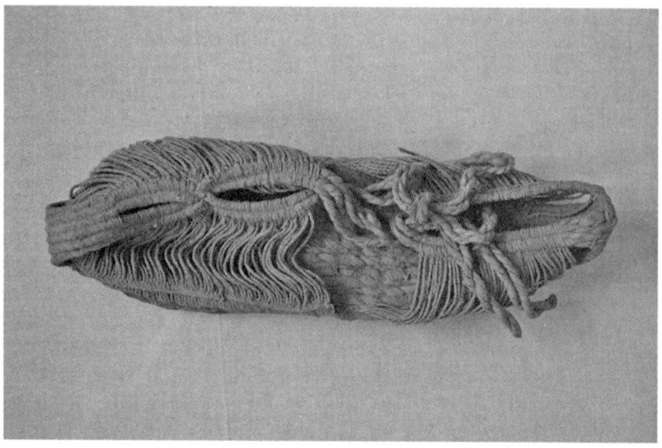

图4　麻鞋鞋面结构

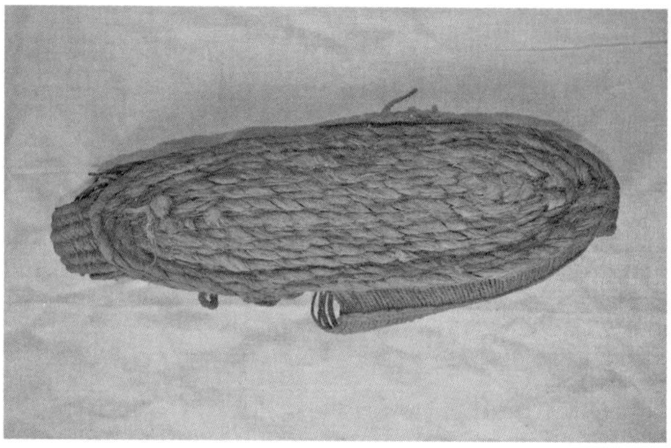

图5　麻鞋底部结构

图6　麻鞋鞋底侧面

图7　麻鞋前部

图8　麻鞋后部

鞋头、鞋后部翘起，宛如“牛鼻”形。翘起部分是由二股0.2cm麻编织成麻花辫状的麻绳。麻绳贯穿于鞋前、鞋面、帮梁、鞋后部等（图7、图8）。

四、修复方案及其步骤

文化遗产最重要的特征是真实性、价值高、不可再生。为了体现文物的特性及价值，在文物修复过程中应遵循相应的原则，即保持文物的原真性、可识别性原则、可再处理原则、最小干预原则等。本次修复的麻鞋虽说是一件征集品，但其与阿斯塔那古墓群出土的麻鞋极为相似，时代应为唐西州时期。它对研究唐西州时期人们的生活展现以及其制作工艺等方面都具有一定的历史价值、科学价值及艺术价值。在修复过程中我们严格遵守文物修复的原则，最大程度地保持原貌、尽量减少对文物的干预，使其在最小外界干预的情况下得到最大程度的保护。

根据修复原则及对麻鞋实物的观察和病害的分析，我们确定修复路线为除尘→清洗→整形→制作模具→修复→包装装盒（图9）。修复此件麻鞋时主要采用针线法对其进行修复，以展示出其立体效果。

1.信息采集

完成对麻鞋的观察、测量、拍照、画病害图（图10～图12）。

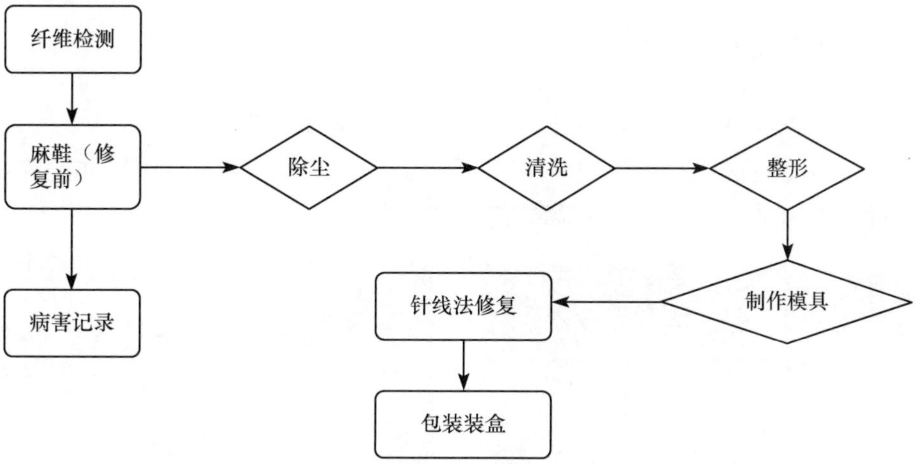

图9 修复路线图

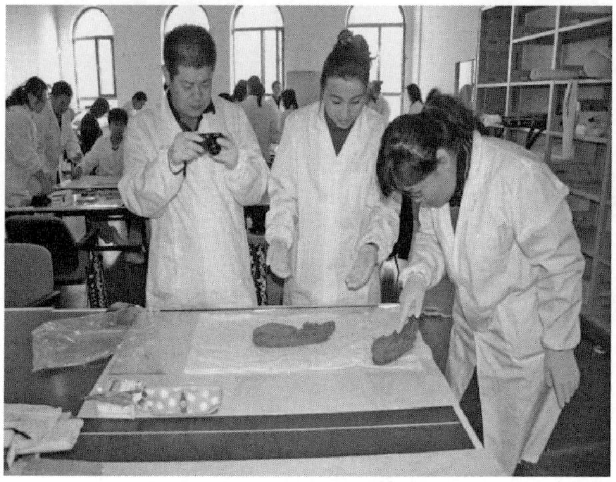

图10 麻鞋的观察

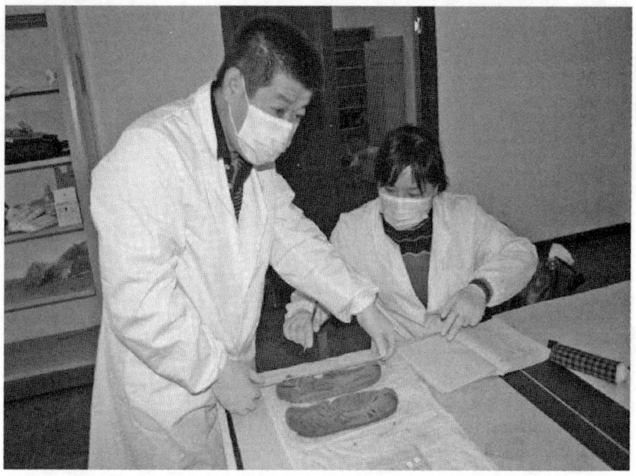

图11 麻鞋的测量

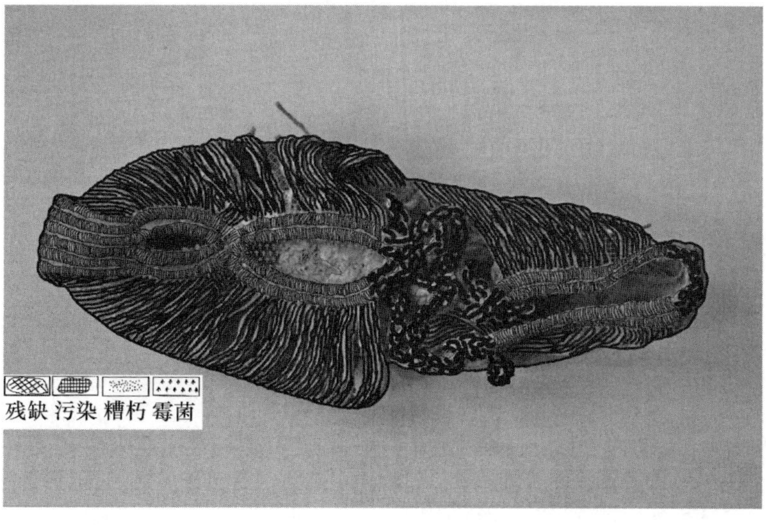

图12 B号麻鞋病害图

2.对麻鞋进行除尘处理

先用小刷子轻轻将麻鞋表面进行除尘，而对鞋子内部的除尘，则是使用专业吸尘器进行吸尘（图13）。对于有霉斑病害的鞋子则先用镊子将病害样本放入标本袋中，再进行除尘；等日后条件成熟后对病害标本进行必要的检测分析（图14）。

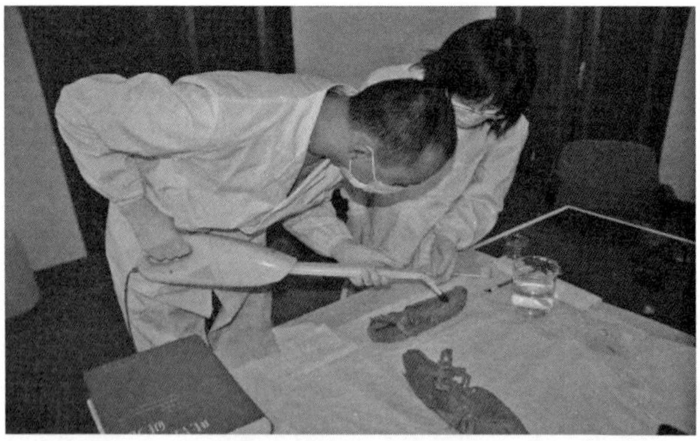

图13　A号麻鞋的除尘

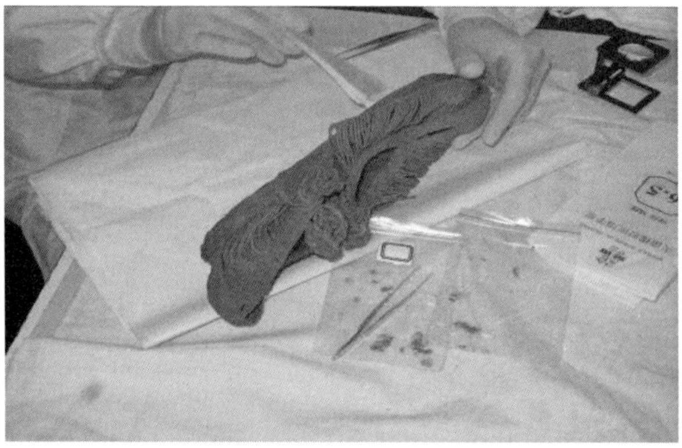

图14　B号麻鞋的除尘

图15　麻鞋局部的预洗

3.清洗

（1）预洗

在完成除尘处理后，在操作教师的指导下，清洗前先将鞋带放在水中浸泡30min，看其有无异常及变化（图15）。

（2）A号鞋清洗

先将麻鞋放入自来水中清洗4次，再用蒸馏水清洗3次，清洗时，用小刷子轻轻在麻鞋表面进行刷洗（图16）。清洗后，在A号麻鞋内部放入塑料起到初步定形的目的（图17）。

图16　A号麻鞋的清洗

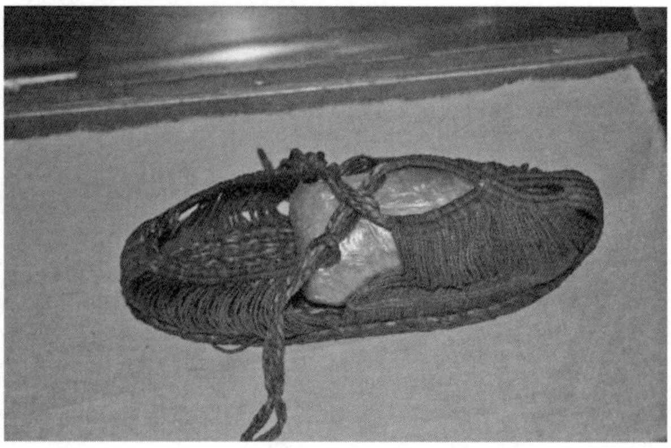

图17　初步定形

（3）变黑情况处理

待麻鞋晾干后，发现麻鞋局部有变黑的情况（图18、图19）。对于这一情况，先在麻鞋内部塞入宣纸团吸水及定形，再对麻鞋局部变黑的地方用棉棒蘸蒸馏水擦洗，最后用宣纸将麻鞋包裹，避免与空气接触。这样反复两遍后，变黑的地方大有改观（图20、图21）。

图18 A号麻鞋第一次清洗效果（1）

图19 A号麻鞋第一次清洗效果（2）

图20 A号麻鞋局部的第一次蘸擦洗

（4）B号鞋清洗

对B号鞋的清洗是在清洗A号鞋的三天后进行的，清洗前先将麻鞋放在纱网上，后再将麻鞋放入蒸馏水中。清洗时也是用小刷子轻轻在麻鞋表面进行刷洗。反复在蒸馏水里清洗6次，并留有每次清洗的水样。在清洗时，B号鞋的断裂处断开。待清洗好后，立即先用宣纸吸水，再往鞋内塞入棉花起到对麻鞋的初步定形，最后，用宣纸将麻鞋包裹三层或四层，避免其暴露在空气中（图22～图26）。

4.整形

这双麻鞋是立体文物，为了更好地展示出立体效果，整形就显得尤为重要。在对这双麻鞋清洗过程结束后，放置3小时，观察其变化。

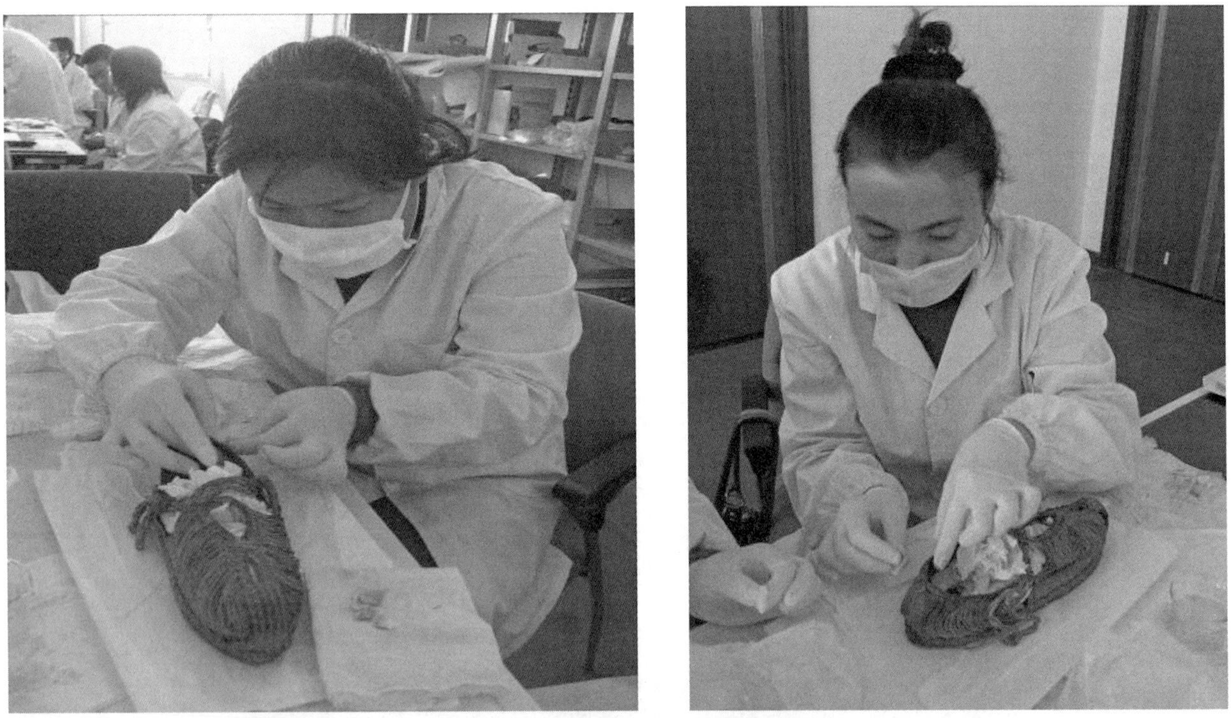

图21　A号麻鞋局部的反复蘸擦洗

图22　B号麻鞋的清洗

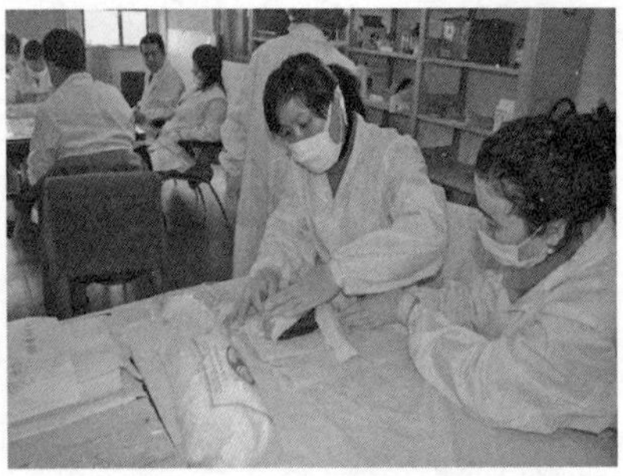

图23　B号鞋鞋面吸水

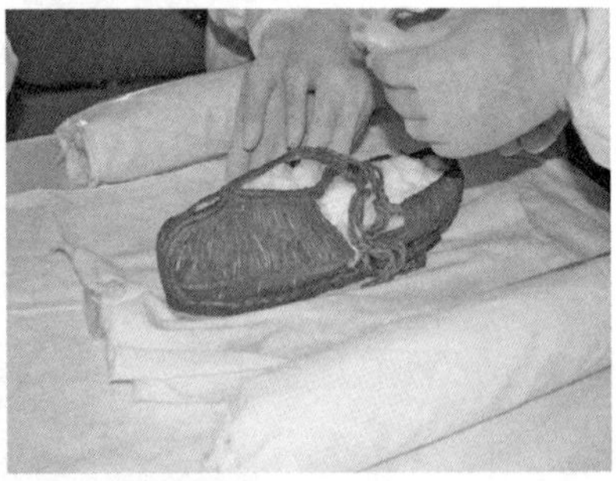

图24　B号鞋初步定形

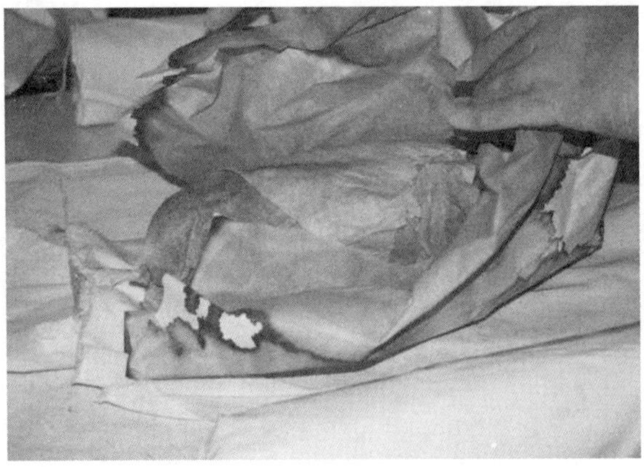

图25　B号鞋宣纸吸水情况

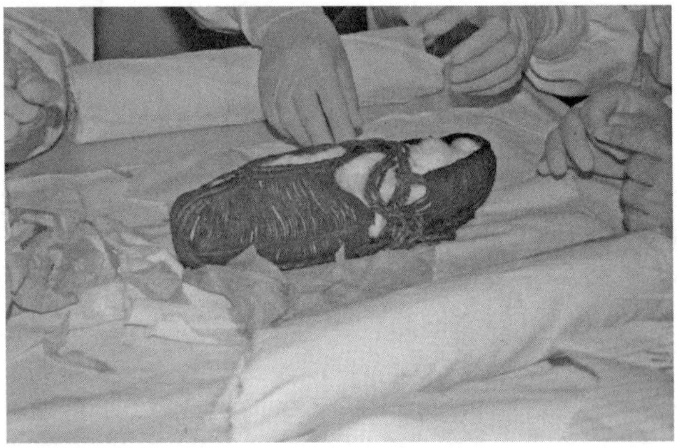

图26　清洗后效果

在实践教师的指导下，对这双麻鞋的进行整形。首先用手或镊子轻轻地将麻绳理顺、理平整，其次将脱脂棉慢慢塞进麻鞋中，并将麻鞋塞满。这时应注意麻鞋的整体形状不受到任何改变和变形。最后，将麻鞋用宣纸包裹三层或四层，两侧用事先准备好的材料固定麻鞋，用棉布将麻鞋盖上。需要注意的是，在整形的整个过程，要求麻鞋处于半干半湿状态，这样有利于对麻鞋保护（图27）。

由于麻鞋是分两次清洗的，因此两只麻鞋的色彩上略有不同，再次对两只鞋进行二次的棉花蘸蒸馏水擦洗。清洗后，两只麻鞋再次进行对比和调整（图28）。

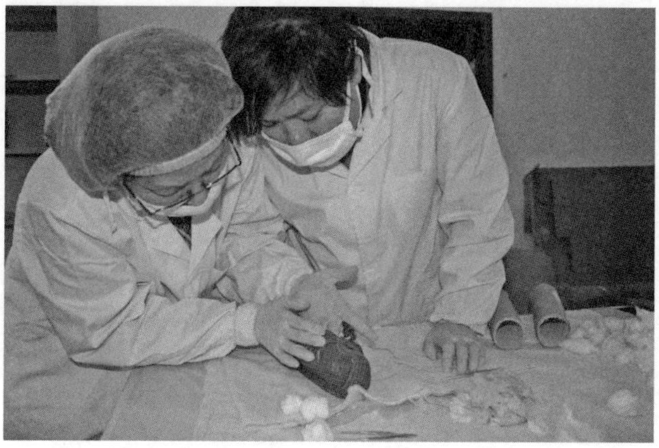

图27 麻鞋固定整形

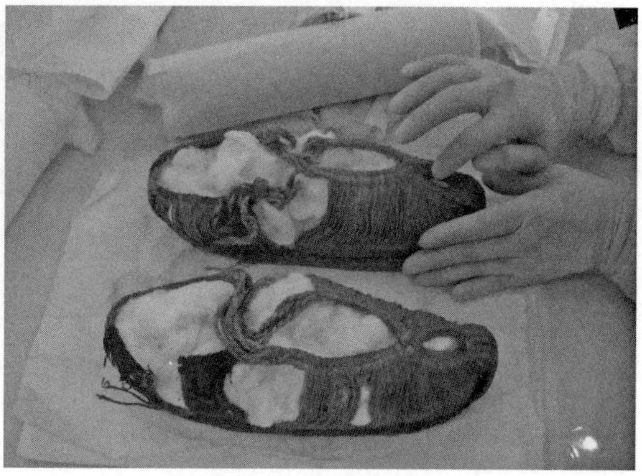

图28 麻鞋二次整形固定、对比

5.制作模具

在对麻鞋进行整形后，我们开始制作麻鞋内的模具。模具主要采用立体裁剪的方法，以鞋底为基准，测量麻鞋侧面高度及按侧面展开来绘图。裁剪后，采用套针法缝制（图29）。

将缝制好的模具放入到麻鞋内，根据情况，对正式模具进行裁剪和缝制。裁剪衬布，对衬布进行平整，为了防止将来收缩，不用电熨斗熨平，而是在衬布湿润状态时用手抚平并用磁铁压固折边（图30）。

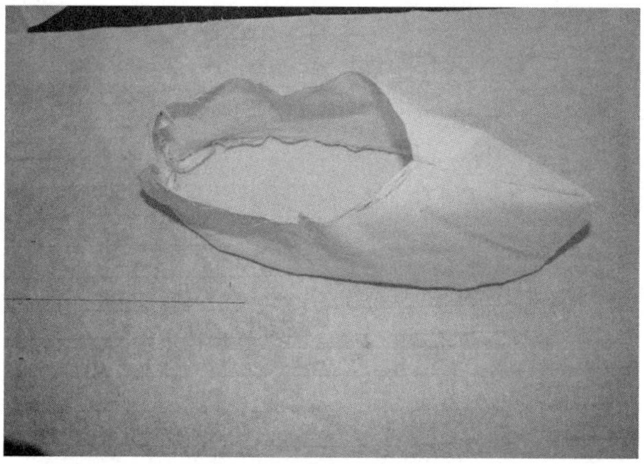

图29 模具初次的缝制效果

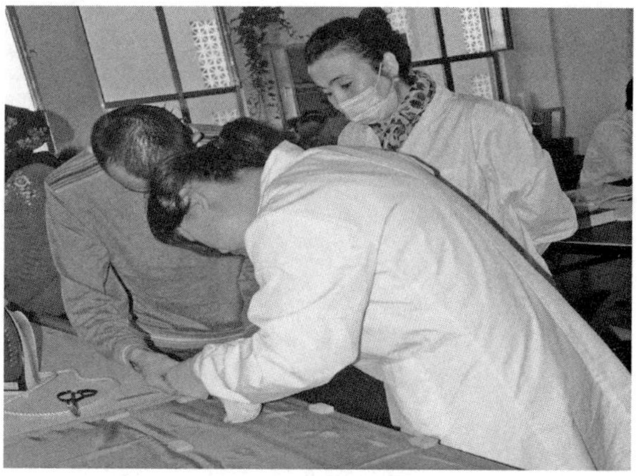

图30 模具的裁剪

正式模具的缝制要求针角要细密、均匀，在初次缝制时，采用的是套针法缝制。这种针法虽然相对较密和结实，但由于套针法对操作者的技术要求较高，不易掌握。在反复实验后，采用行针法缝制模具，效果很突出（图31～图34）。

将无菌脱脂棉按鞋样进行裁剪塞入到模具内，并将模具放入到麻鞋中，按麻鞋的大小，塞满塞平模具。

将放好的鞋模具放入到麻鞋中（图35）。

模具放入麻鞋后，调整，使模具附贴于麻鞋（图36）。

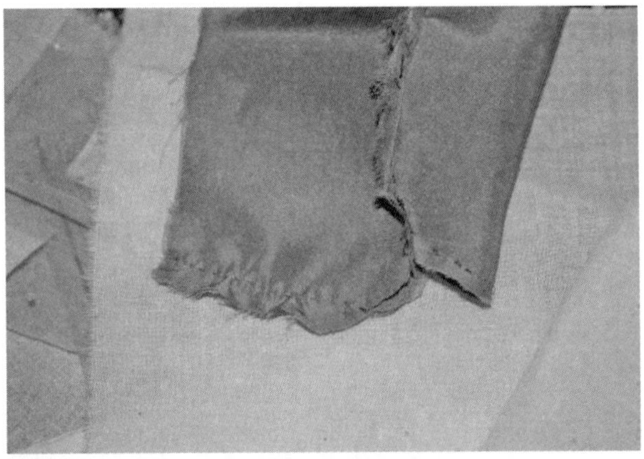

图31　套针法缝制效果

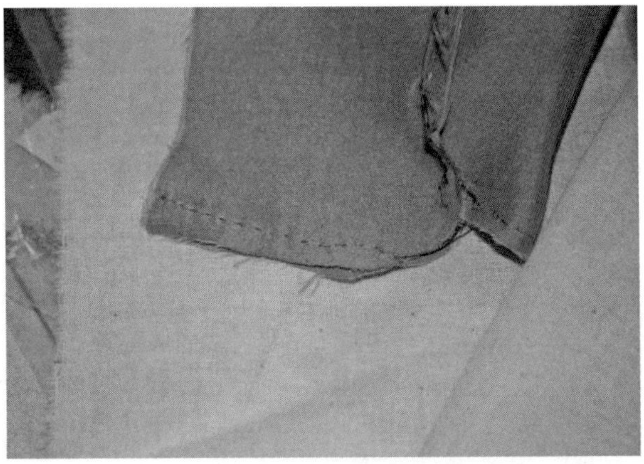

图32　行针法缝制效果

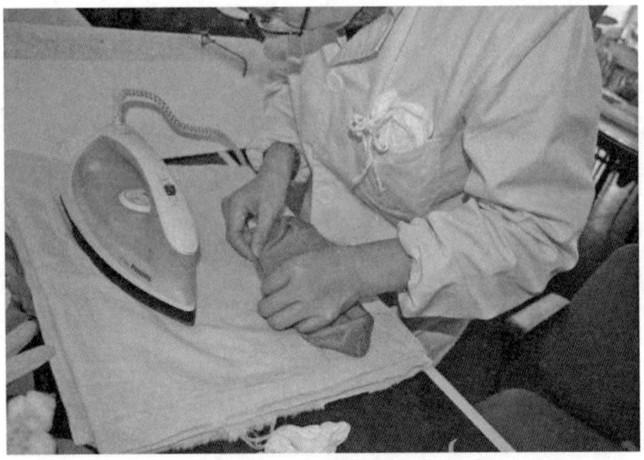

图33　模具的熨烫

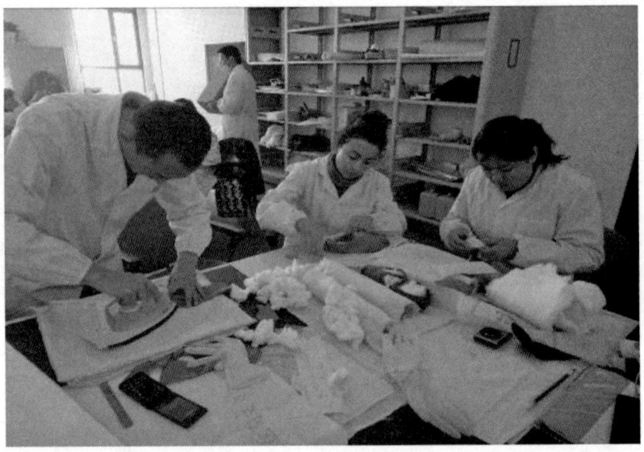

图34　模具的缝制

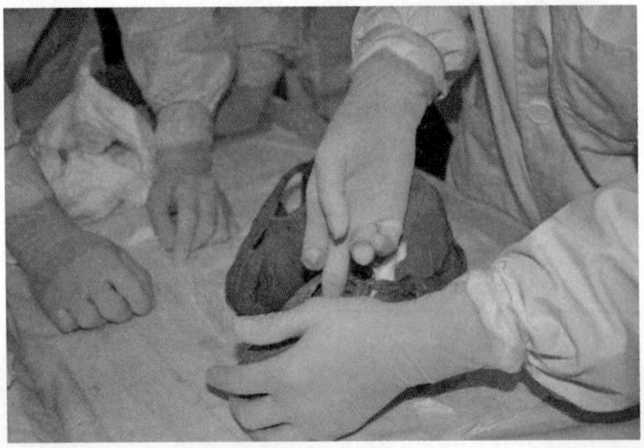

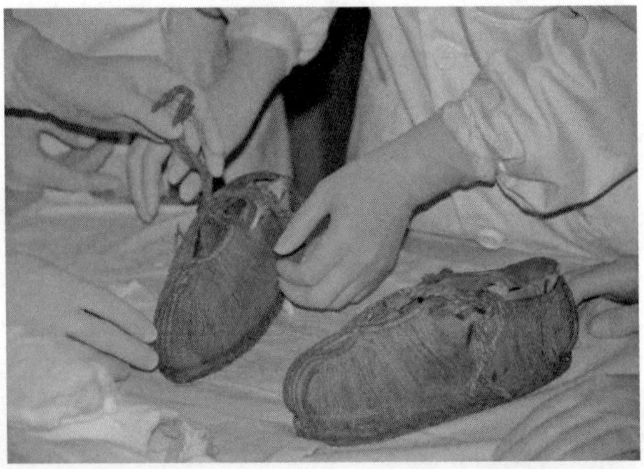

图35　模具的放入

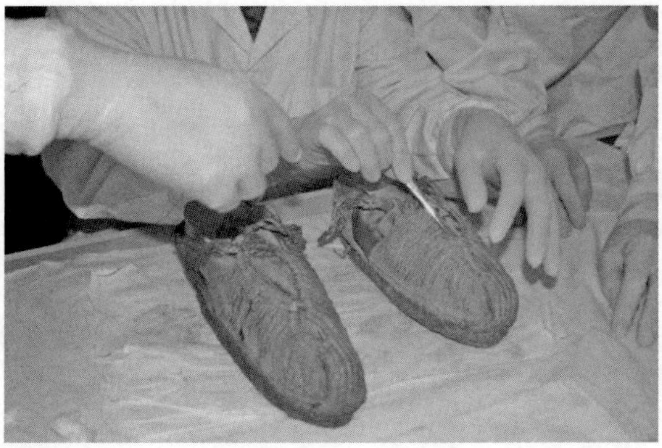
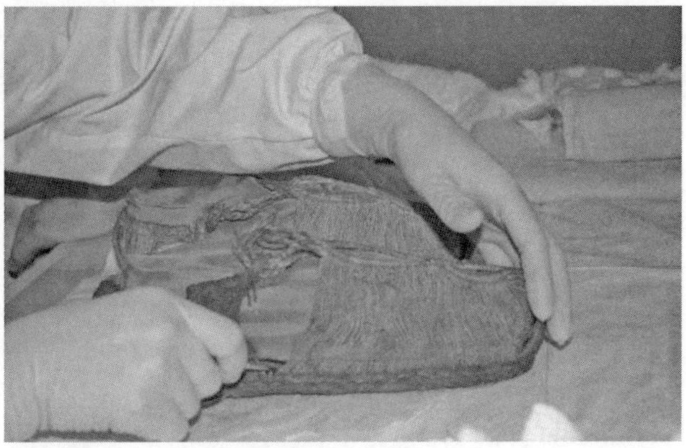

图36 调整模具

6.修复过程

将模具放入到麻鞋内后，为使模具起到支撑和依附的作用，要不断对模具进行调整，以达到最好的效果。之后再对麻鞋及模具之间、模具及麻鞋的断裂处等进行针线法的修复（图37～图40）。

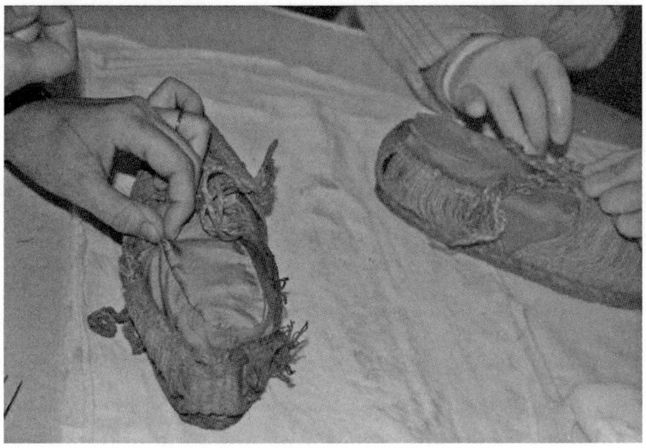
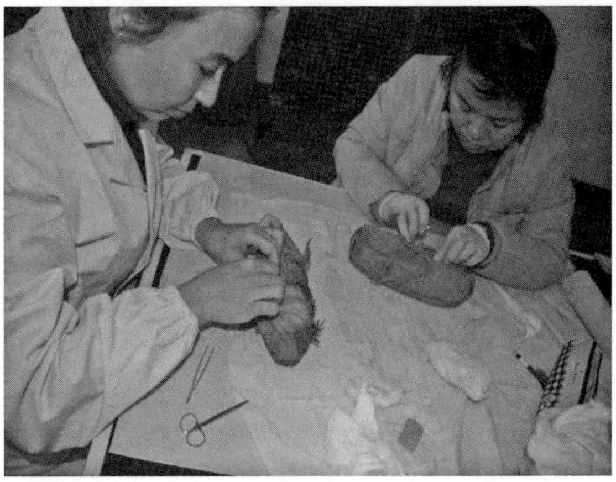

图37 模具与麻鞋之间的缝合

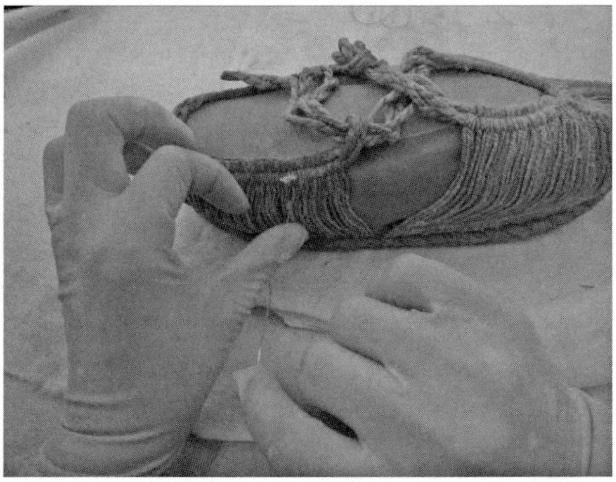

（a）修复前

（b）修复后

图38 A号麻鞋针线法修复

（a）修复前

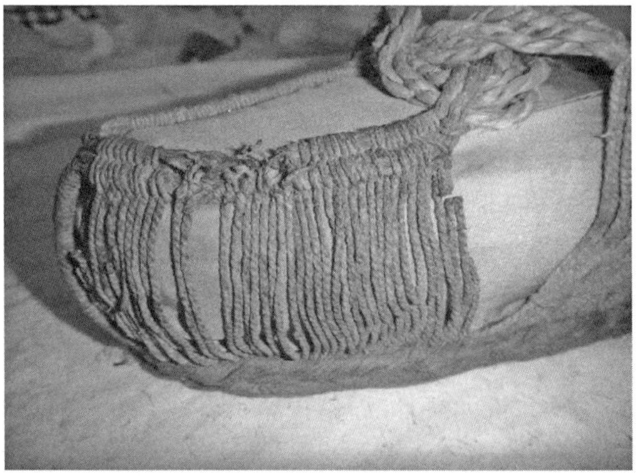

（b）修复后

图39　B号麻鞋断裂处针法修复

7.包装装盒

无酸纸盒的内衬制作（图41）。

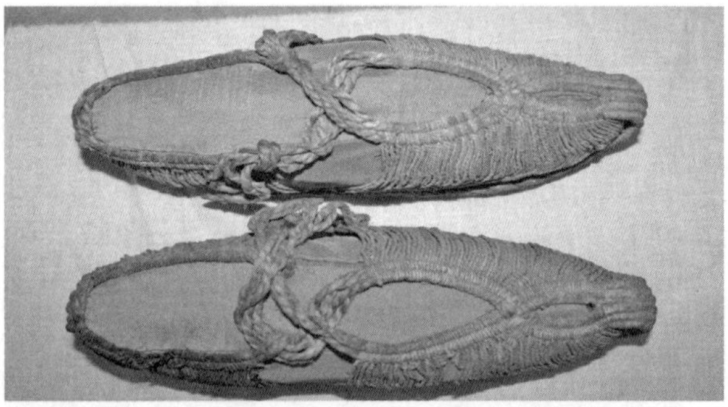

图40　修复后的麻鞋

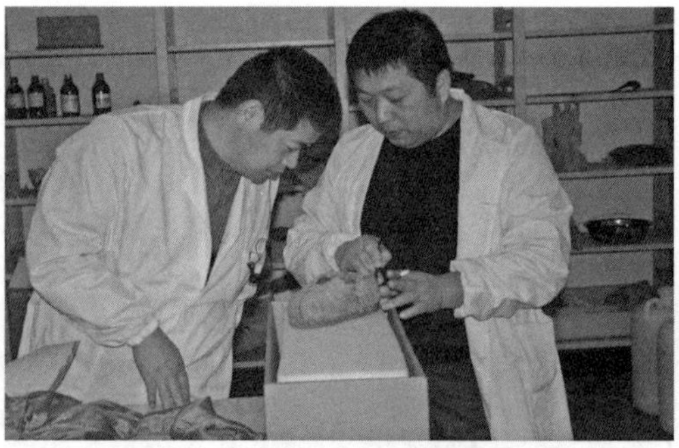

图41　无酸纸盒的内衬制作

内衬里放入麻鞋的效果（图42）。

（a）内衬制作前效果

（b）内衬制作后的效果

图42　内衬制作效果

修复后的麻鞋，为保证它的展示及存放，起到固定的作用。在无酸纸盒内制作了一层棉被盖在麻鞋上。先裁剪44cm × 61cm弹力棉，将弹力棉对折，用洋纺丝包裹后再用行针线法缝制成棉被，按放入麻鞋位置的大小做两个小棉垫，放在麻鞋上起到固定作用后，盖上棉被。最后完成了这双麻鞋的整个修复过程（图43、图44）。

图43　盒内包装衬布

图44　盒内的全套保护

五、修复设备和材料

1.修复台

根据修复麻鞋的实际情况，对修复麻鞋的工作台并无特殊要求，使其能够平放在修复台上即可实施修复。

2.缝线

这双麻鞋的修复在制作模具时会使用到缝线，缝线是由操作教师提供的。鞋内模具以及包装时所需的缝线均为丝线。

3.衬布材料

制作模具的衬布是由操作教师提供的。鞋内模具衬布材料为电力纺，无酸纸盒内的包装衬布材料为洋纺。

六、修复陈展

麻鞋前期制作模具，给文物以初步的加固，然后再以针线法修复，使麻鞋基本恢复原貌，为广大观众提供了难得一见的精美展品。在包装盒内衬制作时徐东良给予了大力帮助。本方法可为同类文物的修复提供借鉴。

七、结　　语

通过近一个月的实践活动，参与其中，亲身体验，我们对文物修复从最初的理论阶段上升到实际操作的过程，有了理论与实际最好的结合。此修复报告由路莹执笔，阿克力白克负责提供图片以及在模具制作中做了大量的工作，赵宏民参与了前期的修复工作，路莹、热米娜·克衣木参与了整个修复过程。在我们四人的共同努力下，交上结业的答卷，也为这个学习班的结束也画上的圆满的句号。

感谢国家文物局、新疆文物局为我们提供了这样一个好的学习平台，感谢丝绸博物馆的老师以及为我们授课的专家学者，同时，也非常感谢吐鲁番地区文物局为我们提供这样好的实践教材。

作者单位：路莹，吐鲁番学研究院

从修复缂毛残袖谈浅缂毛的工艺和发展

库尔班·热合曼

内容提要：新疆是丝绸之路的必经之地，其地理环境和气候条件决定了新疆出土的纺织品在全世界都占有非常重要的地位，为研究古代纺织品文化提供了宝贵的实物资料。本文通过对新疆洋海墓葬出土的青铜时代晚期的残袖的修复，阐述了缂毛工艺“通经断纬”的特殊织造原理及其演变和发展。从青铜时代晚期的缂毛工艺发展到唐代的缂丝时隔千余年，从唐代出现几厘米宽的缂丝带，到宋代的匹料，再到明清时期的挂屏字画及皇帝的龙袍，这种缂丝工艺的不断发展演进，划出了一条非物质文化遗产与时俱进的轨迹。缂织是我国古代织造工艺中的一朵奇葩。

关键词：出土纺织品　商周时期　缂毛工艺　演变发展　缂丝

新疆古称西域。自西汉时张骞出使西域，开辟了以长安（今西安）为起点，经甘肃、新疆，到中亚、西亚，并联结地中海各国的陆上通道（这条道路也被称为“陆上丝绸之路”）后，丝绸就成为古代中国沿商路输出的代表性商品。从此一队队骏马、骆驼、背行囊、贩运丝绸服饰的东西方商人往来于这条闻名于世的古道上，推动了不同服饰的文化交流。中国丝绸传入西方后，促进了东西方文化的交流，为东西方文明交流史揭开了崭新的一页。考古发掘证实新疆出土的纺织品历史悠久、纹样丰富、品种较多，色彩艳丽，这一方面得益于丝绸之路的繁荣，另一方面与新疆气候干燥，光热丰富，降水稀少的特殊自然环境有关。就目前新疆发现的年代较早的小河墓地、五堡墓葬、洋海墓葬、扎滚鲁克墓地等出土的保存完整的商周时期毛织品、汉唐时期织锦等，简直让人难以想象，数量之多居全国之首，不仅为世人揭示了古代的纺织技术，也展示了古人生活的绚丽多姿。

本文通过对新疆洋海墓葬出土的青铜时代晚期的残袖的修复，阐述缂毛工艺“通经断纬”的特殊织造原理及其演变和发展。

一、缂毛残袖的来源及修复状况

（一）缂毛残袖的来源

吐鲁番地区鄯善县洋海墓地位于火焰山南麓的荒漠戈壁上，北距鄯善县吐峪沟乡政府5km，东南距洋海夏村2km。由于这片墓葬区分布面积大，近100 000m^2，所以有效保护十分困难，多年来常发生古墓被盗案件。1988年11月，新疆文物考古研究所在此发掘了82座墓葬；2003年3～5月，新疆文物考古研究所与吐鲁番地区文物局合作，在此发掘500余座墓葬，出土了大量精美的毛织物，其中缂织技法的衣物和织物残片占30%左右，图案多为几何形，如三角形、折线、锯齿等。“在出土的14件长衣中，有6件为缂毛织物缝缀，2件存在有缂织图案，可见当时的洋海人非常爱美，注重外表的装饰。”①

（二）残袖的破损状况

此次发掘在洋海Ⅰ号墓地M146出土了一件褐色缂毛残袖，为长方形筒，长28.5～29cm，袖筒上宽13.7cm，下宽15cm，用正块缂毛缝合而成；从其尺寸可以看出是服饰上袖子的一部分，手摸略显粗糙；观察袖子保存状态，结构上可以看出袖子整体形状，但是由于年代久远，整体糟朽严重，纤维脆弱，强度明显退化，稍有翻动就有毛纤维脱落；袖子的颜色较暗，地组织呈褐色，花组织呈黄褐色；袖子缝合处的缝线有多处开裂，缝线呈浅黄色；袖筒正反面部分有残缺、破裂，部分地方有血渍、泥土和大面积白色污染物；通过在30倍放大镜下的观察，白色结晶盐布满整件袖子的纤维组织内；袖子下边（里）发现黏连有长2.5cm，宽1cm的人皮。

（三）修复过程

此件袖子的整体破损严重，纤维老化，强度退化，纤维炭化的现象较明显，基本不能走针（图1），故采用敷纱保护的方法进行修复。在修复时，要注意以下四点。首先，选择光滑柔软、纹理比较接近原件丝绸的面料作为背衬；缝线选用最细的丝线，与原件的强度相当，虽然在运针时针线不碰到原件，但是用细的针和丝线，在外观看不出针脚，又最大可能地保护文物材料在缝制过程中不受损坏。其次，清洗前对文物采用局部斑点实验，确认后再用羊毛刷沾去离子水轻轻浸洗；在染背衬材料时以原件织物整体的颜色为依据进行，特别考虑到破损处的背衬颜色尽量做到与文物接近，采用化学的合成染料。再次，前期准备工作完成后，把染好的背衬丝绸平铺在塑料片上，塑料片下铺一块铁板，文物放在背衬上面平整后，再在文物上面铺一层纱，用玻璃片和磁块将三层固定后，用最细的针和丝线将三层缝合；缝针尽量不在残袖上走动，利用残袖的缺失和裂痕走针，采用回针法固定背衬和上面的纱，用纱和背衬将残袖的上边和下边包裹起来，然后剪齐袖子两边多余的背衬和纱，用丝线将残袖缝合处包裹。最后，把袖子恢复原状。从文物保护的角度出发，需要给残袖做一支撑。选一块薄的柔软的丝绸，染色做旧，裁制成长方形状，尺寸比原件长宽各小2cm，里面装蓬松棉，缝死袋口放入残袖子中，便于保存（图2）。

（四）残袖的组织结构

整只袖子的地组织为一上一下的平纹，花组织也是一上一下的平纹；经线密度为每厘米41根，“S”捻；纬线密度为每厘米11根，“S”捻；采用通经断纬的方法织成，即在织造过程中用几把小梭通过挖梭分段缂织而成。花纹从左向右斜，有10条花纹，花纹到花纹的距离1.1cm左

① 李媛、玛尔亚木·依不拉音木：《洋海一号台出土缂毛袖片的保护修复及其相关装饰特点》，《天衣有缝》，文物出版社，2009年。

图1　褐色袖子修复前

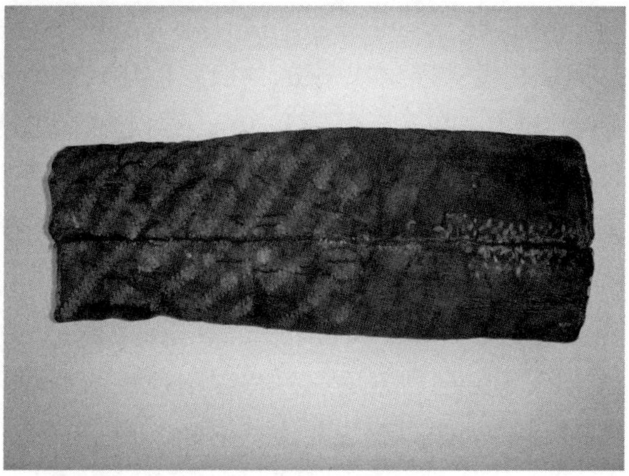

图2　褐色袖子修复后

右，每条花纹宽0.6cm（图3）。纬线通过数把小梭和经线交织，成锯齿状排列，斜向显花。这种纹饰虽然简单，但通过不同的组合排列形成一个整体的纹饰，使织物更加美观，富有立体感，视觉效果佳。在29cm长的残袖上，纹样布局只有一部分，即采用了局部缂毛，这可能与其服装的装饰有关。残袖从其形制看只能是靠近袖口的部分，在接近袖口的部分缂织出10条黄褐色斜向锯齿纹状，使得衣服从视觉上显得更精致，更合身，这在洋海墓地出土的其他服饰上也有所表现。

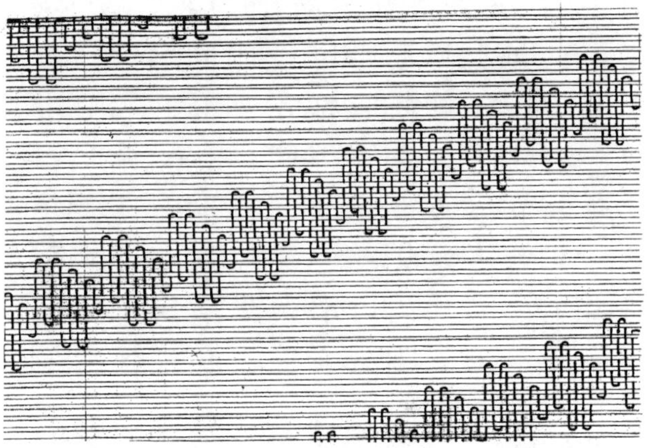

图3　纹样组织结构

二、缂毛的起源及织造工艺

（一）缂毛的来源

古代原始人防寒取暖用的是动物毛皮，随着社会的发展，考古的不断发现，使深埋地下的古代遗存逐渐开启了了解人类文明发展史的通道。“出土于铜石并用时代的一枚‘骨针’、一把‘骨梳’，为古代新疆原始先民创制以兽骨磨制骨针、骨梳的事实做了有力的论证。这枚小小的骨针，是人类智慧的结晶，它的功能在于缝缀兽皮，将兽皮分成条状或连缀成片，用粗齿状的骨梳梳理毛皮，使之初具衣着形式。而骨梳的创制又为今后毛纺衣的织造奠定了基础，继而又出现了‘石纺轮’，运用动物的毛做原料，纺成毛线，是西域先民的发明创造，人类的衣饰原料由兽皮向毛织物发展了一步。”①目前新疆发现的年代最早的缂毛出土于小河墓地，由此证明早在4000多年古代西域人已经掌握了缂织技艺。从目前的考古实物来看，新疆地区所发

① 李肖冰：《丝绸之路服饰研究》，新疆人民出版社，2009年。

掘纺织品的“缂毛工艺”似乎只不过是受古希腊、古印度文化的影响而形成的。这也引起了诸多考古学家和美术史家的争议，但这种争议并不是问题的终结，而是给我们提供了一个解题的平台，仔细追寻新疆缂毛的最原始起源，探察西方纺织工艺的影响源，再把它放置在一个世界文化的背景框架下考察，我们就会得出一系列有趣的答案，而这种考察本身就具有很深的文化魅力，探索之路也可以说是一次酣畅淋漓、充满了神奇的文化之旅。

（二）缂毛的织造工艺

缂毛又名“刻毛”，是以本色毛线为经，各色毛线为纬，采用“通经断纬”的织法。在制织时，把花样图案放在经线下面，透过经线将花纹的轮廓描到经线上，再用装有各色毛线，长约10cm的小梭，依花纹图案一块块缂织。不同颜色的纬梭要随着图案的不同而变换，极其频繁，费工又费时。织出的效果是经线不显露，只露出纬线，正反面的花纹和色彩完全相同。同时，这种特殊的织法使得产品的花纹与素地、色与色之间呈现一些断纹和小孔。

青铜时代早期应用通经断纬的缂毛技法十分普遍，这从洋海墓地（图4）、扎滚鲁克墓地出土的缂毛织物中可以看出（图5），织物图案多以几何形纹样为主，有平行条纹、三角、回纹、变体羊角、八角星形纹、锯齿、波折纹等。织造时根据装饰的需要，纹样设计分为两类：①局部缂织，在整幅面料的局部织出一道绦式花边，通常是在长衣、长裙的下摆、长裤的裤腰、裤脚部位，根据需要缂织出适合的图案；②通幅缂织，有的较窄为绦带，也有的出现在整件幅面上，纹样以几何图案为主，其中一些还保持着青铜器、陶器、皮雕、木雕纹样的一些基本特征。织造工艺比较简单，颜色单一，基本上只有地组织和花组织两色，以平缂为主。

图4　洋海墓地出土的缂毛残袖

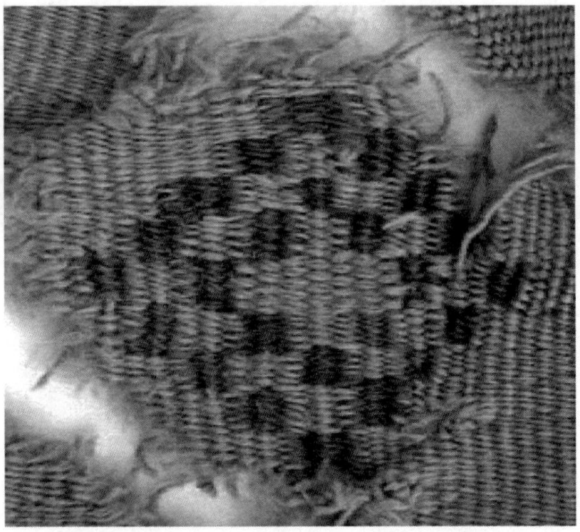

图5　扎滚鲁克墓地出土的缂毛织物

“1930年，英国探险家斯坦因在我国新疆楼兰发现了一块彩色缂毛残片，时代为东汉晚期。在这块羊毛织成的纺织品上，残存着‘十足希腊罗马式图案的赫密士（Hermes）头部’，现藏于英国皇家博物馆。”[①]（图6）“1984年新疆和田地区洛浦县山普拉墓葬一号出土的汉

① 赵丰、金琳：《纺织考古》，文物出版社，2007年。

代时期的缂毛灯笼裤（现藏新疆博物馆），裤腿虽已分离，但裤装形制清晰可见，裤装纹样新奇，呈现出异域的构图风格。整体花纹清丽别致，菱形格内绘出身着披风的人身像，人身与马相连，组成‘人首马身纹’，明显地呈现出希腊、罗马造型特征，图案纹样造型的异域化”（图7）①，说明西方文化已经进入了这个地区，是东西方文化交流融合的又一例证。在缂毛的织造工艺上有进一步的发展，其纬线亦为彩色毛线，由单一色发展为彩色；纹样表现更加细致入微，由简单的几何纹发展为角鹿、双峰驼、凤鸟、山羊等动物（图8），树木、花草、花卉类植物以及几何纹、人物等复杂的图案；缂毛的技法也由平缂法发展到绕缂，缂绘结合的缂织技法。通常一件服饰的图案由多种缂织方法组成，色纬与色纬之间留有明显的纵向“水路”。

图6 织有赫密士头像的缂毛残片

图7 “人首马身和武士人像纹”缂毛

图8 和田山普拉遗址出土缂毛织物

① 李肖冰：《丝绸之路服饰研究》，新疆人民出版社，2009年。

为表现其分层效果，把两种或两种以上相邻的不同颜色，根据花纹轮廓的形状，用不同色谱的色纬，以后缂继前缂，进行抢色、和色、起着分清色阶和划分阶线的作用，在花纹的边缘部位，以另一种颜色缂出明显的边界线的构缂法。

三、缂毛的演进

（一）缂丝的起源

新疆出土的毛织品是中国纺织文化的载体，运用缂织技法显示纹样图案又是新疆毛纺织业使用的一种特殊技法。随着丝绸之路的畅通，古丝路上的文化交流更为频繁，缂毛工艺到汉晋时期已经发展到了很高的工艺水平，进入唐代出现了缂丝。缂丝是在缂毛的工艺上演进形成的，“1973年新疆吐鲁番阿斯塔那曾出土几何纹缂丝带子，斯坦因和日本大谷探险队曾分别在我国敦煌窟和新疆古墓中盗走过唐代缂丝残片，日本正仓院保藏有奈良时代留传下来的唐代异兽忍终连花纹缂丝残片，表明唐代缂丝技术已初具规模。这种用毛线做纬线的缂毛工艺，逐渐被用丝线做纬线的缂丝工艺所取代，并一直流传下来”[①]。

缂丝技术成熟并获得高度发展则是在两宋时期。宋代缂丝见于文献记载的有北宋末年洪皓的《松漠记闻》，其中记述了回鹘织工“又善结金线，相亲瑟瑟为珥及巾环。织熟锦、熟绫、注丝、线罗等物，又以五色织成袍，名日缂丝，甚华丽”。洪皓在《松漠记闻》中还记述了回鹘人从秦川徙入燕山，与汉人杂居，并与汉人通婚的事实。这表明，缂丝技艺很有可能是回鹘人传入中原地区的。与洪皓差不多同时的庄绰在《鸡肋篇》上卷记载：“定州织刻丝，不用大机，以熟丝经于木梣上，随所欲作花草禽兽状，以小梭织纬时，先留其处，方以杂色线 于经线之上，合以成文，若不相连。承空视之，如雕镂之象，故名刻丝。如妇人一衣，终岁可就。虽作百花使不相类亦可，盖纬线非通梭所织也。”这段话把缂丝的工艺特点描述的细致入微，并且表明当时河北定州的缂丝已相当成熟[②]。

缂丝是纯手技性的劳动。缂丝时用一台普通的平纹织机（图9），利用两片棕开口，两块踏板控制。它与其他平纹织机不同的区别在于打纬工具。它不用筘框，而用类似于梳子的专用打纬工具（图10），亦称“木手”，一边织造，一边打纬。用“通经断纬”的织法，随心所欲地织出细致流畅、栩栩如生的纹饰。由于缂丝的组织结构是本色细经，彩色粗纬，以纬克经，只显彩纬。经密比较疏，加上织制时用的是“通经断纬”织法，故年长月久，细弱的经线较之粗纬更容易断裂。

（二）缂丝的发展

宋代是中国缂丝技术和艺术蓬勃发展的时期。明张应文在《清秘藏》中评价：“宋人刻丝不论山水、人物、花鸟每痕剜断，所以生意浑成，不为机经掣制。一部分缂丝开始向纯欣赏的

① 回顾：《中国丝绸纹样史》，黑龙江美术出版社，1990年。

② 回顾：《中国丝绸纹样史》，黑龙江美术出版社，1990年。

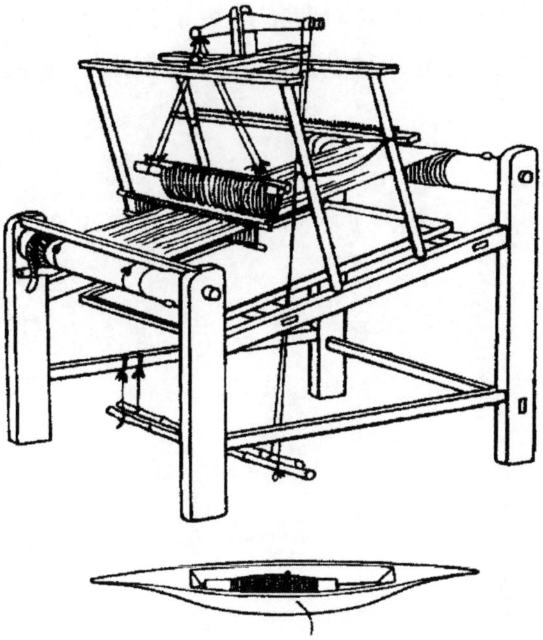

图9　平纹织机

图10　打纬工具

仿名人书画方向发展，从而推进了缂丝技术工艺的进步，缂品已能灵活运用掼、构、结、搭梭、子母经、长短戗、包心戗和参和戗等多种技法，能‘随所欲作花草禽兽’，达到了中国古代缂丝艺术发展史上，即令后世千年间也难以逾越的一个高峰。”明代缂丝的技术水平在继承宋代缂丝优秀传统的基础上有进一步的发展，创造了双子母经缂丝法，即用一根纬线在两根经线上缠绕，其特点是在织造时可以随作者的意图安排画面的粗细疏密，也可以随题材内容的不同而变换织法，采用这种技法，能使缂丝制品更加层次分明，疏密均匀而富于装饰性。清代缂丝的表现领域更为扩大和多样，在缂丝技术上创造了双面缂（又称透缂），正反两面纹饰均清楚平整，精细一致，可较多地用于制作双面屏风和扇面等。在色线运用上，多采用两种不同色相或不同明度的色丝合捻而成的合色线，用以增强物象色彩肌理及明暗变化的表现力。清代中期，宫廷的挂屏和插屏等常有用丝线缂织地纹，用毛线缂织花纹的织品，可称为“缂毛”，花纹具有凸起毛绒的装饰效果。缂毛工艺也在沉寂了两千余年后，重新兴起，这一时期利用缂毛工艺除了缂织一些生活用品如地毯、挂毯等外，用毛线做纬线“通经断纬”缂织艺术品，逐渐发展成一种独特的织绣工艺品——缂毛画。从唐代出现几公分宽的缂丝带，到宋代织成匹的面料，再到南宋极其精致的书画，直至现代的特种手工艺术品，缂丝的技艺不断发展演进，划出了一条非物质文化遗产与时俱进的轨迹。

四、结　　语

新疆出土的纺织品具有时代的连续性，从距今3000多年的早期毛纺织物，到战国时期出土的丝织物，再到其后的棉织物都有完好的遗存。从工艺上看，距今4000年的“小河墓地”

出土了初步利用缂毛工艺织成的披风，这种缂毛技术传入中原后对我国纺织工艺产生了重大影响，形成了集大成的缂丝工艺，并被世界各地广泛应用，对世界文明发展作出了重大贡献。

缂毛——缂丝，中国古代织造史上的奇迹。

作者单位：库尔班·热合曼，新疆哈密地区博物馆

鄯善洋海Ⅰ号墓地M19出土毛绦的清洗保护修复

康晓静

内容提要：本文介绍了吐鲁番鄯善县洋海墓地Ⅰ号墓地M19出土两件毛绦的清洗保护修复工作。经过保护修复后，纹样清晰、织物色泽鲜艳，既保持了文物原状又达到了较理想的保护效果，同时满足了研究和展览需要。

关键词：毛绦　清洗　平整　保护

新疆鄯善县洋海墓地位于火焰山南麓的荒漠戈壁之上（图1），北距鄯善吐峪沟乡政府5km，东南距洋海夏村四组2km。地理坐标东经89°39′～89°40′，北纬42°48′～42°49′。墓地总面积54 000m^2，主要分布在三块相对隔离的台地上，分为Ⅰ、Ⅱ、Ⅲ号墓地，墓地周围是一些寸草不生、起伏不平的沙丘、土梁，为戈壁小砾石覆盖[①]。洋海墓地是近几年新疆发掘规模较大的古墓群，该墓群出土大约400余件用毛纺织物缝缀的衣服和毛织物残片。这些毛织物向我们展示了洋海人的物质生活及其毛纺织手工工艺，为了解该时期毛纺织工艺的演变提供实物佐证，对了解和研究新疆早期的物质文化生活、毛织物手工工艺的发展、东西方文化交流和古代人们的活动具有重要意义。

Ⅰ号墓地M19为椭圆形竖穴土坑，直壁。墓底距地表深1.35m，墓底有一木床，长1.34cm，

图1　洋海墓地外景

① 吐鲁番文物局：《吐鲁番考古新收获——鄯善县洋海墓地发掘简报》，《吐鲁番学研究》2004年第1期。

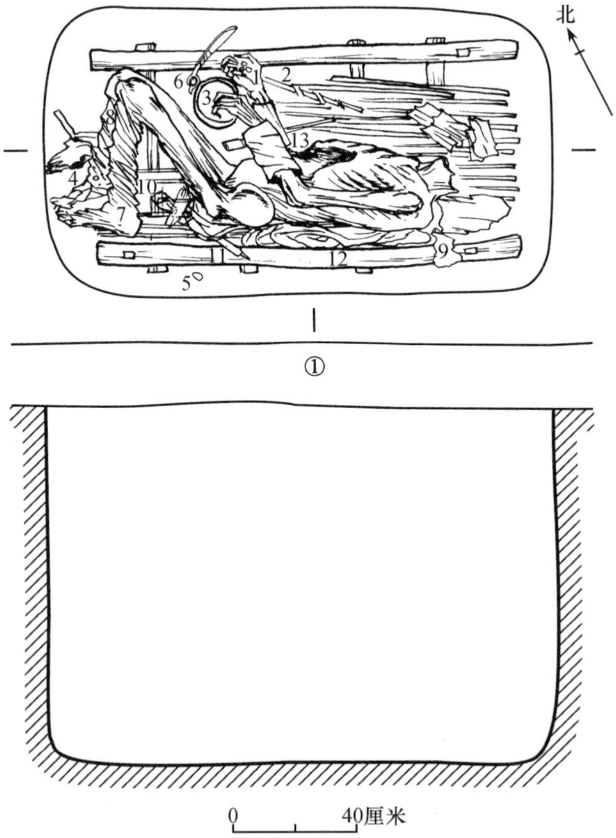

图2　M19平、剖面图

1.海贝　2.木鞭　3.木盆　4.铜铃　5.铜贝饰　6.铜刀　7.绑腿　8.绑腿　9.毛布　10.木钉　11.铜锥　12. 毛编织带　13. 木柄铜镦

宽0.72m（图2）。床面用柽柳棍铺垫，床上陈放一成年男性尸骨，侧身屈肢，头骨残破，呈东西向，左手臂戴皮射鞲，右腿绑铜铃，还有铜刀、铜锥，两手间放木盆1件，脚前随葬羊头1个，右手握有三个海贝，脖子下有两个铜贝饰，胸前有木鞭，身着毛织衣裤已残朽成片状①。I号墓地M19出土了两件毛绦，编号分别为03SAYIM19：7和03SAYIM19：8。03SAYIM19：8保存比较完整，03SAYIM19：7部分缺失。这两件文物有不同程度的破损，脏污程度严重，部分被污染部位已糟朽，急需保护。为了使这两件文物不再受损，受吐鲁番地区文物局委托，2010年，新疆纺织品保护修复培训班修复三组对这两件毛绦进行修复。本篇文章介绍这两条毛绦的修复过程。

一、文物基本信息

03SAYIM19：7 毛绦，出土于吐鲁番鄯善县洋海墓地，位于墓葬墓主右腿部。作绑腿用，带宽2.7～1.8cm，残长96cm，用红蓝色线斜编而成，以红色为地蓝色显出波折纹样，编织细致均匀。残存两段，残存较长一段，一端系两个死结（图3）。

---

① 由于洋海墓地考古报告正在编写中，即将发表。文中所涉及的M19墓葬情况均已得到该课题主持人吕恩国教授的许可，特此致谢。

03SAYⅠM19：8 毛绦，出土于吐鲁番鄯善县洋海墓地，位于墓葬墓主左腿部。为一根绑在一起，一端系结，作绑腿用，带宽1.4～1.6cm，残长144cm，用红蓝色线斜编而成，红色为地蓝色显花，以红色经线4根蓝色经线3根排列为规律上下行交错显花，编织细致均匀。残损，已成三段（图4）。

二、文物工艺特征

M19出土两条毛绦均以经线斜编成（图5、图6；表1）。

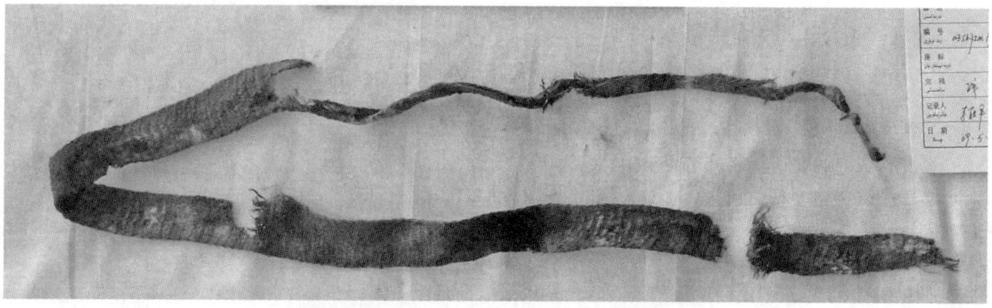

图3　03SAYIM19：7全图（修复前）

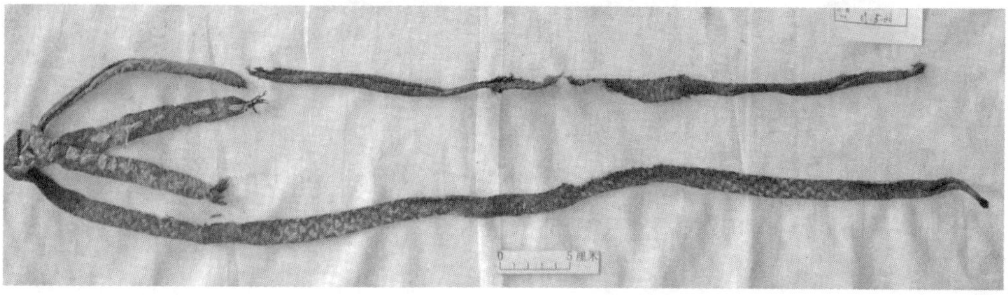

图4　03SAYIM 19：8全图（修复前）

图5　03SAYIM19：7组织结构

图6　03SAYIM19：8组织结构

表1　M19出土两条毛绦的结构特征

田野号	名称	时代	尺寸（cm）	毛径（mm）	捻向	捻度（cm/圈）	密度（根/cm）	组织法	备注
				经线			经线		
03SAYIM19：7	毛绦	青铜时代	96 ×（2.7～1.8）	0.75	Z	8	9	斜编	经编、残
03SAYIM19：8	毛绦	青铜时代	144 ×（1.4～1.6）	0.84	Z	6	9、8	斜编	经编、残

三、文物保存状况

洋海I号墓地出土的03SAYIM19：7毛绦保存状况较差，部分缺失，脏污程度严重，部分被污染部位糟朽严重。未被污染部分图案清晰精美，编织细致均匀（图7～图13）。

洋海I号墓地出土的03SAYIM19：8毛绦保存相对完整，应为一整条绦带，一端系结。整条绦带表面均附着细沙，部分被泥土或尸液污染，由于使用的缘故有褶皱现象。

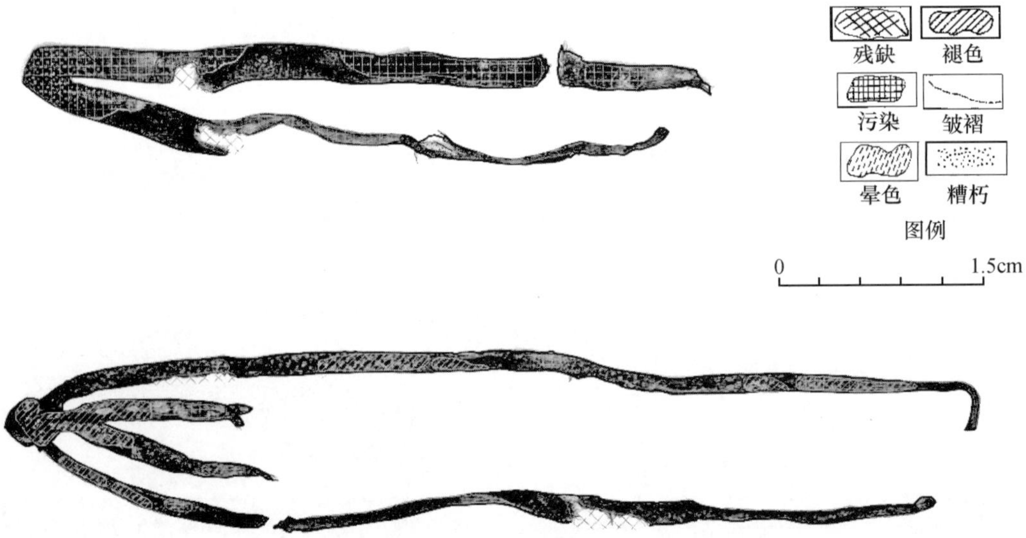

图7　03SAYIM19：7、03SAYIM 19：8病害分析图

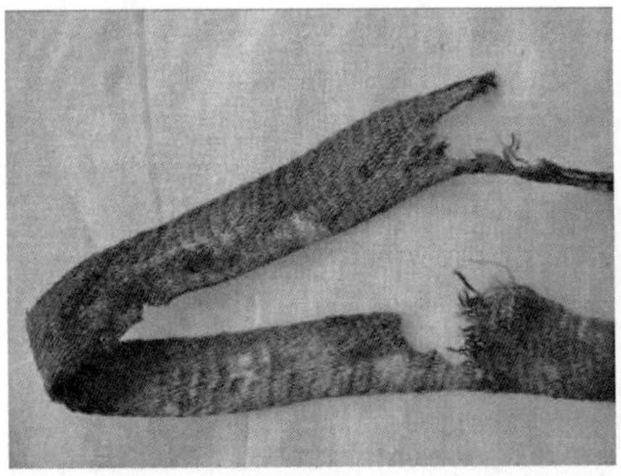

图8　残缺、糟朽、污染

图9　褪色

图10　褶皱

图11 表面污染物

图12 糟朽

图13 晕色

四、分析检测

中国科学技术大学科技史与科技考古系对03SAYIM19：7、03SAYIM 19：8两条绦带进行形貌分析。分别采集03SAYIM19：7、03SAYIM 19：8两条绦带脱落纤维，使用Sirion200场发射扫描电子显微镜对其进行观察分析。通过扫描电镜图可以看出织物为毛织物，从纤维的形貌看织物纤维是羊毛（图14、图15）。

图14 03SAYIM19：7扫描电镜图

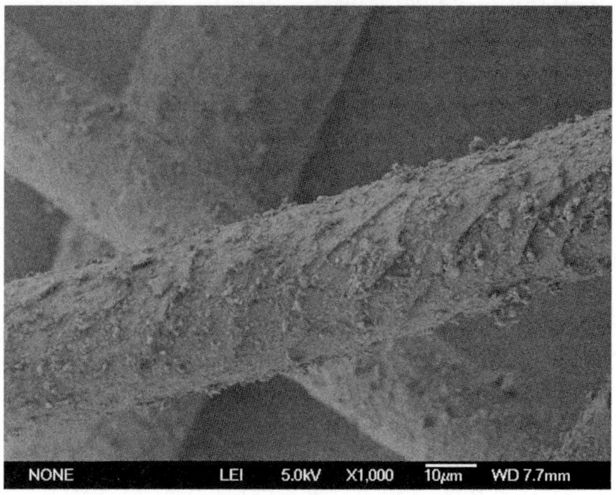

图15 03SAYIM 19：8扫描电镜图

五、修复方案

文化遗产最重要的特征是真实性、价值高、不可再生。为了体现文物的特性及价值，在文物修复过程中应遵循相应的原则，即保持文物的原真性、可识别性原则、可再处理原则、最小干预原则等。本次修复的两条毛绦在修复过程中严格遵守文物修复的原则，最大程度地保持原貌、尽量减少对文物的干预，使毛绦在最小外界干预的情况下得到最大程度的保护。

根据修复原则及对毛绦实物的观察和病害的分析，我们确定对两条毛绦进行除尘—清洗—平整的修复。有两点需要注意：第一，03SAYIM19：7有一处褶皱被污染糟朽严重，清洗时在其内部用宣纸及脱脂棉做撑护清洗；第二，03SAYIM19：7和03SAYIM19：8均有结扣，不同的是一个系活结一个系死结，为保留其信息在清洗时将不拆解结扣。

六、修复过程

根据修复方案，主要按以下步骤修复文物：除尘、清洗实验、清洗、平整、制作支撑体。

（一）除尘

由于受埋藏环境的影响，两件毛绦表面均附着有细沙土。为了便于清洗工作的进行，考虑先将表面的细沙土清除。

先清除背面，收集脱落的毛纤维，放入标本带中，用以分析研究；然后用羊毛排刷轻轻刷去表面附着细沙土。 背面清洁完毕后，翻转文物至正面向上，用羊毛排刷轻轻刷去表面附着细沙土。

（二）清洗实验

这两条毛绦出土之后至今未经过任何修复处理，在分析病害时发现有晕色、褪色现象。为避免清洗时的褪色或其他异常现象出现，首先选取03SAYIM19：7一段残缺的毛绦做小样，对其进行清洗实验（图16～图19）。

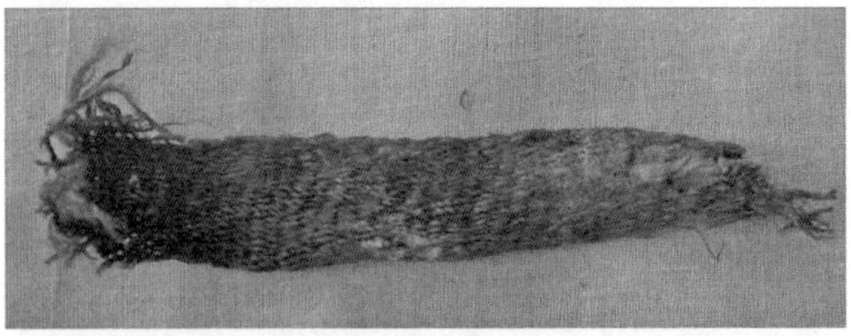

图16　清洗实验前

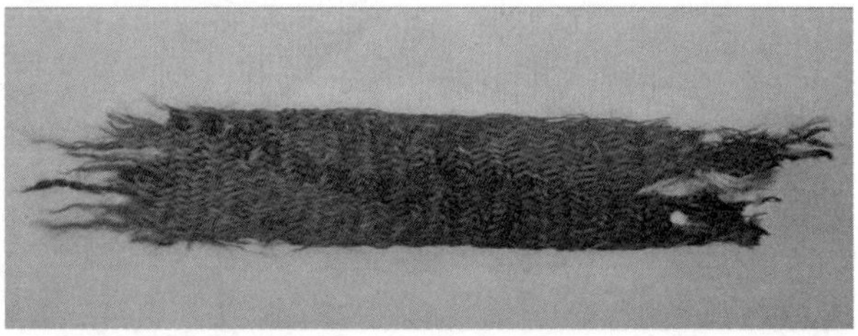

图17　清洗实验后

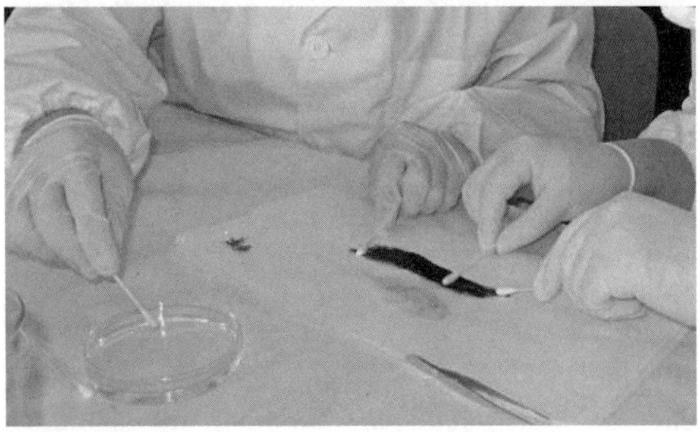

图18　清洗实验中

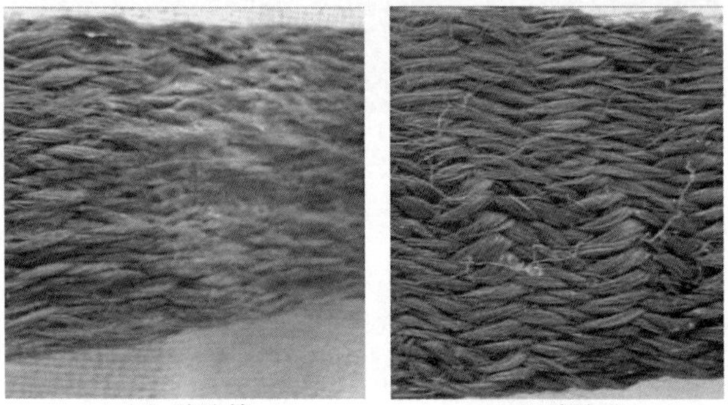

(a) 清洗前　　(b) 清洗后

图19　清洗实验前、后的局部比较

将小样放置在四层厚的宣纸上，用脱脂消毒棉签蘸取75%浓度酒精对其进行清洗，观察在棉签和宣纸上是否有颜色转移。实验结果显示：无褪色及其他不良现象，可以进行整件文物清洗。

在清洗过程中，同时对其进行了平整和整形。清洗之后用折叠两层的干净宣纸覆盖在毛绦残片上，用磁块压在两侧，施以微力使卷翘部位平整。4～5min后去除磁块，静置常温干燥。

（三）清洗

把宣纸铺于平面工作台上，将文物平摊在塑料片上，反面朝上。清洗前尽量将织物理平整，从中间向两边。然后用棉签蘸取75%浓度酒精反复清洗，使清洗溶剂缓慢浸透文物。待污物析出后，再用宣纸将污水吸干，如此反复清洗三四遍后，初步平整，整理好织物形状。翻转织物至正面朝上，按以上方法清洗、平整。用宣纸覆盖在织物上，用磁块压于其上2～3min后取下磁块，常温自然干燥（图20）。

03SAYIM19：7的一处褶皱，由于受到尸液污染此处组织结构糟朽严重，因此考虑在清洗之前对此处制作一个内部撑护，防止清洗过程中纺织品文物在浸入清洗剂后重量增加使本来脆弱的组织受损。按照褶皱的弧度用宣纸内裹脱脂棉作为撑护（图21）。

对03SAYIM19：8一端的系结清洗，为使这件文物保留更多的历史文化信息，决定不拆解该结扣。由于结扣在接口两侧连接绦带处有一定的高度，测量高度时需将两侧平带衬垫起来，然后对结扣部位进行清洗（图22、图23）。

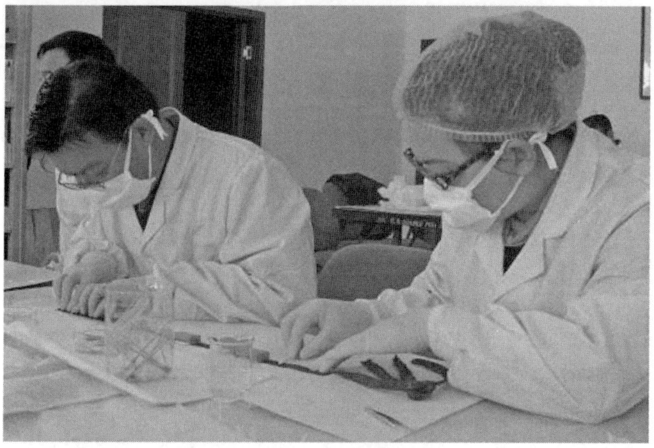

图20 清洗毛绦

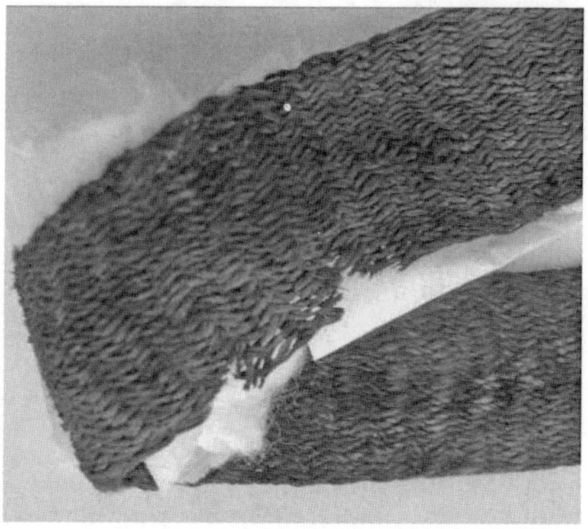

图21 03SAYIM19：7褶皱清洗前准备

图22 结扣清洗前准备

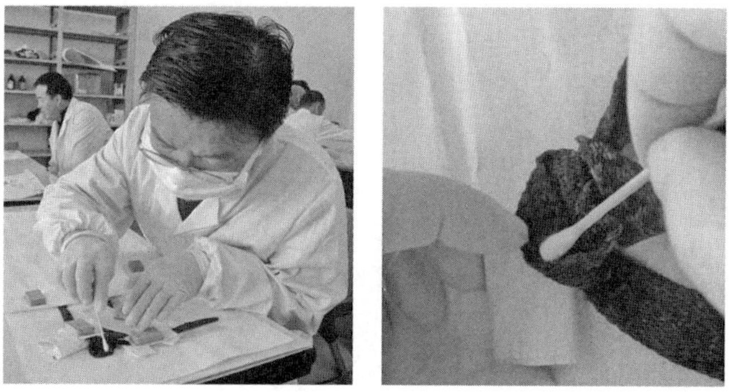

图23 03SAYIM19：8结扣清洗中

（四）平整

待文物未完全干透时，进行仔细地平整。将折皱处展平，理顺散乱的纱线。整理时注意力度不能太重，以免损伤毛绦组织结构。理好后用宣纸覆盖在绦带上，并以磁块压住，一般2～3min即将磁块去除，对于褶皱较严重部位可适当延长磁块压制的时间，但不可过长，以避免损伤文物。常温下干燥，如干后仍有不平整处，可再适当回潮织物，重新整理，直到平整为止（图24）。

由于这两件绦带是作为绑腿用，由于长期的捆绑，致使绦带拉伸变形，捆绑处的绦带与细节处和尾端绦带宽度有差别，所以在平整过程中，适当的以手指左右施压以还原（图25～图27）。

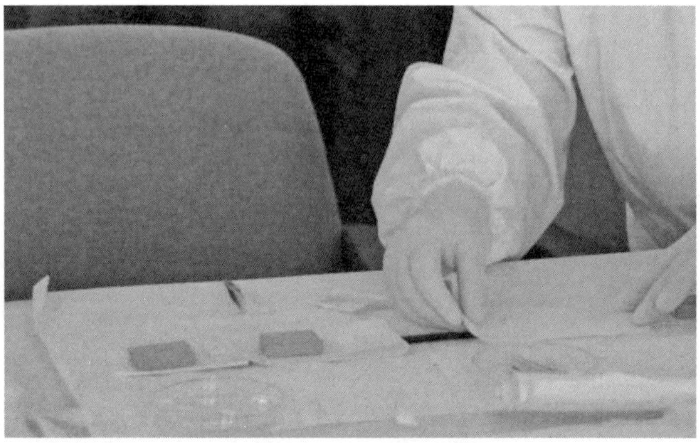

图24　去除褶皱

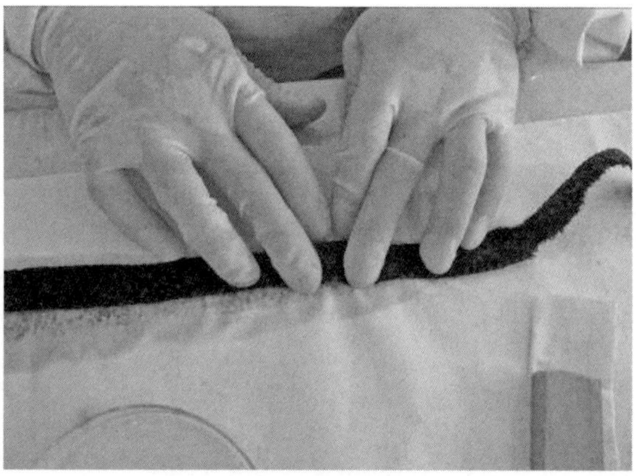

图25　还原宽度

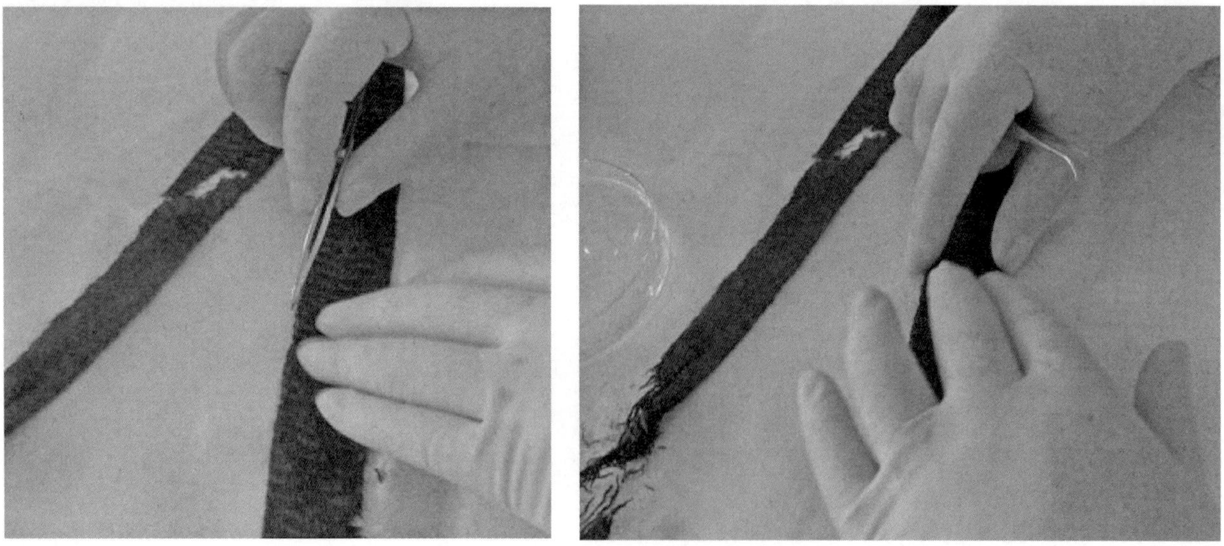

图26　整形

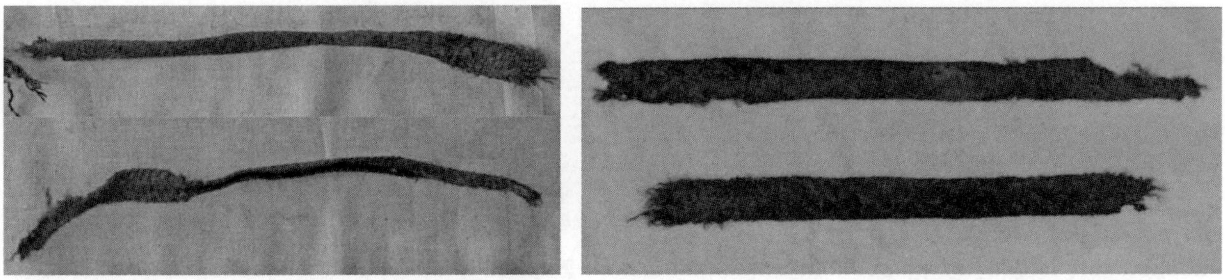

(a) 平整前　　(b) 平整后

图27　平整前后比较

（五）制作支撑体

由于03SAYIM19：7褶皱处糟朽严重，在对整件文物清洗之后考虑到此处组织结构脆化，如果长期悬空放置会造成毛纤维的断裂，为了使文物能长期保存以及取得较好的陈列效果，决定在其内部做一个撑护体，确保文物安全及陈列的美观。通过对此部位的测量和多次实验，最后确定实验三为最终撑护体（图28、图29）。

支撑体外部采用红褐色丝绸缝合，内部则用脱脂棉填充，使其确保一定的柔软度不对文物造成损伤。

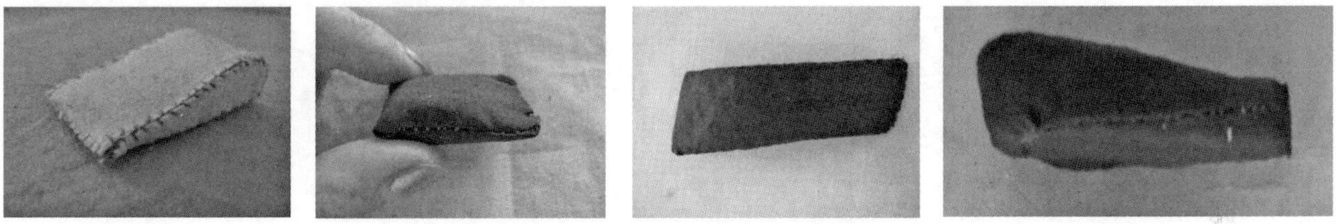

实验一　　实验二　　实验三（定稿）　　实验四

图28　制作撑护体

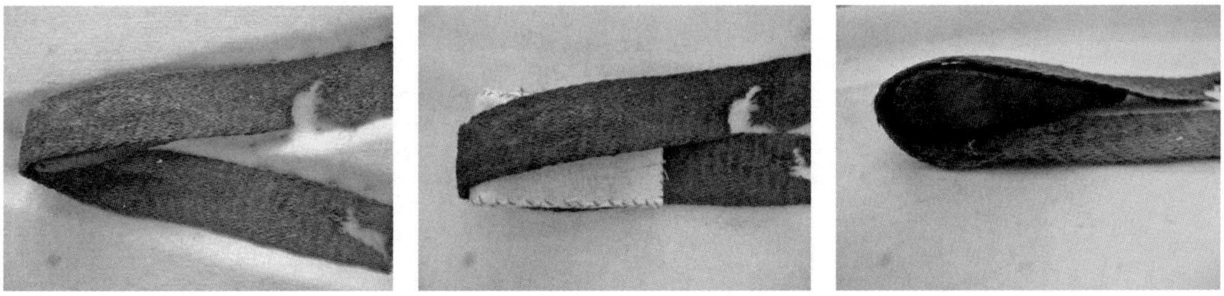

图29　撑护效果对比

七、保　　存

文物的保存方式是影响其寿命的重要因素。这两件文物均为带状，且部分糟朽严重，为了使文物能长久保存，考虑平放保存。同时，为满足展览陈列的要求，在厚约7cm背板的中部分别根据两条毛绦的形状做出凹槽，外用较厚的棉布包裹，将文物平置于凹槽内保存或供展览。无展陈需要时，文物连同背板放入无酸纸箱中保存（图30～图39）。

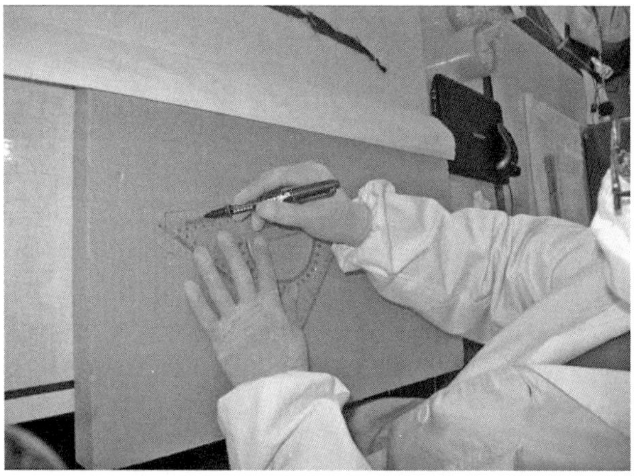

图30　测量凹槽尺寸

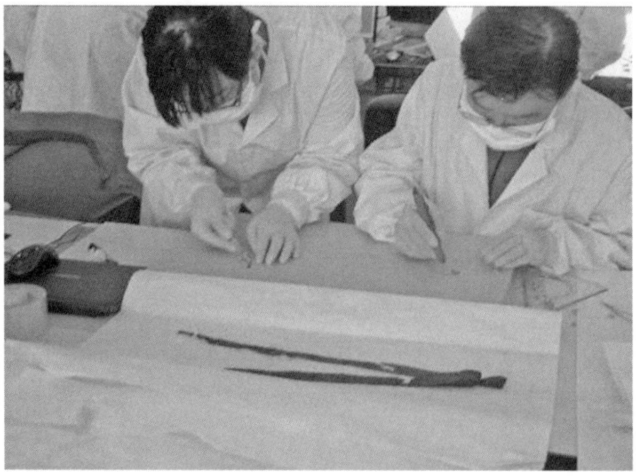

图31　刻制凹槽

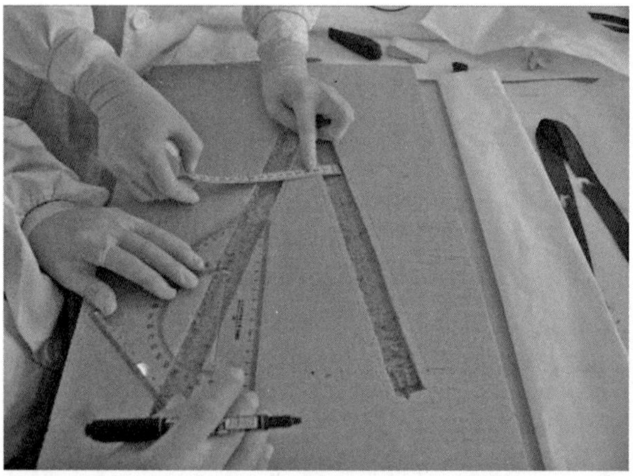

图32　对比尺寸

图33　制作凹槽斜坡面

图34　平整

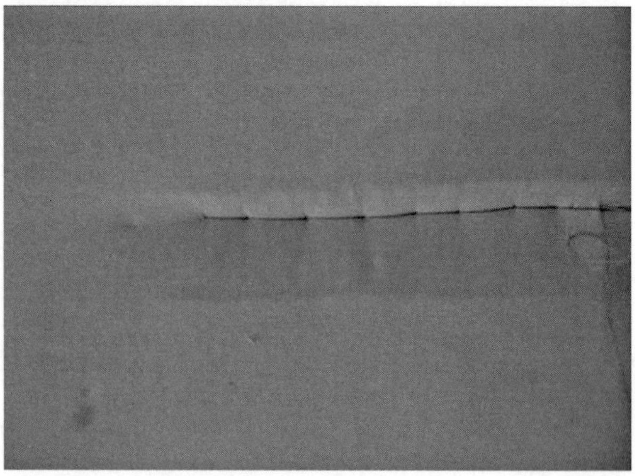

图35　铺针法

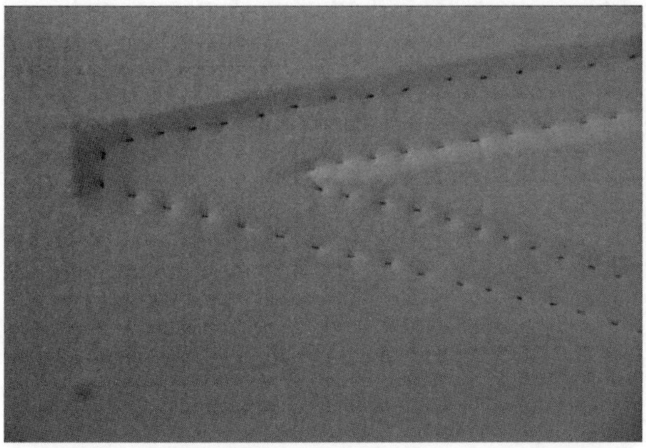
图36　行针法

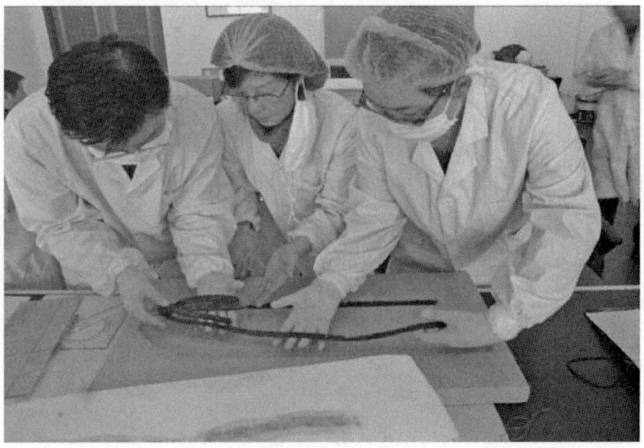
图37　放置文物

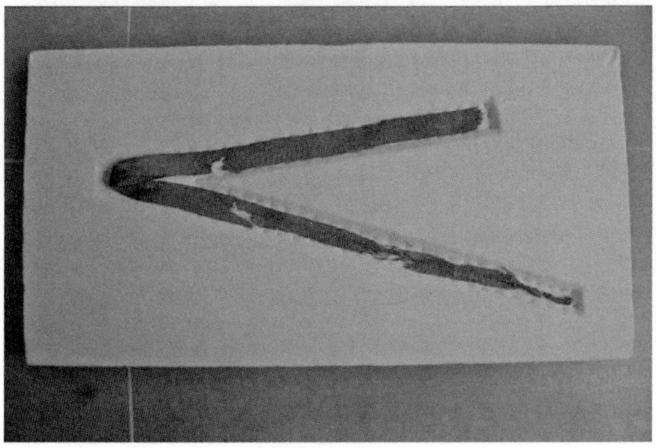
图38　展示效果（1）

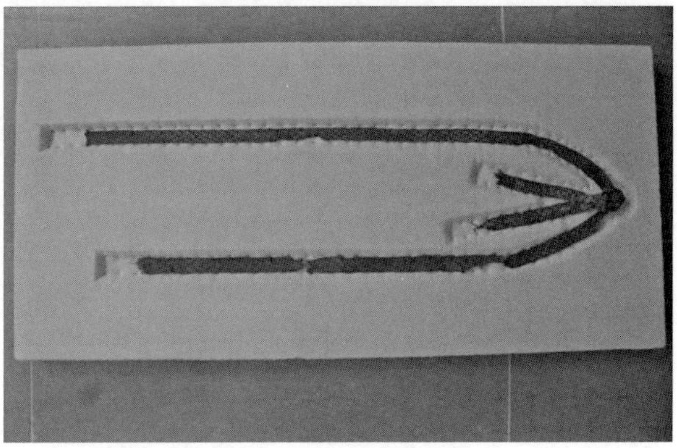
图39　展示效果（2）

八、建立修复档案

根据所采集到文物的原始资料（如修复前照片、出土时照片、毛绦尺寸、病害现状、污染情况等），清洗保护修复过程中使用的工具、药品等和保护修复后文物现状照片，以及以后在研究展览中应该注意的事项为这两件文物建立详细的保护修复档案。

九、结　论

在这两条毛绦的清洗保护过程中，我们严格遵循“不改变文物原状，最小干预，可识别及可再处理”的修复原则，运用纺织品文物保护的传统工艺和材料，使这两条毛绦的清洗保护达到了我们预期的理想效果，既能满足文物保存需要，同时也能够满足展览和研究的需要。

本次对两条毛绦的清洗保护，大致属于预防性保护，它引起了我们对纺织品文物预防性保护条件的思考。预防性保护就是尽量少的对文物本身进行干预，主要通过创造一个适宜的最佳保存环境，最终达到长期保存文物的目的。预防性保护主要是对文物所处环境的控制，这些环境因素包括光辐射、温湿度、空气污染和噪音等。针对这些问题，采取的预防措施主要有以下几个方面：文物尽量避光收藏；对收藏环境进行温湿度控制，根据当地大气温湿度变化规律制定调控温湿度的措施；控制大气污染物，对文物周围环境采取隔音和吸音措施。综合以上对文物预防性保护应考虑的因素，得到纺织品保存较为适宜的环境条件：

1）温度设定值控制在20±5℃，湿度设定值控制在RH45%～60%。

2）温度和湿度的波动越小越好，一般可要求温度波动2℃、湿度波动RH 5%。

3）光照强度：光源紫外强度≤50lux。

4）空气质量：固体颗粒物量≤75mg/m^3；细菌个数≤4000个/m^2(国家标准GB9669-88)，固体颗粒物过滤效率≥80%。

5）预防振动或震动：震动噪音≤27分贝，陈列具备抗震功能①。

在此，谨对制定修复方案、分析病害的王淑娟老师，在保护修复过程中全程指导的楼淑琪老师以及修复纺织品分析检测的中国科学技术大学龚德才老师、柏小剑表示由衷的感谢！

参考书目

[1] 吐鲁番文物局：《吐鲁番学研究》，吐鲁番学研究院，2004年第1期，2006年第1期。

[2] 赵丰：《丝绸艺术史》，文物出版社，2005年。

[3] 加瑞·汤姆森著，国家文物局博物馆司、甘肃省文物局译：《博物馆环境》，科学出版社。2007年。

[4] 王淑娟：《纺织品文物保护性修复简介》，《文物保护与修复的问题》第4卷，2009年。

[5] 申桂云：《纺织品文物的预防性保护战略》，《文物保护与修复的问题》第4卷，2009年。

作者单位：康晓静，新疆文物考古研究所

① 转引自龚德才《古代纺织品保管与陈列》讲义材料，2010年新疆纺织品文物保护修复培训班。

新疆营盘墓地出土鸡鸣枕的复原与保护修复研究

康晓静

内容提要：1999年出土于新疆尉犁县营盘墓地M24墓内的鸡鸣枕破损严重。通过调查，发现鸡鸣枕病害主要包括破裂、糟朽、动物损害、污染、皱褶、残缺、褪色等。本文详细记述了鸡鸣枕保护方案的制定、形制复原、前期准备工作及具体的修复过程，同时对复原方法和修复环境做了有益的探讨。

关键词：新疆营盘墓地 鸡鸣枕 复原 保护修复

一、引　言

2011年10～12月，中国丝绸博物馆举办“新疆纺织品文物保护修复杭州培训班”。根据培训计划，作为学员，笔者决定修复新疆尉犁县营盘墓地出土的鸡鸣枕。

本次保护修复的鸡鸣枕于1999年出土于新疆尉犁县营盘墓地M24墓内（图1、图2）。该墓葬位于墓地西北部。竖穴土坑墓，填土为坚硬的盐碱沙砾土。里面含有大量的盐碱块和铃铛刺草。越往下铃铛刺越多，极难挖掘。鸡鸣枕出土时枕垫于墓主人头下（图3）。

图1　新疆尉犁县营盘墓地全景图

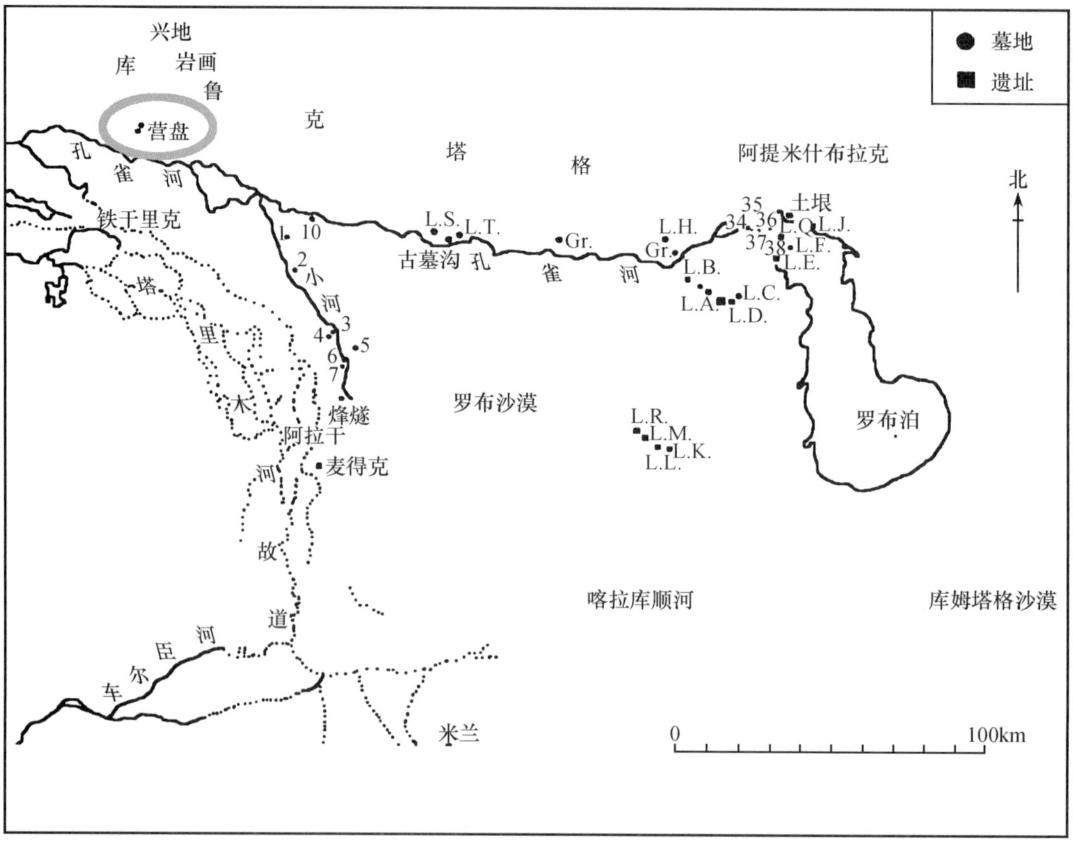

图2　营盘墓地位置图

图3　鸡鸣枕出土情况

二、文物基本信息

鸡鸣枕残，头枕部长68cm，残高19.7cm。由保存现状分析，系由一大一小两块红棕色毛布拼合缝制而成，并在两端以本色绢卷条装饰。毛布为1/1平纹组织，经细纬粗，密度为经密5根/cm，纬密13根/cm，均为“Z”捻（图4、图5）。

图4　红棕色1/1平纹毛布

图5　1/1平纹示意图

三、保护方案的制定

1. 历次保护修复情况

鸡鸣枕1999年发掘后，于2000年仅清除了枕内部填充的麦秸秆，后存放在新疆文物考古所文物库房。

2. 病害记录与分析

本次修复前首先对鸡鸣枕进行图像记录，因为鸡鸣枕本属于立体文物，去除其中填充物后现呈两层，将其分为A、B两面进行文物现状拍照，调查文物病害情况，绘制文物病害图，详细记录文物病害情况。

通过调查发现，鸡鸣枕病害主要包括：破裂、糟朽、动物损害、污染、皱褶、残缺、褪色。

3. 制定修复方案

文化遗产最重要的特征是真实性、价值高、不可再生。为了体现文物的特性及价值，在文物修复过程中应遵循：保持文物的原真性、可识别性原则、可再处理原则、最小干预原则等。本次所修复毛枕在修复过程中严格遵守文物修复的原则，最大程度地保持原貌、尽量减少对文物的干预，使鸡鸣枕在最小外界干预的情况下得到最大程度的保护。

根据修复原则及对鸡鸣枕实物的观察和病害的分析，我们对其进行，“形制复原→除尘→

平整→拆分→背衬法针线修复→拼合”的修复方案。有两点需要注意：第一，鸡鸣枕大部残缺导致形制不明，要先研究确定其形制后方可进行修复；第二，为保留鸡鸣枕最原始的信息，其两端缝合处在拆分时不予全部拆除。

四、形制复原

为确定鸡鸣枕形制，笔者将同墓地及同地区出土的形制完整的毛枕与其进行比较，期望得出结论（表1）。

表1　营盘墓地M15出土鸡鸣枕与同墓地、同地区出土毛枕的形制比较

序号	名 称	基本描述
1	营盘墓地M15出土鸡鸣枕	1997年，营盘墓地M15出土鸡鸣枕。 时代：汉晋。 面料：绮。长46cm，高8cm。淡黄色对禽对面纹绮缝缀而成，枕端下垂成鸡头样，各缝缀四瓣形花叶状红色绢饰。现藏新疆文物考古研究所内
2	营盘墓地M1出土毛绣枕	1989年普查时清理被盗墓葬M1出土毛绣枕。 时代：汉晋。 面料：毛。枕套为毛绣。长17.6cm，高11.2cm。现藏新疆巴音郭楞蒙古自治州博物馆内
3	阿斯塔纳古墓出土鸡鸣枕	吐鲁番阿斯塔纳古墓出土鸡鸣枕。 时代：魏晋南北朝。 面料：高7.8cm，长26cm。由淡黄色麻布缝制而成，用红绢缝缀出鸡冠，黑线绘出眼睛和羽毛。鸡头鸡尾特征明显，两端不对称。现藏吐鲁番博物馆内
4	吐鲁番哈啦和卓古墓出土鸡鸣枕	吐鲁番哈喇和卓古墓出土鸡鸣枕。 时代：唐。 面料：长48cm，高21.5cm，底长15厘米。米色绢，缝出呈两头小中间大。分别在两端缝有锯齿形土黄色绢，是为鸡冠；并缝有土黄色绢的椭圆形眼睛和三角形耳朵。鸡冠长5.5cm，高2～2.5cm。内有麻布衬里。 现藏新疆文物考古研究所
5	和田民丰尼亚遗址出土鸡鸣枕	1959年和田民丰尼亚遗址出土鸡鸣枕。 时代：东汉。面料：锦。长46cm，宽16cm，高10cm。由“延年益寿大宜子孙”锦缝制而成，作两鸡首相背状，鸡首尖嘴。现藏新疆博物馆内

通过对表1所列文物形制的研究对比，在形状、结构和制作工艺上并未发现相似的裁剪工艺。笔者仔细观察了鸡鸣枕的现存状况，由于受到尸液及埋藏环境的影响，头枕部受污染处大部缺失。从目前残存部分来看，鸡鸣枕由一大一小两块毛布缝合后对折制成，两端作尖锥状，并装饰有长方条流苏。毛布纵向残缺，宽度分别为A片29cm、B片23cm。根据这些工艺特征，对鸡鸣枕进行形制复原推断。

方案一：鸡鸣枕由A片（23cm × 51cm）和B片（28cm × 51cm）沿中部拼缝形成正方形布料，后向右角对折缝合形成。按此方法制作的鸡鸣枕为三角形，与其他鸡鸣枕对比不符合形制及人体学构造。

方案二：鸡鸣枕由A片（23cm × 28cm）和B片（28cm × 51cm）沿中部拼缝，拼缝一段对齐。拼缝后正方形布料有缺角，左上角与右下角对折后再将 右上角向内折进形成等腰梯形（图6）。

根据方案分别制作模型，最后确定采用方案二。

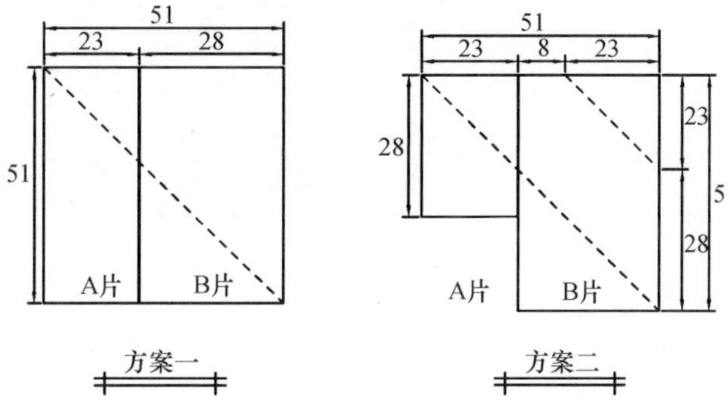

图6　毛枕形制裁剪图

（鸡鸣枕由一大一小两片毛布拼合缝制，分别用A片红色、B片蓝色表示。图中虚线为折痕。向内对折）

五、保护修复前期准备

1. 缝线

修复所用缝线的选择非常重要，线要牢固但不能僵硬，且要与文物颜色相近。对于不同颜色区域选择颜色和粗细接近的缝线修复。

2. 背衬材料

根据鸡鸣枕的具体情况，决定对其进行背衬法修复。根据制作鸡鸣枕毛布的组织结构及材质风格，选用平纹麻布染色后作为背衬。

由于麻布手感较硬，考虑后期的针线法修复及对文物的损害，先对麻布进行柔软处理。在处理前先进行了柔软实验。根据麻布的形制，使用10%NaOH溶液，浴比为1∶20。分别剪选麻布小样3块，编号为a、b、c，通过不同的加热温度和时间进行效果对比，后确定方案。

通过实验结果对比，决定采用柔软工艺为：在4400mL10%NaOH溶液中于60℃对麻布背衬柔软，时间为15min。

处理结果为手感柔软且光泽度好。

软化前麻布尺寸77cm×90cm，重量219g。软化后麻布尺寸72.5cm×86cm，重量203g。

3. 背衬染色

（1）染色前准备

为了使背衬颜色与鸡鸣枕接近，在染色之前先用色标卡对比其进行色彩确定。

（2）染料

本次染色选择雅格素（Argazol）活性染料进行染色加工，为化学染料。与植物染料相比，该化学染料具有如下优势：①染色性能更加稳定；②耐老化性较强；③能够准确定量，较易实现重复准色染。

雅格素（Argazol）活性染料特性：染色浴比、温度、盐、碱及时间的敏感性较小，具有优良的染色重现性。

（3）染色配方

本次染色初始配方如下（表2）。

表2　染色初始配方

Argacid M-GX 红	1.8%（owf）
Argacid M-2R 黄	0.45%（owf）
Argacid N-BL 蓝	0.45%（owf）
纯碱	0.9g /L
Nacl	9g/L
浴比	1∶20
织物重	219g

（4）染色工艺

本次染色工艺曲线如图7所示。

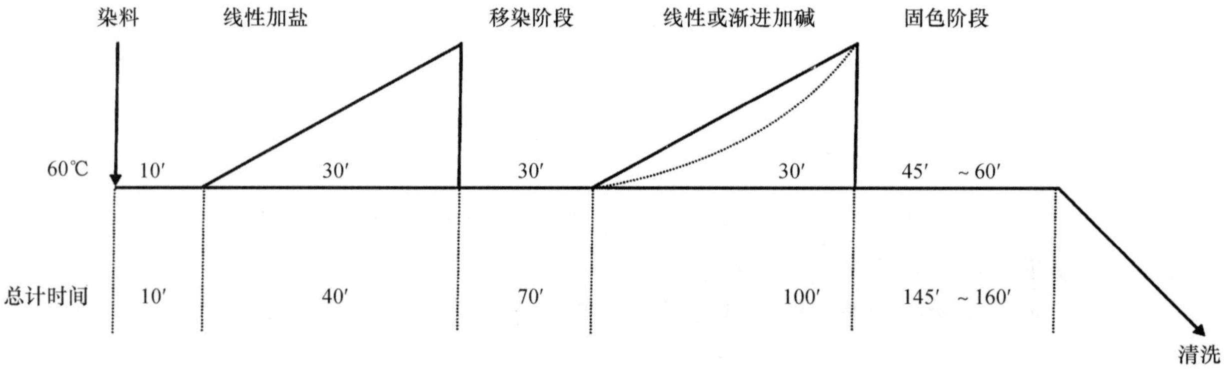

图7　染色工艺曲线

（5）染色步骤

1）染色之前先对背衬材料进行称量，麻布重量为219g，量取纯水4400mL。

2）配置染料，浓度为10%。

3）根据染色配方量取染料，按工艺曲线依次加入染浴中。Nacl和纯碱均分三次加入，每次加料的间隔时间为10min，添加时均用纯水化料后添加。

4）剪样对比染色结果。

5）追加染料，调整配方，以达到理想颜色为止。

6）经过四次染色，第四次染色后与文物对比，色差为2.51，颜色最为接近。

表3 染色配方用量表

颜料	染料浓度	第一次用量	第二次用量	第三次用量	第四次用量
大红	10%	40mL	+10mL		+10mL
黄	10%	10mL			+0.3mL
藏青	10%	10mL	+5mL	+23mL	+3mL

助剂	添加时间	用量			总量
		第一次	第二次	第三次	
Nacl	每次间隔10min	4g	8g	28g	40g
纯碱	每次间隔10min	0.4g	0.8g	2.8g	4g

六、修复过程

1. 除尘

由于受埋藏环境影响，鸡鸣枕表面附着尘土颗粒，不利于文物保护。另外，鸡鸣枕内部原由麦秸秆填充，虽已将其去除但是仍有麦秸秆附着在毛布表面或较细的麦秸秆纤维穿插在毛布纤维内，这对下一步的针线法修复带来了障碍。在进行下一步修复前有必要对其进行清除。

（1）吸尘

首先，对鸡鸣枕进行除尘处理，选择博物馆使用的便携式吸尘器对整体进行吸尘。后在局部泥土附着较厚不易清理的局部则改用吸痰器除尘。用吸痰器进行吸尘时，吸头距离文物表面约3mm并与文物表面保持45° 斜角。在清理时发现有毛纤维及尘土脱落，为避免重复污染，在修复的间隔中对脱落的毛纤维及尘土进行清理。

通过整体和局部重点的除尘处理，鸡鸣枕表面及纤维内黏附的尘土颗粒大部分得到了去除，还原了织物的本色。

（2）去除麦秸秆及生物损害

第一，麦秸秆去除。对于穿插和附着在鸡鸣枕上的残留填充物，采用物理去除的方法。用小镊子轻轻镊取麦秸秆纤维，在必要的时候辅以吸尘器配合去除。许多麦秸秆纤维很细，穿插在毛布纤维内，这增加了去除的难度，如果过度的去除则会在去除麦秸秆纤维的同时使毛布纤维受到损害。考虑到麦秸秆纤维并不会危害到文物本身且对后期的针线法修复不造成阻碍，在不损害文物的前提下，对这部分麦秸秆纤维进行保留。在大量的麦秸秆去除后增加了针线法修复的可能性。

第二，生物损害去除。鸡鸣枕上见有虫的卵壳与麦秸秆粘连紧紧附着在毛布表面。新疆气候干燥，在干燥的气候下存放这种病害相对稳定不会对文物造成太大的损害。在气候环境变化的情况下，为了避免对鸡鸣枕造成损害，决定将其清除。选择鸡鸣枕内部的一个虫壳粘连物对其用75%的乙醇进行软化，观察软化后是否能够使其松动易于分离。实验失败。遂决定使用物理方法进行去除，用小镊子轻刮表面使其松动分解，再辅以便携式吸痰器对其进行吸除。由于该污染与毛布纤维粘连紧密，为了减少对文物本身的损害，尽可能去除。

2. 裁剪工艺记录及整体分解

通过观察和分析，鸡鸣枕系由一大一小两块长方形毛布缝合而成，为了进行下一步的背衬法修复，要先将拼合部位拆除后方可进行背衬修复。在此之前，对缝合关键点做线钉记录，使修复后拼合与原本缝合工艺相同。

将鸡鸣枕缝合裁剪工艺记录完毕后，开始对毛枕进行分解。将两端缝线拆除，两端对折缝合形成鸡首，为保留原貌，决定保留鸡首部约3cm，其余拆除。两端缝合线距较均匀，约每个间隔1cm的针距。中间拼合处缝线缝合距离不规则，基本在1cm左右。

3. 背衬法针线修复

（1）添加背衬

首先，将染色后的背衬进行平整，平整时注意经纬线位置，使得背衬经平纬直。其次，将文物衬于背衬麻布之上，注意调整经纬线使文物的经纬线与背衬经纬线平行。鸡鸣枕残缺污染部位有部分皱褶，皱褶程度较轻，易于平整，所以在背衬的同时对皱褶部位进行平整。另外，鸡鸣枕残缺部位有经线缺失，导致纬线纠结在一起，在平整的同时要对这些部位的毛线进行梳理。经过梳理后的毛线整齐美观。

（2）针线法修复

根据鸡鸣枕的残缺情况，在鸡鸣枕破损部位使用铺针进行固定修复。后行针将文物与背衬进行整体固定。

鸡鸣枕整体呈紫红色，但在残缺部位受到尸液腐蚀导致污染变色。根据不同部位采用不同颜色的丝线进行修复。未受污染部位以红色丝线铺针修复，污染部位用与之接近的褐色丝线进行铺针修复。

4. 拼合

（1）裁剪

鸡鸣枕拆分后，在同一背衬上以针线法加固完毕。为了进行下一步的拼合，要按照形制复原裁剪图进行残缺部位复原，然后按其形状进行裁剪。

（2）拼合

将背衬修复好的鸡鸣枕按照裁剪图进行拼合。先将两块毛布沿中缝缝合，然后对折，对两侧进行缝合。针距严格按照之前记录的针距进行缝合。两侧缝合好后留下中部三角形空缺，待做好内部填充撑护后再进行缝合。

（3）制作内部填充撑护

鸡鸣枕属立体文物，为了更好地展示毛枕的原貌需制作内部填充撑护。填充撑护按照毛枕的裁剪缝制方法制作，尺寸沿毛枕内部缩小0.5cm。面料选用白色棉布，其内填充弹力絮。填充撑护制作好后，由鸡鸣枕中部未缝合三角区域内塞进。

（4）缝合

鸡鸣枕内部填充撑护后，进行最后的缝合。先用串珠针固定缝合部位，然后进行缝合。鸡鸣枕两端缝合后平面呈等腰梯形，为了形成鸡首端，将两侧缝线抽紧。

5. 制作鸡首端装饰

根据鸡鸣枕出土的照片和修复前状况，在其两端缝饰两条绢带。依照绢带尺寸和颜色裁剪饰带，并缝饰两端。

七、结　语

在营盘墓地出土紫红色鸡鸣枕的保护修复过程中，我们严格遵循“不改变文物原状，最小干预，可识别及可再处理”的修复原则，运用纺织品文物保护的传统工艺和材料，使鸡鸣枕保护修复达到了我们预期的理想效果，既能满足文物保存需要，同时也能够满足展览和研究的需要（图8、图9）。

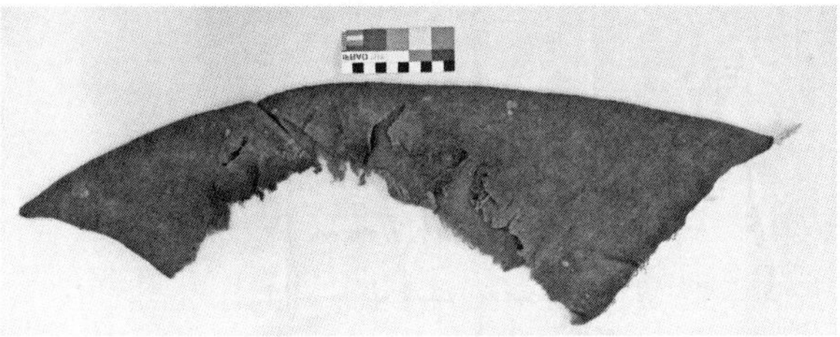

图8　毛枕修复前

图9　毛枕修复后

八、讨　论

1）本次修复的鸡鸣枕，由于埋藏环境的影响，导致头枕部关键裁剪缝合位置残缺不明，在修复之前要对形制进行复原研究。主要的方法有：①搜集同时代、同墓群或者同地区出土的鸡鸣枕进行对比研究；②仔细观察残存部分形制，确定其裁剪工艺，对其进行复原研究。

2）关于修复环境的问题。本次修复鸡鸣枕自发掘后一直保存在新疆文物考古所库房，保存环境相对干燥，这恰恰对鸡鸣枕的保存是有利的。本次修复将鸡鸣枕带到杭州进行修复，杭州环境湿度较高，这对纺织品文物的保存有一定风险。不同的湿度环境对文物的保存和修复也各有针对。所以，在修复的过程中仔细观察记录温湿度的变化，并慎重选用修复材料。

作者单位：康晓静，新疆文物考古研究所

楼兰壁画墓出土绢袍的保护修复研究

康晓静

内容提要：新疆是文物大省，由于其得天独厚的地理条件和自然环境保存了大量的文物。纺织品这种易腐的文物在新疆也有大量出土，而对出土文物进行保护，也成为文物工作的重中之重。笔者就楼兰壁画墓所出土的绢袍进行修复，并进行科学分析，形成本文。

关键词：纺织品　保护　修复

一、引　　言

2011年10月～2012年6月，笔者完成了对楼兰壁画墓出土白色绢袍的保护、修复。

该绢袍2003年从楼兰城东北25km处的一座被盗的壁画墓中清理出土的（图1）。墓葬所在的罗布泊地区气候干燥，自然环境十分恶劣，少雨多风沙，夏季高温炎热，冬季严寒，常年盛行西北风，植被稀少（图2）。墓葬构筑在高数十米的风蚀高台上，为前后双室的洞室墓，墓室四壁满绘壁画，墓葬年代为3～4世纪鄯善国时期。因盗掘破坏，墓室内尸体、棺具、衣物、

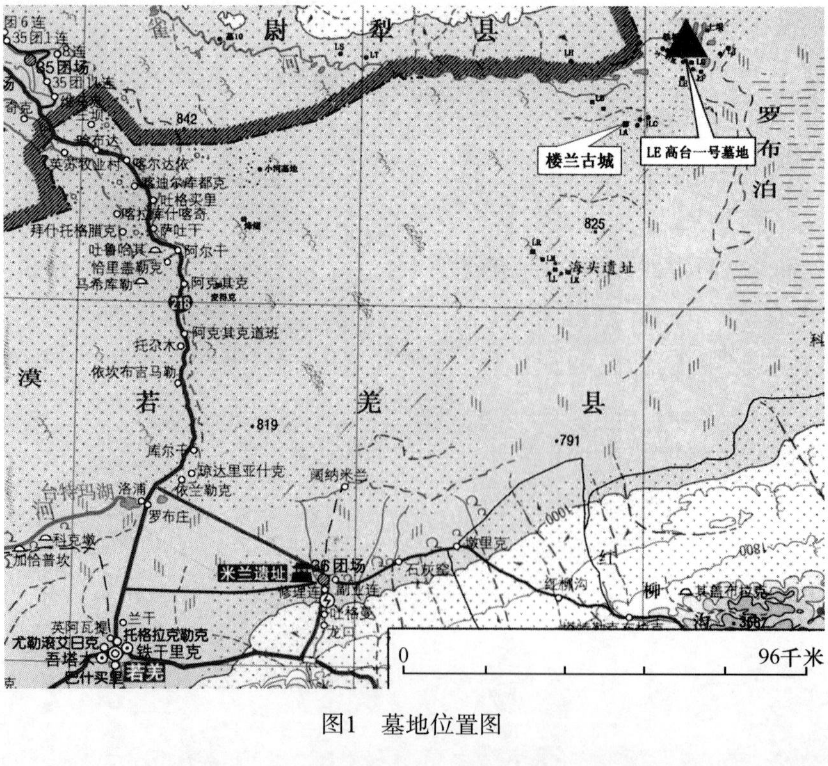

图1　墓地位置图

图2　墓地地理地貌图

图3　LE高台1号墓地

随葬品等严重被扰，散落于坍塌土中。由于该墓葬被严重盗掘，2003年春新疆文物考古研究所进行了抢救性清理（图3）。

这件绢袍原应穿着在死者身上，清理时发现已被人为撕成数片，仅存右襟、左襟上半部及小部分后背。经初步除尘、去污、拼对，可见其形制：单层，交领，右衽，长袖。上衣下裳分裁，下部自髋部左右两侧向下开衩，衩部以红、白色绢镶缘。胸部领襟两侧各拼缝一道竖条红绢。右襟为里襟，里襟下裳部分的表面竖向缝缀一端相连的6片绢片，并在底缘上纵向装饰绿、黑、紫、浅蓝、红色相间的三角形贴绣。三角的缘边上贴圆形金箔。里襟腰部襟缘处缝缀一条系带（图4）。

图4　初步清理后的绢袍

二、分 析 检 测

修复前要先对绢袍的纤维、染料、氨基酸进行分析研究，这是为了以后更加科学合理地做出保护修复方案及对绢袍实施保护修复。检测前根据分析实验要求有针对地选取绢袍实验样本，并记录编号。

1. 纤维及组织结构分析

采用设备有：德国蔡司Zeiss SteREO Discovery.V8 体视显微镜、Axio Scope.A1材料显微镜，日本日立台式电镜 TM3000及照布镜。通过对绢袍红色纤维和本色纤维进行显微观察，发现红色纤维为丝纤维，“S”捻。本色纤维亦为丝纤维，“Z”捻（图5～图10）。

通过照布镜及体视显微镜观察，绢袍所用面料均为平纹组织。织物密度为本色绢经密46（根/cm），纬密49（根/cm）（图11、图12）。

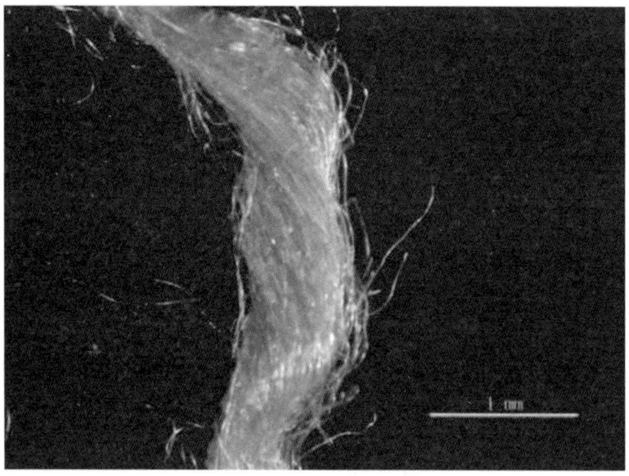

图5　红色纤维

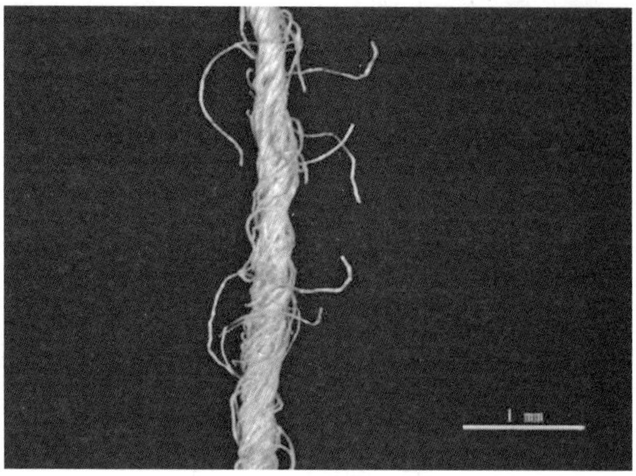

图6　本色纤维

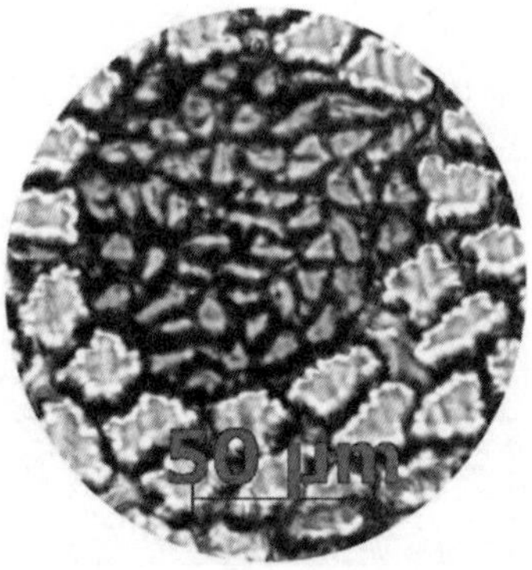

图7　红色纤维截面

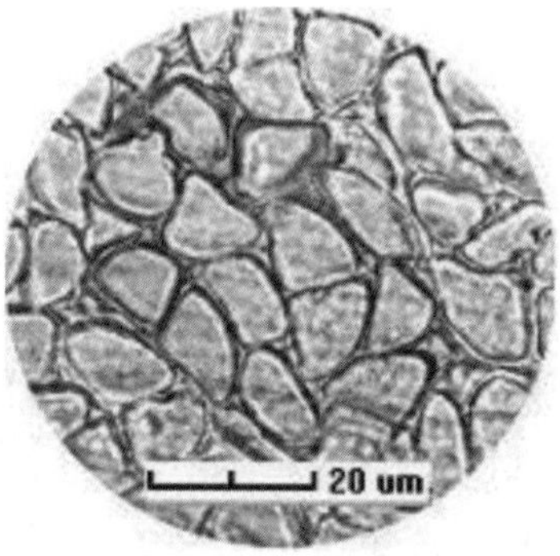

图8　本色纤维截面

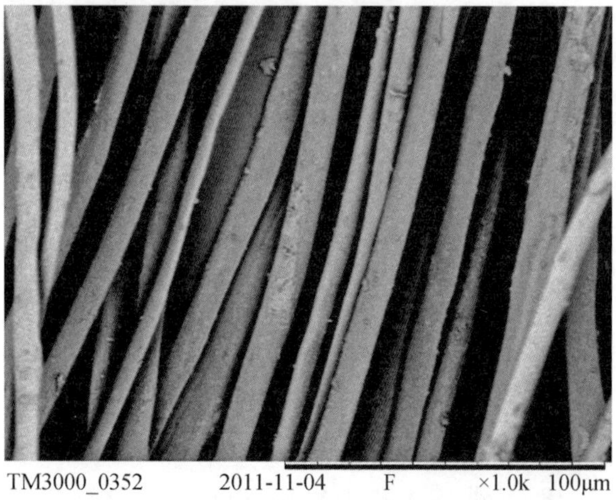

图9　扫描电镜×1000

图10　扫描电镜×2000

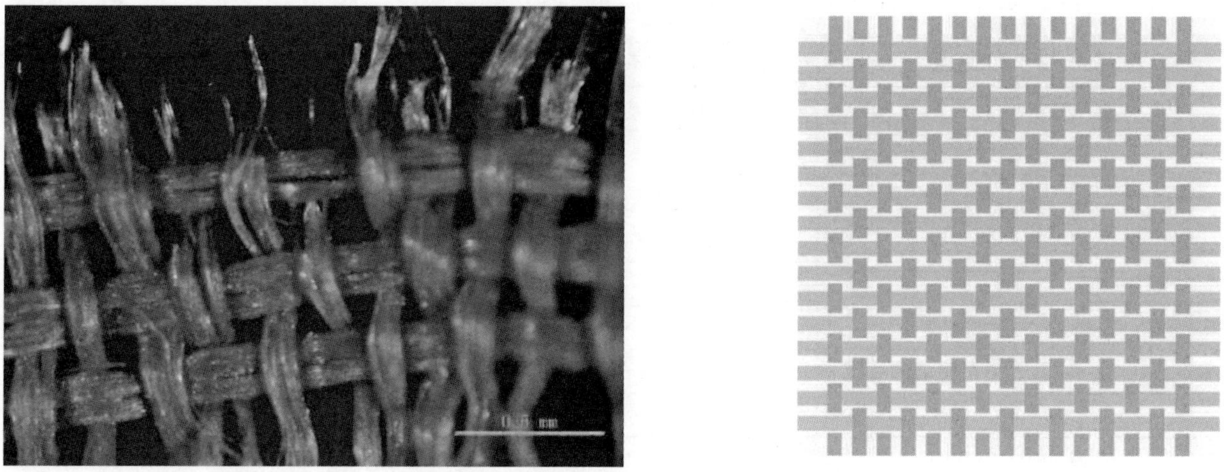

图11　红绢，1/1平纹及其示意图

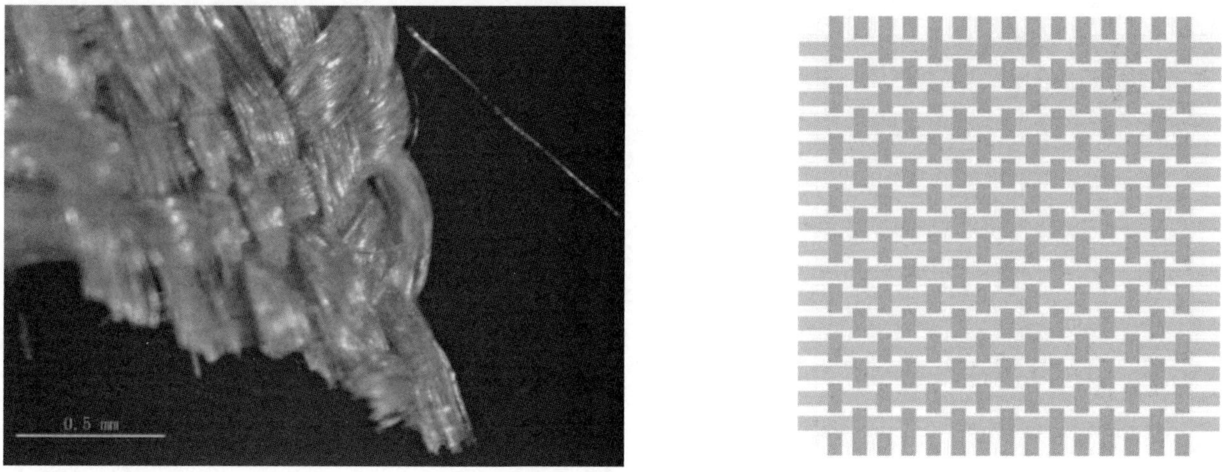

图12　本色绢，1/1平纹及其示意图

2. 氨基酸分析

采用Waters AccQ · Tag氨基酸分析方法进行实验（表1、表2）。将做完染料分析剩留下的样品，放入水解试管，溶于500μL6N HCl，后边抽真空边封试管口，将样品放于110℃下水解22h。水解后的样品用氮吹仪吹干，–20℃冷冻干燥保藏，直至色谱分析。样品在注射入色谱仪之前，用Millipore公司的0.45μm滤膜过滤，以除去其中的微粒杂质。用美国Waters公司产的氨基酸自动分析仪进行分离及检测。

色谱条件：氨基酸分析使用C18柱；柱温：37℃；荧光检测器；洗脱液A-Waters AccQ · Tag 洗脱液A；洗脱液B-HPLC 级乙腈；洗脱液C-Milli-Q 水，流速1mL/min。

蚕有家蚕、野蚕之分。野蚕吐出的丝有柞蚕丝、天蚕丝、桑蚕丝等。三者的氨基酸组成差异较大，柞蚕丝的丙氨酸含量50%，天蚕丝含量40%，而桑蚕丝含量30%；柞蚕丝的色氨酸、组氨酸的储量是桑蚕丝的5倍，而天蚕丝的组氨酸的储量为桑蚕丝的0.5倍。根据苷氨酸、丙氨酸和丝氨酸量的比例可以判断丝的类别，本次选取样品检测结果为桑蚕丝。

表1　梯度表

时间 min	流速 mL/min	A液（%）	B液（%）	C液（%）	曲线
起始	1.0	100	0	0	
0.5	1.0	99	1	0	11
18	1.0	95	5	0	6
19	1.0	91	9	0	6
29.5	1.0	83	17	0	6
33	1.0	0	60	40	11
36	1.0	100	0	0	11
45	1.0	100	0	0	6

注：梯度运行时间为45min

表2　测试结果

名称	质量百分含量（%）	摩尔百分含量（%）
Asp	4.14	3.06
Ser	14.36	13.43
Glu	2.59	1.73
Gly	32.21	42.15
Arg	2.12	1.20
Thr	2.58	2.13
Ala	20.38	22.47
Pro	1.09	0.93
Cy s	0.49	0.40
Ty r	12.02	6.52
Val	3.33	2.79
Met	0.20	0.13
Ly s	0.79	0.53
IIe	1.07	0.80
Leu	1.07	0.80
Phe	1.56	0.93

3. 颜色及染料分析

该绢袍的颜色测试采用便携式测色仪CM-700d（Konica Minolta，日本）。照明与观测系统分别为D65光源与10°观察者。共测试15个部位，颜色表示方法为CIELab。染料分析与鉴别采用高效液相色谱法，其中二元高压梯度泵为LC20AD（Shimadzu，日本）、检测器为SPD-M20A（Shimadzu，日本）。实验方法为取约0.6mg纱线置于样品瓶中，在105℃下用$HCl/H_2O/MeOH$（2∶1∶1，*V*/*V*/*V*）萃取20min。溶液离心5min，用PP膜针式过滤器过滤，真空干燥。去除萃取溶剂后，加入$H_2O/MeOH$（1∶1，*V*/*V*）200μL，溶解残留物后进样20μL。此外，本实验也采用紫外灯对整件绢袍进行探测。

本实验测试样品点15个，分布于绢袍的正面（图13）。测试的结果显示主要颜色有红色、紫色、青（绿）色、黑色（表3）。通过比较相对位置的颜色可以发现1、2检测点，9、10检测点和12、13检测点的色差变化较小（表4），说明绿色和紫色保存较完好（颜色鲜艳），而本色的色差较小的原因可能是由于颜色几乎褪却的缘故（结合下文，本色可能是黄檗染色）。红色变化最大，所有测试点比较的色差均大于10，说明不同部位的染料经历了不同程度的环境影响。此外，测试点附近的金箔对染料起了一定的保护作用，以青色为例（3号和4号）3号区域原为贴金装饰处，虽金箔已脱落但色彩鲜亮饱和度相对高，而边缘未贴金箔处褪色现象明显。

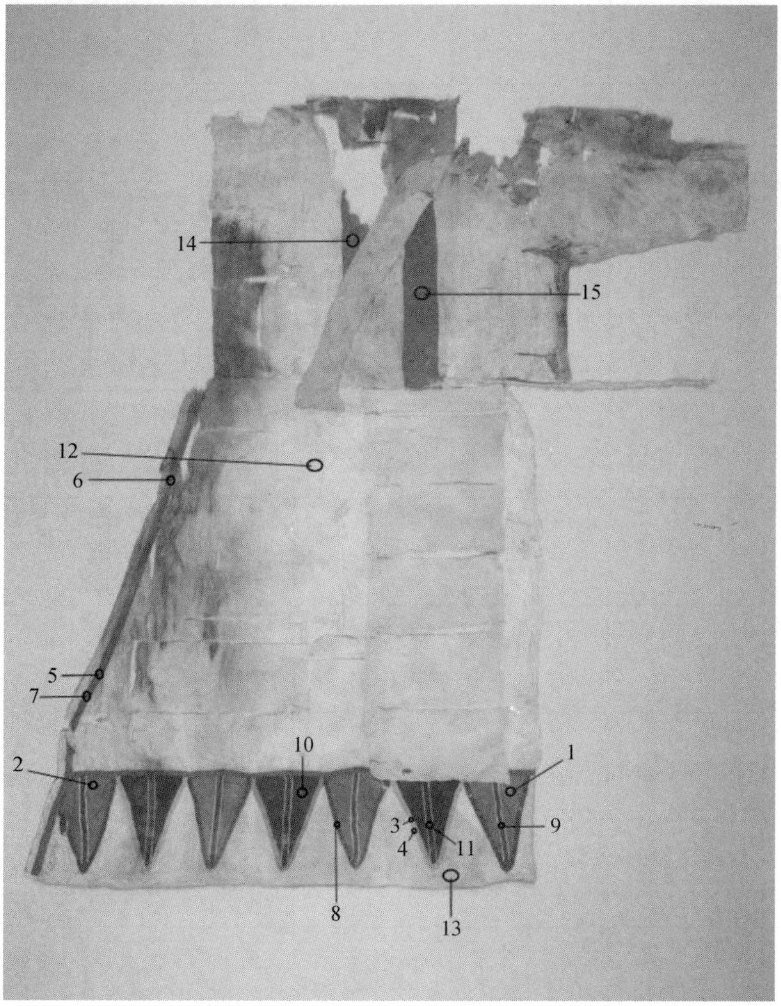

图13　楼兰绢袍的测色点分布图

4. 染料鉴别

高效液相色谱用于古代染料的鉴别具有取样量少，灵敏度佳，准确性高的优点。本实验采用该方法对红色染料和绿色染料进行了分析。测试的结果显示，红色染料为茜草染色，在高效液相色谱图上可以看到茜素与茜紫素（图14），这是茜草的主要色素成分。绿色样品中含有黄檗与靛蓝（图15），说明绿色是该两种植物染料套染的结果。由于出黄檗具有很强的荧光，本实验采用了紫外灯对整件绢袍进行拍摄。图片显示绢袍的底色可能使用了黄檗染色，但是由于该染

表3　楼兰绢袍的测色结果

检测点	L	a	b	色样	备注
1（绿）	45.87	−4.29	13.68		
2（绿）	50.91	−3.77	13.45		略有褪色
3（青）	53.61	−3.36	10.56		
4（青）	61.10	4.00	18.81		
5（红）	40.21	32.28	18.24		
6（红）	41.99	16.85	17.67		
7（红）	39.41	31.15	17.81		红色边饰
8（红）	32.79	24.46	11.92		红色边饰
9（紫）	35.33	9.59	1.88		
10（紫）	30.76	8.19	2.41		
11（黑色）	30.22	2.72	7.75		
12（本色）	69.13	6.44	25.29		绢袍本色
13（本色）	71.29	6.26	21.57		绢袍本色
14（红）	43.21	15.15	16.22		右襟中部
15（红）	41.60	31.65	18.96		左襟中部

表4 各个测色点的颜色比较

参照检测点	对比检测点	色样	色差（ΔE）
1（绿）	2（绿）		5.07
3（青）	4（青）	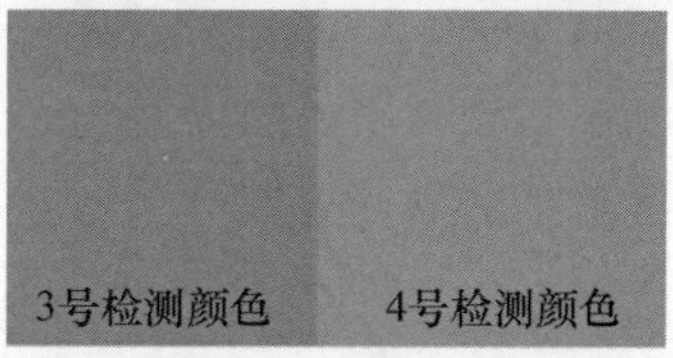	13.35
5（红）	6（红）		15.54
7（红）	8（红）		11.1
9（紫）	10（紫）		4.81
12（本色）	13（本色）		4.31
14（红）	15（红）		16.80

料的色牢度较差，出现了严重的褪色，所以在图片中可以看到黄檗染料的零星分布（图16）。

通过颜色测试，我们发现该件绢袍中各种颜色的褪色情况不一致，其中各个红色测试点的色差变化最大，说明该件绢袍各个部位经受的环境影响不一致。褪色最为严重的是底色，这与黄檗的色牢度较差有关。定期的颜色测试可以了解纺织品所受外界环境的影响以便于及时采取相应的保护措施。

染料分析的结果显示，红色为茜草染色，绿色则为黄檗与靛蓝套染而成。借助紫外灯观察，我们还发现绢袍的底色可能为黄檗所染，但褪色严重。根据染料分析结果我们可以知道，当时使用的染料种类，为纺织品色彩的保护提供了重要的信息。

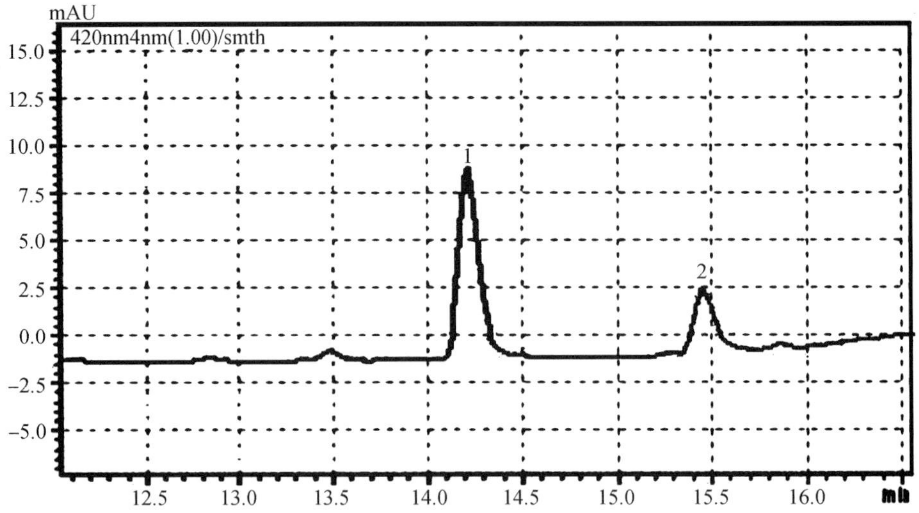

图14　红色纱线的检测结果

（色素1为茜素，色素2为茜紫素）

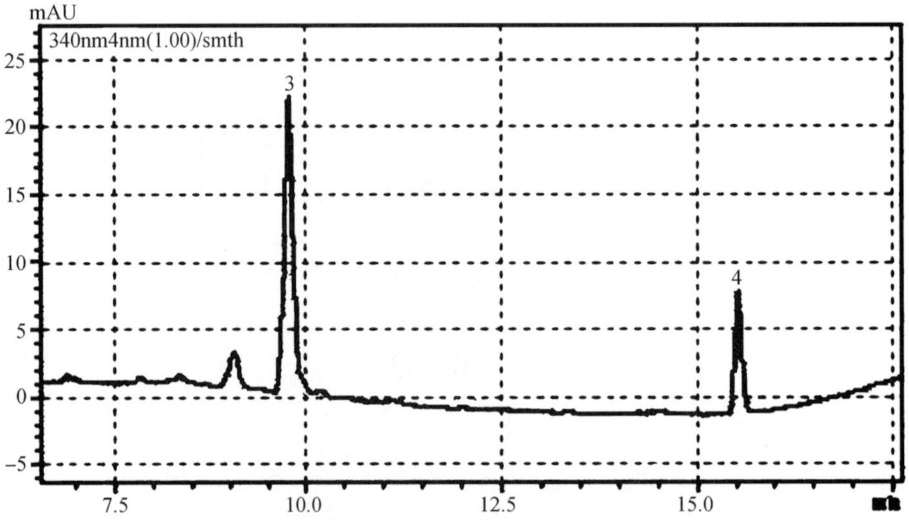

图15　绿色纱线的检测结果

（色素3为小檗碱，即黄檗的主要色素，色素4为靛蓝）

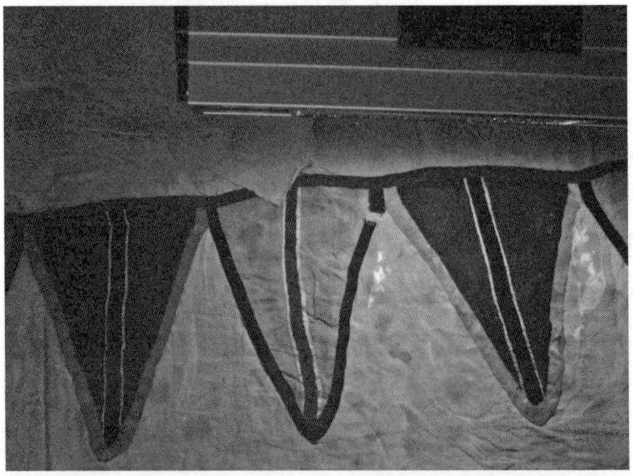

图16　楼兰绢袍上的黄檗染料呈黄绿色荧光

三、修复前情况及病害记录

绢袍出土后在2004年由考古所技术部进行清洗处理（水洗）。

本次修复前，先对绢袍进行了图像记录。绢袍现存三部分，分别为右襟、左襟和后背，左襟与后背相连，但右襟已与之分离。根据上述情况将绢袍三部分分别拍照，调查文物病害情况，绘制文物病害图，详细记录文物病害情况。

通过调查发现，绢袍病害主要包括：破裂、残缺、皱褶、印绘、脱落、糟朽、污染、晕色（图17～图25）。

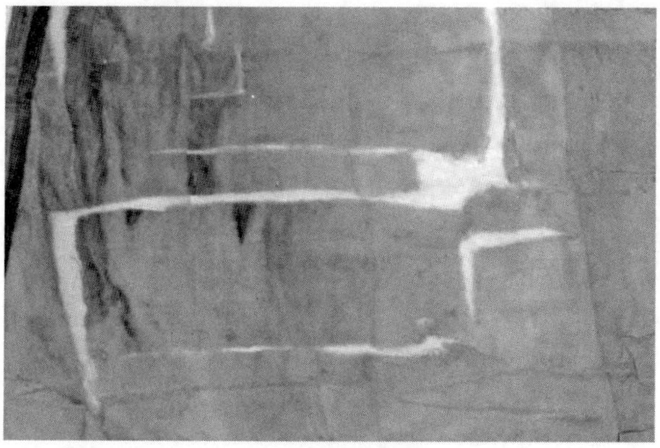

图17 破裂

图18 残缺

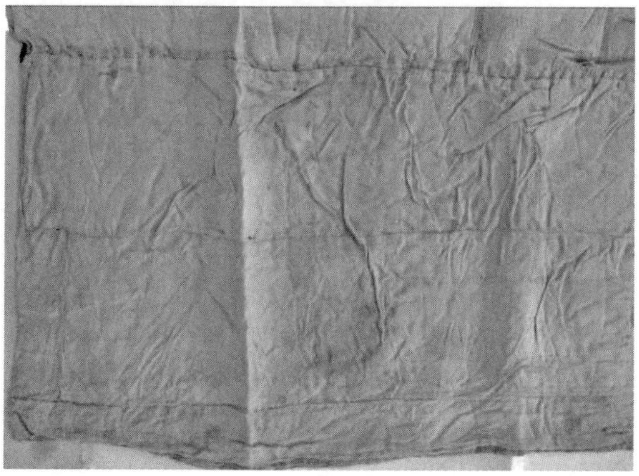

图19 皱褶

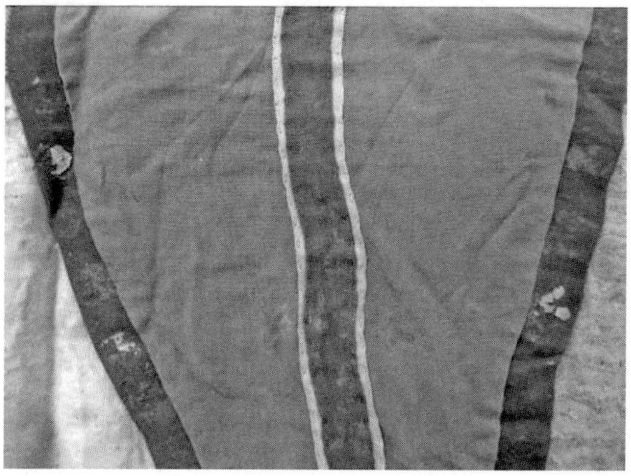

图20 印绘、脱落

图21 糟朽及污染

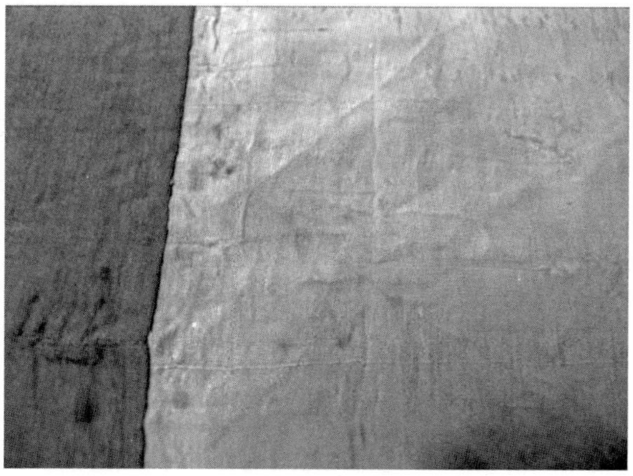

图22 晕色

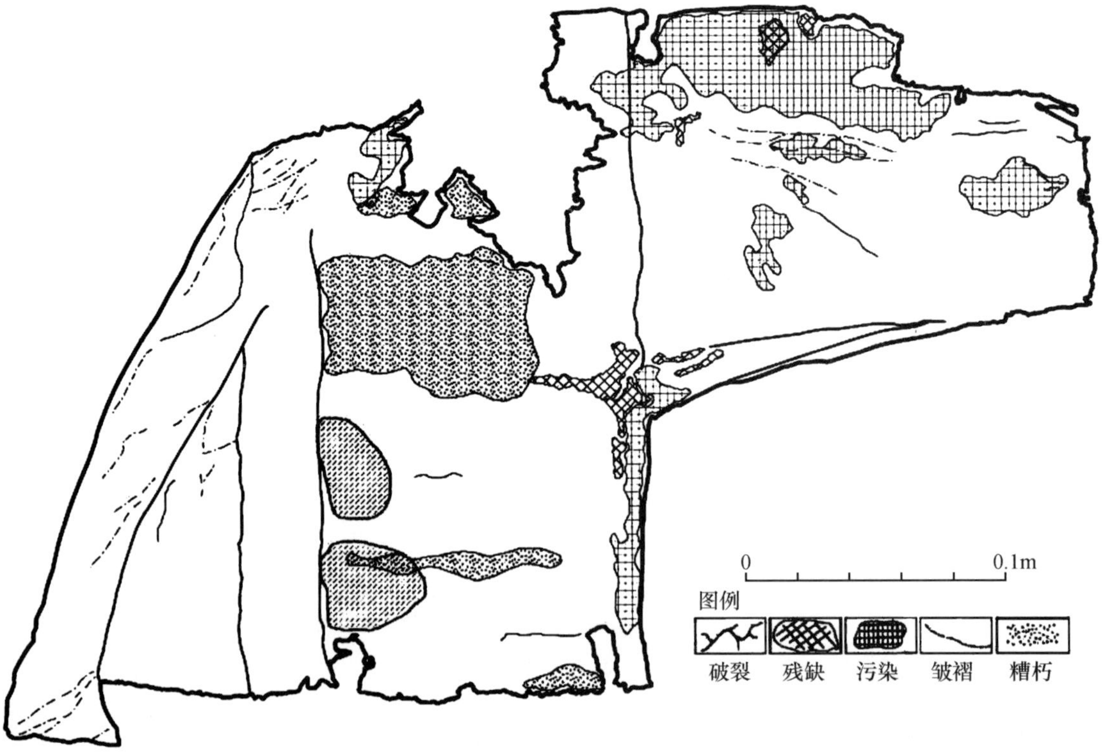

图23　楼兰绢袍左襟病害图

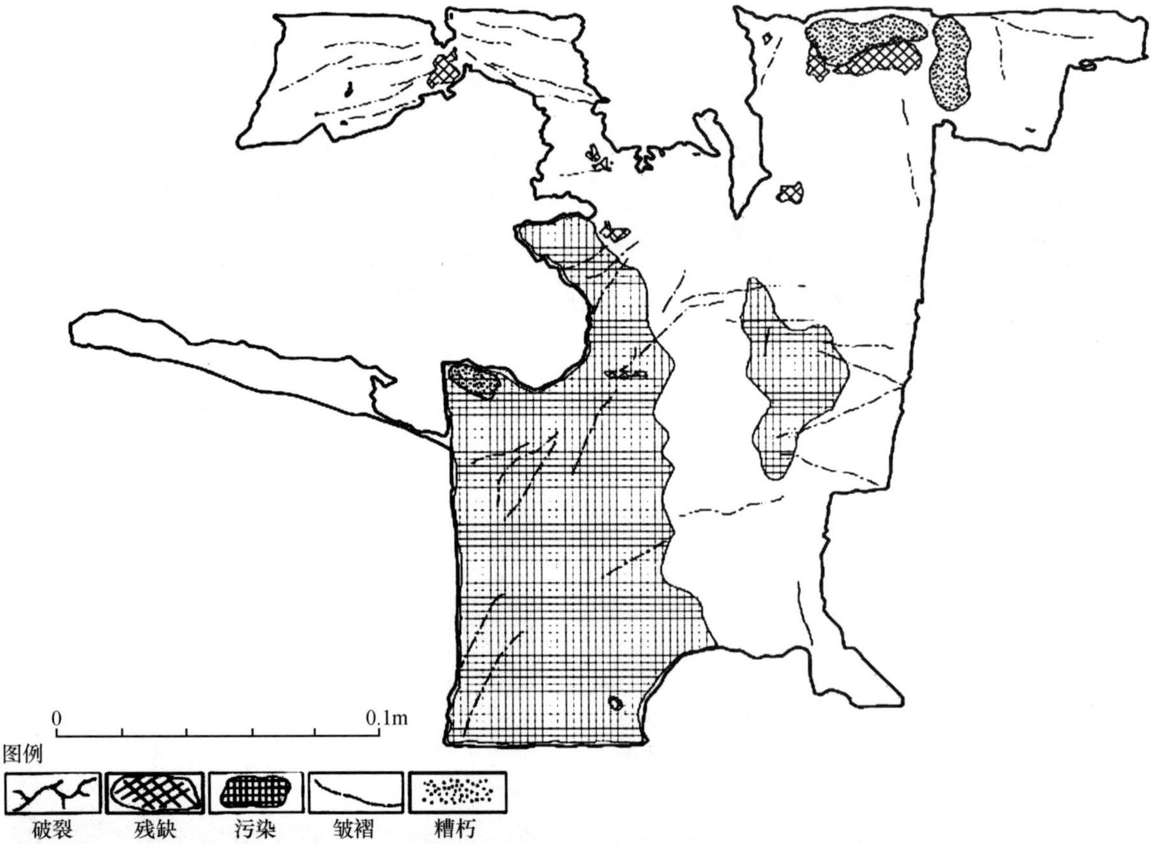

图24　楼兰绢袍后背病害图

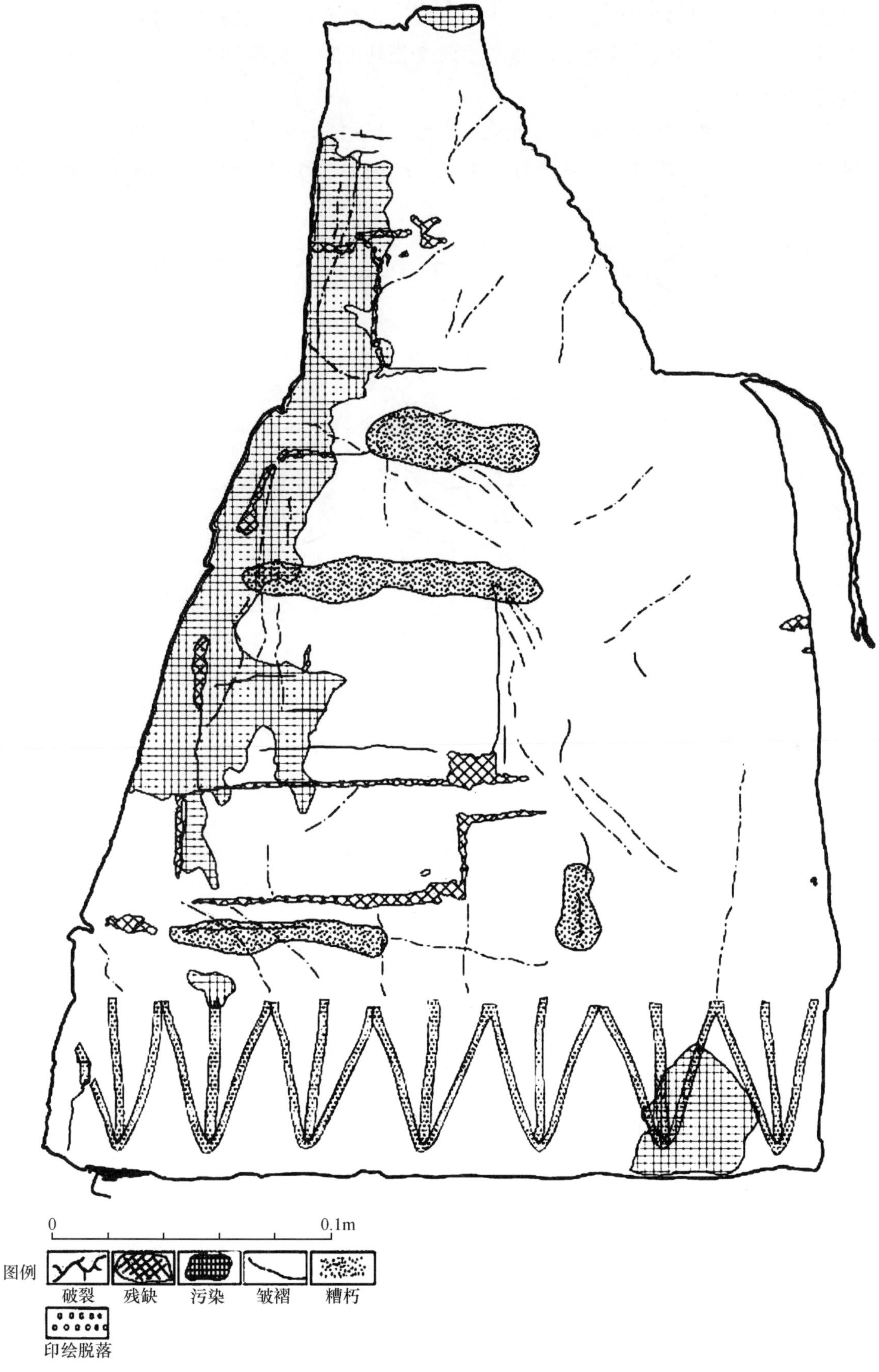

图25　楼兰绢袍右襟病害图

文化遗产最重要的特征是真实性、价值高、不可再生。在本次绢袍的修复过程中严格遵守文物修复的原则，最大程度地保持原貌、尽量减少对文物的干预，使绢袍在最小外界干预的情况下得到最大程度的保护。

根据修复原则及对实物的观察和病害的分析，绢袍进行除尘→清洗→平整→拆分→背衬法针线修复→拼合的修复方案（图26）。需要注意的是，绢袍大部残缺已导致形制不明，要先研究确定绢袍形制后方可进行。

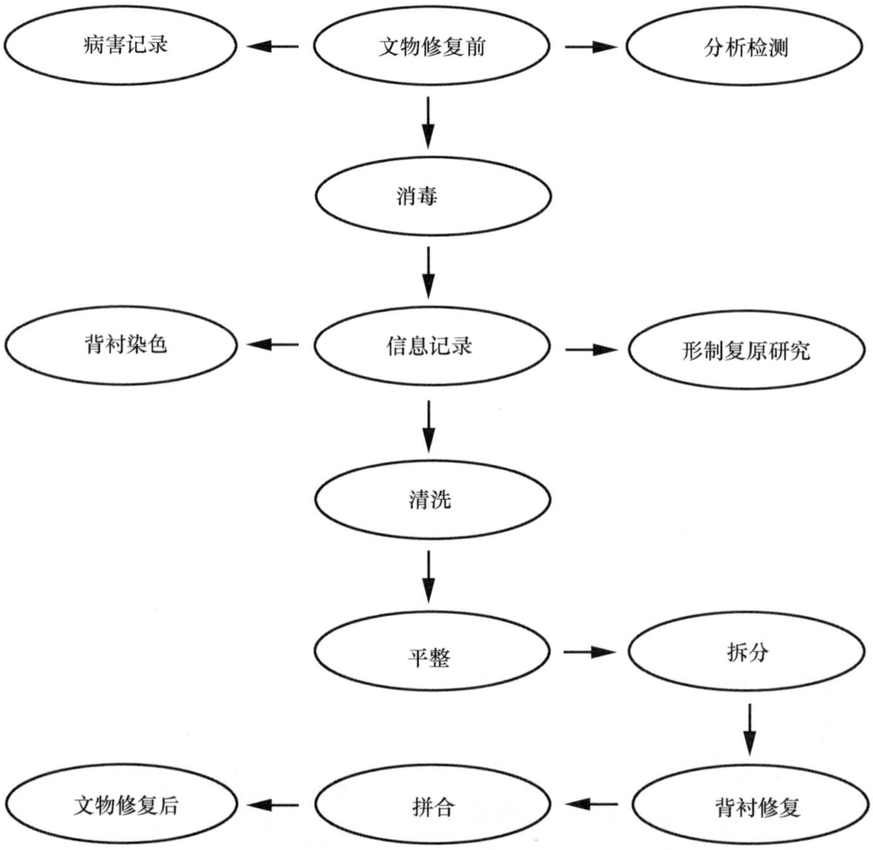

图26　绢袍修复流程

四、形制复原研究

由于该绢袍严重残缺，在修复前，搞清其基本形制即复原研究是必不可少的一步。首先，选取壁画墓中出土款式相似的其他绢袍以及罗布泊营盘墓地出土的三件汉晋时期绢袍进行形制比较；在实物比对的基础上，对绢袍本身的织造、裁剪、装饰工艺等进行分析，最终确定绢袍形制，绘制款式图（图27～图29）和裁剪图。其次，为印证复原结构的合理性，仿制出一件绢袍（图30）；选取与绢袍面料结构相似的电力纺进行染色，并依照裁剪图进行裁剪、拼缝；手绘出绢袍下摆三角形装饰与绢袍拼贴形成。通过复原研究，加深了对文物的理解，为下一步科学严谨的实施修复奠定了基础。

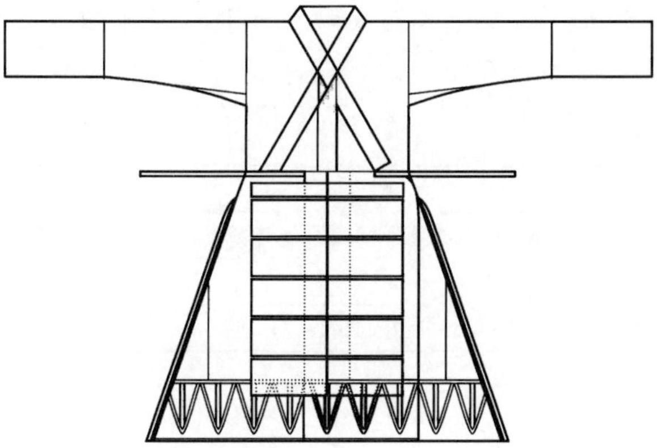

图27　绢袍复原款式图——左右襟

（图中红色线条表示绢袍右襟，黑色线条表示绢袍左襟）

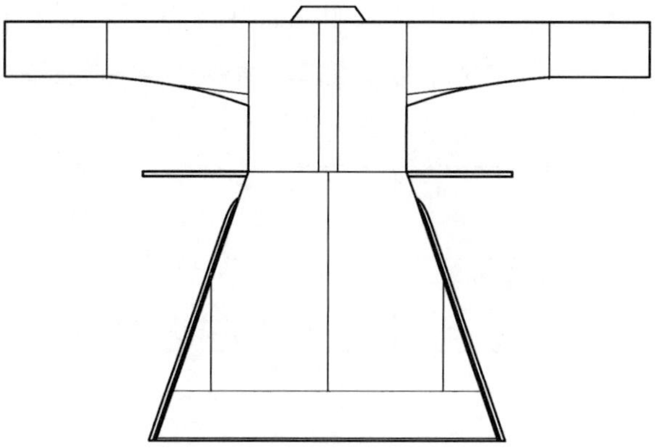

图28　绢袍复原图款式图——后背

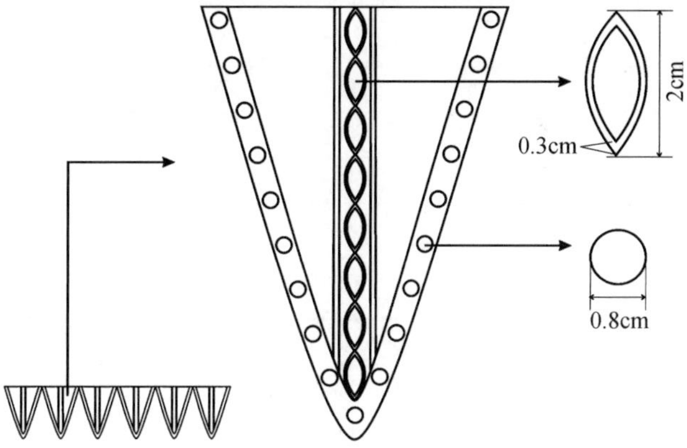

图29　绢袍复原款式图——下摆贴金装饰

（图中两侧边圆形与中部柳叶形均为贴金装饰）

图30　仿制绢袍

五、修复前准备

修复前先要选定适合的工具和材料。本次修复采取背衬法针线修复，根据分析检测的结果要先选择修复用线、针和背衬。修复所用缝线的选择非常重要，线要牢固但不能僵硬，要与文物颜色相近，对于不同颜色区域选择接近的线修复。在缝针的选择上，尽可能选择柔韧度较好的针，并根据织物的密度、厚度选取。本次修复选择绉纱纱线和12号缝针。根据绢袍的组织结构及厚度测量结果，确定选用07电力纺为背衬。对背衬染色后方可进行。

确定好修复用工具和材料后，对修复用背衬材料进行染色。在染色之前先用色标卡对比毛枕进行色彩确定。

本次染色选择化学染料进行染色加工。与植物染料相比，化学染料具有如下优势：染色性能更加稳定；耐老化性较植物染料强；能够准确定量，较易实现重复准色染。染料选用情况详表5～表7。

表5　染料情况

雅格塞特（Argacid）	类 别	特 性
Argacid M-GX 红	1：2金属络合中性染料	染料用量为1%～4% O.W.F；大部分为1：2的金属络合染料；染色提升能力优越
Argacid M-2R 黄		
Argacid N-BL 蓝	单磺酸和双磺酸基弱酸性染料	染料用量为0.5%～3%O.W.F；具有良好的相容性；色谱宽广颜色鲜艳靓丽

表6　本色绢染色初始配方

Argacid M-GX 红	0.1%（owf）
Argacid M-2R黄	2%（owf）
Argacid N-BL蓝	0.05%（owf）
乙酸	1.5mL/L
Nacl	5 g/L
浴比	1：20
织物重	200g

表7　红绢染色初始配方

Argacid M-GX 红	2.2%（owf）
Argacid M-2R黄	0.05%（owf）
Argacid N-BL蓝	0.15%（owf）
乙酸	1.5mL/L
Nacl	5 g/L
浴比	1：20
织物重	227 g

本次染色工艺曲线如图31所示。

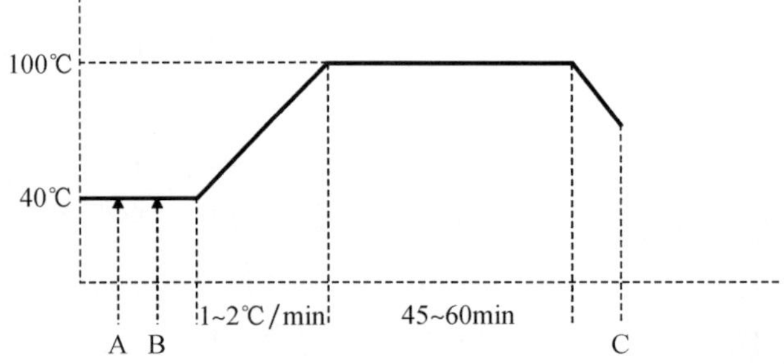

图31　绢袍背衬染色工艺图示

（A为乙酸、Nacl；B为Argacid染料；C为清洗）

染色步骤为：

1）配置浓度为1%的染料溶液备用。该染料必须充分溶解后方可染色。先用冷水将染料调成糊状，后加入沸水充分搅拌。

2）按配方量取染料、乙酸，称取Nacl。

3）量取4540 mL纯水于不锈钢桶内，加热至40℃时，加入染料和助剂。

4）按工艺曲线升温染色。

5）取样对比染色结果。

6）追加染料，调整配方，以达到理想颜色为止。

六、保护修复过程

1. 消毒

通过环氧乙烷熏蒸的方式，对绢袍进行灭菌除虫，达到杀灭细菌繁殖体、芽孢、分枝杆菌、真菌和病毒，使各个阶段的昆虫，包括成虫、幼虫、虫卵等致死。用宣纸将文物包裹起来，然后放入纸箱内，贴封，送至浙江省博物馆技术保护部进行熏蒸消毒。消毒结束后，将文物取回放置在通风处进行通风处理，使残留有毒气体散去（图32～图34）。

图32 消毒前包装

图33 环氧乙烷熏蒸消毒

2. 局部除尘

绢袍曾于2004年经过清洗处理，清洗避开了右襟下摆三角形贴金装饰部位。由于绢袍出于盗土之中，该部位仍可见泥土附着在表面。对这些有泥土污染的部位要先进行除尘处理。

除尘先用软羊毛刷轻刷表面，但无明显效果。后选择便携式吸痰器进行局部吸尘处理。用吸痰器进行吸尘时，吸头距离文物表面约3mm并与文物表面呈45°斜角。偶有遇到黏结的泥土小块，此时用小镊子轻轻夹除后进行除尘。通过吸尘处理不仅去除了文

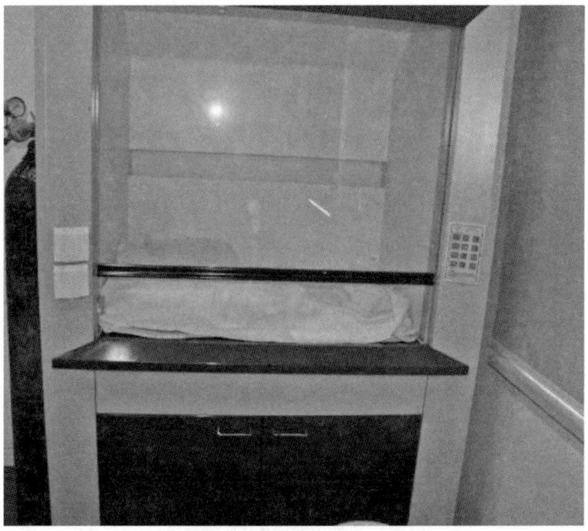

图34 消毒后通风处理

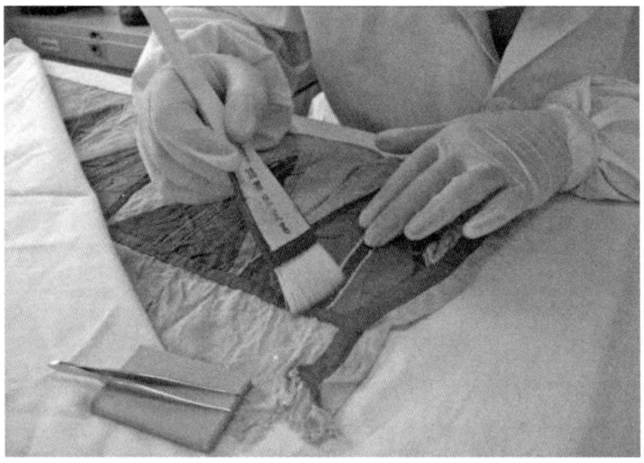

图35　毛刷除尘

图36　局部除尘

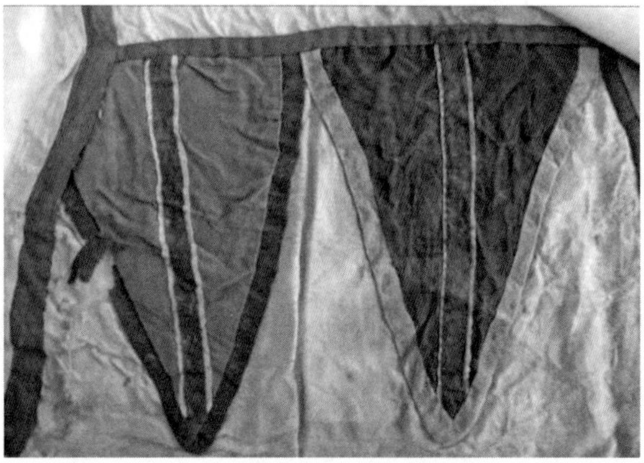

图37　局部吸尘前

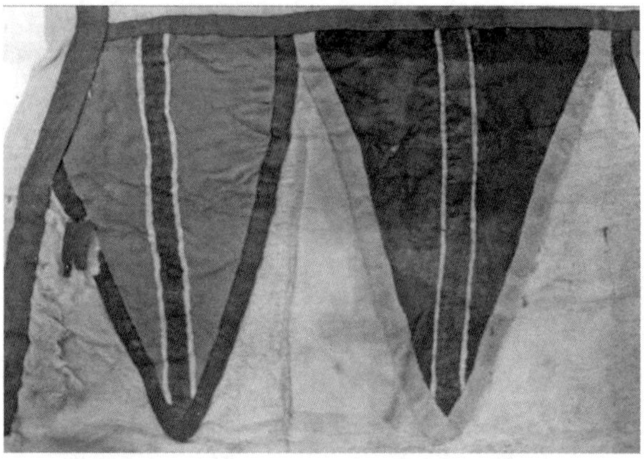

图38　局部吸尘后

物表面附着的泥土，也使渗入到织物纤维中的尘土得到了去除。除尘后的文物色泽较之前鲜艳（图35～图38）。

3. 清洗

绢袍虽曾经过清洗处理，但是污染部位未能得到最大程度的去除，污染颜色深重，且手感僵硬厚重。为了文物能够更好地保存和下一步修复的顺利进行，决定对绢袍再次进行清洗。由于绢袍右襟与左襟及后背脱离，根据这一情况本次清洗分为两部分进行，绢袍左襟及后背浸泡清洗和绢袍右襟局部清洗。

（1）绢袍左襟及后背的清洗

在清洗前要先对文物进行图像和文字记录。绢袍左襟及后背中部有红色饰带，在决定浸泡清洗前要对该区域进行脱色、晕色实验。经过实验观察无染色现象，遂决定进行整体浸泡清洗（图39）。

绢袍左襟与后背相连，形成上下两层，在清洗前依照其形制裁剪无纺布并将薄膜衬入其中。衬布尺寸略小于文物尺寸（图40）。

将准备好的文物放置在纱网上，放入清洗池，进行第一次清洗。在进行浸泡前，首先用喷壶均匀地对文物进行回潮（图41），后缓慢将水注入清洗池内，浸泡水没过文物即可。在浸泡

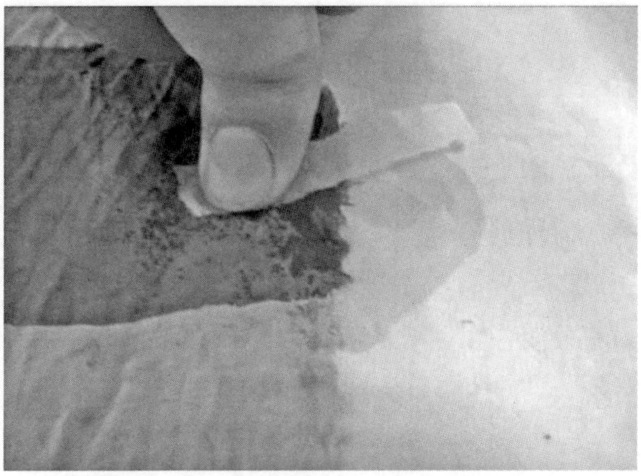

图39 清洗前局部实验

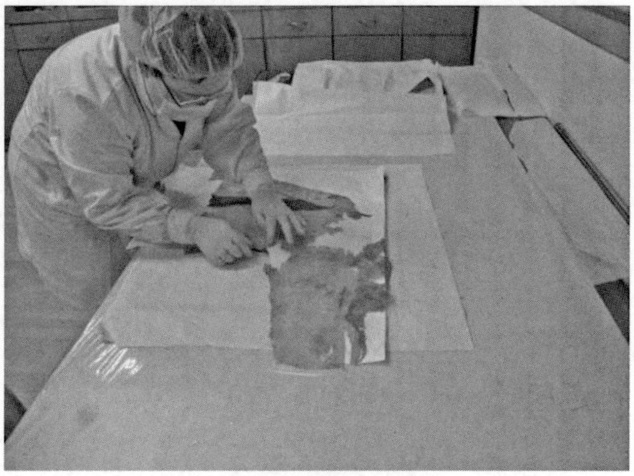

图40 薄膜衬入

图41 清洗前喷壶均匀回潮

图42 采集清洗水样

过程中随时观察文物变化，采集水样（图42），然后将污水排出。排出后用软毛刷和水轻轻刷洗，在清洗的同时对织物进行初步的平整复位。清洗后未发现有污染颗粒脱落，污染部位颜色依旧较深。

第一次清洗并未达到清洁效果。决定使用溶液对其进行清洗。用羊毛笔蘸取溶液，在文物表面轻柔匀速进行清洗（图43），在污染较重部位则可反复几次进行清洗。清洗时，发现有污染颗粒脱落（图44）。

清洗之后，用纯水将污染物和清洗溶液反复几次冲洗干净。在冲洗时缓速进行，并且不能直接对文物进行冲洗（图45）。冲洗后将文物平摊阴干（图46）。

（2）绢袍右襟清洗

绢袍右襟采用局部清洗，避开右襟下摆三角形贴金装饰区域部分。右襟清洗前先对其进行图像记录和Scalar纤维拍照记录，以便于进行清洗效果比较（图47、图48）。

在文物下衬垫聚酯薄膜，不需清洗部位覆盖宣纸，并固定，后将放置文物的铁板一端垫起，形成斜面以便于清洗。

先用喷壶均匀的在需清洗部位进行回潮，然后用羊毛笔蘸取溶液浸润文物，后轻柔匀速

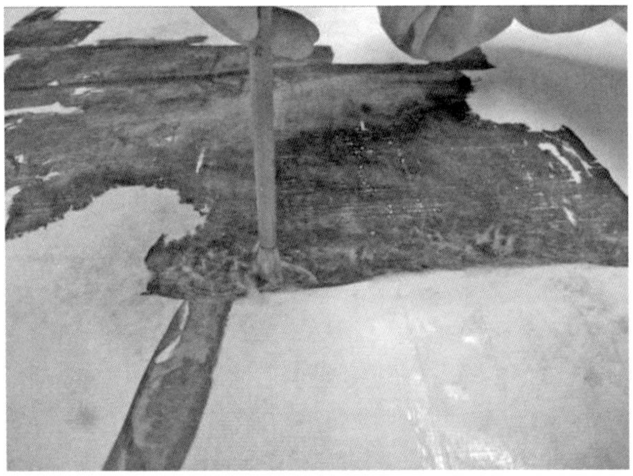

图43　溶液清洗

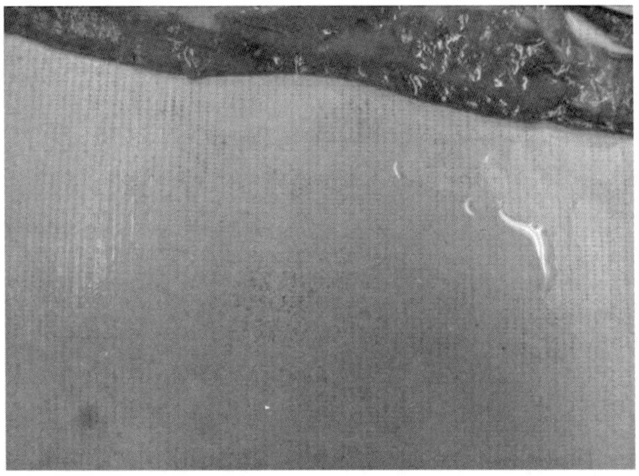

图44　清洗后脱落污染颗粒

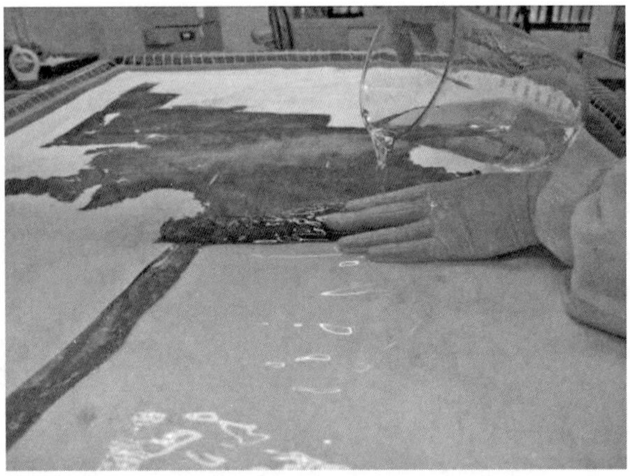

图45　纯水冲洗

图46　平摊阴干

清洗。清洗时要注意观察污染清洁情况。待达到理想的清洁效果后，用海绵先吸取表面的泡沫，然后用海绵蘸取纯水反复清洗，直至将溶液剂脱落污染颗粒清洗干净。清洗后将文物平摊晾干。

4. 背衬法针线修复

根据绢袍的裁剪设计，分区域对绢袍进行背衬法针线修复。

（1）右襟修复

右襟的修复按照其裁剪工艺分段进行。第一步修复右襟上部，第二步修复绢袍下摆飘带下区域，第三步修复绢袍下摆左侧区域，第四步修复绢袍右襟左侧红色饰带，第五步修复下摆飘带，第六步修复绢袍右襟下摆三角形装饰区域平整及破裂处，第七步将绢袍右襟左侧破裂脱落的红色边饰与主体拼合，第八步修复腰部细带。

破裂处沿经线方向铺针修复，铺针结束后整体行针。针线法结束后，沿绢袍边缘裁剪背衬。

绢袍左下摆三角形贴金装饰处有破裂，该部位由上下两层组成。针对该部位的修复，先平整，然后在两层之间添加背衬，铺针修复（图49～图52）。

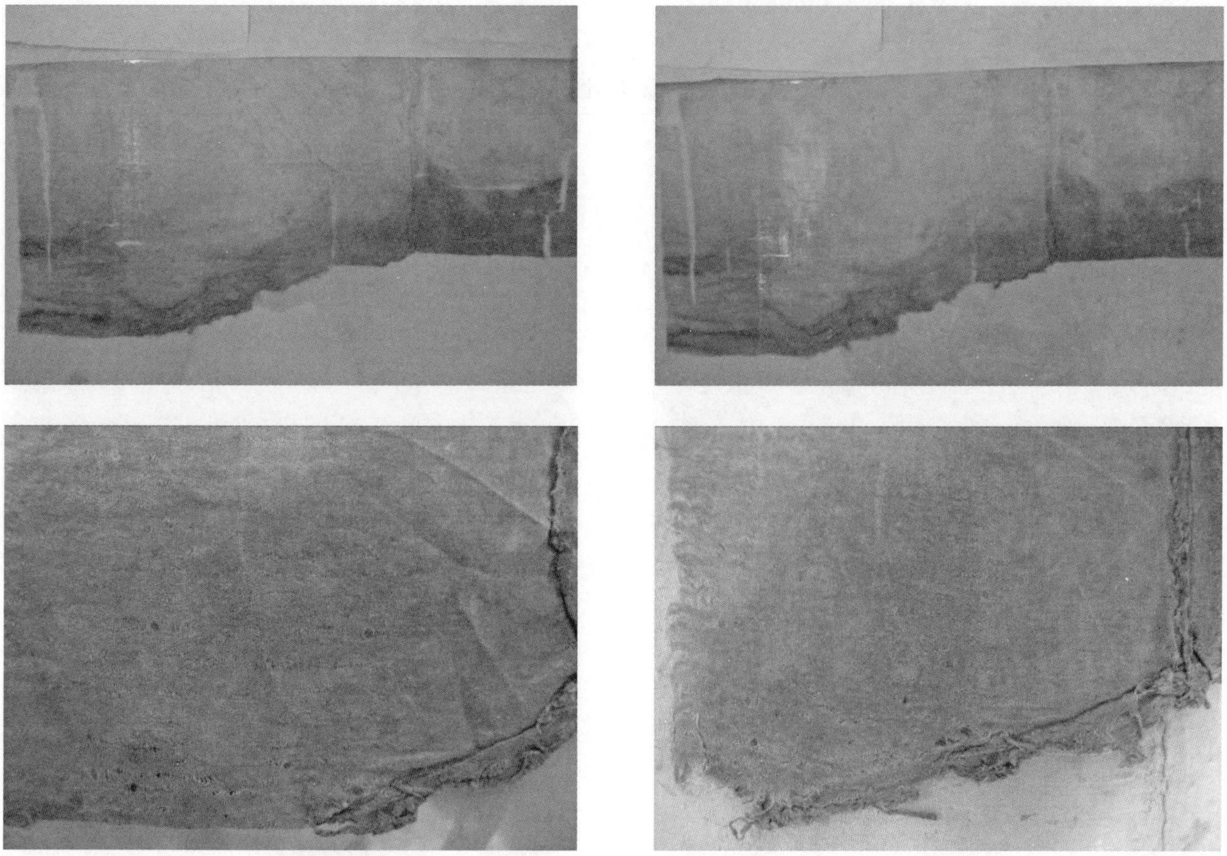

(a) 清洗前　　(b) 清洗后

图47　清洗前后的效果比较

(a) 清洗前　　(b) 清洗后

图48　Scalar显微拍照比较

图49　右襟1号区域修复前

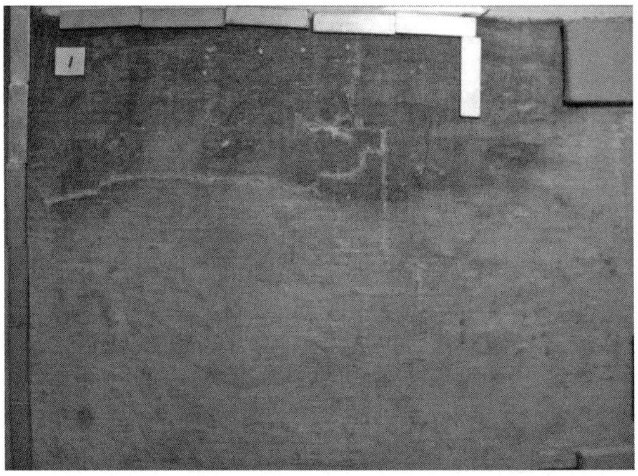

图50　右襟1号区域修复后

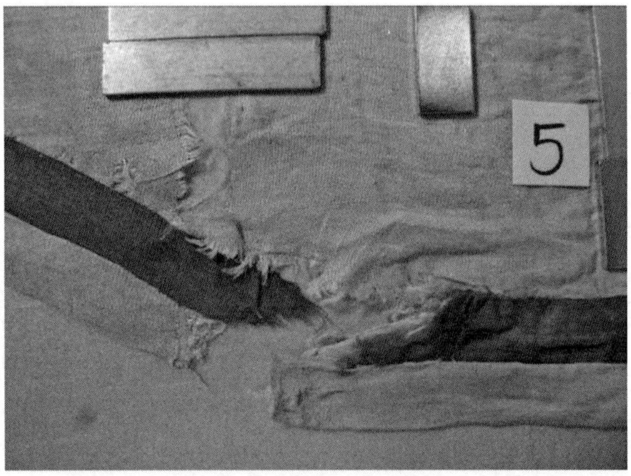

图51　右襟5号区域修复前

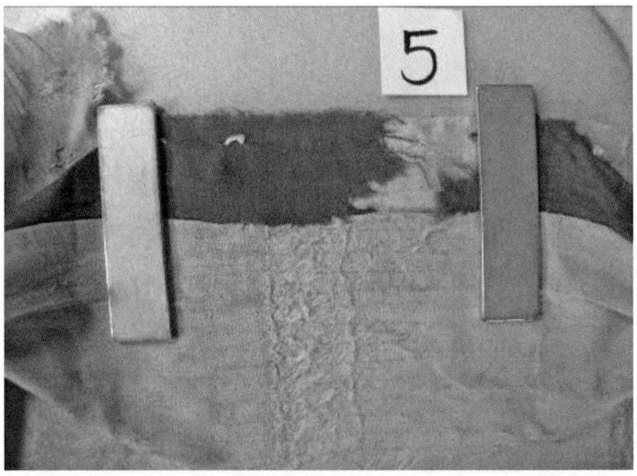

图52　右襟5号区域修复后

（2）绢袍左襟及后背修复

绢袍左襟与后背沿右侧缝合相连，在进行背衬修复之前先对其进行图像记录（详细记录缝合工艺），并在缝合关键部位制作线钉记录。记录之后对该部位进行拆分（图53、图54）。

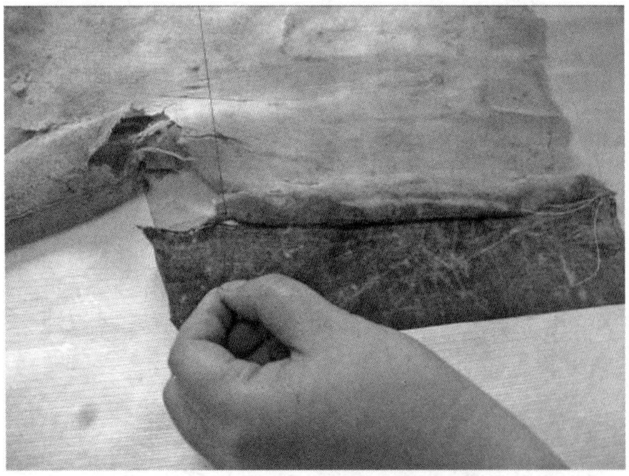

图53　线钉记录

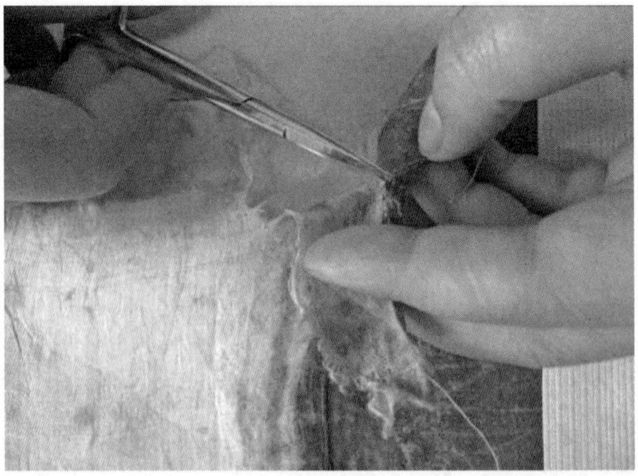

图54　拆分

左襟及后背拆分后，将其展开进行初步平整，调整经纬及变形部位。左襟残存半截袖，添加背衬时要根据服装形制对左襟及后进行背衬修复，修复完毕后进行裁剪，之后对左袖进行背衬修复。针线法修复时对于破裂残缺部位沿经线铺针修复，铺针结束后行针固定（图55～图58）。

图55　左襟9号区域肩部修复前

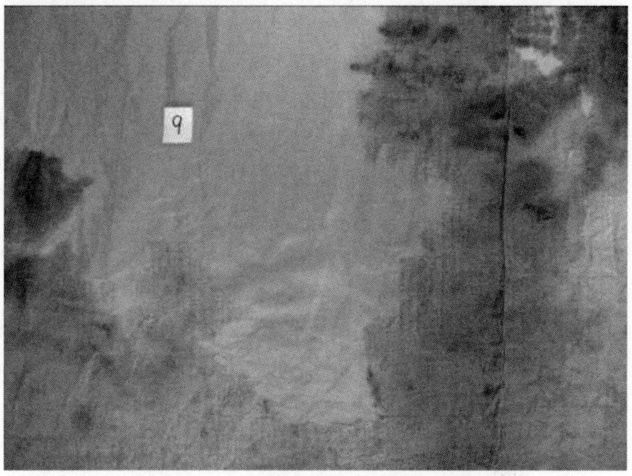

图56　左襟9号区域肩部修复后

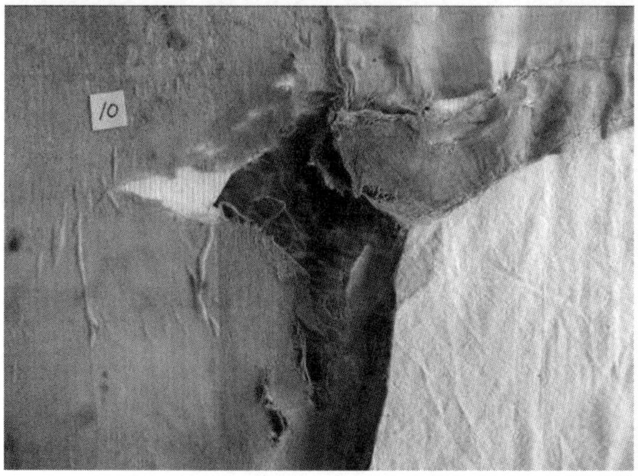

图57　左襟10号区域腋下修复前

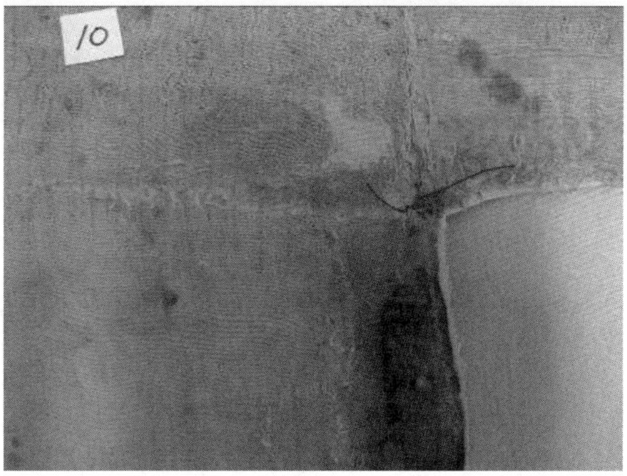

图58　左襟10号区域腋下修复后

5. 补全、拼合及保存

为保证服装的完整性，便于展出、保存和研究。根据对绢袍形制复原研究的结果，依照裁剪工艺将绢袍缺失的两袖、左襟下部、飘带、后背、绢袍两侧开叉装饰部位、领部、腰部系带进行裁剪、手工缝合。最后进行绢袍整体的拼合。将修复好的绢袍存放在无酸纸盒内平放保存，避免倾斜及晃动（图59～图63）。

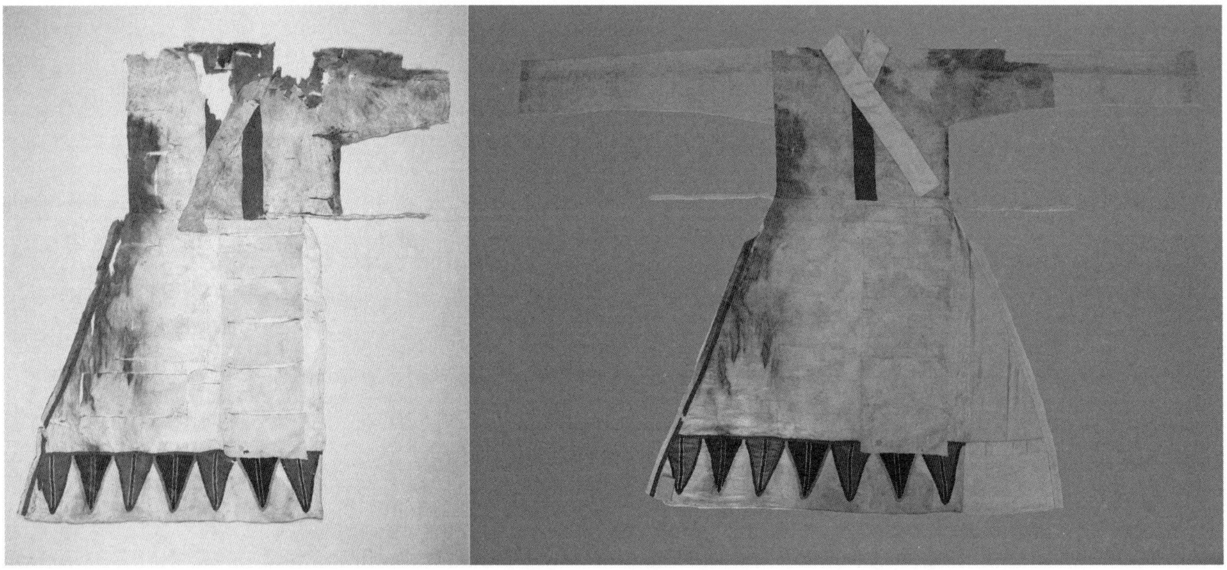

(a) 绢袍修复前　(b) 绢袍修复后

图59　绢袍修复前后比较

图60　绢袍左襟修复前

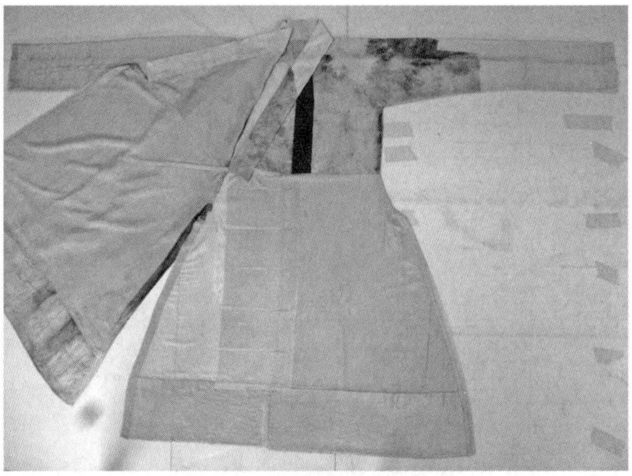

图61　绢袍左襟修复后

图62　绢袍后背修复前

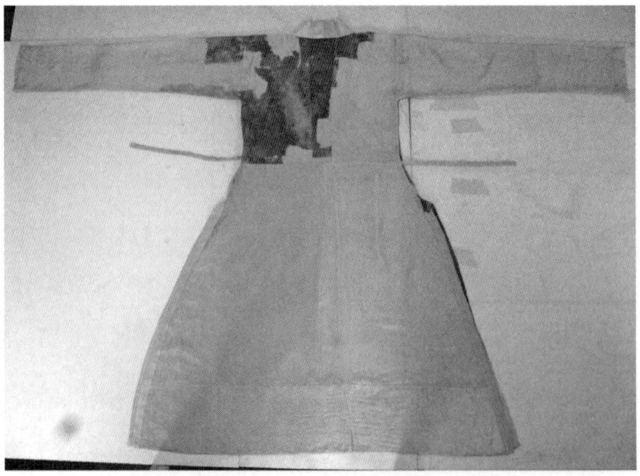

图63　绢袍后背修复后

七、结　语

整个修复过程中，严格遵循“不改变文物原状，最小干预，可识别及可再处理”的修复原则，运用纺织品文物保护的传统工艺和材料，最终使绢袍的保护修复达到了预期的理想效果，既满足文物保存的需要，同时也便于展览和进一步研究。

作者单位：康晓静，新疆文物考古研究所

科学分析研究

新疆区大遗址病害类型及成因分析

梁　涛

内容提要：在新疆的南北疆均有大遗址分布，主要为古代城址、佛寺、石窟寺、墓葬、戍堡、驿站、烽燧、作坊等。从目前赋存环境看，大致可分为邻近人类居住的绿洲，低矮山地附近或远离居民点的地区以及无人区的沙漠两类。新疆大遗址存在很多病害。根据不同病害产生的原因、病害的发展特征以及对遗址稳定性的影响差异，病害分为表面风蚀、水蚀、酥碱等九个类别。通过对新疆地区大遗址的保存概况、几种主要病害类型及其成因的介绍讨论，发现自然和人为两个方面的破坏因素都不同程度地存在于上述病害中。可以说，新疆区大遗址的病害是综合破坏因素复合作用的结果。

关键词：新疆　大遗址　病害　成因

一、新疆区大遗址现存及保护概况

新疆地域辽阔，横亘中部的天山山脉将其自然分为南北两个大的地理单元，在北疆是准噶尔盆地，在南疆为塔里木盆地。另外，在东疆还有一个较小的地理单元为哈密、吐鲁番盆地。在这三个地理单元中均有大遗址分布，主要形式为古代城址、佛寺、石窟寺、墓葬、戍堡、驿站、烽燧、作坊等。从目前赋存环境看，新疆区大遗址分布地区大致可分为两类：①邻近人类居住的绿洲和低矮的山地，如吐鲁番的高昌故城（图1）、交河故城等；②远离居民点地区，甚至是无人区的沙漠，如巴州的楼兰古城（图2）、和田的尼雅遗址等。新疆地区的大遗址绝大部分都历经千年沧桑。由于分布地域广，大遗址的日常保护管理难度较大，再加上多数遗址选用的泥土为建筑材料，原先工艺技术上本身就存在先天的缺陷。所以，在废弃以后的千百年

图1　高昌故城全景

图2　楼兰古城全景

间，由于自然和人为的因素，这些遗址无一例外都遭受了严重的破坏，有些甚至已经岌岌可危。对症下药，尽快采取有效的保护措施，抑制遗址病害的发育已成为时不我待的当务之急。

大遗址保护是一个世界性的难题。我国的大遗址保护工作开展较晚，20世纪80年代末才开始在少数几个地方进行科学保护研究试验。1992～1995年，中日两国政府和联合国教科文组织共同开展了全面保护和维修吐鲁番交河故城的工作。期间，敦煌研究院曾对故城4号寺进行PS材料现场加固试验。1998年，又对交河故城瞭望台应用PS材料进行了表面处理，并用木质锚杆对破损墙体进行锚固，工程实际效果良好①。2005年以来，以“丝绸之路”申报世界文化遗产为契机，国家开始每年投入巨额专项资金实施丝绸之路新疆段重点文物保护项目，对新疆北疆、南疆和东疆地区的几十处大遗址实施区域性、综合性的大型抢救保护工程。

新疆的大遗址保护研究虽然起步较晚，但进展迅速，在各方的努力下，已取得了一定的进步。然而，由于新疆大遗址的复杂性和多样性，目前采用的保护技术基本上属于临时措施，还没有上升到真正的科学保护层面。具体的表现是，大遗址保护科学的体系还没有完全建立；大遗址保护的概念还十分紊乱，尤其对病害概念的科学分类系统还没有完全建立；大遗址保护工程的勘察、设计、施工、监理和验收还没有形成规范；现代科学研究的新成果、新手段尚未充分应用到大遗址保护工程中，大遗址保护加固的技术有待进一步的发展和完善。

二、新疆区大遗址主要病害的成因及类型特征

根据不同病害产生的原因、病害的发展特征及对遗址稳定性的影响差异，本文将大遗址病害分为以下九个类别。

1. 表面风蚀

风力侵蚀是造成新疆大遗址毁坏的主要因素。在新疆区的大遗址中，土遗址占了绝对优势。新疆的塔克拉玛干沙漠是著名的风区。每年4～10月约有5个月是风季，一般风力为5～8

① 解耀华：《交河故城保护与研究》，新疆人民出版社，1999年。

级，最大可达10～12级。所以，环塔里木盆地的区域大风和沙暴出现频率较高，尤其是南疆、东疆绝大多数的土遗址处于空旷地带，周围缺少绿化植被，也没有专门规划的防风林带，对风沙侵蚀几乎没有抵挡能力。

风蚀是土遗址的主要病害之一[①]。一方面，它形成典型风蚀-掏蚀地貌，如高昌故城。大遗址被风蚀破坏后的形状有蜂窝状、蘑菇状两种。前者是墙面被风吹蚀成凹凸不平的蜂窝状，在风沙磨蚀与旋蚀作用下，夯土墙面的西北面最为严重。后者是墙腰根部由于酥碱作用结构变得疏松，在风力作用下被掏蚀凹进（图3～图5）。另一方面，它是伴随着其他病害一起发生、发展的，在形成复合病害的同时，对其他病害也起到加重作用。风蚀不仅剥蚀遗址表面，使建筑遗迹的外表逐渐颓平，而且可能造成建筑物的坍毁[②]。

图3　风蚀体

图4　城墙下部风蚀

2. 裂隙

图5　古城风蚀地貌

在长期的内外营力作用下，古建筑表面一般都密布裂隙，如在交河故城，裂隙破坏的主要表现形式是构造裂缝、生土节理。构造裂缝是新构造活动的结果，延伸长，分布广，多见于墙体之上，张开度不一，部分切窜墙体与生土、夯土连通。如果存在临空面，依照优势结构面理论，此类裂隙就会迅速贯通，导致小型块运动，形成巨大坐落体。生土节理多发于原生土的原生结构面，多以近直立产状出现。这种类型的结构面多以数条一组的形式小间距出现，若遇上温差交替、地震、冻融和卸荷等自然因素的影响，它就会伸展开裂，产生纵横交错

① 李最雄：《丝绸之路古遗址保护》，科学出版社，2008年，第234～238页。

② 赵海英、李最雄、韩文峰等：《西北干旱区土遗址的主要病害及成因》，《岩石力学与工程学报》2007年第6期。

图6　墙体表面裂隙

图7　台地裂隙

的变形，易与构造裂缝连通（图6、图7）①。正是因为土遗址裂隙发育，降低了其抵御自然侵害的能力，加剧了土遗址其他病害的发生。裂隙的发育对建筑物的稳定性构成了极大的威胁。

3. 基础掏蚀凹进

新疆大多数区域降水量稀少，地下水含量丰富，而蒸发量很高。由于绝大多数建筑墙体直接开挖于生土上或夯筑于生土上，土体中含有较多的易溶盐，在水的作用下，可溶盐迁移、富集于墙基、墙根及腰部。土体中的可溶盐，尤其是Na_2SO_4，随着温度、水分的变化发生周期性的溶解收缩—结晶膨胀—再溶解收缩，破坏了土颗粒骨架，导致土体结构松散、黏聚力急剧下降、强度降低。在风、雨等外力作用下，疏松的墙基及墙腰不断被掏蚀凹进，严重之处可达1米多深，造成临空面，整个墙体随时有坍塌危险（图8、图9）。

图8　佛塔下部掏蚀

图9　佛塔墙体掏蚀

4. 表面水蚀

雨雪降水侵蚀也是造成大遗址破坏的主要因素之一。新疆地区总体降水虽然很少，但是处

① 张景科、谌文武、李最雄等：《交河故城东北佛寺墙体裂隙程度发育反演研究》，《敦煌研究》2007年第5期。

于天山北坡的北疆大气降水量明显多于南疆；而在南疆，由于一些遗址地处河流或山谷附近，受小环境影响，大气降水往往在较短的时间内可以迅速聚集，对遗址破坏力很大。千百年来，在自然力的作用下，以生土材料建筑而成的土建筑内部应力已释放完毕，表层的土体由于长期风化作用，抗剪强度较低，抗水蚀能力较差。对于夯土或土坯砌筑的遗址来说，偶遇暴雨或连续降水就可以对表面造成很大的破坏。

根据调查推断，大量的泥土侵蚀主要由溅击作用引起。溅击作用的动力主要是雨滴碰撞。它可以打散土体中的较大团体。溅蚀量随雨滴大小、雨滴速度和降雨强度而增加，而雨滴大小决定于降雨强度。在雨滴溅击的作用下，墙体表层遭受溅蚀作用，吸力锐减；随着降雨的持续，打散的土颗粒细粒进入土体，堵塞孔隙，雨水入渗浅，致使土体表层饱和，变成流动土体，抗剪强度大幅度降低，与下覆土体间形成了水力梯度和抗剪强度的优势面；表层土体沿优势面在重力作用下剥落。在一些抗外力性能相对较弱的地方，如泥墙间的衔接处，溅蚀、冲刷破坏力更强（图10、图11）。

图10　雨蚀破坏的土体表层

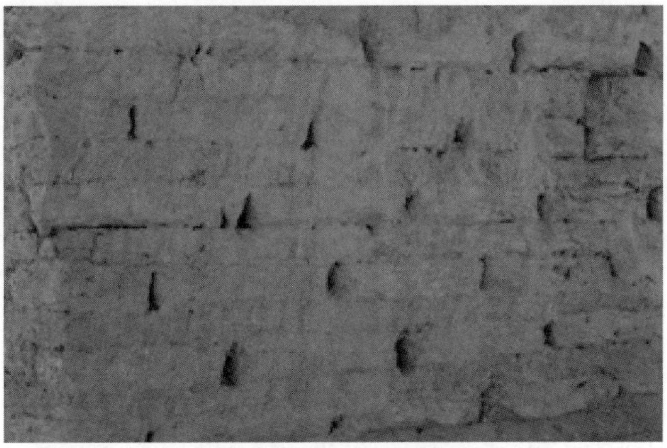

图11　尼雅佛塔上的水渍

水蚀病害主要有两种情况：低洼区浸水、冲沟。低洼区浸水主要发育在一些地势低洼之处，冲沟主要发育在一些建筑物有优势结构面形成的软弱地带。

5. 酥碱

新疆地区夏季气温较高，空气相对湿度较低，气温昼夜温差大，如吐鲁番夏季日平均温差通常都达15℃以上。长年处于急剧变化的气温之中，必然导致遗址墙体的频繁胀缩。土体中含有较多的易溶盐，在水的作用下，土体结构不断疏松，墙体根部土体中的可溶盐在其他外营力的作用力下，发生质量、体积上的减少变形。酥碱多见于墙体的根部和腰部，如吐鲁番交河故城（图12）。

图12　吐鲁番古城墙体下部的酥碱

6. 泥皮片状剥落

泥皮剥落主要由雨蚀、风蚀等综合因素造成，对遗址稳定性有一定影响，但主要影响遗址表层的完整性。

大风挟带沙粒对遗址年复一年的磨蚀破坏非常严重，加之雨蚀的交替作用，使遗址墙体被剥蚀得凹凸不平呈蜂窝状，有的呈鳞片状龟裂剥离，墙面上形成许多龟裂和即将剥离的小块，以迎风面墙体最为严重，如安迪尔古城遗址中的大佛塔。

在新疆，短期集中式降水后便是强烈的蒸发作用，使得在雨水中软化的墙体急剧变干。在这种强烈的干、湿作用下，墙（台）表面土形成片状硬壳附着在墙体上，与外界接触的表面土体强度变得越来越低，在重力及外界其他力作用下，松散的表层部分就会自然剥落，如尼雅遗址中的佛塔。由于泥皮和内部夯土在变形、抗冻胀能力、耐盐碱等诸多方面的差异，在外界条件循环变换的情况下，外层表面的泥皮常常会在其受力薄弱的部位发生碎裂（图13、图14），尤其含沙量较高的生土挖造和版筑建造而成的建筑，最易发育这类病害。泥皮剥落是土遗址最普遍的病害之一。

图13　墙体表面的片状剥蚀

图14　风蚀体的片状剥离

7. 生物破坏

生土建筑表面通常强度较低，为各种生物提供了便利的栖息场所。在大遗址发育的生物病害主要有两大类型。第一类是生物巢穴病害，主要有鸟巢、鼠洞、蜂巢，多见于建筑基础生土部分，这类病害可导致墙体结构疏松，为其他病害提供有利条件，影响遗址稳定性。第二类是生物粪便污染病害，多见于靠近建筑物顶端生物巢穴附近，由于生物粪便含有大量有机物和无机物，对土遗址及其附属物具有腐蚀破坏作用①。

8. 人为破坏

如果废弃的遗址周边仍有居民居住，他们的生产和生活活动会在有意无意间对遗址造成破

① 姜怀英、冯丽娟：《新疆石窟的主要病害及其治理方针》，《新疆文物》1989年第2期。

坏。例如，吐鲁番高昌故城废弃后，当地居民不断地将城内建筑遗址中残留的一部分门、窗、椽、柱和砖瓦、土坯等建筑材料拆除运走，还将房舍坍塌下来的虚土取走，或者挖掘房舍墙体施入农田中，作为防止田地板结的常用手段。

19世纪末至20世纪初的近50年间，英国、法国、德国、俄国、日本等国的探险家相继进入新疆。他们以探险为名，行盗窃文物之实，对遗址肆意滥挖，掠走了大量珍贵文物，使包括高昌故城、交河故城、楼兰古城、尼雅遗址等的许多遗址遭到严重破坏。在他们的诱惑和唆使下，遗址附近的农民开始随意挖掘，向外国探险家出售文物牟利①。

现代人类的生产活动也对遗址造成破坏。例如，高昌故城内在20世纪50年代曾大规模开垦农田，直到1983～1999年，吐鲁番市人民政府公布了高昌故城保护范围，成立了高昌故城文物保护所，外城城门均采用土坯封闭，实行出入管制，遗址内所有农田停止耕作。再如，1970年建成的库车东方红水电站由于筑坝蓄水，致使附近库木吐喇石窟十几个洞窟的壁画被水浸泡毁坏，造成难以弥补的损失②。

近20年来，随着新疆旅游业的迅猛发展，国内外游客参观文物古迹的人数与日俱增。由于部分游人文物保护意识差，再加之管理工作跟不上，游人随意攀登、刻画、掏挖、抛撒垃圾等行为对遗址造成较大的损害。

出于抢救濒危建筑的考虑，早期一些地方文物部门对不少遗址进行了修缮，但受当时文物保护理念和工艺技术手段的限制，修缮过程中对遗址原状包含历史信息的处理有些过于简单化，缺乏规范性和科学性，出现了所谓“保护性”的破坏，造成了一定程度的损失。

9. 坍塌

无论各种病害如何发展，坍塌最后都会成为遗址破坏的主要表现形式③。这也是大遗址最致命的病害。在大遗址坍塌病害中主要表现为两种不同类型的坍塌。第一类是由优势结构面导致的坍塌，包括建筑原洞的坍塌、墙体大型的坍塌、建筑物的小规模坍塌。建筑原洞的坍塌是由于地震等外动力作用使裂隙贯通到洞顶，造成洞顶土体开裂、架空，随之发生坍塌；墙体大型的坍塌主要是由于临空面的优势结构面导致其坍塌破坏，多见于城墙两端；建筑物的小规模坍塌由于在建筑物的棱角部位被裂隙切过、贯通发生坍塌。第二类由重力作用和掏蚀、酥碱作用共同组合形成的坍塌（图15、图16）。

---

① 〔德〕阿尔伯特·冯勒柯克著，陈海涛译：《新疆的地下文化宝藏》，新疆人民出版社，1999年，第44～74页。

② 彭杰：《龟兹石窟保护维修的回顾与展望》，《龟兹学研究》（第3辑），新疆大学出版社，2008年，第111～120页。

③ 孙满利、李最雄、王旭东等：《干旱区土遗址病害的分类研究》，《工程地质学报》2007年第6期。

图15　墙体的坍塌

图16　交河故城崖体坍塌

三、结　语

以上对新疆地区大遗址的保存概况和几种主要病害类型及成因作了初步的介绍和讨论，我们可以发现，自然和人为两个方面的破坏因素都不同程度地存在于上述病害中。因此，新疆区大遗址的病害是综合破坏因素复合作用的结果，表现在具体的遗址上又各有侧重，病害成因的复杂性导致了遗址病害类型的多样性，这就要求我们在具体的保护实践中区别对待。尽管新疆大遗址保护工作任务重、涉及面广、难点多，但是我们坚信，只要以科学的态度，有针对性地采取切实有效的措施，最终一定能够取得良好的保护效果。

作者单位：梁涛，新疆文物古迹保护中心

察布查尔县卡伦遗址现状与病害因素分析

雪克来提

内容提要：察布查尔锡伯自治县境内现存的卡伦遗址是清代新疆军事防御体系的重要组成部分。本文在现场调查的基础上，介绍了这些卡伦的保存现状，对卡伦的病害类型及成因做了相关分析，为将来开展保护维修奠定了必要的基础。

关键词：卡伦遗址　保存现状　病害

卡伦，亦作喀伦、卡路、喀龙，为“台”或“站”的满语音译。作为清朝特有的一种防御、管理设施，它对清代的社会治安、生产、资源管理，以及边防建设、疆域形成等方面均起到不可忽视的作用。现今伊犁地区的察布查尔锡伯自治县还保存有多座卡伦遗址，但是病害发育比较严重。本文通过研究这些病害的具体类型，掌握各类病害的发育程度，从而为制定卡伦保护对策和实施保护工程奠定必要的前提和基础。

一、概　　况

（一）地理位置

察布查尔锡伯自治县位于西天山支脉北麓，伊犁河南岸，北濒伊犁河与伊犁哈萨克自治州首府伊宁市及伊宁县、霍城县相望，南隔乌孙山与昭苏县、特克斯县毗邻，东依巩留县，西与哈萨克斯坦接壤（图1）。地处东经80°31′～81°43′，北纬43°17′～43°57′，距伊宁市15km。境域属大陆性北温带半干旱气候、热量丰富、光照充足、四季分明、夏季炎热、冬季寒冷、降水少、空气干燥、蒸发旺盛、温度日变化大。自治县地势南高北低，南部为山区、丘陵，中部为倾斜平原，北部为伊犁河冲积平原。有伊犁河、察布查尔河等大河水系和南山水系，水资源充足，适用于灌溉农业。县人民政府驻察布查尔镇，距乌鲁木齐市公路里程695km。

目前，在察布查尔锡伯自治县境内，北起伊犁河，南至乌孙山北麓，共有7处卡伦遗址，它们分别是洪纳海卡伦遗址、吐库尔浑卡伦遗址、多兰图卡伦遗址、阿布散特尔卡伦遗址、纳旦木卡伦遗址、梧桐孜卡伦遗址、头湖卡伦遗址（图2）。

（二）重要地位

乾隆三十一年（1766年）锡伯营驻守的各种卡伦共有18座，其中常驻卡伦4座，移设卡伦

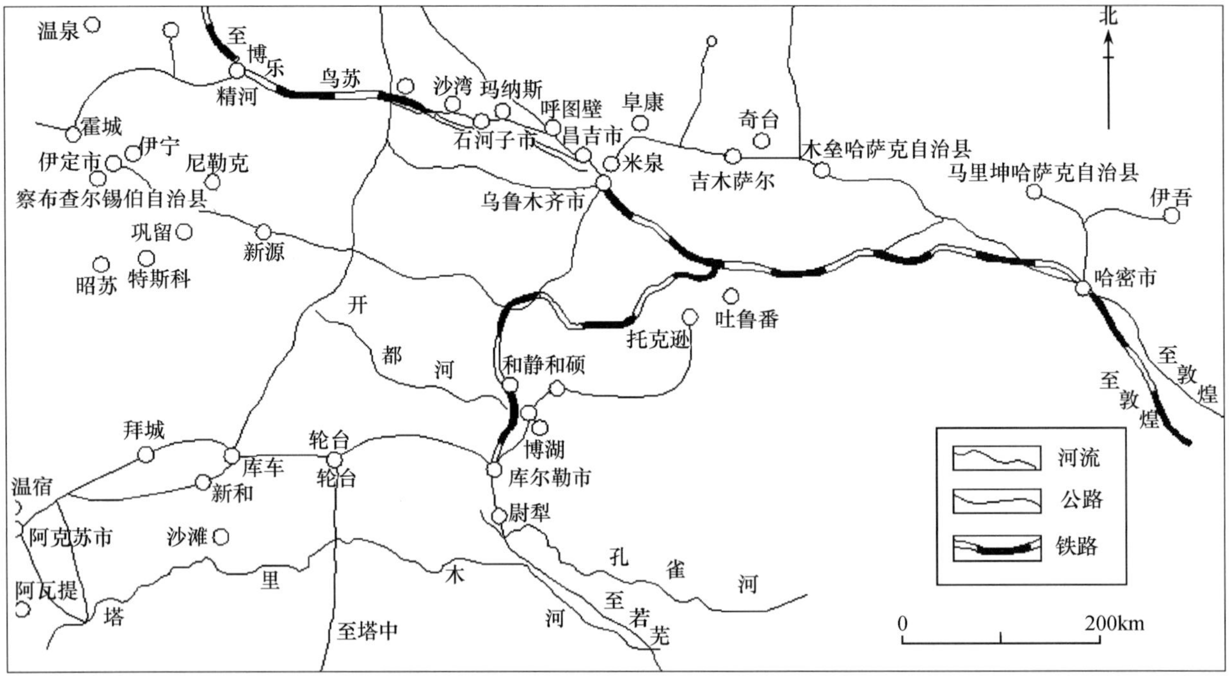

图1 察布查尔锡伯自治县地理位置图

12座，添撤卡伦2座，协助索伦营驻守辉番卡伦、空乌落卡伦。光绪八年（1882年），清政府收复伊犁后，锡伯营依然在内缩的中俄边境线驻守6座卡伦。

这些卡伦呈城堡形状，高一丈余，土木建筑，有箭楼，分前后院，前院是校场，两边排列住房公所、厨房、粮库、军械库、值班室及厕所等。卡伦历尽沧桑，见证了历史，见证了锡伯族自1764年从东北西迁到伊犁屯垦戍边的非凡历程。今天的卡伦，不仅仅是历史遗留的重要文化遗产，更重要的是彰显了卡伦本身所蕴含的一种民族精神。卡伦作为一种特定时代的历史产物，在人口稀少、防务薄弱的边疆地区，成为有效行使行政管理和防止外敌入侵的一项重要制度和组织形式，几乎在整个清代维护地方治安、保证交通安全、促进经济发展和维护国家统一等方面都发挥了不可替代的积极作用，作出了不可磨灭的巨大贡献。

作为清代防御体系的重要组成部分，察布查尔县境内的卡伦是中华民族勤劳智慧、坚强毅力的象征，是各族人民共同的历史财富，是我国西北民族地区的重要物质文化遗产，是研究清代建筑风格和军事防御体系，是研究清代政治、经济、军事、民族、工程技术、文化艺术和中西交通的珍贵资料，同时也是研究区域地质、水文变化和生态等问题的重要实物见证。有效保护和合理利用该遗产，对于弘扬中华民族传统文化，加强民族团结和爱国主义教育，对于促进当地文化传播与社会经济和谐发展以及带动地区文化遗产保护事业将起到积极的作用。

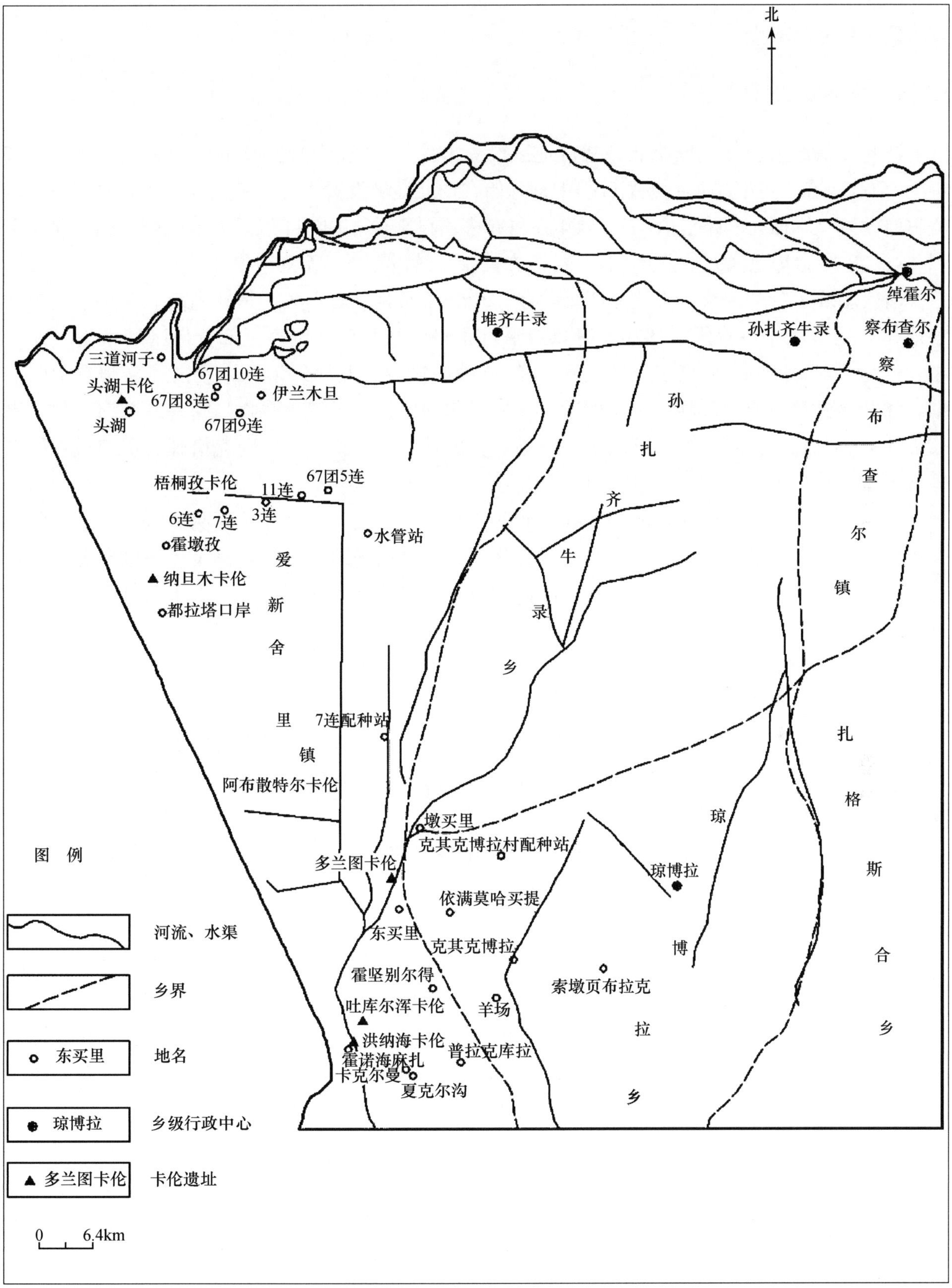

图2 察布查尔锡伯自治县卡伦遗址位置图

（三）价值评估

1.历史沿革及历史价值

清初，清政府就在我国东北、蒙古地区设立卡伦①。卡伦形成完整的巡守制度，始于1727年②。清政府在平定准噶尔部叛乱过程中，开始在西北地区设置卡伦，雍正九年（1731年）前，清政府就设立了西北两路卡伦③。1754年在科布多增设卡伦。1755年以后，清政府开始在北疆伊犁、塔尔巴哈台等地区大量设置卡伦，接着在南疆陆续设置了一系列卡伦。

清代新疆卡伦的变化，大体分四个阶段。1755年及其以后不久，是新疆南北两路卡伦有计划地建立到形成体系阶段。1828年清政府平定张格尔叛乱后，调整了部分地区的卡伦。1864年，沙皇俄国政府威逼清政府签订不平等的《中俄勘分西北界约记》，侵占了新疆数十座卡伦。1877年，清政府粉碎阿古柏入侵后，在帕米尔地区设置了苏满、六尔阿乌、图斯库尔、黑孜吉牙克、巴什滚伯孜、阿克苏睦尔瓦、塔克敦巴什、雅尔特洪拜、阿克塔什、伊斯里克等十座著名卡伦，加强了对帕米尔地区的戍边巡守。

1862～1864年，中俄在塔城举行勘分西北边界谈判期间，沙俄武装部队非法侵占了我国广大领土。在沙俄武装进攻、外交讹诈的威逼之下，清政府被迫与沙俄签订了《中俄勘分西北界约记》和1881年的《中俄伊犁条约》。沙俄割占了中国西北大片领土，侵占了清代西北数十座卡伦。

2. 科学价值

1）卡伦是中华民族重要的历史文化遗产，是研究清代新疆乃至我国边防史的重要实物资料，具有极高的科学和历史研究价值。它向今人和后人讲述着中国多民族国家形成发展的历史，是炎黄子孙的骄傲。

2）卡伦作为中国边境线上的哨所，在其不断地调整建制中形成了一个从中央政权通过各级军事、行政机构，到联系最基层军事单位及守城戍卒的军事防御机构，对于研究我国古代军事防御科学具有重要的意义。

3）卡伦的修筑吸取了战国以来历朝历代，军事防御建筑建造技法之精华，展现了中国防御工程的精湛技艺。它严密的军事防御布局，“因地形，用险制塞”的科学设防，因地制宜、就地取材的各种建筑材料、多样结构和艺术的营造方法对研究明代军事防御建筑建造技法具有重要的科学价值。研究卡伦的历史，对于历史学、民族学、中国民族关系史等学科研究的发展，对于促进民族团结都有重大的现实意义和重要的理论研究价值。

3. 社会价值

1）卡伦遗址是察布查尔县境内重要的文化遗产。它具有突出的教育意义，充分发挥了文

---

① 赵尔巽撰：《清史稿·边防·志八》（第137卷），中华书局，1977年，第4088页。

② （清）何秋涛：《北徼卡伦考》，《朔方备乘》（第十卷），宝善书局，1881年。

③ （清）常钧：《敦煌杂钞》，禹贡学会，1937年，第9页。

物见证历史、弘扬传统的功能。

2）卡伦遗址在促进察布查尔县的文化传播与经济发展，以及带动当地文化遗产保护事业发展中将起到重要作用。

3）卡伦遗址在促进当地民族团结及和谐社会建设方面具有重要意义。

（四）建筑形制与工艺

1. 建筑形制

此次勘察工程涉及的卡伦遗址，整体分布规则，呈方形构建，在每个转角处设置角台。墙体是在自然基础上随地势直接分段版筑而成，其板接缝较为清晰，每板大致长4m，夯窝不详，现存墙体底宽1.5～2.5m，顶宽0.3～1.5m，残高0.3～3.3m；如同全国各地其他墙体一般也采取了“因地制宜，就地取材”的建造原则，系用黄褐土夹杂大量砂砾分段夯筑而成，夯土层厚0.12～0.15m，部分卡伦夯层夹有砂砾石。

2. 建筑工艺

“夯土版筑”是古建筑最普通的建造技法。夯筑之前，先在墙基边缘栽立四根高大结实的柱子，深入地下30～50cm，两边平行，长宽距离相等。古代谓之“桢”，是筑墙工事中的支柱，它的基本作用是限定墙基的方位和墙体的长度、宽度及厚度。将制作好的木板或圆木放在平行的立柱内侧，四根高大结实的柱子牢固地挡住墙体两旁打夯的压力，选用河道底部及流水沉积层黏性很大的土质，再用水灌溉浸泡，使之具有一定湿度，具备重新黏结的条件后填入加筑的木板之内，整平，分布均匀，双人抬夯夯筑，边夯边填土。立柱及墙两边的木板压力开始加大，四根高大结实的柱子牢固地挡住墙体两旁打夯的压力，土层越来越紧密。夯层厚度为10～12cm，一层又一层，分层捣实。此种方法叫版筑，或曰“舂墙”，当夯土层达到底层木版或圆木高度时，两边再加一层木板或圆木，再继续填土打夯。第二层填满后，取掉第一层木板与立柱之间的楦楔，放到第三层，填土打夯，这样反复不断，直至筑到所需高度。墙体延伸时，与原来的夯墙相连接，一段又一段，随需要灵活夯筑。有时再在墙内有序地增加枒木，以防滑墙塌陷。

二、遗址保存现状

（1）头湖卡伦

具体位置东经80° 34′ 35.0″，北纬43° 47′ 43.1″。此卡伦平面呈方形，夯土建筑，残存墙垣，南北长26.2 m，东西宽25m，占地面积约655m^2，墙厚1.7m，残墙最高处2.6m。门朝南开，门道残宽4.5m。建筑四角突出，为角楼残迹。因风雨侵蚀及牧民放牧，卡伦损毁严重，东墙保存相对较好，余三墙仅残存低矮的墙垣。

（2）梧桐孜卡伦

具体位置东经80° 39′ 37.1″，北纬43° 44′ 08.5″。该卡伦坐北朝南，平面呈方形，南北

28m，东西28.5m，占地面积约798m²，墙夯筑，厚1.5m，上窄下宽，上有女墙，女墙厚0.5m，墙最高处通高3.6m。四周有角楼，西北角楼保存最好，角楼边长约2m。北墙上有瞭望孔。门坍塌，残宽3.8m。西墙北段坍塌。因风雨侵蚀及农田灌溉，卡伦西墙体基部遭侵蚀坍塌，偏北段坍塌最为严重，其余三面墙体保存相对较好。

（3）多兰图卡伦

具体位置东经80° 46′ 53.4″，北纬43° 32′ 48.5″。该卡伦平面呈方形，夯土建筑，保存基本完整，南北长31.5m，东西宽27m，占地面积约850.5m²，墙厚1.3m，高约2.7m。门朝南开，门宽3.5m。四角设角楼，边长2.2～2.8m。该卡伦保存一般，各墙保存较好，西墙内侧有数十个龛形的大凹槽，据介绍为“文化大革命”时所挖。损毁的主要原因为自然风雨侵蚀以及生产生活活动（曾被作为羊圈）。

（4）阿布散特尔卡伦

具体位置东经80° 43′ 59.2″，北纬43° 35′ 13.2″。该卡伦平面呈方形，夯土建筑，仅存墙垣，大体保存完整。南北长34.4m，东西宽31.6m，占地面积约1087.04m²，墙上窄下宽，厚0.6～1.3m，墙最高处约4m。四角有角楼，边长2～3m。门朝南，宽2.9m，门有廊，长4.3m。保存相对完整，自然风雨侵蚀对夯土建筑有直接影响。

（5）吐库尔浑卡伦

具体位置东经80° 45′ 13.3″，北纬43° 28′ 43.7″。该卡伦基本上坐北朝南。南北长36.4m，东西宽33.8m，占地面积约1230.32m²，墙垣残损，最高处1m有余，墙底部最宽处1.5m。门残宽3m。围墙内西侧和东南侧都有小开间的房屋残墙，较低矮。保存一般，墙垣残损严重，最高处仅1m多。损毁的主要原因为自然风雨侵蚀和生产生活活动。

（6）洪纳海卡伦

具体位置东经80° 45′ 57.2″，北纬43° 27′ 52.9″。该卡伦平面呈方形，基本上坐北朝南，南北宽35m，东西宽30.4m，占地面积约1050㎡。夯土筑，夯层厚20cm，各层之间夹碎草。墙厚1.2m，上有女墙，墙体保存最高处通高3.6m。门朝南开，宽4.2m。四角均有角楼，仅西南角楼保存较好。北墙仅存低矮的墙垣，东、西、南三墙不同程度坍塌。因常年风雨侵蚀及生产生活活动的影响，该卡伦建筑保存较差。

（7）纳旦木卡伦

具体位置东经80° 40′ 56.3″，北纬43° 41′ 30.5″。该卡伦建筑坐北朝南，整体保存较好，平面呈长方形，南北长34.4m，东西宽45.3m，占地面积约1558.32m²，墙夯筑，上窄下宽，厚约2m，最高处2.5m。四周有角楼。门坍塌，残宽约5m。该卡伦整体保存较好，墙体结构清楚。多年的风雨侵蚀是造成卡伦损毁的主要原因。

三、遗址主要病害类型

由于察布查尔县境内的7处卡伦遗址所处小自然环境、人类活动扰动程度和构筑材料的差异性，各处遗址发育的病害也具有较为明显的差异性。

此次病害调查所涉及的夯土遗址包含洪纳海卡伦遗址、吐库尔浑卡伦遗址、多兰图卡伦遗址、阿布散特尔卡伦遗址、纳旦木卡伦遗址、梧桐孜卡伦遗址、头湖卡伦遗址7处，均处于山间盆地地带，降雨量充沛，大风频发，生物和人类活动频繁。因此，其主要发育的病害有人类破坏、裂隙发育、掏蚀、坍塌、表面片状剥离、冲沟和生物破坏等。

1.人为破坏

由于遗址位于山间盆地地带，人类活动极为频繁，加之保护意识淡薄、观念差，违法违规改变遗址或利用遗址的行为多有发生，对遗址造成了无可挽回的破坏，具体表现为三个方面：第一，在卡伦内圈养牲畜，人为墙体上挖洞（图3、图4）；第二，肆意侵占文物核心保护地带土地，用于农田开垦（图5）；第三，卡伦遗址内违规取土（图6）。这些人类活动不仅给遗址造成了无法弥补的损失，为其他病害的快速发育创造了条件，给卡伦进一步遭受破坏埋下了隐患。

图3 卡伦内圈羊

图4 墙体上挖洞

图5 卡伦周围开垦农田

图6 违规取土

2.裂隙发育

根据发育原因的不同，又可分为以下三种类型。第一是建筑工艺裂缝，在夯筑过程由建筑工艺形成的裂隙，这种裂隙刚开始很小，在日后漫长的外部营力的作用下逐步扩大（图7）；第二是由遗址应力重分布而产生的裂隙，如卸荷裂隙等（图8）；第三是构造裂隙，由于构造运动或地震作用而产生的裂隙，如节理等（图9）。

图7　版筑缝裂隙

图8　卸荷裂隙

图9　构造裂隙

3.掏蚀

掏蚀的发育和发展是受气候因素影响最为普遍和典型、对遗址安全赋存危害最大的病害之一（图10、图11）。在少量降雨和快速蒸发的条件下，盐分迅速在遗址根部发生汇集形成土遗址的盐渍带，盐渍带土在反复的盐胀作用下结构和强度遭受破坏，而后在干旱区常见挟沙风的磨蚀和吹蚀作用下发生损耗，质量迅速损失，从而形成底部空腔，空腔进一步扩展将会诱发遗址局部破坏甚至整体倾覆。

4.坍塌

首先，由于降雨量过大，雨水渗入墙体使土体的内聚力降低，发生变形而导致坍塌（图12）；其次，由于墙体顶部卸荷裂隙和版筑缝裂隙形成有利的结构面组合，在下部掏蚀形成悬空而发生的坍塌（图13）。

图10　掏蚀（1）

图11　掏蚀（2）

图12　雨水浸泡引发的坍塌

图13　结构面组合导致的坍塌

5.冲沟

一种是沿薄弱部位——夯土墙体版筑缝为主，发展生成的冲沟，这种类型冲沟多具有冲深大、顶部开阔等特点（图14）；另一种是沿墙体顶端低洼区汇水溢流后冲刷墙面形成的冲沟，这类冲沟通常具有规模小、冲深浅等特点（图15）。

6.片状剥离

其实质上是在水、盐、风、沙流联合作用下，土遗址“风化壳形成→风化壳剥落”的重复演化过程。片状剥离的形成是在降雨作用下表面饱和崩解产生蠕动泥流，经蒸发干燥作用形成龟裂状外翘结皮（图16）。

7.生物破坏

生物病害有两种类型第一种类型是鸟类在土遗址表面筑巢而发生的病害；第二种类型是鼠类在土遗址基础掏洞筑穴而产生的病害（图17）。

图14　冲沟（第一种类型）

图15　冲沟（第二种类型）

图16　片状剥离

图17　生物破坏（老鼠挖洞）

四、结　　语

作为清代防御体系的重要组成部分，察布查尔县境内的卡伦是中华民族勤劳智慧、坚强毅力的象征，是各族人民共同的历史财富，是我国西北民族地区的重要物质文化遗产。察布查尔境内卡伦遗址发育的病害包括裂隙、片状剥离、掏蚀、冲沟、生物破坏和人为破坏等类型，其中裂隙、生物破坏、掏蚀和人类破坏是重要病害。几乎每个遗址体都发育有不同程度和类型的病害，亟待保护。

从保护措施讲，应遵循"先试验，后定论"的原则，在采取科学措施前提下，增强卡伦这类土遗址本身抵抗不良外在环境的能力，同时改善卡伦的保存环境，使其能长久保存，为当前及将来利用；从管理方面讲，制定卡伦保护的政策、法律法规、法令及原则，加强对卡伦遗址的管理。目前遗址病害严重，而且保存环境和现状复杂，破坏仍在继续，因此，尽快开展遗址的保护工程，以有效保存珍贵的人类遗址。

参考书目

[1] 察布查尔县地方志编纂委员会：《察布查尔县志》，新疆人民出版社，2007年。
[2] 李最雄：《丝绸之路古遗址保护》，科学出版社，2003年。
[3] 赵海英、李最雄 、韩文峰等：《西北干旱区土遗址的主要病害及成因》，《岩石力学与工程学报》2003年第S2期。

作者单位：雪克来提，新疆文物古迹保护中心

龟兹石窟壁画的病害类型及成因初步分析

叶　卫

内容提要：历史文化价值极高的龟兹石窟壁画历经沧桑，因病害发育损毁严重。本文在实地调查的基础上，吸收前人的研究成果，对龟兹石窟壁画的病害进行分类，并对各主要病害的成因作了初步分析。

关键词：龟兹石窟壁画　病害　成因

龟兹石窟是汉唐时期龟兹王国的佛教信徒建造的多处石窟的总称。作为龟兹王国留存至今最重要的文化遗产，龟兹石窟包括拜城县的克孜尔石窟、台台尔石窟、温巴什石窟，库车县的库木吐喇石窟、克孜尔尕哈石窟、森木塞姆石窟、阿艾石窟、苏巴什石窟、玛扎巴哈石窟，以及新和县的托呼拉克艾肯石窟等10余处石窟。佛教洞窟是建筑、雕塑和壁画的有机统一体。由于历史的变迁，龟兹石窟历经劫难，损毁严重。在现存的600多个洞窟中，雕塑所剩无几，但壁画有幸保存至今有上万平方米。这些壁画的色彩绚丽，风格独特，被中外艺术史学界誉为“古代中亚壁画艺术的一个高峰”①，对目前方兴未艾的“龟兹学”发展具有举足轻重的意义。

但是，由于自然和人为因素，千百年来，龟兹石窟壁画受到多种病害的威胁，损失惨重。自20世纪80年代以来，国家投入巨资首次对洞窟数量最大，保存壁画最多的克孜尔石窟开展了抢险加固工程。目前，森木塞姆石窟抢险加固工程正在实施，库木吐喇、克孜尔尕哈石窟即将开展保护工程。上述这些保护工程，主要涉及洞窟的危岩体，没有涉及洞窟内的壁画保护。为此，笔者在实地调查的基础上，吸收前人的研究成果，先对龟兹石窟壁画的病害进行分类，然后再对各主要病害的成因作初步分析，以期可以对将来开展的壁画保护有所借鉴。

一、石窟壁画的构成

石窟壁画的病害发育，首先与壁画自身的结构有直接关系。因此，在讨论病害问题时，有必要先了解石窟壁画的具体构成。通常，石窟壁画的构成，由内向外主要包括支撑体、地仗层、底色层、封闭层、颜料层、表面涂层及附属物等部分。支撑体指壁画附着的基础，如岩石（体）、木（竹）板、砖、土壁等其他材质。地仗层是指绘制壁画的泥壁层、灰壁层，也称为“地仗”。底色层指为了衬托壁画主体色彩而在地仗表面所涂的材料，常用的有熟石灰、石

---

① 田卫疆、伊第利斯·阿不都热苏勒：《新疆通史》（彩图版），新疆美术摄影出版社，2009年，第66页。

膏、高岭土、土红、石绿等，俗称“粉底层”。封闭层指为了防止颜料的下渗或颜料间的相互影响而敷设的材料，常用的有明矾、树脂、油、胶等。颜料层指由各种颜料绘制而成的壁画画面层，如颜料、金箔和胶结物等。表面涂层指为渲染、增强画面效果或起保护作用而在画层表面涂刷的透明胶料层，如树脂、油、胶、蛋清等。附属物指浮雕、金属、木构件、皮革制品、织物等（图1～图3）。

图1　石窟壁画的构成

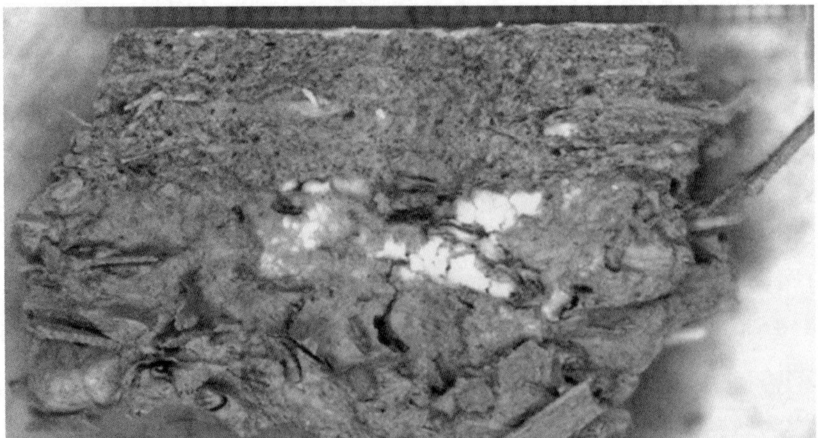

图2　壁画的地仗层

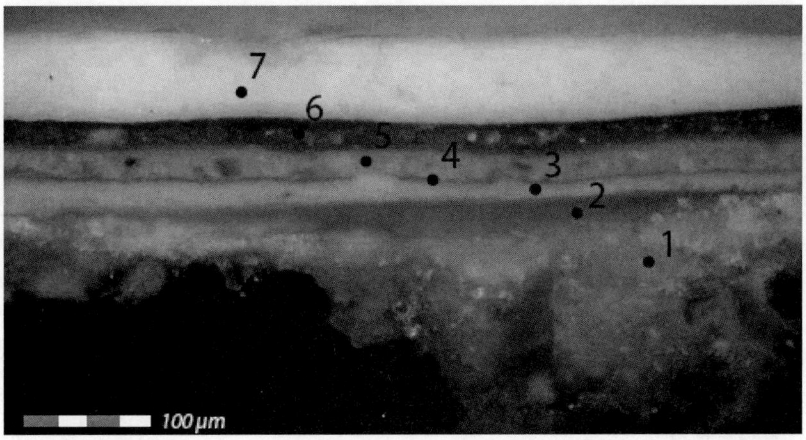

图3 壁画的颜料层

二、龟兹石窟壁画出现病害原因概述

（一）内部因素

1.壁画原始材料的影响

因天长日久，作为支撑体的岩体发生变形错位，胶结材料黏合力减弱等。此外，壁画中所含盐分、水分在外力作用下发生移动。个别颜料化学成分不稳定，如红色，较为活跃，容易氧化，造成褪色、变色①。

2.原始的壁画制作技法的影响

龟兹壁画中多用牛皮胶作为黏结材料②，壁画中存在的动物蛋白容易为微生物的活动提供便利条件。克孜尔69号窟壁画没有地仗层，直接绘于裸露的脆弱岩体表面上。

（二）外部因素

1.自然因素

光热作用下，温度、湿度随之发生变化，加之风力、大气降水及地震等自然灾害的外力作用，都是龟兹石窟壁画重要的破坏因素③。

---

① 〔俄〕亚·伊·科索拉波夫、鲍·伊·马尔沙克撰，杨军涛译：《中亚壁画——艺术史与实验研究》，《新疆师范大学学报》（哲学社会科学版）2005年第2、3期。苏伯民、李最雄、马赞峰等：《克孜尔石窟壁画颜料研究》，《敦煌研究》2000年第1期。

② 苏伯民、真贝哲夫、胡之德等：《克孜尔石窟壁画胶结材料的HPLC分析》，《敦煌研究》2005年第4期。

③ 何林：《库木吐喇石窟病害调查报告》，《新疆文物保护工程》2010年第2期。

2.人为因素

从古至今，不同时期人类的生产生活活动对龟兹石窟壁画造成了破坏。

三、龟兹石窟壁画的主要病害类型及成因初步分析

经调查分析，龟兹石窟壁画的主要病害类型包括地仗脱落、空鼓、酥碱、起甲、盐霜、颜料层脱落、裂隙、霉变、泥渍、刻划、烟熏、动物破坏、植物破坏、微生物破坏等。从宏观角度，龟兹石窟存在的病害主要表现为环境地质病害、人类活动产生的病害两大类；但根据成因因素不同，又可分为若干具体的类型。

（一）环境地质病害

环境地质病害根据其成因又分为两大类。

第一类为环境地质病害，是由于自然地质环境引起的病害，如裂隙切割掉块、渗水、风化等。

1.裂隙病害

因地震、卸荷、不均匀沉降等因素的影响，使支撑体失稳，致使壁画地仗开裂或错位、相互叠压；或因为壁画地仗层自身的变化而产生缝隙、错位、相互叠压的病害现象（图4）。

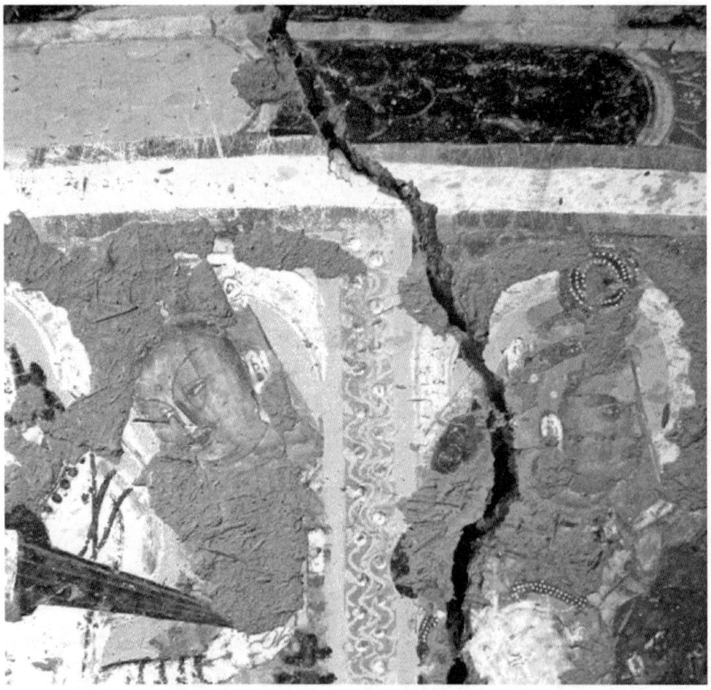

图4　裂隙病害

（1）裂隙切割破坏

为渗水提供通道，石窟岩体内发育的裂隙有层面裂隙、构造裂隙、卸荷裂隙和风化裂隙。在大风、沙尘、降水、温差、干湿、冻融、地下水静水压力和地震等共同作用下，裂隙深度加深，裂隙间距张开变宽。裂隙相互交切，形成了具有贯穿性的切割面、滑动面、稳定性差的危岩体。有些裂隙已发育到龛窟内，使洞窟岩体产生开裂、变形、错位，甚至崩塌垮落，对文物体构成严重破坏。裂隙交切还构成了石窟岩体中的渗水网络，产生渗水病害①。存在此类病害的石窟有森木塞姆石窟、克孜尔尕哈石窟、克孜尔千佛洞、库木吐喇千佛洞石窟等。

（2）岩体失稳造成的地仗脱落

由于石窟赋存的崖壁陡峻，岩体在重力作用下朝临空面产生位移变形。造成上部岩体拉裂，从而有失稳滑塌的趋势。

2.水蚀病害

水的冲击使岩石剥落，土壤被冲刷掉的病害现象称为水蚀病害。

水的类型有裂隙水、雨水、雾水、凝结水、毛细水等，其侵蚀作用方式有浸湿软化作用、渗流溶蚀作用、沉积覆盖破坏、可溶盐积聚产生的破坏、诱发微生物作用等。

（1）裂隙渗水

石窟渗水病害一般为季节性、临时性渗水，水源是大气降水。雨水沿层面裂隙、卸荷裂隙及构造裂隙交切形成的渗水网络通道下渗，在窟壁出露形成渗水病害。渗水的侵蚀方式有溶蚀、软化岩石强度、沉积覆盖及诱发微生物破坏等。水的存在或作用加剧了造像载体岩体的风化破坏，如克孜尔14号窟窟顶曾发生此种病害。

（2）雨水冲刷

雨水冲刷病害类型主要有降水直接冲刷洞窟崖体和降水沿崖壁形成的面流倒灌入窟内两种。

（3）毛细水

洞窟下部接近地下水位，由于毛细上升作用使洞窟的中下部长期处于饱和潮湿状态，造成洞窟中下部的酥碱和严重风化。新疆库木吐喇千佛洞前的渭干河因为下游修建水电站，河水水位升高，河床淤积高程抬升，造成石窟下层洞窟水位抬高，毛细水作用诱发盐类积聚、石窟载体强度壁画开裂垮塌等破坏。

（4）窟底积水

石窟窟底高程低于地面，且没有开凿排水通道。雨季时，来源于山体内部的渗水在窟底造成积水，对洞窟墙体造成威胁。

（5）水渍、泥渍

因水侵蚀在壁画表面留下的沉积物或痕迹（图5、图6）。

① 叶梅：《克孜尔石窟壁画保存环境与病害防治对策》，《中国文物报》2009年9月11日。

图5　水渍

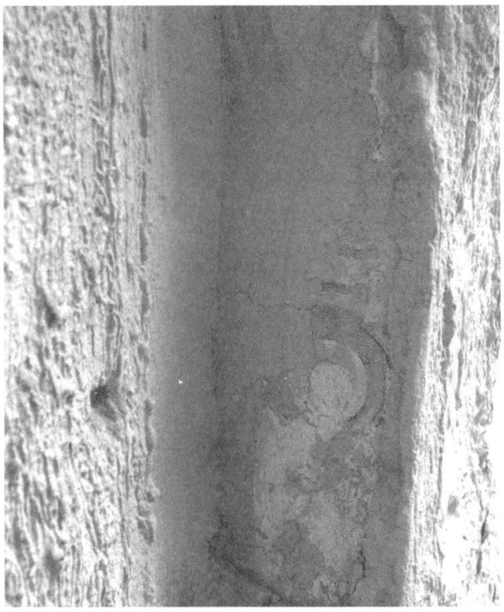

图6　泥渍

3.风化病害

指地表或接近地表的坚硬岩石、矿物与大气、水及生物接触过程中产生物理、化学变化而在原地形成松散堆积物的病害现象。

风化包括物理风化和化学风化。物理风化是指岩体受温差作用、干湿变化、风的磨蚀作用等影响，产生大量的微裂隙，使表层变得疏松，或颜料呈粉末状剥落、剥蚀破坏。化学风化主要是指水溶液在与壁画中的矿物进行化学反应的过程中，使壁画的结构构造遭到破坏，成分发生变化，并产生一些在地表条件下稳定的新矿物[①]。

（1）酥碱

壁画地仗中的可溶盐，随环境湿度变化而溶解、结晶，所产生的膨胀、收缩反复作用使壁画地仗结构破坏而产生的疏松状态。龟兹石窟岩体的成岩程度不高、胶结较差、强度低，抗风化能力差。风化病害造成了其表层岩石结构疏松，空隙度增大，矿物成分蜕变，使石窟表层呈粉末状。有的石窟产生大量白色盐碱附着在洞窟壁画表层，形成盐霜（图7）。

（2）龟裂

风化营力作用造成壁画表面产生不规则网状风化裂纹。通常由于壁画颜料层、底色层或地仗表面泥层内所含胶质材料过多，或因为地仗层的收缩变化等原因而引起（图8）。

（3）起甲

壁画表层，如颜料层、粉层呈气泡状鼓起、破裂和卷曲起翘，与内部岩体脱开（图9）。

（4）空鼓

壁画地仗层局部脱离支撑体，但脱离部分的周边仍与支撑体连接的现象，形成空腔区（图10）。

① 姜怀英、冯丽娟：《新疆石窟的主要病害及其治理方针》，《新疆文物》1989年第2期。

图7 酥碱病害

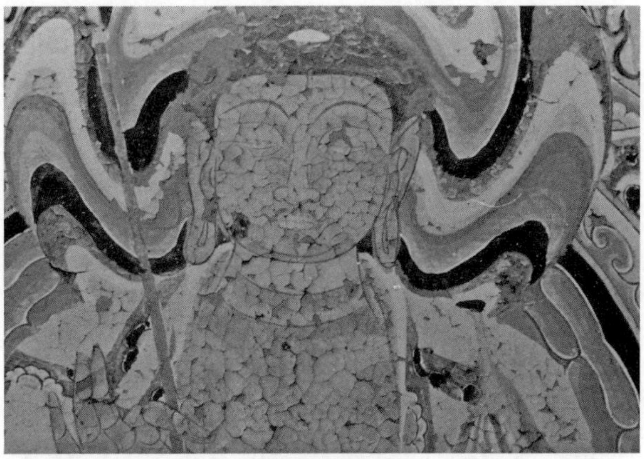

图8 龟裂病害

图9 起甲病害

图10 空鼓病害

（5）剥落

地仗层或壁画表层呈片状、板状剥落，颜料层脱落。颜料层脱离底色层或地仗层（图11、图12）。

4.生物病害

龟兹石窟生物病害的类型：①动物破坏，虫、鸟、鼠等动物活动，如抓挠、钻洞及排泄粪便堆积对壁画造成的各种破坏。②植物破坏，草木的根劈作用， 其根系、枝条进入壁画结构体内而对壁画造成的破坏。③微生物破坏，微生物的滋生对壁画表面产生的伤害，包括“霉害”“霉变”等（图13～图15）。

5.突发性灾害及其他病害

突发性灾害对石窟造成的损坏往往是灾难性的、无可挽回的，如洪水对库木吐喇千佛洞石

图11　地仗脱落病害

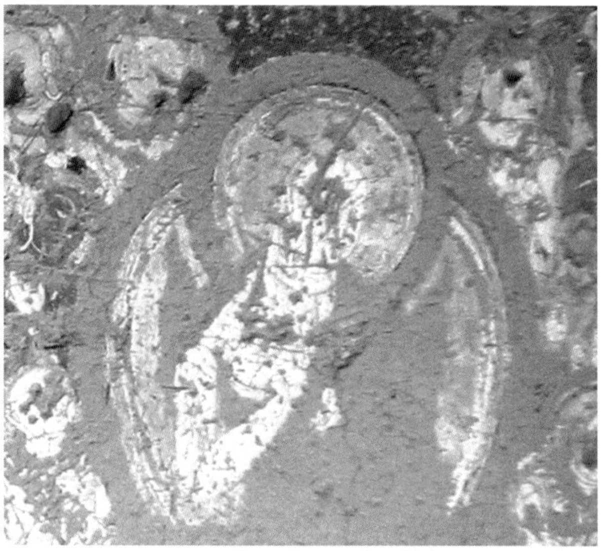

图12　颜料剥落病害

图13　动物的损坏

图14　植物的损害

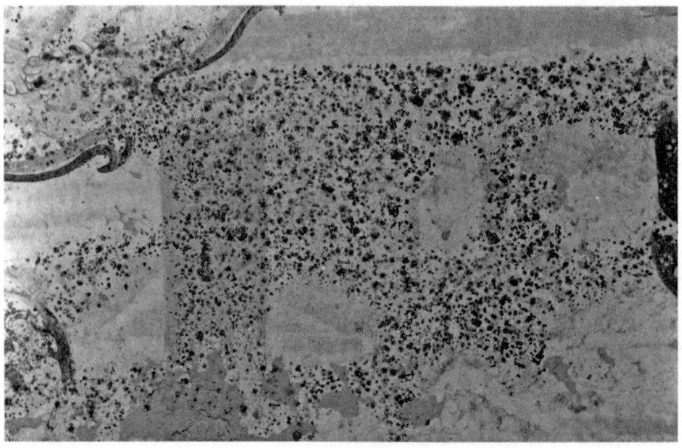

图15　微生物的损害

窟破坏，地震导致克孜尔石窟、库木吐喇石窟等石窟岩体的垮塌破坏等。

第二类为环境地质病害，是由于人类工程活动引起的自然环境改变从而导致地质病害加剧，如环境污染、人类水利工程建设的影响等。

1977年在库木吐喇千佛洞前渭干河下游修建东方红水电站，河水倒灌，河床及水位抬高造成底层石窟地下水倒灌，毛细水直接侵蚀石窟壁画，造成壁画开裂、酥碱、坍塌等破坏。

（二）人类活动产生的病害

1.古代居民宗教信仰转变时的破坏活动

13～14世纪，新疆的宗教发生了深刻的变化，佛教逐渐衰落，新兴的伊斯兰教开始占据优势地位。由于伊斯兰教反对偶像崇拜，随着龟兹古国居民宗教信仰的变化，对当地原有佛教石窟的破坏开始了，洞窟里的壁画自然劫数难逃①。

2.近代历史上外国探险队的盗窃破坏

自1902年始，先后有日本、德国、俄国、法国等多国探险队在龟兹石窟进行掠夺式考察，盗割壁画。据不完全统计，其中仅德国探险队就割取达数百平方米（图16）②。目前，德国柏林亚洲艺术博物馆（前身为印度艺术博物馆）就以克孜尔石窟的壁画作为镇馆之宝。上述外国探险队的野蛮行径给龟兹壁画造成了严重破坏。

图16　德国探险队在克孜尔石窟的活动照片

3.前期管理不力的影响

在国家设立专门的管理保护机构以前，游人、牧民自由出入遗址区，甚至在洞窟内居住栖身。他们在洞窟壁画上留下很多烟熏积垢、刻划及涂写的痕迹。

4.环境污染产生的危害

近几十年，工业化进程加快，由此产生的大气污染对石窟壁画的保存也逐渐构成威胁。一些大气环境污染严重地区，极易产生区域酸雨、酸雾。酸雨、酸雾对石刻岩石破坏作用机理有两种：一是酸雨、酸雾沉积在岩石孔隙中的成盐作用及其诱发的可溶盐盐蚀破坏；二是酸雨、酸雾对表层岩体的淋蚀作用和酸性阴离子对岩石矿物颗粒的化学溶解、水解泥化作用。以上两种作用都会对壁画造成破坏。克孜尔石窟附近的铁矿厂、克孜尔尕哈石窟附近的砖厂，其生产活动是否对石窟壁画有破坏，程度如何，虽然尚未进行长时间的跟踪监测，目前也没有明确的结论，但是应该引起我们的关注。

5.保护干涉对壁画的影响

在保护管理机构成立初期，出于研究保护的目的，曾对一些洞窟的壁画实施了保护措施。

① 新疆社会科学院宗教研究所：《新疆宗教史》，新疆人民出版社，1989年，第150～152页。

② 赵莉：《关于德国柏林印度艺术博物馆收藏部分克孜尔石窟壁画原位问题考证》，《华林》第二卷，中华书局，2002年。

图17　壁画表面的烟炱

由于保护材料尚在摸索阶段，导致保护材料与原始材料互相影响。此外，由于一些保护手段不科学，不成熟，实施后都对壁画造成不利影响，如克孜尔新1号窟壁画的修复，163号窟烟熏壁画的清洗（图17）。

6.无序、过度开发利用造成的危害

近些年来，随着民众物质文化生活的提高，欣赏悠久历史、多彩文化及其特点，体会、感受文化内涵等观光旅游事业蓬勃发展。旅游业已成为世界经济发展的重要组成部分，为文化遗产区域带来巨大的经济效益。充分、合理利用人类文化遗产，弘扬优秀的民族文化，是社会发展的要求，但旅游业的发展同时也对文化遗产的保护带来压力，甚至造成损害。其中，为短暂的经济效益驱动，过度开发，无序利用是最直接的破坏。例如，在单个狭小的洞窟内一次涌入大量游客，造成窟内二氧化碳浓度在短时间内急剧上升，无法快速排出，所处环境的变化必然会对壁画造成危害。

四、结　　语

以上对龟兹石窟壁画病害的主要类型作了扼要介绍，初步分析了它们的成因。实际上，各种病害的发生都是一个复杂渐进的过程，都不是单一因素造成的。针对这种情形，我们需要对壁画的病害作全面综合的分析，区分主次，在制定修复保护方案时才能有的放矢，收到实效。目前，依托新疆文物古迹保护中心，国家古代壁画保护工程技术研究中心已经在新疆建立了工作站，并已经正式启动“新疆壁画分类及病害调查”项目。我们衷心希望，各有关方面可以携起手来，群策群力，保护好现存的新疆古代壁画。

作者单位：叶卫，新疆文物古迹保护中心

阿艾石窟壁画制作工艺和材料分析研究

叶　梅　王力丹　李　博

内容提要：阿艾石窟位于新疆库车县东北阿格乡克孜利亚大峡谷内，于1999年被当地农民发现，成为当年十大考古新发现之一，为研究西域政治、文化、经济、艺术提供了新的重要资料。阿艾石窟保存的壁画长期处于潮湿环境中，出现了很多病害，需对阿艾石窟壁画进行抢救性修复。为了科学地对壁画实施保护和修复，必须研究壁画制作材料和工艺，以便了解壁画病害原因，为壁画病害治理提供可靠的依据。本文对阿艾石窟壁画的崖体、地仗层、颜料层进行了取样，针对不同样品分别进行了剖面显微分析、X射线衍射分析、X射线荧光光谱分析、扫描电子显微镜分析，依据分析结果对阿艾石窟壁画制作材料和工艺进行了研究。

关键词：阿艾石窟　制作工艺　材料

一、引　言

阿艾石窟位于新疆库车县东北阿格乡克孜利亚大峡谷内，为一单体石窟，窟内保存壁画约15m^2，洞窟平面呈长方形，窟顶作纵券式。洞窟长4.6m，宽3.4m，高2.5m，窟口方向南偏东37°，中央有一坛基，窟口以外坍塌。洞窟正壁绘观无量寿经变；左侧壁绘药师佛、文殊菩萨、卢舍那佛、佛陀等；右侧壁绘佛、观世音菩萨等；券顶绘小坐佛，且具有明显的汉式风格。窟内所保存的壁画色泽亮丽，壁画风格与库木吐喇石窟的汉风洞窟类似，保存有汉文榜题及龟兹文榜题23处，是盛唐时期汉文化在西域传播的典型代表。该窟于1999年被当地农民发现，成为当年十大考古新发现之一。它的发现为研究西域文化、政治、经济、艺术提供了新的重要资料。

近年阿艾石窟壁画起甲、空鼓、酥碱、地仗层大面积脱落等病害明显加剧，大多榜题已模糊不易辨识，需要对阿艾石窟进行抢救性保护。对壁画制作工艺和材料进行研究，既是了解壁画病害原因所必需的数据，又是筛选病害修复材料的基础数据。

二、取　样

为研究阿艾石窟壁画制作材料与工艺，分别对壁画颜料、白粉层、地仗层、崖体、析出盐进行了取样，取样位置见表1。

表1　阿艾石窟壁画样品采样位置及编号

编号	样品	所处位置	距地（cm）	距主室前壁（cm）	备注
AA-1	白粉层	主室右壁	191	前壁128	
AA-2	绿	主室右券	199	前壁275	
AA-3	绿棕	主室地面	右壁120	前壁275	无照片，地面采集
AA-4	蓝	主室正壁	129	左壁69	
AA-5	红	主室右壁	62	正壁147	
AA-6	黑	主室正壁	142	左壁134	
AA-7	白	主室右壁	165	正壁8	
AA-8	白	主室右券	205	前壁203	无照片
AA-9	红	主室右券	205	前壁180	
AA-10	蓝	主室右壁	169	前壁264	
AA-11	结晶盐	主室前壁	118	右壁44	
AA-12	地仗	主室券顶	右壁164	前壁230	

三、样品分析

1. 剖面显微分析

应用OLYMPUS BX-51M 型晶相显微镜对AA-4号样品（蓝色）、AA-5号样品（红色），两个样品进行剖面显微分析（图1、图2）。

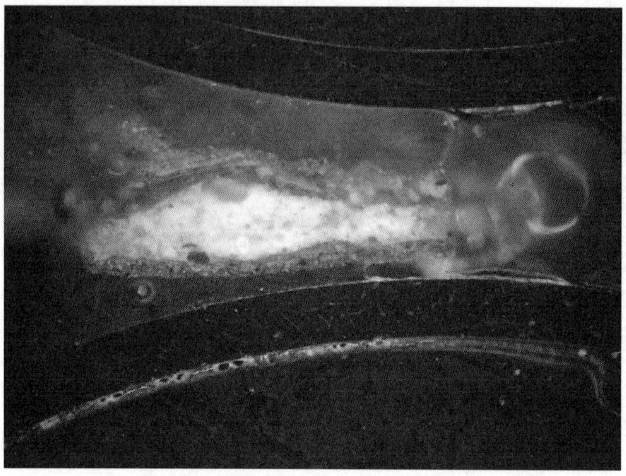

图1　阿艾石窟壁画蓝色颜料样品剖面显微分析（50×）

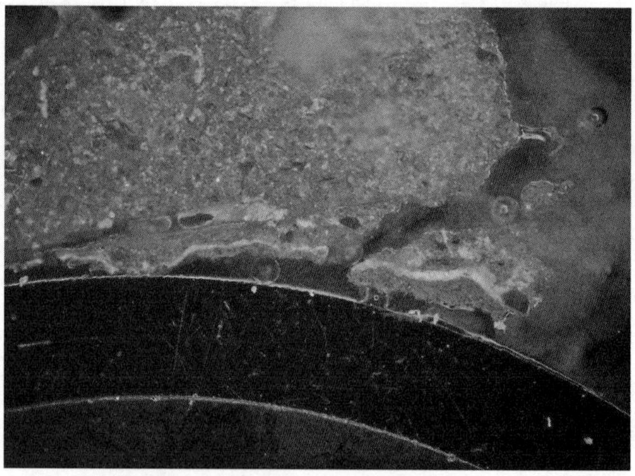

图2　阿艾石窟壁画红色颜料样品剖面显微分析（100×）

2. X射线衍射分析

对全部样品进行了X射线衍射分析（表2）。

表2 阿艾石窟壁画样品的X射线衍射分析结果

编号	分析结果
AA-1	$CaSO_4$、$CaSO_4 \cdot 2H_2O$
AA-2	$CaSO_4$、$CaSO_4 \cdot 2H_2O$、Cu_2+2Cl（OH）$_3$
AA-3	$CaSO_4$、$CaSO_4 \cdot 2H_2O$、Cu_2+2Cl（OH）$_3$
AA-4	SiO_2、$CaSO_4$、$CaSO_4 \cdot 2H_2O$、$Na_7Al_6Si_6O_{24}S_3$
AA-5	SiO_2、$CaSO_4 \cdot 2H_2O$、（Mg，Al）$_6$（Si，Al）O_{10}（OH）$_8$
AA-6	PbO_2、$CaSO_4 \cdot 2H_2O$、$Na_7Al_6Si_6O_{24}S_3$
AA-7	SiO_2、$CaSO_4 \cdot 2H_2O$、$CaCO_3$
AA-8	$CaSO_4$
AA-9	$CaSO_4$、Cu_2O
AA-10	$CaSO_4$、$CaSO_4 \cdot 2H_2O$、$Na_7Al_6Si_6O_{24}S_3$
AA-11	$CaSO_4 \cdot 2H_2O$、$CaCO_3$、SiO_2、NaCl
AA-12	SiO_2、NaCl、Na（Si_3Al）O_8、（K，Na）（Al，Mg，Fe）$_2$（$Si_{3.1}Al_{0.9}$）O_{10}（OH）$_2$

3. X射线荧光分析

对全部样品进行了X射线衍射分析（表3）。

4. 扫描电子显微镜分析

为了了解白粉层化学成分，对壁画剖面样品进行了扫描电子显微镜（SEM）分析（图3）。同时，对白粉层进行了SEM–EDX分析（图4）。

四、阿艾石窟壁画制作工艺与材料

1. 壁画制作工艺

由壁画残片的剖面显微分析结果，结合现场调查，可以判断阿艾石窟壁画制作工艺为开凿成形洞窟→抹制地仗→涂刷白色底色→构线并填色彩绘。壁画由四部分组成，即基础支撑体（崖体）、壁画地仗层、白粉层、颜料层。

2. 壁画支撑体

石窟开凿的崖壁为砂砾岩，崖体由河水冲积、洪积和冰水沉积的砂砾石、砾石、砾卵石层和富含钙质的泥质半胶结而成，颜色呈灰色、褐色、暗黄色和黄灰色。颗粒组成砾石占60%～80%，砂占15%～35%，泥质物占2%～10%。岩体的X射线衍射分析结果（图5），砾石成分主要是石灰岩，其次是千枚岩、花岗岩、石英岩、片岩。

表3　阿艾石窟支撑体、地仗层和壁画颜料X射线荧光分析结果

样品编号	样品	所含元素百分比（w%）														
		Ca	Fe	Cu	Pb	Si	S	K	Al	Cl	Mn	Ba	Zn	P	Ti	Sr
AA-1	白色	47.837	0.611	0.031	0.04	2.901	35.946	0.837	—	5.24	0.032	—	—	6.526	—	—
AA-2	绿色	36.186	0.902	25.278	0.238	0.58	15.604	—	—	14.299	—	—	—	6.805	—	0.108
AA-3	绿色	40.525	4.055	8.324	—	0.472	28.67	—	—	12.377	0.087	—	—	5.49	—	—
AA-4	蓝色	46.429	9.36	0.634	—	12.497	22.286	4.361	2.527	—	0.506	—	0.06	0.329	0.863	0.138
AA-5	红色	27.128	32.815	0.141	0.804	19.225	4.645	5.536	4.139	2.947	0.914	—	0.08	—	1.527	0.1
AA-6	黑色	28.819	2.934	0.218	44.139	21.12	—	1.935	0.835	—	—	—	—	—	—	—
AA-7	白色	51.157	15.147	0.543	1.527	18.627	—	5.151	3.214	2.579	—	—	—	1.61	0.105	—
AA-8	白色	74.509	1.256	0.306	1.544	0.912	—	0.508	—	—	—	—	—	13.309	—	0.398
AA-9	红色	49.812	9.532	16.579	0.183	1.164	—	0.51	—	10.315	0.127	—	—	11.585	—	0.133
AA-10	蓝色	55.798	0.909	0.208	—	4.096	29.544	3.324	0.948	4.544	—	0.352	—	—	—	0.277
AA-11	析出盐	18.354	9.707	0.055	—	20.459	11.6	4.318	1.323	32.424	0.262	—	—	—	0.628	0.073
AA-12	岩体	13.930	16.003	—	—	36.014	0.757	6.977	3.567	19.559	—	1.12	—	—	—	0.074

图3　阿艾石窟壁画地仗层和白粉层SEM照片

图4　阿艾石窟壁画白粉层SEM-EDX分析位置

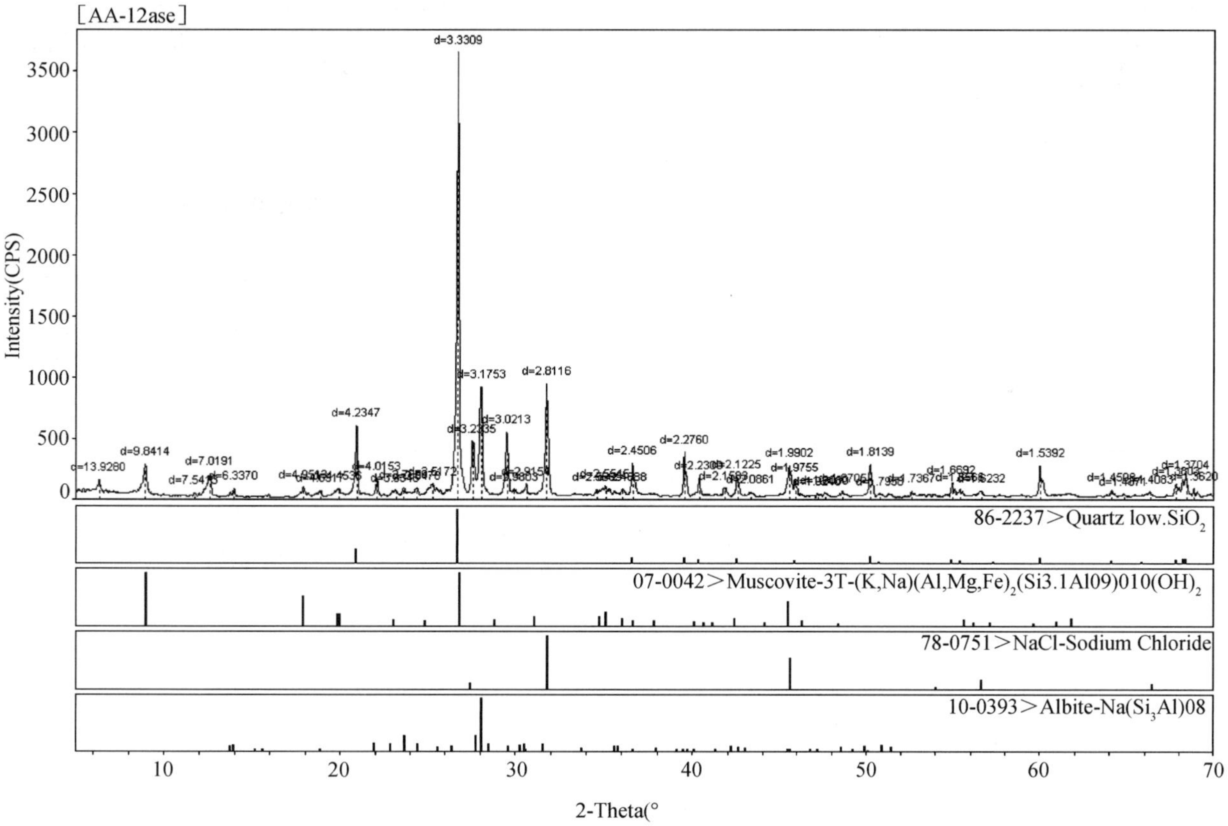

图5　阿艾石窟壁画岩体X射线衍射分析结果

这种砂泥质胶结的砾石层经过长期自重的作用，缓慢地固结，加之当地雨量稀少、干旱等自然条件有利于钙质胶结，使砂砾岩层坚实而稳固。这种地层的显著特点是可采用非爆破手段进行开凿。由于砾石含量高，结构相对疏松，人工开凿时易于开挖成形，这是开凿洞窟的基本地质条件，同时由于这种地层的特殊结构，佛教艺术多以壁画和彩塑的形式展现在世人面前。

3. 壁画地仗层

壁画的地仗层下与支撑体黏结，上为颜料层的载体，因此它的性质是决定壁画能否长期保存的关键因素。阿艾石窟壁画的地仗层是粗泥层，厚2～4cm，以黏土、沙土掺加麦秆制成。地仗层材料系当地河水沉积的黏土，其主要成分是石英、长石、方解石。

阿艾石窟地仗层中的可溶盐分析结果，如图6所示。经对阿艾石窟地仗层的盐分组成进行分析（表3），易溶盐类有Na_2SO_4、NaCl、$MgSO_4$、KC1、$NaHCO_3$。含量分别为0.058%～2.33%，0.07%～0.57%，0.01%～0.11%，0.01%～0.1%。

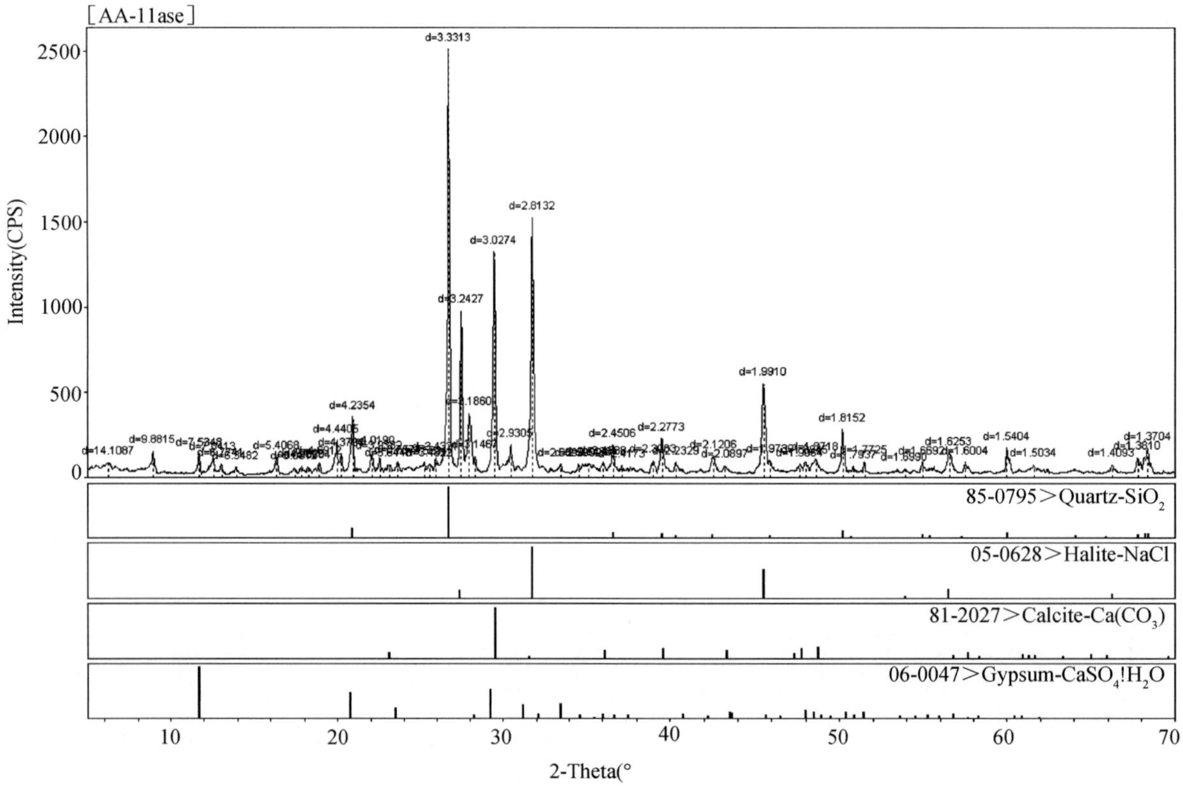

图6　阿艾石窟壁画地仗层中可溶盐X射线衍射分析结果

Na_2SO_4是标志大陆干旱环境最典型的盐类之一，它的出现往往伴随着盐霜、盐斑。此外，阿艾石窟岩体中，中溶盐$CaSO_4 \cdot 2H_2O$含量为0.42%～2.266%；难溶盐$CaCO_3$含量为8.32%～13.77%。中溶盐含量偏高，难溶盐含量相当；说明在酥碱发生过程中，中溶盐发生了一定程度的迁移表聚，难溶盐尚未发生迁移。

4. 壁画白粉层

由白粉层的SEM-EDX分析结果可知，白粉层主要化学成分为S、Ca，表明白粉层的主要成分为石膏。

5. 壁画颜料

综合表2和表3的分析数据，可将阿艾石窟所使用的颜料归纳如下。

白色颜料：石膏$CaSO_4 \cdot 2H_2O$、硬石膏$CaSO_4$、方解石$CaCO_3$；

绿色颜料：绿铜矿Cu_2（HO）$_3$Cl；

红色颜料：铅丹Pb_3O_4、朱砂HgS、铁红Fe_2O_3；

蓝色颜料：青金石（Na，Ca）$_{7\text{-}8}$（Al，Si）$_{12}$（O，S）$_{24}$ [SO_3Cl_1（OH）$_2$]；

黑色和棕黑色颜料：二氧化铅（PbO_2）。

由壁画颜料的偏光显微镜分析结果可知，蓝色颜料层一般较厚，其厚度均在100um左右；红色颜料层多数厚度较薄，一般在10～30um；绿色颜料层厚度一般在50μm左右。蓝色颜料颗粒较大。黑色颜料的主要元素为Ca、Pb，在X射线衍射分析结果中发现其显色成分为铅丹变色后形成的PbO_2，另有青金石成分存在。可以推测在颜料变质前，此处颜料为紫色，经氧化后铅丹变为黑色PbO_2，因此整个颜料显黑色。

阿艾石窟壁画所使用的颜料为矿物颜料。壁画所使用的颜料在新疆其他石窟寺壁画中也有使用，没有发现特殊的颜料。

在阿艾石窟所使用的几种颜料中，蓝色颜料的保存状况较差，许多蓝色颜料层中含有大量的白色晶体颗粒，为石膏和盐分的结晶体，这些结晶颗粒会造成颜料粒子的脱落。由于青金石颜料的颗粒较大，可能也是引起脱落的一个原因。与蓝色颜料相比，绿色的绿铜矿颜料保存较好，颜料层的粒度小并与白粉层结合紧密。

五、结　　论

1）阿艾石窟壁画制作工艺为开凿成形洞窟、抹制地仗、涂刷白色底色、构线并填色彩绘。

2）开凿洞窟的崖体由河水冲积、洪积和冰水沉积的砂砾石、砾石、砾卵石层组成，富含钙质的泥质半胶结。

3）阿艾石窟壁画的绘画颜料以天然无机矿物颜料为主。

4）壁画地仗层中的可溶盐成分为NaCl和Na_2SO_4，同时含有方解石、石膏、石英成分。

5）大部分样品中检测出有石膏成分存在，可以推测在壁画的绘制过程中其他颜色的颜料中调入白色颜料石膏，以改变颜色饱和度。

本文是在中国文化遗产研究院郭宏老师的指导下完成的。参与阿艾石窟取样的人员还有马赞峰、袁凯铮、王力丹、文婧、刘勇等。样品分析得到北京科技大学李博以及周国信老师的支持与帮助，谨向以上同仁表示衷心感谢。

作者单位：叶梅，新疆龟兹研究院

王力丹，北京科技大学

李博，北京科技大学

新疆库木吐喇石窟壁画制作工艺与材料分析

王力丹　郭　宏

内容提要：壁画制作工艺与材料研究既是壁画病害原因与机理研究不可缺少的数据，更是筛选壁画保护修复材料与工艺的重要依据。本文对库木吐喇石窟34号、45号、46号、50号、56号、58号、60号、63号窟壁画颜料、白粉层、地仗等进行X射线衍射、X射线荧光、剖面显微分析、激光拉曼分析，以研究该壁画制作工艺与所用材料。结果表明，库木吐喇壁画制作工艺是先在陡峭的砂砾岩崖壁上开凿成形洞窟，之后在洞窟围岩上用掺有麦秸的黏土泥抹平砂岩壁面，待这层泥质地仗层完全晾干后用石膏涂刷；最后进行线描添彩。所用颜料红色颜料是铅丹，且铅丹未变色，蓝色颜料使用的是青金石；绿色颜料是绿铜矿；白色颜料是白垩、石膏；均为常见壁画颜料。

关键词：库木吐喇石窟　制作工艺　材料

一、引　　言

库木吐喇石窟位于新疆维吾尔自治区库车县城西北25km处，库车县位于天山南麓和塔里木盆地北缘，为古丝绸之路的要冲，汉属龟兹国。龟兹国强盛时，其疆域包括现在的轮台、库车、拜城、新和、沙雅阿克苏、温宿、阿瓦提、乌什、柯坪等县市。库木吐喇石窟开凿于5～11世纪，兴盛于唐代，延至回鹘时期，现有洞窟114个，其中保存有壁画的洞窟40多个，保存有丰富而独特的石窟建筑、壁画、塑像和题记等，是新疆境内规模仅次于克孜尔石窟的第二大佛教石窟寺。其开窟造像的延续时间较克孜尔长三个世纪，以保存的龟兹晚期石窟较多，尤其是汉风洞窟，是研究新疆地区佛教石窟及壁画艺术发展、演变不可缺少的资料。

数百年来，库木吐喇石窟已有不少洞窟毁于岩体崩塌，现存的大部分洞窟，前室已塌毁；水害也破坏了许多壁画；风沙、干湿交替的环境无时无刻地对壁画保存产生不利影响。同时，现存的壁画因洞窟岩体风化，地仗层空鼓、酥碱，颜料层起甲、粉化，虫害，霉变，烟熏等病害，严重威胁着壁画的长期保存与研究。为了治理库木吐喇石窟壁画病害，中国文化遗产研究院承担了库木吐喇石窟壁画抢救性保护修复方案的设计工作。为此，对石窟壁画进行了取样分析，以了解壁画制作工艺和材料，为保护修复方案设计提供依据。

二、样品分析结果

（一）取样

由于颜料是壁画的精华所在，取样时应尽可能地在不破坏文物的前提下进行。为此，首先将壁画颜料层的表面尘土用软质毛刷清除干净后，用手术刀片在颜料层表面轻轻刮取5mg样品于光滑清洁的纸张上，并对样品进行编号后折叠包装。为研究库木吐喇石窟壁画绘画所用颜料的化学成分，分别对各色颜料、白粉层及地仗层进行取样。

（二）X射线衍射分析

分析仪器：日本理学RINT-2000铜靶， DS=1°，SS=1°，RS=0.15mm，管电压40kV，管电流 40mA。

制样方法： 由于所取颜料样品较少，采用常规的X射线衍射分析制样方法无法获得可靠的分析结果。为此，在实验室中将少量的颜料样品移到单晶硅样品板上，并用无水乙醇将颜料粉末固定在样品板上后，上机测试（表1；图1～图7）。

表1　库木吐喇石窟58窟壁画颜料样品X射线衍射分析结果

样品	分 析 结 果	显色成分
红色	石英、铅丹、钠长石、石膏	铅丹
蓝色	石英、青金石、钠长石、石膏	青金石
绿色	石英、绿铜矿、钠长石、石膏	绿铜矿
黑色	石英、二氧化铅、钠长石、石膏	二氧化铅
白色	石英、白垩、钠长石、石膏	白垩、石膏
白粉层	石英、白垩、钠长石、石膏	白垩、石膏

注：石英：α-SiO_2；钠长石：1/2（Na_2O Al_2O_3 $6SiO_2$）；白垩：$CaCO_3$；青金石：（Na，Ca）$_8$（$AlSiO_4$）$_6$（SO_4，S，Cl）$_2$；绿铜矿：Cu_2（OH）$_3$Cl；二氧化铅：PbO_2；铅丹：Pb_3O_4；石膏：$CaSO_4 \cdot 2H_2O$

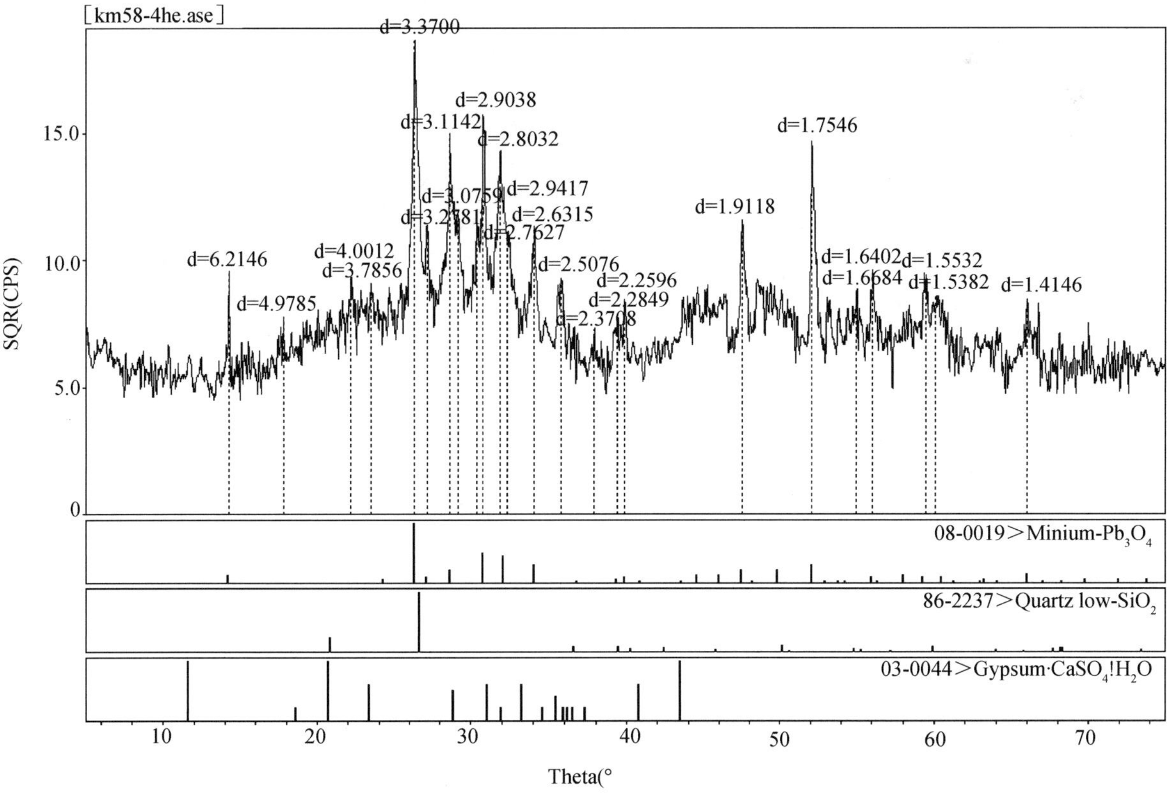

图1　库木吐喇石窟58号窟壁画红色颜料样品X射线衍射分析结果

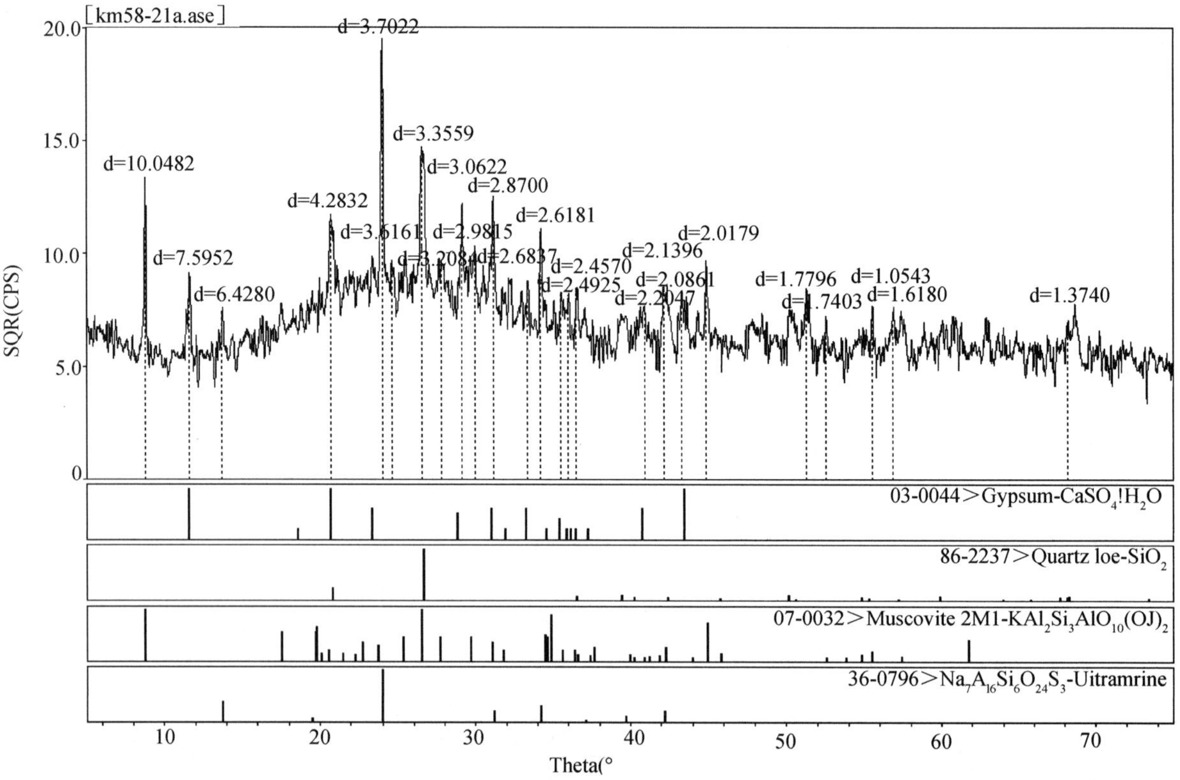

图2　库木吐喇石窟46号窟壁画蓝色颜料样品X射线衍射分析结果

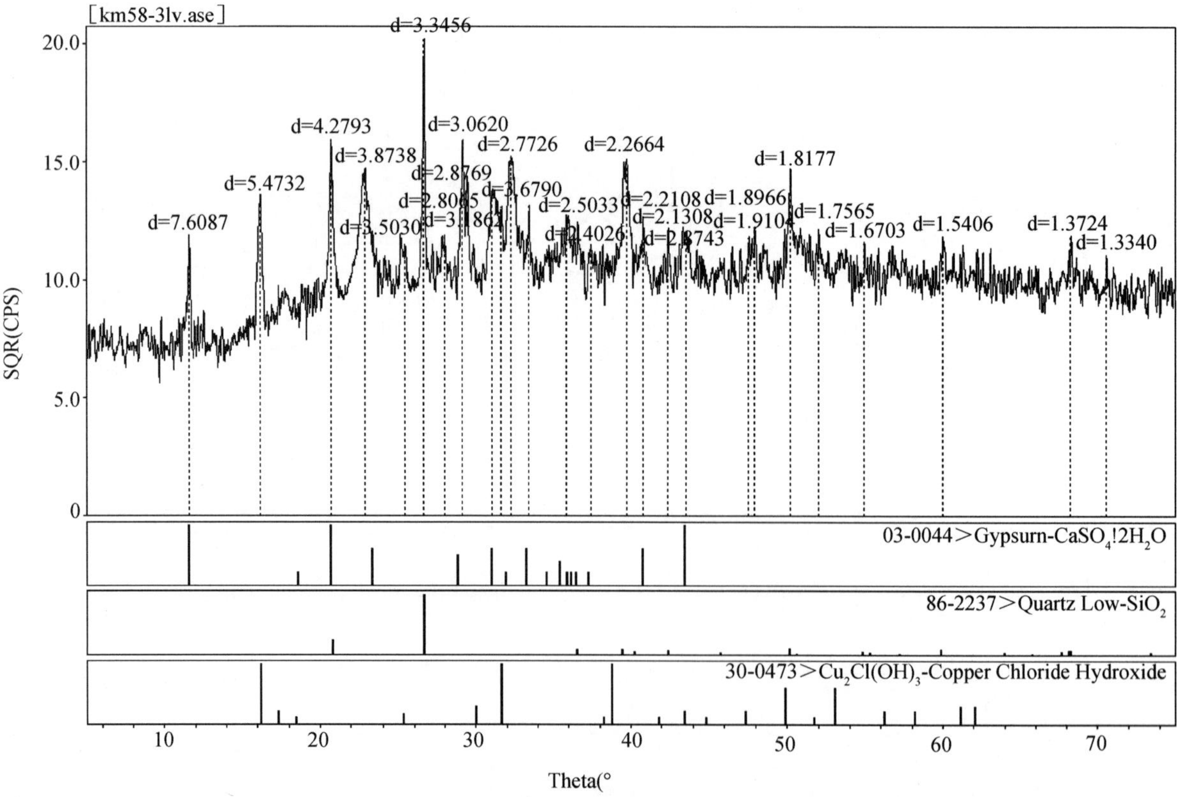

图3　库木吐喇石窟34号窟壁画绿色颜料样品X射线衍射分析结果

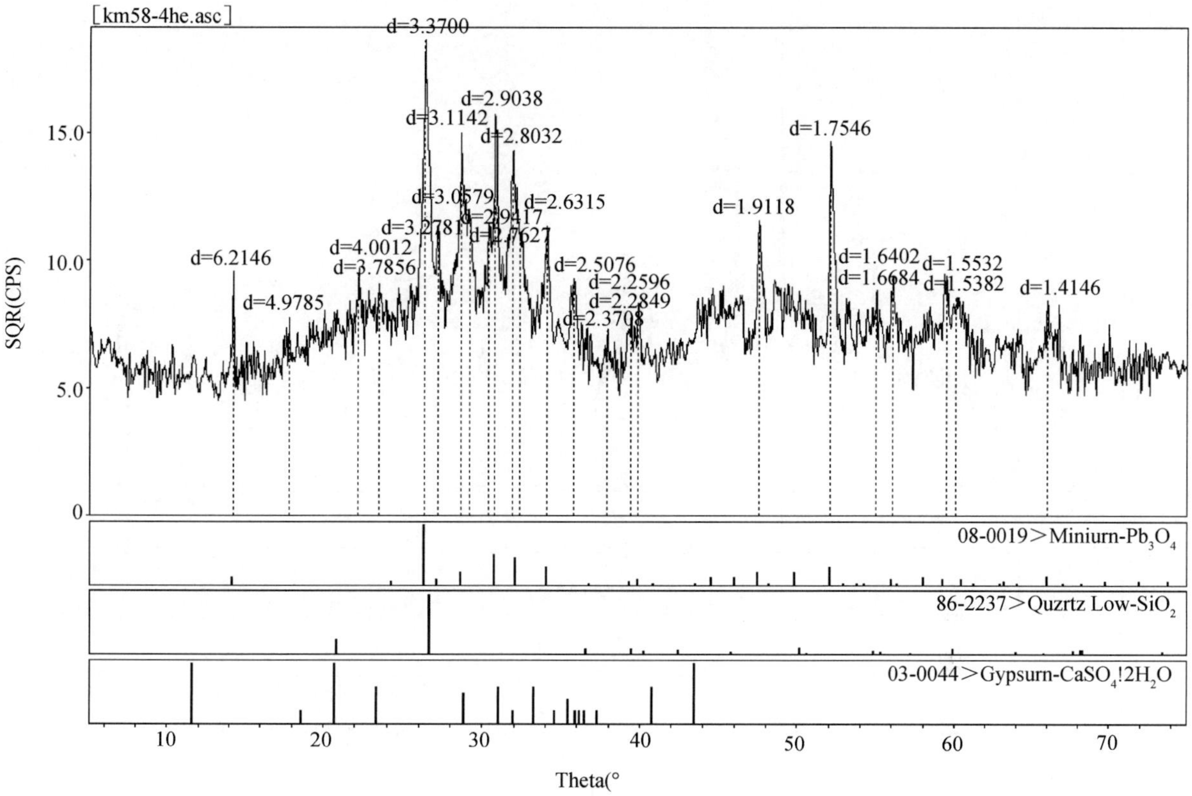

图4　库木吐喇石窟50号窟壁画黑色颜料样品X射线衍射分析结果

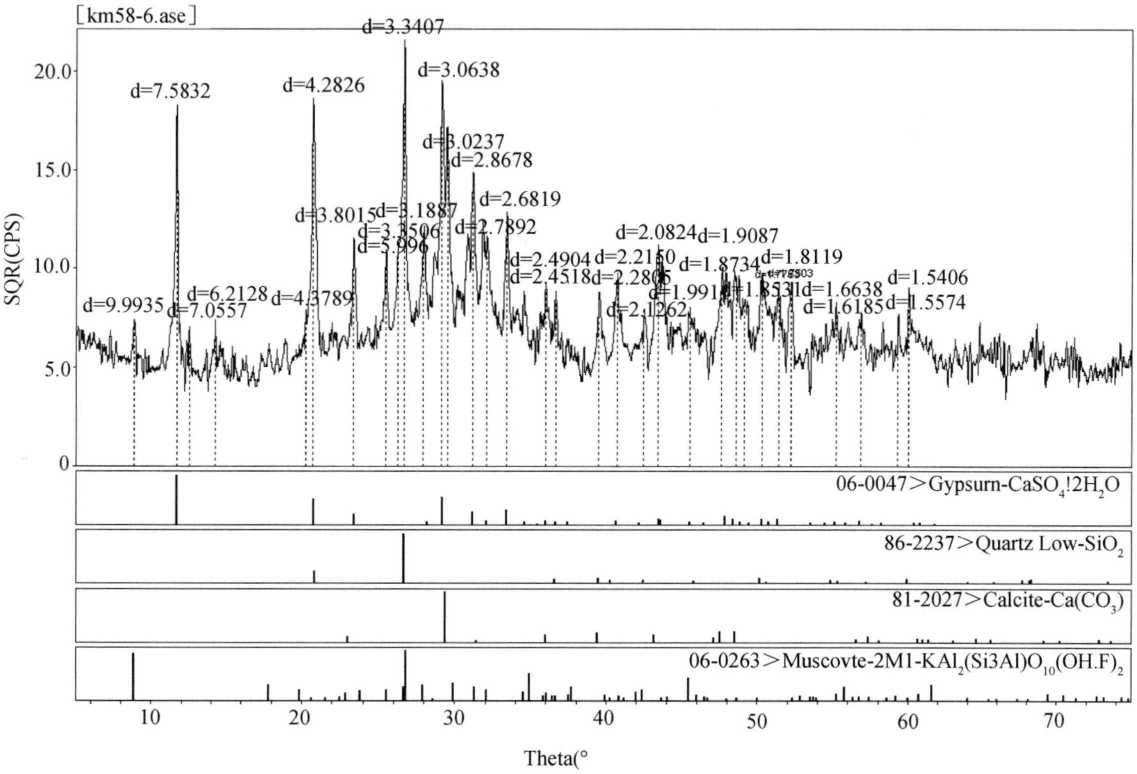

图5　库木吐喇石窟50号窟壁画白色颜料样品X射线衍射分析结果

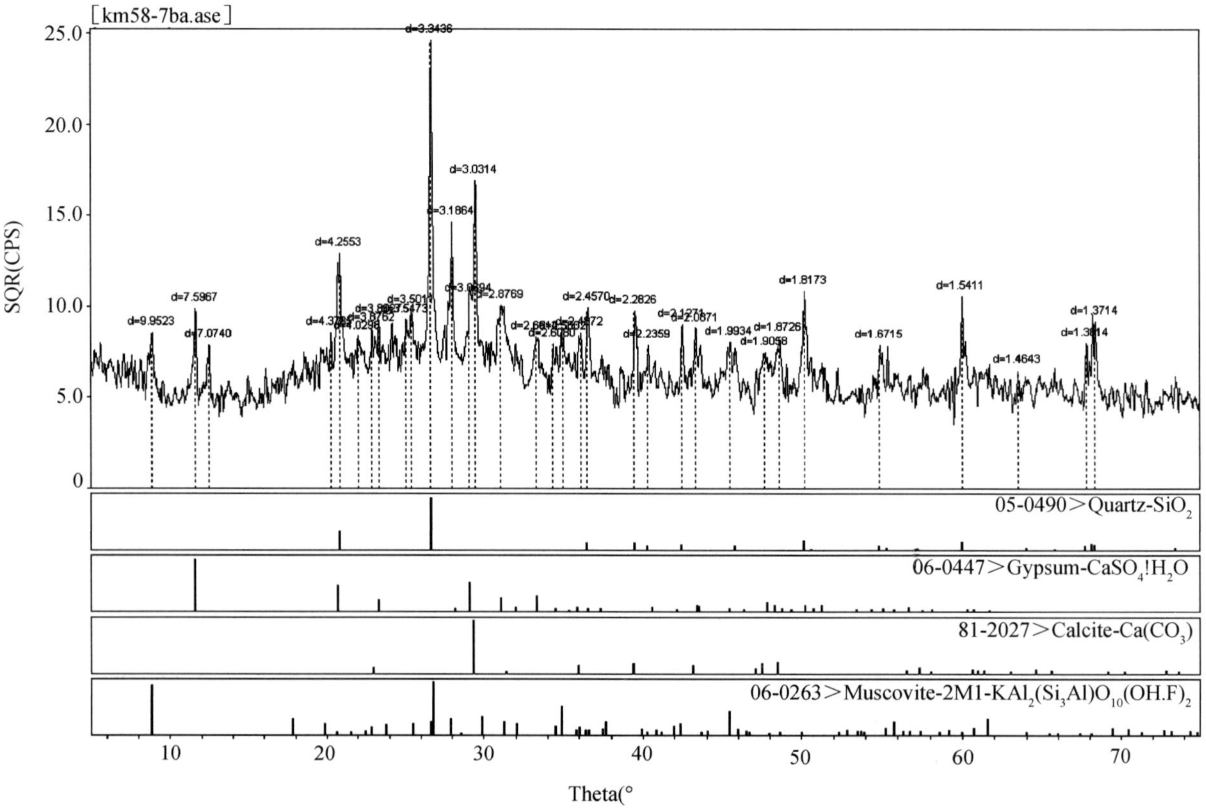

图6　库木吐喇石窟60号窟壁画白粉层样品X射线衍射分析结果

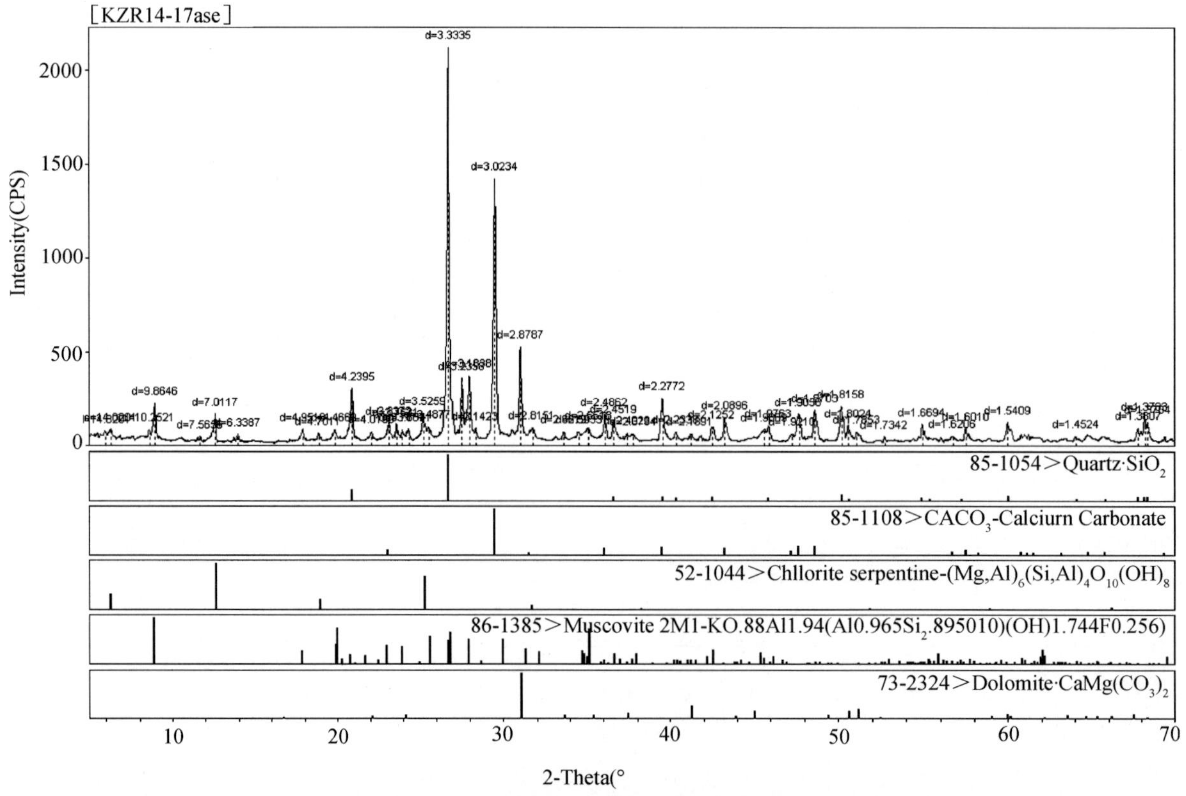

图7　库木吐喇石窟46号窟壁画地仗层样品X射线衍射分析结果

（三）线荧光分析

分析仪器：SHIMADZU EDX-800HS型能量散射X射线荧光分析仪，管电压为50kV，测量时间为100s，Rh靶。

将颜料和地仗层样品磨制成粉末后进行测量（表2、表3）。

表2 库木吐喇石窟壁画地仗层样品X射线荧光分析表（%）

Ca	Fe	Si	S	K	Al
23.505	14.787	28.62	0.787	7.064	22.184
Mn	Mg	Zn	P	Ti	Sr
0.322	0.993	0.041	0.451	1.145	0.101

（四）剖面显微分析

运用剖面显微镜分析可以了解壁画地仗制作、颜料层厚度、重层壁画情况、绘画技法、各层间的接合情况、壁画病害等信息。

预先准备硅橡胶模具，用Bio-Plastic USA树脂10mL，滴加8滴Catalyst USA固化剂配成混合液。先在样品格中倒入一半高度的树脂液体，用钢针轻轻搅拌均匀，以免形成颜料层不平，然后将模具放在50℃的烘箱静置1～2小时，待树脂完全固化后，用镊子夹取壁画样品，将带有颜料的一面朝下平放于样品格的中上部。重新配制树脂倒入另一半液体，继续放在50℃的烘箱中静置1～2小时，待其完全固化。

取出样块将夹有颜料的固化树脂一端磨平，直至露出颜料层。用不同型号的砂纸由粗到细顺次将颜料剖面磨光滑。

对58号窟壁画样品各种色彩的颜料及其白粉层、地仗层进行了偏光显微镜分析。

图8是白色和红色颜料的偏光显微镜剖面分析结果。壁画红色颜料层厚度0.01mm，白粉层中夹杂有蓝色颗粒，厚0.05～0.12mm，而红色颜料层下方的白粉层厚0.07～0.1mm。

图9是红色（上有黑色）颜料的偏光显微镜剖面分析结果。壁画红色颜料层厚度

图8 壁画白色和红色剖面显微照片（单偏光，100×）

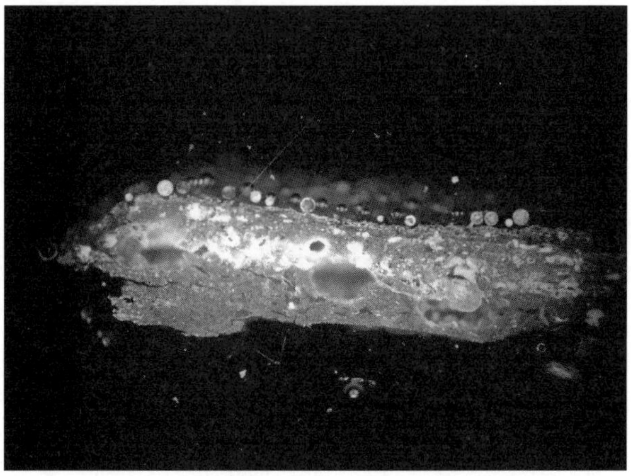

图9 壁画红色颜料剖面显微照片（单偏光，100×）

表3　库木吐喇石窟壁画颜料样品X射线荧光分析结果（%）

编号	样品	Ca	Si	K	Fe	Cu	Pb	S	Ti	Mn	Cl	Zn	Al	As	P	Au	Ag
34-1	黑色	10.641	1.727	2.570	2.342	0.319	82.401	—	—	—	—	—	—	—	—	—	—
34-2	蓝色	47.013	15.570	5.365	20.137	—	0.702	9.622	1.233	0.358	—	—	—	—	—	—	—
34-3	绿色	40.857	8.019	3.061	12.362	23.976	0.282	6.138	0.736	0.230	—	—	—	—	—	—	—
34-4	黑色	9.072	3.589	3.256	2.388	0.237	81.499	—	—	—	—	—	—	—	—	—	—
34-5	白色	44.062	12.818	5.886	17.686	—	0.211	17.656	1.351	0.330	—	—	—	—	—	—	—
34-6	黑色	53.240	10.615	4.453	15.108	0.670	1.532	13.155	0.981	0.245	—	—	—	—	—	—	—
34-7	红色	15.648	3.029	0.738	1.733	0.258	78.254	—	—	—	—	—	—	—	—	—	—
34-8	蓝色	48.592	11.363	3.522	14.119	—	0.444	8.908	0.989	0.288	—	0.081	—	—	—	—	—
34-9	绿色	15.406	2.746	1.249	4.199	52.386	—	9.882	0.178	—	13.953	—	—	—	—	—	—
34-10	黑色	50.273	10.685	4.740	20.500	—	0.961	11.123	1.340	0.379	—	—	—	—	—	—	—
34-11	地仗	34.203	16.872	6.114	16.872	0.055	0.167	0.497	1.277	—	—	0.049	3.791	—	22.232	—	—
34-12	地仗	34.184	24.547	7.468	18.880	—	—	0.682	1.567	—	4.417	0.061	8.193	—	—	—	—
45-1	蓝色	34.618	6.517	3.724	4.140	0.134	50.848	—	—	—	—	—	—	—	—	—	—
45-2	绿色	58.912	5.915	2.747	4.239	14.018	13.732	—	0.437	—	—	—	—	—	—	—	—
45-3	白色	64.310	1.374	2.814	1.548	0.149	3.207	26.580	—	—	—	—	—	—	—	—	—
45-4	白色	42.887	1.756	1.759	3.552	0.045	—	35.244	0.211	—	—	—	—	—	—	—	—
45-5-1	白色	65.169	8.845	2.684	4.585	0.519	4.442	13.165	0.591	—	—	—	—	—	—	—	—
45-5-2	黑色	15.812	—	—	1.158	0.392	82.638	—	—	—	—	—	—	—	—	—	—
45-6	粉红	50.547	18.088	3.742	7.440	0.123	0.498	18.728	0.685	0.149	—	—	—	—	—	—	—
45-7	绿色	48.495	5.291	2.044	3.581	20.970	14.197	—	0.320	—	5.101	—	—	—	—	—	—
45-8	蓝色	48.174	3.313	2.878	2.114	0.647	42.174	—	—	—	—	—	—	—	—	—	—

续表

编号	样品	Ca	Si	K	Fe	Cu	Pb	S	Ti	Mn	Cl	Zn	Al	As	P	Au	Ag
45-9	黑色	46.669	10.435	5.724	4.249	0.585	24.132	—	—	—	7.982	0.123	—	—	—	—	—
45-10	白色	54.353	9.241	3.806	6.454	0.103	0.294	24.830	0.751	0.134	—	0.035	—	—	—	—	—
45-11	红色	48.673	13.563	4.164	11.556	0.198	1.956	18.204	1.440	0.161	—	0.087	—	—	—	—	—
45-12	黑色	43.406	4.898	2.049	2.528	0.309	46.700	—	—	—	—	0.109	—	—	—	—	—
45-13	地仗	32.500	27.940	7.359	19.658	0.083	0.195	0.458	1.671	0.385	—	0.065	9.685	—	—	—	—
46-1		2.432	0.159	0.382	0.203	0.042	—	4.393			90.516		—		—		
46-2		16.458	2.064	0.631	75.869	0.528	3.349	—			—		—		0.668		
46-3		22.089	1.353	0.695	1.391	38.577	0.367	16.201			13.468		—		5.792		
46-4		54.338	2.595	1.376	2.359	2.741	9.222	15.358			—		0.507		11.505		
46-5		51.981	5.773	3.397	1.433	0.819	3.944	18.432			—		1.433		9.130		
46-6		5.951	1.400	—	0.624	0.302	91.031	—			—		0.254		0.439		
46-7		23.161	2.822	0.924	48.478	0.107	12.609	4.801			—		0.638		6.102		
46-8		50.847	3.685	2.121	3.075	—	0.303	31.643			—		0.804		7.417		
46-9		27.409	4.321	1.321	2.976	41.860	0.825	—			11.486		0.994		8.687		
46-10		53.109	12.669	5.238	5.533	3.995	1.259	—			—		3.339		13.684		
46-11		8.704	1.575	0.670	0.420	—	88.396	—			—		0.235		—		
46-12		16.653	13.894	1.567	6.213	0.069	0.095	8.933			—		5.543		8.052		
46-13		18.189	2.802	0.509	0.964	0.220	76.127	—			—		0.556		0.633		
50-1	灰色	20.423	7.798	2.332	3.362	0.229	64.619	—	—	—	—		—	—	—	—	—
50-2	黑色	39.115	17.678	6.279	4.484	0.248	1.689	19.015	0.914		—	0.102	—	10.467	—	—	—
50-3	蓝色	45.678	21.420	8.137	7.755	—	0.522	14.770	1.366	0.185	—	0.168	—	—	—	—	—

续表

编号	样品	Ca	Si	K	Fe	Cu	Pb	S	Ti	Mn	Cl	Zn	Al	As	P	Au	Ag
50-4	红色	24.442	42.222	4.016	15.597	0.136	0.137	4.489	1.217	0.149	—	0.055	5.667	—	1.873	—	—
50-5	白色	53.095	5.762	2.152	3.295	0.640	4.577	6.117	—	—	—	0.072	—	—	23.345	—	—
50-6	绿色	22.921	—	0.911	4.623	41.111	0.574	17.921	—	—	15.998	—	—	—	—	—	—
50-7	金色	26.207	—	3.046	4.623	—	6.275	13.355	—	—	—	—	—	—	—	—	—
50-8	红色	25.838	12.866	3.798	5.661	6.183	50.440	—	0.647	—	—	—	—	—	—	43.027	3.467
50-9	灰色	39.719	—	0.519	0.488	6.183	0.130	40.269	—	—	—	—	—	—	12.692	—	—
50-10-1	绿色	36.806	22.898	5.746	12.505	12.644	0.353	7.464	1.234	0.274	—	0.075	—	—	—	—	—
50-10-2	蓝色	43.914	26.010	6.689	10334	—	3.299	—	1.952	0.267	—	0.051	7.486	—	—	—	—
50-11	地仗	37.473	25.536	7.208	18.204	0.112	0.327	0.871	1.605	0.405	—	0.054	5.725	—	2.480	—	—
56-1		28.426	3.809	1.552	12.204	0.142	47.273	—	0.333	0.163	15.245	—	—	—	—	—	—
56-2		48.492	21.095	6.428	12.204	0.108	0.501	9.428	1.491	0.253	—	—	—	—	—	—	—
56-3		53.629	9.422	3.951	10.945	0.165	0.267	11.608	1.058	0.233	8.313	—	—	0.409	—	—	—
56-4		52.588	12.412	4.648	16.566	0.190	0.494	8.886	1.519	0.567	—	—	—	2.129	—	—	—
56-5		20.526	5.015	4.151	40.489	—	—	20.489	0.725	0.483	—	0.125	—	—	—	—	—
58-1		8.32	2.41	0.64	1.74	0.28	85.69	—					0.37		0.56		
58-2		44.96	10.29	6.55	6.59	2.39	1.03	13.21					2.92		11.05		
58-3		19.41	4.75	2.40	4.42	51.70	1.16	6.15					0.78		0.51		
58-4		5.12	0.98	—	—	0.50	24.93	67.88					—		0.58		
58-5		50.55	3.56	2.47	3.48	0.21	21.72	7.67		0.45			0.45		9.91		
58-6		41.90	15.91	6.87	20.02	0.27	20.02	8.33					3.21		1.03		
60-1	白粉	38.563	11.639	4.629	5.260	0.134	—	22.973	0.770	0.132	—	0.063	—	—	15.595	0.143	—

续表

编号	样品	Ca	Si	K	Fe	Cu	Pb	S	Ti	Mn	Cl	Zn	Al	As	P	Au	Ag
60-2	白色	53.757	11.315	3.557	7.557	0.099	0.316	22.189	0.777	0.179	—	0.034	—	—	—	—	—
60-3	地仗	35.134	26.315	6.965	18.489	0.101	—	2.624	1.641	0.409	—	0.056	—	—	—	—	—
60-4	黑色	38.983	6.362	3.520	5.146	0.368	—	18.409	0.546	2.542	10.362	0.038	—	—	13.724	—	—
60-5	白色	46.676	14.530	5.187	12.056	0.098	1.743	8.184	1.201	0.713	8.302	—	—	1.311	—	—	—
60-6	黑色	45.400	14.411	3.655	12.211	0.112	1.385	6.752	1.192	1.214	12.512	0.042	—	1.116	—	—	—
60-7	地仗	34.854	23.486	6.559	17.412	0.074	—	1.142	1.634	0.420	7.057	0.063	7.299	—	—	—	—
60-8	地仗	39.499	21.974	6.841	18.763	—	—	0.344	—	0.406	6.193	—	5.980	—	—	—	—
63-1	蓝色	44.734	16.608	9.885	9.173	—	0.283	17.863	1.454	—	—	—	—	—	—	—	—
63-2	绿色	29.396	8.562	3.264	6.051	27.027	—	11.461	0.361	—	13.878	—	—	—	—	—	—
63-3	红色	11.909	14.147	2.679	56.663	0.148	2.679	9.844	0.947	0.527	—	—	—	0.458	—	—	—
63-4	黑色	6.995	2.690	1.684	1.808	0.275	86.548	—	—	—	—	—	—	—	—	—	—
63-5	白色	53.524	3.118	2.055	6.037	0.060	0.256	31.964	0.477	0.131	—	—	—	—	2.368	—	—
63-6	粉红	45.652	4.845	3.124	10.829	0.104	—	34.322	0.619	0.220	—	—	—	0.286	—	—	—
63-7	黑色	14.744	9.765	2.656	42.743	—	7.650	12.991	—	0.186	—	—	—	5.167	—	4.005	
63-8	粉红	43833	2.652	1.965	5.255	0.064	0.370	31.455	0.255	0.102	—	—	—	—	14.049	—	—
63-9	蓝色	39.765	12.708	7.355	9.113	—	0.214	11.657	1.065	0.169	—	—	—	0.307	17.667	—	—
63-10	绿色	30.531	7.512	4.943	7.496	22.399	—	21.149	0.565	0.134	5.270	—	—	—	—	—	—
63-11	地仗	30.911	14.072	6.213	15.055	—	—	—	1.238	0.300	4.545	0.056	5.440	—	22.169	—	—
63-12	地仗	37.416	24.663	6，804	19.254	0.092	—	—	1.695	0.374	—	—	9.703	—	—	—	—

0.02～0.1mm，白粉层厚度极不均匀，为0.15～0.28mm，而红色颜料层上的黑色颜料层极薄，厚度为0.01mm。

（五）激光拉曼光谱分析

显微激光拉曼光谱分析结果见表4及图10～图24。

表4　激光拉曼光谱分析结果

颜料颜色	分析结果
黑色颜料	炭黑
蓝色颜料	群青和靛蓝
绿色颜料	碱式氯化铜
白色颜料	石膏和磷酸钙
红色颜料	铅丹和铁红

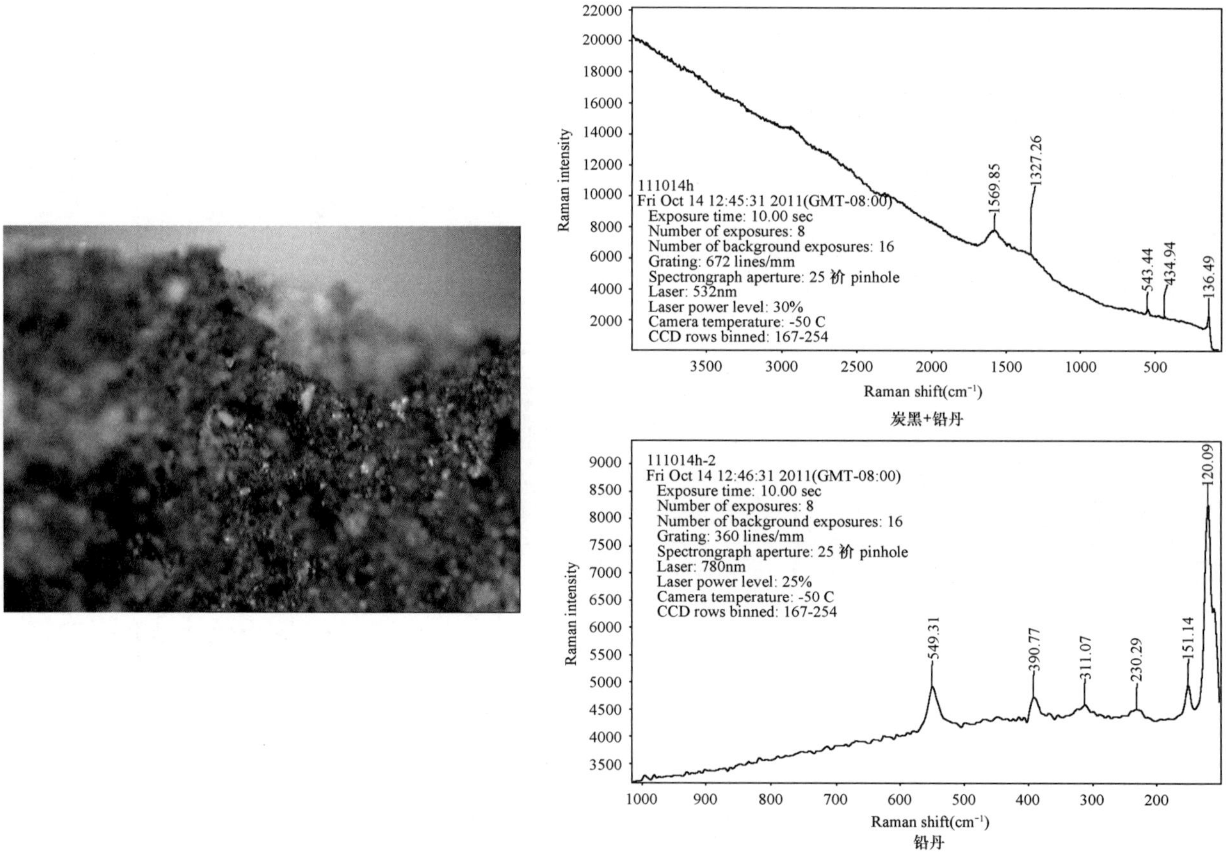

图10　黑色下层红色颜料拉曼光谱图（50×）

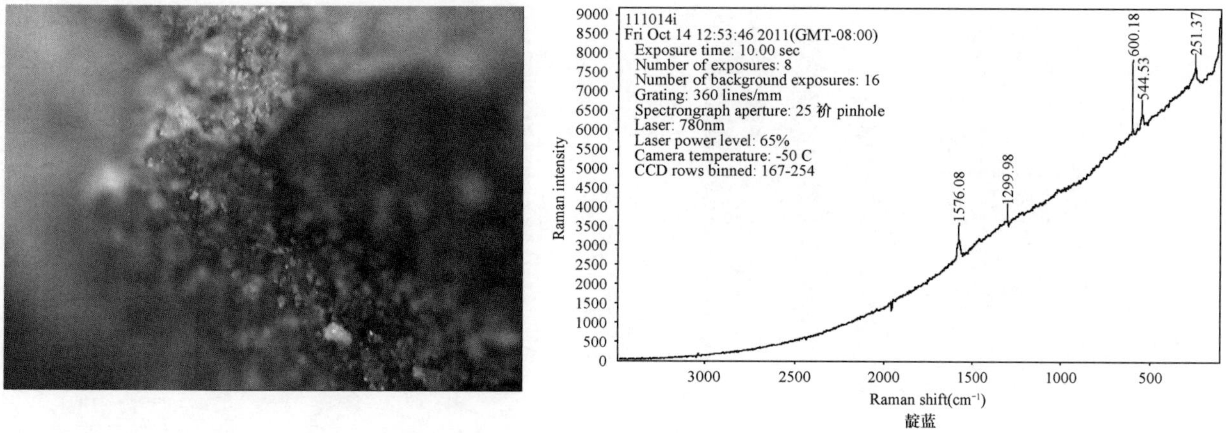

图11 蓝色颜料拉曼光谱图（50×）

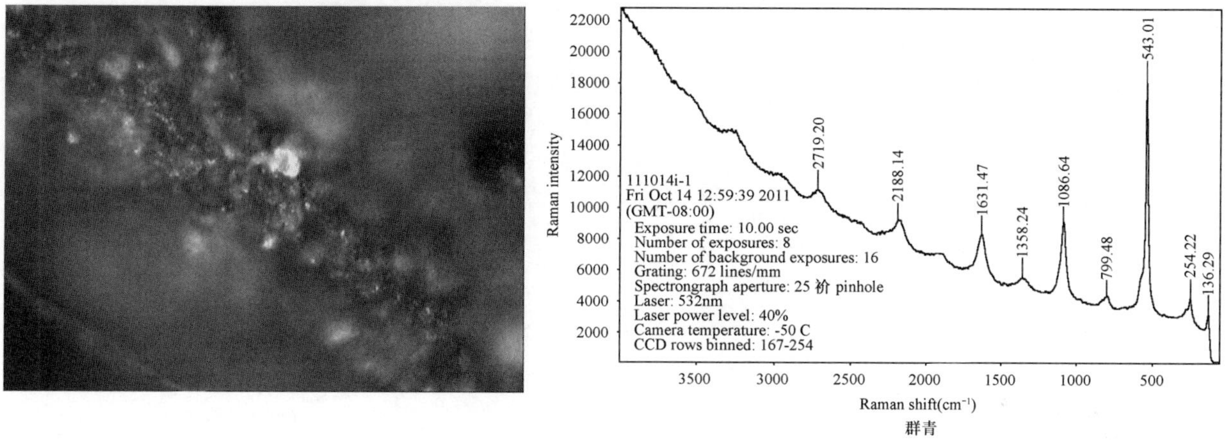

图12 蓝色颜料另一点拉曼光谱图（50×）

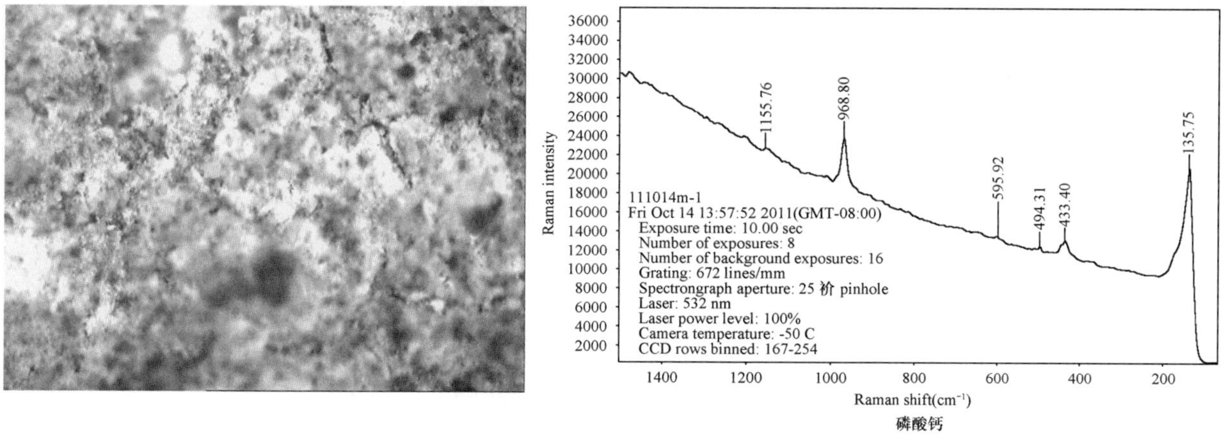

图13 白色颜料拉曼光谱图（50×）

图14　红色颜料拉曼光谱图（50×）

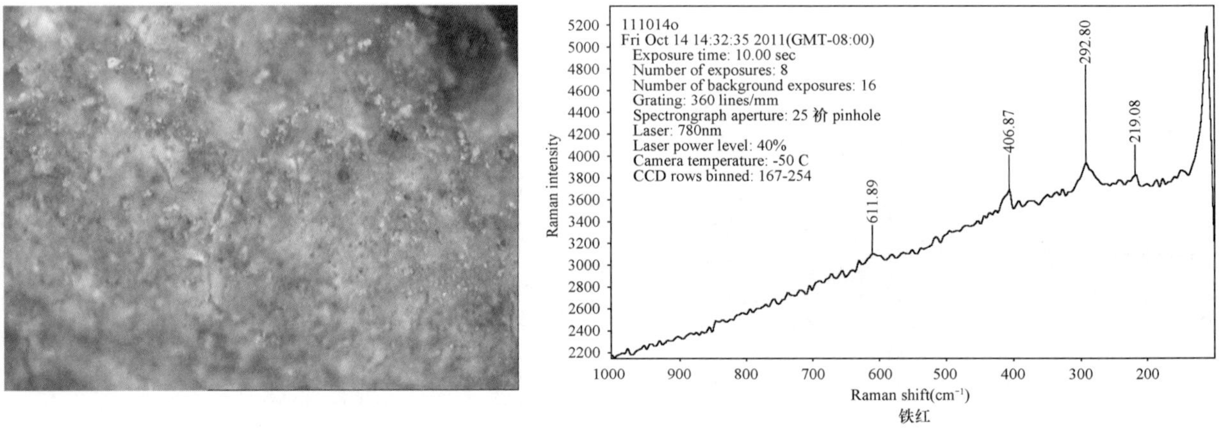

图15　粉红色颜料拉曼光谱图（50×）

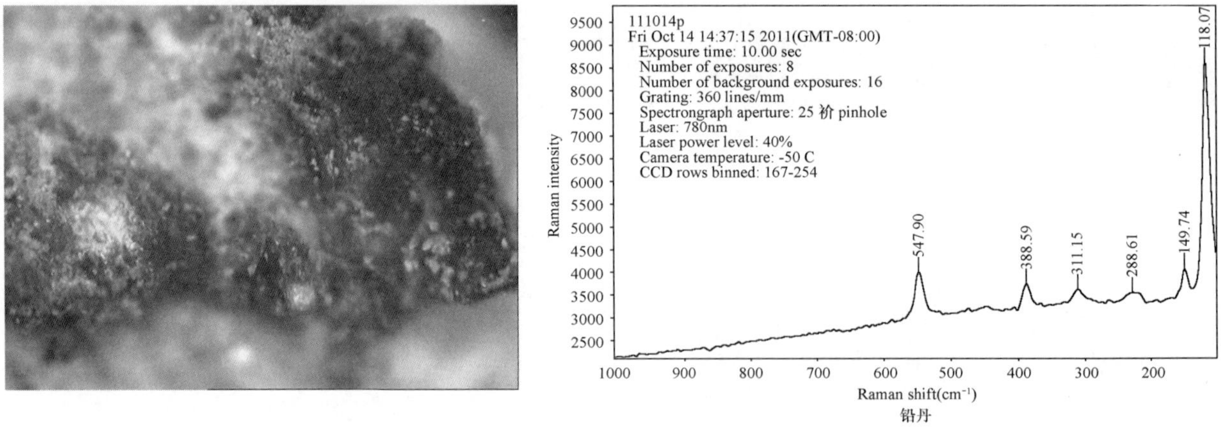

图16　红色颜料拉曼光谱图（50×）

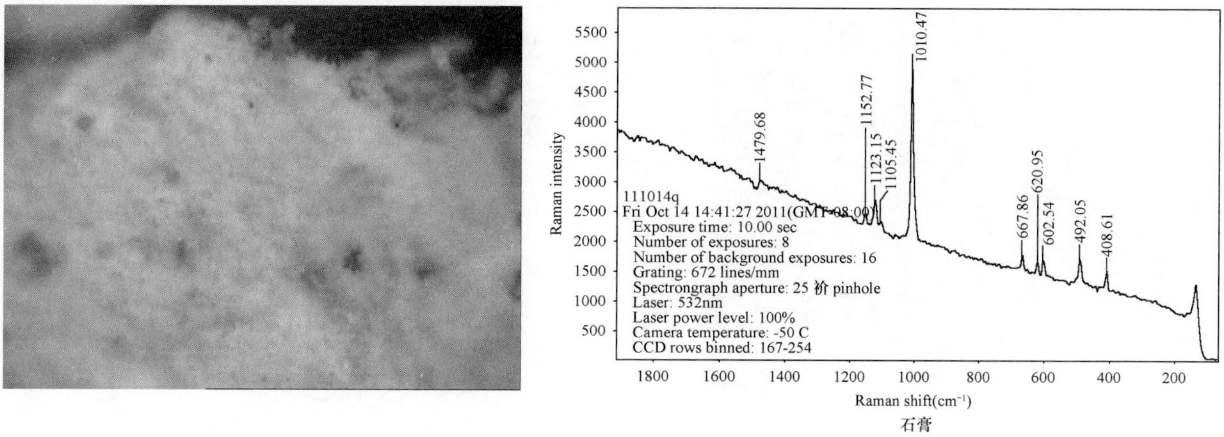

图17 白色颜料拉曼光谱图（50×）

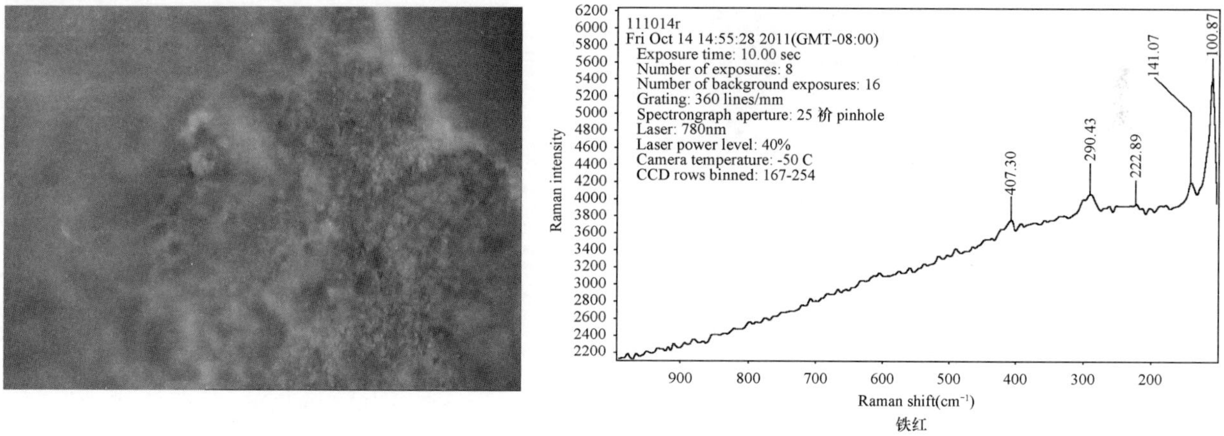

图18 红色颜料拉曼光谱图（50×）

图19 黑色颜料拉曼光谱图（50×）

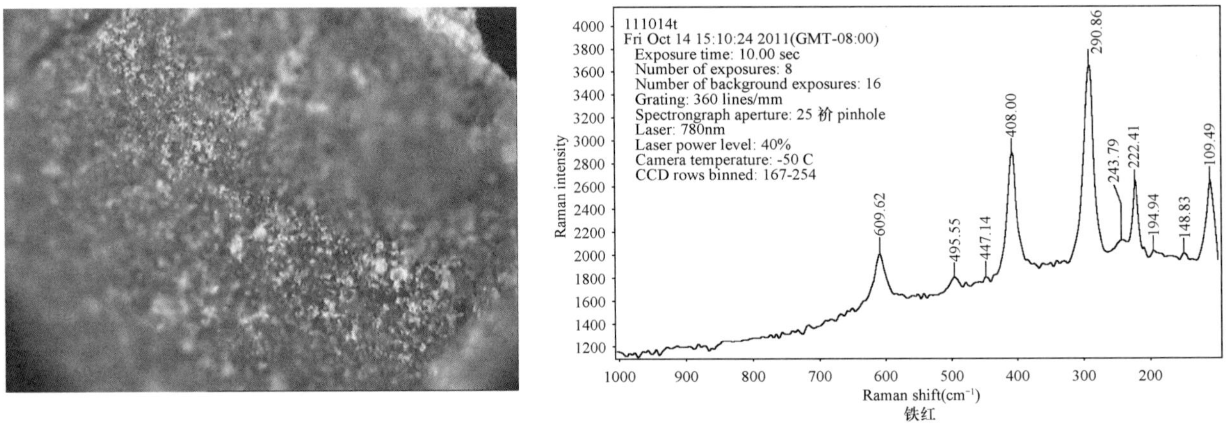

图20　红色颜料拉曼光谱图（50×）

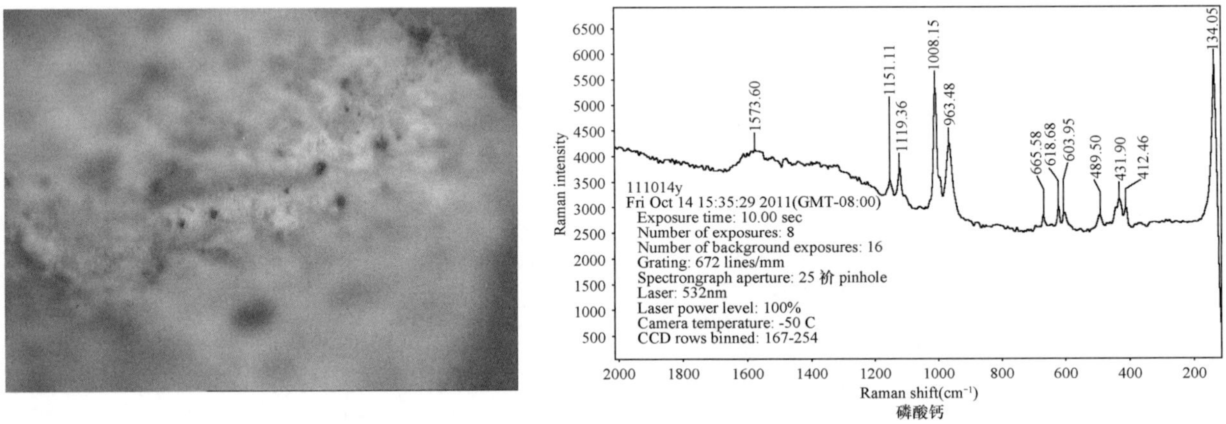

图21　白色颜料拉曼光谱图（50×）

图22　蓝色颜料拉曼光谱图（50×）

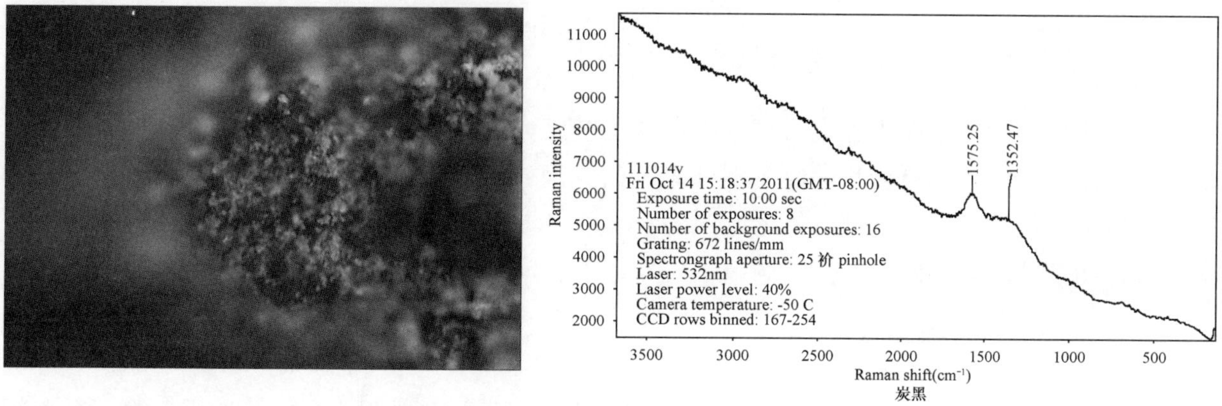

图23 黑色颜料拉曼光谱图（50×）

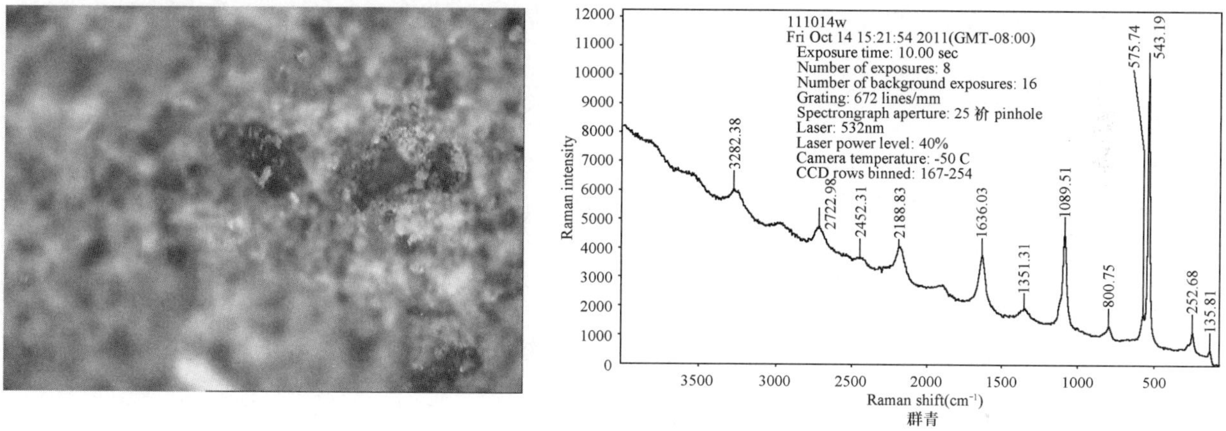

图24 蓝色颜料拉曼光谱图（50×）

三、结果与讨论

近年，采用现代分析技术研究壁画制作材料的成分、工艺等的相关研究结果报道较多。敦煌石窟、云冈石窟、克孜尔石窟、麦积山石窟、天梯山石窟、炳灵寺石窟、阿尔寨石窟壁画所用的颜料大多数为天然矿物颜料，常见的红色颜料主要有朱砂、铅丹、土红（铁红）；蓝色颜料主要有青金石（天然与人造）、石青及群青；绿色颜料主要有石绿、氯铜矿；黑色颜料主要有炭黑、墨；白色颜料成分较多，主要有白垩、石膏、石英、高岭土、滑石、云母等[①~⑧]。

① 徐位业、周国信、李云鹤：《莫高窟壁画、彩塑无机颜料的X射线的剖析报告》，《敦煌研究》1983年。

② 郭宏：《敦煌莫高窟第85窟壁画制作材料及工艺研究》，《西北大学学报》（自然科学版）2000年第4期。

③ 周国信、程怀义：《云冈石窟古代壁画颜料剖析》，《考古》1994年第10期。

④ 苏伯民、李最雄、马赞峰等：《克孜尔石窟壁画颜料研究》，《敦煌研究》2000年第1期。

⑤ 周国信：《麦积山石窟壁画、彩塑无机颜料的X射线衍射分析》，《考古》1991年第8期。

⑥ 于宗仁、赵林毅、李燕飞等：《马蹄寺、天梯山和炳灵寺石窟壁画颜料分析》，《敦煌研究》2005年第4期。

⑦ 夏寅、郭宏、王金华等：《内蒙古阿尔寨石窟壁画制作工艺和颜料的分析研究》，《文物保护与考古科学》2007年第5期。

⑧ 赵林毅、李燕飞、于宗仁等：《丝绸之路石窟壁画地仗制作材料及工艺分析》，《敦煌研究》2005年第4期。

（一）库木吐喇石窟壁画制作工艺和材料

经现场调查可知，库木吐喇石窟壁画制作工艺是先在陡峭的砂砾岩崖壁上开凿成形洞窟，之后在洞窟围岩上用掺有麦秸的黏土泥抹平砂岩壁面，待这层泥质地仗层完全晾干后涂刷白粉层，最后进行线描添彩。因此，库木吐喇石窟壁画的制作工艺也属于古代干壁画的形式，其基本组成为四部分，即基础支撑体（洞窟围岩岩体）、地仗层、白粉层、颜料层。

（二）壁画的基础支撑体

库木吐喇石窟开窟崖体的地层为第三系上新统和第四系上更新、全新统地层。第三系上新统地层，主要由砂岩、砾岩、泥岩互层组成，为河湖相沉积，厚度巨大，是区内石窟开凿的主要地层。依据壁画脱落的裸露岩石可以判断，其开窟崖体为层状交互的沉积砂岩和砾岩。

（三）壁画地仗层

壁画的地仗层下与支撑体黏结，地仗层土上又是颜料层的载体。地仗层的性质是决定壁画能否长期保存的关键因素之一。库木吐喇石窟壁画的地仗大部分为三层，即粗泥层、细泥层和一层很薄的白粉层。粗泥层一般厚2～4cm，以黏土、沙土掺加麦秆制成；细泥层厚0.2～0.5cm，以黏土掺加麻、毛等纤维制成。

壁画地仗层材料系当地河水沉积的黏土，经X射线衍射分析，其主要成分是石英、长石、方解石（表3；图7）。

（四）壁画白粉层

壁画白粉层是在细泥层上涂刷一层厚0.01～0.02cm的石膏层，待干燥后形成白色底层，以利于勾线添彩。白粉层使用普通石膏水在地仗层上涂刷而成，经X射线衍射分析，其成分是$CaSO_4 \cdot 2H_2O$。

（五）壁画颜料层

库木吐喇石窟壁画所使用的颜料大部分为矿物颜料，其中使用的红色颜料是铅丹，且铅丹未变色；蓝色颜料使用的是青金石；绿色颜料是绿铜矿；白色颜料是白垩、石膏。这些均为常见壁画颜料。样品中的石英和钠长石，系壁画长期受风沙侵蚀而残留在壁画颜料中的杂质。

（六）关于壁画颜料中的胶结材料

壁画中所使用的胶结材料种类主要有动物胶、植物胶、蛋清等天然的胶结材料。分析古代绘画或壁画中胶结材料的成分，面临的困难较多。首先，受试验样品量极少的限制；其次，文物历经千百年自然环境的侵蚀和胶结材料的老化，为分析工作带来了极大的难度。因此，在国内，壁画颜料中胶结材料的分析研究一直滞后于对颜料和其他壁画制作材料的分析研究，有关这方面的报道也较少，仅有关于敦煌莫高窟壁画颜料胶结材料的分析数据。

近年，苏伯民应用反相高效液相色谱法对龟兹石窟的克孜尔石窟壁画颜料中的胶结材料进行了分析研究。依据对12 个克孜尔颜料样品的分析结果，克孜尔石窟壁画在制作时，使用了牛皮胶作为颜料的胶结材料①。李实对敦煌壁画的胶结材料进行定量分析②。

克孜尔石窟和库木吐喇石窟属古代龟兹国的两个重要石窟。克孜尔石窟属早期壁画，它的开凿年代早于库木吐喇，从颜料和胶结材料的使用来看，两个石窟壁画制作工艺有着密切的联系。因此，从壁画颜料以及胶结材料的分析数据可以推断，与克孜尔石窟具有传承关系的库木吐喇石窟，其壁画颜料中使用的胶结材料也应为动物胶中的牛皮胶。

四、结　　论

1）库木吐喇石窟壁画的地仗层为一层厚2～3cm的粗泥层，以黏土、砂子加麦草制成。

2）在粗泥层上涂刷一层厚0.04～0.02cm的石膏层，形成白粉层，最后在白粉层上起稿、勾线、添彩作画。

3）壁画所用的颜料主要是矿物颜料，均为常见壁画颜料。

作者单位：王力丹，北京科技大学
郭宏，中国文化遗产研究院

---

① 苏伯民、真贝哲夫、胡之得等：《克孜尔石窟壁画胶结材料HPLC分析》，《敦煌研究》2005年第4期。

② 李实：《敦煌壁画胶结材料的定量分析》，《敦煌研究》1995年第3期。

新疆察布查尔县清代庙宇壁画病害的调查及初步分析

楚小婵　何　林

内容提要：新疆察布查尔锡伯自治县保存着数个清代庙宇，如靖远寺、纳达齐牛录关帝庙和娘娘庙、孙扎齐关帝庙和娘娘庙、依拉齐牛录关帝庙、扎库齐牛录娘娘庙等，由于自然和人为原因的影响，这几处清代庙宇中的壁画出现了严重的病害，其中空鼓和裂隙是主要类型。在对这些庙宇的壁画保存现状展开调查记录的基础上，对其保护应首先对建筑物进行维修，在建筑物本体保护加固好的基础上，再对壁画进行保护。

关键词：察布查尔锡伯自治县　壁画病害　调查与分析

一、引　　言

2011年4月12日，国家古代壁画保护工程技术研究中心新疆工作站在新疆文物古迹保护中心正式挂牌。当年，工作站就启动了“新疆壁画分类及病害调查”科研项目。是年8月，工作人员奔赴伊犁察布查尔锡伯自治县，对当地的清代庙宇壁画保存现状开展了调查，以文字、图表和图片等形式对壁画病害做了科学记录。作为新疆壁画的重要组成部分，察布查尔锡伯自治县的壁画对于研究锡伯族西迁后的历史、宗教、文化、艺术都有着不可忽视的意义。但长期以来，这些数百平方米的壁画鲜为人知，学术界也较少有人关注。为此，我们在调查分析的基础上撰写此文，作为前期的记录，为将来开展保护工作提供必要的参考。

二、壁画病害的现状

察布查尔锡伯自治县现存的庙宇主要包括靖远寺、纳达齐牛录关帝庙和娘娘庙、孙扎齐关帝庙和娘娘庙、依拉齐牛录关帝庙、扎库齐牛录娘娘庙。这些庙宇均建于清代。由于大多无人看守，年久失修，壁画保存现状一般。此次调查了该地区的壁画面积约为330m^2。以下根据不同地点分别介绍。

1. 靖远寺

靖远寺位于察布查尔锡伯自治县孙扎齐牛录乡孙扎齐牛录村，为清代伊犁九大名寺之一。该寺始建于清光绪十四年（1888年），历时三年竣工（图1）。寺庙占地41 300m^2，现存建筑面积2800m²。主要建筑坐北朝南，由照壁、山门、四大天王殿、大雄宝殿、三世佛殿、东西配殿及钟楼、鼓楼等组成。

靖远寺保留了大量的砖雕、木雕、石雕等造型艺术，以及丰富多彩的壁画彩绘，据说，寺庙从土木工程到泥塑、彩绘、木雕等都出自锡伯族工匠之手，生动形象地反映了锡伯族的建筑和文化艺术水平。

靖远寺壁画主要保存在三世佛大殿内，总面积约有21.02m²（图2）。目前，壁画保存情况较好，无明显病害。

图1　靖远寺外景

图2　靖远寺三世佛大殿内壁画

2. 纳达齐牛录关帝庙和娘娘庙

庙宇位于察布查尔县纳达齐牛录乡纳达齐牛录村内，建于清光绪三十三年（1907年），占地面积24 000m²，建筑面积约300m²（图3、图4）。主要建筑坐北朝南，砖木结构，现存山门、关帝庙大殿、娘娘庙等。其中的关帝庙是我国保存至今位置最西的关帝庙，主体结构基本保持原貌，但目前屋面瓦件破碎、脱落，部分油漆彩绘风化脱落，塑像等不复存在。大殿内的壁画除小部分损坏脱落外，大部分还清晰可辨，绘制精美。娘娘庙建筑本体破坏状况略微严重，西壁坍塌，墙体向西倾斜。

图3　关帝庙外景

图4　娘娘庙外景

表1　纳达齐牛录关帝庙壁画病害面积调查统计表

建筑名称	壁画颜料层面积（m²）	壁画病害面积（m²）		
		空鼓	裂隙	其他
大殿西壁	11.32	3.34		有虫茧，壁上有下雨时留下的泥渍
大殿西壁梁上	2.47	2.47		
大殿北壁左龛	15.02	1.57		左龛北壁由于顶部漏水，下部壁画被雨渍污染的不清楚
大殿北壁中龛	15.72	0.16（中龛北壁）		中龛西壁下部有泥渍
大殿北壁右龛	17.15	0.15（右龛北壁）		右龛西壁处有鸟粪污染、北壁上有雨渍
大殿东壁	11.32			
大殿东壁梁上	2.28	1.15		
前廊西壁	0.3			有雨渍，墙体坍塌严重
前廊东壁	3.31			雨渍严重
前廊东壁梁上	0.42			

表2　纳达齐牛录娘娘庙壁画病害面积调查统计表

建筑名称	壁画颜料层面积（m²）	壁画病害面积（m²）		
		空鼓	裂隙	其他
北壁左龛	9.07	0.71	2.17（裂隙最宽处为0.5m）	
北壁中龛	12.59	0.88	3.47（裂隙是由于墙体倾斜，北侧墙体挤压造成的）	
北壁右龛	12.15	0.87		右龛西壁有鼠类打的洞
东壁梁上	2.06			
东壁	9.958			墙壁遭人为破坏
西壁	1.5			

由表1、表2中可以看出，纳达齐牛录关帝庙和娘娘庙的壁画整体保存较好，壁画病害有空鼓、裂隙、动物损害和泥渍，以空鼓病害为主。

（1）空鼓

纳达齐牛录关帝庙空鼓总面积为8.83m^2，占到其壁画总面积的11.1%。其中，大殿西壁上部空鼓现象严重，局部还出现了孔洞。产生空鼓的原因是由于墙体歪闪，墙体拉扯受力使支撑体与壁画地仗分离形成空鼓。若建筑本体和壁画得不到修缮，空鼓将会继续发展，最终会导致壁画脱落（图5）。这类病害对壁画在的保存最具危害性。

图5 纳达齐牛录关帝庙大殿西壁壁画的空鼓病害

纳达齐牛录娘娘庙空鼓总面积有1.59㎡，占到其壁画总面积的3.4%。产生空鼓的原因是由于墙体歪闪，导致支撑体与地仗分离而形成，严重空鼓部位的壁画即将脱落（图6）。

（2）裂隙

纳达齐牛录娘娘庙内壁画裂隙的总长度为5.64m，尤其是北壁西龛东壁上的裂隙从顶贯穿到底部，此裂隙张开最宽处有5cm。形成裂隙的原因是墙基下沉，造成墙体开裂，形成裂隙（图7）。

图6 纳达齐牛录娘娘庙北壁东龛的空鼓病害

图7 纳达齐牛录娘娘庙北壁西龛东壁壁画的裂隙病害

图8　纳达齐牛录关帝庙殿内墙壁的雨渍污染

（3）其他病害

纳达齐牛录关帝庙和娘娘庙内的壁画局部表面受到雨渍、鸟粪及虫茧的污染，娘娘庙大殿北壁右龛西处还有鼠类打的洞。这些病害污染了壁画表面，并破坏了其完整性（图8）。

3. 孙扎齐关帝庙

孙扎齐关帝庙建于光绪十八年（1892年），最初是一个建筑群，由照壁、山门、钟楼、鼓楼、东西配殿、大殿、娘娘庙等建筑组成。后来受到“土地改革”和“文化大革命”的影响，遭到严重破坏，现该建筑群仅存大殿（图9、图10）。关帝庙大殿坐北朝南，建于台基上。大殿顶为勾连搭顶，殿内正中供奉关羽神位。大殿内的檐柱、雀替、栋梁上面绘有人物、飞禽走兽，山水花卉等彩绘，墙壁上绘有壁画。

图9　孙扎齐牛录关帝庙内景

图10　孙扎齐牛录娘娘庙外景

孙扎齐关帝庙、娘娘庙历经百年沧桑，年久失修，破坏严重，局部墙壁坍塌严重。其中，娘娘庙的西墙外倾，墙体最大张开度10cm。令人惋惜的是，关帝庙和娘娘庙殿内墙壁上的壁画在20世纪60年代被一层白灰覆盖，只有梁上和望山处能看到少量壁画的痕迹。

关帝庙和娘娘庙壁画的主要病害有空鼓、裂隙、刀马灰覆盖，另外局部还受到泥渍污染和动物破坏。

（1）空鼓

孙扎齐关帝庙壁画空鼓面积有0.33m^2，占壁画总面积的0.3%，娘娘庙现存壁画空鼓面积有2.478m^2，占壁画总面积的4.1%（图11、图12）。

图11　孙扎齐牛录关帝庙西墙顶部的空鼓病害

图12　孙扎齐牛录娘娘庙西墙顶部的空鼓病害

（2）*刀马灰覆盖*

孙扎齐关帝庙、娘娘庙内墙壁上的壁画表面多被后人用白灰粉刷，内容无法辨认。关帝庙西墙和北墙西部在白灰上涂有马刀灰。马刀灰的成分是石灰水泥和黄土，厚度约有0.2cm，马刀灰上面有涂有细泥层，厚度约0.3cm。娘娘庙东墙和北墙西部在白灰上涂一层细泥，在细泥上涂有马刀灰，厚度约有0.2cm，高度约有1.6m。在壁画表面覆盖的这些白灰一定程度上避免了后期人为对壁画画面的破坏，但是如何清除这些覆盖物同时不伤及壁画是今后研究的难点（图13、图14）。

图13　孙扎齐关帝庙被覆盖的壁画

图14　孙扎齐娘娘庙被覆盖的壁画

图15　孙扎齐娘娘庙壁画的裂隙病害

（3）裂隙

孙扎齐娘娘庙内壁画上存在1m左右的裂隙，是由于支撑体坍塌歪闪受力造成开裂（图15）。

（4）其他病害

由于年久失修，孙扎齐关帝庙和娘娘庙建筑本体保存情况较差，屋顶处破损，雨水和泥土在壁画表面形成泥污，并且局部屋檐房梁处还受到鸟粪污染（图16、图17）。这两类病害主要是由于建筑本体的保存问题造成的。在修缮好建筑本体、做一些防避鸟类的措施后，对壁画表面进行清洗，这种病害问题基本可解决。

图16　孙扎齐关帝庙房梁壁画表面的泥渍污染

图17　孙扎齐牛录娘娘庙房梁壁画表面的鸟粪污染

4. 依拉齐牛录关帝庙

依拉齐牛录关帝庙位于察布查尔县爱新舍里镇依拉齐牛录村北，建于清嘉庆五年（1800年）（图18）。该遗址建筑和壁画可能是出自锡伯族工匠之手，对研究锡伯族西迁后的文化有很大帮助。

依拉齐牛录关帝庙殿内的壁画在20世纪60年代曾经遭到破坏，原本殿门已经被封堵。墙体局部坍塌严重，屋顶破陋，保存状况较差。此次调查时，只剩殿内的正壁局部残存壁画，残存壁画面积7.08m^2。依拉齐牛录关帝庙残存壁画的主要病害有空鼓和裂隙。

（1）空鼓

依拉齐牛录关帝庙殿内正壁顶部壁画有空鼓病害，空鼓面积为0.475m^2，占总面积的6.7%。壁画空鼓原因是遗址建筑本体有坍塌，墙体受力歪闪与地仗脱离（图19）。须及时对建筑本体进行修缮，否则空鼓继续发展会导致壁画脱落。

图18 依拉齐牛录关帝庙外景

图19 依拉齐牛录关帝庙正壁顶部的空鼓病害

（2）裂隙

依拉齐牛录关帝庙殿内正壁顶部壁画裂隙长度有0.5m（图20）。裂隙形成原因是建筑本体歪闪，墙体受力变形，出现裂隙，裂隙发育，最后在壁画表面也出现裂隙。这些裂隙周边常伴随空鼓，影响壁画的稳定存在，需要及时治理。

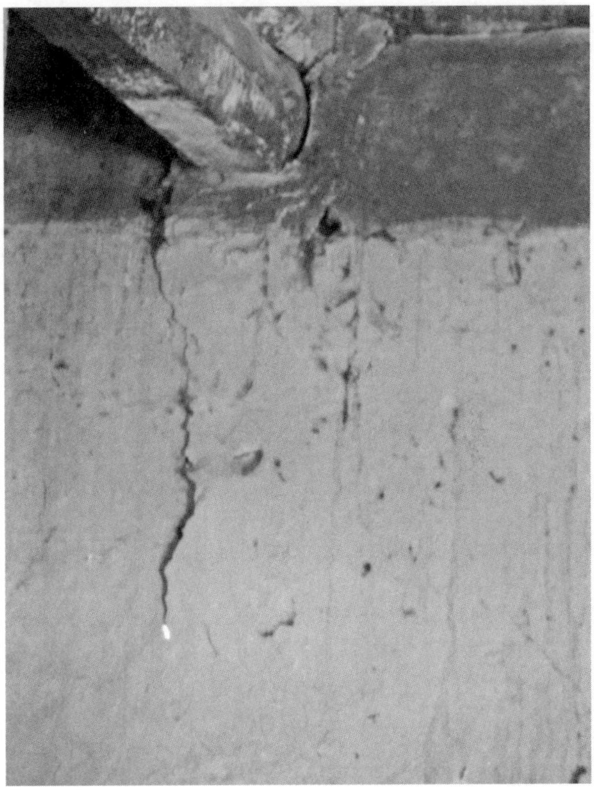

图20 依拉齐牛录关帝庙壁画的裂隙病害

5. 扎库齐牛录娘娘庙

扎库齐牛录娘娘庙位于察布查尔县以东扎库齐牛录村北，建于道光二十六年（1846年）。娘娘庙坐北朝南，整个建筑规模不大，面积为170m^2，为悬山式房顶，飞檐斜嘴，雕梁画栋。建筑和壁画都是出自锡伯族工匠之手，对研究锡伯族西迁后的文化特色有很大帮助。

扎库齐牛录关帝庙现已坍塌无存。娘娘庙本体建筑坍塌严重，西壁和南壁相对保存较好，北壁完全坍塌，东壁部分坍塌，剩余墙体歪闪严重（图21）。扎库齐牛录娘娘庙现存壁画的主要病害有空鼓、裂隙和酥碱。

（1）空鼓

扎库齐牛录娘娘庙空鼓壁画面积为1.59m^2，占壁画总面积的8.6%，形成空鼓的原因是墙体坍塌歪闪，受力后与壁画地仗分离（图22）。这些空鼓病害已经发展严重，危及壁画的稳定保存，急需治理。东壁因为坍塌严重，壁画空鼓面积较大。南壁顶部有小块壁画因为空鼓，地仗与支撑体几乎完全分离，在外力的作用下即将从脱落。北壁已经坍塌。

图21　扎库齐牛录娘娘庙保存现状之墙体坍塌

图22　扎库齐牛录娘娘庙南墙顶部壁画的空鼓病害

图23　扎库齐牛录娘娘庙南壁的裂隙病害

图24　扎库齐牛录娘娘庙东墙的酥碱病害

（2）裂隙

扎库齐牛录娘娘庙南壁壁画的裂隙长度有2.3m，形成裂隙的主要原因是墙体的坍塌歪闪，墙体受力开裂，最终导致壁画上产生裂隙（图23）。这些裂隙威胁壁画的稳定存在，需要保护处理，修缮好支撑体以解决此类问题。

（3）酥碱

扎库齐牛录娘娘庙酥碱面积有5.12㎡，主要是支撑体下部酥碱严重，距离地面最高可达1.35m（图24）。调查时支撑体酥碱仍在继续发展，支撑体酥碱后容易发生坍塌，威胁壁画的稳定，应及时采取相关保护措施，防止酥碱继续发展。

三、结　　语

新疆察布查尔锡伯自治县的壁画数量不少，价值较高。但从保存状况来看，许多壁画存有严重的病害，如空鼓、酥碱、裂隙和支撑体失稳等。这些壁画由于人为破坏和自然环境的侵蚀，保存现状堪忧，亟待保护。

在察布查尔锡伯自治县的壁画病害中，空鼓和裂隙是主要类型。这些病害的产生与其所处建筑物自身的稳定性有很大的关系，由于建筑由于年久失修，地基沉降，墙体歪闪坍塌，加剧了壁画病害的发展。因此，在对壁画开展保护前，应首先对建筑物进行维修，在建筑物本体保护加固好的基础上，再对壁画进行保护。

作者单位：楚小婵，新疆文物古迹保护中心
何林，新疆文物古迹保护中心

吐鲁番大、小桃儿沟及雅尔湖石窟壁画成分分析*

徐佑成　肖　亚　陈爱峰

内容提要：本文利用光学显微镜、扫描电镜及能谱、X射线衍射和激光拉曼光谱分析法，对吐鲁番大、小桃儿沟及雅尔湖石窟壁画残存试样进行研究，并介绍三个石窟壁画的剖面结构、所含植物种类、不同色彩的颜料成分等分析结果。研究结果表明：①壁画表面分布有大量的微裂纹，颜料颗粒不均匀；②壁画的草泥层含有大量麦茎秆及少量的麦子，且在部分石窟粉底层下部发现了棉纤维和苎麻纤维；③白色颜料主要为石膏，黑色颜料为炭黑，红色颜料有铁红和铅丹，青蓝色颜料为石绿和绿盐的混合矿物，土黄色颜料则是由石英、钠长石与石膏、白垩混合调制而成。此外，在小桃儿沟5号窟发现大量的含铅颜料变色现象。

关键词：大桃儿沟　小桃儿沟　雅尔湖　石窟　壁画成分

一、引　　言

吐鲁番盆地石窟遗址数量多、分布广、历史悠久、文化价值高，在古代丝绸之路上有着重要的地位和作用。在石窟遗址中，极具价值的部分为壁画，因此对壁画成分进行综合研究分析，对其保护具有十分重要的意义。目前吐鲁番石窟壁画的相关研究虽有资料发表，但涉及的壁画形态、植物及颜料主要矿物成分分析尚属首次。为解决这一难题，我单位与湖南省文物考古研究所合作，对吐鲁番大桃儿沟9号、10号窟，小桃儿沟5号、6号窟，雅尔湖4号窟壁画展开成分分析研究工作。三处石窟遗址位置分布如图1所示，现将三处石窟遗址涉及取样洞窟基本情况进行简要介绍。

1）大桃儿沟石窟位于火焰山西段的大桃儿沟内。沟为南北走向，地表为夹砂石土层。9号窟平面略呈长方形，纵券顶，壁画内容为八十四大成就者像，佛像间隔以白、红为底色，年代推定为宋元时期，测定年代为1250±60/100年，样品取自洞窟内右侧壁（图2）。10号窟位于9号窟东北约50米的山顶上，平面长方形，纵券顶，壁画表现的是观无量寿经变（图3）。

2）小桃儿沟石窟位于火焰山西段的小桃儿沟内，西邻大桃儿沟石窟，东距吐鲁番市亚尔乡葡萄沟约3km，石窟依沟的西壁开凿。5号窟平面为长方形，纵券顶，整个洞窟由崖前砌土坯和崖内凿洞结合而成，右侧壁有钟形藏式佛塔（图4）。6号窟位于沟西区最北面，南临5号窟，主室平面前半部较窄，后半部较宽，顶部呈纵券顶，两侧壁出现有藏式如来八塔，以及穿着藏式僧衣的上师（图5），年代推定为宋元时期，测定年代为1260～1284年。

---

*　本文系吐鲁番学研究院2012年院级课题“吐鲁番诸小石窟现存内容总录”（TX2012-009）与国家社会科学基金重大招标项目《百年西域佛教研究史》（11&ZD118）阶段性成果。

图1 三处石窟遗址位置分布图

图2 9号窟取样位置

图3 10号窟左侧壁残留壁画

图4 5号窟右侧壁残留壁画

图5 6号窟左侧壁残留壁画

3）雅尔湖石窟位于吐鲁番市西约10km交河故城西南河谷南的崖壁上。4号窟为大型长方形纵券顶窟，有双层壁画痕迹（图6）。表层壁画顶部绘千佛，侧壁绘说法图，有回鹘供养人像（图7），为10～11世纪作品，测定年代为1250±20/45年。

图6　4号窟主室

图7　4号窟主室券顶千佛（部分）

二、壁画成分分析

1. 实验仪器及分析方法

根据吐鲁番大、小桃儿沟及雅尔湖石窟壁画颜料的特点，本实验决定使用以下仪器。

日本KEYENCE VHX-100系列数码显微镜：颜料及植物形貌分析。

日本TM3000台式扫描电子显微镜及Bruker Quantax70 能谱仪：化学成分分析。

XRD及LabRAM Aramis型激光拉曼光谱仪：颜料成分分析。

根据壁画测试要求，制定了相关的操作方法和步骤。壁画样品采集选取洞窟已发生病害且不是关键的部位，采用体视显微镜对壁画样品表面色彩、剖面层位和厚度、麦草泥层中含有的植物纤维进行光学分析，研究壁画内部结构和形态；采用SEM-EDX对壁画不同色彩颜料进行微观形貌和成分分析，并结合XRD及激光拉曼光谱法对颜料成分进行进一步验证，确定建造壁画的主要矿物颜料及来源。

2. 石窟壁画显微形貌分析

采用日本KEYENCE VHX-100系列数码显微镜对五个洞窟壁画样品表面及其断面进行观察测试，建立了壁画分层情况及其包含物信息（表1）。

表1对五个洞窟样品的取样位置、年代进行了整理，并且对壁画的表面及断面观察和分析进行了汇总，壁画样品编号中采用dk代表大桃儿沟石窟，xk代表小桃儿沟石窟，yk雅尔湖石窟，后面数字代表窟号。下面将根据实验结果进行分析。

表1　大、小桃儿沟及雅尔湖石窟壁画表面及断面情况统计表

样品编号	石窟编号	取样位置	树轮校正年代	样品含有主要颜色及厚度	由里及表的层位顺序
dk09	09	右侧壁	AD920±65/100年①	黑色（85～97μm）、白色	草泥层、粉底层（51～94μm）、颜料层
dk10	10	右侧壁	未测年	黑色（18～30μm）、白色（25～27μm）	草泥层、棉泥层、粉底层、颜料层
xk05	05	正壁与右侧壁	未测年	黑色（29～36μm）、蓝色（14～33μm）、土黄色（20～29μm）	草泥层、棉泥层、粉底层（44～51μm）、颜料层
xk06	06	正壁龛内	AD1260～1284年②	红褐色（32～35μm）、白色	草泥层、粉底层（800～900 μm）、颜料层
yk04	04	后室券顶外层（晚期）	AD1250±20/45年③	白色④（30～59 μm）、红褐色（18～22μm）、红黑色（13～14μm）	麻泥层、粉底层（31～37 μm）、颜料层

（1）表面显微形态

壁画表面有大量1～20mm微裂纹和颜料明显破损状况（图8），各色颜料颗粒分布不均匀（图9），从采集样品来分析看，颜色主要有黑、白、蓝、红等。

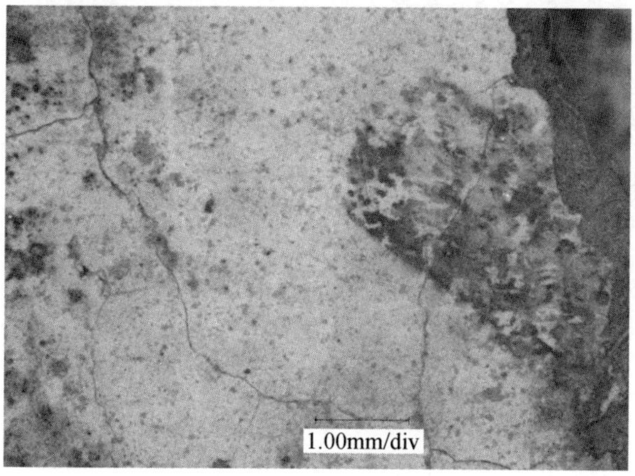

图8　大桃儿沟10号窟壁画微裂纹

图9　小桃儿沟5号窟颜料分布不均匀

（2）断面显微形态

从壁画断面分析来看，不同洞窟壁画地仗层采用的材料不尽相同，一般由里及表的顺序依次为草泥层→棉泥层（麻泥层）→粉底层→颜料层等。草泥层主要由植物茎秆及较粗的黏

① 柳洪亮：《高昌石窟碳-14——测定数据试析》，《新疆文物》1993年第3期，第127页。

② 中国社会科学院考古研究所实验室：《新疆吐鲁番和南疆地区部分石窟年代测定报告》，《考古》1991年第11期，第1041页，以A D1950年为起点。

③ 柳洪亮：《高昌石窟碳-14——测定数据试析》，《新疆文物》1993年第3期，第120页。

④ 该层白色颜料与下层白粉层不同，位于红色与褐红色颜料层之上，主要用于石窟绘画所用。

土组成；草泥层较厚，一般都在2cm以上，紧靠窟壁。棉泥层（麻泥层）由细的棉或麻纤维和细的黏土组成，棉泥层（麻泥层）厚度为0.9～1mm。粉底层由掺入胶水的石膏、白垩、高岭土等物质组成，粉底层厚度范围一般为10～18μm，平均约为13.5μm，颜料层厚度范围一般为13～97μm，位于20～30μm居多，分布不均匀（图10、图11）。

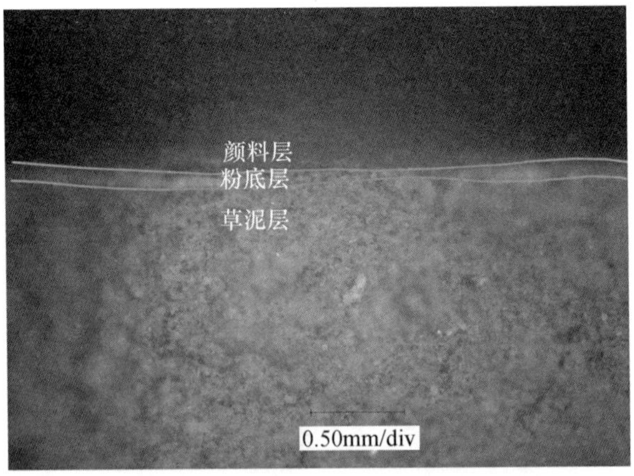

图10　大桃儿沟9号窟剖面分层

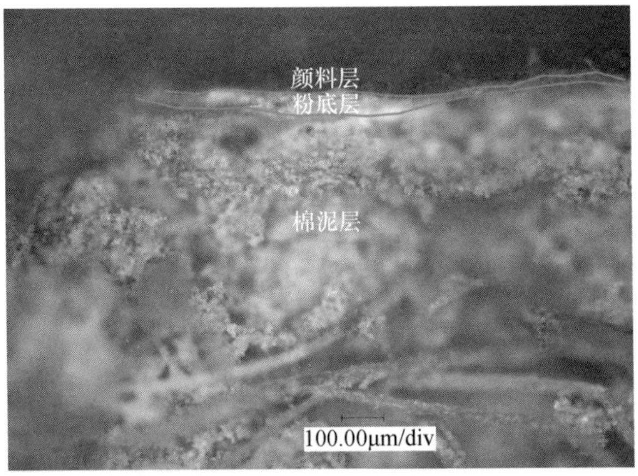

图11　雅尔湖4号窟剖面分布

（3）壁画中植物分析

壁画的草泥层中都掺有大量植物茎秆及少量的植物种子。种子经鉴定为麦子Triticum aestivum（图12），茎秆由于保留的植物特征太少，暂不能定出属种名称，但依据包含的种子，推测其为麦秆。

大桃儿沟10号窟、小桃儿沟5号窟的粉底层下部含有一层纤维，观察单根纤维其表面具有光泽，呈半透明长条状，纵向沿纤维长度螺旋形扭曲，截面扁平，纤维宽度10～40μm，与现代棉花纤维形态一致（图13、图14），暂定为棉花，该层为棉泥层。

雅尔湖4号窟粉底层的下部也发现有植物纤维，显微镜下纤维纵向表面粗糙，竖条纹明显，呈树皮状，无横节，截面腰圆形且有中腔，外围带有辐射状条纹，宽度约30um，与苎麻的纤维形态一致（图15、图16），暂定为苎麻，该层为麻泥层。

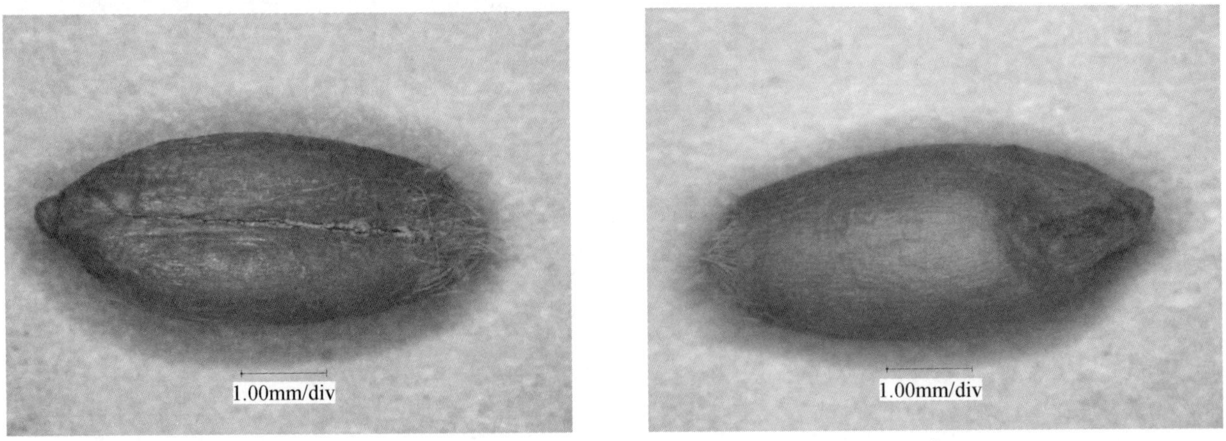

1　　2

图12　大桃儿沟10号窟麦粒

1. 正面　2. 背面

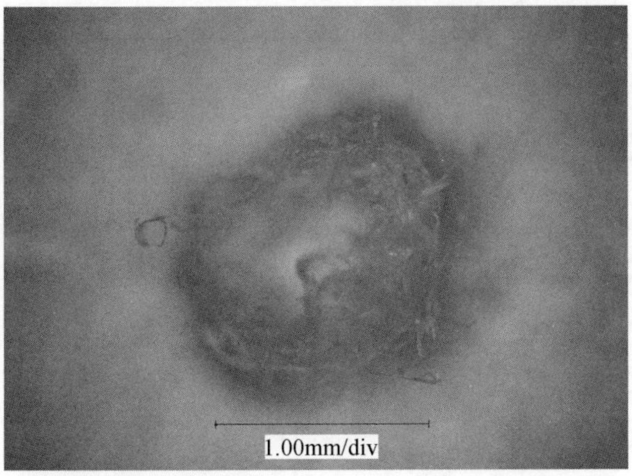

图13　大桃儿沟10号窟棉纤维（宋元时期）

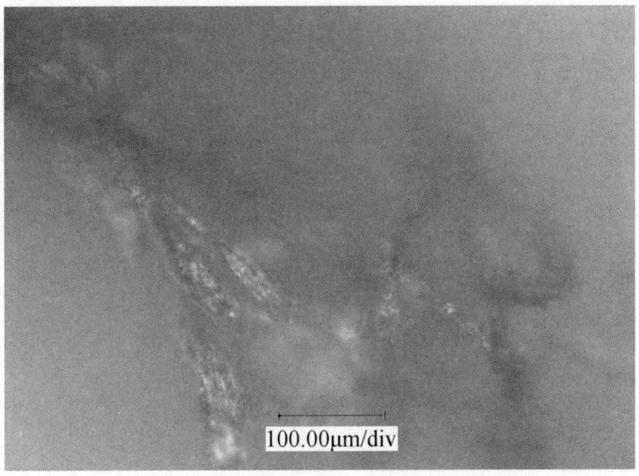

图14　大桃儿沟10号窟棉纤维（放大）

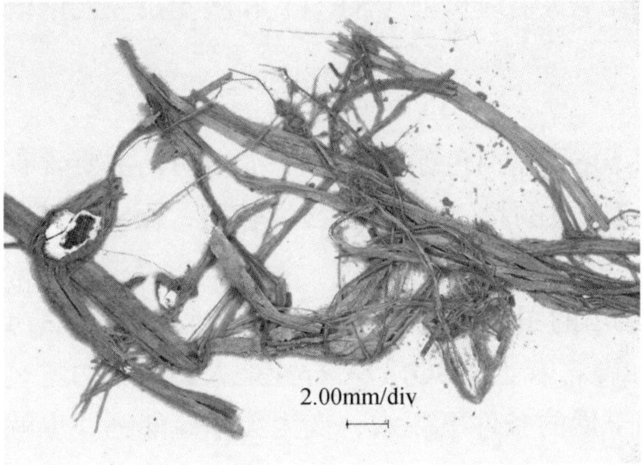

图15　雅尔湖4号窟苎麻纤维聚合物

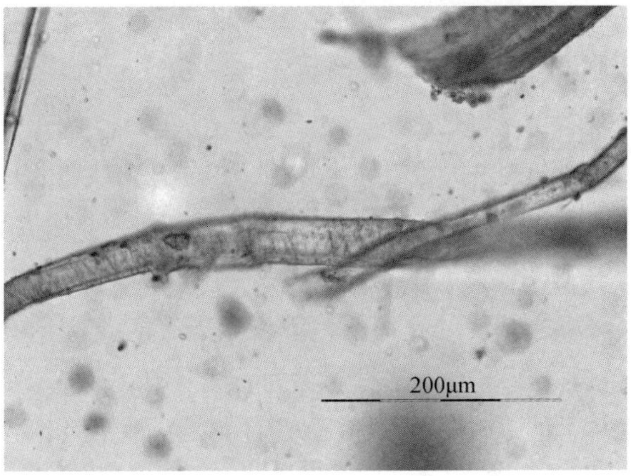

图16　雅尔湖4号窟单根苎麻丝的显微照片

3. 壁画颜料化学及矿物成分分析

矿物质颜料是人类最古老的绘画色料，它与动物胶混合之后，常常被运用在石窟的壁画上。通过标准色卡的对比，五个洞窟的壁画样品颜料大体可分为黑、白、红、蓝、土黄色等五个色系，其中红色系又分红褐色与红黑色。为了解这些颜料的矿物成分及化学元素组成，我们对壁画进行了扫描电镜、X-射线能谱（SEM-EDX）、X射线衍射（XRD）和激光拉曼光谱法的分析。实验选取样品中4～6个微区进行测试，统计其平均值。

表2　壁画样品颜料SEM-EDX测试结果

样品编号	洞窟主要颜色	测试颜料	所含主要元素百分比（%）									
			O	Si	Ca	Al	S	Fe	C	Pb	Cu	Cl
dk09	黑、白、红	黑	48.10	11.10	11.27	3.67	6.76	2.60	13.95	—	—	—
		白	51.78	5.55	19.93	2.35	12.70	1.25	6.03	—	—	—
		土块	52.98	19.9	0.72	8.66	—	8.28	7.48	—	—	—
dk10	黑、白、红、蓝	黑	53.99	8.39	18.83	3.86	12.39	—	—	—	—	—
		白	51.48	16.45	9.45	8.15	7.28	1.25	2.58	—	—	—

续表

样品编号	洞窟主要颜色	测试颜料	所含主要元素百分比（%）									
			O	Si	Ca	Al	S	Fe	C	Pb	Cu	Cl
xk05	黑、白、红、青蓝、土黄色	黑	27.18	8.70	2.72	3.42	0.84	—	—	56.08	—	—
		青蓝	30.25	6.12	3.02	1.85	4.65	—	4.70	—	38.98	7.15
		土黄	56.5	8.8	16.3	3.8	11.7	0.9	—	—	—	—
xk06	黑、白、红褐、蓝、黄	红	43.4	2.06	7.96	0.32	6.18	36.78	3.32	—	—	—
		白	48.9	1.3	21.2	—	14.7	—	13.3	—	—	—
yk04	黑、白、红褐、红黑、蓝	红褐	26.68	9.58	2.04	3.56	0.12	—	5.1	49.7	—	1.32
		红黑	20.52	9.18	1.67	3.42	9.18	—	3.44	61.35	—	1.05

表2给出的是壁画样品颜料化学成分测试结果。从表2可知，每种颜色都由不同的元素组成，那么这些不同的元素又来自哪些矿物呢？下面结合X射线衍射（XRD）和激光拉曼光谱谱图的分析结果予以分析。

（1）白色颜料

从表2中可知，大桃儿沟9号、10号窟、小桃儿沟6号窟白色颜料成分基本相同，主要含有O、Ca、S、C、Si、Al等元素，其中小桃儿沟6号窟白色颜料Ca、S、C含量较高，而Si、Al含量较少。

图17是对这些白色颜料进行X射线衍射分析后给出的图谱，从图中可知，小桃儿沟6号窟白色颜料（XK06-T）主要为石膏（$CaSO_4 \cdot 2H_2O$）和硬石膏（$CaSO_4$）。石膏是人类常用的建筑材料，其成分为$CaSO_4 \cdot 2H_2O$，它在长期的高温和干燥的条件下脱水，变为无水硫酸钙，也就是硬石膏。

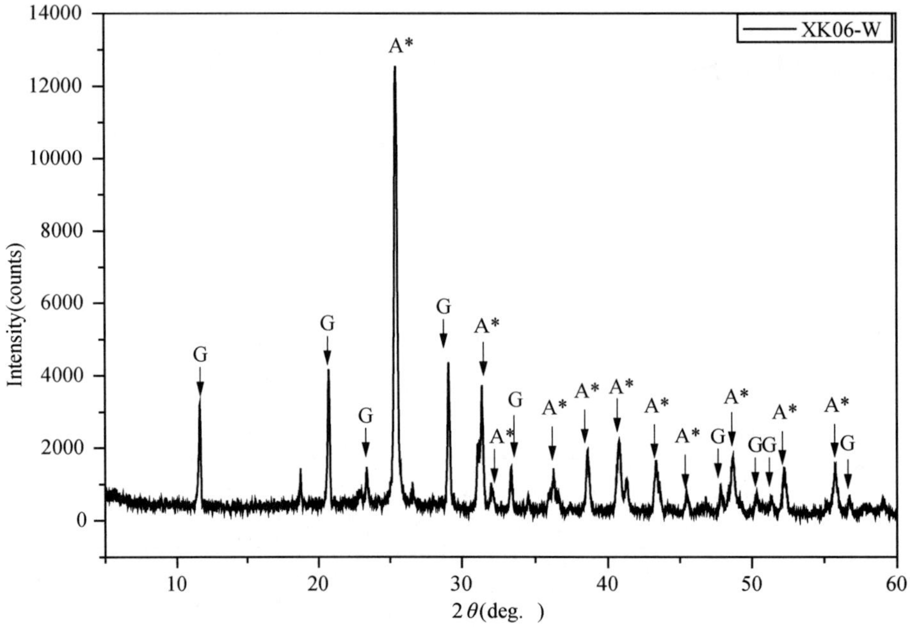

图17　小桃儿沟6号窟白色颜料（XK06-W）XRD分析图谱（G-石膏，A*-硬石膏）

（2）黑色颜料

表2中黑色样品颜料元素显示，大桃儿沟9号窟成分中主要含有O、C、Ca、S、Si等元素，10号窟含有O、Si、Ca、S、Al等元素，小桃儿沟5号窟主要有Pb、O、Si、Ca、Al等元素。上述测试结果显示三个洞窟的黑色颜料各有所差异，结合壁画颜料样品剖面分析，可以看到9号窟黑色颜料层位于白色基层之上，由于能谱仪测试时具有一定的穿透性（表面1～2μm），且取样时无法避免带入下一层物质，测试成分中应包含有基层的白色颜料及尘土等。因此，可判断9号窟的黑色显色成分应该为绘制壁画常用的炭黑。10号窟壁画颜料呈现灰黑色，但颜料中没有发现C元素，从测试的元素组成分析，壁画含有的灰黑颜料成分可能为高岭土矿物调制而成。小桃儿沟5号窟黑色颜料含有大量Pb元素，结合激光拉曼光谱分析结果（图18）可知，其图谱在279cm^{-1}、557cm^{-1}附近对应着块黑铅矿二氧化铅的标准图谱，在96cm^{-1}、137cm^{-1}、431cm^{-1}、969cm^{-1}附近对应着硫酸铅的特征图谱，在1050cm^{-1}、323cm^{-1}及最强峰137cm^{-1}附近对应着铅黄（PbO）的特征图谱。可知，该颜料中主要含有二氧化铅、硫酸铅及铅黄，且黑色显色物质应为二氧化铅。从石窟绘画来看，黑色颜料主要分布于绘制壁画人物部分，（这里还差一图）对照其他洞窟壁画人物绘制颜料，人体面部肉色部分常为含铅颜料（铅粉、铅丹、铅黄）调制而成，而这些含铅颜料不稳定，极易发生氧化变黑，如欧洲的教堂壁画、日本的寺庙壁画，我国的敦煌石窟、炳灵寺石窟、新疆的克孜尔石窟都发现了铅丹变黑的现象①。因此，可推断该黑色颜料在壁画制作初期并非黑色，而是含铅颜料发生氧化的结果。

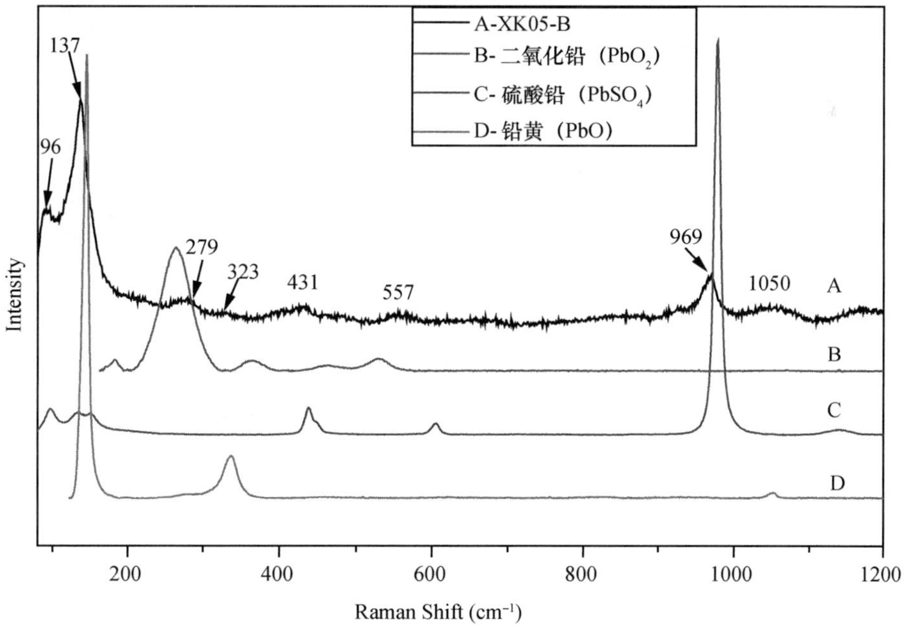

图18　小桃儿沟5号窟黑色颜料（XK05-B）激光拉曼光谱分析结果

① 苏伯民、胡之德、李最雄：《敦煌壁画中混合红色颜料的稳定性研究》，《敦煌研究》，1996年第3期，第149～162页。

（3）蓝色颜料

蓝色颜料样品来自小桃儿沟5号窟。对比标准色卡来看，壁画颜色应属碧蓝色（青蓝），根据测试结果，蓝色颜料主要含Cu、O、Si、Cl、S等元素。结合激光拉曼光谱分析结果（图19）来看，其拉曼图谱在151cm^{-1}、170cm^{-1}、225cm^{-1}、269cm^{-1}、362cm^{-1}处与石绿的拉曼图谱吻合较好，在396cm^{-1}、444cm^{-1}、500cm^{-1}、849cm^{-1}、967cm^{-1}处与绿盐的拉曼图谱吻合较好。因此，可推测青蓝色颜料应为石绿和绿盐的混合颜料。石绿化学式为$Cu(OH)_2 \cdot CuCO_3$，是我国所有蓝色颜料中应用最为广泛的。绿盐主要成分是氯化铜（$CuCl_2 \cdot 2H_2O$），常与石青和石绿伴生，最早是西北新疆等地少数民族的地方特产颜料①。唐代以来，敦煌、新疆等石窟中蓝色颜料主要是氯铜矿，这与当地制取出售铜绿的文献记载相符，由此可推测该青蓝色颜料应为石绿和绿盐的天然伴生矿物加工而成。

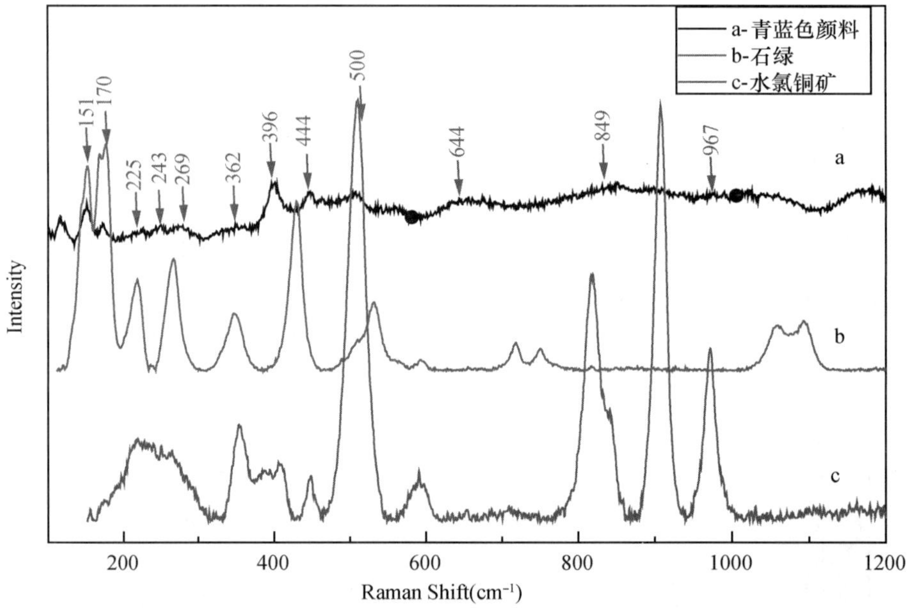

图19　小桃儿沟5号窟青蓝色颜料激光拉曼光谱分析结果

（4）红色颜料

通过对不同石窟中颜色深浅不同的红色（红色、红褐色与红黑色）颜料取样测试分析可知，小桃儿沟6号窟红色颜料（XK06-R）样品含有较高的Fe元素，且根据XRD测试结果（图20），其主要成分为石膏、硬石膏、铁红，可知其显色物质应为铁红（Fe_2O_3）。雅尔湖4号窟红褐色（XK06-R1）和红黑色（XK06-R2）颜料测试结果显示，其红色颜料中不含Fe，但均含有较高的Pb。结合XRD分析结果，其主要成分均为石膏、石英、铅丹、硫酸铅等，可知其显色物质应为铅丹（Pb_3O_4）。其中，深浅不同的红色可能是由于颜料中所含的石膏和石英等的含量不同导致的，且硫酸钙的存在可能是石膏、硬石膏与铅丹长期作用发生化学反应的结果。

（5）土黄色颜料

土黄色颜料取自小桃儿沟5号窟，测试结果显示其主要含有O、Ca、S、Si、Al等元素，结

① 郭思言：《浅谈敦煌壁画中的颜料》，《甘肃经济日报》2012年7月11日第三版。

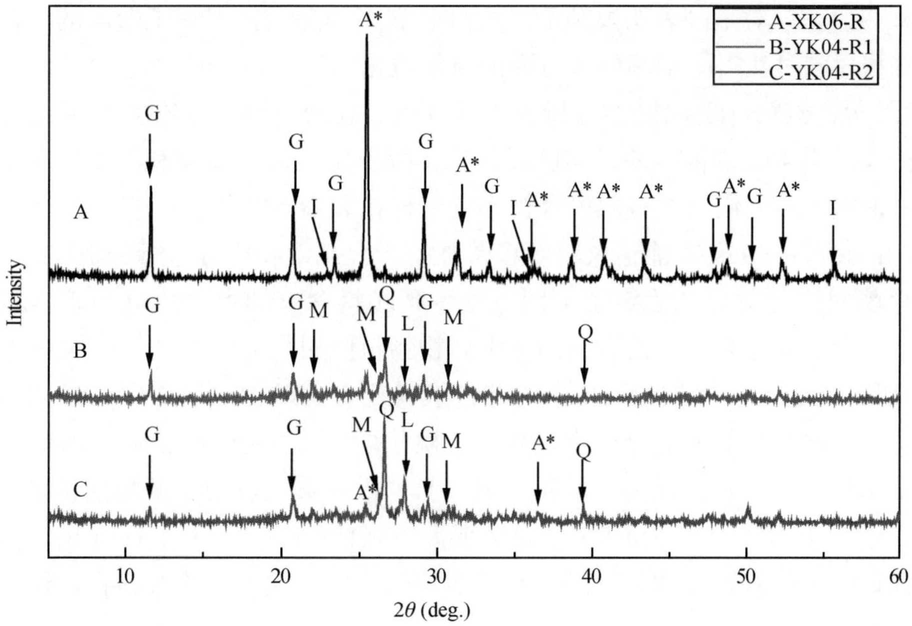

图20　三种红色颜料XRD分析结果（G-石膏，A*-硬石膏，I-铁红，Q-石英，M-铅丹，L-硫酸铅）

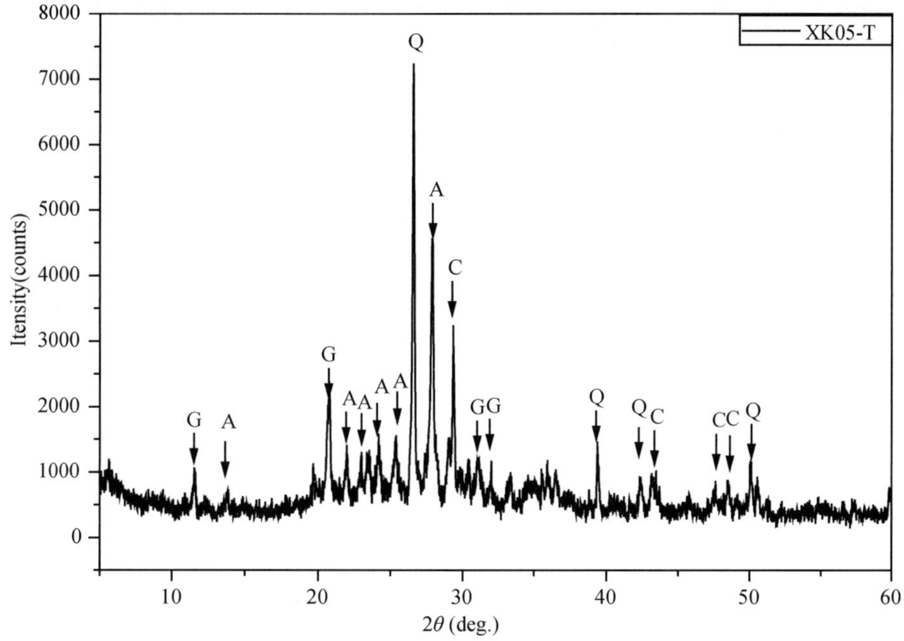

图21　小桃儿沟5号窟土黄色颜料（XK05-T）XRD分析图谱（Q-石英，A-钠长石，G-石膏，C-方解石）

合XRD分析结果（图21）可知，土黄色颜料的主要成分为石英、钠长石、石膏和方解石，属于传统壁画颜料中所使用的土系颜料。

三、结论与讨论

1）通过KEYENCE VHX-100系列数码显微镜仪器的观测，可以从多角度捕获壁画不同颜料的微观色彩和形态。对壁画表明及断面进行准确观察和测量，了解了壁画的保存状况，组成成分及制作方法，同时获得了壁画的多方面的科学数据。

2）对壁画所含植物与现代植物进行对比和分析，发现壁画中含有大量棉花纤维、苎麻纤维及麦秆等植物，说明吐鲁番早期人类已经熟练掌握利用当地的植物和泥土混合来增加石窟墙壁黏性，同时说明当时人们已经有规模种植小麦、棉花和麻等植物。

3）采用Bruker Quantax70 能谱仪对石窟壁画的所含元素和成分进行分析，结合X射线衍射仪对不同颜色颜料进行测定，确定了不同色彩壁画颜料含有的主要成分和矿物颜料来源。同时，通过查阅相关文献记载，三处石窟的壁画矿物颜料使用与文中考证年代能进行相互印证。

4）此次研究确定了小桃儿沟石窟中的蓝色颜料含有铜矿物与历史中广泛应用于壁画的蓝色颜料相符，为石绿和绿盐的混合矿物颜料；小桃儿沟5号窟的黑色颜料与雅尔湖的4号窟红色颜料所含物质相近，均含有铅元素，说明二氧化铅、铅丹曾大量用于壁画颜料之中，黑色颜料为铅丹物质发生氧化而成；小桃儿沟6号窟发现大量红色的铁红颜料，铁红在敦煌石窟中最常见，说明吐鲁番壁画与敦煌在颜料使用上有很多相似之处，说明矿物颜料在丝绸之路上贸易往来和发展已应用已经非常广泛。

5）该实验首次用于吐鲁番部分石窟对壁画颜料的科学测试分析，方法切实可行，为后续研究提供了方向。同时通过全面掌握了吐鲁番石窟中所采用颜料成分及其特性，为壁画的管理保护、考古研究、文物修复提供了科学依据。

作者单位：徐佑成，吐鲁番学研究院
肖　亚，湖南省文物考古研究所
陈爱峰，吐鲁番学研究院

其　他

新疆区大遗址保护总体规划的再认识

梁　涛

内容提要：新疆文物保护事业起步较晚，投入偏少，技术落后，科学的规划更显得尤为重要。为大遗址保护知名方向，为保护工程的实施提供具体指导，本文从纵向、横向两个方面考虑，提出对新疆区大遗址的具体规划内容。

关键词：新疆区大遗址　总体规划

2005年，国家文物保护“十一五”专项规划项目——丝绸之路重点文物抢救保护工程（新疆段）开始启动，为新疆文物保护事业的发展带来了新的机遇。面对长期以来新疆文物保护事业起步较晚，投入偏少，技术落后，基础工作差等不利局面，前期工作，尤其是文物保护单位规划的编制就显得尤其重要。国内外大量的文物保护成功案例告诉我们，科学规划能为大遗址保护指出明确的方向，能为保护工程的实施提供具体的指导。因此，项目开展伊始，新疆重点文物保护项目领导小组执行办公室就与多家有丰富经验并具备相关资质的规划编制单位进行了接洽，先后向中国建筑设计研究院建筑历史研究所等多家单位委托进行克孜尔石窟、七个星佛寺遗址、艾提尕尔清真寺等11处全国重点文物保护单位的整体规划编制工作。

目前，一些规划正在编制中，一些规划已经获得国家文物局的批准，即将公布实施。作为一名文物保护工作者，笔者有幸参与了一些文物保护的规划编制工作，感触良多。以下结合具体的工作实际，谈一些不成熟的想法，以求抛砖引玉。

一、纵向规划的考虑

主要针对遗址的历史信息保护，强调遗址的原状保护，最大限度地延长遗址的保存年限。按照《中国文物古迹保护准则》的要求，规划措施要保护遗址的真实性、完整性和延续性，全面地保存并延续其历史信息及全部价值是文物保护工作的目的，尽可能延续其寿命，让后人享受其丰富的历史文化内涵。纵向规划的考虑也就是保护规划的规划目标。

二、横向规划的考虑

目前新疆是我国西部大开发的重点地区之一，同时也是我国的重要旅游区之一。西部大开发的一项重要工作就是可持续地发展城镇化建设，因此，新疆区大遗址保护应该加强保护工作的前瞻性、指导性，用于削减和控制正在发生（包括计划中）的和未来可能发生的遗产破坏威胁，避免造成不必要的经济建设浪费；同时就旅游开发的合理利用提出配套的保护性设施建设的可行性规划，对大遗址保护和大遗址所在地的社会经济发展发挥积极调控作用。横向规划的考虑也就是通常所说的规划作用。

三、规划具体内容的考虑

1）对大遗址的基础资料进行系统采集、整理，建立基础性图文信息档案，这是规划的最重要的基础性工作，是综合评估的前提。例如，在龟兹佛教文化区的大遗址规划开展过程中，规划编制单位除了参考保护单位的档案资料和地方志外，还研究了历次国外探险队的考察报告作为基础研究资料。

2）对大遗址目前的保存、保护状况进行综合评价，为今后的监测工作奠定科学的、系统的基础，是制定保护措施的依据。例如，七个星佛寺遗址保护规划编制过程中，对遗址进行了三维激光扫描，当前的遗址保存状况对比20世纪初俄国考察队的图像资料，提出了该处遗址衰退的科学分析结论。

3）对目前必要的保护措施进行可行的策划。经过评估分析，对亟待解决的影响到遗址安全的因素进行分期治理，对遗址采取必要的保护措施进行近期、中期和远期规划。例如，交河故城当前最大威胁为崖体不断崩塌，洪水威胁造成遗址面积逐渐缩小，部分建筑遗迹逐渐消失等问题。因此，在进行交河故城抢险加固工程时优先考虑交河故城崖体和防洪的紧迫需要。

4）对目前正在面临的旅游活动或意向提出限制要求。随着旅游业的迅猛发展，各个遗址都面临着一定的压力。对遗址承载力的研究是非常必要的，以免因过度开放造成遗址的人为破坏。例如，克孜尔尕哈石窟保护规划对游人进行了容量分析，提出“单次进入洞窟人数不得超过5人，日游客容量要小于240人，年游客容量小于17 280人”的控制值。

5）对大遗址在合理利用过程中的展示进行科学可行的规划。我国文物工作的十六字方针中，“合理利用”占据着重要地位。一些遗址的开发利用缺乏科学可行的展示规划，不但使遗址遭受到了破坏，而且使游人产生“乘兴而来，败兴而归”的感受。设置科学的参观路线、导引设施和展示设施，以及配套的服务设施是展示规划的重要工作，才能真正达到“合理利用”的目的。

6）对未来地方建设发展可能造成的破坏提出控制要求。新疆大多数地区欠发达，但在国家西部大开发的政策下，这些地方都将得到快速发展。遗址保护面对经济建设，尤其是城镇化建设过程带来的压力与日俱增，一些地区石油物探、矿产开发、市容整治活动都对文物安全造成影响。因此，文物保护规划要充分了解遗址所在地的经济发展规划，城市建设规划等。比如，对可能的不利于保护的活动要提出控制要求，以引起当地政府的重视，引导其修正城乡发展规划。

7）对未来生态变化可能引发的破坏提出防治要求。生态环境的恶化是当今政府十分重视的一个方面，它往往与人类活动密切相关。遗址的保存会因生态环境的改变而遭到破坏，如在遗址附近排污，丢弃垃圾，采矿挖土等。克孜尔尕哈烽燧保护规划中提出了对烽燧附近水泥厂等企业的排污状况进行监测，如果对文物本体产生威胁则应进行搬迁。

8）对大遗址的文物安全提出具体的目标要求。大遗址的安全历来是文物管理部门重视的头等大事。要防止自然以及人为因素对遗址的破坏，就必须在规划时对大遗址的安全提出要求。建立有效的安防系统，建立必需的消防和防洪设施，是保护遗址的必要手段。丝绸之路新疆段重点文物保护工程先后开展了克孜尔石窟安防系统工程和消防工程、交河故城安防系统工程以及阿斯塔那安防系统工程等。这些工程的实施使文物处于有效的监控状态之下，可有效防止一些危害文物突发事件的发生。

9）对保护管理机构的发展提出具体的要求。遗址保护规划无论如何科学可行，最终落实必须要依靠一个高效的管理机构的运作，规划所提出的措施才可能落到实处。因此，有效地保护最终取决于管理机构的配置是否合理，是否能有效行使其职能。遗址规划必须对遗址管理提出管理规划，对管理机构所需的各类人才、装备、基础设施以及日常管理工作等提出指导性建议和意见。

10）对大遗址的研究进行科学的规划。对大遗址的研究不仅仅是对其本体的保护研究，还应涉及考古学、历史学、艺术史、民族史等全方面的、系统的研究。在实际工作中，要加强基础资料的搜集整理，编辑出版国内外学术界专家的相关研究成果，吸引各学科、各方面的学术力量的参与，有针对性地开展多学科交叉的综合性研究，进一步推进遗产研究的深度和广度，为大遗址的保护和利用提供服务。

作者单位：梁涛，新疆文物古迹保护中心

新疆近现代代表性建筑保护策略探究

葛　忍

内容提要： 本文在对新疆地区近现代代表性建筑进行实地普查、调研、测绘的基础上，对新疆近现代代表性建筑的保存现状、管理机构、利用现状等方面进行了深入的分析研究，明确了新疆近现代代表性建筑的保护现状以及存在的问题，并提出了对其进行正确定位、明确价值、建立完善的保护利用体系的建议，为今后更合理、更科学、更完善地保护与利用新疆近现代代表性建筑提供依据。

关键词： 近现代代表性建筑　新疆　现状　保护利用

近现代建筑是城市建设发展史中不可或缺的一环，它们不仅记载着历史的进程，还展示了人类技术的飞跃和进步。新疆地区现代建筑的发展历程不同于中部、东部地区，这是基于地理上的特殊性，再加上多种文化的渗透，形成了以特有的民族文化延续为基础又有其他建筑文化传播的特点。新疆地区近现代建筑充分体现了具有中外文化交流的特征和代表性，作为本地区近现代社会发展历史时期多元文化下的历史见证，有重要的历史文化价值。

然而，在现代化建设的浪潮中，已有大量的近现代建筑被肆意地改造、拆除，还有更多的具有重要历史文化价值的近现代建筑正在或者即将面临这个窘境。本文在对新疆地区近现代代表性建筑调研的基础上，对其保护与利用的现状、存在问题进行了分析，并对于如何合理地保护与利用近现代建筑，提出了思考和建议。

一、新疆近现代代表性建筑概况

新疆位于中国的最西部，古代曾称作“西域”，面积占中国领土总面积的1/6，周边与俄罗斯、哈萨克斯坦、吉尔吉斯斯坦、塔吉克斯坦、巴基斯坦、蒙古、印度、阿富汗等8个国家接壤。新疆的边界线长度相当于中国总边界线长度的1/4。

从1856年开始，沙俄先后以“中立”和“调停者”的身份，诱迫清朝政府签订了《中俄北京条约》《中俄勘分西北界约记》等不平等条约，并侵入西北。沙俄对我国西北边疆的入侵，其本国文化也逐渐传入新疆，因此19世纪中叶后伴随着军事政治的变化，大量涌入沙俄等西方文化。新疆在这一时期处于民族特色文化与西方文化相互冲突、相互融合的状态。新疆的近现代代表性建筑形象地反映了这一段重要的历史，许多民族特色建筑、苏式建筑以及两种形式相结合的建筑形成了新疆近现代代表性建筑的鲜明特色。

同时，在进入近现代时期以后，新疆建筑在类型、内容、形式等多方面的探索与实践更趋多样化、完善化，如建筑类别上出现了办公建筑、工业建筑等；而在此之前，建筑的类型主要是以宗教建筑和民居建筑为主。

二、新疆近现代代表性建筑现状

至今学术界尚没有关于新疆近现代代表性建筑的系统研究，所以也就没有相关的建筑名录。本文仅能从第二次、第三次全国文物普查中搜集到相关的近现代重要史迹及代表性建筑的相关资料。通过对资料中的建筑进行田野式调查、整理，我们初步统计的近现代代表性建筑名录有193处，涉及新疆所辖各个地区，保护级别涉及国保级、自治区级、县市级以及未定级四种级别，建筑类型涉及十三种类型。

下面分别从使用管理单位性质、开放与否、权属关系、利用情况以及保护状况五个方面对新疆193处近现代代表性建筑的现状进行分析。

（一）使用管理单位性质统计

本次调研的近现代代表性建筑中，属文物部门使用管理的57处，属政府机关使用管理的28处，属企业单位使用管理的29处，属宗教部门使用管理的15处，属个人使用管理的21处，属事业单位使用管理的37处，属部队使用管理的6处（表1、表2；图1）。

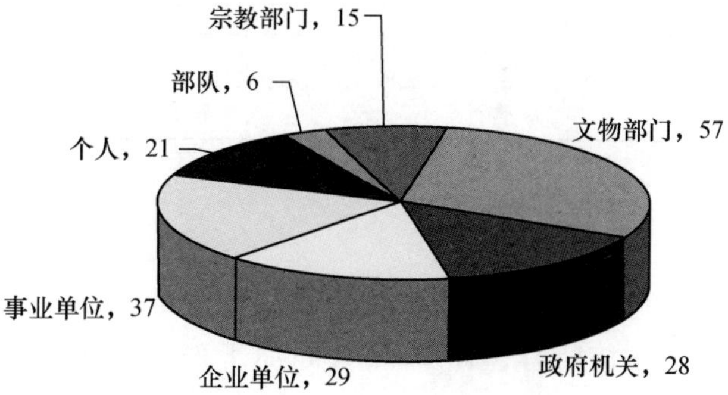

图1 使用管理单位性质分布图

表1 使用管理单位性质统计表

管理单位	数量	所占比例
文物部门	57	29.5%
政府机关	28	14.5%
企业单位	29	15.0%
宗教部门	15	7.8%
个人	21	10.9%
事业单位	37	19.2%
部队	6	3.1%
合计	193	100%

表2 管理现状分析表

保护级别	管理机构		合计
	文物部门	非文物部门	
全国重点	2（66.7%）	1（33.3%）	3（100%）
自治区级	27（61.4%）	17（38.6%）	44（100%）
市县级	18（30.0%）	42（70.0%）	60（100%）
未定级	10（11.6%）	76（88.4%）	86（100%）
合计	57（29.5%）	136（70.5%）	193（100%）

从上述数据中可以看出，新疆近现代代表性建筑处于文物部门管理的仅占到29.5%，不足1/3。因此，这也就造成文物保护管理机构无法真正起到全面保护的作用。

（二）开放情况统计

现存新疆近现代代表性建筑中虽有63.2%已对外开放，但仍有36.8%尚未对外开放。尚未开放的近现代代表性建筑主要包括居住建筑以及后期改造为政府机关、企事业单位办公场所的建构筑物（表3；图2）。

表3　开放情况统计表

开放与否	数量	所占比例
开放	122	63.2%
未开放	71	36.8%
合计	193	100%

（三）权属关系

根据对193处新疆近现代代表性建筑的调查发现，85.2%的建筑属于国家所有，3.8%的建筑属于集体所有，10.9%的建筑属于个人所有（表4；图3）。

表4　权属关系统计表

调查对象权属	数量	所占比例
国家所有	166	86.0%
集体所有	7	3.6%
个人	20	10.4%
合计	193	100%

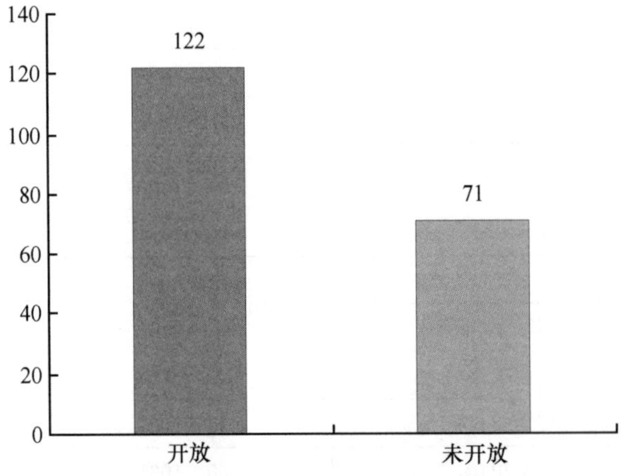

图2　开放情况图

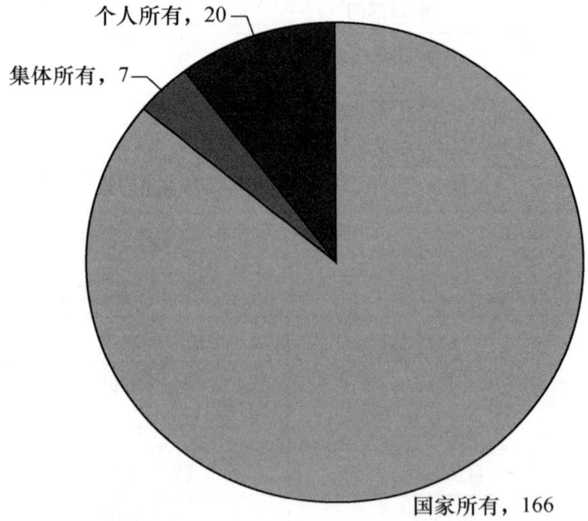

图3　权属关系分布图

（四）利用情况统计

新疆近现代代表性建筑有57%依然沿袭了原有的使用功能，这些建筑主要包括居住建筑、文化教育建筑及附属物、宗教建筑、名人故（旧）居等；43%的建筑没有按原有功能进行使用，作为重要历史事件和重要机构旧址、军事设施等多被开辟为纪念馆，而工业建筑多被改为库房或闲置，建筑本体在使用过程受到不同程度的破坏（如任意地改变其结构、装饰等现象普遍存在，造成文物价值延续性较差），其利用方式也不同程度地掩盖了建筑自身蕴含的经济、社会价值（表5；图4）。

表5 利用状况统计表

使用状况分析	按原有功能使用	按非原有功能使用					
		废弃	闲置	库房	展示	破坏性使用	其他
数量	110	27	4	2	23	3	24
所占比例	57%	14%	2.1%	57%	1%	1.6%	12.4%

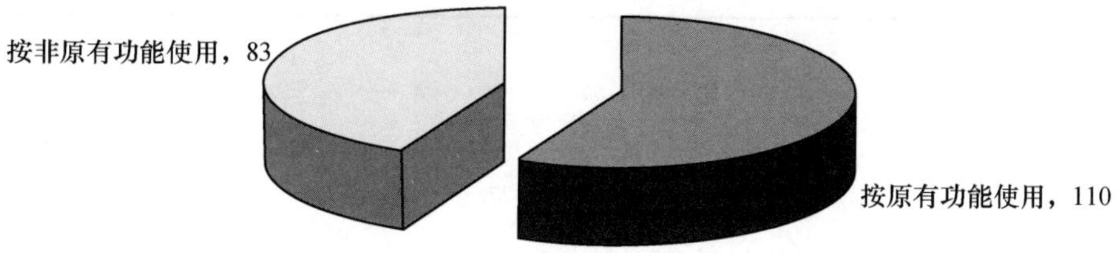

图4 利用状况分布图

（五）保护状况较差

现存193处新疆近现代代表性建筑中，全国重点文物保护单位3处，自治区级文物保护单位44处，市县级文物保护单位60处，未定级文物保护单位86处（表6；图5）。

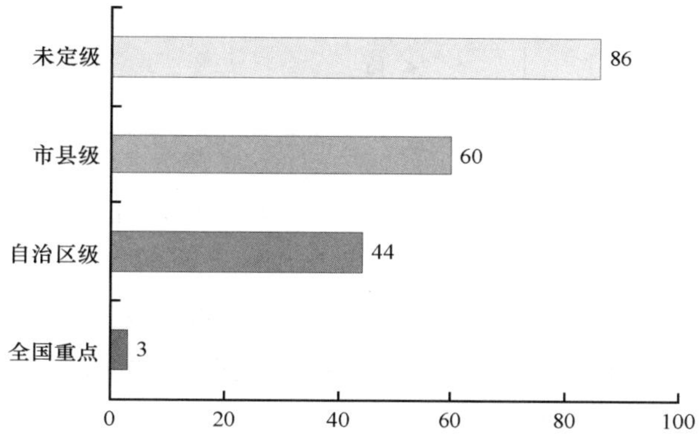

图5 文物等级数量分布图

根据调研数据统计，将近现代代表性建筑保存状况划分为四个级别：好（保存较为完好）、较好（保存基本完整）、一般（保存绝大部分）、较差（仅存小一部分）、差（仅存遗迹）。本次193处近现代代表性建筑中，保存状况好（占7.3%），较好（占36.8%），一般（39.9%），较差（9.8%），差（6.2%）（表7；图6）。新疆近现代代表性建筑整体保存基本完整，仅小部分保存状况较差。

表6　文物等级统计表

调查对象的类型	数量	所占比例
全国重点文物保护单位	3	1.6%
自治区级文物保护单位	44	22.8%
县市级文物保护单位	60	31.1%
未定级	86	44.5%
合计	193	100%

表7　保护状况统计表

保存状况分析	数量	所占比例
好	14	7.3%
较好	71	36.8%
一般	77	39.9%
较差	19	9.8%
差	12	6.2%
合计	193	100%

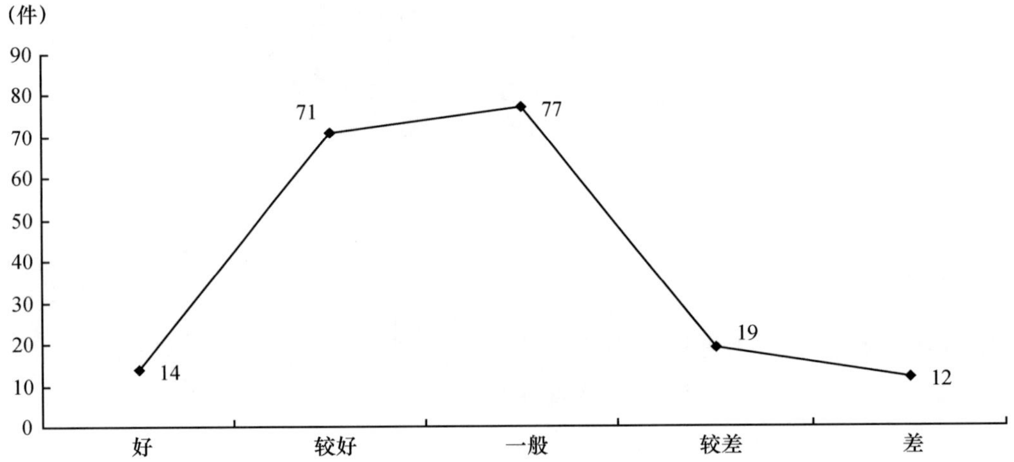

图6　文物保护状况图

对“使用状况”和“保护状况”进行交叉分析，作为文物保护单位的建筑因受到文物保护政策的支持，绝大多数能够得到良好的保护，而非文物保护单位建筑保存状况不佳的比例相对较高（表8）。

表8　现存新疆近现代代表性建筑使用状况和保存状况的交叉分析

保护级别	好	较好	一般	较差	差	合计
全国重点	0（0%）	2（66.7%）	1（33.3%）	0（0%）	0（0%）	3（100%）
自治区级	4（9.1%）	16（36.4%）	19（43.2%）	3（6.8%）	2（4.5%）	44（100%）
市县级	4（6.7%）	22（36.7%）	25（41.7%）	3（5.0%）	6（10%）	60（100%）
未定级	6（7.0%）	31（36.0%）	32（37.2%）	13（15.1%）	4（4.7%）	86（100%）
合计	14（7.3%）	71（37.0%）	76（39.6%）	19（9.9%）	12（6.3%）	192（100%）

三、新疆近现代代表性建筑存在问题

保护近现代代表性建筑是建设现代特色城市的重要内容。在新疆城市化进程中，由于优先重视城市的发展速度，近现代代表性建筑的研究与保护未受到应有的重视，通过对新疆近现代代表性建筑的现状进行分析，总结出现存的主要问题有以下四个方面。

（一）保护意识淡薄

新疆是古丝绸之路的要道，遗留下大量的汉、唐时期甚至更为久远的文物遗迹，这些遗迹在全国乃至世界上享誉盛名，如交河故城、高昌故城、尼雅遗址等。然而，新疆近现代代表性建筑文化遗产的规模、数量分布、对城市景观产生的影响以及在全国同时期的文化遗产的重要性上，都无法同新疆的古代遗产相比，因此在新疆这样一个特殊地区，近现代代表性建筑遗产保护一直未得到应有的重视。

（二）缺乏全面的普查和档案记录

由于历史的原因及认识的局限性，新疆近现代代表性建筑的档案工作严重欠缺，而全面的普查和深入的档案记录工作尚未开展，相应的整理归类更无从谈起。受此制约，新疆近现代代表性建筑的保护与利用研究缺乏史实依据（表9）。

表9　新疆近现代代表性建筑记录档案情况统计

保护级别	记录档案		合计
	已有记录档案	尚无记录档案	
全国重点文物保护单位	3（100%）	0（0%）	3（100%）
自治区级文物保护单位	44（100%）	0（0%）	44（100%）
县市级文物保护单位	0（0%）	60（100%）	60（100%）
未定级	0（0%）	86（100%）	86（100%）
合计	47（24.4%）	146（75.6%）	193（100%）

（三）未对近现代代表性建筑以应有保护

在调研中发现，多数近现代代表性建筑缺乏维护与管理。一些正在使用的建筑，其改造、装修方式未考虑原建筑风格与历史渊源，利用方式与自身价值存在较大反差；还有些建筑，在与权属单位自身扩展需求存在较大矛盾时，面临被拆毁的命运。这些均反映出此类建筑缺乏应有的关怀与保护。

（四）缺乏统一管理

新疆近现代代表性建筑的产权较为复杂，分别属于部队、宗教、文教、政府等，还有很多建筑存在着使用者与权属单位不一致的情况，在管理过程中，存在着职责不明、分工不清的情况，建筑的整体保护与利用缺乏明确、统一的管理。

四、保护建议与策略

在新疆的城市建设中，如何保存和利用现存的近现代代表性建筑，充分体现其历史价值、艺术价值和科学价值，如何让近现代代表性建筑凸显新疆近现代文化特色，将是我们今后工作的一个重点。因此，从新疆近现代代表性建筑的整体现状来看，今后要更合理、更科学、更完善地保护与利用近现代代表性建筑，建议从以下三个方面着手。

（一）正确定位

新疆近现代代表性建筑的尴尬处境直接导致新疆近现代代表性建筑的价值未能得到彰显，对新疆近现代代表性建筑的研究与保护一直未得到重视，所以必须重新对新疆近现代代表性建筑进行正确的定位。一方面，新疆近现代代表性建筑反映了边疆城市近现代代表性建筑发展的进程；另一方面，新疆近现代代表性时期是新疆发展史中的重要链条，近现代代表性建筑是新疆近现代历史发展的物质见证。从城市历史的全面性、完整性和连续性角度来看，各个历史时期建筑的认识、保护和对待都应受到同等重视。

（二）明确价值

对新疆近现代代表性建筑价值的挖掘，包括三个层次：对新疆近现代代表性建筑整体价值的挖掘、对一些相关的近现代代表性建筑的群体价值的挖掘和对每一座近现代单体建筑全面价值的发掘。

1）整体价值。新疆近现代代表性建筑作为一个整体，其整体价值表现在它记载了新疆近现代社会和建筑的发展历程，所以首先应该从整体的角度认识其价值。

2）群体价值。虽然新疆近现代代表性建筑绝大部分在空间分布上各自独立，很难形成空间的整体性，但仍可以通过价值的关联性，形成跨空间的群体价值，如军垦小李庄、石河子军垦博物馆等共同完成了军垦文化这一文化体系的群体价值。

3）个体价值。对于每一栋新疆近现代代表性建筑，都应该深入发掘其各方面的价值，包括历史价值、艺术价值、科学价值、精神情感价值、实用价值和环境价值，并对其进行全面的价值评估。评估的目的不仅是为了进行综合价值的评判，同时也是为了更深入、全面地揭示其内涵和价值。

（三）建立完善的保护利用体系

新疆近现代代表性建筑保护与利用既要注重其对于城市长远利益的重要性和不可替代性，又要注重合理利用和可持续发展，尽量发掘其历史、艺术、科学等诸多方面的价值，赋予近现代建筑以新的内涵和功能，注入新的活力，实现与城市经济社会环境的良性互动发展。

1）建立近现代代表性建筑保护名录。通过调查及时准确地掌握第一手资料，进而建立起新疆近现代代表性建筑名录，并根据其价值公布文物保护单位级别，逐渐形成一个以全国和自治区级文物保护单位为重点的各个时期和各种类型较为齐全的近现代代表性建筑保护体系。

2）推进近现代代表性建筑的立法和保护规划。应尽快开展近现代代表性建筑保护相关法规、规章的制定工作，使具有重要意义的近现代建筑通过法律手段得到强有力地保护；应将近现代建筑的保护纳入城市的发展规划，对经认定具有重要意义的近现代建筑应及时明确界定保护范围和建设控制地带，并应针对其历史景观环境制定相关保护规定，针对其未来适应性改动制定修复与合理利用导则；要将近现代建筑的保护纳入各级政府的财政预算。

3）合理开展近现代建筑的保护性再利用。通过持续性和适应性地合理利用来证明它的价值，进而使人们自觉地投入保护行列，并引导社会力量、社会资金进入工业遗产保护领域。近现代建筑只有融入城市建设之中，才能焕发生机和活力，才能在新的历史条件下，拓宽近现代代表性建筑保护的道路，才能持续不断地发挥其积极作用并得到有效保护。

参考书目

[1] 新疆文物编辑部：《新疆文物》，新疆文物局，（1988～2001年）。
[2] 孙炜玮、张涛：《新兴中小城市近代建筑保护与利用初探——以威海为例》，《华中建筑》2010年第9期。
[3] 罗伯特、Philippe Robert、颜震颖：《重新利用旧建筑——世界建筑的趋势》，《建筑学报》1989年第7期。
[4] 王世仁：《保护文物建筑的可贵实践》，《世界建筑》1986年第3期。
[5] 于翔：《孝义近代居住建筑调查与分析》，太原理工大学2010年硕士论文。
[6] 符英：《西安近代建筑研究》，西安建筑科技大学2010年博士论文。

作者单位：葛忍，新疆文物古迹保护中心

新疆城区历史建筑保护浅议

葛　忍

内容提要：随着我国经济的发展，城镇化的推进，城市建设成为最主要的体征。在城市改建更新过程中，大量的历史建筑面临着被“城市现代化”的命运。历史建筑是历史信息的重要载体，我们可以通过历史建筑了解当时的社会发展、经济水平、日常生活等内容。因此，保护历史建筑，就是保护历史本身。

关键词：新疆　城区历史建筑　保护

随着我国经济建设的发展和城市化进程的加速，一方面城市面貌日新月异，城市建设如火如荼，另一方面大规模的城市更新改造也使大量的历史文化遗存被“城市现代化”的脚步无情地踩得粉碎。城市的迅猛发展使得任何被动的、理想化的和静态的历史文化保护方法都难以取得理想的效果。因此，在加强保护意识的同时，我们也需要在市场经济条件下深入探索以灵活有效的方法面对城市发展中对历史建筑的有效保护问题。本论文试图将新疆城区历史建筑的保护与利用问题放在城市发展的大背景下进行探讨，综合城市社会学、经济学等相关知识，对历史建筑如何在城市建设飞速发展的今天得到有效保护和再利用提出初步的建议。

一、新疆城区历史建筑的保护现状

《文物保护法》实施后，新疆一批有重大历史价值的庙宇、府第、城墙等各类建筑物、构筑物被列为文物保护单位，但是还有一些具有一定历史文化价值、能反映一定时期历史风貌的传统街区、建筑不够评定为文物保护单位的条件。随着房地产业的崛起、旧城改造的加快，未被列为文物保护范围的一些历史建筑顿时岌岌可危。虽然政府已经采取了一系列的保护措施，但历史建筑的保护还仅仅是开始，新疆境内还存在不少的历史建筑面临被拆除、被任意改造的困境。

因此，在新时期这些历史建筑的保护成为社会关注的主要话题，一方面历史建筑的保护需要政府每年投入大量的人力、物力等来维护，历史建筑的维护经费欠缺造成管理维护滞后，部分历史建筑坍塌、破损等；另一方面，历史建筑多位于城市中心地带，使得开发商因利益的驱使，造成大面积地被拆除。在这个大背景下，历史建筑的保护必须与利用相结合，两者相辅相成，在保护的基础上促进、引导历史建筑的利用，以利用推动历史建筑的合理保护。下面简单介绍几处国内外历史建筑保护和利用的范例，以此为新疆城区历史建筑的保护与利用提供可借鉴的经验。

二、成功案例介绍

1.昆西市场（Quincy Market）

昆西市场（图1）位于波士顿市中心区，于1826年开始运营，起初主要用于储藏农产品并作为肉制品交易市场。该市场由三栋两层高的建筑组成，长约160米，用地面积约0.02km^2。到20世纪50年代，市场已有的建筑过于陈旧，由于缺乏合理的规划、市场格局也比较混乱，众多的商铺、摊点令市场显得过于拥挤，昆西市场作为食品集散中心的职能也逐渐丧失。

1961年改造后，建筑群中间的一栋用于食品销售，相邻的两栋分布有时装、装饰品、珠宝与礼品店。位于市场东西两端的户外广场则为许多街头表演者和街头小摊铺提供了空间。热闹的步行商业街上，经常举行艺术公演、集会活动，为昆西市场营造出一种节日的气氛，每天游客络绎不绝。

目前，昆西市场的改造已经成为世界性的城市商业区重建的模板，并被打造成一个有浓郁当地特色的旅游景点，每年都吸引着超过1200万的游客来波士顿访问。改建不仅没有给波士顿造成税收和债务方面的负担，反而为城市增添了一笔永久的、富有巨大生产力的财富。昆西市场改造的成功，证明重新利用早先商业集中地段及废弃建筑不仅可以建立起一种当今流行的怀旧建筑氛围，而且具有极大的商业和旅游价值。

图1　昆西市场

2.北京798艺术区

北京798艺术区（图2）所在的地方，是前民主德国援助建设的“北京华北无线电联合器材厂”，即718联合厂，总建筑面积230 000㎡。这里汇集了画廊、设计室、艺术展示空间、艺术家工作室、时尚店铺、餐饮酒吧等众多的文化艺术元素。截止到2008年1月，入驻北京798艺术区的画廊、艺术家个人工作室以及动漫、影视传媒、出版、设计咨询等各类文化机构400余家，分别来自法国、意大利、英国、荷兰、比利时、德国、日本、澳大利亚、韩国、中国等国家。这里已成为中国文化艺术的展览、展示中心，成为国内外具有影响力的文化创意产业集聚区。

2003年，北京798艺术区被美国《时代周刊》评为全球最有文化标志性的22个城市艺术中心之一。同年，美国《新闻周刊》将这里评选为年度世界TOP12，首次把中国北京列入其中，原因之一就是798艺术区的存在和发展，证明了北京作为世界之都的能力和未来潜力。2004年，北京被列入美国《财富》杂志一年一度评选世界有发展性十二个城市之一。798建筑改造方案是威尼斯十二个中国优秀建筑展之一，是2004年北京双十年优秀建筑展重要展品。

图2　北京798艺术区

3. 上海新天地

上海新天地（图3）是以上海独特的石库门建筑旧区为基础改造成的集餐饮、商业、娱乐、文化的休闲步行街。以中西融合、新旧结合为基调，将上海传统的石库门里弄与充满现代感的新建筑融为一体，占地30 000㎡，建筑面积为60 000㎡。这片石库门建筑群的外表保留了当年的砖墙、屋瓦、石库门，仿佛时光倒流，置身于20 世纪20年代。但是，每座建筑内部，

图3　上海新天地

则按照21世纪现代都市人的生活方式、生活节奏、情感世界度身定做，成为国际画廊、时装店、主题餐馆、咖啡酒吧……

上海的新天地目前已经成了一个具有国际知名度的聚会场所，已被纳入了上海旅游景点的清单中，是中国房地产区域改造的经典案例。

像798、新天地这种历史建筑的再利用在北京、上海、广州、香港等城市已经成为一个越来越引人注目的经济力量，为当地创造了很好的经济效益。这些城市，将历史建筑再利用的创意产业作为城市更新的新模式，不仅保留了城市历史风貌、也降低了城市改造成本、提升了城市品位。

三、新疆历史建筑保护与再利用思考

新疆所有城市中或多或少都存在历史建筑，如何使这些历史建筑重现活力，如何使这些历史建筑成为城市特色的表现，任重而道远。笔者认为可以考虑在以下两个方面着手。

1.经过改造赋予新功能，发挥历史建筑价值

保持原有历史建筑外貌特征和主要结构，内部改造后按新功能使用。利用现有历史建筑建立各类专业博物馆和纪念场所，使之成为新疆历史文化、传统文化、爱国主义教育基地旅游观光胜地，并达到以文物养文物。

同时，充分发挥历史建筑在城市中的作用。历史建筑作为城市文化遗产的一部分，是城市发展的重要资源。这一点已经成为许多大城市促进地方经济、社会均衡和谐发展的重要力量。作为城市发展独特见证的历史建筑资源，更是具有多方面的资源效应，在城市形象宣传、历史文化教育、乡土情结的维系、文化身份的认同、生态环境建设、和谐人居环境的构建等多方面具有综合的价值。文化遗产事业绝不是财政的包袱，而是社会、经济效益兼备的事业，利在当代，益及后代。在北京、西安等这些文化遗产资源丰富的城市，由文化遗产带动的相关产业已经成为当地经济发展的重要支柱。

2.历史建筑的改造与再生

“文化是历史的积淀，存留于建筑间，融汇在生活里。”在人类历史发展长河中，城市的政治、经济、文化经历了兴盛和衰败的风风雨雨，而建筑却往往能够跨越时空留存下来，它们承载了城市的历史记忆，是前人创造的具有宝贵价值的文化遗产。

城市中历史建筑密集区尤其是工厂区，在中心城区“退二进三”的政策下，为发展创意产业提供了更为有利的市场导向和场地空间。譬如通过改造市区工厂搬迁后的老厂房，以其宽敞的空间、适宜的租金来吸引创意公司，形成从设计原创到市场销售的产业链；将一些历史建筑保留历史外貌不变，内部装饰成颇有文化特色的创意产业设计中心；引进民间资金，把一些旧城风貌地区改造成既保留怀旧建筑，又可用作影像、出版、设计、制作的公司办公场地。这样既可保留好文化建筑，又能给城市旅游增添新景点，同时可加快推进都市型经济的发展，为城市发展带来源源不断的新增财税收入。新疆在这方面已经开始探索自己的模式，如七坊街。七坊街是新疆首座文化创意产业园区，其所在地为“七纺”衍生出来的。

历史文化是一座城市文脉传承和积淀升华的维系和纽带，文化遗产资源是城市的文化精粹，历史建筑则是历史的缩影。历史建筑的保护与发展，是继承、创新和弘扬时代先进文化的重要基础，是推动经济发展和社会进步的内在动力，又是提升城市整体形象和发扬人文精神的核心要素。新疆要保持一个城市、一个地方的个性特征，必须合理地引导历史建筑的发展，为历史建筑的有效保护和合理利用提供广阔的空间，使宝贵的历史建筑和城市记忆得到传承延续，实现历史文化遗产保护与城市现代化建设的和谐共生。

参考书目

[1] 吴良镛：《北京宪章》，《时代建筑》1999年第3期。

[2] 于今：《创意产业在我国城市更新的实践》，《城市化》2008年6月刊。

[3] 史蒂文·蒂耶斯德尔著，张玫英、董卫译：《城市历史街区的复兴》，中国建筑工业出版社，2006年。

[4] http://www.798art.org/

[5] http://www.xintiandi.com/

作者单位：葛忍，新疆文物古迹保护中心

浅议新疆县级文物保护单位保护现状

葛 忍

内容提要：随着中国城镇化的进程不断加剧，城镇区域的扩张和城镇的更新建设一定程度上影响着历史文物的保护。目前我国文物保护及规划的主要对象是国家级重点文物保护单位、自治区级文物保护单位，而对于规模较小、城镇中的县级文物保护单位的保护力度不足。因此本文意在研究新疆区域内县级文物保护单位的保护现状，对保护中存在的主要问题进行分析研究，在此基础上最终提出保护的总体思路和对策。

关键词：县级文物保护单位 保护现状 保护思路及对策

新疆是丝绸之路最重要的路段，东西方文明的荟萃，民族交融的特性，文化多元的品格，加之特殊的地理环境，这一切决定了其历史文化丰富而独特，在我国乃至世界历史上占有重要地位。新疆的文物充分反映了其历史文化的多样性与独特性，文化价值极其珍贵。“十一五”以来，中央财政大幅度增加经费投入，大力支持全国重点文物保护单位维修保护，各级政府也投入了大量的物力、财力、人力，确保全国重点文物保护单位的合理保护。然而，县级文物保护单位的保护却一直未能引起重视，部分文物保护单位已濒临消失。如何挽救这些县级文物，如何全面地保护文化遗产成为当前文物保护事业面临的重要课题。

一、新疆文物保护现状

根据《2009年度新疆维吾尔自治区文物保护单位分布情况统计报告》，新疆拥有全国重点文物保护单位58处，自治区级文物保护单位374处以及县级文物保护单位2145处（表1；图1）。近年来，随着国家对文化遗产保护工作的日益重视，国家级和省级文物保护单位得到了有效地保护。由于种种原因县级文物保护单位的保护却仍然令人担忧，文物保护单位破损严重，有的濒临毁灭。在“三普”调查过程中可以明显地看出，“二普”中的部分文物保护单位已经消灭。在这一现状条件下，如何更好地保护县级文物保护单位成为我们必须关注的问题。

表1 新疆维吾尔自治区文物保护单位地州数量统计表

地、州	国保单位	区保单位	县保单位	总计
阿克苏地区	7	64	208	279
阿勒泰地区	2	15	76	93
巴音郭楞蒙古自治州（简称巴州）	8	30	106	144
博尔塔拉蒙古自治州（简称博州）	1	25	107	133

续表

地、州	国保单位	区保单位	县保单位	总计
昌吉回族自治州（简称昌吉州）	1	41	92	134
哈密地区	5	37	120	162
和田地区	7	16	54	77
喀什地区	7	35	347	389
克孜勒苏柯尔克孜自治州（简称克州）	1	6	93	100
塔城地区	1	15	139	155
吐鲁番地区	9	36	135	180
伊犁哈萨克自治州（简称伊犁州）	8	35	610	653
乌鲁木齐市	1	13	33	47
克拉玛依市	—	6	—	6
石河子市	—	—	7	7
图木舒克市	—	—	18	18
总计	58	374	2145	2577

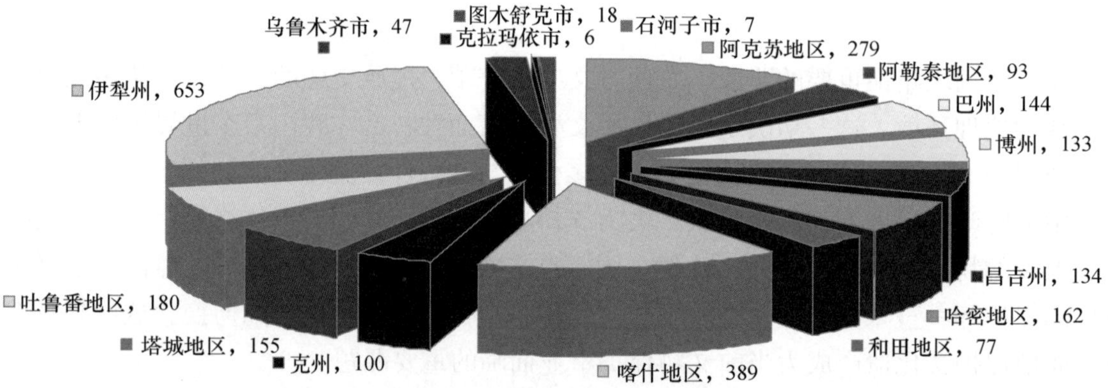

图1　新疆文物保护单位分布情况统计

二、县级文物保护单位保护存在问题分析

对新疆县级文物保护单位保存状况的分析说明了以下两点：

第一，新疆县级文物保护单位总体数量多（国保单位占2%，区保单位占15%，县保单位占83%），然而国家及各级政府在文物保护资金的投入中几乎全部在2%的国保单位和15%的区保单位上，针对县级文物保护单位的资金投入少之又少（图2）。

第二，新疆县级文物保护单位消失得非常快，文献记载的很多建筑及遗址现在都已经不存在了。

新疆作为一个文物大省，各县市文物保护单位分布不一。各级政府及文物主管部门虽依法做了大量的实际工作，但是，根据各市县对文物工作的现实需求，对照文物保护有关法律法规的规定，文物保护工作尤其是针对市县级文物保护单位的保护工作仍然存在很多的问题和困难。

1）县级文物保护单位认识不到位，缺乏研究。在文物保护的过程中，首先非常重视对国

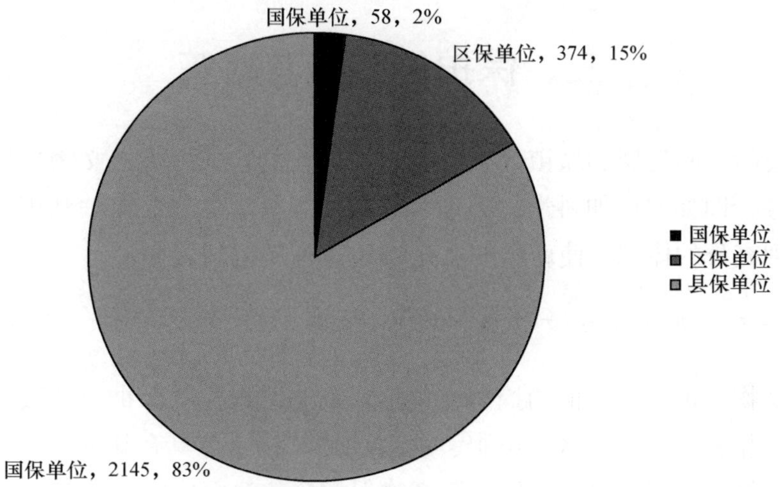

图2 新疆文物保护单位保护级别情况统计

家级文物保护单位的保护，其次是自治区级文物保护单位，对县级文物价值认识不清，造成保护无从下手。

2）县级文物保护资金短缺问题较为严重。多年来，针对县级文物保护单位的资金问题，一直是文物保护面临的主要问题。县级政府“重经济，轻保护”的局面使得大多数无法直接带来经济效益的县级文物保护单位长期无人问津，只重眼前利益、局部利益，不顾长远利益、社会效益，视市县级文物保护为包袱，缺乏文物保护意识。

3）县级文物保护单位安全面临的形势不容乐观。由于文物管理部门对文物保护行之有效的管理机制尚未形成，所以各县市文物保护单位不合理使用现象大量存在。一些文物保护单位因居住人口较为密集，使其得不到合理的开发和利用；一些文物保护单位将文物建筑视为己有，任意搭建、拆除或予以改造，进行破坏性使用；许多文物保护单位由于年久失修，基础设施陈旧落后，缺乏消防、安防设施，存在着严重的安全隐患；大量的墓葬、岩画因无人看管，被盗掘、随意涂画。此外，在城市改造过程中，一些施工单位不经文物勘察擅自施工，造成地下文物破坏和流失问题时有发生。

4）文物保护与城市建设的矛盾比较突出。大规模的旧城改造、城市基础设施建设、房地产开发和环境改造，使得一些市县级文物保护单位被拆毁，一些文物保护单位被迫移建，一些文化遗址的历史风貌遭到不同程度的破坏，如玛纳斯县的康吉古城遗址，在城市建设中仅仅残留一小段城墙。

5）文物保护管理机构不健全，记录档案文件严重缺失，甚至有些县级文物根本没有相关的记录档案。全疆各县市文物保护管理机构基本存在编制不足，人员短缺的现象。有些市县仅有一人负责文物保护。各县级文物保护单位缺乏档案记录，无看护员、无保护范围、无相关的管理制度等的现象普遍存在。

三、保护思路及其对策

随着经济社会的不断发展和城镇开发、新农村建设的快速推进，文物保护利用面临一系列的新情况、新任务，即如何更加科学、合理、有效加强县级文物的保护利用，使它们得到科学的保护，价值得到充分的体现，使新疆的文化链条完整地得到保存。

（一）加强研究，明确县级文物保护单位价值

对新疆县级文物保护单位价值的挖掘，包括对新疆县级文物保护单位按照类型进行整体价值的挖掘，对一些相关类型、地区、历史、地理环境、线路等具有某种特定相关性的县级文物保护单位的群体价值的挖掘和对每一处县级文物保护单位全面价值的发掘三个层次。

1）整体价值。新疆县级文物保护单位作为一个整体，其整体价值表现在它记载了新疆社会、文化、生活等方方面面的发展历程，所以首先应该从整体的角度认识其价值。一些县级文物保护单位从个体的角度来看其综合价值也许并不突出，但如果从新疆县级文物保护单位所要表达的整体的、完整的价值信息来看，其价值却不可或缺、不容忽略。

2）群体价值。新疆县级文物保护单位虽然基本上在空间分布上各自独立，很难形成空间的整体性，但仍可以通过价值的关联性，形成跨空间的群体价值，如众多烽燧、戍堡等共同完成了新疆军事防御这一文化体系的群体价值。另外，同一类型的建筑如宗教建筑、工业建筑、公共建筑、居住建筑等也能形成统一的群体价值。

3）个体价值。对于每一处县级文物保护单位，都应该深入发掘其各方面的价值，包括历史价值、精神情感价值、艺术价值、科学价值、实用价值和环境价值，并对其进行全面的价值评估，评估的目的不仅是为了进行综合价值的评判，同时也是为了更深入、全面地揭示其内涵和价值。

（二）坚持规划先行，确保保护利用科学合理

新疆县级文物保护单位数量多、分布广，然而人员配置严重不足，这就造成常年来县级文物保护工作滞后。因此，应积极响应国家文物局的领导，坚持规划先行。从总观的角度合理安排，科学编制以省、地区、市县为区域的考古、保护、展示、建设等各项规划，使文物本体及相关环境得到保护，并充分发挥作用，促进区域经济、文化和环境协调发展，使文物保护工作走上科学化、法制化。通过区域性规划的编制合理安排保护工程、管理工作、展示利用、资金投入等，为区域保护管理机构提供法律依据及工作章程，为其今后合理地开展保护工作提供依据。

保护规划编制应当遵循文物工作方针，立足于文物保护单位的特点和现状，充分考虑文化遗产保护、开发、利用的实际情况，立足于当代经济、社会对文物工作的发展需求，将文物保护纳入城乡建设，统筹规划部署，根据功能布局，落实建设与保护措施，实现文物保护与群众生产生活和生态环境的和谐共生。保护规划应保持文物古迹所在地的自身环境、整体格局和空间形态。文物保护环境应以人为本，相对集中，传承历史，彰显特色。

（三）优化文物保护与利用的人文基础

建立健全坚持政府主导的运行机制，深入挖掘县级文物保护单位的文化内涵，突出县域以及地区人文古迹特色，进行资源整合，把历史文物和文化内涵转化为展示性、操作性强的文化旅游项目，使文物保护与利用步入良性循环的轨道。

文物保护和利用工程耗资巨大，必须按照政府主导、社会参与的原则，建立以公共财政保障为主，多元融资并行的投入模式。不断加大对文物保护的前期投入，建立文物保护与开发利用专项资金，推进文物保护工作的规划编制、考古调查与勘探、道路交通、绿化美化、水利设施的逐步建设。通过开展宣传教育活动，使保护与利用文化遗产的理念深入人心。在县级文物保护单位提高巡查力度，防范和打击文物犯罪分子，努力营造人人保护文物的良好社会环境。

深入挖掘古遗址、古墓葬、古建筑等县级文物保护单位的文化、经济价值，以项目带动经济发展，并在经济发展中保护文化遗产。积极策划包装项目，根据文物保护的实际与可能，逐步加大项目实施力度，使文化遗产迅速转化为生产力，实现在发展中保护，在保护中发展的目标。

总之，县级文物保护单位作为历史文化遗产的一部分，是沧桑岁月馈赠我们的财富。如何保护好、利用好这些文化资源，是时代赋予我们的光荣使命。我们一定要按照“保护为主，抢救第一，加强管理，合理利用”的文物工作方针，科学编制规划，更新保护理念，探索保护方式，努力实现文物保护与城乡居民生产生活和区域生态环境的协调发展，使县级文物保护单位的保护与城市发展、社会发展相互协调，共同成为人们生活中不可或缺的一部分。

参考书目

［1］ 新疆文物保护工程编辑委员会：《2009年度新疆维吾尔自治区文物保护单位分布情况统计报告》，《新疆文物保护工程》2009第7期。

［2］ 新疆文物编辑部：《新疆文物》，新疆文物局，1988～2001年。

［3］ 杨万荣：《欠发达地区文物保护现状及其对策》，《中国文物科学研究》2006年第3期。

［4］ 罗哲文：《文物古迹保护与旅游事业的发展》，《中国旅游报》2002年，第9版。

作者单位：葛忍，新疆文物古迹保护中心

吐峪沟古村落建筑文化研究

周　欣　朱海生　徐佑成

内容提要：近年来，国家从保护、继承和发展历史文化遗产、弘扬民族传统和地方特色、发展旅游的角度，加大了对我国西部吐峪沟古村落的重视和投入，也日益受到人们关注。吐峪沟古村落有较高的历史、文化、艺术和科学价值，凝聚了西部独有的地貌环境、沉淀了多元历史文化，汇集了维吾尔族的传统民居特色，如今的古村依然显得那样肃穆而神秘。

关键词：古村落　布局　民居　形制　民族文化

一、概　　述

吐峪沟古村又名吐峪沟麻扎村，位于新疆吐鲁番地区鄯善县吐峪沟乡吐峪沟村境内火焰山中段的吐峪沟峡谷南口，距吐鲁番市47km，地理坐标东经89°41′～89°42′，北纬42°51′～42°52′（图1、图2）。2005年9月，该村被国家建设部和国家文物局评为“国家历史文化名村”，是

图1　吐峪沟麻扎村在新疆维吾尔自治区的位置图

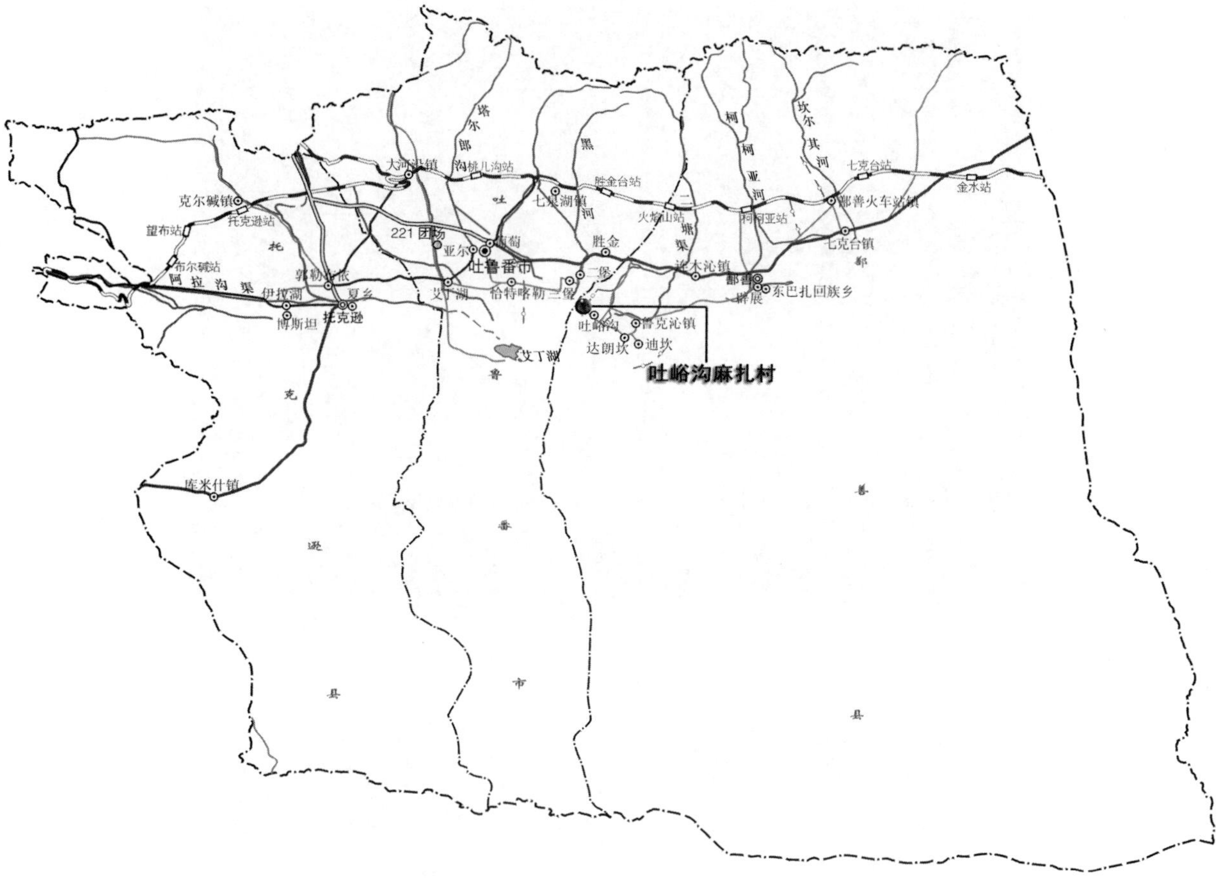

图2　吐峪沟麻扎村在吐鲁番地区的位置图

新疆唯一获此项殊荣的乡村①。

吐峪沟古村全称麻扎·阿勒迪村，意为“圣墓前的村庄”，这里曾经历了无尽的岁月辉煌。历史上，它曾经是古代车师王国、高昌王国和以后的唐代西州、高昌回鹘王国时期在吐鲁番绿洲的宗教文化中心。村落附近有建于3世纪的石窟和具有1000多年历史的中国伊斯兰教圣地。它是中亚地区历史上佛教文化和伊斯兰文化更替的直接见证，至今完整保留了环境的原始风貌以及维吾尔族传统和民俗风情。村落环境清幽，景致独特，一派田园景色，满沟葡萄地，百年古桑。古民居分布在绿塔耸立的清真寺周围，依山傍河而建，黄黏土的街巷、错落有致的房屋，独具色彩的家居环境，使村落充满了传承古老的文化气息和民族特色（图3）。

二、独特的自然、气候环境

吐峪沟古村落地处火焰山中部高峰（海拔831.7m）下的吐峪沟峡谷内，峡谷从北向南将火焰山纵向切开，七彩分明的山体岩貌清晰可见。峡谷地貌险峻，水流切割深达上百米。全村共3个小队，河流两侧民居均分布在第1、2小队，仅65户人家，370余口人。天山水系中的地下水

① 中国国家民族事务委员会：《新疆特刊》，《中国民族》2011年第2、3期合订本。

图3　吐峪沟古村落清真寺及麻扎近景

图4　吐峪沟古村落全景

流，在火焰山山体北部附近潜流到地表，形成穿峡谷滋养吐峪沟绿洲的泉流。山体、古村落、绿洲浑然一体，与蓝天形成强烈对比，显得古朴而雄浑，凝重而久远（图4）。

吐鲁番盆地属特殊的大陆性暖温带干旱荒漠气候，夏天炎热干旱，是中国气温较高的地区。古村落背依火焰山，盛夏平均气温高达38℃，年降水量仅十几毫米。根据实测数据比较，夏季温度相对谷外低2℃左右，并且湿度有所加大，夜间峡谷内风速有所降低；冬季温度较谷外增高2～3℃，年温差和昼夜温差都非常大。该村落的村民为适应当地气候、地理条件，利用本地材料创造了原生态绿色建筑。这些黄黏土建筑具有冬暖夏凉、造型美观等特点。古村落民

图5　吐峪沟古村落水系流向图

居受当地人口、自然环境、气候等影响，由分布于河流两侧民居，向东西两侧山体延伸，同时为了生产生活需要，人们不断发展沟渠，将河流的水自北向南引入居民区和农田，逐步形成火焰山下绿洲村落（图5）。

三、古村落布局及建筑形制

由于独特的气候条件，村内民居保存完整，很大一部分民居都住过三代人，有些甚至有百年以上的历史。当地常年干旱少雨、水资源稀缺，木材缺乏，村民继承了千年以来用黄黏土建造房屋的传统习惯，采用泥土和杨木筑建。这种传统小土楼建筑经济实惠、冬暖夏凉，特别适应当地独特的自然气候和地理环境。

1. 古村落分布情况

该村落以清真寺为中心，沿河谷，依山势分区布置，构成典型的维吾尔族古村落。村落、民居、耕地沿水分布，沿绿洲边缘分布在河流两侧，近水布局（图6）。该村落最突出的特点是由村中心清真寺、宗教会所与七圣人墓形成景观空间轴，统摄着全村格局，规制着全村的生活秩序。村落内部道路以清真寺为中心，周围呈现不规则的环形路，连结各居民区的分支路。村落分支路除了前往后山的小道，基本上均为通达住户的自由小路，形成民居间街巷。该古民居村落因耕地少，河谷两侧仅分布耕地面积300余亩。由于地貌、河流和道路交错，民居区发展演变至今，因靠水、依山、道路的不同，呈现出不同区域的内部结构（图7）[①]。

清真寺东面区域，民居与清真寺院落的高差较大，在坡地上建筑，随地形起伏，层叠感明显，使该区民居最具特点且有山地民居特征。同样由于地形复杂，机动车通行不便，也使该区的部分民居废弃（图8）。

① 杨晓峰、周若祁：《吐鲁番吐峪沟麻扎村传统民居及村落环境》，《建筑学报》2007年第4期。

图6　吐峪沟古村落民居分布图

图7　吐峪沟古村落交通图

图8　吐峪沟古村落废弃民居

清真寺之南区域，部分民居面水，部分面街。因房舍间有零星耕地，该区民居平面布局较复杂。为实现各户与主道路的通达，出现了过溪桥、深巷道、过街楼等建筑形态，增加了民居空间的变化和趣味性（图9、图10）。

图9　吐峪沟古村落民居过溪桥

图10　吐峪沟古村落民居过街楼

清真寺之东南为两个小山包间的谷地区域。民居利用山谷间平地，并取得避风、遮阳的效果。该区住宅多沿道路顺山体等高线向村落边缘发展（图11）。

清真寺西南面区域，民居沿河流线性分布，村落主道路毗邻水道，住宅面路开门。由于背靠山坡地，且坡度较大，各户院内高差明显，院落后部由于用地局促，地形复杂，多用于堆积杂物和搭建牛羊圈。

清真寺西北区域，是一块紧背山、深而水的坡间台地，用地相对平整，民居对街布置，街巷感非常明显（图12）。

图11　吐峪沟古村落民居谷地区域

图12　吐峪沟古村落坡地民居立面图

2. 古村落民居的特点

麻扎村的传统民居是适应气候、地形的自然选择产物，其形制具有千百年的传承性。在吐峪沟石窟上，高昌王国至高昌回鹘时期佛教文化兴盛时建造的寺院建筑有着和现村落土拱楼房近似的形制特点：一是与地形结合紧密，二是不注重朝向。这与村落坐落于山谷有关。麻扎村民居的形制，以生土建筑为主，开窗少而小，主体结构主要分土拱平房、土拱楼房、平屋顶平房及部分土木平顶楼房，其间的组合方式相对自由。当地民居基本均设有棚盖或高棚架，这也是吐鲁番民居中独有的建筑组成。

3. 民居建筑材料及主要构造

墙体：采用土坯砖砌墙，在各层砖坯之间一般不使用灰浆填料，利用土坯砖残存的湿度，随着墙壁增高，逐渐自动地黏合在一起了，相当坚固。墙砌好后，表面再用一层平滑的细泥覆盖。

房顶：房屋顶一般为平顶。土拱房间开间尺寸一般为 3m 左右，进深一般5m多，拱券形式为筒拱形、尖拱形等。屋面拱砌完后，可不作任何抹面处理，也有将屋顶拱沟部分填平与拱顶一致，抹上草泥，作为晒台和夜宿用。木密类平顶方式也很常见，房顶的建法是将多根较细的梁（一般直径在 15cm 之内）直接架在墙上，没有柱子，木梁上铺以苇席，再覆细泥。这种方式选用木材较细，适应从杨树之类本地速生树种取材，且构筑简单，结构安全，开间比土拱方式加大一些，空间布置相对灵活，随着木材的增多，这种方式已是主流。屋顶在居民生活中有着重要作用，它使院落空间有延续，也与街巷空间的连接，承担着丰富的生活内容。在屋顶上可以加建晾房或是棚架，这里是盛夏夜晚的露宿处，由于屋角相接，也可是与邻居交往的场所和通道。

高棚架与棚盖：高棚架和棚盖均是外设的遮阳设施，是吐鲁番地区特有的民居构造，盖体均是梁上设密檩，再铺苇席、草泥压顶。棚盖一般架设在房屋之间的院子上空，高出屋面檐部1m左右。遮盖面积有盖全院的，也有只盖一部分的。支撑棚盖墙体高出屋面，部分多开孔，有通风作用；高棚架，是单独以排列柱设立在主体房屋外檐部位的遮阴构架，高棚架四面临空，既遮阳又通风。

民居装饰风格：当地民居装饰简朴，民族和宗教风格多仅在室内装饰布置和日用设施上体现。村落中传统的门比较简单，门尺寸较小，装饰极少，较有特色的是院落主门的门框上设有各种纹样的木雕门铛（也称户头），有花卉形状、几何图形、果实图形等，其中有些简单几何纹样是代表着伊斯兰教不同的教派。门铛的设置在维吾尔族民居中是少见的，仅在该古村落集中出现，但在中原汉文化区是常见的，这反映了千百年的各民族文化交融的信息。村落中还有较多相对新式的院落大门，其样式是吐鲁番地区常见的维吾尔民居大门，尺寸较大，双开门，常作彩画，这些门样更多受伊斯兰文化的影响。传统样式窗中较突出的是简洁的直棂窗和极具装饰意味的花格窗，其中有些窗设有双层，可在严寒和防大风沙时使用。民居室内多开壁龛，用于贮物，少有家具，喜设挂毯等织物装饰，风格上与吐鲁番其他地区相似，体现了维吾尔族装饰习惯，只是更为简洁（图13）。

图13　吐峪沟古村落民居门的装饰风格

四、独特的传统民族文化

吐峪沟古村落有着1700多年的历史，它完整地保留了古老的维吾尔族的传统和民俗风情，无论是民居、清真寺或者千年佛窟，都用黄黏土土坯建造而成，是迄今新疆现存的最古老的维吾尔族村落，有着“民俗活化石”之称。村落中古老的生土建筑，至今还闪烁着“黄黏土文化”的光芒。古村落与其附近的吐峪沟石窟共同保存了这里的原始风貌。它是今天海内外穆斯林神往的圣地，更是当地多种宗教、多种文化汇聚的有力见证。古村落由于当地自然地理、气候环境，以及多元文化的融合，形成了新疆独具特色的古村落民族文化。具有以下特点：

1）村落具有多元文化的包容性。吐峪沟古村落经历了萨满教、袄教、摩尼教、佛教、道教、景教、伊斯兰教的演变过程，形成了多种族、多宗教并存、东西方文化相互交融的繁盛局面。这给当地民居带来了重要而深远的影响，其民居风格是佛教文化、伊斯兰文化和中原文化相互影响、交融的结果，形成了建筑文化的多元性。吐峪沟民居引人注目的壁龛，维吾尔语叫做“吾由克”，即在墙壁上凿出一块空间，正面墙上开设大壁龛，其他墙面上开设小壁龛。一般年代久远些的房屋，壁龛的形状是长形、方形、菱形的，后期修建的房屋，壁龛的形状又增加了拱形，含有鲜明的伊斯兰建筑风格与元素，无不显示出前伊斯兰时期佛教建筑文化的影响。这也从另一侧面反映出当地建筑文化在来源上的多元性（图14）。

图14　民居墙壁壁龛样式

2）相传7世纪初，穆罕默德创立伊斯兰教后，其弟子古也门国传教士叶木乃哈等 5 人最早来中国传教。翻越雪山涉过大漠，东行到吐峪沟后，遇到一位携犬的当地牧羊人，这位牧羊人便成为第一个信仰伊斯兰教的中国人。因此，叶木乃哈等便长住此地继续传教。他们去世后，被葬在今吐峪沟的山洞中，即现在的麻扎。按照当地穆斯林的说法，到中东麦加朝圣前一定要

图15　吐峪沟麻扎

先到吐峪沟麻扎朝拜。吐峪沟麻扎堪称中国第一大伊斯兰教圣地，在伊斯兰教圣地中有着显赫的地位[①]（图15）。

3）受整个吐鲁番地区环境的影响以及本民族的传统习惯，该古村落的人非常善于节约用水。日常盥洗多用洗手壶，以手持壶，流水洗漱。由于空气干燥，用水后，废水直接渗在室内或院中，这样增加了空气湿度；在夏季，家庭主妇早起后先用清水泼洒棚架下院子，也是为了防尘土和增加空气湿度。冬季除用火炕晚间取暖外，多在室内烧煤炉用于做饭和补充日间取暖，不做饭时，用炉烧水，这样也可在增加室温的情况下，增加湿度。也就是说很多日常生活的习惯来自对小环境改进的养成。其他有关村落的服饰、贸易、婚俗、丧俗、宗教礼制等多与其他地区维吾尔族相似[②]。

4）该村落维吾尔族在日常饮食上非常独特和讲究。早上和晚间均是干馕饼配以单一小菜及砖茶，当地人至今保持着制作传统馕饼的习惯，这里有“天下第一馕坑”的美誉。午餐是农家重要的一餐，会有些不同样式，喜清淡、恬静、清苦，不追求刺激性享乐，大多数人也是不近烟酒。这样的生活方式保存了当地简朴的风格，也适应了当地干热的气候和单调的物产。

5）在民居使用和村落关系方面具有原始古朴的特点。一般长辈或老人都居住在二楼或三楼，晚辈或年轻人则居住在一楼，这是因为老人的客人比较多，留给老人居住的房间也比较大。据当地人说，吐峪沟古村落是个亲戚村，整个村子基本都是亲戚，许多人家既是邻居又是亲戚，至今吐峪沟人还保留着不愿将女儿嫁到外地去的习惯。由于气候炎热的原因，当地人有在夏季夜宿屋顶的习俗，将休憩区域置于邻里间连通的“屋顶”这一公共空间里，充分显示了村落纯朴、

① 中国国家民族事务委员会：《新疆特刊》，《中国民族》2011年第Z1期。

② 杨晓峰、周若祁：《吐鲁番吐峪沟麻扎村传统民居及村落环境》，《建筑学报》2007年第4期。

亲密、信任的社会关系。同时，体现了当地人特有的村落血缘、亲缘关系（图16）。

6）该村落有着丰富多样的地方特色，吸引着国内外游客。这里不仅有着近百年的古桑，清新美味的桑叶茶及原汁原味的桑汁饮料，还是历史悠久的原生态优质葡萄“无核白”的原产地（图17）。

图16　吐峪沟民居特点

图17　吐峪沟古村落葡萄种植区

火焰山特殊的地形滋养出一片山谷绿洲，由初始的放牧和后来的农耕，发展成古老的村落，该古村落葡萄耕地面积仅约40亩（1亩≈666.7m^2）。当地维吾尔族根据自然环境和生存需要，就地取材，因地制宜，充分、巧妙地利用当地黄黏土造房，集中原建筑之大成，是至今国内一座保存完好的古村落，故有“中国第一土村”的别称（图18、图19）。

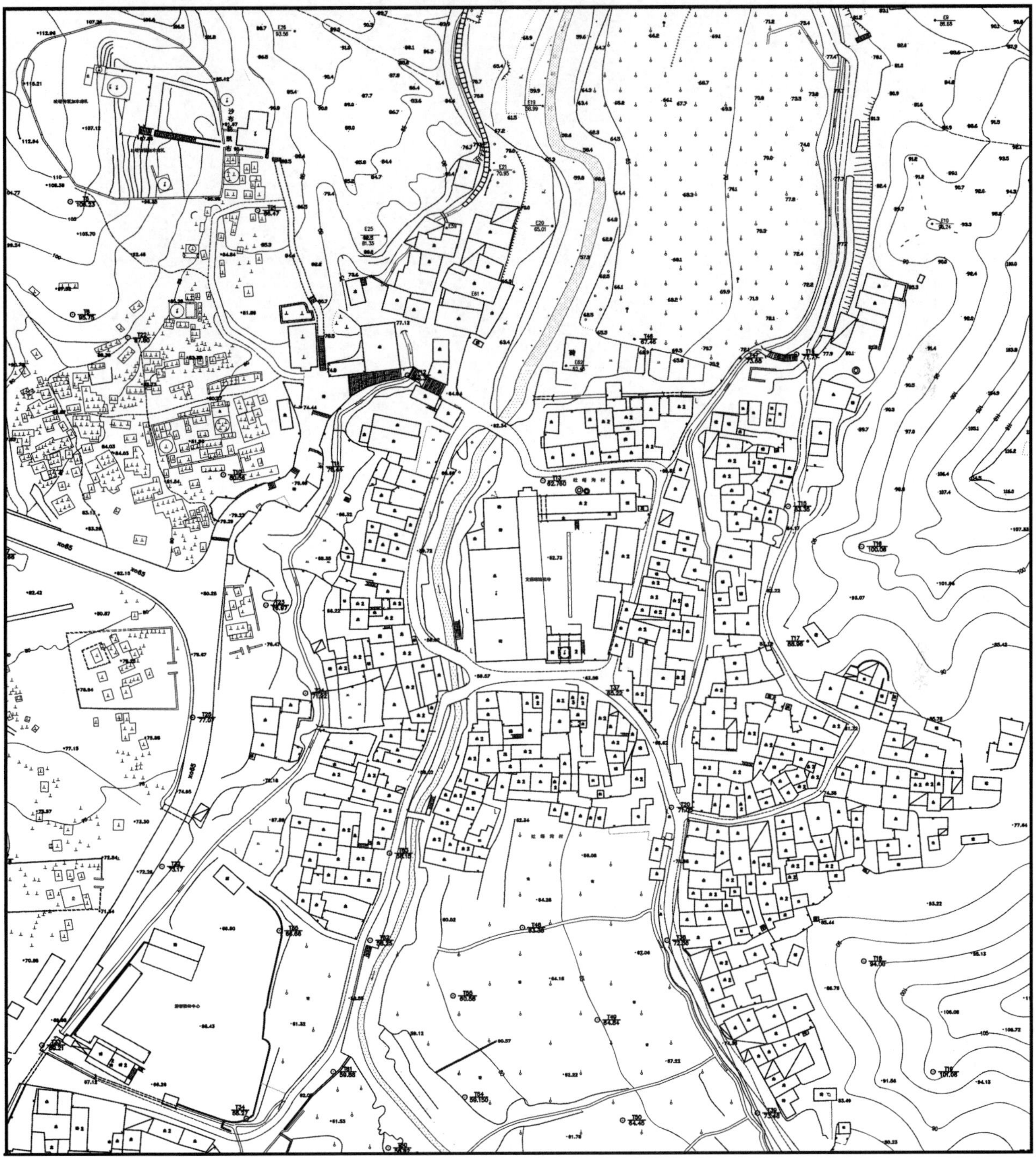

图18　吐峪沟古村落耕地分布图（1）

图19　吐峪沟古村落耕地分布图（2）

五、文物保护工作进展情况

近年来，为做好“中国历史文化名村”——峪沟古村落的各项保护工作，吐鲁番地区文物局积极争取项目资金，协同各级政府制订相应措施，稳步推进各项保护工作的稳步开展。

1）成立相应的保护机构和制定保护法律法规。

为加强吐峪沟麻扎村的保护和管理，鄯善县人民政府严格按照《中华人民共和国文物保护法》《历史文化名镇名村管理条例》等相关规定加强麻扎村保护工作，并于2008年专门成立了“吐峪沟古村落保护协会”，协会负责人均由县文物局、吐峪沟乡政府、麻扎村宗教人士等共同组成。另外鄯善县人民政府于2008年2月3日制定和发布了《吐峪沟麻扎村暂行管理办法》，通过法律手段对古村落进行保护。

2）在古村落基础设施建设、文物保护和改善旅游环境方面做了大量具体工作。鄯善县旅游文物局在加大吐峪沟古村落基础设施建设、文物保护力度和改善当地环境等方面投入巨大，开展了多项文物保护工作。

鄯善县旅游文物局从2009年积极争取“中国历史文化名村名镇”项目资金，截至2010年，共争取资金1000万。2010年用于麻扎村自来水改造1000m^2，电路改造1100m，路灯、村内主要道路铺设青砖，共计花费400余万，其他工作也将稳步推进。

2009年，旅游文物局新建了两所水冲式星级厕所，解决该村落游客如厕难问题。为保护麻扎村河道和修复村内道路，沿河道边修建了200米的防护栏和30米道路，共投资50余万元。

2009年、2010年连续两年出资20余万元对古村20余户坍塌、裂缝的民居进行修缮，及时保护民居原貌。

为配合古村落基础实施改造项目，2010年出资14万元做了古村落的地勘和测量报告，为顺利完成麻扎村整体基础实施改造、规划做了前期准备工作。

旅游文物局会同各级文物部门加强吐峪沟石窟寺、古村文物保护统一规划工作。

近年来，在保护和旅游开发的过程中，该村落民居基本保存了它的原始风貌。通过各项基础设施不断完善，政府积极宣传和引导，当地农民已融入到文物保护和旅游发展中，在增加自己收入的同时，也提升了古村落的历史、民族、文化的总体价值。

本文系吐鲁番地区科技重点计划项目“吐峪沟古代民居建筑文化研究”阶段成果。

作者单位：周欣、朱海生、徐佑成，吐鲁番地区文物局

城市化背景下特色传统民居的保护与修缮模式探索

——以库车老城现存古民居为例

赵　铭

内容提要：古民居是祖先遗留给我们的宝贵财富，是具有物质和精神双重性质的遗产，同时作为过去的象征和记忆符号变得强有力而不可替代。然而，在城市化建设的背景下，一些传统民居的保护方法也暴露出了一些弊端，因此探索如何对古民居实施更可行有效的保护方法成为文物保护工作者需要面对的又一问题。本文在对库车历史文化名城充分了解的基础上，通过对库车老城区特色古民居进行实地勘察、测绘，并以个别极具代表性的传统民居为主要研究对象，从老城区传统民居的建筑形制与风格、保存现状、保护价值以及保护工作中存在的难度与问题入手，结合当地的地域特色和文化背景，总结归纳出一些切实可行的保护与修缮方法，希望通过本文研究能使库车老城区聚落民居的建筑特色得以延续和传承，为今后新疆特色古民居的保护和利用研究提供有力的技术资料。

关键词：库车　传统民居　保护与修缮

一、研究背景

据史书记载，库车建城历史已有2000多年，古称“龟兹国”。由于其特殊的地理位置，复杂的历史进程，多样的文化背景，库车老成区内至今仍保留着传统格局和历史风貌，留下了包括石窟壁画、烽燧城堡、传统民居等丰富的文化遗产。现如今有些历史文化名城虽然保留了外在古建风格，但大多古为今用，失去了与建筑风格匹配的生活气息，传统的感觉没有了，同时也削弱了历史的厚重与地域文化的内涵。库车老城区古民居聚落保留了清末民初城市的传统生活形态和浓郁的地方特点，生活在这里的人们在多元一体的民族文化的影响下，根据自己的生活习俗、审美情趣创造出自己的居住空间和富有民族特色的民居建筑艺术，这些是非常具有保护与研究价值的。但是，通过现场勘察发现库车老城区古民居大多有百年历史，民居形制均为居民自建的土木、砖木、土木与砖混合结构，没有设计、没有采取抗震设防，加之经年失修，产权不明等原因，相当一部分存在坍塌隐患，还有一部分由于居民私自修缮不当，对古民居的原始风貌破坏较为严重，因此，对库车老城区古民居合理科学的保护与修复迫在眉睫。修缮时在考虑保障老城区居民安全、改善居民生活环境的前提下，充分尊重历史现状、保留维吾尔族文化遗产、尊重居民的风俗习惯和意愿，提出若干老城区民居保护与修缮的不同模式。

二、库车老城区古民居的基本形制与特点

（一）平面布局

库车老城区位于库车县城最西端，有盐水沟与乌恰河两条主要河流贯穿始终，是库车维吾尔族的传统聚居区，其建筑风格离不开其根深蒂固的少数民族文化。老城区古民居的基本格局多坐北朝南，负阴而抱阳，拥有良好的地理环境，并且多数民居建筑选址依山傍河，依西岸高地而建，充分展现了依地形、随水流、就势选址的特点。空地、道路、街巷、十字路口没有明显的界线，功能得到最大限度量化，用途也变得不确定，道路既是道路，也可以是交流的场地。老城区民居不仅依水而建，大量人工渠曲折萦回地绕宅院而过，组成老城区的供水体系。这种巧妙利用自然条件的创意，极大地改善了小聚落的小气候。

老城区民居建筑群体以简单的几何形式高低错落，营造过程随机而自由地相互搭建，没有轴线对称和朝向的要求，注重因地制宜，因地坐院。民居建筑群边缘明确，具有很强的整体性、封闭性、体量感。造型以直线为主，形体简单，体快感强，在生土色的陪衬下，古民居增添了不少自然气息和古朴的艺术魅力（图1、图2）。

图1 库车老城区民居概貌图

（二）建筑材料与结构

老城区传统民居建筑普遍利用原生的乡土材料。木柱木梁为主要结构体系，土坯墙白浆粉刷为围护结构，建筑立面向庭院内部出廊，形成室内空间向室外空间的过渡。墙体结构采用土坯垒砌或夯筑结构，充分实现了因地制宜、就地取材的建筑模式，将粗壮的树干作为梁，以泥筑墙、涂顶、抹地并采用砌、垒、挖、掏等多种建筑施工工艺，与土地融为一体，从而营造了朴素、平实、原生态的自然格调，以此为基础形成了其独特质朴的构筑体系。

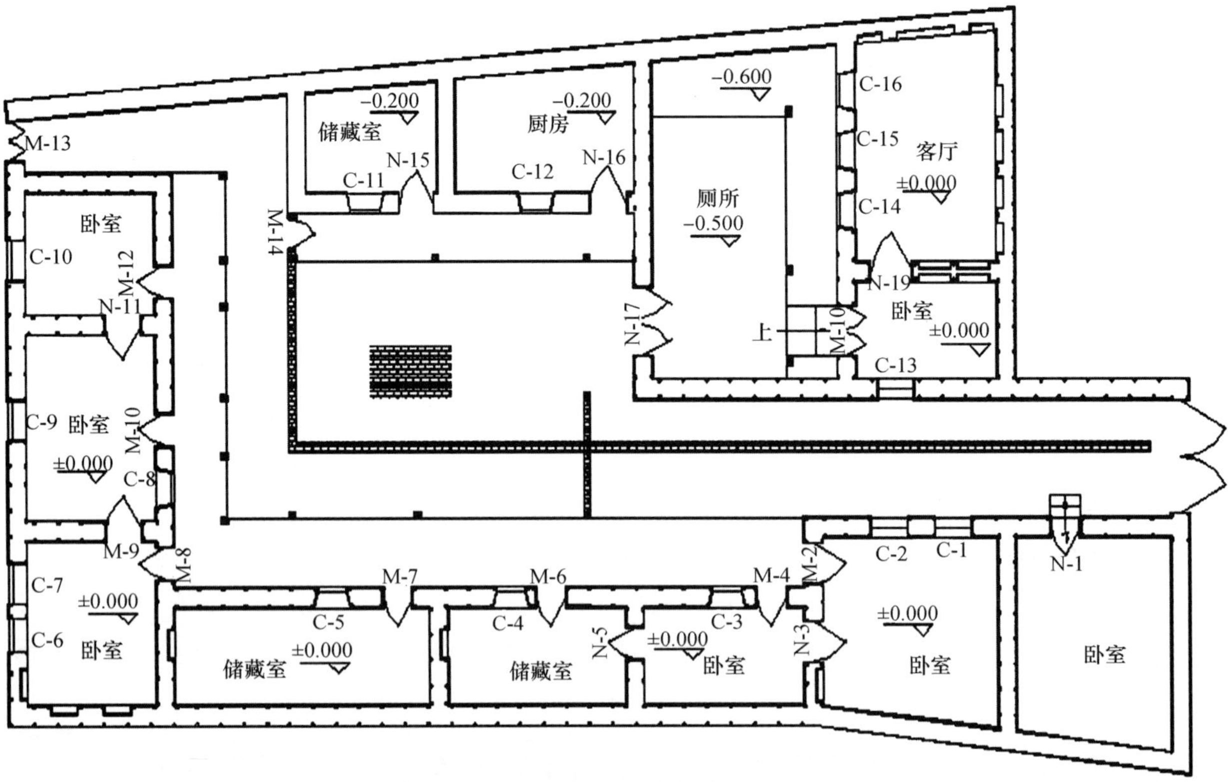

图2　库车老城区典型民居院落平面布局图

（三）建筑装饰

老城区民居室内外建筑装饰丰富多彩，由于民居的构筑主要以土木结构为主，因而木雕、石膏、彩画成了其主要的装饰手法。木雕大多保留本色，也偶尔用素净的绿、蓝、红色绘在雕刻的花纹上。石膏花纹有的采用本色，风格素颜；有的表面施彩色，加强装饰效果。现有民居建筑中木雕装饰纹样较多，主要以几何纹样、植物纹样为主，其雕刻的特点饱满、繁密、凹凸有致，装饰富丽而具有节奏感。匠师在具体装饰应用中通过不同纹样的组织方法，组成带状、自由、重复等装饰形式，形成老城区传统民居木雕装饰丰富的艺术效果（图3）。

另外值得一提的是，老城区居民充分利用室内厚实的墙体，在内墙壁上开设许多大小不同、形状各异的壁龛和壁橱，仿若一组组镶嵌在墙里的组合柜，具有很强的实用性和装饰性（图4）。

老城区民居中木雕装饰艺术主要体现在庭院大门、窗户棂格、梁、檩、椽、柱等部位。庭院大门的装饰主要是主人体现其身份和经济实力的一种象征。老城区民居庭院大门的样式种类繁多，传统大门都是木质，门框上通常采用简单的纹样单体，是由几种不同的几何纹样或植物纹样构成，门板上都雕刻花纹和几何图案，也有采用彩绘与雕刻组合进行装饰的。

窗棂格是体现老城区民居艺术的重要组成部分，充分发挥了木材性能，利用细棂条间的相互铆合，随意雕刻和拼接成种类繁博、变化多端的图案（图5）。梁、檩、椽在老城民居中都可采用木雕装饰，如一些梁、檩的截面为矩形、圆形，并附有装饰花纹带。维吾尔族民居屋顶

图3 维吾尔族民居中精美的彩绘

图4 维吾尔族民居中形式多样的壁龛

的椽多采用圆弧面朝下，密铺在梁上，既满足功能需求又起到装饰作用。民居中的柱式有圆形、方形柱，雕刻多为浅浮雕装饰花纹，重点装饰柱子的上半部分。柱子的木雕装饰与外檐廊上的梁、檩的装饰交相呼应，构成檐廊独特的装饰艺术效果。

图5　库车古民居中别具一格的窗棂格

（四）空间构成

由于自然环境和社会形态的影响，老城区单体民居建筑形成了独特的庭院建筑特色。民居大致划分为传统维吾尔式和混合式两种，传统维吾尔式民居融合了新疆各地维吾尔民居元素，既有传统的“阿以旺”式，也有内院式以及敞厅复合庭院式等不同民居建筑风格。由于库车气候环境较温和，使得老城区传统民居在以上几种建筑形式上出现了很多变体建筑，如阿以旺天井旁布置内庭院式单元住宅或以几种形式组成的共同体，也有面积较大的民居设置两个或多个活动中心，如前后院、果园等，在正后设置宽大的敞厅面对果园，平日乘凉、待客、聚会等。这种敞厅复合庭院是库车老城区特有的民居建筑特征（图6、图7）。

图6　保存较为完整的局部两层民居院落

图7　保存较完整的单层民居院落

老城区民居中还有混合风格的建筑形制，在传统维吾尔民居风格的基础上，汲取汉式或其他民族建筑特色。结构采用传统的草泥平屋木框架体系，在民居细部融入其他建筑元素，如檐口采用木质挂檐板，板上雕刻如意头、如意结等，有的前檐部分还模拟汉式的抬梁式构件；门窗也有仿造汉式的槅扇门、槅扇窗建造的。

三、库车老城区古民居的现状分析

（一）保存状况

目前，老城区民居中居住的居民95%的人口为维吾尔族，其余为汉族和回族（图8、图9）。老城区人口居住特征呈现人口逐渐迁出、老龄化、弱势化等，一些社区是由农村集体大队转变而来。从现状的单个院落考察，由于维吾尔传统民居喜爱带果园或花园，当地居民的容积率多在0.3～0.5，人均居住面积多在50～60m^2。历史上，老城区一直是库车城市发展的中心区域，由于1958年库车发生重大洪灾，给老城区带来严重灾害，其后库车向东选址建设新城区、东城区，老城区的中心性逐渐丧失。之后，老城区的大量民居也遭到不同程度损坏，有些甚至是毁灭性的。

（二）管理现状

对古民居的现状勘察发现现存民居大多数有百年左右的历史，建筑做法具有当地民居的典型特征，加之库车地理环境、经济发展、社会结构等诸多因素的特殊性和龟兹文化发展的地域文化背景，使得清明时期的聚落民居原貌空间格局完整的保留至今，它作为一笔宝贵的遗产，对今后新疆聚落民居空间的研究具有很高的综合价值和整体价值。但在这次调研中发现，民居的产权多为个人所有，还有部分民居存在使用者和产权所有人不一致的情况，因此，很难进

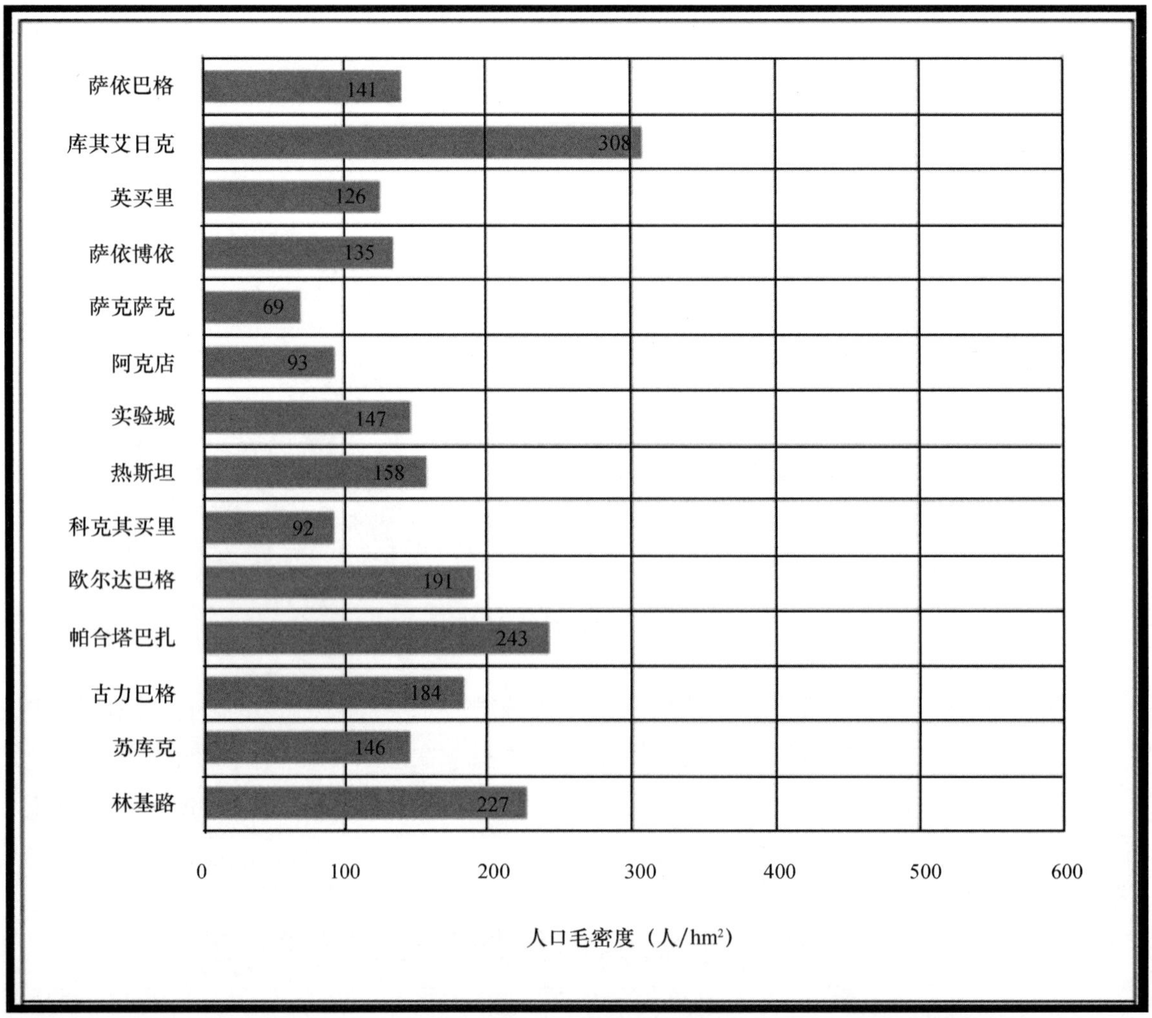

图8　库车老城区民居分布范围

行统一的维护和管理。一些建筑破损严重，年久失修，经过居民随意改造、装修甚至拆除重建，很大程度地破坏了原有建筑风格和历史价值，使得民居的利用方式和自身价值存在较大的反差。

四、库车老城区古民居保护与修缮模式

（一）修缮的原则和要求

1.保持文物的原真性

这次对库车老城区传统民居的修缮保护注重的是保护，具体地说，就是要保护建筑原有的形制、结构法式、构件质地以及制作工艺。在维修前要充分了解修缮保护技术、工艺，针对本体对象的不同形制采取相应的保护措施，尤其对破坏较为严重的，需要采用落架拆卸构件的修复加固工程，要制定详细的可行性研究方案。

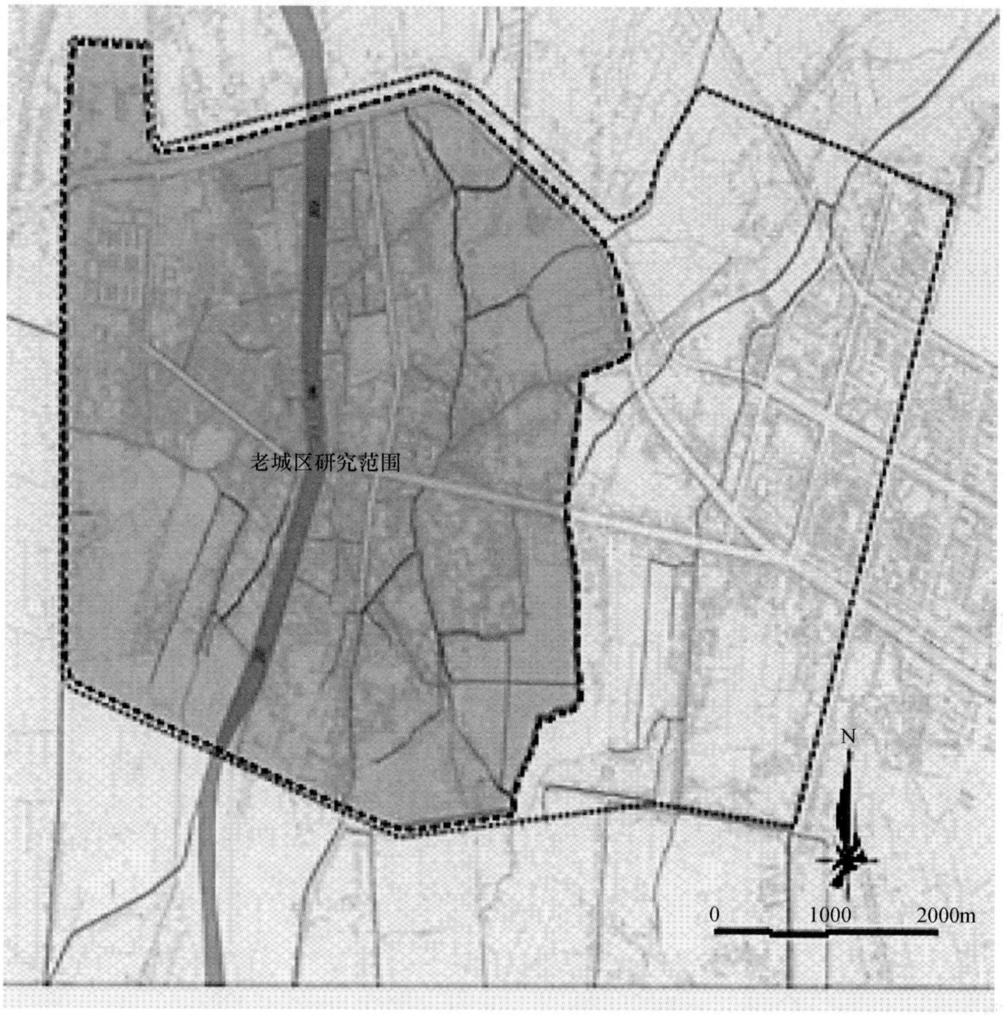

图9 库车老城区人口密度分布图

2.化繁为简原则

修缮古建筑的目的既要以科学的方法防止其进一步的损毁，又要最大限度地保存它的历史、艺术、科学价值，如果因修缮不当而损坏了它原有的价值，那么这一维修就毫无意义了。因此，在这次库车民居修缮过程中，要尽量遵行化繁为简的原则，能小、中修的尽可能不大修，保持原貌，不要画蛇添足，以治本为主，不要仅治标，徒求表面焕然一新，尽可能采用传统工艺和材料，维修的范围尽量小，附加的东西尽量少。

（二）修缮前的准备工作

1.现场测绘并拍照记录

根据已经掌握的一手资料进行实地考察，并绘出所勘测民居现状的平、立、剖面图，将破坏部位、破坏程度绘在图上。对各结构、构件的裂缝、腐蚀、歪闪、脱落、残损等病害认真勘察并做详细记录。对于装饰、地面、墙面等破坏情况主要以拍照记录为主。

2.病害调查

在做民居的现状勘测过程中，认真做好各部位病害记录的同时，还要进一步分析其破坏的原因，了解是自然因素还是人为因素导致的破坏，以便在修缮设计时准确地把握和确定修缮做法。查阅有关历史档案，看被勘测民居是否有修葺记录，确定修葺年代，研究每次修理的增减构件和演变的过程，为维修方案和施工提供依据。

（三）维修工程的分类

1.木构架修缮

经现场勘察发现，库车老城区大部分民居都有上百年的历史，柱子常年与地面接触，柱脚糟朽严重。在修缮方案中，根据柱子腐朽的严重程度选择抽换柱子或者榫接柱根的方法。有些柱子高位腐朽，已经不能用榫接的方法修缮，只能采用更换柱子的方法解决，木柱的抽换是在不拆除与柱子有关构件和构造部分的前提下，用千斤顶将屋架顶起来，将原柱子拆下来，换上新柱。采用这种方法，一定要在梁架完好无需修葺的前提下，并采取稳妥措施，确保安全。库车老城区传统民居因年久失修，屋面有渗漏现象，经调研发现有一半以上望板糟朽，飞檐椽大多破损。遇到这种情况，需要揭去腐朽的望板，拆除飞檐和糟朽的檐椽，更换新件，填配的新件应与旧件一致，望板重新铺设。

2.墙体修缮

墙体碱蚀、酥松、空鼓、歪闪严重及明显裂缝在这次民居勘察过程中常有遇到，当靠剔凿、挖补无法维修时，应拆除重砌。拆除危旧墙体应尽量按原形制、原材料、原工艺、原做法，使其外形、色彩、尺度与原有墙体协调一致。在受力关键部位，在不影响外观的前提下，必要时可采取特殊处理，如采用增加圈梁、混凝土扶壁柱等加固措施。还有一种方法值得推荐，在我们勘察帕塔尔苏普尔住宅中，发现南部一排房屋北面墙体倾斜严重，但整个墙体上包括门窗在内的各构件都保存的较好，如果拆除就会破坏墙体的原状，因此，可以采用拨正的方法，就是在不拆除墙体和木构架的前提下，使倾斜、扭转、拔榫的构件复位，再进行整体加固。在拨正过程中应根据实际情况分次调整，每次不宜过大，如发现异常，应立即停工，查明原因，清除故障，方可继续施工。

3.屋面修缮

在屋面修缮中应透过现象看本质，如果其破坏是由于柱、梁、椽的糟朽与变形造成的，就必须先对木构架进行修缮，再做屋面修缮。屋面修缮前先清除屋面的杂草，根据原屋面做法重新铺设各层，同时要考虑屋面防水。局部破坏严重的，应考虑更换构件或做适当的加固处理。

4.建筑彩画、油饰的保护

民居修缮中常常遇到室内墙面有大量的油饰、彩画，这些油饰、彩画经过时间的洗礼，会产生涂层的污染、龟裂、褪色或地仗层的酥碱、疏松、破碎、剥离等现象，污染物一般有降尘、烟熏等。对它们的清洗，应坚持用物理方法为主，对于沟沟壑壑的积尘，可以用小工具剔除，对于其他附着力较强的，可以用专业的清洁剂刷洗。剥离的地仗可以用聚醋酸乙烯酯类材料的溶液或水乳液进行黏结、复原。

（四）维修方案的拟订

维修工程方案的确定至关重要，如果方案选择不妥，不仅产生破坏性修复的结果，还会损失原有的文物价值，从而造成不必要的经济和人力的浪费。文物保护工程的修缮设计方案，是具体指导我们如何开展对文物本体进行修缮的指导性文件。它是在全面科学的勘察、研究、分析的基础上，得出抢救保护文物的切实可行的措施。因此，要做好方案，就得做好实地勘察测绘。科学的勘察是我们优化方案的基础，是决策的依据。实地勘察就是要如实反映文物的现状，较准确地反映其残坏程度，以便依据不同的情况制定出科学、准确、周密的修缮方案。由于方案设计涉及面广，包括工程的范围、规模、修缮方法和基本投资预算等诸多方面，在进行设计时，除做到谁主持、谁设计、谁负责外，还得查找史料记载，广泛征求专家和相关意见。因此，对基础构造和垒砌形式、梁架等大构件的墩接加固部位、加固方法、各种榫卯的连接方式、望板的间距等都要在设计图纸上全面地反映出来。

（五）施工的组织与管理

在修缮施工前，首先应把设计文件、设计图纸、设计说明和工程预算汇总后上报有关主管部门，经审批后方才能施工，其次要审查施工组织计划，包括审查施工方法、进度计划、人工材料计划、场地布设和经费使用计划等，力求部署科学、切实可行。

库车民居修缮工程，由于涉及油饰彩绘、特色挑檐、墙内暗柱等工艺，技术要求较高，工艺难度较大，必须强化施工的技术组织与管理工作，组织精通工程业务的管理人员和具有较强文物修缮技术的施工队伍。在施工过程中，需要对施工人员进行文物常识和安全知识的教育，严格按照规定程序施工，不得为追求进度而忽视工程质量。

五、库车老城区古民居的修缮难度及防治对策

（一）土木结构材料问题

本次修缮的一大难题是缺乏与古民居匹配的干木料。目前市场上很多木料是现采现用，木材含水率普遍都很高，工期要求比较紧，而且资金有限，客观上不能事先买进大量木材等待自然风干或全部采用烘干脱脂工艺，因此，在修缮过程中应特别注意，大木构架中的梁、柱、檩料等木料采用大棚自然干燥方式，对门、窗料、板类及其他雕刻料等细木料采用烘干脱脂工

艺，确保木材含水率在质量要求的许可范围之内。另外，要做好木构架的防虫防腐工作，杜绝将有病虫害的木材带入施工现场。

（二）油饰彩画问题

在对库车古民居测绘中发现住户居室中存在大量的彩画，非常有保存价值。文献记载，古建彩画颜料多采用天然矿物质研磨而成的颜料，其色彩柔和，化学性能稳定。然而，现代颜料造价低，产量较高，彩画中常用的青绿等几种颜料逐渐被现代化工颜料所代替，这些转变均影响彩画的耐久性。因此，在重新彩绘时应严格按其原有的制作工艺和风格特征进行，必要时先做彩画小样，因为一旦油饰、彩画直接做到建筑上再去检查效果，发现颜色不准时要改变是很困难的。另外，要特别注重油饰彩绘工程中颜料的指标，必要时进行抽样检测，选择与耐久性最好、质地最优的专业生产厂家长期合作。

（三）新技术的应用问题

1.新技术的应用原则

使用新材料、新技术的目的是要更好地保护古建筑，保护其文物价值。新材料的使用不是替换原有材料，而是补强和加固原材料。在古建筑维修工程中应大胆地采用新技术，新技术的应用大多能减少劳动量、减轻劳动强度和加快速度，但是这种新技术的采用必须有利于保持原来的工艺效果，有利于施工。

2.新技术的推广

在修缮方案制定之前，需要的就是原始资料，因为测绘的目的是要准确、方便、迅速地把修缮之前建筑物的情况记录下来，所以对古建筑原状的测绘工作显得尤为重要，以便更好地进行研究和编制设计方案。优良的测绘技术和仪器应广泛推广。

（1）三维激光扫描技术

古建筑的材料、构件复杂多样，常常会导致测量人员的测量结果失真现象的出现，但三维激光扫描仪能避免这一误差。三维激光扫描系统主要由三维激光扫描仪和系统软件组成，其工作目标就是快速、方便、准确地获取近距离静态物体的空间三维坐标，建立三维立体模型，以便对模型做进一步地分析和应用。三维激光扫描仪的特点是方便快捷、精度高、测量方式更加灵活。从下图中的对比图可以看出三维激光测绘的精准度（图10 ~ 图12）。

三维激光扫描仪的优势在于可通过现场情况的复杂程度，有序放置若干标靶作为参考点，为扫描仪提供了三维空间的精确参考数据。数码相机的连续跟拍同时提高了贴图的精确性。由于收集的是三维数据，实物残损现状得到了更准确的记录。通过数据采集不但可以绘制出传统的平、立、剖图，还可以得到立体模型，以便直观地表达建筑物各个方位的关系。

（2）近景摄影测量技术

近景摄影测量是摄影测量学的一个分支，它主要研究对各类近距离目标物进行摄影并确定其形状、大小的理论和技术，利用对近距离目标拍摄的图像，测定被拍摄目标几何特性的技

图10 传统手绘的影壁图

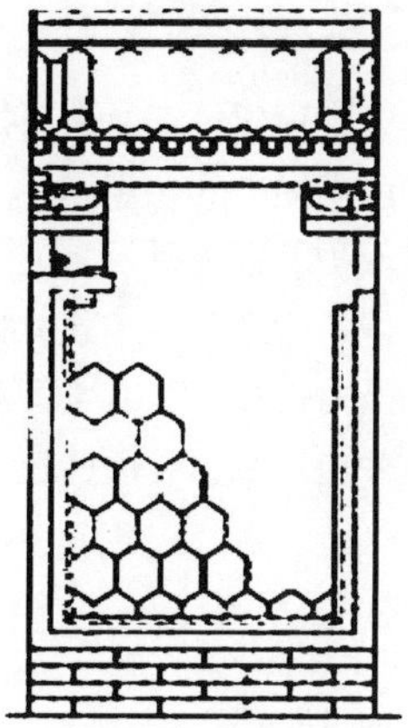

图11 三维激光扫描仪绘制的影壁图

图12 影壁原状

术，其优点是相片的信息量高，且摄影与相片的数据处理可分阶段进行，不受时间的限制，适合不规则物体的外形测量、动态目标的测量（图13）。近景摄影测量被广泛用于建筑、采矿、地质、考古等领域。近景摄影测量系统的作业方式是采用高分辨率的双数码相机平行同轴拍摄，在保证重叠和交会角等条件下，对测量对象拍摄影像。这种技术得到的测量数据具有超高的准确性和真实性，对日后的维护、维修都可提供第一手权威的原始技术资料。

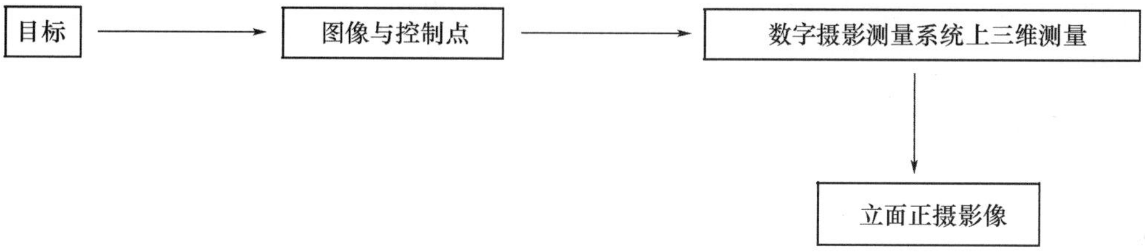

图13 近景测量方法流程图

六、结　　语

库车老城区古民居的存在见证了一个民族、一个地区文明的发展，是维吾尔族建筑历史和城市历史研究的重要依据，作为龟兹文化的传承和百年建筑的代表，是新疆文物重要的组成部分，具有深远的意义。它能够激起一个时代的历史记忆，起到推进科学研究和发展地方旅游事业等多方面的作用。不管这些建筑现在分属那些单位，产权如何，管理部门归谁，作为国家、省市级的文物，就必须进行很好地保护和修缮。更重要的是保护经费的落实上，做到每一栋建筑，每一个院落都确保能够保护到位和修缮安排落实。希望有识之士共同参加和投身到文物保护中来，实现新时期文物保护模式的创新和转型。

参考书目

[1]　单德启：《从传统民居到地区建筑》，中国建材工业出版社，2004年。

[2]　郭黛姮、贺艳：《库车老城区》，中西书局，2010年。

[3]　陆炜、杨珊珊：《古民居的价值及其保护》，《科教文汇》2009年第9期。

[4]　郝润芳：《古建筑修缮工程的技术组织与管理》，《建材技术与应用》2004年第2期。

[5]　冀治宇：《中国古建筑文物保护问题及对策浅议》，《古建园林技术》2001年第3期。

[6]　王超、薛华：《古建筑保护中的新技术应用》，《山西建筑》2007年第22期。

作者单位：赵铭，新疆文物古迹保护中心

和田达玛沟托普鲁克墩佛寺遗址博物馆的设计思考

梁 涛 路 霞

内容提要： 托普鲁克墩佛寺自发现之日起便引起多方关注，由于其地处沙漠，如何保护遗址，如何抢救文物成为各方文保工作者的工作重点。经多方论证与实地考察最终决定于原地建设遗址博物，这是新疆文保工作的一项巨大突破，具有非凡意义。
关键词： 托普鲁克墩佛寺遗址 遗址博物馆设计

托普鲁克墩佛寺遗址位于新疆和田地区策勒县达玛沟乡政府东南约7km的荒漠之中，于2000年3月被当地牧羊童发现。2002年，中国社会科学研究院考古研究所新疆队对遗址进行了抢救性发掘。此后，如何保护佛寺遗址一事被提上了议事日程。将出土文物转移至其他安全的场所安置，并将原遗址回填，这个设想一开始就被否决了。而在原地修建博物馆对佛寺遗址实施保护，这种思路逐渐成为各界人士的一种共识。随后的保护设计工作就是围绕这条主线展开的。即便如此，关于遗址博物馆的设计也是历经5年，多次论证，数易其稿才最终确定。我们有幸参与了托普鲁克墩佛寺遗址博物馆从设计到施工的全过程，其间耳闻目睹，多有感触。鉴于这是新疆地区首次建设遗址博物馆，以下，我们将介绍遗址博物馆建筑设计过程中的一些思考，请专家指正。

一、托普鲁克墩佛寺遗址概况

托普鲁克墩佛寺地处策勒县达玛沟乡，距315国道4km，西边为绿洲。佛寺坐北朝南，平面呈方形，面积约4m^2。佛寺墙壁残高1.4m，门朝南开。佛寺的北墙前地坪上保存有泥制的莲花座，座上存面南背北的坐佛。佛像头部已残失，其余部分尚存。四周墙壁上保存有精美的壁画，色彩鲜艳，题材内容罕见，有立佛、天王、地神等形象。托普鲁克墩佛寺是现今塔克拉玛干沙漠发现规模最小，保存最为完整的佛寺遗址。它的发现对研究西域佛教史，特别是古代于阗佛教文化及佛教东传有着十分重大的意义。

二、遗址博物馆建筑形式的确定

关于遗址博物馆的建筑形式，前后曾有过多种考虑。

图1　最初的简易保护棚

（1）考虑建造一座坚固的保护棚

2000年佛寺遗址被发现时，和田地区文管所就在原址修建了一座简易的保护棚（图1）。原保护棚系用当地常见的构筑工艺方法“木骨泥墙”，即先用红柳枝编成席状，再用简单的木柱固定后两面抹泥成墙，最后在顶部简单的木椽上覆草席后抹泥建造的。这种保护棚四面漏风，很不坚固。由于遗址远离村落，交通不便，砍柴人和牧羊人常在四周活动，旅游者和猎奇者时常无序造访，这些状况对文物的安全和长期保存都十分不利。建造一座相对坚固的保护棚来保证遗址的安全是完全必要的。

那么这座相对坚固的保护棚采用什么样的建筑形式呢？在佛寺遗址南面约50m的2号佛寺遗址发掘出的以及周围长15km、宽8km范围内采集到的大量壁画残片，时代和风格相近，这些文物如何存放展示？如何充分利用这些宝贵的文物资源，方便管理，帮助游人参观，同时开展宗教文化教育等一系列社会活动？这些问题因素使我们考虑保护棚的建设规模要相对扩大，以满足这些要求。综合考虑，在原址建造一座遗址博物馆的设想终于浮出水面。

（2）考虑采用与遗址同时代的建筑形式来建造遗址博物馆

要建造博物馆就要考虑它的建筑样式，遗址博物馆最常见的建筑样式一般采用与遗址同一地区同一时代相近的建筑样式，以求得遗址与博物馆的相对统一。这是考虑博物馆本身也是遗址外延展示的需要。但是，从各种史料，包括壁画等形象资料中，没有该地区那个时代的任何建筑形式的线索。在田野调查中，我们发现，在达玛沟中现存的多个佛寺遗址以及尼雅和安迪尔古城遗址中，所见的残存墙体均是由木柱固定红柳席再抹泥来建造。但是，建筑物的屋顶、门窗、墙面以及其他建筑元素均不可见。尽管用现代材料和工艺来模仿这种“木骨泥墙”建造方式并使其具有博物馆建筑所要求的坚固是可以做到的（图2）。但是如此建造的博物馆不能

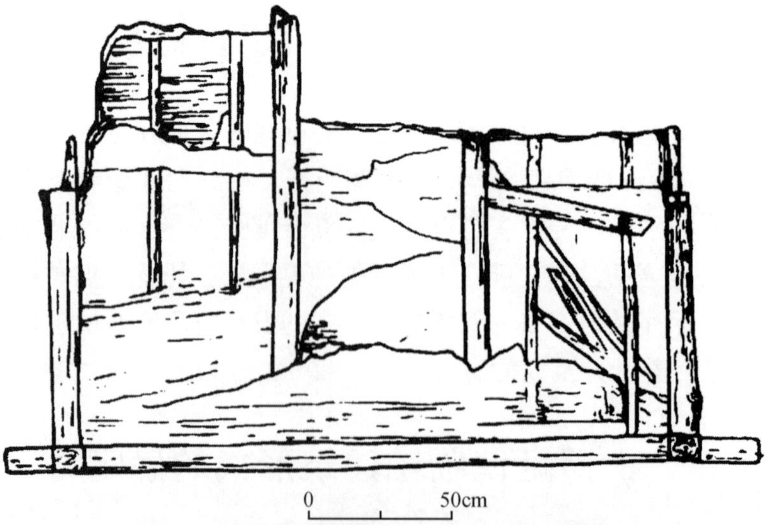

图2　小佛寺北侧外墙的“木骨泥墙”侧视图

表现该地区那个时代建筑的特点，并不真正具有该地区那个时代的建筑特点。此外，该地的周围环境也发生了天翻地覆的变化，从千年前的佛教鼎盛之地已变成现在的荒无人烟的沙漠。所以，即便能够建造一座具有该地区那个时代建筑特点的博物馆，在荒芜的沙丘间也显得突兀而与环境极不协调。

（3）考虑采用佛教建筑的形式来建造遗址博物馆

既然遗址是佛教遗址，那么可否考虑不用该地区的建筑形式而是同时代的其他地区的佛教建筑形式？于阗作为古代新疆三大佛教文化中心之一，由于历史上环境的极端变化和近期工作开展得较少，其建筑形式的研究相对滞后，没有多少可资借鉴参考的信息，但是关于高昌和龟兹两个佛教文化地点的研究开展得相对较好。再者，于阗以西至中亚，甚至是印度的同一时期佛教建筑的形式是有稽可查的，由此东面中原地区那一时代的建筑特点就更加清楚了。所以，有人提出采用同时代的其他地区的佛教建筑形式作为这个即将建造的博物馆的建筑形式。

但是，考虑到遗址博物馆的本身尽可能是遗址外延的展示，所以采用同时代的其他地区的佛教建筑形式的并不能满足这一需求。古代于阗曾创造了灿烂的本土文化，这种文化必然会在当地的建筑形式上有所体现。如果缺乏考古学的学术支撑，仅靠主观臆测，单纯照搬其他地区同时代的建筑形式，既不能反映遗址可能的建筑风貌，而且可能误导后人，在时间和空间上给人以错乱的感觉。

（4）考虑采用当地的民族建筑形式来建造遗址博物馆

古代于阗从11世纪下半期就开始逐渐伊斯兰化，此后的宗教建筑具有了典型的伊斯兰教的特点。虽然从某些细节上可以依稀识别一些佛教文化的痕迹，但其建筑形式无疑是完全伊斯兰化的，目前所见当地的民族建筑形式也完全具有了伊斯兰的特点和风格。虽然，古代和田地区的居民曾广泛信仰佛教，但现在当地居民均为虔诚的穆斯林。采用当地伊斯兰风格的民族建筑形式很容易让人产生误解，使托普鲁克墩佛寺遗址本身所蕴含的历史宗教等人文素材的实证意义有所减化，南辕北辙，难以做到形式与内容的统一。

（5）确定采用与环境高度协调的建筑形式建造遗址博物馆

现代建筑的形式纷繁复杂，风格特点各有不同。佛寺遗址所处的环境决定了该遗址博物馆的设计不能简单地按照城市中建造博物馆来对待。现在周围的环境成了决定该博物馆建筑样式的最明确条件，与环境高度协调成为其建筑形式确定的关键要求。遗址博物馆的本质还是博物馆，既然本身与遗址在时间上不可能统一，那么采用中性的没有时代、宗教、文化等特点的建筑形式来与现在的自然环境在外观上高度协调，而在博物馆内部突出遗址的时代、宗教、文化等特点，没有喧宾夺主，反而突出了建筑中遗址的中心地位。

图3 佛寺遗址博物馆设计效果图

图4　佛寺遗址博物馆外景（1）

图5　佛寺遗址博物馆外景（2）

最终通过论证的遗址博物馆设计，建筑面积354.58m^2，分为陈列室（232.32m^2）、门厅（29.16m^2）、接待室（16.2m^2）、值班室（16.2m^2）、监控室（6.8m^2）、办公室（6.8m^2）各一间，正面左侧有一小广场并有两个花池、一棵古树作为小品装饰，正门前有护栏及装饰梁架（图3～图5）。

建筑层数为一层，总高8.1m。从外观上看，四面墙体墙面为斜坡，坡度为72.9°，并分为三层。一、二层有女儿墙，三层为穹隆顶。一层背面比正面高（背面总高5.1m，正面总高4.5m），二层背面比正面低（背面总高5.4m，正面总高6m）。屋面均为平屋顶，二层高差用女儿墙的高度来表现，三层总高7.2m。左右两侧各有五个小窗户以弧线排列。弧线排列的窗户及其他元素均是为了达到尽量与周围的环境相协调的目的。

三、文物保护在博物馆设计中的体现

1）建筑内容包含管理和旅游的要求。

考虑到博物馆在开放后需要对其进行管理及对文物进行监护，因此在功能分区上分为管理区和旅游参观区。管理区包括值班室、监控室、办公室各一间；旅游展示区包括陈列室、门厅、接待室各一间，广场一个。

2）建筑的通风和温湿度的控制。

陈列室的左右两侧各设计了五个小窗户，当室内温湿度大于室外温湿度时，采用打开窗户的方式对室内进行通风并对温湿度进行调节控制。

3）安全防卫系统的建立。

系统主要采用视频报警、视频监控等手段，配备有震动探测器、幕帘探测器、双技术探测器等报警设备。可做到报警照明联动、自动无线报警等，达到了技防、物防、人防的有机结合。

具体实施时，白天由文管员进行看护，通过馆内安装的摄像机，能实时监控到参观者在馆内的情况。夜间系统进入设防状态。当非法入侵者非法进入或有砸、撬等振动发生时，前端各种探测器报警，摄像机调动预制位对准事发现场并联动照明系统启动，实时将画面和报警信号回传监控中心。值班人员会根据现场的情况迅速处理警情，同时自动无线报警系统会在发生警情的同时自动拨通事先预制好的相关电话号码，及时通知有关人员。

4）采用独立柱础上设承力连续圈梁，克服地下水相对集中升腾对遗址的危害。

采用独立柱础上设承力连续圈梁的做法，使博物馆的基础很稳定，并距地面有一定的缝隙。而托普鲁克墩佛寺遗址地处沙漠地区，在风的作用下，沙子在博物馆基础下流动，起到了通风的作用，从而克服了地下水的相对集中升腾对遗址的危害。

5）室内外地面采用透水青砖铺设。

由于托普鲁克墩佛寺遗址地处沙漠地区，降水量小蒸发量大，地下水的毛细蒸腾作用频繁，室内地面硬化会使毛细水只从文物本体表面蒸腾出来，并对文物本体造成损坏，因此采用透气性好的透水青砖铺设地面，扩大了地下水蒸腾的面积，从而减缓了毛细水对文物本体的损坏程度。

6）照明光源采用特殊玻璃遮挡减少紫外线。

为了展示的需要，在本体周围的四根柱子上安装了四盏射灯。如果光线太强，对文物本体的壁画会造成损坏，因此在射灯前各加一块过滤紫外线的特殊玻璃，用来防止紫外线对壁画的损坏。

7）对遗址进行常规的保护并开展科研观测。

专门修建一座方亭从上方罩住佛寺原址，又在佛寺四周建有方形围栏，以避免游客过于靠近壁画和塑像。其他展示的文物均置于玻璃展柜中，既安全稳定，又不妨碍观瞻。设计还考虑了空气温湿度及壁画变色、变形的监测（图6～图8）。

图6 被保护的小佛寺原址

图7 壁画及其他文物陈列（1）

图8 壁画及其他文物陈列（2）

四、结　　语

2008年，新疆重点文物保护项目领导小组执行办公室将修建托普鲁克墩佛寺遗址博物馆纳入和田地区重点文物保护项目之中。这个项目由新疆建筑设计研究院设计，和田开元建筑安装公司承建，新疆博物馆承担陈列设计，经多方努力顺利按计划开馆。

该馆是新疆维吾尔自治区第一座遗址博物馆和第一座壁画专题陈列博物馆，收藏了策勒县境内托普鲁克墩1号佛寺、2号佛寺和达玛沟喀拉墩1号佛寺的出土文物。展品以佛教壁画和塑像陈列为主，集中展示了作为古代西域佛教三大中心之一的和田地区灿烂悠久的佛教文化。自从开放以来，托普鲁克墩佛寺遗址博物馆已接待数千名中外游客。目前，该遗址博物馆已成为策勒县一道亮丽的风景线。

附记：在达玛沟佛寺遗址博物馆建设工作中，一直得到和田地区文物局、策勒县党委和政府、策勒县文体局等诸多部门的关心与支持，特在此表示衷心的感谢！

作者单位：梁涛、路霞，新疆文物古迹保护中心

新疆喀什维吾尔族民居文化漫议

葛 忍

内容提要：喀什是中国历史文化名城，而喀什老城区保存有经典古西域特征的传统历史街区，这些对研究古代西域建筑特色、民居风格、城市变迁以及新疆开发的历史具有重要意义。喀什维吾尔民族是维吾尔民族文化的重要组成部分，加强其相关研究，对传承传统维吾尔族建筑文化有重要功能。

关键词：喀什　维吾尔族　民居

喀什市位于新疆维吾尔自治区西南部，是塔里木盆地周边的绿洲城市之一，塔克拉玛干沙漠西缘，东西部与疏附县接壤，北倚古玛塔格山与克孜勒苏柯尔克孜自治州阿图什市毗邻，南面与疏勒县相接。早在2100年前，这里是丝绸之路新疆段内南、北诸道在西端的总汇点，是东西方经济文化交流的交通枢纽与门户之地。1986年12月8日，喀什市被公布为中国历史文化名城。

喀什老城区是目前唯一保存下来的一处具有典型古西域特色的传统历史街区，对于研究古代西域文化发展史，研究古代西域城市变迁史和新疆发展史具有极为重要的价值。自2007年以来，笔者多次赴现场开展调查，尽可能全面系统地收集材料。以下，结合相关的历史文献，从多个层面对喀什维吾尔族民居文化史作探讨。

一、喀什维吾尔族居住文化特征

1. 喀什维吾尔族民居的聚居形态要素与特征

聚落是一定地域范围中人的生活和生存环境。西汉司马迁所著的《史记》中提到“一年而所居成聚，二年成邑，三年成都”[①]，班固的《汉书》中则说“稍筑室宅，遂成聚落”[②]，道萨迪亚斯（C. A. Doxiadis）认为“人类聚居是一些特有的、复杂的生物个体[③]……人类聚居是动态发展的有机体[④]”。可见聚落是一个不断在变化、发展的有机体。对聚落空间的构成要素可以从不同角度进行分析。凯文·林奇从人们对城市的印象和识别角度提出道路、边沿、区域、

① 司马迁：《史记》卷一，中华书局，1982年。

② 司马迁：《汉书》卷二十九，中华书局，1982年。

③ C. A. Doxiadis. Ecumenopolis. The Inevitable City of the Future， Athens Publishing Center， 1975.

④ C. A. Doxiadis. Action for Human settlements， Athens Publishing Center， 1975.

节点和标志为构成城市意象的五要素①。在此，笔者从人们对空间的使用角度，将喀什维吾尔民居聚落空间形态的构成要素分为街巷、广场和民居三个要素。

（1）街巷

喀什传统街区的形成过程带有很大程度的自发性，这样就必然会导致其民居形态的多样性、多变性，但这并非意味着整个街区处于杂乱无章的状态。这是因为从组合的关系上讲，它还要受到功能的制约。喀什传统聚落的街巷是后建住宅为先建住宅留出通道而逐渐形成的，是世界上自发形成的聚落的共同现象，与居民的生活形态和生活模式有密切的联系。街巷与广场存在某种潜在的结构性和秩序感，尽管这种秩序感并非一目了然。

喀什传统聚落中的街巷密集而幽深，蜿蜒曲折、时隐时现（图1），人在其中行走，宛若走进了迷宫。街巷的封闭性和曲折自由，使人很容易丧失方向感和方位感，架在小巷上空的过街楼则充分地利用了空间（图2），并为夏天的小巷起到了一定的遮阴作用，使街巷增添了深远与宁静的气氛。

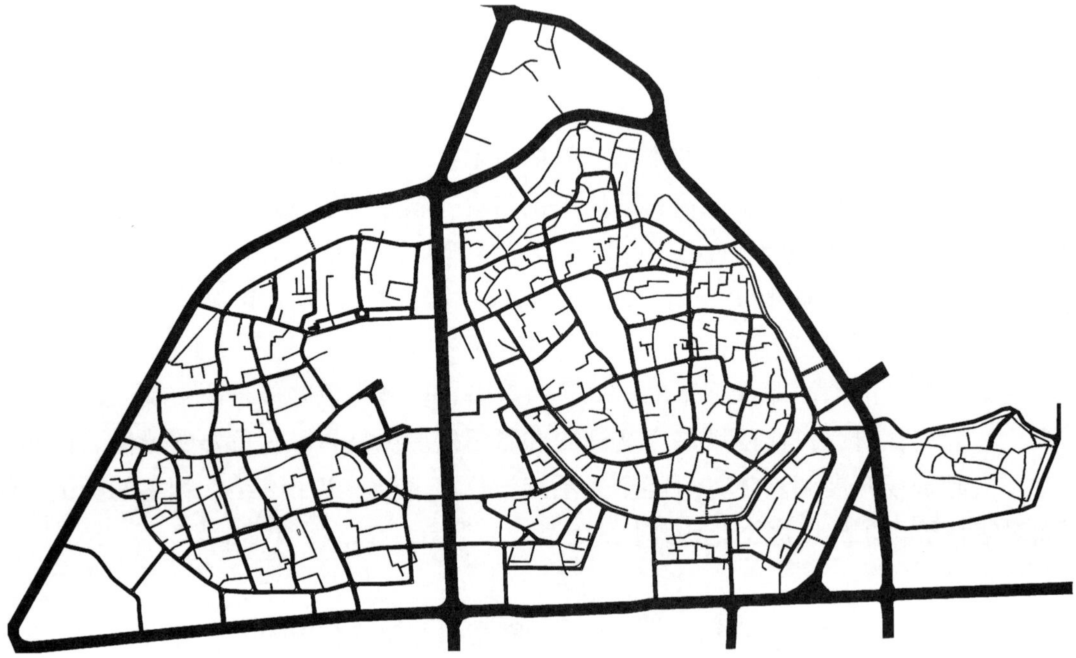

图1　蜿蜒曲折的喀什街巷

（2）广场

广场的设置，以及它在聚落中所处的地位、规模的大小、布局形式、周围的界定情况等，往往都和这一地区人民的宗教信仰、伦理道德观念以及生活习俗有着紧密的联系。由于维吾尔族人信奉伊斯兰教，在传统聚落内建有大小不一的许多清真寺，为教民礼拜、宗教聚礼及节庆聚会欢庆等活动提供场地，所以这种寺前广场必不可少，但并非完全出于自发形成，而是在建造清真寺时就有所考虑并借助于各种手段来界定广场的空间范围。这类广场与街道、清真寺以及其他公共建筑都结合得很巧妙，其整体布局主次分明且分布均匀，被誉为“城市的户外客厅”（图3）。

① Lynch. Kevin. The Image of The City，Mit Pr，2005.

图2 喀什街巷上的过街楼

■ 清真寺前广场

图3 喀什老城区广场分布示意图

（3）民居

喀什维吾尔族民居主要有两类：一是阿以旺，二是米玛哈那式。前者年代多在200年以上，现存完整者甚少。喀什阿以旺民居又被分为阿以旺式、阿克塞乃式和开攀斯式三种，现喀什的阿以旺民居多是阿以旺式和阿克塞乃式民居，开攀斯实例非常少见，但在周边的农村地区

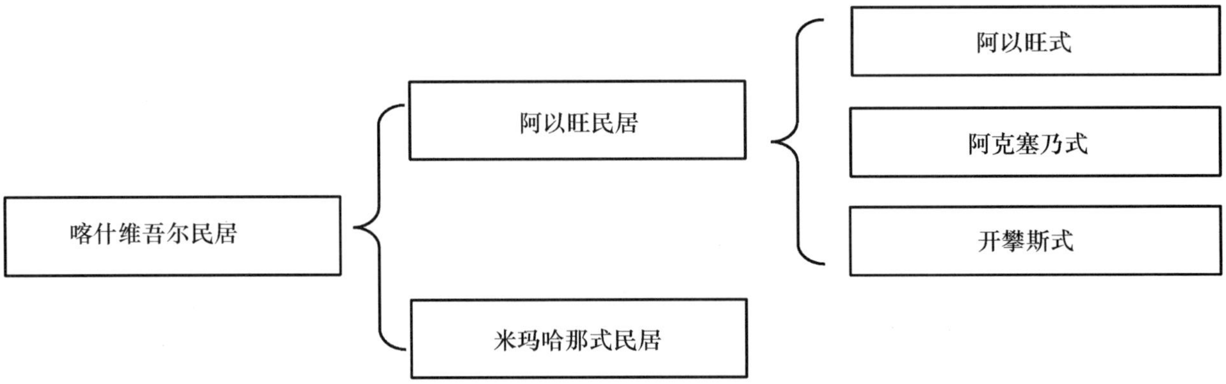

图4　喀什维吾尔族民居平面分类

还可以见到（图4）。阿以旺这种古老形制的民居多在20世纪初喀什大地震中被破坏，以后兴建的民居多为米玛哈那式。

2. 喀什维吾尔族民居形态特征

（1）布局紧凑自然

高密度的城市布局，建筑之间密集排布，犬牙交错。由于伊斯兰教礼拜及聚礼的要求，聚落呈团状聚集型，可以分为两个层次①：由若干户住宅以某一街巷的清真寺为中心集聚形成邻里组团；再由这些邻里组团以艾提尕尔清真寺为中心集聚成整个聚落，使整个聚落呈现出团状组合。喀什市便是围绕艾提尕尔清真寺展开的，形成民居随地形起伏和宅基地形状，自由灵活布局，民居之间犬牙交错，肩靠肩、背连背的特点（图5）。

图5　布局紧凑的喀什维吾尔族民居

① 王学斌：《新疆喀什维吾尔族传统街区的形态特征及成因》，《规划师》2002年第6期。

（2）空间内向封闭

喀什维吾尔族民居呈内向型，对外封闭，房间围绕庭院展开，房间门窗均开向内院，很少对外开窗。庭院围合与空间组织从整体出发，各部分空间相互呼应渗透，使得庭院空间围而不死，封而不闭，充满生机与活力（图6）。

图6　内向封闭的喀什维吾尔族民居

（3）形式质朴简约

喀什位于南疆的荒漠地区，资源匮乏，绿洲范围有限，除了个别清真寺和富裕户的民居外，绝大多数维吾尔族建筑都是就地取材，以生土和杨树为主要建筑材料。整个喀什市就是一座生土覆盖下的城市，整体形态中最为突出的特点就是墩厚、粗犷，与整体环境极其融合，如同从地中生长出来的一般（图7）。

（4）装饰多样细腻

喀什维吾尔族民居虽然外观上朴实无华，但内部空间却是精致的艺术品，大到房间的室内装饰，小到门窗，无不精心修饰。民居装饰的细部，特别是室内外的石膏装饰、木雕装饰、砖花饰，样样都是做工精巧细致（图8）。

二、喀什维吾尔族民居的空间形态特征

喀什维吾尔族民居是城市聚居与家庭私密性矛盾的理想形式，其外向封闭单调而内向开放丰富的特点，使民居的各部分空间的联系凸显出独特的地域特色。

喀什维吾尔族民居中，室与室之间，室内外之间以及庭院外廊之间的空间划分都比较灵活、自由，这主要是满足干热的气候环境下对建筑空间的需求。

图7　外形简约的喀什维吾尔族民居

图8　装饰丰富的喀什维吾尔族民居

1. 室与室之间的划分

（1）阿以旺民居

阿以旺式民居中的基本生活单元是沙拉依，它由三间房屋组成，中间一室呈横向长方形，为夏居室、客室，前面有一过道，过道与室之间由落地木格棂花隔断，室内有土炕台，比过道高35cm，墙上设壁龛或壁台，小平天窗采光。走道的一端为主卧室、冬卧室，双扇门入口处有一渗水坑，比室内土炕台低15cm，作沐浴时渗水用，室内设壁龛或壁台；走道的另一端也是卧室，面积略小，主要用于存放衣物，平天窗采光，双扇门处也有渗水坑。这一组房间位于阿以旺厅联系的主要方位，所以又有将阿以旺式民居称之为阿以旺-沙拉依式民居。明亮的阿以旺开放空间与封闭的沙拉依空间构成了阿以旺民居的基本空间格局（图9）。

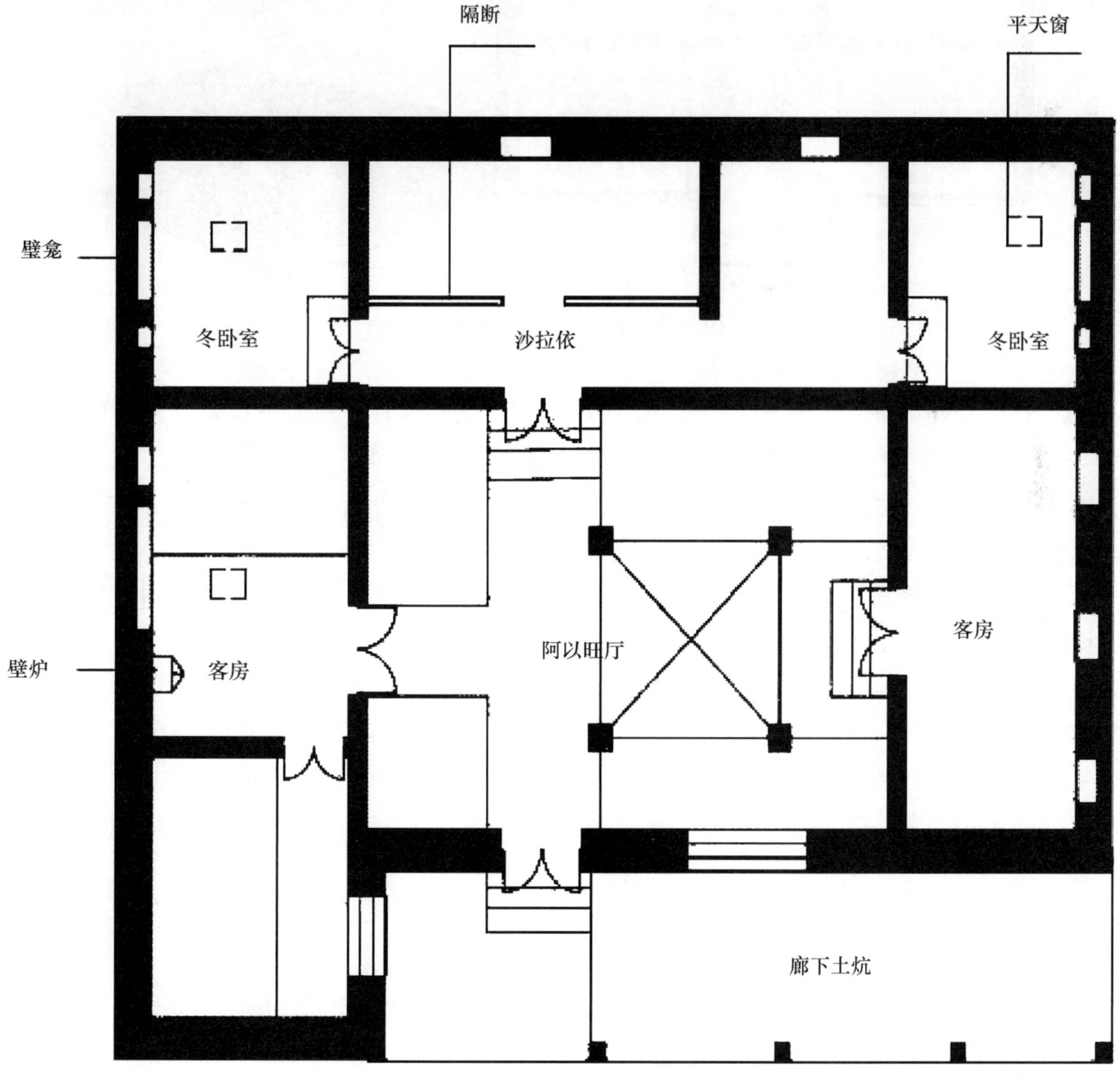

图9 阿以旺民居平面布局[①]

① 严大椿：《新疆民居》，中国建筑工业出版社，1995年。

（2）米玛哈那民居

米玛哈那式民居是由米玛哈那单元和以间为单位不断加建而成的。米玛哈那是一组生活单元，简单的是由代立兹和米玛哈那两间构成，完善的是由米玛哈那、代立兹和阿西哈那三间构成。米玛哈那单元为一明两暗，但和汉族的一明两暗比较，无论开间尺寸，房间方位，功能性质等都截然不同，有自己民族鲜明的特点，现分别介绍如下（图10）①。

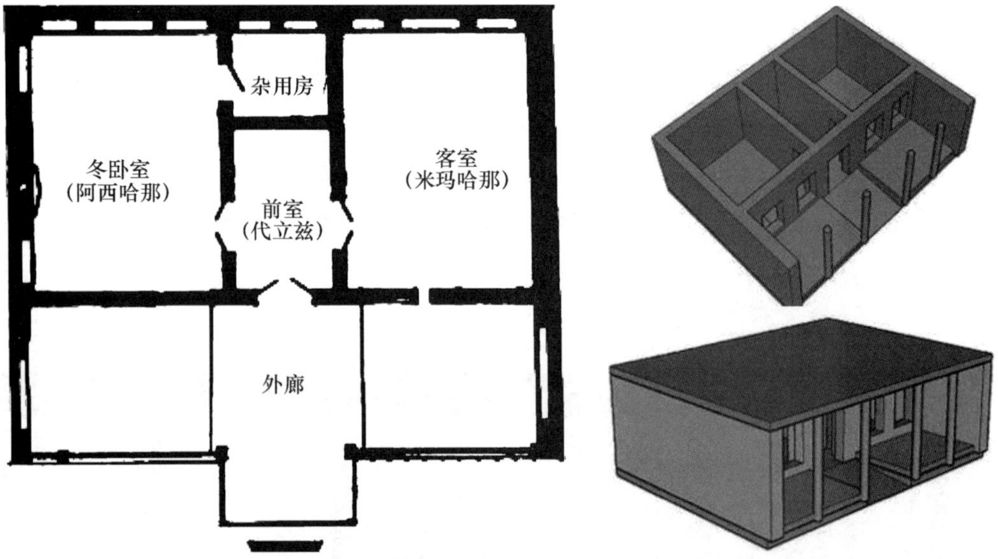

图10　米玛哈那式民居功能单元构成

代立兹，外间、前室、走廊之意，相当于汉民居一明两暗中的堂屋位置，但开间小，一般净宽2～2.7m。进深分为前后两部分，后半部又分成左右两小间，一间沐浴室，另一间为小库房。前半部是一个过渡空间，是进入客房、居室时更衣、脱换鞋等的地方，待客时又是配餐之处，双扇门，不开窗。有的不分前后段，在此设有土炕台。

米玛哈那，即客房之意。功能是起居室兼卧室，由外间套入，一般设在外间左侧，横向布置，面宽为二至三间，长6～9m，进深接近开间的一半，宽4～6m。室内墙面上有壁龛，中间最大者是放衣物、被褥的地方，两边是小壁龛或小壁柜。侧墙满布壁龛，存放器具，满墙壁龛群的1/3处巧妙地安排采暖、烧茶的壁炉，空间被分成前后两部分。靠壁炉后半部空间地面满铺地毯，为放箱子、待客、进餐、就寝等用，这部分有的设土炕，30cm高，炕上铺地毯。前部空间，地面不铺地毯，门前还有低于地平面10cm的渗水坑。密小梁天棚，窗间墙做石膏花饰，室内装饰豪华。

阿西哈那，即茶室、冬室、厨房，直译为厨房，其实它的功能并非单纯的厨房，而是次要居室、储藏和兼作日常厨房功能的一间综合性空间。阿西哈那由前室右侧套入，双开门，入口处设卫生用的渗水坑，室内2/3的面积设地土炕，高30～45cm，炕上满铺地毯或毡子。

2. 室内外之间的分隔与联系

喀什夏季干热，因此阴影空间和阻隔热气流成了首要问题。这就要求房间与外界尽量隔

① 严大椿：《新疆民居》，中国建筑工业出版社，1995年。

绝，所以代立兹在这里是一个过渡空间，是进入室内的通道，同时又起到隔热、防寒、防风沙的作用，而客房和冬卧室都面向庭院开二至三樘双层（一玻一木）侧窗，玻璃窗满足采光的要求，木窗是为了夏季隔绝热气流，冬季防寒（图11）。

喀什维吾尔族民居都有外廊，外廊在这里就是一个过渡空间，是室内向室外空间的过渡（图12）。

图11　双层窗

图12　庭院中的外廊

3. 室外空间的分隔与界定

喀什维吾尔民居室外空间在这里指的是庭院，庭院是通过外廊来界定的。几乎所有的维吾尔族民居都有外廊，但这种廊子很少有交通上的意义。廊内常设土炕供户外起居活动用，因而其实际作用相当于户外客室，供家人在户外会客、吃饭、娱乐和睡觉等，是家庭户外活动的主要场所。外廊深度一般在2m以上，且必须有土炕。

外廊是室内空间的外延，庭院空间是建筑空间的外延，并在日常生活中担当重要角色。

三、喀什维吾尔族民居的结构体系

1. 结构形式

喀什维吾尔族民居的传统结构类型主要是土木混合结构形式，木构架是用立柱支承底部卧梁和上部顶梁而形成，屋盖部分为密置小梁，上作草泥屋面（图13）。这种构架建筑具有较好的抗震性能。

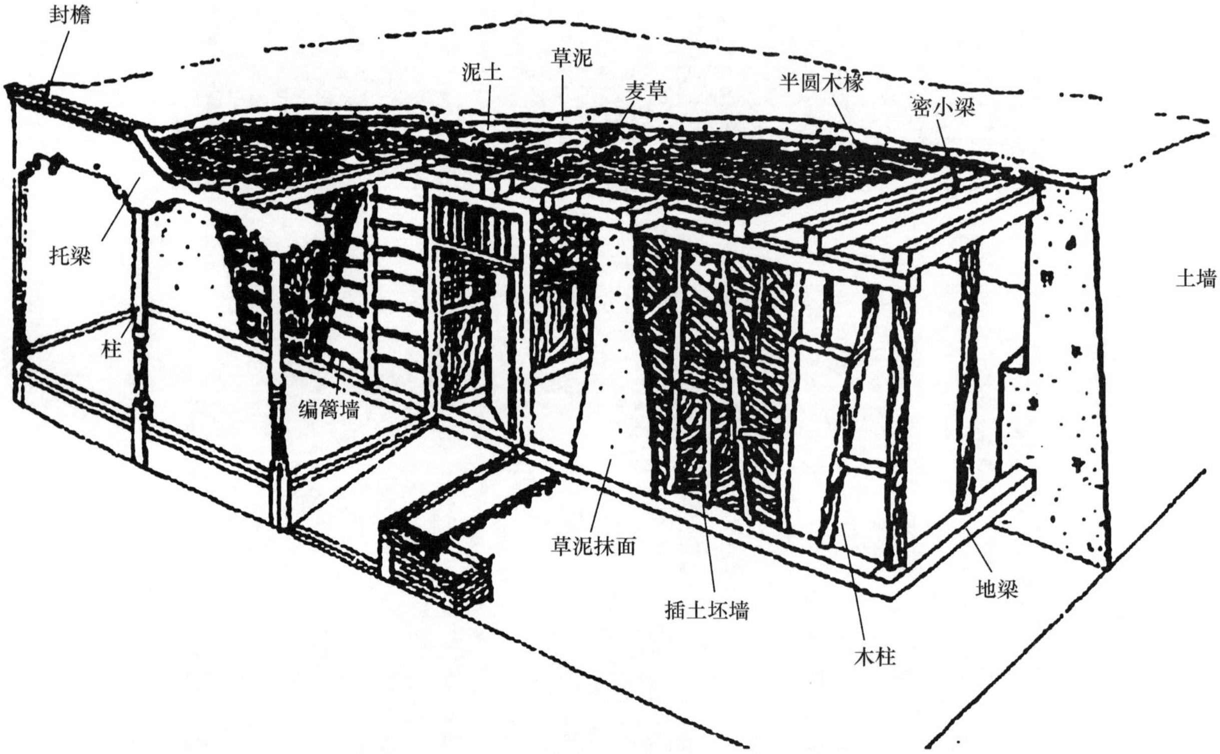

图13　喀什维吾尔族民居的传统结构做法综合图

2. 建造技术

喀什维吾尔族民居一般直接用原土夯筑墙体，基础深30～50cm，用素土夯实后以卵石碎石填充，在夯实后砌筑基础，勒脚等。砌墙施工时有几个方法[①]：

① 张胜仪：《新疆传统建筑艺术》，新疆科技卫生出版社，1999年。

1）当夯土墙外抹草泥为主要的墙体时，立柱承重，用土坯调整檐下部分的标高。

2）基础上架设木圈梁，墙内间隔3m左右或在拐角、“丁”字接头处设木立柱，与木圈梁连接，然后以土坯作填充墙（图14）。

图14　屋架示例

3）勒脚以上，按开间大小，内外墙的相交处，墙体转角处砌50cm×50cm的砖柱，或者更宽，用土坯填充其间，或在窗框、门框两侧砌砖加固。

4）墙体以土坯泥浆砌筑或用土坯混合插坯墙、编笆墙砌筑。

5）全部用砖砌筑，墙体用土坯砌筑的，用泥浆填缝，砖砌则用石灰砂浆。

内墙上为了利用空间，常在砌筑时留有壁龛、龛边，也贴以各种花纹。

檐头部分的简单做法是直接在伸出墙体或廊柱的木檩或椽子上钉封木封檐板，不用明挑檐，并做3～5层封檐砖，然后将砖块磨成斜角、圆形、锲形，拼成各种不同的图案。

天花上方为方木檩条密铺半圆木椽子，在其上铺一层苇席，再铺芦苇或麦草、稻草作保温隔热层，上再作草泥防水屋面。

四、喀什维吾尔族民居的装饰特色

1. 装饰手法

伊斯兰教拒绝具象描摹世象的戒律是其装饰艺术具有抽象特征的前提，并由此形成了不同于西方和中国传统建筑装饰艺术的特色。伊斯兰教认为：“感悟是人类认识真主和世界的一种最高能力，因此，一切失去物质和感性外壳的抽象概念是知识的最高形式，因为人的精神目光应从‘粗糙’的物质现实，从一些具象的事物和现象移开。”①新疆伊斯兰建筑装饰艺术同样拒绝具象和写实的创作手法，维吾尔族工匠把各种精神内涵都赋予于单纯的建筑装饰元素。

维吾尔族建筑装饰手法②很多，常见的有石膏花、彩绘、木雕、平面木格加彩绘、拼砖花、砖刻、琉璃、镂窗及窗格等。

① 刁炜：《新疆喀什维吾尔族高台民居建筑研究》，《华中建筑》2008年第8期。

② 罗强：《西北地区生土民居设计与营造技术研究》，重庆大学2006年硕士论文。

（1）石膏装饰

石膏质地洁白、细腻，喀什地区又盛产石膏，材料的生产和施工简便，用石膏抹墙面或雕花既实用又价廉物美，因而石膏花饰被广泛用于装饰之中（图15）。

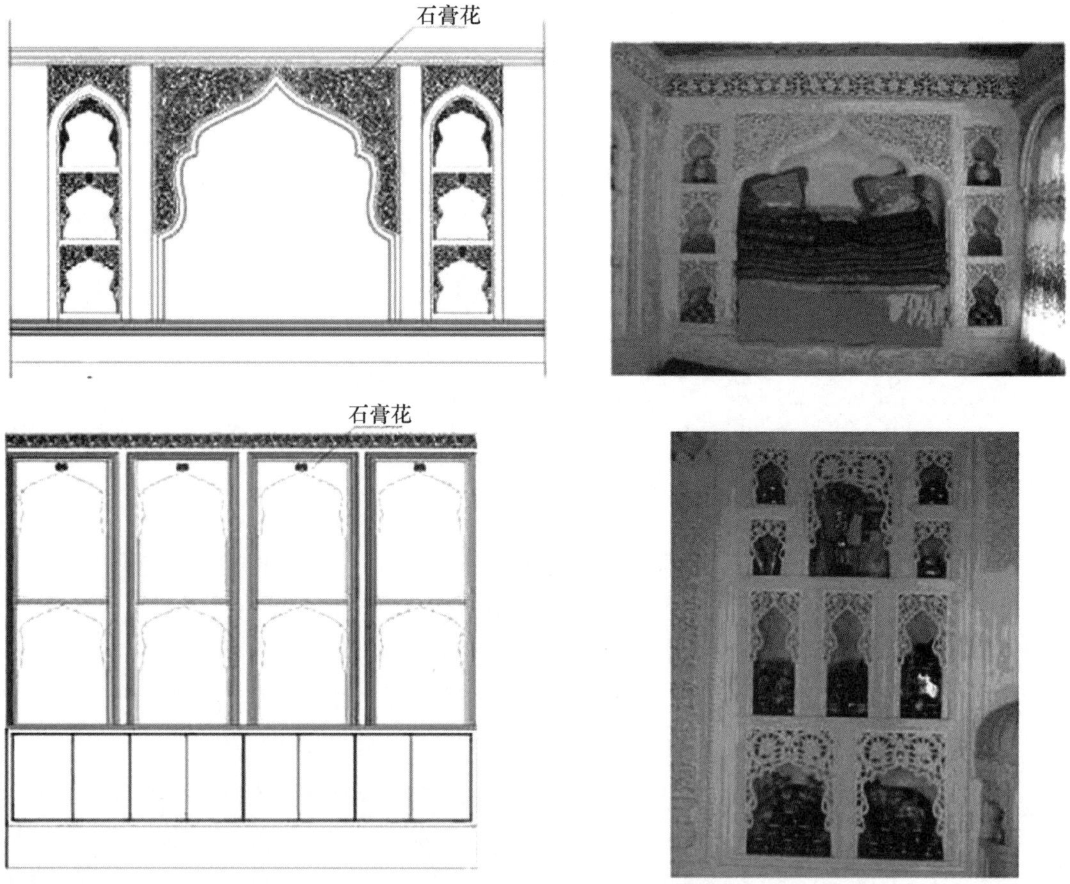

图15　石膏装饰

（2）木雕

许多维吾尔族的门楣、房檐板、柱头、柱身、柱基等处，都有各式各样的木雕花。这些木雕花不似内地的圆雕或半圆雕的写实手法，有几何纹和植物纹，图案变化突出，风格独特，富于装饰效果，如栏杆扶手（图16、图17）、门窗（图18、图19）、外廊（图20、图21）。这种工艺至少沿袭了上千年的历史。

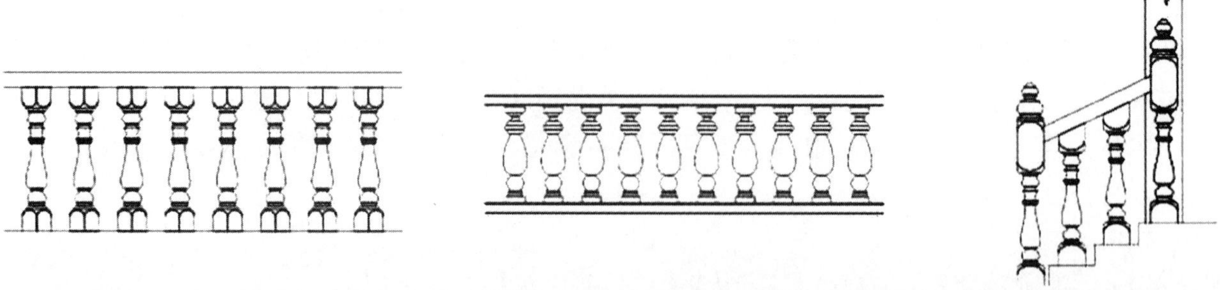

图16　喀什维吾尔族民居中的栏杆扶手

图17　喀什维吾尔族民居中的栏杆扶手

图18　木门窗示意图

图19　木门窗

图20　外廊示意图

（3）砖花饰

砖花饰在现代喀什民居的装饰中应用也非常广泛，一般有拼砌砖花饰、印花形砖、异形砖以及砖雕、透空雕花砖等①。喀什工匠以高超的技艺，用砖相互穿插、交错、重叠、拼砌组合成各种平面和立体的几何图案和花饰极有特色，在光影的衬托下这些花纹和图案更显精致典雅。砖花饰广泛见于伊斯兰清真寺和麻扎中，而传统维吾尔族民居中较为少见，仅作为檐头或是门窗上部的装饰（图22）。

（4）装饰图案

维吾尔建筑图案形成的特殊风格表现在它是伊斯兰教艺术的精华，同时又继承和掺杂了佛教、基督教、祆教、摩尼教和其他拜物教的特殊纹样；它具有维吾尔族图案艺术传统的特殊纹样组织形式，同时又吸收了汉、回、哈萨克等民族的纹样特点。

图23中的这种造型叫米哈拉甫（伊朗语），在中原地区也有类似的建筑形式，中亚和欧洲许多建筑中亦多采用。它是历代建筑实践中总结出来较好的门式结构。它两边对称，中间高起，有神圣而庄重之感，故在佛教与基督教中多用于神龛。伊斯兰教是后起的宗教，因为它的教义是崇拜一个没有具体形象的真主，所以在它继承和借鉴了这种神圣的龛式造型之后，有的仍然用在门的造型上（图24），有的就将龛中具体的偶像取掉，供阿訇站在中间大声诵经。由于它的纵剖面是图23-2，横剖面是图23-3，因此具有定向扩音的作用。在民居中，也用这样的造型，或作壁炉口装饰（图25），或在墙壁上开这样一个龛，作为存放家什杂物之用，类似壁橱。这种造型无论在欧洲的古建筑中，还是在中亚、西亚、印度或是中国新疆地区的大量建筑中，都是喜用的建筑形式和图案装饰的造型形式。

石膏画的表现手法一般为浅浮雕，在局部也有深浮雕，花纹断面有图23中的4、5、6、7、8等。图23-9巴旦木纹样，新疆地区，凡是信仰伊斯兰教的民族，不管见到还是没有见到过巴旦木果，都喜欢使用巴旦木纹样。图23-10在维吾尔语中称“斯勒曼”，在汉语中称作“云头如意纹”。图23-11在敦煌称之为“忍冬纹”，在维吾尔族中也有这样的纹样，据说是由“芽”或“蕾”变化而来，都是一脉相承的。图23-12有人认为是由花房变化而来，实为巴旦木纹②。

① 秦惠彬：《伊斯兰文明》，中国社会科学出版社，1999年。

② 左力光：《新疆伊斯兰建筑装饰艺术的思维表达方式》，《装饰》2004年第8期。

图21　外廊

图22　砖花饰细部

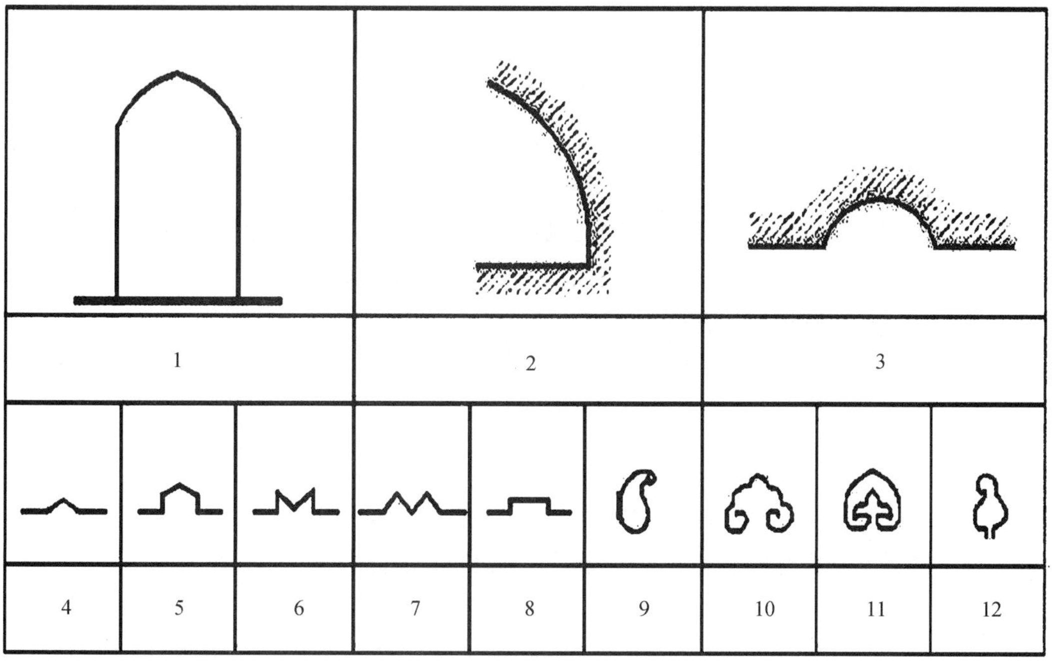

图23　装饰纹样

图24　清真寺大门

图25　壁炉

2. 装饰色彩

喀什维吾尔族在民居装饰上，对绿、红、蓝、白、黄色的崇尚以及独特运用①，是由新疆独特的自然地理环境、社会人文环境及维吾尔族的历史、文化、宗教等诸种因素相互作用而形成的。

此外，新疆维吾尔族无论在民居装饰还是在服饰的色彩运用中，都喜欢用对比强烈、艳丽之色，这不仅和新疆维吾尔族人生性活泼、开朗、热烈有关，也和新疆维吾尔族人生活在辽阔大漠戈壁包围之中，自然色彩较为单调有关。为改变这种生存环境，聪慧的新疆维吾尔族人营造着绿色，和共同生活在这片土地上的各民族开垦了一个又一个绿洲，营造着绿、红、黄、蓝、白五彩缤纷的世界。小小的一所民居，绚丽而浓郁的色彩世界，带给新疆维吾尔族人无限的艺术享受和愉悦、舒适的生活环境。

五、结　　语

以上，从喀什维吾尔族民居建筑形态构成的角度出发，对其源于地方材料的构筑体系、空间造型与空间组织、集宗教艺术与民族艺术于一体的装饰体系作了全面的介绍。我们从中可以

① 刘云、王茜：《新疆维吾尔族民居的装饰色彩》，《中央民族大学学报》（哲社版）2004第2期。

看出，喀什维吾尔民居建筑注重利用自然条件，在建筑技术、空间处理、平面布局上做到节约资源，充分利用了自然资源；在材料上就地取材，带有明显的地域特色；在艺术处理上，体现了当地维吾尔族的艺术爱好以及传统手工艺的水平，展示了当地在继承传统基础上又兼收并蓄的建筑文化。

作者单位：葛忍，新疆文物古迹保护中心

浅谈塔城市俄罗斯式建筑及其特点

刘　丽

内容提要：塔城市地处北疆的边陲，由于地理和历史的原因，俄罗斯建筑艺术曾在当地流行一时。现存的建筑实物主要有红楼、原俄国驻塔城领事馆俱乐部、原俄国驻塔城领事馆水塔生产街俄式建筑、塔城地区师范学校俄式教学楼和莫洛托夫学校原址等。这些俄罗斯式建筑不仅在结构和风格上独具特色，而且非常适宜当地的气候特点。

关键词：塔城市　俄罗斯式建筑　特点

塔城市是我国有名的边陲重镇，境内地形较为复杂，地势北高南低，北部高山连绵、丘陵起伏，南部沼泽、洼地星罗棋布。境内土地肥沃，属于温带大陆性气候。作为一座古老的城市，塔城有着无穷的魅力，它有丰富的历史积淀，清代的老城和现代的新城带着强烈的落差交织在一起。走在塔城的街上，以俄罗斯风情为主的俄式建筑物和民宅随处可见。说到俄式建筑，这与塔城独特的地理位置有关，由于距离前苏联部分地区，也就是今天的哈萨克斯坦国，仅12km，古丝路的繁华与近一个半世纪的边贸往来有着密切的关系。由于俄罗斯人的迁入，使俄罗斯建筑艺术也进入了塔城，他们开始在这里修建房屋，按俄罗斯建筑艺术并结合塔城的实际修建了教堂、学校、民宅、办公楼等各种建筑。以下，先介绍塔城市具有代表性的几座俄式建筑，然后简要分析其特点。

一、塔城市现存俄罗斯式建筑举要

1. 红楼

位于塔城市和平街道解放街与文化路交汇处，由塔塔尔族商人热玛赞·坎尼雪夫于1910年兴建，1914年竣工，是当时塔城的商贸中心，经营大宗土特产购销和对俄进出口贸易。民国三十二年（1943年），盛世才以莫须有罪名逮捕热玛赞，没收红楼，改作医院；三区革命时期，红楼交还热玛赞之子，其子将红楼捐给政府，仍作医院，不久改为专员公署办公楼；1975年改作塔城报社，现为塔城红楼博物馆。红楼占地面积3872m^2，建筑面积1069m^2。绿色铁皮顶，分上下两层，16间房，其天棚、地板、门框、窗棂均砌有图案，具有俄罗斯建筑风格，墙面用红砖砌成，故称为“红楼”（图1）。

红楼位于市区中心，院内种植有夏橡树、针叶松、花草等植被。红楼西南与塔城地区财政

图1 红楼

局隔文化路相望，东临地区工商局，西北临地区幼儿园，北侧为居民楼。红楼作为爱国主义教育基地，每年接待数万名游客，是全疆保存最好的一处近代俄式建筑。

2.原俄国驻塔城领事馆俱乐部

位于塔城地区宾馆院内，始建于清咸丰二年（1852年）属俄国驻塔城领事馆。1925年改为苏联驻塔城领事馆。现为塔城地区宾馆宴会厅，东墙外侧基本保持了原有的建筑风格（图2）。

俱乐部大致呈长方形，南北长26.5m，东西宽9.2m，高15m，通高6.5m，墙厚0.85m。西侧与宾馆主体大楼连为一体，南侧已加盖了一段长6m的宴会厅门厅。东侧原有的6个窗户中，有5个被改造为现代塑钢窗户，1个被封堵。

图2 原俄国驻塔城领事馆俱乐部

原俄国驻塔城领事馆俱乐部地处塔城市区内，夏季凉爽，雨量较充沛，冬季漫长，降雪量大。俱乐部所在地区宾馆院内树木茂盛，草坪面积较大。由于人为不合理利用，违规修缮，使俱乐部大部分建筑格局被破坏。

3.原俄国驻塔城领事馆水塔

位于塔城市地区宾馆院内，始建于清咸丰二年（1852年），属俄国驻塔城领事馆之水塔（图3）。1925年改为苏联驻塔城领事馆，现仍在使用。水塔由24cm × 12cm × 5cm的红砖砌筑而成，从底到顶共分七层，逐渐向内收缩变小，最底层东西长5.5m，南北宽5.6m，每层高约1.96m，水塔顶部为铁制，在铁皮顶上又有木制小塔顶，塔高16m，墙体厚约1m，水塔南侧自上而下共有0.6m × 0.9m的窗户三个。水塔位于塔城市区西北侧，所在地区的宾馆院内树木茂盛，草坪面积较大。其北侧10m处有一颗树龄在300年的夏橡树以及草坪，西北侧50m处为地区宾馆主楼和宴会厅，其间为水泥地坪，南100m为一条东西走向的马路，水塔东侧与平房相连。因水塔红砖风化酥碎，部分墙砖破碎；此外，因没有设立围栏，常有人触摸、攀爬水塔，也给水塔造成了一定的破坏。

图3　原俄国驻塔城领事馆水塔

4.生产街俄式建筑

位于塔城市原地区人民银行大院内东侧（图4）。建筑由红砖砌筑而成，南北宽17.8m，东西长19.3m，墙高4.3m，通高为约6.5m，屋顶为绿色。东侧有半突出砖砌罗马柱6个，其中中间两个直径为40cm，南北两侧直径30cm，屋檐为砖砌具有俄罗斯风格。东侧有五扇窗子，一扇门，南侧有木门一扇。建筑东南角突出部分东西长6m，南北宽5.8m，南侧有东西长13.4m、南北宽5.4m的廊亭（现已在廊亭西南侧用现代红砖砌墙）。南侧屋檐下有中文“银行办成毛泽东思想的大学校”字样。屋顶有烟囱两个，南侧有一个半圆形直径约0.5m的通风口。

图4　生产街俄式建筑

建筑位于塔城市城区，周围地势平坦，东、北两侧邻街道，南、西两侧为建筑物。城区有林带密布，数条由北向南的河流穿城而过。建筑物坐落于原塔城地区人民银行院内东侧，东邻生产街，北邻解放路，北隔解放路与塔城市国土资源局相望，西侧与原塔城地区人民银行大楼仅1m的距离。东侧、南侧均为居民楼。因风雨侵蚀，年久失修，建筑物北侧已有2m × 2m的红砖酥化脱落；东侧水漏底部已消失；建筑西南角原有的棚、柱子已被改变原貌，用现代红砖砌筑。

5.塔城地区师范学校俄式教学楼

位于塔城地区东部，塔城地区师范学校校园内。教学楼由苏联专家设计，始建于1963年，建成于1964年（图5）。教学楼大致呈“工”字形，东西长87.5m，南北两端宽39m，中部宽

图5　塔城地区师范学校俄式教学楼

20m，教学楼南侧突出部分为方形，北侧突出部分为椭圆形，南侧东、中、西各开1扇门，北侧中部开2门。教学楼墙高6.5m，通高9m，房基为石质，墙裙为红砖砌成，高1.2m，主体墙体为土坯所建，房檐为木质，分两层，红色，无花纹，屋顶为铁皮，东、西、南、北均有直径约1m的通风口以及烟囱。教学楼四周共有96个双层木质窗户。

教学楼位于塔城市区东部，塔城地区师范学校校园内，校园内地势平坦，树木茂盛，生长有松树、杨树、榆树、枫树、白蜡等树木以及杂草。教学楼北侧为田径场，南侧为学校围墙，其间有一条东西走向的小路；西侧有林带，东侧为地区聋哑学校（育才学校）大楼。

6.莫洛托夫学校原址

位于塔城市城区西北，杜别克街道拜格托别街5号，市第四中学校园内。该建筑是20世纪40年代由苏联人莫洛托夫所建，是一座具有苏式风格的建筑（图6）。建筑大致呈“王”字形，东西长84m，南北宽26m，高6m。共有六个房间，一个小礼堂，东、南、西、北各有一扇门。外侧墙裙高1.2m，由红砖砌筑，每扇窗户下部墙裙处各有1个直径20cm的方形通风口。4面门厅高出地面1.6m，突出墙体4.1m，高3.1m，宽4.8m。房檐叠压四层，其中三层有雕刻花纹。建筑内部房间地板为木质。

莫洛托夫学校原址坐落于塔城市城区西部，地势平坦，有数条小河流经市区，沿河树木茂盛。莫洛托夫学校原址四周有林带，生长着夏橡树、榆树、枫树、丁香树、白蜡树等。建筑西侧为市区真理路，南侧100m为拜格托别街，东侧100m为市第四中学教学楼。

图6　莫洛托夫学校原址

二、塔城市俄罗斯式建筑特点浅析

20世纪初，塔城的俄国商户已达3000多人，街面上俄国人的“洋楼棋布，洋行林立”，成为当时塔城一大景观。在新中国成立初期，塔城市内几乎所有的公共建筑都是俄罗斯风格的，但是，俄式民居中大多数并非俄罗斯族居住。当时居住在塔城的俄罗斯族多是小手工艺者，生活不富裕，而那些俄式民居多由在中俄进行商贸往来的塔塔尔族、乌孜别克族、维吾尔族商人所建。

塔城的俄罗斯式建筑，在结构和风格上独具特色，为砖木结构，房屋修建高大，空间宽敞，有利于空气流通；门窗多且大，有利于采光，使室内光线充足。在建筑细节上，塔城的俄罗斯建筑无不体现着俄罗斯人追求艺术和热烈的性格。过去在修建俄罗斯房屋时，天花板、阳台栏杆等处要点缀雕花，再染上天蓝、铁红、邮局绿等鲜亮的颜色。外观上十分注重用花卉和图案装饰。墙面砖的接缝要勾出“V”字缝，屋檐和窗户上下用雕砖装饰出几何形，连天窗、漏水的铁皮管、廊檐、柱子、栏杆等处都要有镂、刻、扎镟成的图案，每一处都很精细。

此外，俄式建筑还有着两大适宜塔城气候的优点，这也是上百年来当地人钟爱俄罗斯建筑的重要原因。

1）冬暖夏凉。塔城冬季漫长，气候严寒风雪大。俄式建筑窗户都是双层玻璃，窗户外还有木制的窗扇，很保暖；墙体厚，外墙一般厚1m，内墙在70～80cm，利于冬季保暖、夏季隔热。屋内，冬季取暖都用圆形的铁皮毛炉，有一人多高，直径近1.5m；毛炉一般建在房屋隔墙的墙角，可使两间到三间房屋同时受暖，节省燃料，同时还有利于保持房屋的清洁卫生。

2）坚固实用。这得益于俄式建筑的用材。屋顶，除了使用最外层刷防锈漆的俄罗斯黑铁皮，还选用优质的红松木交错了几层。在松木上，又垫了几层沙石，加上支撑双层木框架，屋顶和墙身的厚度都达1m。塔城的俄式老建筑，有些已历经百年风雨，却依然骨架挺拔，轮廓鲜明，未见丝毫苍老的痕迹。

三、结　　语

塔城现存的俄式建筑生动地表现了塔城厚重的地域文化，盛载了当地文化的灵魂。我们可以通过这种实体形象十分直接地感知和认同于自己的历史，保护和传承俄罗斯族的民居营造技艺，这对研究中国新疆俄罗斯族的文化、历史、建筑艺术、民俗等方面都有重要意义。

作者单位：刘丽，塔城地区博物馆

克孜尔石窟安防系统工程报警技术性能指标的精确实现

赵永升

内容提要：克孜尔石窟早在1961年被公布为全国重点文物保护单位，其文物本体先后被进行过多次保护修复。随着科学技术的发展，以及申报世界文化遗产的需要，安防系统的实施和建设被提上日程。安防系统的创建，为文物本体保护提供了更加科学的防护系统。本文将全面阐释系统工程技术性能指标，全方位展示克孜尔石窟安防系统的构成。

关键词：克孜尔石窟　安防系统

一、工程概况

（一）克孜尔石窟概况

克孜尔石窟位于新疆维吾尔自治区拜城县境内，地理坐标东经82°27′，北纬41°47′，是中国开凿年代最早的石窟群。1961年国务院公布克孜尔石窟为全国重点文物保护单位（图1）。

克孜尔石窟的洞窟主要开凿在却勒塔格山北麓木扎提河北岸的断崖上，现存有编号的洞窟236个，总体走向为东西向。石窟分为四个区域，以中部苏格特沟为界，沟内为谷内区，沟西为谷西区，沟东为谷东区，谷东区东部台地上为后山区，后山区又分为前区和后区。

（二）克孜尔石窟安防系统工程概况

为贯彻实施GA27–2002《文物系统博物馆风险等级和安全防护级别的规定》，并为申报世界文化遗产创造条件。在国家文物局的关怀支持下，2003年9月，“新疆克孜尔石窟安防系统工程”正式立项，2004年9月完成设计并通过国家文物局专家组的论证。2007年5月30日，在新疆重点文物保护项目领导小组执行办公室的组织下，工程正式开工。

克孜尔石窟安防系统工程是由入侵报警系统、声音复核系统、图像复核系统、电视监控系统、通讯指挥系统、门禁系统、巡更系统、IP数字化广播系统、光缆传输系统、中心控制室以及灯光照明、实体防护设施等项目构成。

系统以入侵报警系统为核心，以声音复核、图像复核、电视监控和通讯系统为基础组成部分，结合门禁、巡更、有线广播、光缆传输、实体防护等子系统，通过系统集成，将各子系统融为一体，构成一个自动化、智能化程度高，防范严密，功能设置完善，综合防范能力强，易于操作与管理的现代化的安全技术防范系统。

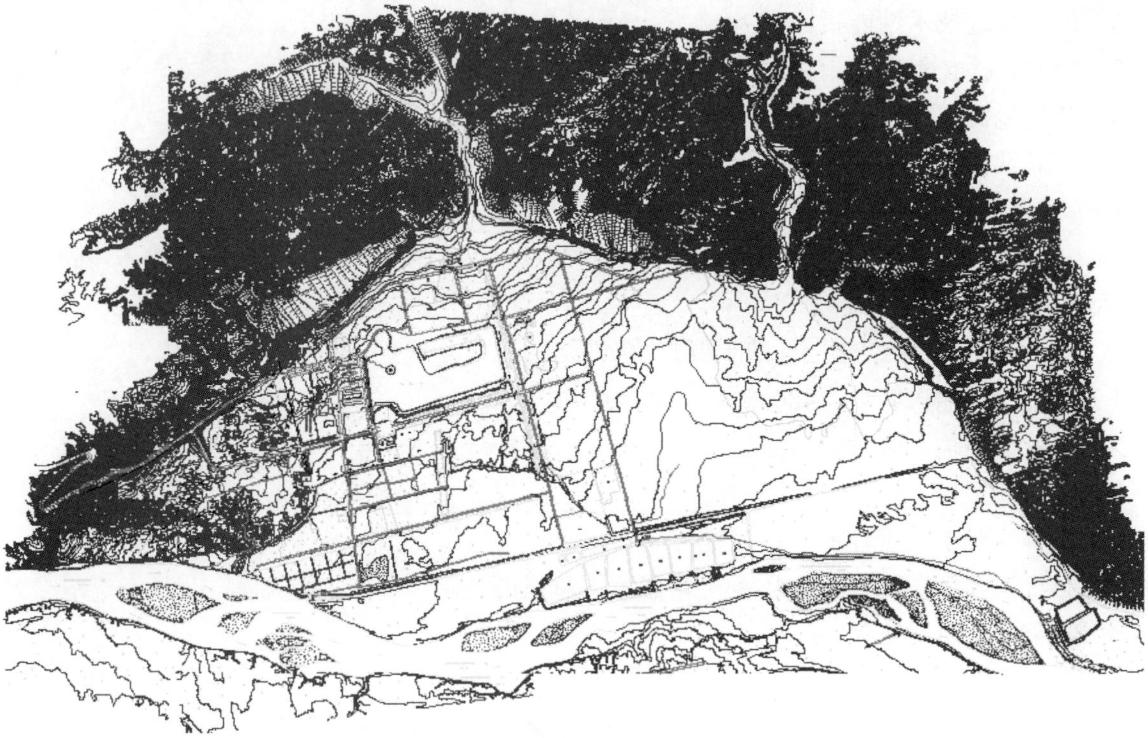

图1 克孜尔石窟总平面图

二、系统工程技术性能指标的提出

安全技术防范系统工程的设计，必须遵循相关规范的程序，只有有计划、有目的、有步骤的进行，才能使方案设计实施顺利完成，其中制订“目标”是至关重要的。

所谓“目标”，是指工程建成后，能反映工程总体性能、工程质量和防范效果的“系统工程技术性能指标”。制订该指标的目的在于它为工程设计、施工制定了总体“目标”。目标的制定，不仅为了从总体上保证工程质量和预期要达到的防范效果，而且为工程设计、方案审核、工程施工和工程验收提供了依据。

“系统工程”是一个整体的概念，它涵盖了“技防”“物防”“人防”和“科学管理”四个方面，只有从这四个方面全面考虑，才能把“系统工程技术性能指标”制定完善。

克孜尔石窟安防系统工程就是从这四个方面考虑，结合设计任务书的要求，从现场勘察的实际出发，遵循规范、标准的规定，经过反复思考和推敲后制定出本工程 “系统工程技术性能指标”。

克孜尔石窟安防系统工程指标的内容主要包括：

1）入侵报警系统技术性能指标。

2）声音复核系统技术性能指标。

3）图像复核及视频监控系统技术性能指标。

4）专线对讲系统技术性能指标。

5）巡更系统技术性能指标。

6）门禁系统技术性能指标。

7）公共广播技术性能指标。

8）备用电源技术性能指标。

9）可靠性指标。

10）系统整体功耗。

因为克孜尔石窟安防系统工程是以入侵报警系统为核心，所以我们重点论述入侵报警系统技术性能指标及指标的精确实现。

入侵报警系统技术性能指标的主要指标如下：

1）系统设计输入容量：480路

2）系统最大输入容量：512路

3）系统漏报警：＝0

4）报警探测率（设计值）：=100%

5）系统误报警：日误报次数≤探测器输入总量的1%。

6）报警响应时间：≤2秒

三、入侵报警系统的构成

（一）报警系统设备的选择

入侵报警系统设计模式的构成，是以设备选型为基础，各类器材、设备是系统设计模式构成的要素，其质量优劣，直接影响到系统性能指标的精确实现。为确保系统性能指标的精确实现，工程选用美国安定宝公司的VISTA-1200报警主机及模块。

（二）4208总线扩展模块功能

4208总线扩展模块有八个入侵报警探测器的输入端子，可接入不同技术类型的探测器（主动红外、被动红外、微波、超声波、磁控、声控、双鉴、振动等）八只。

在每个探测回路都加装一个尾线电阻（精密电阻）（图2）。加装尾线电阻（精密电阻）的目的是区分报警、正常、线路开路、短路四种状态，从而具有前端探测器工作状态的监测功能和防破坏功能，可对每个探测器进行地址编码，一旦某个探测器被触发报警，终端主机通过地址码判断报警部位。

4208总线扩展器可在-20～70℃、湿度90%（不凝气）的环境下连续24小时运行，其平均无故障工作时间大于5000小时。

（三）入侵报警系统的构成

1.理论构成模式

入侵报警系统实际设计中有多种构成模式，但是各种不同的入侵报警系统都有基本相同的理论构成模式（图3）。

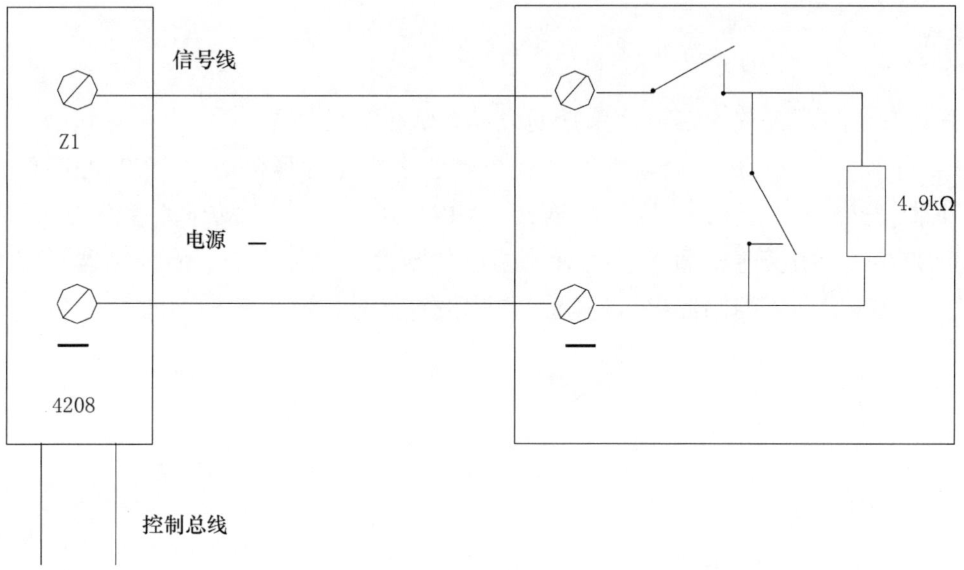

图2 4208总线扩展器

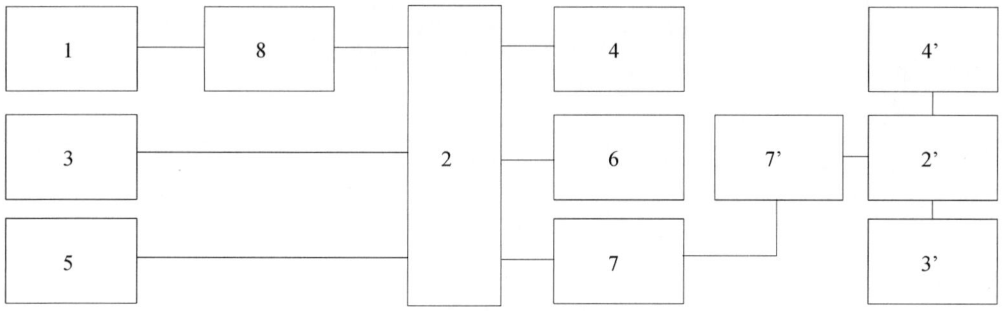

图3 入侵报警系统理论构成模式

其中，

1为探测器、手动控制装置。

2、2’为控制设备。

3、3’为电源。

4、4’为可视或音响指示设备。

5为由控制设备激发的装置。

6为程序输入装置。

7、7’为信号通信接口（调制解调器）。

8为传输设备。

另外，声光指示、编程装置、信号通信接口可以由分离部件构成，也可以由组合或集成部件构成；入侵报警系统中探测器与控制器之间、控制器与远程中心之间的信号传输可以采用有线或无线传输方式；入侵报警系统可以包括其他附加装置，但它们均应符合本标准的相关要求。

2.设计构成模式

克孜尔石窟安全防范工程入侵报警系统的设计构成模式（图4）。

由图4可以看出，系统采用的是总线制传输方式，多媒体计算机通过CW2104串口扩展模块和4100SM串口模块与VISTA-120报警主机连接。VISTA-120报警主机与各种模块间采用RS485总线连接。VISTA-120报警主机通过总线对前端控制器发送多种指令，使控制器对报警探测器进行巡检，同时总线对前端控制器进行巡检，接收报警信号，实现各种功能。

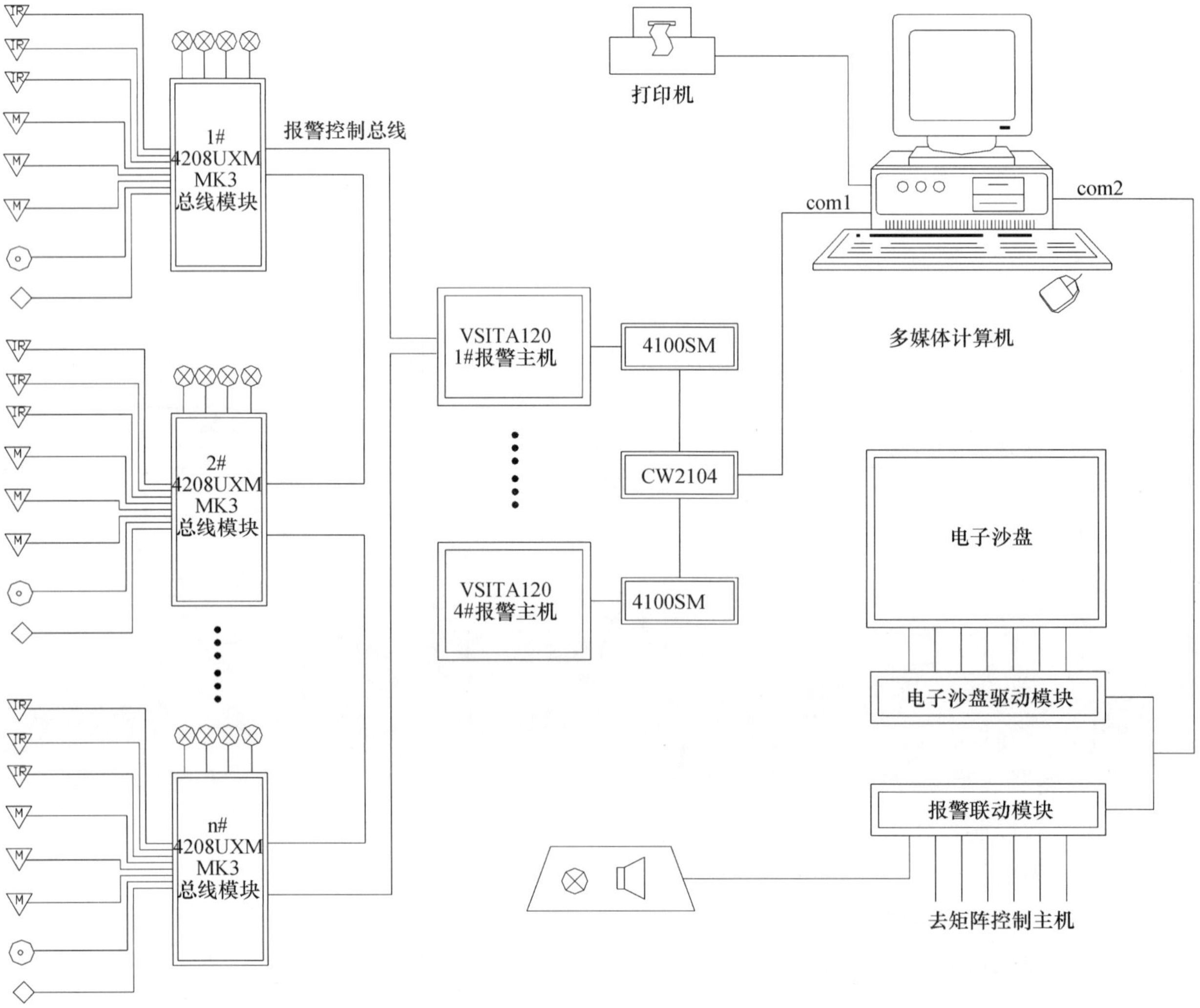

图4　安全防范工程入侵报警系统设计构成模式

3.报警控制器防护功能分级

防盗报警控制器按防护功能级别分为A、B、C三级。

A级：为较低功能级。

B级：为一般防护功能级。

C级：为较高防护功能级。

图4所构成的模式是遵循GA/T368–2001《入侵报警系统技术要求》和GA/T367–2001《视频安防监控系统技术要求》这两个标准构建的，其技术要求达到了“C级为较高防护功能级”的要求。

四、报警系统技术性能指标精确实现的数据分析

（一）系统设计输入容量：480路

由现场勘察统计后的数据得出，克孜尔安防系统工程报警系统的总设计输入容量为480路。

（二）系统最大容量：512路

克孜尔石窟安防系统工程设计报警系统的总输入容量为480路，选择VISTA–120作为报警主机，每台VISTA-120报警主机可输入128路，四台合计可输入512路报警信号，还有余量。完全达到“系统工程技术性能指标”的要求。

（三）系统漏报警=0

实现系统漏报警=0这个指标，必须解决好两个问题：

1）系统本身不能产生“漏检报警信号”。

2）探测器的探测率必须达到100%。

“探测器的探测率必须达到100%”这一指标在第（四）条论述，这里先谈“不漏检报警信号”的问题。

不漏检报警信号的关键在于，所选用的4208总线扩展器相对于所输入探测器工作状态，每巡检一周的时间里是否小于探测器报警状态的延迟时间。

4208八防区扩展器对每个探测器的工作状态进行检测，其探测器环路响应时间1#、2#防区为10ms，3～8防区为45ms。4208八防区扩展器每巡检一周所需要的时间为2×10ms+6×45ms=290ms。

依据GB10408.1入侵探测器第一部分：通用要求“6.1.1当探测器产生报警状态时，该状态至少保持1S（1S=1000ms）”。按照这一规定，任何一路探测器在其处于报警状态时，可被巡检3次（1000ms÷290ms=3.448）以上，换句话说，任何一个探测器处于报警状态下，可被4208总线扩展器连续巡检至少3次。

以上数据分析为4208八防区扩展器不产生“漏报警”提供了理论依据，说明4208八防区扩展器的可靠性很高，完全达到“系统工程技术性能指标”的要求。

（四）入侵报警探测器的探测率（设计值）：=100%

“入侵报警探测器的探测率（设计值）：=100%”这个指标是关系到系统不产生“漏报警”的第二个关键问题。实现这个指标的关键在于：一方面选好与安装现场环境相适应的探测器；另一方面在设计探测器的覆盖范围时，要预留适当的保障系数。这样，即使在现场环境

温度、湿度及其他因素发生一定的变化时，仍能保障探测器的探测率达到100%。这就是保障“入侵报警探测器的探测率（设计值）：=100%”，不产生“漏报警”的第二个关键问题。

克孜尔石窟安防系统工程的报警系统对这一指标采取了如下解决方案：

（1）探测器的交叉覆盖

为保证入侵报警系统的“入侵报警探测器的探测率：=100%”，在防范区域的探测器布设设计时，充分利用了不同探测器的工作原理和探测特性，采用多种探测器交叉布设，探测区域互相覆盖协同工作，使每个探测器的探测率都达到100%，从而是防范区域的探测器的综合探测率达到100%，满足“入侵报警探测器的探测率：=100%”的指标要求（图5）。

（2）探测器指标的保障系数

为保证入侵报警系统的“入侵报警探测器的探测率：=100%”，除了采用多种探测器交叉覆盖布设外，探测器的技术参数要打出适当的保障系数，即使在现场环境温度、湿度及其他因素发生一定的变化时，仍能保障探测器的探测率达到100%。

克孜尔石窟安防系统工程的报警系统就是如此。被动红外探测器选择探测范围10m × 6m，90° 夹角，近似扇形。由于其灵敏度易受环境温度的影响，所以设计的探测器探测范围按其标称值6m的80%计算，即选择4.8m的探测范围为实际使用范围（实践测试经验值）。这样即使在现场环境温度、湿度及其他因素发生一定的变化时，仍能保障探测器的探测率达到100%（图6）。

通过以上的方案和分析，为克孜尔石窟安防系统工程报警系统的“入侵报警探测器的探测率：=100%”指标提供了理论依据，从而论证了本系统的“入侵报警探测器的探测率：=100%”完全达到指标要求。

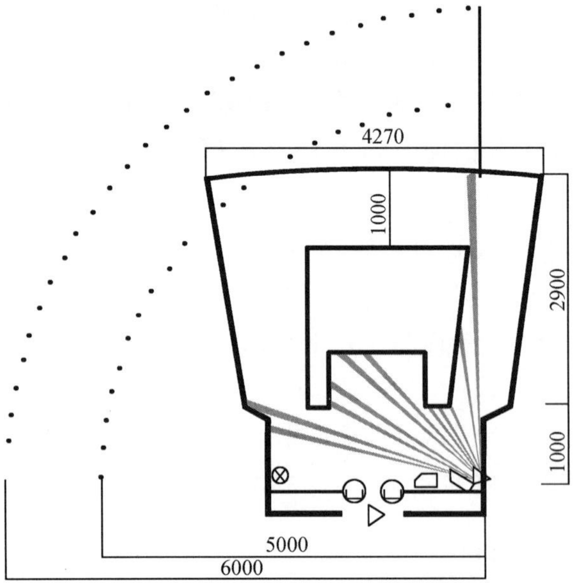

图5　探测器交叉布设图

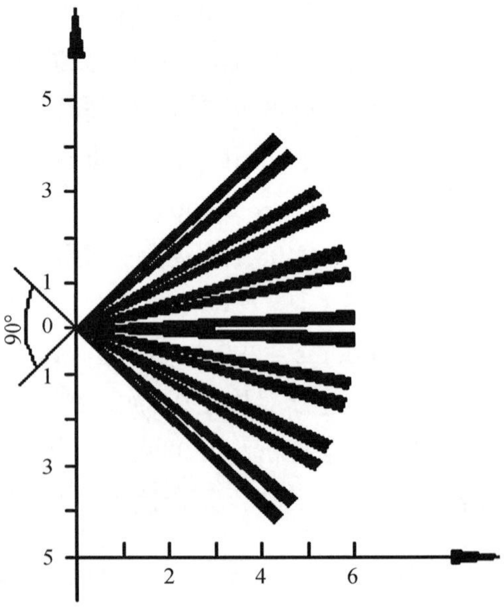

图6　探测器探测区域图

（五）系统误报警：日误报次数≤探测器输入总量的1%。

系统误报警是报警系统长期存在且一直困扰用户的重要问题。目前一直存在这样一个共识，即系统误报警为零的系统是最好的效果，这是一个误区。

误报警为零，说明系统过于稳定，灵敏度太低，从另一角度看，灵敏度太低会使系统的漏报警增加，这是规范不允许的重大隐患。同样，误报警过多，说明系统过于灵敏，极容易给值班人员造成“狼来了”的假象，降低了系统的可信度，造成不法分子入侵机会增多的威胁，这是也是规范不允许的。

克孜尔石窟安防系统工程报警系统为确保“误报警”这一指标精确实现，采取了如下解决方案：

（1）采用多种探测器协同工作的方式

采用这种方式，通过多种逻辑组合，使得系统具有一定的逻辑判断能力。当一种探测器发出报警信号时，作为初级预警；当两种探测器发出报警信号时，作为中级预警；当三种探测器同时发出报警信号时，系统报警。通过这些逻辑判断功能的灵活组合运用，使系统的误报警降到最低，又具有一定高的灵敏度，从而满足“误报警”技术性能指标的要求。

（2）采用图像复合、声音复合作为报警系统辅助系统的协同工作方式

对于采用多种探测器交叉覆盖布设、协同工作进行防护的部位，以及其他防范级别较低，不需采用多种探测器交叉覆盖布设、协同工作进行防护的部位，均采用图像复合、声音复合系统作为报警系统的辅助手段，使值班人员的眼睛、耳朵延伸到防范现场（图5、图6）。当发生报警时，值班人员可以通过图像复合看见现场图像，通过声音复合听到现场的声音，然后运用人防智慧综合分析三类信息来判断警情的真伪。

（3）采用新型智能探测器

科技发展日新月异，新型智能探测器不断开发研究，为降低“误报警”提供了新的技术支持和选择，如美国微点（MicroPoint）感应振动电缆系统，通过软件自由在连续的电缆上精确设定防区（1.1m一个防区）数、多个防区智能互访判断、灵敏度曲线化设定等技术手段，很好地识别和排除雨、雪、风、植物引起的误报警信号，从而过滤误报警，达到“误报警”技术性能指标的精确实现的要求。

通过以上解决方案，为克孜尔石窟安防系统工程报警系统“系统误报警：日误报次数≤探测器输入总量的1%”指标的精确实现提供了技术支持，完全达到指标要求。

（六）报警响应时间：≤2s

这个技术指标主要反映探测器一旦被触发报警，其报警信号传输到系统终端，使主机产生声、光报警显示和部位显示所需要的时间。

在整个系统中，报警信号又是联动声音复核、图像复核、电视监控、录音、录像设备及其他外部设备的启动信号源。所以说，联动设备受控于报警响应时间，如果报警响应时间一长，声音复核、图像复核和电视监控的实时性的功能和效果就受到影响。因此，规范强制性地把报警响应时间规定为≤2s，否则，时间稍一延长，就潜伏着“漏报警”的因素。

克孜尔石窟安防系统工程报警系统的这一指标是否复合要求呢？下面对其进行了分析。

克孜尔石窟安防系统工程采用VISTA–120组成的报警系统，报警响应时间：≤2s，达到了“0.34s”。

“0.34s”是系统巡检时间+执行时间。

（1）巡检时间

所谓系统巡检时间，是指报警主机对总线扩展器巡检一周所需要的时间。

VISTA-120报警主机总线巡检的时序间隔时间为20ms，一台VISTA-120报警主机可在总线上最多挂接15个总线扩展模块，这样，VISTA–120报警主机每巡检一周的时间为：

15 × 20 ms=300ms。

（2）执行时间

执行时间是指报警主机接到报警信号后，按程序启动声、光报警显示的时间。本系统的执行时间为40ms。

（3）报警响应时间

巡检时间与执行时间两者之和：300+40=340ms=0.34s。

通过以上数据分析可以得出：VISTA–120组成的报警系统，其“报警响应时间”完全达到“≤2s”的指标要求。

五、结　　语

通过以上分析可以看出，克孜尔石窟安防系统工程报警系统是针对犯罪分子的狡猾预谋、冒险、不择手段突发作案难以预测的特点，通过采用先进的设备与优化的设计相结合，构建的一套现代化的报警系统，其各项指标均精确实现并超出了“系统技术性能指标”的要求，是一套完整的入侵防御体系。系统达到防入侵盗窃、防内盗、防内外勾结作案、防潜伏作案、防集团化作案、防智能化作案、防暴力抢劫，保护文物安全的目的，为文物安全提供坚实的技术保障。

作者单位：赵永升，新疆文物古迹保护中心

安防系统走进克孜尔石窟

李 博

内容提要：新疆克孜尔石窟安全防卫系统工程，已于2010年12月8日竣工并顺利通过最终验收。此系统的硬件设备与软件系统的安装，使克孜尔石窟的安全防卫达到了三防合一的现代化安防标准。

关键词：克孜尔石窟 安全防卫系统

随着社会的进步，科技的发展，文物系统也从传统的人防、物防发展到技防以及三者的结合。进入21世纪以来，盗窃文物犯罪手段越来越高明，对当前文物技术防范水平的要求越来越高，文物系统的安全技术防范应用也越来越广泛。位于新疆拜城县境内的克孜尔石窟，是与敦煌莫高窟同享中国"四大石窟"美誉的古代佛教石窟之一，1961年被列为第一批全国重点文物保护单位。它保存了我国上千年的文化历史遗产，是研究历史、佛教最形象的实物，具有永久的保存价值。

为了能更高效地保护克孜尔石窟这一珍贵的文化遗产，2004年国家文物局立项并投资1600万元，并于2007年6月1日由新疆泰克软件开发有限公司启动实施了克孜尔石窟安全防卫系统的建设工程。国家文物局组织多位专家，在2007年到2008年期间曾四次讨论修改安防工程的施工方案，最后在2008年5月，确定了克孜尔石窟安防工程的最终施工方案。工程技术人员经过了近三年的紧张施工，于2010年7月25日克孜尔石窟安全防卫系统工程基本竣工，并通过了新疆维吾尔自治区文物局组织的初验，设备开始进入调试阶段。2010年12月8日，国家文物局组织专家在现场进行验收，此项工程顺利通过了验收。自此，克孜尔石窟安全防卫系统正式走进克孜尔石窟。

一、克孜尔石窟安防工程简介

根据克孜尔石窟内各类洞窟实际情况的不同，专门设计安装有红外传导、声响传导、震动传导、视频传导等各类监视监控设备，并且在洞窟的外围周界、文物库房、文物展厅、资料室等也都设计安装了安防设备。在石窟区域内建立中心控制室，采用专用光缆、数字通信等技术手段进行信号的传输，并安装了防盗报警、音视频监控、人员巡更子系统、门禁管理子系统、对讲系统、后备电源发电、机房主控等各类电子防护系统，确保了克孜尔石窟的文物安全性。

在克孜尔石窟安防系统中，应用的是光纤在其闭合的环路内传输音频、视频、报警等前端设备的信号，并从摄像到图像显示和记录构成了独立完整的系统。它能实时、形象、真实地反映石窟环境内被监控对象的情况，不但极大地延长了人眼的观察距离，而且扩大了人眼的机能；它可以在恶劣的环境下代替人工进行长时间监控，并且能够掌握石窟内实际发生的一切情况，通过硬盘录像机记录下来。同时，还有对洞窟内声音的监听，使得监控的图像更加真实和具体。报警系统设备是对非法入侵石窟的行为进行报警的，它产生的报警型号输入报警主机，报警主机触发监控系统录像并记录。监控中心就是接受所有前端设备信号的汇总中心，并最终集中资料展示在监控员的面前。安防工程中主要安装的设备有摄像头、室外红外对射探测器、室内红外报警、震动报警、温湿度传感器、云台、防护罩、警灯、广播、幕帘、监听器、门磁、指纹机等设备。

二、安防系统安装软件简介

在克孜尔石窟参观道路的重要出入口、洞窟内及重要文物存放地都安装了主动式红外探头，进行布防，在监控中心值班室（监控室）安装报警主机，一旦某处有人越入，探头即自动感应，触发报警，主机显示报警部位，同时联动相应的探照灯和摄像机，并在主机上自动切换成报警摄像画面，报警中心监控用计算机弹出电子地图并作报警记录，提示值班人员处理，大大加强了保安力度。报警防范系统是利用主动红外移动探测器将重要通道控制起来，并连接到监控中心的报警中心。当在非工作时间内有人员从非正常入口进入时，探测器会立即将报警信号发送到监控中心，同时启动联动装置和设备，对入侵者进行警告，可以进行连续摄像及录像。

音视频监控系统要对全部洞窟、资料室、文物库房、文物展厅等重点位置和重要展品进行实时的监控，保证可以对进入石窟的人进行全程的跟踪。视频监控中在室外洞窟周界运行的是全方位云台摄像机（图1）。云台、防护罩给摄像机和镜头提供了适宜的工作环境，并可实现

图1　洞窟周界运行的全方位云台摄像机，对重要出入口进行实时监控

拍摄角度的水平和垂直调整。音频监控多安装在室内，采集声音信息并与视频信息同步传输到监控中心。

电子巡更系统主要是保证保安人员定时有序地对各巡更点进行巡视，同时保护巡更人员的安全。巡更系统由巡更棒、信息钮组成。巡更人员在规定的时间内到达指定的巡更地点，输入巡更棒内信息，向管理中心发出到位信息，否则系统发出超时报警，通知管理中心，从而达到技防与人防的有效结合，并且为安全管理和安全防范分析提供了资料。巡更系统是必需的，在人防、技防补充物防不足的同时，也能用电子记录更有效地约束巡更人员的工作，这样才能最大限度地保证洞窟和文物的安全。

门禁系统又称出入口控制系统，是对正常的出入通道进行管理，对进出人员进行识别、统计和对通道门进行自动控制的系统（图2）。出入口控制系统主要由人员合法信息的卡片、指纹、密码和读卡器、电子门锁、门磁组成的。在进出洞窟、展馆、库房及办公区域的主要通道口设置了门禁点，所有读卡都有记录，有非法闯入事件时会自动报警，并可联动摄像机对门禁点进行监视。

图2　门禁系统，对出入通道的全部人员进行管理和联动报警

供电子系统是整个系统的动力，设立时考虑到了整个系统用的电量，以及市电异常时仍然能够保证整个系统的不间断运行，所以供电子系统是整个安防系统的后备军。

对讲系统是安防系统的联络网，因为安防系统是安全保卫工作人防、物防和技防相结合的工作方式，由于工作性质的不同，内勤与外勤要时刻保持联系畅通状态，所以无线对讲设备就是最好的通讯工具。同时，在固定的室内通道口还安装了有线对讲，它是通过专门的设备和线路实现不同地点进行双向语音通讯功能，由主机和分机组成。该系统可以用于访客身份确认，内部人员呼叫通讯，也是无线对讲通讯手段的补充，方便其他工作人员在突发事件时联系监控中心。

中心控制子系统是整个克孜尔石窟监控系统的核心，它负责整个安防系统的控制和调度，处理各种信号，对需要处理的问题及时报警或者按照预设的处理方案自行处理。其中的电视墙显示部分应重点介绍一下。该部分的组成有系统显示器和监视器屏幕，上面显示的是实时监视信号和录像内容的回放及检索。系统支持多画面回放，所有通道同时录像，系统报警屏幕、声音提示等功能。它既兼容了传统电视监视墙一览无余的监控功能，又大大降低了值守人员的工作强度，也提高了安全防卫的可靠性。中心控制子系统中的终端显示部分实际上还完成了另外一项重要工作——控制。这种控制包括云台摄像机、镜头控制、报警控制、报警通知、自动、手动设防，防盗照明控制等功能，而监控员的工作只需要在系统桌面点击鼠标操作即可。

环境监测子系统对文物保护是相当必要的，克孜尔石窟是以壁画为主，所以对环境的要求是比较严格的，如光线强度、温度、湿度等等。温湿度传感器可探测洞窟环境内温度、湿度，从而保证洞窟内部良好的物理环境。对壁画的保护和研究提供了有利的监测条件。

防盗报警系统、音视频监控子系统、人员巡更子系统、门禁管理子系统、供电子系统、对讲系统、中心控制子系统、环境监测子系统构成了一个自动化、智能化程度高、综合防范能力强的现代化文物安全防范系统。以上几个系统也是文博安全防范技术中经常应用到的主要的安全技术防范系统的子系统，它们相对独立又相互联系，每个子系统既能独立工作实现特定功能，又能相互配合、联动实现全面防护，达到技防、物防、人防相结合，探测、延时、反应相协调，其运用与选择应根据实际需要进行组合配置，以适应防护级别与被保护对象的风险等级。安防系统即将成为克孜尔石窟文物安全防范、消防报警监控、游客安全实时监控、保护区治安防范、突发应急事件指挥调度的综合管理平台。

三、安防系统硬件安装

安防工程的设施安装是安全防范软、硬件综合构筑成的一门完整技术。文物本体材质脆弱，在安装过程中可能会对文物造成一定的损害，所以安防硬件设备的安装必须在文物安全的前提下进行。但是，洞窟空间有限，壁画和墙壁上又绝对不能钻孔、打眼，所以安防工程在克孜尔石窟的硬件安装上突显出了保护与安装的矛盾。

在安防系统设备安装过程中，新疆龟兹研究院的工作人员一直在现场监护着文物的安全，并且采取专家们的建议，最后确定了具有克孜尔石窟特色的窟内监控安装。在洞窟内利用了很少的空间，以最合理的排列方式把所有的安防设备都安装在立式支架上，稳压器和电线也可隐藏在支架的底座里（图3）。这样既避免了在洞窟墙体和壁画上钻孔、打眼，又能保持设备在洞窟内的隐蔽性和整齐性。

在设备安装完毕后，本着修旧如旧的原则，对设备安装痕迹进行了洞窟原色的填补（图4）。截止到2010年6月，克孜尔石窟内的一级风险窟、周界栅栏、高空云台、文物展厅、文物库房、资料室还有监控室等地方共计169台摄像机，都已全部调试到位。真正做到了最大限度地保持洞窟、文物的完整性，并将保护与设备安装时产生的矛盾一一化解。

现代化社会中对安防技术的应用，除了传统的公安、金融、交通、军队等典型的行业外，安防也正在向更多的行业挺进，譬如教育、保险、旅游、文博、水利等，安防技术的应用几乎

图3　具有克孜尔石窟特色的安装在立式支架上的窟内监控设施

图4　设备安装完毕后，对设备安装痕迹进行了洞窟原色的填补

已经普遍化了。但是怎样才能使安防系统在克孜尔石窟得到最大程度的发挥呢？只有严格规范运行、合理使用才能达到三防合一、物尽其用的最好效果。

首先，应完善工作规章制度中的仪器和专用工具使用制度、维修人员岗位职责、设备检修制度、交接班制度、值班制度、操作规范等，用规章制度的规范性和约束性控制安防系统的管理秩序。

其次，在制定的各项规章制度下，规范的完成安防的各项工作，其中保护文物安全，反盗窃、反破坏是我们安防工作的重点之一。但是克孜尔石窟不仅是文物保护单位，还是新疆的著名人文旅游景点。多重身份带来的不仅是多种契机，同时对管理和保护带来的也是多重挑战。所以，文物的保护、文化的传播和游客安全的保护都必须找到一个最佳平衡点，让古人留下的这份珍贵遗产不仅能长久保存，也能让更多的人认识和了解它，同时还给管理和保护单位带来旅游收入（图5）。

图5　克孜尔石窟谷西区的安全防卫系统

最后，在做好本职文物安全监控工作的同时，还应与其他各部门通力合作，使安防系统的技术和设备物尽其用。例如，洞窟温湿度的统计，对不同时间段、不同天气情况下和不同参观游客数量时给洞窟和文物带来的不同影响，为研究和保护提供了真实详尽的记录；洞窟环境监测则是对洞窟温湿度监测的补充和对洞窟文物在一定情况下的保护，监测洞窟内温湿度超标时会及时通知有关部门采取适当措施；洞窟无人监护是在人手短缺时，对于来自外单位研究性机构在克孜尔石窟内进行实地考察、临摹、研究时采取的一种无人监护性措施；与财务部门合作统计游客参观人数，避免了由于人工统计产生的误差，还能配合接待部播放游客参观须知的广播，以此避免讲解员与游客之间发生的管理矛盾。这些工作对文物的保护、文物的研究和文化的传播都做出了多方面的贡献。

在市场经济不断跃进、新疆跨越式发展的今天，文物的盗窃和反盗窃斗争日趋激烈，文物的保护和利用的矛盾也日益突出，而安防系统正是防范和解决这一矛盾的有效方法。它对文物安全防范、消防报警监控、游客安全实时监控、保护区治安防范、突发应急事件指挥调度、洞窟内温湿度监测、壁画病虫害情况监测等都有着实时监控和综合协调治理的能力。文物的保护离不开安防系统，文物的利用更加需要安防系统。

作者单位：李博，新疆龟兹研究院

克孜尔石窟文物展厅及库房安防、消防工程的特点

赵永升

内容提要：克孜尔石窟是新疆现存最大的佛教石窟群，也是较早建设安防设施的一批文物保护单位之一，其文物展厅及库房安防、消防工程的开展和实施对其他文物保护单位安防、消防工程的建设具有重要启示意义。本文从克孜尔石窟安防、消防工程的主要内容、特点及共享特点出发，全方位展示其建设过程。
关键词：克孜尔石窟　安防　消防

位于拜城县克孜尔乡东南7km木札提河谷的克孜尔石窟，是新疆现存最大的佛教石窟群。为了配合“丝绸之路”申报世界文化遗产，2007年，新疆重点文物保护项目领导小组执行办公室开始对石窟所处区域实施安防和消防工程。防范的区域，除了山崖间的洞窟外，还涉及当地的文物展厅及库房。其中，后者的论证、设计和施工尤其引人关注。以下，结合实际情况，试对工程的特点作粗浅的分析。

一、克孜尔石窟安防、消防工程的主要内容

（一）设防地点概况

文物展厅原为1994年落成的一座学术交流大厅，建筑面积1000m^2，为砖混结构的现代化建筑（图1）。2001年，除保留了原有的旅游接待室、购物区和资料中心外，其余区域被改造为文物展厅。目前，整个展厅使用面积为180m^2，分割为三个展室，分别展出龟兹石窟出土的文物和壁画临摹品。文物库房坐落在西南距展厅约50m的土坡上， 1998年建成，总面积为150m^2，为封闭型库房，混凝土结构。

（二）安防、消防工程主要内容

克孜尔石窟安全防范工程是以中心控制室为中枢，以入侵报警系统为核心，以声音复核、图像复核、电视监控和通讯系统为基础，结合门禁、巡更、有线广播、光缆传输、实体防护等子系统，通过系统集成，将各子系统融为一体，构成一个自动化、智能化程度高、防范严密、功能设置完善、综合防范能力强、易于操作与管理的现代化的安全技术防范系统。

克孜尔石窟作为国家重点文物保护单位，由于石窟地处偏远，一旦发生火情，只能自救。按照《新疆维吾尔自治区消防条例》规定，克孜尔石窟确定了“以防为主，防消结合”的指导思想。工程内容主要包括火灾自动报警系统、消火栓系统、气体灭火系统；与这三个系统配套的消防基础设施包括消防专用电源、电缆的网设、消防泵房的建设和安装、消防水池、消防栓管网及消火栓井的建设（图2）。

图1　展厅外景

图2　克孜尔安防、消防系统中心控制室

二、安防、消防工程的特点

（一）文物展厅及库房安防工程的特点

由于文物展厅和库房均属于一级风险单位，按规范："一级风险单位的技术防范系统，应设置周界、监视区、防护区和禁区。一级风险部位应置于防护区或禁区内。"这一规定明确了一级风险单位设置技术防范系统的要求，其目的是针对刑事犯罪分子的突发作案，难以预测的特点，运用现代科学技术和技防产品构成的技术防范系统进行有效防范。

文物展厅、库房的安防工程完全按照规范要求，结合建筑物的特点，因地制宜地运用点、线、面和空间相结合的多种技术类型的探测器，以实体防护结合固定摄像机、报警探测器等设备构建出周界、监视区、防护区和禁区四个区域，在局部形成纵深防护体系，形成多层次、多防线、无漏洞的安防系统。

（1）周界防护

克孜尔石窟文物展厅为砖混结构，库房是按金库标准建设的全混凝土结构，二者自身防范能力较强，所以，文物展厅及库房的周界防护是以实体防护为依托，配合振动报警探测器、断线报警探测器等多种技防设备构成（图3）。实体防护在有人非法入侵时起到延迟入侵的作用，同时又能与周界的技防设备相结合，起到提前预警的作用。

图3　消防琴台式报警联防控制主机

（2）监视区建设

文物展厅及库房的监视区也是以实体防护为依托，结合摄像机、红外灯等技防设备构建而成。当有人非法入侵时，在周界防护提前预警、延迟入侵的同时，监视区摄像机将现场图像传回监控中心，为值班人员提供图像复合，同时录像取证（图4）。

图4　文物展厅监视区摄像机

（3）防护区、禁区建设

克孜尔石窟文物展厅和库房的防护区、禁区均采用微波红外双鉴探测、幕帘探测、门磁报警、振动传感器、紧急按钮（无线和有线）等技防设备交叉布设，以摄像机、声音探测器作为图像和声音复核手段，结合有线对讲、联动灯等辅助手段，构建出防护区和禁区，从而实现了《安全防范工程技术规范》中规定的“F1防范部位有三种探测技术、两种复核手段”的防范效果，确保珍贵文物的安全。

总之，安防系统建成后，在系统的控制范围内，将达到防范严密、常备不懈、无懈可击的防范效果。

（二）文物展厅及库房消防工程的特点

1. 文物展厅消防工程的特点

克孜尔文物展厅属于文物保护二类防火建筑，设置自动火灾报警系统及联动控制系统。火灾自动报警所用电源采用二级负荷供电，本系统包括集中报警控制柜（包括电源单元、通信单元、联动控制单元）、区域报警器、消防电话系统（与安防共用）、消防广播系统（与安防共用）、火灾自动报警及联动控制系统。具体的消防设备有光电感烟探测器、温度探测器、手动报警系统、消火栓报警启动按钮、声光报警器、气体灭火系统控制盘，与中心控制室的琴台式报警联防控制主机相连，做到早发现、早报警，以预防为主，将火灾消灭在初期的目的（图5）。

2. 文物库房消防工程的特点

文物库房因存有大量文物，其中丝织品、临摹壁画、竹木漆器等均是易燃物品，如果发生火情，采用常规水喷淋将会对文物造成重大损害。经过慎重比较，最终决定在文物库房采用无

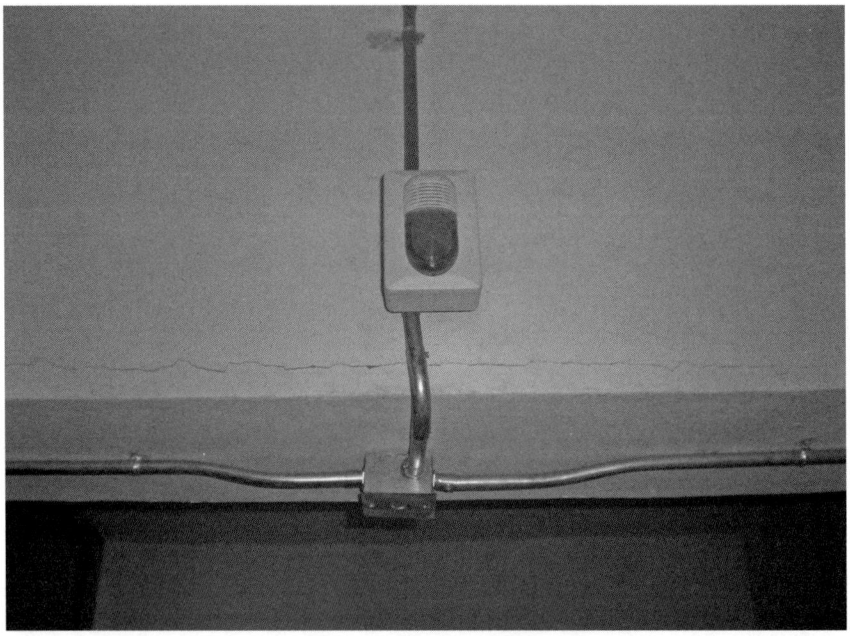

图5　文物库房声光报警器

管网七氟丙烷气体灭火系统。按照气体消防系统设计“所用气体灭火剂必须是绿色环保气体”的要求，系统设计不但要以人为本，而且要以文物为本，所选气体不能对人体有害，对展品、文物、计算机等电子设备也不产生任何破坏。七氟丙烷就属于消防所要求的洁净、环保灭火药剂，具备良好的灭火性能。该系统同时设置了感烟、感温双路探测器。当烟、温感探头感应到火灾信号时会迅速将信号传到中心控制室，琴台式报警联防控制主机就会发出声光报警，工作人员根据火情启动气体灭火系统进行灭火。文物库房灭火系统设计运行方式分为自动、电气手动、机械手动三种。

1）自动运行工况：自动探测报警，发出火警信号，自动启动灭火系统灭火。

2）电气手动运行工况：自动探测报警，发出火警信号，需经人工手动启动电气灭火装置灭火。

无论自动运行工况还是电气手动运行工况，它们之间转换都在灭火控制盘上进行控制（图6）。不论灭火控制按钮处于那一种运行工况，当人为发出火警时，都可以使用火警区的手动控制盒，手动启动电气灭火系统进行灭火。同时，手动控制盒还可以在灭火系统动作前，撤销灭火控制盘已发出的本区域指令，以防止不需由灭火设备进行灭火时启动灭火系统。

3）机械手动运行工况：指当火灾报警系统工作正常，但电气控制部分出现故障，不能执行灭火指令的情况下，所采用的运行工况。当发生火警时，由于电源发生故障或者自动探测报警系统失灵，不能执行灭火指令的情况下，可以采取机械手动拔掉气体灭火瓶瓶头的安全销，按下手柄使灭火系统工作。

三、安防、消防的系统共享特点

安防、消防的系统共享是克孜尔安防、消防工程的另一个显著特点。由于两个工程都在同

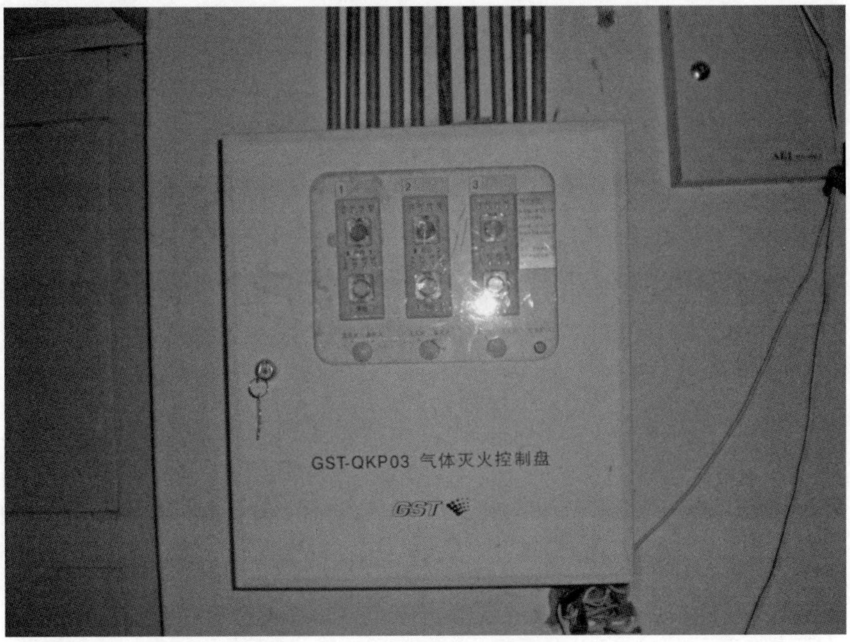

图6 文物库房气体灭火控制盘

一工作区域内，互相之间的系统共享既可节约工程费用，又避免了系统的重复建设。同时，一些防范功能会互为补充，保证系统发挥更大的实际功效。

1. 中心控制室共享

安防和消防共用一个控制室，在节省资金、人力的同时，还实现了统一调度。一旦发生险情，报警主机发出声光提示，值班人员看到报警信号后，立刻通过相关设备调动安排人力物力，尽量将险情消灭在萌芽状态。

2. 广播系统的共享

平时，广播系统以宣传、播放背景音乐为主，但一旦发生险情，立刻作为应急指挥广播，指挥调度相关人员，围捕犯罪嫌疑人，疏散游客及其他人员，排除险情。

3. 摄像机的共享

文物展厅、库房以及其他部位都安装了固定摄像机和全方位摄像机。这些摄像机的主要作用是安全防范，但是当发生火灾报警时，这些摄像机又可以为消防服务。一旦看到火灾报警信号，值班人员可以通过摄像机立刻看到现场的情况，为灭火人员提供火灾现场的准确情况，引导灭火人员准确灭火。

4. 通讯系统的共享

文物展厅、库房以及其他部位都安装了有线通讯系统，并配备了无线通讯系统（图7）。这些通讯设备主要是为安全防范服务，但是当发生火灾报警时，这些设备又可以为消防服务。

图7　安防、消防系统共享有线对讲

一旦看到火灾报警信号，值班人员可以通过摄像机立刻看到现场的情况，通过通讯系统给灭火人员描述火灾现场的准确情况，引导灭火人员直奔火点准确灭火。

四、结　　语

目前，克孜尔石窟安防、消防工程的施工已进入尾声。我们相信，通过上述防范工程的建设，文物保护区域的防入侵、防盗窃、防火灾能力极大加强，真正实现预防为主、打防结合的良好实际效果。

作者单位：赵永升，新疆文物古迹保护中心

从阿斯塔那古墓看野外文物点的安全技术防范

殷弘承　马溯源

内容提要：针对日益猖獗的盗窃、盗掘等文物违法犯罪活动，安全技术防范在文博领域有了更大的用武之地。本文结合吐鲁番阿斯塔那古墓的有关情况，就人防、物防和技防手段紧密结合在野外文物点的安全技术防范上作用等相关问题作了初步探讨。

关键词：阿斯塔那古墓　安全技术防范

所谓安全防范，即做好准备和保护，以应对攻击或者避免受到侵害，从而使被保护对象处于没有危险的安全状态。显而易见，安全是目的，防范是手段，通过防范的手段达到或实现安全的目的，就是安全防范的基本内涵。就防范手段而言，安全防范具有三种基本的手段，即人防、物防和技防。其中人力防范和实体防范是古已有之的传统防范手段，它们是安全防范的基础。随着科学技术的不断进步，这些传统的防范手段也不断融入新科技的内容。技术防范的概念是在近代科学技术（最初是电子报警技术）用于安全防范领域并逐渐形成独立防范手段的过程中所产生的全新防范概念。因此，“技术防范”在安全防范技术中的地位和作用也越来越重要，使“安全防范”技术进入到一个新的里程碑。近年来，针对日益猖獗的盗窃、盗掘等文物违法犯罪活动，安全技术防范在文博领域有了更大的用武之地。以下，结合吐鲁番阿斯塔那古墓的有关情况，我们初步探讨地处野外文物点的安全技术防范的相关问题。

一、遗址概况

阿斯塔那古墓群位于吐鲁番市东42km高昌北郊的戈壁荒滩上，交通便利，地势平坦，是古代高昌城官民的公共墓地。该墓地形成于3～8世纪，距今已有1700多年历史，因现存晋唐古墓数千座，故有“地下博物馆”之称。墓区覆盖面积近10km^2，东西长约5km，南北宽2km，占地4168.07亩（1亩≈666.7m^2）。该墓群被胜（金口）—三（堡）公路自然分成东西两部分，分别被命名为I区和II区。I区形状近似长方形，占地15.4公顷，勘界周长1740m。四周砌有围墙，物防简单，人防薄弱，技防处于空白，非法入侵者很容易闯入。II区周界没有任何防护措施，风险等级高，但墓葬勘界已经确定，勘界周长6695m，占地面积278公顷，古墓中的文物具有极高的历史价值和研究价值。1988年，阿斯塔那古墓被国务院公布为第三批“全国重点文物保护单位”。根据国家文物局“国保单位都是一级风险单位”的规定，阿斯塔那古墓群被确定为一级风险单位，但由于墓地面积大，地处野外，周围有大量的农用田，以往的人防、物防在目前高智商盗墓分子面前显得特别脆弱，导致近几年来盗墓事件不断发生，给地下不可再生文物造成极大损失和破坏。因此，针对阿斯塔那古墓群的安全状况，尽早提高保护手段的科技含量已刻不容缓。

二、阿斯塔那古墓群安全技术防范系统设计理念

阿斯塔那古墓群是典型的田野文物保护区，区域内古墓分布众多，位置固定但分布区域面大，因此，对它的防护应体现田野文物的防护特点，作为一级风险安全防范系统工程必须选择纵深防护体系。此体系一般由监视区、防护区和禁区三部分组成。据此，针对阿斯塔那古墓群安全防范系统区域进行以下划分。

1）周界：I区围墙及围护栏形成的边界；II区即将建设的围护栏形成的边界。

2）禁区：中心控制室设在禁区，古墓墓群所在区域的地表以下列为禁区。

3）防护区：整个古墓区墓葬分布的区域、中心控制室外围为防护区。根据田野文物的特点以及现场勘察记录的内容，将防护区进一步划分为普通防护区与重点防护区。普通防护区即墓地空旷区，重点防护区即古墓所在的地表区域以及中心控制室的外围区域。

4）监视区：由于墓区设有严格的边界，防护区域的边界与周界之间形成的区域为监视区范围。根据田野文物保护区域的特点，监视区进一步划分为普通监视区和重点监视区，墓区边界外的区域为普通监视区；已经探明古墓所在位置区域为重点监视区。该工程中，监视区同时具有防护区的功能，作为禁区的监控室又具有独立的防护区域。古墓群为重点监控区域，处于监视区、防护区的层层保护之下，由此建立一个具有田野文物特色的防护区。系统在设计建设和运行中必须确立“防范第一”的理念，贯彻“预防为主，防打结合”的战略思想。建成的系统应具备以下功能：

a. 防盗掘，防破坏，防潜伏作案，防集团作案，防智能化作案，防暴力抢劫作案以及防止渎职行为的功能。

b. 为打击刑事犯罪提供有力的技术手段，最大限度的制止入侵行为，通过技术防范系统的预警，争取处理时间，延滞非法活动的进行，缩小被破坏范围，并做到事后追溯，查证有据。

三、本项安全技术防范系统工程主要构成

报警系统包括地波探测报警系统、周界感应电缆报警和紧急报警系统、多技术空间报警系统；视频监控系统、音频复核系统；传输系统、接地系统、供电系统、电子巡查系统；报警灯光联动系统。

系统设计以计算机数据信息采集、分析、处理的控制室为中心，以地波入侵报警系统和周界感应报警系统为核心，电视监控系统为基础，应急防抢劫系统为辅助，组成一个功能齐备、反应快捷、安全可靠的立体安防系统。根据系统的设计原则，整个安防系统是把“人防、物防、技防”紧密结合，三者互为补充，缺一不可。物防是实体防护，对于入侵延迟起决定作用。重点防护目标在物防环节上应重点设置；人防是对物防的监视，对技防措施的应用和监督；技防是对防护对象的入侵报警、相关图像复核，是对物防、人防缺陷的弥补。

人防：需要有一定专业技术知识的值班人员和系统维护人员，需要有巡更人员，配备巡更设备，系统使用、指挥的管理人员。

物防：中心控制室采用必要的物防手段。为了保护摄像机自身的安全，应对架设摄像机的立竿周围进行必要的物防。

技防：是一个比较复杂的系统，对于技防的设计在遵从相关《标准》和《规范》的基础上分项设计。技防主要由下列几个子系统构成。

（1）电波探测报警系统及周界报警系统

地波探测报警系统及周界报警系统是整个安防系统的核心，建立前端多层立体交叉的纵深防护体系和报警控制体系，达到提前预警、防护严密、阻止犯罪、杜绝“漏报警”和最大的限度减少“误报警”的防护目的。采用中心计算机和总线制报警主机组成。报警主机与前置设备的匹配灵活，具有扩展、操作、控制、联动、显示、记录、自检、网络接口及声、光报警功能，性能稳定可靠，设有密码输入，可进行分级管理，确定不同级别的操作权限，有接收多路同时报警功能，并能显示记录任何一路的报警信号及报警部位，通过报警主机密码键盘和计算机键盘鼠标进行布、撤防设置。

（2）图像复核及电视监控系统

根据《规范》要求，一级风险工程必须具有图像复核及电视监控系统。该系统通过前端摄像机对现场进行图像复核、监控及视频报警。在古墓群的重要位置立竿安装室外快速长焦微光摄像机、达到宏观监控及对薄弱部位进行图像复核的功能。

（3）通讯系统

通讯系统由管理单位控制区域内部的无线对讲系统和警情传输系统两部分组成。一是值班人员每人配备一部无线对讲机，在紧急情况下可作公共群呼，也可作为报警指挥中心；二是中心控制室安装自动语音求救装置，在紧急情况下，由值班人员触发运行，及时将情况通报上级领导及相关人员，达到求救的目的。

（4）传输系统

地波探测报警前端设备与主控系统的信号传输采用分线制，视频信号传输采用金属屏蔽电缆及光缆传输，电源和信号采用分开敷设。中央监控室到前端设备间采用线缆地下敷设，预有适量的备用线对，并作好防雷击保护。

（5）系统接地和电源供给系统

系统采用中心控制室集中供电方式，以市电供电为主，备用发电机为预备供电，确保报警系统在市电停电24小时内正常运行。系统接地采用综合接地方式，中心控制室设专用接地干线，接地电阻≤4Ω。

（6）多媒体控制系统

多媒体控制系统采用完全汉化的操作界面，方便人机对话，通过计算机键盘、鼠标实现信息处理、信息检索、图像切换等功能，使

图1 地波探测器

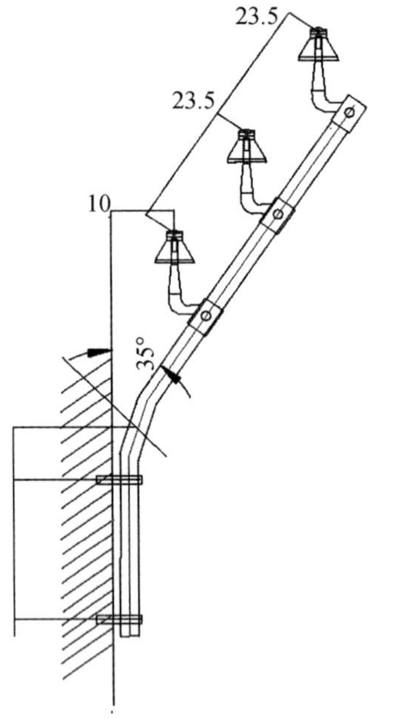

图2　周界报警围栏墙体顶部倾斜安装

以上各子系统有机地结合为一体，对各类信息进行存储、编辑、归档、打印。通过电子地图直观指示报警的地点、强制启动报警图像、现场声音复核，为处理警情争取时间并提供可靠信息。

（7）中心控制室

中心控制室是安防系统的中枢部位。设置二道防盗安全门，窗户安装金属栅栏，设置防雷、防尘和防静电设施；敷设专用地线进行综合接地，其接地电阻不大于4Ω；备有休息室、卫生间和必要的生活设施，建立封闭值班室。中心控制室设置为禁区，配备保障人员自身安全的物防设施，围墙四周要设技术防范手段作为周界，门口安装防盗门安装紧急报警按钮，作为紧急情况向公安系统报警的通信手段。

（8）电子巡更系统

建立人员值班及巡更制度，使用一套离线式巡更系统，在沿周界巡更路线上每500m设一个巡更信息钮，每一班巡更人员配一部巡更棒。

作为系统组成的核心部分，地波入侵报警系统和周界感应报警系统的原理及特点为：地波探测器（图1）以一种利用“悬浮磁钢”“传感接受锥”的技术，可以灵敏捕捉防护范围内地表2m以下深处（深度可调）挖掘和炸药爆破所产生的震波信号，消除干扰杂波，捕捉报警信号并施行报警触发的探测前端报警装置。目前，国内外文博界已率先利用地波探测技术用作古墓葬的安全技术防范手段，填补了地下文物安全技术防范领域的空白。

周界报警围栏依赖周界感应探测器的安装而发挥其报警功能（图2、图3）。

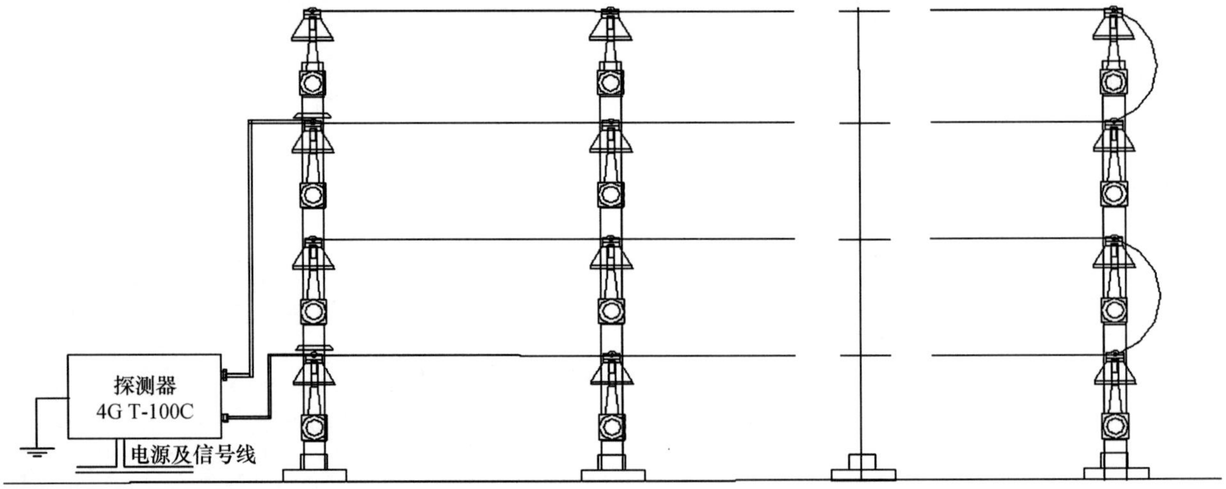

图3　周界报警围栏地面独立式安装

四、结　　语

经过施工、试运行和多次整改，2011年年底，阿斯塔那古墓群安全技术防范系统工程已经顺利通过竣工验收。从实际看，工程达到了预期的目的，收到了很好的效果。

作者单位：殷弘承、马溯源，新疆文物古迹保护中心

Access数据库在文物档案资料管理中的应用

杨淑红

内容提要：本文根据Access数据库的基本功能，结合工作实际，对Access数据库四个基本对象表、查询、窗体、报表在文物档案资料管理中的具体操作做了介绍。

关键词：Access数据库　文物档案资料管理

随着计算机和网络技术的普及应用，数据库的应用领域越来越广泛。作为信息管理的重要工具，它是目前计算机科学技术中发展最快的领域之一。Access数据库为Microsoft Office办公软件中的基本组件之一，是近年来十分流行的桌面数据库管理系统，其功能强大，操作简便，具有广泛的应用前景。

据统计，截至2009年，新疆馆藏珍贵文物达6千多件，全国重点文物保护单位58处，自治区级文物保护单位374处，县、市级文物保护单位2140处。近些年，国家投入了大量专项资金用于“馆藏文物调查及数据库建设”“全国文物保护单位档案建设和数字化”等项目。在国家资金技术的大力支持下，2010年，我区开展的馆藏文物调查及数据库建设项目工作，已采集了馆藏三级以上珍贵文物的信息，并实现了馆藏文物档案信息的数字化管理。然而，全国文物保护单位档案建设和数字化目前还停留在纸质档案的数字化上。鉴于这种状况，对于数字化纸质档案的管理，需要一个数据库管理系统，可以把不可移动文物基本信息录入到数据库系统，然后按照不可移动文物的类别、级别、名称、地区等条件进行多方位的模糊查询，从而方便、快捷、准确地服务于文物行政管理部门。

很多人对数据库的使用还很陌生，主要因为接触的比较少。一般在对日常的资料管理使用上还比较单一传统，我们常运用Word表格、Excel表格，这对资料的更新、管理等带来很多不便；而采用简明、合理的Access数据库管理系统来完成数据库的管理功能，则在一定程度上提高了工作效率，保证了资料的科学管理。本文分步骤重点介绍如何利用Access数据库在工作中实现不可移动文物资料信息化的管理。

一、创建Access数据库

首先对数据库中的表进行设计。表是用来保存数据库的原始数据，是数据库的基础。用户可以根据需要利用表向导或表设计器创建表，也可以采用导入现有的Excel表创建表，然后确定表中的字段，完成对表的设计。在Access中记录是表的基本单位，字段是表中可访问的最小逻辑单位，其数据库提供了10种可供选择的数据类型，包括文本、数字、日期/时间、货币、自动编号、备注、是/否、OLE对象、超级链接和查阅向导。在表设计视图窗口中可以根据不同的需要选取相应的数据类型、字段属性，或添加字段，用来设计或修改表结构。

对于不可移动文物基本信息数据库表的设计，用户可以根据工作的需要、服务对象来选择所要输入的信息内容。文物保护单位记录档案包括文字卷、副卷、备考卷，各类案卷内容涉及很多，也可以把档案中一些需要了解的基础信息提出来。如文物单位名称、类别、时代、级别、地址、简介、“四有”情况、文物保护工程情况、档案接收情况等，根据服务对象有所选择，如“第1～6批国保单位基本信息”表的设计视图窗口（图1）。

完成数据表的设计后，用户就可以输入或编辑记录的数据内容，如“第1～6批国保单位基本信息”数据表窗口（图2）。

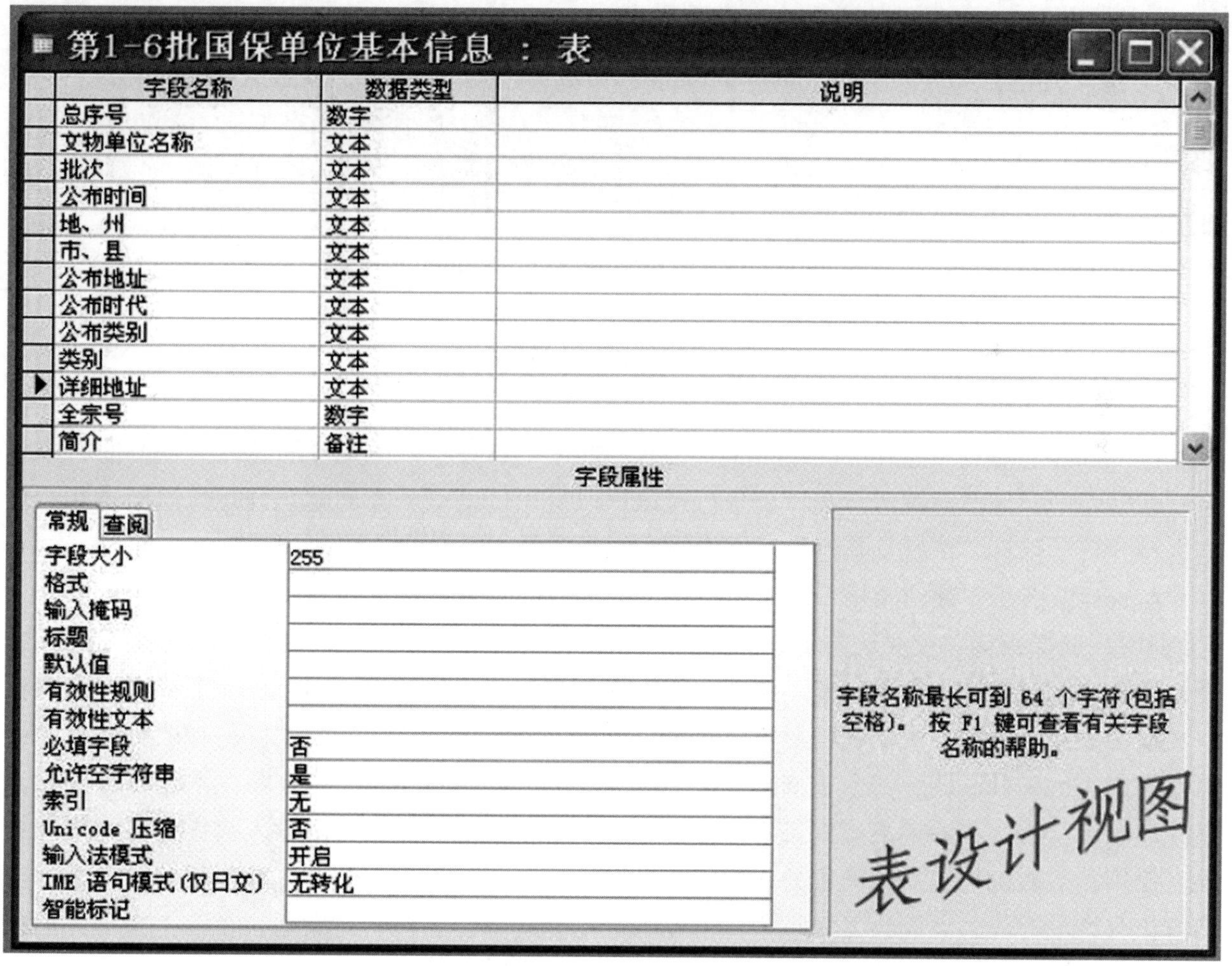

图1　“第1～6批国保单位基本信息”表的设计视图窗口

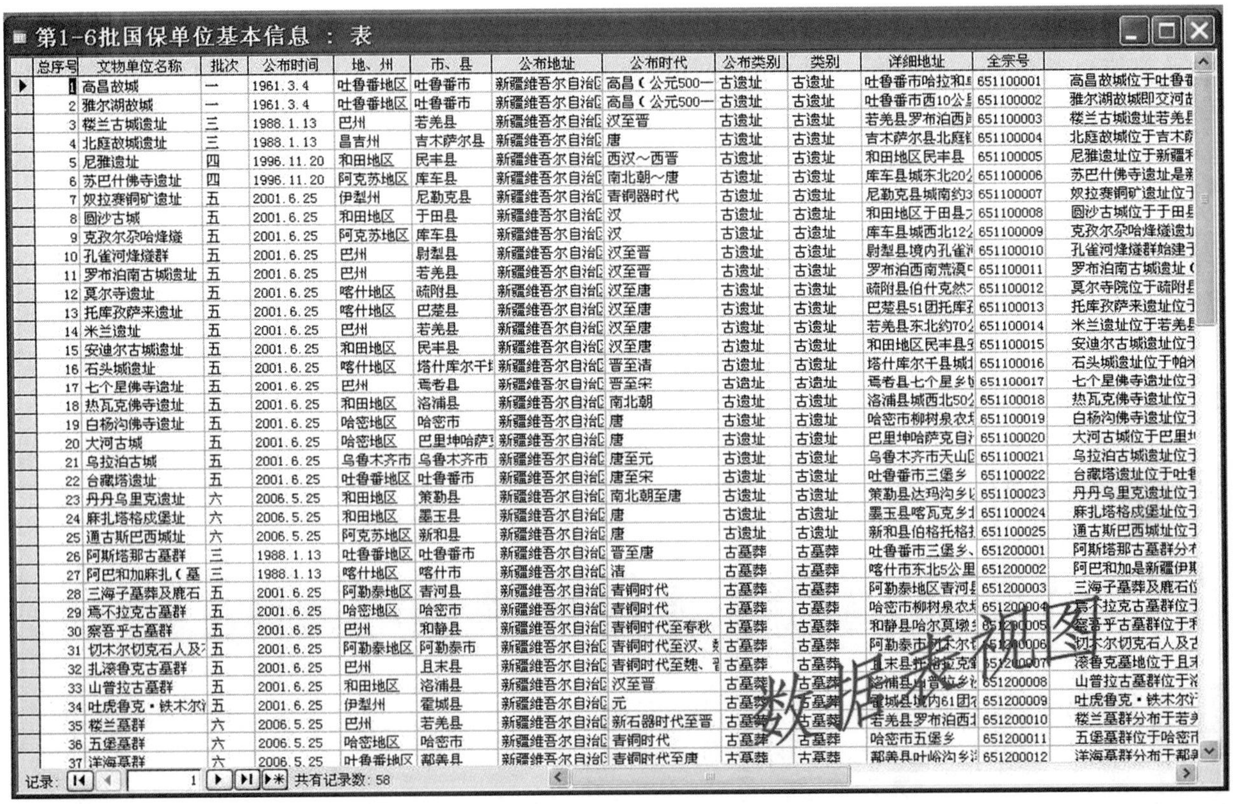

总序号	文物单位名称	批次	公布时间	地、州	市、县	公布地址	公布时代	公布类别	类别	详细地址	全宗号	
1	高昌故城	一	1961.3.4	吐鲁番地区	吐鲁番市	新疆维吾尔自治	高昌（公元500—	古遗址	古遗址	吐鲁番市哈拉和	651100001	高昌故城位于吐鲁
2	雅尔湖故城	一	1961.3.4	吐鲁番地区	吐鲁番市	新疆维吾尔自治	高昌（公元500—	古遗址	古遗址	吐鲁番市西10公	651100002	雅尔湖故城即交河
3	楼兰古城遗址	三	1988.1.13	巴州	若羌县	新疆维吾尔自治	汉至晋	古遗址	古遗址	若羌县罗布泊西	651100003	楼兰古城遗址若羌
4	北庭故城遗址	三	1988.1.13	昌吉州	吉木萨尔县	新疆维吾尔自治	唐	古遗址	古遗址	吉木萨尔县北庭	651100004	北庭故城位于吉木
5	尼雅遗址	四	1996.11.20	和田地区	民丰县	新疆维吾尔自治	西汉～西晋	古遗址	古遗址	和田地区民丰县	651100005	尼雅遗址位于新疆
6	苏巴什佛寺遗址	四	1996.11.20	阿克苏地区	库车县	新疆维吾尔自治	南北朝～唐	古遗址	古遗址	库车县城东北20	651100006	苏巴什佛寺遗址是
7	奴拉赛铜矿遗址	五	2001.6.25	伊犁州	尼勒克县	新疆维吾尔自治	青铜器时代	古遗址	古遗址	尼勒克县城南约3	651100007	奴拉赛铜矿遗址位
8	圆沙古城	五	2001.6.25	和田地区	于田县	新疆维吾尔自治	汉	古遗址	古遗址	和田地区于田县	651100008	圆沙古城位于于田
9	克孜尔尕哈烽燧	五	2001.6.25	阿克苏地区	库车县	新疆维吾尔自治	汉	古遗址	古遗址	库车县城西北12	651100009	克孜尔尕哈烽燧遗
10	孔雀河烽燧群	五	2001.6.25	巴州	尉犁县	新疆维吾尔自治	汉至晋	古遗址	古遗址	尉犁县境内孔雀	651100010	孔雀河烽燧群始建
11	罗布泊南古城遗址	五	2001.6.25	巴州	若羌县	新疆维吾尔自治	汉至晋	古遗址	古遗址	罗布泊西南荒漠	651100011	罗布泊南古城遗址（
12	莫尔寺遗址	五	2001.6.25	喀什地区	疏附县	新疆维吾尔自治	汉至唐	古遗址	古遗址	疏附县伯什克然	651100012	莫尔寺院位于疏附
13	托库孜萨来遗址	五	2001.6.25	喀什地区	巴楚县	新疆维吾尔自治	汉至唐	古遗址	古遗址	巴楚县51团托库	651100013	托库孜萨来遗址位
14	米兰遗址	五	2001.6.25	巴州	若羌县	新疆维吾尔自治	汉至唐	古遗址	古遗址	若羌县东北约70	651100014	米兰遗址位于若羌
15	安迪尔古城遗址	五	2001.6.25	和田地区	民丰县	新疆维吾尔自治	汉至唐	古遗址	古遗址	和田地区民丰县	651100015	安迪尔古城遗址位
16	石头城遗址	五	2001.6.25	喀什地区	塔什库尔干	新疆维吾尔自治	晋至清	古遗址	古遗址	塔什库尔干县城	651100016	石头城遗址位于帕
17	七个星佛寺遗址	五	2001.6.25	巴州	焉耆县	新疆维吾尔自治	晋至宋	古遗址	古遗址	焉耆县七个星乡	651100017	七个星佛寺遗址位
18	热瓦克佛寺遗址	五	2001.6.25	和田地区	洛浦县	新疆维吾尔自治	南北朝	古遗址	古遗址	洛浦县城西北50	651100018	热瓦克佛寺遗址位
19	白杨沟佛寺遗址	五	2001.6.25	哈密地区	哈密市	新疆维吾尔自治	唐	古遗址	古遗址	哈密市柳树泉农	651100019	白杨沟佛寺遗址位
20	大河古城	五	2001.6.25	哈密地区	巴里坤哈萨	新疆维吾尔自治	唐	古遗址	古遗址	巴里坤哈萨克自	651100020	大河古城位于巴里
21	乌拉泊古城	五	2001.6.25	乌鲁木齐市	乌鲁木齐市	新疆维吾尔自治	唐至元	古遗址	古遗址	乌鲁木齐市天山	651100021	乌拉泊古城遗址位
22	台藏塔遗址	五	2001.6.25	吐鲁番地区	吐鲁番市	新疆维吾尔自治	唐至宋	古遗址	古遗址	吐鲁番市三堡乡	651100022	台藏塔遗址位于吐
23	丹丹乌里克遗址	六	2006.5.25	和田地区	策勒县	新疆维吾尔自治	南北朝至唐	古遗址	古遗址	策勒县达玛沟乡	651100023	丹丹乌里克遗址位
24	麻扎塔格戍堡址	六	2006.5.25	和田地区	墨玉县	新疆维吾尔自治	唐	古遗址	古遗址	墨玉县喀瓦克乡	651100024	麻扎塔格戍堡址位
25	通古斯巴西城址	六	2006.5.25	阿克苏地区	新和县	新疆维吾尔自治	唐	古遗址	古遗址	新和县伯格托格	651100025	通古斯巴西城址位
26	阿斯塔那古墓群	三	1988.1.13	吐鲁番地区	吐鲁番市	新疆维吾尔自治	晋至唐	古墓葬	古墓葬	吐鲁番市三堡乡、	651200001	阿斯塔那古墓群分
27	阿巴和加麻扎（墓	三	1988.1.13	喀什地区	喀什市	新疆维吾尔自治	清	古墓葬	古墓葬	喀什市东北5公里	651200002	阿巴和加是新疆伊
28	三海子墓葬及鹿石	五	2001.6.25	阿勒泰地区	青河县	新疆维吾尔自治	青铜时代	古墓葬	古墓葬	阿勒泰地区青河	651200003	三海子墓葬及鹿石
29	焉不拉克古墓群	五	2001.6.25	哈密地区	哈密市	新疆维吾尔自治	青铜时代	古墓葬	古墓葬	哈密市柳树泉农	651200004	焉不拉克古墓群位
30	察吾乎古墓群	五	2001.6.25	巴州	和静县	新疆维吾尔自治	青铜时代至春秋	古墓葬	古墓葬	和静县哈尔莫墩	651200005	察吾乎古墓群位于
31	切木尔切克石人及	五	2001.6.25	阿勒泰地区	阿勒泰市	新疆维吾尔自治	青铜时代至汉、	古墓葬	古墓葬	阿勒泰市切木尔	651200006	切木尔切克石人及
32	扎滚鲁克古墓群	五	2001.6.25	巴州	且末县	新疆维吾尔自治	青铜时代至魏、	古墓葬	古墓葬	且末县托格拉克	651200007	滚鲁克墓地位于且
33	山普拉古墓群	五	2001.6.25	和田地区	洛浦县	新疆维吾尔自治	汉至晋	古墓葬	古墓葬	洛浦县山普拉乡	651200008	山普拉古墓群位于
34	吐虎鲁克·铁木尔	五	2001.6.25	伊犁州	霍城县	新疆维吾尔自治	元	古墓葬	古墓葬	霍城县境内61团	651200009	吐虎鲁克·铁木尔
35	楼兰墓群	六	2006.5.25	巴州	若羌县	新疆维吾尔自治	新石器时代至晋	古墓葬	古墓葬	若羌县罗布泊西	651200010	楼兰墓群分布于若
36	五堡墓群	六	2006.5.25	哈密地区	哈密市	新疆维吾尔自治	青铜时代	古墓葬	古墓葬	哈密市五堡乡	651200011	五堡墓群位于哈密
37	洋海墓群	六	2006.5.25	吐鲁番地区	鄯善县	新疆维吾尔自治	青铜时代至唐	古墓葬	古墓葬	鄯善县吐峪沟乡	651200012	洋海墓群分布于鄯

图2　“第1～6批国保单位基本信息”数据表窗口

二、Access应用

在Access应用中，将数据正确保存到数据库中只是第一步，更重要的是灵活、方便、快捷地对数据库中存放的数据进行统计和分析，以获取有用的信息。查询就是进行数据检索并对数据进行分析、计算、更新及其他加工处理的数据库对象。

Access提供了多种功能强大的查询工具。根据对数据源操作方式和结果的不同，可以分为5类查询：选择查询、交叉表查询、参数查询、操作查询和SQL查询，其主要通过查询向导或设计视图来创建查询。最常用的是选择查询，它是根据指定的查询准则，从一个或多个表中获取数据并显示结果。针对文物档案资料管理，参数查询是比较灵活方便的，与一般查询在设计时就确定查询条件不同，参数查询的条件不是在建立查询确定的，而是在每一次运行查询时，系统显示一个提示用户输入查询条件（参数）的对话框，用户根据需要输入数据并得到查询结果。使用参数查询可以实现随机的查询需求，例如可以设计文物保护单位名称的参数查询，在运行该查询的时候，系统会显示一个要求输入文物保护单位名称的对话框，在输入文物保护单位名称后将显示与之有关的记录源（图3）。

在查询设计视图中，设置查询条件。在“文物单位名称”字段的“条件”单元格中输入“Like "*" & ［请输入文保单位名称］ & "*"”的语句，就可以通过所创建的查询，输入文物保护单位名称中的任何字段进行查找记录源。以此类推，按地区、县市、类别查询，都可以采用此设计建立有一个参数提示的单参数查询，或建立有多个参数提示的多参数查询（图4）。

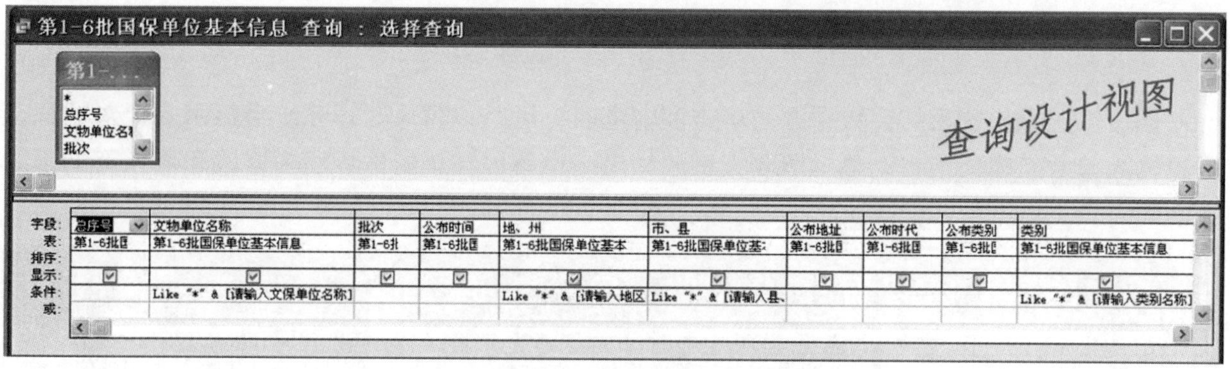

图3 “第1～6批国保单位基本信息查询”设计视图

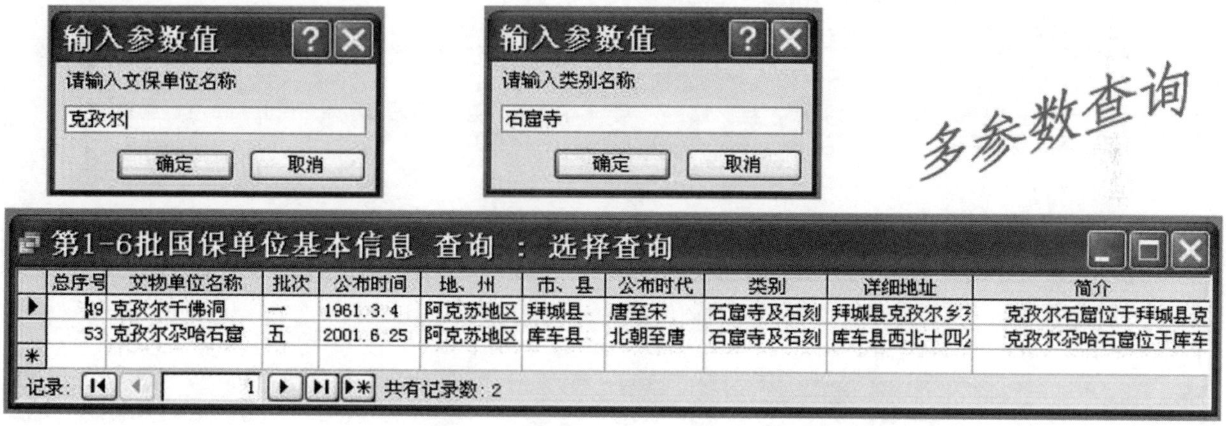

图4 “第1～6批国保单位基本信息”多参数查询

在数据库的使用过程中，还会用到一些复杂的查询，用各种查询向导和设计器都无法完成，需要使用SQL查询来完成比较复杂的查询工作，例如创建联合查询，唯一方法是使用SQL窗口。联合查询是将两个或两个以上查询结果合并起来，形成一个新的查询结果，如将表“第1～6批国保单位基本信息”中的“市”“县”“文物单位名称”“类别”“公布时代”“详细地址”“简介”和“级别”，与表“第1～6批区保单位基本信息”中对应的字段合并起来，就需要在新建查询中打开SQL窗口，在窗口中添加下面的SQL语句（图5）。

在数据库的使用过程中，用户可以根据需求设计各种查询，通过查询提供所需的信息，提高资料的使用率和管理效率。同时，查询的结果还可以作为窗体、报表、数据访问页等其他数据库对象的数据源。

三、窗　　体

窗体是用户与Access应用之间的主要界面，通过窗体这个界面完成数据库的使用和维护工作，其功能在于建立一个可以查询、输入、修改和删除数据的操作界面。在Access中可以利用自动创建窗体向导、窗体向导和窗体设计视图三种方法创建窗体。系统提供了6种窗体类型，包括纵栏式窗体、表格式窗体、数据表窗体、主/子窗体、数据透视表窗体和图表窗体。纵栏式窗体是最常用的一种窗体，通常用于输入数据。窗体的数据源，通常是数据库中的表名或查询名（图6）。

该窗体是纵栏式窗体，数据源是从查询中选取，运行该窗体时，系统会显示一个对话框，通过输入参数，窗体会自动显示所要查询的结果，也可以在该窗体界面中修改和输入新的记录（图7）。

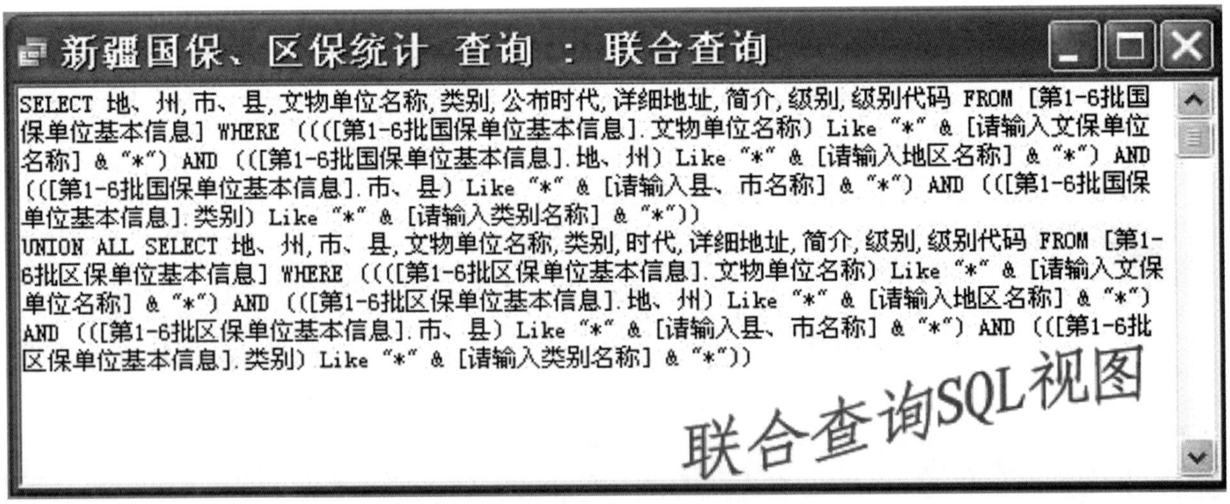

图5 “第1～6批国保单位基本信息”SQL窗口查询

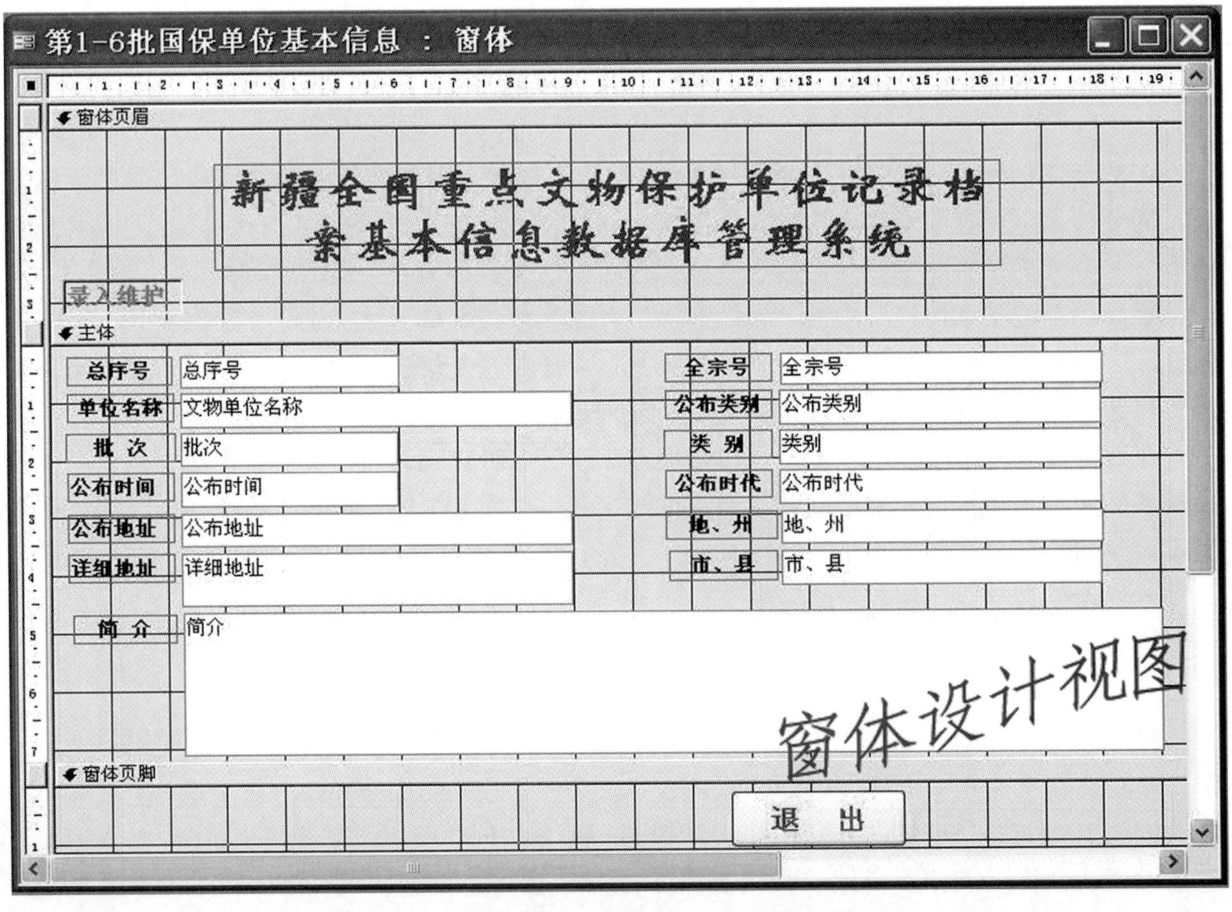

图6 创建“第1～6批国保单位基本信息”窗体设计视图

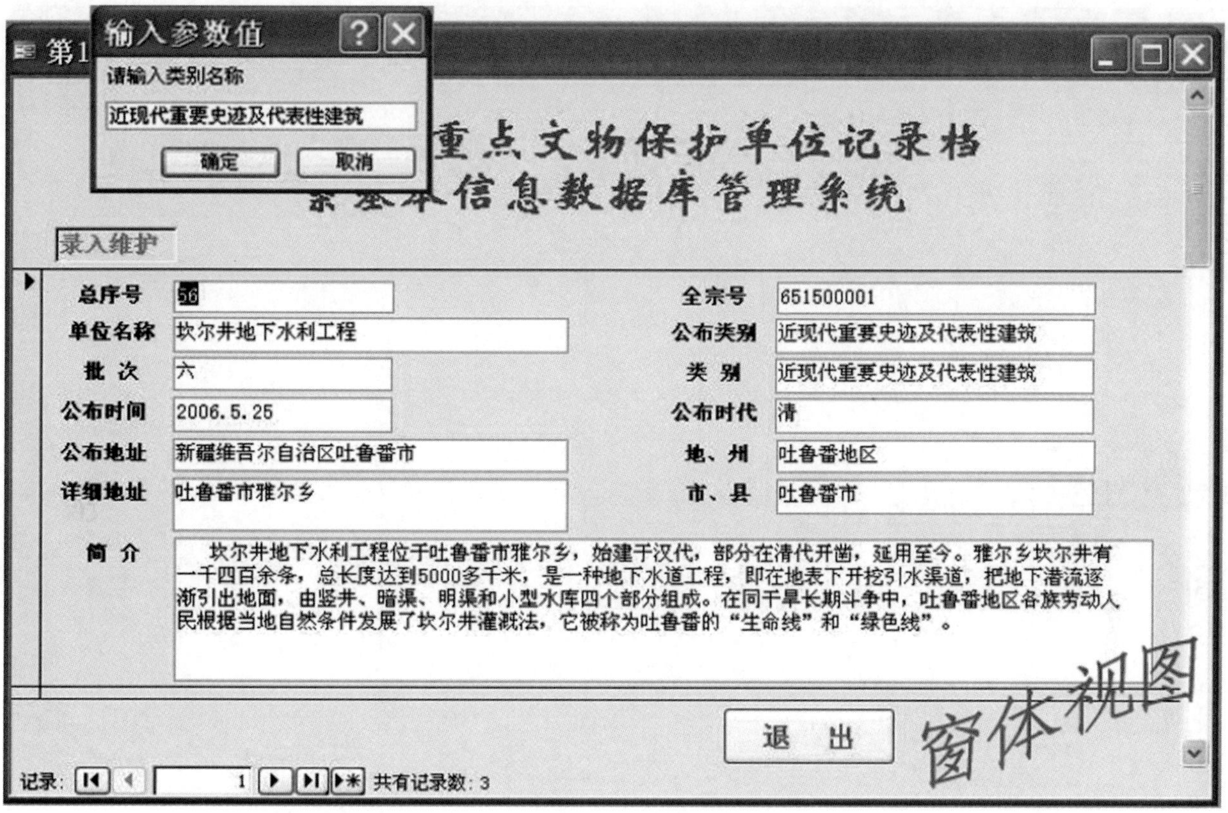

图7 “第1～6批国保单位基本信息”窗体视图

从图上看，使用窗体来查看和编辑数据相对数据表更加直观，而数据表只能以行和列的形式显示数据，不方便查看和输入数据。

窗体的另一种类型数据透视表，也是在资料管理中经常用到。数据透视表是一种对大量数据快速汇总并建立交叉列表的交互式表格和图表。在Access中，用户可以用“数据透视表向导”来创建数据透视表。在透视表中用户可以转换行和列以查看原始数据的不同汇总结果，显示不同页面以筛选数据，还可以根据需要显示区域中的明细数据（图8）。

通过该数据透视表，用户可以方便快捷查看、筛选所需的新疆文保单位的数量、名单统计汇总，也可以根据需要显示明细数据。

对于窗体的设计要做到简明，用户必须全面地了解和掌握窗体设计视图的组成，各种工具的使用方法以及窗体属性的设置方法等，为数据库的设计打好基础。同时用户根据需要可以设计各种科学合理的窗体，为资料的查询、输入、输出等提供一个良好的界面（图9）。

该窗体为数据库的总窗体，通过一些命令按钮的设置，可以在窗口中打开其他的窗体，如果在打开数据库时直接显示该窗体，则可以如下操作：单击菜单栏中“工具”，然后单击“启动”选项，在“显示窗体/页”组合框里面选择该窗体，则再打开数据库时就可以直接显示该窗体了。因此，通过启动窗体的设置，在资料的管理和运用上更加便捷了，大大提高了工作效率。

新疆文保单位数量统计 查询全部

类别：古遗址

级别

市	市县	全国重点文物保护单位	自治区级文物保护单位	市县级文物保护单位	总计
阿克苏地区	阿克苏市			8	8
	阿瓦提县			3	3
	拜城县		2	24	26
	柯坪县		6	5	11
	库车县	2	25	27	54
	沙雅县		4	28	32
	温宿县			13	13
	乌什县		3	4	7
	新和县	1	13	25	39
	汇总	3	53	137	193
阿勒泰地区	福海县			1	1
	哈巴河县		1	1	2
	青河县		1		1
	汇总		2	2	4
巴州	和静县			4	4
	和硕县		5	2	7
	库尔勒市		1	3	4
	轮台县		5	18	23
	且末县		1	9	10
	若羌县	3	3	6	12
	尉犁县	1	2	1	4
	焉耆回族自治县		4	9	13
	焉耆县	1			1
	汇总	5	21	52	78

图8　创建“新疆文保单位数量统计”数据透视表

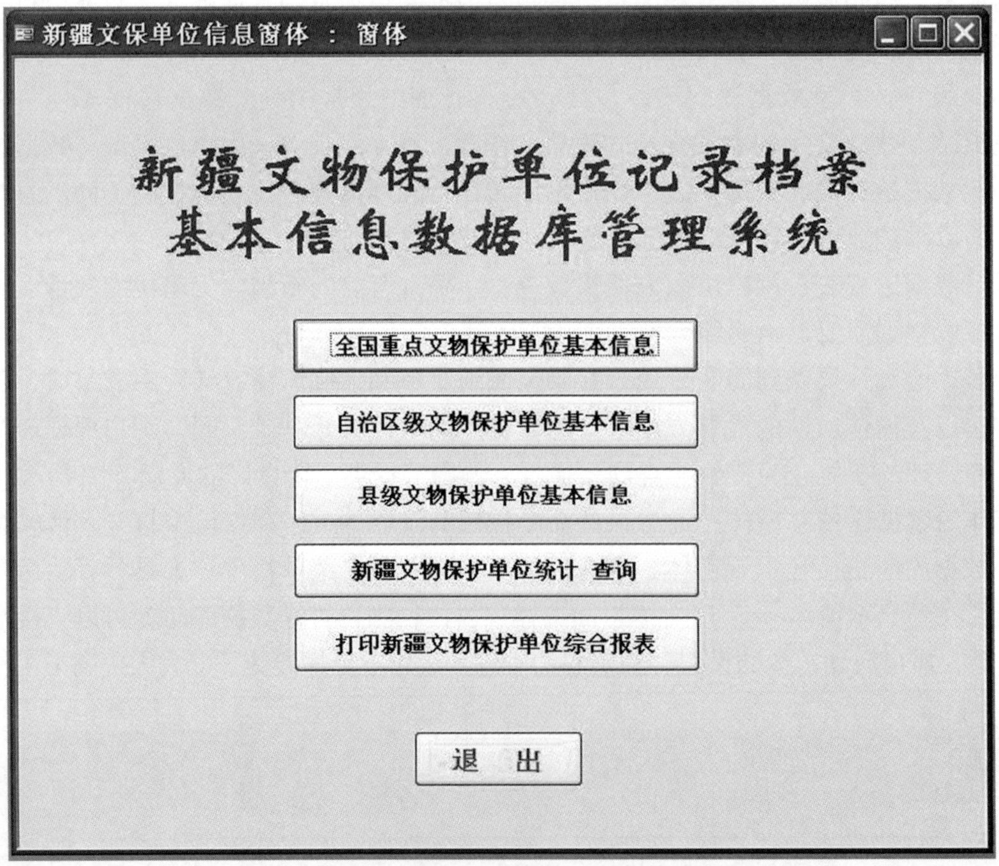

图9　“新疆文保单位信息”窗体

图10 “第1～6批国保单位基本信息”报表设计视图

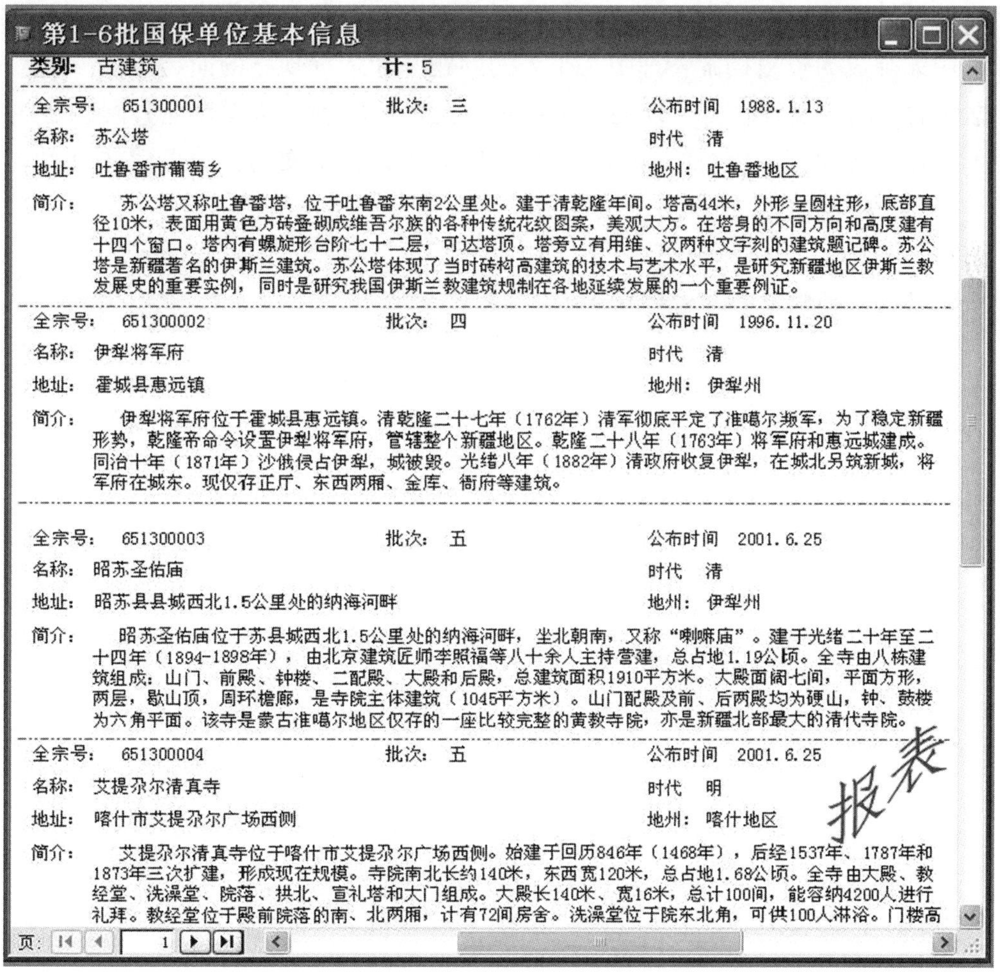

图11 “第1～6批国保单位基本信息”报表

四、报　　表

报表是Access的重要对象之一，常用来输出数据库中的信息。报表和窗体的建立过程基本是一样的，只是最终一个打印在纸上，一个显示在屏幕上。创建报表的方法主要包括自动报表方式、向导方式、设计视图方式。一般用户常用向导方式创建报表。在报表向导的引导下创建报表时，用户需要设定的项目有是否按分组级别显示信息、是否按字段进行排序、报表布局（纵栏表、表格和对齐）、样式以及标题名等，如需要修改报表结构，可在设计视图中进行。Access提供了可以在报表中控制每个对象的大小和显示方式的方法，并可以按照所需的方式显示相应的内容，还可以在报表中添加多级汇总、统计（图10）。

通过报表形式，用户可以完成针对原始数据进行比较、分类汇总、排序、输出报表、数据浏览，还可以通过各种报表控件组织信息和设置信息的格式，打印出各种格式的报表，实现各种信息的输出（图11）。

总之，通过上述对Access数据库四个基本对象，即表、查询、窗体、报表具体操作的简单介绍，在资料管理上应用Access数据库技术，无疑大大提高了工作效率，从繁杂的资料管理中解放出来。随着新疆跨越式的发展，新疆文物保护工作的规模也是越来越庞大，如何提高资料的管理和利用无疑成为资料档案管理中一个大的问题，而依据现有的简易条件，通过熟练掌握Access数据库的应用，设计科学合理的管理系统，是可以实现对资料快捷查阅、修改、检索、存取等服务功能，实现基础资料的自动化管理，同时也提升了文物行政管理部门的文物保护管理水平。

作者单位：杨淑红，新疆文物古迹保护中心

大型土遗址保护数据库系统建设研究

——以交河故城为例

徐佑成　江红南　李　肖　杜志强

内容提要：大型土遗址是我国文化遗产的重要组成部分，随着我国经济社会的迅猛发展，大型土遗址的保护工作有了更高的目标和更深层次的需求。为了实现大型土遗址的动态监测、管理、保护和研究，以交河故城为例，利用激光扫描建立了交河故城三维模型，采用地理信息系统平台ArcGIS，根据交河故城保护需求，以ArcSDE数据引擎为接口，基于Oracle数据库，建立了交河故城数据库管理系统，实现了交河故城保护数据的有效组织与管理，为遗址的考古、保护科学决策提供了可靠的数据源，为大型土遗址的信息化建设提供了一定参考。

关键词：大型土遗址　空间数据库　信息化　三维数据

大型土遗址是我国文化遗产的重要组成部分，在我国文化的传承和发扬中有着其他文化遗产不可替代的作用①。随着我国经济社会的迅猛发展，大型土遗址保护形势非常严峻②。交河故城是世界上最大最古老、保存最完好的生土建筑城市，前2～5世纪由车师人开创和建造，是我国迄今保存最完整的且有着2000多年历史的都市遗迹，在我国大型土遗址中具有重要的地位和代表作用③。近年来由于自然和人为的原因，交河故城病害发生严重，对于交河故城实施动态监测、管理、保护、研究以及发展规划的需求日益凸显和迫切。随着交河故城保护工作的逐步深入，迫切需要构建统一的信息管理平台，在此基础上建立一套完善的遗址管理工作流程和规范模式④。本文涉及整合交河故城数据信息，建立交河故城保护数据库，通过充分挖掘、开发与综合利用数据资源，服务于交河故城的规划、管理、文物的发掘和保护的科学决策。

一、遗址数据库需求

1）将数据库建成一个规范、数据统一的具有地理信息系统（GIS）与虚拟漫游（VR）特征的遗址信息平台。首先，为交河故城保护与管理工作提供一个良好的数据平台。其次，为社

① 孙满利：《土遗址保护研究现状与进展》，《文物保护与考古科学》2007年第4期。

② 曲凌雁、宋韬：《大遗址保护的困境与出路》，《复旦学报》（社会科学版）2007年第5期。

③ 李肖：《交河故城的形制布局》，文物出版社，2003年。

④ 王旭东：《中国干旱环境中土遗址保护关键技术研究新进展》，《敦煌研究》2008年第6期。

会公众提供遗址信息的旅游服务，加强遗址的旅游宣传，提高遗址对旅客的吸引力，丰富旅客的精神文化生活。

2）建设具有海量信息管理能力和数据动态维护功能的空间数据库。集遗址规划成果、动态规划管理信息、三维数据信息和基础地理信息于一体，更加方便地进行遗址规划管理和保护。

二、遗址数据库体系结构与功能

为了建立符合大型土遗址保护和研究需要的数据库系统①，本研究集数据库技术、空间数据引擎技术、地理信息系统、三维虚拟显示技术、网络展示技术等为一体，基于oracle数据库系统，以三维模型数据为基础，整合遗址基础地理信息数据、遥感影像数据、文物遗址属性数据、多媒体数据等，通过地理信息系统和虚拟现实丰富的表达手段，实现遗址信息在二维与三维环境下的编辑、浏览、查询、分析、统计等行为。为了增强对遗址的宣传，避免“过度旅游”对遗址的破坏，开发了交河故城网络虚拟展示系统，系统内置大量视频和文字解说信息，满足旅客的相关需求；为了提高网络浏览速度，网络虚拟展示系统独立于数据库，采用基于图像的技术开发，将制作好的场景嵌入网页，实现遗址的网络漫游（图1）。

三、数据采集与处理

（一）数据源

按照土遗址的特点，其数据源包括两部分：空间数据源和专题属性数据源。

1.空间数据源

土遗址为不可移动文物的一种，其空间位置是其重要的一个属性。在地理信息系统（GIS）中，按照其特征，数据信息可分为三种类型：空间特征数据、时间属性数据和专题属性数据。时间和专题属性数据可以结合在一起共同作为属性特征数据，而空间特征数据和属性特征数据统称为空间数据。根据GIS数据的特点，通过对土遗址空间资源数据的分析，土遗址空间数据可分为以下四类：

1）基础地理要素数据：指不因系统特殊需求进行调整的基础资料，包括交通、水系、地形、影像、行政区划、遗址环境数据等。

2）土遗址专题空间数据：这是系统中重要的空间数据，包括遗址空间分布、形制、保护区范围、空间位置数据等。

3）遥感影像数据：主要用于反映土遗址周围自然环境状况的背景底图，其特点是现势性比较好。目前拥有交河故城的Quickbird遥感影像。

4）遗址三维数据：高精度的遗址三维数据是进行遗址保护和考古研究的最重要数据，受限于当前技术水平，三维数据的采集、处理和存储是难点。

---

① 傅清远：《大遗址考古发掘与保护的几个问题》，《考古》2008年第1期。

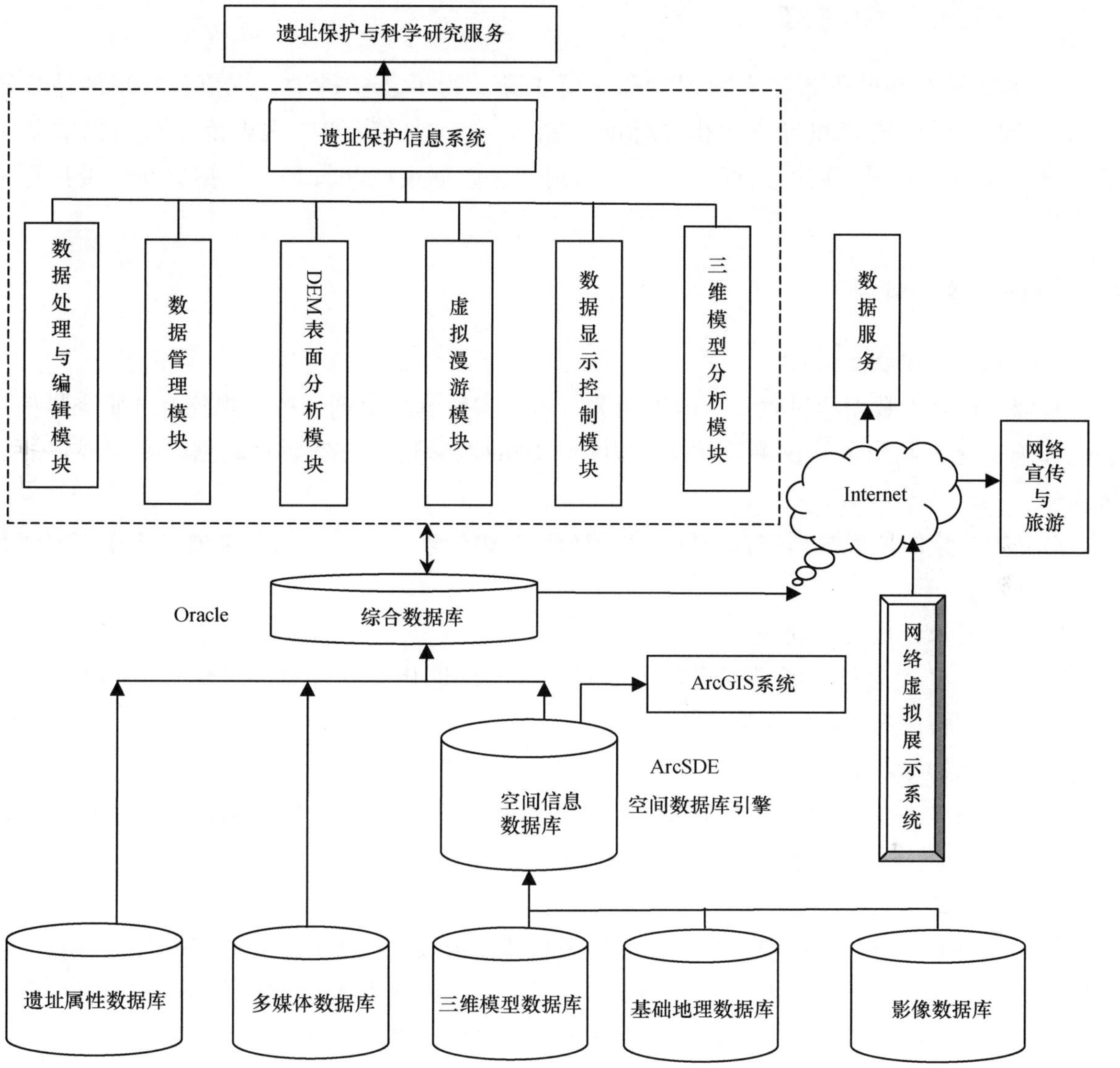

图1　系统总体架构

2.属性数据源

1）土遗址基本属性数据：描述土遗址本身属性的定性或定量数据，如土遗址名称、土遗址编号、几何尺寸、保护级别、文化属性等。

2）文字材料：主要包括土遗址保护单位介绍，土遗址历史价值、科学价值、艺术价值评述，土遗址周围自然和人文环境描述等，以及其保护有关的法律法规、科技文献、专家知识；与土遗址病害的类型、成因、危害、治理措施等有关的科技文献和专家知识。

3）图片资料：主要包括记录土遗址旧貌和现状的航片资料、三维模型纹理资料、遗址病害照片资料等。

（二）数据采集与处理

数据的采集和处理是建立数据库的重要步骤。为了建立科学、规范和共享的遗址数据库①，本研究根据国家和行业的相关标准，制订了数据采集和处理规范，对数据的基本要求、数据采集和处理、数据检查、三维模型制作、数据集成和管理、数据更新和维护等进行了规范。

1.空间数据采集与处理

（1）基础地理要素数据

基础地理要素数据通过收集、购置相关资料和实地测绘得到，按照规范将纸质资料扫描数字化和矢量化，利用全站仪测绘比例尺为1：500的地形数据，然后将数据转换为规定的文件格式。

对分幅采集的地形数据进行图幅合并和图幅接边处理，然后根据三维模型建立需要将其进行分区裁剪。

（2）土遗址专题空间数据

其采集和处理途径主要是通过对已正式出版的遗址相关图件扫描矢量化、GPS实地采集等，并将数据转换为规定的文件格式。

（3）遥感影像数据

购置获得，并进行辐射和几何校正，通过数据融合和投影变换，制作成数字正射影像图（DOM），经过拼接，制作成地形的纹理数据。

（4）遗址三维数据

包括经过激光三维扫描仪扫描、数据处理和建模形成的遗址建筑三维几何模型数据，依据测绘数据制作成的数字高程模型（DEM）以及遗址建筑纹理数据。交河有着众多的地面和地下建筑，历经千年风雨，所有地面建筑大多倒塌，仅剩残垣断壁，成不规则形状，很多墙壁存在残破的“洞”。由于建筑物遗迹不规则，一般的三维建模方法难以获得准确的三维几何数据，结合遗址实际，本研究最终决定尝试利用激光扫描技术获取遗址建筑三维数据，并利用CCD相机获取和建筑匹配的纹理数据。对于激光扫描数据利用建模软件建立了遗址建筑几何三维模型，因为几何三维模型科技可以进行几何计算和空间分析，更符合遗址保护和研究的需要；对于DEM是利用1：500比例尺的测绘数据建立等高线，再利用等高线生成数字高程模型。

2.属性数据采集与处理

（1）遗址基本属性数据和文字说明材料

这些数据主要从国家文物部门或现场实地调查获取。某些属性数据的采集（如建筑物的尺寸、特点等）和纹理数据、三维模型数据采集一起进行。

---

① 张颖岚：《计算机网络技术与考古学的未来发展》，《华夏考古》2003年第4期。

（2）图片资料

通过相关文物资料中截取、实地CCD相机拍摄、航空拍摄、扫描等方式获取。根据规范，利用图像处理软件进行处理。

3.数据检查

依据制定的技术规范，针对空间数据、属性数据、三维场景效果和文件资料等进行检查。检查内容包括数据的完整性、模型制作的准确性和合理性、空间单元接边的正确性和合理性、命名的正确性和规范性、属性数据的完整性和合理性等。

四、数据库设计

（一）逻辑设计

土遗址数据库在逻辑上可分为空间数据库（表1）和属性数据库。空间数据库主要包括遗址三维模型数据库、基础地理数据库和影像数据库，其中基础地理数据库又包括土遗址分布图、基础地形图、地名图、行政区划图、自然环境状况、人文环境状况等相关的矢量图件。在空间数据库中，一景影像为一个数据库表，根据实际用途命名（表2）。三维模型数据库，由于三维模型数据巨大，依据模型分区裁剪情况，建立了多个分块模型，将每个分块模型单独存入数据库（表3）。属性数据库包括有固定格式的数据、各种元数据表、用户数据表、遗址相关的纹理数据和各类图片（表4）、无固定结构的各类文档（表5）等。

表1　空间数据类型

表名	类型	表名	类型
地级行政区划	面	交河故城遗址	面
地级行政中心	点	耕地	面
镇、乡名点	点	居民区	面
村名点	点	坎儿井	线
湖泊	面	遗址保护区	面
水渠	线	道路	线
河流	线	DEM、DOM	Image
道路	线	建筑三维模型	三角网模型

表2　影像数据表结构

字段名	类型	含义
Row	Int	影像宽度
Column	Int	影像宽度
Size	Int	影像大小
Raster	BLOB	影像数据

表3　三维模型数据表结构

字段名	类型	含义
ID	Int	文档编号
Name	Char	文档名称
Size	int	文档大小
Format	Char	文档格式
Data	BLOB	文档数据

表4　纹理数据表结构

字段名	类型	含义
ID	Int	图片编号
Name	Char	图片名称
Width	Char	图片宽度
Height	Int	图片高度
Resolution	Int	图像分辨率
Format	Char	图像格式
Data	Binary	图像数据

表5　文档数据表结构

字段名	类型	含义
ID	Long	文档编号
Name	Char	文档名称
Size	int	文档大小
Format	Char	文档格式
Data	Binary	文档数据

（二）物理设计

交河故城土遗址数据库在物理上可分为三维模型数据库、遗址属性数据库、基础地理数据库、影像数据库、多媒体数据库（图1）。将影像数据和基础地理数据分开存储在不同的数据库中，主要是因为影像文件太大，将其单独存储，可减小矢量空间数据库的大小，从而提高基础地理数据库的查询效率；将多媒体数据和属性数据分开存储，也是为了减小属性数据库的大小，提高其查询效率。就整个系统来说，三维模型数据是数据量最大的数据。

文中要建立遗址的三维模型数据库，数据量大，数据管理困难。具体存储时，采用Oracle大型关系数据库管理系统存储和管理各类数据库，以ESRI图公司的ArcSDE作为基础地理空间数据库和影像数据库的空间搜索引擎，以点、线、面、复合数据集的形式存贮基础地理数据库中的矢量图形数据；以Grid数据集的形式存贮影像数据库中的数据；以数据表的形式存贮三维模型数据、属性数据库、图片数据、文档数据。对三维模型树或图片以大二进制对象的形式存入数据表。基础地理空间数据库和影像数据库的建立在ArcGIS中进行，采用导入shp文件的功能将其导入到基础地理空间数据库。属性数据库的建立主要采用Oracle进行。三维模型数据库、多媒体数据库的建立主要利用系统中开发的相关工具进行。

五、系统实现

交河故城保护信息系统采用VC++语言开发，对三维模型数据直接利用系统管理，对基础地理数据和遥感影像数据主要通过ArcSDE + Oracle的模式来进行管理。

六、结　论

交河故城保护数据库运用了地理信息系统（GIS）的空间数据管理、查询和分析功能，基于虚拟现实技术的三维漫游技术，既实现了多源空间数据库的有效管理，又实现三维数据的可视化，建立了属性数据库、基础地理信息数据库、遥感影像数据库，尤其是利用激光扫描这一高新技术建立了三维模型数据库，为交河故城保护提供了完备的数据资料，极大地提高了交河故城的研究、管理和保护水平。

作者单位：徐佑成，吐鲁番地区文物局
江红南，新疆大学资源与环境学院
李　肖，吐鲁番地区文物局
杜志强，武汉大学测绘遥感信息工程国家重点实验室

（K-2351.01）
ISBN 978-7-03-048054-5
定价：220.00元